JN233778

ゾロアスター教論集

伊藤義教著

平河出版社

刊行に際して

　伊藤義教先生がお亡くなりなったのは，1996年10月23日であった。87歳であった。先生のお人柄と学識に惹かれて古代イラン研究を志すことになった不肖の弟子の私は，そのときイランに出かけていた。現地から投函したカードが，図らずも先生がお亡くなりになった日に届いていたことを，後日奥様よりうかがった。

　先生は，1994年秋の日本オリエント学会の大会では，いつものように研究発表をされた。そのころより，徐々に体調を崩されていった。この研究発表は，「ルリスタン出土の一青銅剣銘をめぐって」として，『オリエント』第36巻第1号（1996年9月30日発行）に掲載された。これが，先生の最後のご論考となった。その後注に，「拙著『ゾロアスター教論集』（印刷中），pp. 51-52」と出ている。それが本書のことである。

　やがて，自宅療養が無理になった1996年夏，入院された翌日の7月2日に，ご入院を知らずにお見舞いした。お別れするとき，先生は握手を求め，涙を流された。イランに出発する直前の9月22日にも先生のお見舞いに伺った。台風の影響で新幹線が5時間以上遅れた。これが先生にお会いした最後となった。

　私は，本書が完成されるまでは，先生は絶対に亡くなられることはないと確信していた。本書の刊行に渾身の力を注がれた岡田明憲さんも，きっと同じ思いであったに違いない。それほど先生は，この書にすべてを注いでいらっしゃった。伊藤イラン学の成果は，『ゾロアスター研究』（1997）以降のご業績を集大成し，前書を部分的に包摂する本書に集約されているといえる。

　爾来早くも5年を越す歳月が経過した。本書の刊行が可能となったのは，な

によりも，すでに述べたが，岡田明憲さんの献身的な努力，採算を度外視してその執筆の最初よりお世話いただいた平河出版社とその担当者の榎本榮一さん，それに，先生がまだ存命中のときにその校正などに当たられた，ご令嬢の恭仁子さんのお力によるものである。

　すでに入門書の『古代ペルシア』(1974)がそうであったように，先生はイスラーム期の古典ペルシアとの関連にも適宜言及されてきた。イスラーム以前のイランに関心のある方だけではなく，イスラーム期イランの研究者にも，その依って来る基層を理解するために，是非本書を手元に備え，ときに応じて参照していただきたく思っている。

　ここに，その学恩に与った我々一同の，伊藤義教先生への満腔の敬愛と限りない惜別の思いをこめて，本書を謹んで御霊前に捧げる。先生，ありがとうございました。

　　2001年6月

　　　　　　　　　　　　　　　　　　日本オリエント学会会長　　上岡弘二

序にかえて

　私が『ゾロアスター研究』を世に問うてから10年の歳月が流れた。本書に収めた14篇の論考や訳文はその間にまとめたものがほとんどであるが、それらの構想となれば、前著以前に遡るものも少なくない。14篇の中には「ゾロアスターの研究」に直結するものもあれば、必ずしもそうでないものも多い。この、そうでないものも究極的には、なんらかの形で「ゾロアスターの研究」につながるので、前著に比すれば、それだけ地平もひらけているから、私は敢えて本拙書を『ゾロアスター教論集』とよぶことにした。私がこの10年間、絶えず追いつづけてきたものは、前著と同じく、「ゾロアスターの研究」における最も基礎的な部門であった。そのためには何が問題なのかを的確に見出し、それを的確に解決することを避けてはならないのである。これを回避して前進すれば、得られたかにみえる成果も潰え去る日が来ないともかぎらない。

　私事にわたって恐縮であるが、私は中学3年の秋、事故にあって高音の耳鳴りと感音系の難聴に苦しむようになった。中学の残存期間はいうまでもなく、高校・大学を通じて、否、今日までもこれに悩みつづけ、この数年間は補聴器も用をなさぬようになってしまった。私は長年の経験から身心の過労回避に腐心し、到着先で不眠に陥る長途の旅行は最もおそれたものの一つである。生来、多人数に伍して事を共にするのを好み、旅行は殊にそうだったが、私は私本来の私でないものになってしまった。遠地への共同調査に参加したこともなく、イランの現地さえ踏んでいないのは書斎で安逸を貪りたかったためではない。それに私は書斎と名のつくものもなくて一生を終えようとしている。

　そんな私には、ただもうこれだけで、健常者の数分の一にも足りない能力し

かないことを，自身が最もよく自覚している。一進一退する宿痾のために休学も繰り返し，大学には5年間も浮遊した。それでも昭和7年ごろから関心をもった「ゾロアスターの研究」をなんとかまとめて昭和10年3月，卒業に漕ぎつけた。卒業論文はアヴェスターの『ガーサー』の副文（従続文）をリグ・ヴェーダのそれと比較したものであるが，ガーサーについている中期ペルシア語による訳注「ザンド」は十分に読みこなせないままの卒論だった。が，私にはザンドに繰り返し出てくるアラム語形の細部をいつかは究めたいという，不安にみちた希望をもっていた。卒業して大学院に入ったが，欠陥人間である私に何ができるかという不安の中にも，それでも何かやりたいという意欲の灯は消えなかった。そんなとき足利惇氏先生がヨーロッパからペルシア（イラン）を経て昭和10年8月帰国された。不言実行，黙々として取り組んだ私の卒論は諸先生をおどろかしたが，ご帰国後はじめてこれを知られた足利先生も同様だった。先生は「古代波斯語及び梵語学研究」のため昭和7年に離日され仏・独にご滞在ののち帰路ペルシアで9年9月から10年6月末まで9か月をすごされ，貴重な体験を積んで帰国された次第であるが，ご帰国後のおはなしの中に，私には今も忘れえない一コマがあった。私の卒業した年の秋のことだったが，先生がペルセポリスの見学に行かれたとき（昭和9年11月），発掘作業に従事中のE・ヘルツフェルト（Herzfeld）博士に会われたのである。博士は「よく来た。何語で話そうか」ときり出されはずむ話の中で楔形文字の見える石塊をみせて「これを読んだらヤシュト書の古代波斯語訳かもしれん。それだと大発見だ」といわれた由（このことについては東海大学出版会編『足利惇氏著作集』第一巻イラン学，1988年，pp.68–69を参照されたい）。私はそんな可能性は即座に否定したが，そのことは口にせずに，博士ほどの人が古期波斯語版を即座には読めないことを知って，若気のあやまちながら，このほうに大きい感銘というか，ショックに似たものを受けた。半世紀も前の，今からみればイラン学も近代科学として前進の緒についたころのことではあるが，博士でさえ手のとどくところにおられるように思い，私でも何かやれそうだということを，心に深く刻みこんだ。欠陥のある人間にでも，ということである。

序にかえて

「イラン学」というような大仰なものを手がけようとしたわけではなく，アヴェスターを通じてゾロアスターを知ろうとする程度にすぎなかったが，アヴェスターだけでは事足らず，それからそれへと手がけねばならぬ分野はひろがる一方だった。フランスにも留学されてアヴェスターの研究に関しては足利先生より先輩格であられた本田義英先生もそうだったが，足利先生もアヴェスター研究について私にことばをさしはさまれたことはついに一度もなく，思い出されたように二，三度くらい「ヴェーダはすててはいかん」と助言（？）してくださったくらいのものである。学部に在籍中は原真乗先生を通じて常盤井堯猷先生にお願いしていただき，Buddhacarita の代わりに，つづけて Rig Veda をよませていただいたほどであるが，何をやろうと勝手次第だった大学院生時代では勝手にやることが多くて，どうもヴェーダ熱はいささか冷めていたようだ。炯眼な足利先生の目に映ったものだろうかと冷や汗もかいた。そんな中でやり通したものはいくつかあるが，アラム語世界とイラン語世界との接触をめぐる問題の追求もその一つであった。私は自身を白紙にもどし白紙の立場で，ウプサラ大学のH. S. ニーベリー（Nyberg）教授に教えを乞うたが，教授は折り返し1936年（昭和11年）7月15日付で懇切な長文を寄せられた。私の屈請は田中秀央先生の紹介状を添えたものだったので，喜ばれた田中先生の笑顔は今も印象に残っている。ニーベリー教授が特に推奨された H. H. Schaeder 教授のIranische Beiträge I, 1930は読みこなせる素地はできていたし，同じく推奨された同教授の Esra der Schreiber, 1930 には深い感銘をおぼえた。Iranische Beiträge にびっしり書きこんでいる当時のメモは，当時すでにヒブル文字で写し取り読み了えていたエレパンティネーの草紙文書（パピルス文書）のノートのメモとともに，私には忘れがたい思い出の一つとなっている。同じように忘れがたいものに教皇庁立聖書学研究所の教父であられた（のちにローマ大学教授）Giuseppe Messina 師の諸書がある。一，二を記せば Ursprung der Magier und die zarathustrische Religion, 1930; I Magi a Betlemme e una Predizione di Zoroastro（ベツレヘムのマギとゾロアスターの予言），1933; L'Aramaico Antico. Indagine sull'Aramaico del Vecchio Testamento（古ア

ラム語。旧約聖書のアラム語に関する研究），1934（これには同師の "Nota Aramaica", *Biblica* Vol.17／1936, pp.102–103 も併読のこと）; De vetere Religione Persarum eiusque Relatione cum Religione V. et N.T.(ペルシア人の古代宗教および，その旧・新約聖書の宗教との関係とについて）, Pars I，1933 および Pars II，1936, 等々である。最初の2書に対して私は本拙著でマギに対する解釈では批判的立場にまわったが，これは私自身の力というよりも，50年の歳月がそうさせたものとでもいいたい。『古アラム語』はシェーダー教授の Iranische Beiträge に触発されたものである。シェーダー教授は王朝アラム語（Reichsaramäisch, Imperial Aramaic）文献にみえる語末母音の表記法に統一性のないことを指摘されたが，これに響応するかのように，諸種の論文が発表されて1930年代はその方面でもかなりの賑わいをみせた。『古アラム語』もその一環であるが，頁数36の小冊子ながら，中期ペルシア語文に混書訓読されるアラム語詞の表記法に鋭い分析の加えられているのを読んで，直接師の講筵に侍するかの思いがした。この書に書かれていることはペルセポリス王宮址から発見されたアラム語銘入りのハオマ作成器具や，アフガニスタン出土のアショーカ王のアラム語刻文などによって書きかえられねばならなくなったが，それはむしろ学問の世界の歴史の常である。そして師はエズラ記 4：18 の ništeʷānā dī šelaḥtūn ʿalænā MPRŠ qærī qåḏāmāy を「そなたたちがわれらに書き送った文書はわたしの前で訓じて読まれた」と解するシェーダー説（「文書」は「諫告」とすべきだが）を斥けているが，考えてみれば，ペルシアの大王がアラム語に通暁していたわけではなかろうから，アラム語の上表文が古期波斯語に「なおして」奏上されるのは当然のこと。そこで MPRŠ (meᵖāraš。paʿʿel 話態の受動分詞男性単数）を「（古期波斯語に）訳して」と訳すのは，いささか蛇足のきらいがある。特にその「なおし方」に特異なものがあったからこそ，この語が使われているのである。書記官はアラム語文を手にして即席に波斯語で訓んで奏上したと，私は解している。この上表文（諫告の文書）は，本拙著p.54で言及しているエズラ記4：7にみえるものである。最後に挙げたメッシーナ師の著書は簡潔な行文の中に問題点をひろく織

り込んだもので，これを読んだ私を Thomas Hyde の De vetere religione Persarum（ペルシア人の古代宗教について），1700へと駆りたてたが，正直いって，これは当時の私には荷が重すぎた。ここに挙げた師の諸書ばかりでなく，その他にも多くの業績があり，ガーサーのサオシュヤントに関する師の見解は，今も私にはよき手引きとなっている。

　私はつくづく思うのであるが，イラン語詞を象嵌したアラム語資料を手掛けるには，よほどの用意が必要である。これを欠いだままで手掛ける危険は，上記したハオマ作成器具銘やアショーカ王のアラム語刻文に対する諸家の取り扱い方によって，十二分に証明された。私は後年 Stanislav Segert の Altaramäische Grammatik mit Bibliographie,Chrestomathie und Glossar,Leipzig1975 に接したとき，ハオマ器具銘の一，二例（拙著『ゾロアスター研究』p. 425 以下）や王朝アラム語の遺産たるアショーカ王のアラム語刻文――少なくともカンダハール第1碑文（同拙著p. 457 以下）くらいは収録さるべきであると思ったことである。ハオマ器具銘の識語にある āškāra「現神，今上」の一語をみるだけでも，ハカーマニシュ（アケメネス）王朝の「大王」がどのように受けとられていたかを知ることができる。彼が神々の名代――もっとつっこんでいえば地上に顕現した神であるからには，もはやゾロアスターを必要としなかったのみか，見方次第ではゾロアスターの地位を大王は僭取したものともいえそうである（本拙著p.16,註15参照）。またアショーカ王のタキシラ碑文l.4をみれば（『ゾロアスター研究』p. 450 以下），沙門が 'rzwš／arzūša という古期イラン語／アヴェスター語でいいかえられていることを知り，この語が「正見者」を意味する語としてもつ構造から，ハオマの epithet たる dūraoša- が同一の構造をもっていることに気づくであろう。dūraoša- は「死を遠ざけるもの」の謂いではなくて，「遠くを見るもの／遠くを見せるもの」（dūra-uš-a-）であり，ここから難解なヤスナ32：14の解明の糸口が開かれる。この問題にはここではこれ以上は触れないが，これによってもアラム語資料のもつ大きな価値の一端が知られよう。本拙著に収めた「アラム・イラン混成語形とその周辺――ゾロアスター在世年代論へ――」も併わせて読んでいただきたい。

ここに収めた諸篇，殊に論考は，本来それぞれ独立した文であるが，編集するために相互の連絡を註で新たに付し，参照し合うのに便宜をはかった場合もある。また各篇配列の順序はそれぞれの作成年次——論考にはおおむね註 1 において先稿として私の発表した論文を発行年とともに掲げた——の順位によるものではなく，内容からみて系統的に理解しやすいように配慮したものである。また各篇の論題からみると到底含まれておりそうもない問題や，そうでなくても特に注意を促したい問題などが取り扱われている場合もある。第 8 篇「萬葉集にみえるイラン人名について——天武天皇挽歌 2 首をめぐる諸問題——」もその好例で，その中に出した「ヤスナ 32：16」のごときは，第 5 篇「ヤスナ 51：16 について—— Av. maga(van)-, Ved. maghá(van)- および OP magu- に関説して——」や第 6 篇「ジャムの十訓とヤスナ 32：8」とならんでガーサーの研究に新生面を拓いたもので，正に「ゾロアスターの研究」に直結する。そして，それとともに，わが国の上代史料に多くの中期（中世）西イラン語（パルティア語・中期〔中世〕ペルシア語）詞が漢字をもって写音され，あるいは漢語訳さえされていることに気づかれるであろう。

　第 1 篇「「アヴェスターの改刪」をめぐりて」はゾロアスターの東イラン（シースターン，古名はズランカ，ドランゲーなど）出生をできるだけ隠蔽し，西イラン（メディア）出生のように扮飾したマギ集団の行動を明らかにしたもの（マギについては第 5 篇が多くのデータを提供するであろう）。こうしてゾロアスターの故郷は明らかになったが，第 2 篇「名詮自性「ゾロアスター」——東方からのアプローチ——」はゾロアスター，すなわち Zaraθuštra なる名は彼が啓示（デーン）を受けたのちに自身の立場を明らかにするために号した自称の法号である，とする。「老駱駝の持ち主」というその意味は，死後の救済を生前にまだ確約保障されていないもの，すなわち「貧者」（これを確約されたものは「富者，福者」といわれた）こそ彼の救済活動の主たる対象で，ゾロアスターは宗教的な貧困者を世俗的物質的貧困者におきかえて，自身の宗教的立場を法号に打ち出したのである。

　これにつづく第 3 篇「古期（古代）ペルシア語 artā-ča brazmaniya とその

射程」はクシャヤルシャン（クセルクセス）のペルセポリス碑文 h、いわゆるダイワ（魔神）崇拝禁止碑文にみえるこの語を「天則に従いかつ法（raz）に（b）依拠して（maniya）」と解明したもの。brazmaniya がアラム語前置詞 b とイラン語詞との混成であることに気づかず、これを単一な純イラン語詞とみて解明しようとした従前の学界の誤りを正したものであるが、おもしろいのは、この型のアラム・イラン混成語形は私がすでに前著『ゾロアスター研究』において、ハオマ作成器具銘に b^e-har-xvatāya「すべてに君臨する（財務官）」、b^e-vahu-štāka「宝物に関与している（財務官）」とあり、またアショーカ王のタキシラ碑文に bi-hva-varda「自身で増大せる」をもって Middle Indic bahuvidhaṃ「多種の」を訳していることを発見しているのに（pp. 426；428；442 註 54および 452）、その私自身がかなりのちになって brazmaniya が同型の合成詞であることに気づいたことである。私としてはいささか迂闊だったが、遅蒔きながらも解明できたのは幸いであった。第 4 篇「アラム・イラン混成語形とその周辺——ゾロアスター在世年代論へ——」では、これら4アラム・イラン混成語形のうち特に bihvavarda を取り上げ、その bihva-「自身で、大いに」が、中期ペルシア語文で xwad「自身で」が BNPŠH = b^e-napš-eh (lit. 'by his (own) self') という、純粋なアラム語詞のみで合成語的に表現されているのと異なり、アラム語（b）とイラン語（hva「自身」）との混成であることから、アショーカ王刻文に象嵌されているイラン語形は古期（古代）イラン語・アヴェスター語系統のもの、それもゾロアスター時代のガーサー語でないとはいえないもの、にほかならないことを論断し、そこからゾロアスターの在世年代の考定にすすみ、彼を前 7 世紀前半〜6 世紀中頃（630—553）とする伝承重視派の立場をとった。私の論拠の一つがアショーカ王のアラム語碑という、だれも使用し得なかった一等史料にあることも注目していただきたい。

　こうして私はゾロアスターの出生地や年代をめぐる問題を解決し、あるいは彼が自ら法号に詮表した重要な宗教的立場を浮かびあがらせたが、第 5 篇「ヤスナ 51：16について—— Av. maga(van)-, Ved. maghá(van)- および OP magu- に関説して——」では Vedic maghá(van)- に対する従来の解釈の不備を指摘するとともに，ガーサー，殊にヤスナ51：16に独自の解釈を加えてウィーシュタースパ王が一種の禅定によって霊力を修得したことを示すものとし，Av. maga(van)- が「霊力（ある者）」の謂いであることを明らかにしてVed. maghá(van)- もこれに準じて解釈さるべきものと断じ，ゾロアスターが霊能を開発して天上の資産を観視させ，入信や入信後の堅信に努めたことをはじめて明らかにした。それとともに maghá-／maga-「霊力」と同源とみるべきOP magu- にも深く論及し，「霊能者」を意味するこの語が Av. magavan-「霊力者」に対応するメディア語的表現であることを指摘し，東方の magu- とみるべき Jāmāspa の霊能に触れるのみならず，magu- の霊能発現の状況や救世主降誕を告知する輝星の彼らによる観望の風習から『マタイ伝』2：1－12その他をめぐる多くの課題にも触れた。

　第6篇「ジャムの十訓とヤスナ32：8」――ジャムとはリグヴェーダのヤマ，アヴェスターのイマ（Yima）の中期ペルシア語形である。イマはインドのヤマとちがって「死」との関連が希薄で，地上の至福千年の王国に君臨した帝王であるが616年半あまりで蒙塵し，100年後に斬殺されたといわれている。その彼はとかく牛肉嗜食の罪を帰せられがちであるが，彼の「十訓」をみるとむしろ逆でヤスナ9：1のザンドは彼が牛肉摂取による長寿を人類に恵もうとさえしていたことを伝えている。この伝承を溯上すれば，難解なヤスナ32：8 ab 行に対する私の解釈に帰するのではないかと考え，ガーサーの研究に直結して「ゾロアスターの研究」の一助にもなるところから，第5篇のあとに配列した。

　第7篇「カルデールの「ゾロアスターのカアバ」刻文について」は私による独自の解明を多く含む訳文であるが，ゾロアスター教をサーサーン朝下の国教とするのに重要な役割を果たした高僧カルデールが漸次権勢を得ていく過程を示すものとしても興味深い。難解な刻文として諸家の解読にながく抵抗してきたものであるが，私の付した「文解・語解」（pp. 132－141）は「註」と相俟って，この刻文の解明に寄与するものと期待している。「ゾロアスターのカア

バ」の用途をめぐる愚説は，第11篇「霊観の文学」と関連させても興味があろう。

第8篇「萬葉集にみえるイラン人名について——天武天皇挽歌2首をめぐる諸問題——」は萬葉集巻二の160,161番歌をイラン学的立場から解読したもの。「イラン人名」とは160番歌に出る難訓の「面智男雲」にイラン人ゾロアスター教徒の人名の中期ペルシア語形を読みとったもの。萬葉学的視座から見るばかりでなく，イラン・ゾロアスター教的要素をも2首中に掘り起こし，持統帝（天武帝の皇后）の作でなく，大和生まれの女性ゾロアスター教徒の作とした。愚説補強のために取り上げたヤスナ32：16に対する論考のごときは，第5篇「ヤスナ51：16について」にも劣らぬ，「ゾロアスターの研究」に直結するものである。わが国上代の文献のなかで崇峻紀から天武紀にかけて私の発掘したイラン語系の普通名詞や地名人名は30近くもあり，「面智男雲」の私解に対する論拠となっている。私はこの2首を，ゾロアスター教の教義をふまえているものとして，ゾロアスター教そのものの渡来を証する一『ガーサー（伽陀，詩頌）』として位置づけている。

第9篇「法隆寺伝来の香木銘をめぐって」は東野治之氏によって紹介された法隆寺伝来の白檀片に彫られた中期ペルシア語銘を解読したもの。銘は死者（2人称）への祝禱文として解釈できるうえに，刻字の正確な「法113号（B号）」の彫り手（祝禱者）は舎衛女か堕羅女あたり，祝禱の対象となったのは達阿（堕羅，Dārāy）か天武帝か舎衛女あたりではないかとの推測もできるところから，ここに編入した。つづく第10篇に『アオグマダエーチャー』を配列するので，位置もこのあたりが最適と思われる。

第10篇「『アオグマダエーチャー』——ゾロアスター教徒の一葬文——」——訳文（原文付）はp. 221からはじまるが，それまでに記した序文的なものから諸種のことは汲みとっていただきたい。人の死後4日目の明け方に魂が離去するとされるので，その前に読まれる文であるが，追悼の語はなく，魂がアフラマズダー（オフルマズド）の天宮に赴くようにとの祝禱のみ。問題の出るたびごとに「註記」としてそれを取り上げたので，本篇は全く「註」抜きの

形となったが,「註記」によって先訳に多くの誤りのあったことも明らかとなろう。

　第11篇「イランにおけるビジョン(霊観)の文学」は中期ペルシア語書『Ayādgār ī Jāmāspīg (ジャーマースプに関する回想)』の邦訳(pp. 281–312)を含む「霊観・霊視の文学」であるが，Ⅰ「まえがき」(pp. 253–273)ではなるべく裾野をひろげて，この「文学」を文学史的に展望し，Ⅱ『ジャーマースプに関する回想』ではpp. 273–280 をその序説にあてる形をとった。ジャーマースプ／ジャーマースパのことは上掲第5篇の解説でもふれておいたが，東方の magavan (霊力者) たる彼が発揮した，西方の magu (霊能者)的霊能は本篇の『回想』が遺憾なくこれを伝えている。

　第12篇「断疑論」は Mardān-Farrox ī Ohrmazddādān が9世紀中頃から後半あたりに述作した異教批判の書。詳細は「まえがき」を参照されたい。

　第13篇「『好学の子』のテキスト復原とその背景」はゾロアスター教徒のシンボルマークである kustīg (聖索)の意義を説いたもので，子弟の教養書とみられる。先行したとみるべき Pahlavī 本を誤読して成立した Pāzand 本の欠点を挙げ，Pahlavī 本先行を主張する Modi 師の立場を支持したもの (pp. 439–440)。

　第14篇「我観「景教」——呼称の由来をめぐりて——」は「景教」という呼称の背景を明らかにしたものであるが，景教そのものからではなく，やはりゾロアスター教との相剋があり，またキリスト教単性論者とのそれもあって，そのあたりから取り扱ってはじめて呼称の由来が明らかになることを指摘した。本拙著 p.457 を参照されたい。

　私は前著『ゾロアスター研究』において辻直四郎・足利惇氏・中原与茂九郎・泉井久之助の4先生に謝辞をのべたが，今4先生のことを書けば追憶の形とならざるを得ず，空漠寂寥の感亦一入である。辻先生は宿痾を推してわざわざ前著について玉翰を寄せられ，「ここに始めてゾロアスター教ならびにこれと密接に関係するアヴェスターの研究が与えられ，日本に真のイラン学の基礎が築かれましたことは全く尊台多年の御精励の成果と申すべく学界のため慶賀

に耐えません」と評価していただいた（昭和54年4月28日付）。私に終始研学の便を恵んでくださった足利先生のご恩顧とともに忘れがたく，このたび続篇を世に送るにあたり，ご在世ならばとの思いを禁じえない。今はただ教室の先輩善波周先生がいつに変わらぬ激励のことばをお寄せくださる幸いを欣謝するばかりである。

　私の専攻領域は本邦はもちろんのこと，世界的にも手がける人の少ない分野である。それでも，いつの日にか篤学の士が出て，このささやかな書に何程かを汲みとられることができれば望外のよろこびである。

1988年11月
洛北紫野の寓居にて
著者　記

後　序

　私が「序にかえて」を書いてから、7年の歳月が流れた。私自身の受けた事故も手伝っているが、何よりも出版界のきびしい状況を見聞きしてきたことが、私をひるませた大きい原因である。荏苒として空費したわけではないが、私の原稿に接して断わられたり、見ないままで断わられたりしてきた結果である。発行部数の極度に少ない学術専門書の、これが当面している、そしてさらに悪化もするだろう、実情である。私はこのことを考えて出版を断念し、原稿の処分まできめていた。

　ところが、畏友上岡弘二君（東京外国語大学アジア・アフリカ言語文化研究所教授・同所長）はこれを惜しみ、最悪の場合は有志を募って、ワープロと手書きを併用してでも出版したい旨、申し出られた。そんなさ中、たまたま1991年秋11月、日本オリエント学会の年次大会が岡山市で開催された際、主唱して、来会の諸君と、この件について協議の場をもたれた。その席で、岡田明憲君（和光大学講師）から改めて、平河出版社からの、ぜひ引き受けたい旨の意向が紹介されたところ、少人数のあいだで読まれるよりも、多くの人に読んでもらえるほうが有益だとの結論が出され、上岡君が岡田君を通じて同社の意向を確認され、またそのことは同社の榎本榮一氏から私のほうへも伝達された。私が「改めて」と上記したのは、実は岡田君から早く榎本氏にこの件について話されたところ、ぜひ平河出版社でやらせてもらいたいとの意向が表明され、そのことが岡田君から、私に伝達されていたからである。しかし採算の全くとれないこの出版で、同社に累の及ぶことをおそれて私は、同社の好意は謝しながらも、沈黙して見送らざるを得なかった。

しかるに、時機純熟とでも申すべきか、いま、諸氏の熱意と好意が結実し、またこの煩雑な難事を進んでお引き受けくださる平河出版社の並なみならぬご協力を得て、ささやかな拙稿が陽の目を見ることになった。私にとっては天来の福音、焦土からの蘇りにも似た境地で、感荷の至りに耐えず、謝するにもその辞の見出せない思いである。

　また、幸運にも、この7年近くの空白を利して私は、附録として論考5篇を加えることができた。これも前記諸彦の賜である。

　附録Ⅰは「ゾロアスターとハオマ」で、この論考成立の経緯は本拙著P.463に記したとおりであるが、ヤスナ32：12-14、中でも第14頌C行の解明にふみこんだもので、内容からすれば、第5篇「ヤスナ51：16について」の次にでも位置すべきものである。ハオマをめぐる、ゾロアスターの教義の難解な側面に新しい光りをあてたものである。

　附録Ⅱは「ケーシュダーラーン句の解釈について──『デーンカルド』第3巻から──」で、ケーシュダーラーンとはゾロアスター教が異教徒（無神論者も含めて）をよぶ汎称で、この語ではじまる句（ケーシュダーラーン句）の文論的（統語法的・シンタックス的）特異性を種々指摘解明したものであるが、内容的には異教批判である点からも、本拙著所収の第12篇『断疑論』とからめても、興味あるものではないかと考える。

　附録Ⅲ「再々論「吐火羅・舎衛」考」は、この問題に対する私への反論めいた論考への再反論であるが、これまでの私の立論とは、かなり角度を変えた見方をしているので、愚説へのそのような補遺補強としても、本拙著P.162にも追記したように、ぜひ一読していただきたい。

　附録Ⅳ「パルミラと大秦国」は漢文史料にみえる「大秦国」の故地・ホームランドを、従来欠けていた、アラム、イラン両語の交流という要因を投入して、タドモル（パルミラ）に同定することを試みたもので、ゾロアスター教系の文献も援用されている。

　附録Ⅴ「ヤサー・アフー・ワルヨー告白文とアシュヴィン双神について」は、かねてから私自身の宿題ともしていたこの告白文（ヤスナ27：13）に独自

の解明を試みたもの。最初に原文とその訳文をかかげ、導入部ではハオマの別称 dūraoša- が uš-「耳＞理知」を原辞とし「遠くを感見させるもの」の謂いであることを改めて論証し、その uš- を借用したリグ・ヴェーダの duróṣa-、duróṣas- が「見わけがつかぬ、さ迷う」謂いであることが一般に理解されていないことを説いて、イラン語圏から梵語圏への借用語にみえる原意の忘失を指摘する。ついで本論部分にはいり、軍神 Indra＝vṛtrahan「ヴリトラ殺し」のイラン対応形が魔神 indra×勝利神 Vərəθraɣna「ウルスラ殺し」となっていることを引用し、これに応じて Nāsatya 双神＝Aśvin 双神のイラン対応形魔神 *Nāhaθya×善神 *Aspin 双神を挙げ、その *Aspin 双神が Nāsatya 双神「生き残らせる双神」に語意でも対応し且つ *Aspin 双神自体も Aśvin 双神と同一であるべきがゆえに *Aspin 双神＝Aśvin 双神の原辞が aśva-「馬」ではなくて、àspā-「利益、助成」であり、従ってこの両者は共に「利益する双神」の謂いであることを論じる。イラン側では *Nāhaθyā（双数）は単数となって魔神 Nā̊ŋhaiθya-（ノーンハスヤ）となり、これに応じて *Aspinā は双数形を保ちながらも単数視され、またその表す対象も神から人へと降格した。このような *Aspinā が然るべき理由によって、告白文において ahū「世の助けびと、済世者」と言い替えられたと、論結する。

このささやかな冊子は、正篇といい、附録といい、古期や中期のイラン語文献がかかえている、山積する諸問題の、ほんの一部にしか関与していないが、それでも汲み取っていただける何物かがあるなら、私にとってはこよなき悦びである。

終わりに臨んで、本書の上梓に尽力された諸氏の労と、すすんで公刊にご援助くださった平河出版社のご英断ならびにもっぱらその衝にあたられた同社の榎本榮一氏の並なみならぬご配慮とに再謝して、筆を擱くことにする。

1995年10月

著者　記

古代イラン語の読み方

まえがき——Av.＝アヴェスター語を中心としOM＝古代メディア語（古代はつけなくてよい）とOP＝古代ペルシア語を従とするわけではないが引例すればそのような印象を与えるかもしれないが——それはともかくとして、これらの諸語を、その方面に知識の少ない方がたに向けて簡記すると次のようになり、その間、母音・半母音・子音を通じて、表音記号がə. θ. ŋのように英語のそれと同じものについては改めて解説しない。長母音には原則として長音記号 - を付して示すが、時として例えばǎのようなものは同一母音が長短どちらでも指摘されることを示す。また後述するąのように長音記号をもたずに長音をも示す場合のような例もある。結合母音、いわゆる重母音、三重母音も表記どおりに発音する。Skt. vedaヴェーダ「彼／我は知っている」（より正しくはウェーダ！）に対応するAv.語形はvaēda＝ワェーダである。aēがなぜeにのみ長音記号をもつかは、ここでは触れないでおく。それゆえに下記の表では結合母音はすべて省略されている。子音をカナ書きにする場合はaを後接して音節の形で示すと便宜なので、その点あらかじめご了解ねがっておく。

母音——（Av.）a, ā, i, ī, u, ū, e, ē, o, ō, ə, ə̄, ą, ā̊。これらのうちąは鼻母音aで、仏語āに近い。前後の関係でアンまたはアと書くことにしている。これは長音記号をもたないで、実際にはしばしば長音である。例：Av. ąnman- アンマン「調息」；Av. mašyąnąm (mašiiānąm) マシュヤーナー（ン）ム「人間どもの」、Av. daēvanąm ダエーワナー（ン）ム「諸魔の」。å はaとoとの中間楷程åオの長音でオーとかくが、ōオーとこれとをカナ書きで区

別することは不可能。例：Av. ahurå̇ŋhōアフローンホー「諸尊（ahura）たちは、…たちを、…たちよ」。

半母音――y, v（＝英語w）。語頭以外ではそれぞれii, uuと表記するのが一般化している。例：Av. aoǰya-（aojiia-）アオジュヤ「称賛さるべき」; sravah-（srauuah-）スラワフ「ことば」。

i, uの予示記号としての役割。Skt. etiエーティや同puru-に対応するAv. aēiti「彼は行く」や同pouru-「満ちたる」とくらべると、Av.語形の方に余分のiやuのあることがわかる。このiやuは次のtやrにそれぞれ口蓋音的・円唇音的ニュアンスを与えよとの予示記号だから「読まない」――したがってそれぞれアエーティ、ポルである。平易にいえばそれぞれイやウを発音するときのような気持でtやrを発音せよということ。だからこのような予示記号は音節も構成しない。

子音――それからさらに音声変化（音転）する過程のものは避けても、古代イラン語は次のようにかなり多彩なデータを提供している：

p	t	č[4]	k
b	d	ǰ	g
f	θ ss[2]	s	š	x[5]	h[8]
w[1]	δ[3]	z	ž	ɣ[6]	
m	n			ŋ[7]	
v	r	l	y		

これらのうち、半母音v, yは取り扱い済み、以下説明の便宜上aを後接して取り扱うと：

①ヴァでbの摩擦音。今はβで書くならわしが一般化している。

②サで、Av, puθra-プスラ「息子」に対応するOP pussa-プサにみえる。これも一般にはpuça-プサとされている。

③δは英語thatのth。子音表に不記のtもθに準じてよい。

④口蓋音チャ、ジャ（ヂャではない）、シャ、ジャ！

⑤xはkの摩擦音。クハ、カ、ハなどと写音されるが、私はカを用いてい

る：Haxāmaniǎハカーマニシュ（アケメネスは訛り）「人名」。
⑥ rはgの摩擦音。ガ（グハはとらない）。
⑦ ŋはbeingのngにあたる。もっとも最初はngと表記し、つづいてŋ字がこれに代わった。ŋの口蓋音化は上説した予示記号に準じて先ずiŋで示され、ついでń字がこれに代わった。だがńはiŋと誤記される（ańがaiŋとなるように）ことがある。ńはSkt. ñに近い。
⑧ hは咽頭摩擦音ɦハとしてつねに発音される。manah-マナフ「心、意」はマナやマナーではなく、人名Haosravah-もハオスラワフで、ハオスラワではない。

注意 半母音の記法は古代語と中世語では相反する：古代vĭspa-ウィースパ／ウィスパ対中世wispウィスプ「すべての」

　hの予示記号的役割——Skt. kṛp-「姿、身形、からだ」に対応するAv. kəh-rp-クルプではhがrの無声音であることを予示している。

目　次

刊行に際して
　　　　　　　　　　　　　　　　　　　　　上岡弘二……i
序にかえて……………………………………………………iii
後序……………………………………………………………xv
古代イラン語の読み方………………………………………xix

ゾロアスター教論集……………………………………………1

1. 「アヴェスターの改刪」をめぐりて ………………… 3
2. 名詮自性「ゾロアスター」
　　　――東方からのアプローチ―― ………………17
3. 古期(古代)ペルシア語 artā-ča brazmaniya と
　　その射程 ………………………………………………39
4. アラム・イラン混成語形とその周辺
　　――ゾロアスター在世年代論へ―― ………………51
5. ヤスナ51：16について
　　―― Av. maga(van)-, Ved. maghá(van)- および OP
　　magu- に関説して―― ……………………………71
6. ジャムの十訓とヤスナ32：8 …………………………111
7. カルデールの「ゾロアスターのカアバ」刻文につ
　　いて……………………………………………………123
8. 萬葉集にみえるイラン人名について
　　――天武天皇挽歌2首をめぐる諸問題―― ………145

9．法隆寺伝来の香木銘をめぐって……………………201
 10．『アオグマダエーチャー』
         ——ゾロアスター教徒の一葬文——……211
 11．イランにおけるビジョン（霊観）の文学……………253
 12．『断疑論』………………………………………………323
 13．『好学の子』のテキスト復原とその背景……………429
 14．我観「景教」
         ——呼称の背景をめぐりて——……………447
附録Ⅰ．ゾロアスターとハオマ……………………………463
附録Ⅱ．ケーシュダーラーン句の解釈について
         ——『デーンカルド』第3巻から——………479
附録Ⅲ．再々論「吐火羅・舎衛」考………………………493
附録Ⅳ．パルミラと大秦国…………………………………501
附録Ⅴ．ヤサー・アフー・ワルヨー告白文とアシュヴィン
       双神について………………………………………531
       日本のゾロアスター教研究と伊藤義教博士
                           岡田明憲………557
       伊藤義教博士著作・主要論文………………………562

ゾロアスター教論集

1. 「アヴェスターの改刪」をめぐりて[1]

　アヴェスターの改刪は常識からすれば，ゾロアスターの出生地の問題とは関係がないようにみえるが，この論文で取り扱う「改刪」は出生地の問題と密接に関連する。彼がどこの出かは古来諸説があって考定困難な問題であるが，考定に際し注目すべき事実が二つある。一つはアヴェスターや中期ペルシア語文献には彼がどこの出かを明快かつ決定的に詮表する文言のないこと，もう一つは彼の出生地を取り扱った従来の諸説が，いずれもウィーデーウダード第1章第15節（除魔書1：15）にみえる Raγā- θrizantu- を正解して説中に取り入れることができなかった点である。

　除魔書1は（Ⅰ）Airyana- Vaējah- Vaŋhuyā̊ Dāityayā̊「ワンフウィー・ダートヤー（川）のイラン流域」（§§ 2－3）にはじまり，以下（Ⅱ）Gava-「ソグディアナ」（§ 4），（Ⅲ）Mouru-「メルヴ地方」（§ 5），（Ⅳ）Bāxδī-「バクトリア」（§ 6），（Ⅴ）Nisāya-「ⅢとⅣの中間地域」（§ 7），（Ⅵ）Haraiva-「ヘラート地方」（§ 8），（Ⅶ）Vaēkərəta-「カーブル地方」（§ 9），（Ⅷ）Urvā-「ガズニ地方」（§ 10），（Ⅸ）Xnənta-「ウルグーン地方」（§ 11），（Ⅹ）Haraxᵛaitī-「カンダハール地方」（§ 12），（Ⅺ）Haētumant-「ヘルマンド下流域」（§§ 13－14）とつづき，ついで（Ⅻ）Raγā- θrizantu- （§ 15）に移り，最後は世界の四隅を挙げて州郡誌の結びとしている。[2]これをみると，Ⅰはともかくとし，Ⅱ－Ⅺ は東イラン（大部分がアフガニスタン）で Ⅻ のみが西イランに属していることがわかる。というのは，Raγā- は古期ペルシア語（OP）Ragā- と同じく，テヘランの南郊にライ（レイ）市として名を残している古代メディアの都市およびそれを中心とする地域だからである。ところが，

それの修飾詞 θrizantu- が誤解されたために§15の解明がながく阻止されてきた。Av. zantu- は部族居住の郷域をさすから θrizantu- とは事実上「3部族から成る」の意味とされてきたし、それを多少潤色しても新味のない意味をもつのみであった。しかし、そのような解釈ではヘロドトス1：101にメディアが6部族を擁するとしている点とも調和しにくいことになる。そのほか、ヤスナ19：18によるとラガー以外は ratu-「首長」が家 (nmāna-)、里 (viš-)、郷 (zantu-)、州 (dahyu-) のそれぞれにあって、その上にゾロアスター職 (zaraθuštra-) があるのに、ラガーのみは州の首長がなく、ゾロアスター職がこれを兼ねるかのようになっており、これまではその理由を説明して、ラガーはゾロアスター教の中心地であるから教権が強大なためだとされてきた。しかし、州の首長がいてもこれを隷下に掌握すれば教権はいっそう強大にこそなれ弱化することはないから、教権強大説は納得しがたい。

このような、θrizantu- に対する従来の解釈にみえる難点を解消し、かつヤスナ19：18にみえるラガーの特殊事情を解明する方法は θrizantu- を「3 (子) を生む (ラガー)」と解し、かつこの3子とゾロアスターとを同一地の出とみなすにある。この「3子」とは後述する3実子のことではなく、ゾロアスターの千年紀ののちにつづく3・千年紀のそれぞれにひとりずつ出現するとされる、ゾロアスターの終末論的3子 Uxšyaṭ.ərəta, Uxšyaṭ.nəmah, Astvaṭ.ərəta のことで、ヤスナ19：18はラガーに生まれたとされるゾロアスターを最高の地位にすえ、この3子をそれぞれ家・里・郷の首長に配して、ラガーには計4の首長があるように見せかけ、その上に立って他の地域には、州の首長を加えて、計5の首長があるようにしたものである。この卑見は除魔書1：15に対するザンドによって支持される。

   dwāzdahom ˈaz gyāgān ud rōstāgān ham pahlom frāz brēhēnīd ˈman ˈkē Ohrmazd ˈham Rāγ(l'k) sē-tōhmag 《Ādurbādagān》 《ˈast ˈkē Ray ˈgōwēd ˈu-š sē-tōhmagīh ˈē ˈkū-š āsrōn ud artēštār ud wāstaryōš nēk aziš ˈbawēnd. ˈast ˈkē ēdōn ˈgōwēd Zardušt ˈaz ˈān gyāg ˈbūd ˈu-š ˈēn ˈhar sē padiš būd. +ˈka Ray ˈgōwēd ā-š sē-tōhmagīh

⌈ē ⌈kū-š ⌈ēn sē paywand ⌈az ⌈ān gyāg ⌈būd ⌈bē ⌈raft.》

第12位に，諸地と諸所のうち，同じく最良なるものとして，オフルマズドなる余は3家のラーグ（ライ）《アードゥルバーダガーン（アーザルバーイジャーン）》を造出した。《あるものはライといっている。そしてそれが「3家の」というのは，すぐれた祭司と戦士と農耕者がそこから出現する（bawēnd）ということである。あるものはこういっている，ゾロアスターはその地から出たし，またこの3者もみな彼（ゾロアスター）といっしょであった，と。ライ（のこと）をいうとき，それが「3家の（ライ）」というのは，この3家系がその地から出てつづいたということである。》

ここには3様の伝承が報告されているが，いずれも θrizantu を sē-tōhmag（tōhmag は「家，家族，家系」）「3家を擁する，3家の」とする解釈に従っている。この立場はゾロアスターの3子（前述の終末論的3子とは別）Isaṱ.-vāstra, *Urvataṱ.nara, Vouru.čiθra（ゾロアスターにはこのほかに3女がある）をそれぞれ，祭司・農耕・戦士（順位に注意！）の首長とする伝承（ブンダヒシュン書とアッ・タバリーにのみみえる）と関連しているらしいことは確かであるが，誤解であることも確かである。が，誤解であるにしても，われわれには示唆するところがある。それは第一伝承にみえる動詞 bawēnd「出現する」で，これは現在形でありながら未来に生起する事態を示しうるからで，これに対し第2，第3伝承では būd「出現した」という過去時制が用いられ，3職能階級の首長としての3実子の出現を過去の事実として示している。bawēnd は明らかに終末論的3子がラガーに出現するという，θrizantu の本来の意味を垣間みせていて，この本義の知られていた時期のあったことをうかがわせる。ともあれ，この語とヤスナ 19：18 とからわれわれは，ゾロアスターがかつてラガーに生まれ，彼の終末論的3子もそこから出現するとなす立場のあったことを，確認し得るのである。

ところで，古体ヤシュトとよばれるものをみると，そこに記載されている地名は東イランのものばかりである。例えばヤシュト10:14をみると，ミスラ神が高峯ハラーから見おろすイラン人の居住地を叙して

yahmÿa āpō navayå̄ / pərəθwiš xšaoδaŋha θwaxšənte / ā lškatəm
Pou- rutəm ča / Mourum Hāroyum Gaomča 《Suγδəm》〔X^vāirizəmča〕
そこでは可航の諸川が／湛然（たんねん）として滔々と流れていく／イシ
ク湖(アル)とフェルガーナ(大宛)へ／モル，ハライワとガワ《スグダ》へ
〔またホラズムへ〕。

とあるがごとくである。しかし除魔書の州郡誌のうち I—VI を逆にならべ
て，このヤシュトの地名と対比してみると

Ⅵ　Haraiva　　　　　　　　　Mouru
Ⅳ　Bāxδī
Ⅲ　Mouru　　　　　　　　　Haraiva
Ⅱ　Gava　　　　　　　　　　Gava
Ⅰ　Airyana Vaējah V. D.　　　X^vāirizəm

のようになるから，Airyana Vaējah V. D. はホラズム（コーラスミア）であ
るとするのは誤りである。X^vāirizəm は中期語形，したがって後代の挿入にす
ぎないからで，古形なら *X^vāirizəmim とあるべきである。ヤシュト10：14を
律読すなわち音数律を復元して読んでも《　》や〔　〕内に入れた語形は先稿
本には属さないことが明らかである。ゾロアスターの故郷アルヤナ・ワエージ
ャフ即コーラスミアとする説は，このような不合理をその出発点にかかえてい
るもので，この説をもって精緻な言語学的研究に基づく，揺るぎないものとし
て追従する論者は，まずこの点を解決する必要がある。

　ところで，同じく古体ヤシュトでも，ヤシュト19になると，ゾロアスターと
出生地を同じくするとされる，彼の終末論的3子の出生する地に，積極的に触
れている。

　　　カンス海からアストワスルタ・マズダーアフラの使徒・ウィースパタルワ
　　　リー女の息子なる彼が勝利の投げ槍を投げながら興起せんとき……（§9
　　　3）……そのとき，ドルズを天則の庶類のもとから彼（アストワスルタ）
　　　は攘（はら）うだろう。（§94）……彼は一切の有象世界を甘露（イージャー）の
　　　眼をもって見，そして（その）覩見（とけん）が一切の有象世界を不壊にするだろ

う。

このアストワスルタとカンス海との関係を，より詳細に語るのが§66である。

　そ（の光る光輪）が随伴するのはかしこから，（すなわち）ハエートゥマント（ヘルマンド川）の注ぐカンス海があるところ（のかしこ）から興起してくるところの者に，だ。（また）そのまわりに，山々に発する多くの河川が蝟集しているウサザー山のあるところ（のかしこ）から（興起してくるところの者に），だ。

問題の湖海が現ハームーン湖であることは，§67に同湖に流入するとある河川の名称の大部分が現在の河川名に同定できることによって明らかである。そうすると，アストワスルタの出現する地域は Zranka=$\Delta\rho\alpha\gamma\gamma\acute{\eta}$=Sīstān である。ズランカはすでにダーラヤワフ（ダリウス）1世のビーストゥーン碑文（古期ペルシア語版）1：16 にその版図として記されているから，この語「ズランカ」で除魔書1：13 はこの地域を示せばよいのに，何故ハエートゥマントという河川名を用いたのか，そこが重要なポイントである。ハエートゥマントというのなら，その直前にリストされている Harax^{v}aitī（カンダハール地方）もやはりハエートゥマントに包摂されもする。だが，この問題への解答はあとで出そう。

私は第3サオシュヤントたるアストワスルタの出現地がズランカであることを指摘したが，彼の前に出現する第1，第2サオシュヤントの存在も，すでに古体ヤシュトはこれを示唆している。それはヤシュト13:128-129で，§128には「義者 Raočaš-čaēšman のフラワシ（精霊）をわれらは崇める。義者 Hvarəčaēšman のフラワシをわれらは崇める」以下，同様の辞式で人名のみを差し替えた形の表白がつづき，結尾の3表白では人名がそれぞれ p. 4 所掲の終末論的3子となっている。この段落の結尾を占めるこの3人名の位置は明らかに，ゾロアスターの千年紀につづく3・千年紀のおのおのに出現するサオシュヤントの観念を示すものであり，また§129に第3サオシュヤントのみを記しているのも，彼の終末論的役割の決定的なものであることを示すためである。これらの3サオシュヤントは明らかに，創世から12,000年後に到来するとされ

る終末と間接または直接に関連するものである。

　しかし、このような終末はゾロアスターの抱いていたそれではなかった。彼にとっては、終末はいつ来るとも予測しがたいもので、このような終末にそなえて、彼は人を教化し現世において救いを確約される境地に引きあげることを究極の目標とした。彼は信徒層を二分し、この境地に入ったものを福者（富者）、未到のものを貧者とした。この事実は教団とよびうるサークルがすでに形成されていたことを示唆するが、この重要な教化者がサオシュヤントである。だから、ゾロアスターは自身をサオシュヤントとよび、同労者をも同じようによんでいる。彼のいうサオシュヤントとは今現在に人を救うもので、救おうとするものでもなく遠い未来に出現するものでもない。初期の教徒には、かつて在世したサオシュヤント——そのようなサオシュヤントになりたいというのが願望でもあり期待でもあった。この語 saošyant- には -sya-（＞-šya-）が接辞されているから未来時制の分詞（未来分詞）というのが通説であるが、そうではなく、savah- または *saviš-（どちらも saoš- となる）「利益，恩寵」からの転来動詞（幹は saoš-ya-）の現在分詞である。このことは別途に詳論したし、海外から賛同の書信が寄せられている。[12] 言語学界の通説となっている時制に伊藤ごときが何をいうかというような論法をもってきてもしようのないことで、それよりも私の論議に筋を立てて反論する方が先決である。[13] サオシュヤントとは本来「利益者・恩寵者」ということである。ゾロアスターは人の霊力（maga-）を開発して天上の資産（išti-）を感見させ入信に導いたり、信徒の信を深めさせることにつとめた。[14] これは彼がサオシュヤントであることをよく示している事実でもある。

　私はゾロアスターの教えがダーラヤワフ1世によって王権強化のためにも受容されたことを主張して久しい。神と帝王を直結するためには、ゾロアスターの介在はむしろマイナスに作用する。帝王は神の地上的顕現である。[15] この帝王観はパールスにおいて、サーサーン王朝まで連綿として存続しつづけた。ハウマ作成器具のアラム語銘の識語にみえる辞式 āškāra š^{e}nat x「現神（今上陛下）の（治世）x 年」やパールスの諸王の貨銭銘にみえる fratarakā zī 'ælā-[16]

hayyā「神がみの名代」はいずれも，私独自の解読であるが，サーサーン朝の帝王が bay (< OP baga-「神」) と号し，同王朝が Bayānān ともよばれる事実の前史を示すものとして，史的価値は大きい。ハカーマニシュ王朝とゾロアスターの教えとが出会った結果，同王朝の不測の終焉を予示することにもなる本来のサオシュヤント観は改変されて，サオシュヤントの出現を前記のように遙遠な未来に移送したというのが，私の年来の主張である。政権と結びついた教学の変容である。この立役者はメディアのマグ祭司集団であるともいえる。彼らが政権の中枢に参画するに敏なることはマグ・ガウマータの王位僭称にみられるとおりである。マグ／モウなる呼称がゾロアスター教の祭司一般を意味するようになったのも偶然でない。彼らによるサオシュヤント観の変容は，東イランのズランカ＝シースターンを中心とする，ゾロアスター教および彼の教えと関連する諸要素を西イランのメディア起源のように変容する運動と不離のものである。いわゆる西遷運動であるが，これはメディアの地位を重からしめるためで，しかも従来考えられていたよりもさらに早く，ハカーマニシュ朝後期には成立していたとみてよい。除魔書の州郡誌に東イラン的サイクルを破って第12位に，一転してメディアの Raɣā θrizantu を挿入したのも，この期に属するとみたい。これは，ゾロアスターもラガーに生まれたが，開闢より12,000年後に到来する建て直しに主役を演じる第3サオシュヤントも，その前に出る第1，第2サオシュヤントもともに，このラガーから出現するという粉飾である。ゾロアスター教書は百年紀を単位として諸種の歴史的・伝承的事象を取り扱うのが通例であるから，12,000年とは100の10倍すなわち1000年の12倍であり，したがって私が第12位というランクに特別の意義があるとみるのも，無理のない見方である。

　こうして私は Raɣā θrizantu を私なりに解釈したが，しかし，これによると，第11位のハエートゥマントがもとから11位に位していたかどうかという疑問がおこる。これに答えるのが1位の「ワンフウィー川のイラン流域」である。実は第12位にハエートゥマントがきてこの1位に回帰する仕組みになっていたもので，ズランカなる本来の地域名を排して河川名を地域名として用いた

のも，ワンフウィー川と呼応してそこに回帰合流させるためである。同一地名が複数の呼称を有していたことは，私が前引器具アラム語銘においてペルセポリスが Frakāna, Sāraka, Hasti などとよばれていたことを指摘したものを参照されたい。したがって除魔書の州郡誌の先稿本では11位のハエートゥマントよりも前に，何らかの地域名が一つ介在していたはずで，そのテキストを仮りに原州郡誌とよんでおこう。つまり，原州郡誌ではハエートゥマントが第12位に位置していたとみられるのである。ワンフウィー川，すなわち後代のウェフ (Weh) 川は Raŋhā（後代の Arang）川とともに神話伝説上の河川で，イラン民族はその移動中に出会った大河に，この名を付してよんだに相違ない。したがって，そのようなウェフ川をヴォルガやオクソスあるいはハリー川（ハリールード）に比定する説のあることは理解できる。事実，除魔書1：3には「ワンフウィー川のイラン流域」，いわゆるエーラーンウェーズ（Ērānwēz）を「そこでは冬の10か月（と）夏の2か月がある《当今は夏の7か月と冬の5か月がある》」といい，ザンドには

10 ˈmāh ˈānōh zamistān 2 ˈmāh hāmēnīh 《ud ˈpas-iz hapta hənti hạminō måŋha panča zayana aškarə》

そこでは10か月の冬（と）2か月の夏がある《しかし，それでも（ˈpas-iz）当今は（aškarə「知悉のこと」）夏の7か月（と）冬の5か月がある》とある。この訳註には二様の季候が記されているが，後の方が「しかし，それでも」ではじまっているから，明らかに前の方に対する追記補訂である。しかし，確実なことはエーラーンウェーズが二つあったということだけで，二様の季候がどの地に該当するかは私にはまったく不明である。

最後に，州郡誌にしても原州郡誌にしても（Ⅰ）エーラーンウェーズから（Ⅵ）ハライワまでは，途中で多少の出入曲折はあるが，大体において逆時計廻りに記述され，（Ⅶ）ワエークルタから（Ⅺ）／（Ⅻ）ハエートゥマントまでは時計廻りになっている。双方を合わせると円環が成立し，エーラーンウェーズが上（北）端，ハエートゥマントが下（南）端になる。この記述の方向には，一つの世界像があるように思われる。アフレマンが侵入すると，オフルマ

ズドは北方の源泉から２河をまず流出させて中央洲にカナートの形で送水し，以後この２河は諸水を集めてフラークカルド海に合流し，さらにそこから，またもとの源泉に回帰するとはブンダヒシュン書の所伝で[20]，この考え方によれば北端と南端とは相即することになる。州郡誌にみえる記述の方向について，今の私には他に解釈のあてがない。エーラーンウェーズは複数で存在したが，アヴェスターがゾロアスターの故郷として伝えるそれはハエートゥマント＝ズランカ＝シースターンであり，彼の終末論的３子の出現するところも同じ地域である。Theodoros bar Kōnay が，ゾロアスターの教えが Zarnaq（＜Zrang＜Zranka）の言語でも編述されたと報告している[21]のも，この間の消息を伝えている。そのエーラーンウェーズを灌漑する川（この言い方は不合理だが）はすなわちヘルマンド川なのである。この地を第12位にすえていた原州郡誌から，何らかの一地域を削除して第12位を第11位に押し上げ，ラガーを第12位にすえて，そこをゾロアスターの出生地にし，かつまた彼の終末論的３子の出生予定地ともなしたのは，前述のように，メディアのマグ集団であった。この成立は，これも前述のように，ハカーマニシュ朝後期とみてよい。一般に除魔書はアルシャク朝期（前249―後226）の成立とみられているが，所収の素材がみな，それと時代を同じくするとは限らない。その第２章がイマのザーゲを含み，第19章がゾロアスターのいわゆる降魔譚を含んでいるのをみても，そのことは首肯できよう。Raγā θrizantu の成立がかなり古いことは，それへのザンドが原意をはずれていることからも推定できる。

　ここで一つのまとめに入ってみると，開祖の教えが純粋な形で保持されていた時期を第１期とすれば，サオシュヤント観の変容をみせながらも，なおシースターンを主要な舞台として伝持していた時期を第２期，そしてこのシースターンの要素をメディアに移し開祖と東イランとのつながりをできるだけ抹消した時期を第３期とすることができる。しかし，これはあくまでも原則論で，実際には第１期のものでも，非ゾロアスター的要素を含むことはある。例えば，ゾロアスター教に勧奨する最近親婚を容認させる形での信条告白文（フラワラーネー。ヤスナ第12章）――そこではサオシュヤントの原初形態が保持されて

いる——が成立していて第1期のものでありながら，ゾロアスター自身の勧奨したとは思えない要素を含んでいるがごときである。最近親婚を肯定する句を後代の挿入とみる立場もあって，そのようにみれば問題はもっと簡単に割りきれるが，私はとらない。また，この時期区分は思想史上のもので，アヴェスター・テキストの成立・成文化の新古とは必ずしも一致しない。だが，そうした間にあって確実視されうるのは，私のいう原州郡誌（第2期のもの）に除魔書1：15が挿入され，ハエートゥマントの前の何らかの一地域名が削除されて州郡誌の原型が成立したのは思想史的には第3期，歴史的にはハカーマニシュ朝の後期と考えられるということである。かの原州郡誌にホラズムがあったのではないかとの質疑も出ようが，その可能性はない。なぜなら，（イ）前引ヤシュト第10章にもこの地名はもともとなかったはずだからで，（ロ）またホラズムを入れると州郡誌ⅠとⅥ（ハライワ）の間に入ることになるが，そうすれば，このハライワは地理的位置からみてハエートゥマントの次にこそ位置すれ，ハラクワティー（Harax^{v}aitī）とハエートゥマントとの間に入る——ハエートゥマントはどうしても結尾にくる必要がある——ことは不自然だからであり，（ハ）それならハライワを第7位にすればよいではないかとの考え方が出るかもしれないが，7位まで書きつらねると，12,000年という世界の歴史の前半をメーノーグ相の3000年とゲーティーグ相の3000年（いずれも正善の時劫）の計6000年を逆時計廻りに記し，残る6000年（混合の時劫）を時計廻りに記している行き方に沿わないことになって不可だからである。いずれにせよ，真のアヴェスター伝承にはホラズムは不在だったわけで，この点は，ホラズムが古期ペルシア語碑文においてビーソトゥーン碑文1：16以来，すでに版図として記載されている事実とは異なるもの。アヴェスターの宗教伝承に終始一貫してホラズムのみえないことはこれまた，この地をゾロアスターのホームランドとする説の根底をゆさぶるものである。

　Raγā θrizantu が挿入されてからヤスナ19：18（前引）のごとき説の成立するまでには，相当の年時を要したのではないか。少なくともそれは「3子出現のラガー」という本義が見失われてから後のことである。この本義のほぼ完全

な忘失はザンドを引いて明らかにしたところで、この忘失はシースターン出現をとる第2期思想の巻き返しによる。それにしてもこの西遷運動の効果は大きい。ブンダヒシュン書の諸句をまとめてみると、アードゥルバーダガーンのエーラーンウェーズにダーラージャ川というのがあって、その河岸にゾロアスターの父ポルシャースプの家があり、そこでゾロアスターは生まれた、ということになる。ブンダヒシュン書でさえこのような状況であるから、他は推して知るべし、である。『ジャーマースプに関する回想 (Ayādgār ī Jāmāspīg)』1：8にはウィシュタースプ王がアードゥルバーダガーンのジャーマースプを召した、云々の記載がみえる。事実、アル・マスウーディーの『黄金の牧場』(956年成立) 2：127に「ゾロアスターの没後、アーザルバーイジャーンの出たる賢者ジャーマースプがその職をとった。彼は最初のモーベドとなった」とある。この地はアレクサンドロス大王の遠征後、ゾロアスター教のもっとも栄えた中心地の一つとなっており、いかにももっともらしい所伝である。ジャーマースプはウィシュタースプ王の宰相で、ゾロアスターの末女と婚したとされている人物。また『エーラーン (イラン) の諸都城 (Šahrestānīhā ī Ērān)』§58には「アードゥルバーダガーンの地方では都城ガンザグ (Ganzag) はトゥーラーン人フラースヤーグが創設した」といい、§60には「都城ラーグは……が創設し、スピターマ家のゾロアスターはその都城で出生した」とある。フラースヤーグは Av. Fraŋrasyan で Tūirya-「トゥーラーンの, トゥーラーン人」という修飾詞がついているが、このトゥーラーン (ツラン) というのはシースターンとマクラーンとの間に位し、そこからインダス河岸にわたる地域である。それを立証するのはシャーブフル1世 (在位241—272) の「ゾロアスターのカアバ」刻文で、子ナレサフ (のちのナレサフ1世) を「ヒンド, サゲスターン (シースターン) および, われらの (インダス) 河岸に及ぶトゥルゲスターンの王 (ˈšāh Hind Sagestān ud Turgestān〔twrgstn〕ˈyad ˈō-n zanb)」とよんでいる句である (パルティア語版 l. 19。このトゥルゲスターンに対し、ペルシア語版 l. 24 には twrstn = Tūrestān, ギリシア語版 l.42 には Τουρηνιη とある)。トゥーラーンはデーンカルド書第7巻第4章の伝えるよ

うに, ゾロアスターの最初の教化に反発した地であるから（もっとも, 反発の理由として彼が最近親婚を勧奨したからだというのは真実ではないが）, 後年そこから帰依者の出たことは, 彼には格別のよろこびであったろう。彼はヤスナ46：12に「トゥーラーンの喧伝さるべき／世嗣ぎや孫たちの間に, 施心（アールマティ）から／庶類を熱心に栄えさせるものたちが, 天則のおかげで興起したので／彼らに助力するために示現しようとして, マズダー・アフラは／彼らを, ウォフ・マナフに（慈愍され）て, 引見し給うた」とのべている。しかし, トゥーラーン人が最近親婚を実行したとはいっていない。トゥーラーンはマーニーが教化活動を行った地でもあり, 合わせ考えると興味ぶかい。この地域を明確にした前記刻文はペルシア語版が1936年, 他の2語版は1939年の発見にかかるものであるが, 烱眼 Wilhelm Tomaschek が早くこの地域をバロチスターンに求めている[24]のも注目される。また§60はゾロアスターをラーグ（ライ, 黎軒）の出としている。[25]このように彼や彼をめぐる諸要素をシースターン（やトゥーラーン）から西イランのメディアに移したものは他にも例が多いので, Raγā θrizantu を挿入した, アヴェスター改刪勢力のいかに大きかったかをうかがい知ることができよう。

註

1　この論考はこの題名で『日本オリエント学会創立三十周年記念オリエント学論集』刀水書房1984年, pp.55-68に載せたものであるが, 註では若干増補したところがある。
2　拙著『ゾロアスター研究』岩波書店1980年（2刷）, p.489以下。
3　「生む」の語根は, Av. zan-。zantu- は動作主（行為者）名詞。
4　3子の中期語形はそれぞれ Ušēdar, Ušēdarmāh, Sōšāns。3子の未来時出現は梅怛利耶の三会（さんね）と比較される。弥勒下生経によると弥勒（Maitreya）は兜率天から下生して竜華樹下に成道し初会・第二会・第三会にそれぞれ96億・94億・92億の人を度して阿羅漢果を得させる, とある。また, そのときから久遠に地は平整（平坦）となるのみか, 人心均平皆同一意, 相見歓悦善言相向, 言辞一類無有差別ともある。平整と相見歓悦云々ならびに言辞一類云々は, 建直し後の世界やそれに到るまでの状況としてブンダヒシュン書にも見えており, 人心均平もゾロアスター

教の諸書に勧奨する「中庸（paymān）」の徳と等しい。これらの事実はミスラ神の演じる終末論的役割とともに、弥勒下生経の成立史的考察に見のがしえない要素である。そのほか、弥勒の出世を仏陀入滅後56億7千万年とする数字にも問題がありそう。というのは、この数字は文献不伝だからである。これへのアプローチとして大毘婆沙論に基づくインド側からの計算を元にしてさらに1桁あげると57億6千万年となるが、これでは9千万年を減じないと所要の数字にならない。では、イラン側からではどうなるか。ゾロアスターにとっては終末は明日にでも到来する。そこでこの終末は開闢から12,000年にまで先送りされた。この傾向を極限にまで推しすすめると57億年の数字が得られる。計算法はゾロアスターの千年紀につづく第1、第2サオシュヤントのそれぞれの千年紀を1000×3でなしに1000^3とすると、先ず一気に10億年が得られる。そして第3サオシュヤントすなわちソーシャーンスの千年紀は、千年というのは建て前で、実際はわずか57年。この57を10億に加算せずに、10に57を置きかえると一挙に57億年となり、これだと3千万年を減ずるだけで56億7千万年となる（詳細は本拙著p.320註112参照）。ともあれ、どのようにしても通常の計算では得られないこの数字には何か特殊な背景でもあるのではなかろうか。

5 《　》は原註とみなすべき部分、⁺は改読。訳文中の（　）は私の補筆。〔　〕は削除すべき部分を示すことがある。

6 ʼu-š ʼēn ʼhar sē padiš būd ——前訳「またこの3者もそこにいた」を「またこの3者もみな彼といっしょであった」に改めた。

7 この人名の意味については本拙著p.22参照。

8 Stig Wikander : *Feuerpriester in Kleinasien und Iran*, Lund 1946, pp.202, 205. このブンダヒシュン句は TD_1 202 : 10−15 = TD_2 235 : 8−13。

9 Iškata- —— *Išk-kata- の略記とみて Iššyk-kur「イシク・クル（イシク湖）」に同定した。地理的知識は少なかったので可航の諸川が云々といっても批議する必要もなかろう。

10 Pouruta- —— 語形からみてフェルガーナ（大宛）(*Pourukāna-) に引きあててみた。可航の諸川云々との関係については前註参照。

11 岩本裕『迦楼羅』第1号、1980、p.12。本拙著p.12も参照されたい。のちに公刊されたコーラスミア説否定論にはHelmut Humbach : *A Western Approach to Zarathushtra*, Bombay 1984（ただし本拙著p.67註33参照）、p.21以下もある。

12 註2所掲拙著p.248以下。「-sya-／-šya- が接辞されているから未来時制だ」という従前からの単純な見解を無批判的に祖述する傾向は残念。S. Insler : *The Gāthās of Zarathustra, Acta Iranica 8／1975*；Maria C. Monna : *The Gathas of Zarathustra. A Reconstruction of the Text*, Amsterdam 1978；Robert S. P. Beekes : *A Grammar of Gatha-Avestan*, Leiden 1988 などみな然り。

13 註11冒頭所掲文献p.9。

14 本拙著p.90参照。

15 この問題は本拙著pp.95−96あたりをふまえて論ずべきであるが、私によればさらにダーラヤワフ1世は Yaθā ahū vairyō (Ahunawar) 信条告白文（本拙著pp.22−23

参照)におけるゾロアスターの地位に自身を置きかえたともいいうるのではないか。なお、この告白文そのものについては附録Vも参照されたい。

16 註2所掲拙著p.429以下。
17 註2所掲拙著p.410以下。
18 本拙著所収「断疑論」10 : 69 (p.367) およびその註60参照。
19 マグ (magu-) の語源その他については本拙著p.88以下参照。
20 拙著『ペルシア文化渡来考——シルクロードから飛鳥へ——』岩波書店1980年, p. 128。
21 Émil Benveniste : "Le témoignage de Théodore bar Kōnay sur le zoroastrisme", *Le Monde Orientale*, XXVI—XXVII／1932—1933, pp.171-174.
22 TD_1 73 : 10—10a＝TD_2 89 : 2—3; TD_1 100 : 3—4＝TD_2 121 : 8—9; TD_1 169 : 15＝TD_2 198 : 13—14。それぞれ「ゾロアスターの父ポルシャースプの家がその岸にあったダーラージャ川はエーラーンウェーズにある。」;「ダーラージャ川は河岸の首長 (rad＜Av. ratu-) である。というのは、ゾロアスターの父の家がその岸にあり、ゾロアスターはそこで生まれたからである。」;「エーラーンウェーズはアードゥルバーダガーン(アーザルバーイジャーン)の地方にある。」とある。
23 「都城ラーグ(ライ)は……が創設した」は原文にはないが、Josef Markwart : *A Catalogue of the Provincial Capitals of Ērānshahr. Pahlavi Text, Version and Commentary*, edited by Giuseppe Messina, Roma 1931, pp.23, 112—114 に従って補入したもの。そうしないと、ゾロアスターの出生地は蛮域マーザンダラーンらしい地域の都城となって不可だからである。
24 W. Tomaschek : "Zur historischen Topographie von Persien, I : Die Strassenzüge der Tabula Peutingeriana", *Sitzungsberichte der Wiener Akademie der Wissenschaften*, CII／1883(1972²), p.54 〔198〕.
25 註23参照。

2. 名詮自性「ゾロアスター」
──東方からのアプローチ──[1]

「ゾロアスター」(Zoroaster)」というのはギリシア訛りをさらに訛った形で，原形はザラスシュトラ (Zaraθuštra) という。この語は zarat- と uštra- との合成で，後肢は駱駝である。駱駝にはこのほか古期ペルシア語に ušša- があり，中期語ではパルティア語 uštar があって中期ペルシア語にもこの uštar が用いられ，近世ペルシア語の uštur もこの系統に属する。

ところで，Zaraθuštra という形はパーザンド本ではそのまま写音されてもいるが，一般の理解を反映する中期イラン語文献では zltwḥšt (Zarduxšt), zltwšt (Zardušt)（両形ともゾロアスター教系の中期ペルシア語書，いわゆるパフラヴィー語書），zrhšt (Zarhušt), zrdrwšt (Zardrušt)（それぞれマニ教系パルティア語，同中期ペルシア語）の計4形が伝えられているが，そのいずれにも「駱駝」を想わせる形は見出せない。このことは Zaraθuštra という語のもつ本来の意味が早く見失われていたことを物語るものである。

彼の名に uštra-「駱駝」が見出されたのはようやく1833年のことで，発見者はフランス人 Eugène Burnouf。彼は彼の名を fulvos camelos habens「褐色の駱駝をもつもの」と説明した。だが，のちに自らこれを改めて astre d'or「金色の星」[2]とする有様であった。なんとかして光明や光と結びつけようとする説は多くの学者を捉えたのみか，ゾロアスター教徒の中にもこれを見出すことができる。例えば I. J. S. Taraporewala で，パーシー人の著述家たちはZaraθuštra なる語を「金色の光明をもつもの」(zaraθa-／Skt. harita-「金色の」と uštra-「光明」〔<uš-「かがやく」〕との合成）の謂いに解したい意向だといっている。氏は同じ意見を繰り返して，このようにも述べている[3]「彼の

本名 (personal name) が Spitāma で，その家門の創始者だった一祖親にちなんだものであることはよく知られている。Zaraθuštra というのはどうも，彼がその預言を公告してからのちに知られるようになった称号（タイトル）だったようである。太子シッダールタが成道後ブッダ「覚者」として知られ，また，イエスがキリスト「受膏者」として知られるようになったのと全く同じようにみえる。Zaraθuštra という名——普通は Zaraθuštrōtəma という最上級の形をとるが——はイランではゾロアスター教教会のヘッドを示すならわしになっていた。だから，uštra-「駱駝」と結びつけて彼の名に賦与される通例の意味は，何としてもふさわしいとは思えない。学者の中には zaraθa-「金色の」と uštra-「光明」——語根 uš-「かがやく」からの派生詞——とから彼の名を引き出すことをサジェストするものがあり，この方がはるかにまさっている[4]」と。しかし，zaraθa- と uštra- とでは *Zaraθaoštra となること Fərašaoštra<fraša-uštra- の如くで Zaraθuštra とはならないし，また「金色の」の意味は，ロシア語 золотистый「金色の」, золото「黄金」もあるが，Av. zaranya-, zarənya-, zarənu-, zairi- または zairita- (Skt. hiraṇya-, harita- 参照) で示すのが普通であるから，「金光明者」は成り立たない。さらに別解として彼の名を「医師（にして）預言者」(J. Hampel) とか「老護牛者」(M. A. Mehendale) とする説もあるが，いずれも成立しない。[5] 前者は預言者名を両数的合成詞とみるもので，仮りにその説を受け入れると Zarantā-uxštrā となって Zaraθuštra とはならない。これについては Av. Miθra Ahura bərəzanta (より正しくは *Miθrā Ahurā bərəzantā)「崇き双神ミスラとアフラ」を参照したい。「老護牛者」説は預言者名を zarat + uxšan + trā なる3語の合成詞とみるもので，語央の uxšan-「雄牛」には uxšan->uxš- なる音転を認め，*Zaraθuxštra を Zaraθuštra- の原形としている。この説にはいくつかの難点がある。第1は Av. yaoxšti-「洞察力，霊力」(Ilya Gershevitch : *The Avestan Hymn to Mithra*, Cambridge 1959, p.187, ほか。しかし語源については本拙著p.109参照) や Av. frapixšta- (fra-paēs-)「飾られたる」などのように Av. にも非語源的 -x- の登場は見られるから，

2. 名詮自性「ゾロアスター」

Zaraθuštra にもそれがあってもよいはずであるのに，Av. や Pāzand 本で彼の名を正書するときは，みな -x- を欠いている。それ故に MP zltwḥšt／Zarduxšt の -x- は MP のみのものとみるべきである。おそらく tuxš-「努める」という美徳を彼の名に擬しているのであろう。この点はマニ教系の MP zrdrwšt／Zardrušt の中に druxtan, drōz-「いつわる」という貶斥的観念を擬しているとみられるのに対比されよう。このような -x- を，しかも uxšan-「雄牛」の -x- として措定することは許しがたい。第2は，第1の難点を看過するとしてのことであるが，uxšan- は uxša- となって uxš- とはならないから，*Zaraθuxšaθra のように -tra は -θra となるほかはない。第3は，動詞 -trā（むしろ tar-／θrāy-）は「保護する」よりも「越える，凌駕する，支配する」を意味し (J. Duchesne-Guillemin : *Les Composés de l'Avesta*, Liège–Paris 1936, p.109)，合成詞末ではこの動詞は tar-, taurvan(t)-, tarəti-, θrāti- の形をとることを指摘したい。第4は，提示された *Zaraθuxštra の zaraθ- が uxš(an)- を跨橋して -tra にかかって「老護牛者」となることはできず，むしろ「老牛中の頭目」あたりがせいぜいのところで，これでは預言者の名は牛畜に堕してしまうおそれさえ生じかねない。

タラポーレワラが通例の解釈といっているのは Zaraθuštra を「老駱駝の持ち主[6]」とみるもので，Harold W. Bailey が新説を打ち出すまで，長い間通用していた。しかし，新説といっても，ゾロアスターの周辺には，Pouruš.aspa（彼の父），Duγδō.vā（すなわち *duγda-(g)vā-；彼の母），Vīštāspa（王），Fərašaoštra（前出，王の宰相）および Dəjāmāspa（同前；ゾロアスターの末女 Pouručistā の夫）などのように，aspa-「馬」，gav-「牛」や uštra-「駱駝」といった益畜（gōspand）に修飾詞をつけた人名がいくつか存するから，Zaraθuštra の後肢 uštra- にまで新説が及ぶのではなくて，前肢の zarat-（<*zarant-）を問題として取り上げるものである。氏はいう「固有名詞では動物の修飾詞は称揚的なのがきまりで（おそらく〔Kərəsāspa すなわち Kr̥saaspa の〕kr̥sa-「痩せた」でも薄すぎるというより「余分の」の謂いだったかもしれない），また男子（または男児）に持ち分が zarant-「年寄りの，不具

19

の」駱駝となぜ名づけねばならないのか，考えることがむずかしい。zarat-「駆る，追う，調教する」になると（ゾロアスターの）名はローカル・ライフにふさわしい，重要な意味をもつことになる」と。ベイリーはインド・イラン語 jar-／zar-「駆る，追う」[8]なるものを，自らは「ほとんど忘れられた動詞」といいながらも，定立するのに大きな努力を払った。この立論を M. Mayrhofer は受容したが，理由とするところはインド・イラン語的 -a-／-at- に終わる前肢は後肢を支配するもので単に後肢を修飾するものではないというにある。[9]

ところが，これを批判して B. Schlerath[10] は「通例の」解釈をとり，zara(t)-「追う，育成する」というのはどうみても実際に作為されたもので，それというのもヴェーダ対応語形 jar- は合成詞造出の点で生産的でなく，またそれは「行く」を意味するのみで「追う」とか「育成する」を意味することは全くないからだ，という。また，卑見によれば，ゾロアスターが自分で名乗った称号——このことは後述する——に，一般に通用している zara(n)t-「老いた」をさしおいて「ほとんど忘れられた」動詞的形容詞を取り入れているというのは，なんとしても不可解である。

ベイリーのいうように，男子（または男児）に「年寄りの，不具の」駱駝の持ち主というような名をなぜつける必要があるのか，その辺の理由は考えることがむずかしい。しかし，この疑問は親が名づけるときにかぎられる，というのは親は通常，末広がりの佳名を求めるからである。この点において，さきに引用したタラポーレワラの言は示唆するところが大きい。氏は「彼の本名は Spitāma だった……Zaraθuštra というのはどうも，彼がその預言を公告してからのちに知られるようになった称号（タイトル）だったようである」といっている。私はこれを修訂して「彼の本名はスピターマだった……ザラシュトラというのは彼が啓示（dēn）を受けてのちに名乗った称号（タイトル）か綽称（別称）で，彼の宗教的立場をこれに託したものである」とすればよいのではないかと考える。

ヤスナ53：1—2に Zaraθuštra- Spitāma- と Zaraθuštri- Spitāma- が出て

2. 名詮自性「ゾロアスター」

いるが，後者は「ザラスシュトラの子スピターマ」の謂いで，この人物はイサ
ス・ワーストラ (Isaṱ.vāstra) とよばれるのが通例であるが，ここではスピタ
ーマとしてのみ登場している．

    vahištā īštiš srāvī   Zaraθuštrahē

    Spitāmahyā yezī hōi   dāṱ āyaptā

    ašāṱ hačā Ahurō   Mazdå yavōi vīspāi ā   hvaŋhəvīm

    yaēčā hōi d⁅a⁆bən saškənčā   daēnayå vaŋhuyå   uxδā šyaoθ⁅a⁆nācā

  最勝の資産として聞こえているのはザラスシュトラ・

  スピターマの恩典ですが，これはまことに彼に授け給うたのです

  天則に従ってアフラ・マズダーが——いつの日までも（彼が）安楽ならん
    がために——

  そしてまた（人々を）彼(の主)にまつろわせ且つ（彼らをして）よきダ
    エーナーに発することばと行ないとともに〔あら〕しめるものどもに
    〔も授け給うのです〕．

    aṱ⁅čā⁆ hōi sčantū manaŋhā   uxδāiš šyaoθ⁅a⁆nāiščā

    xšnūm Mazdå vahmāi ā   fraorəṱ yasnąsčā

    Kavačā Vīštāspō   Zaraθuštriš Spitāmō   Fərašaoštrasčā

    dåŋhō ərəzūš paθō   yąm daēnąm Ahurō   saošyantō dadāṱ

  されば称賛しまいらすようにマズダーを満足せしめ且つ進んで奉祀するこ
    とに

  彼（の主）のために，心，ことばと行ないをもって，これ従うてほしいの
    は

  カウィ・ウィーシュタースパとザラスシュトラの子スピターマとフラシャ
    オシュトラで

  〔彼らが〕サオシュヤントのものとしてアフラの創成し給うたかの教法の
    ために至直の道を敷きながら，です．

  §2では，上述したように，ゾロアスターの長男 Isaṱ.vāstra（「牧地
(vāstra-) を求めるもの」の謂い）は単に「ザラスシュトラの子スピターマ

(Zaraθuštriš Spitāmō—単数主格)」として出ている。Zaraθuštriš の代わりに Isaṭ.vāstrō とし，「イサス・ワーストラ＝スピターマ」としても音節数は同じなのに，そうはなっていない。彼ら父子の関係は周知の事実だったに相違ないのに，それをことさら挙示しているところから，いくつかの問題が出てくる。

　先ず出てくるのは，出生時に Isaṭ.vāstra とは名づけられなかったということである。ゾロアスター教徒の伝承によると，ゾロアスターによる最初の妻選びは彼が20代の初期，もっと可能性のあるのは20歳の年に行われたとみることである。このことから，ゾロアスターは20代の初期に結婚して（女性の名は伝わっていない）長男イサス・ワーストラを儲けたと考えてよい。ゾロアスターは30歳で啓示（デーン）を受けたので，長男生誕時には彼にはイサス・ワーストラというような，宗教的深義をそなえた名をつけるほど，成熟してはいなかったはずである。イサス・ワーストラは上説したような語意だから，一見すると農牧関係のものにみえるが，実はそうではなく祭司階級の役割と至大な関係を有している。パラフヴィー文学ではイサドワースタル (Isadwāstar ＜ Av. Isaṭ.vāstra-「イサス・ワーストラ」) は祭司階級のラド (rad ＜ Av. ratu-) すなわち「リーダー」となり，最後の建直しには同じラドとして集会を招集するが，この集会も彼の名にちなんで「イサドワースタルの集会 (hanjaman ī Isadwāstarān)」とよばれるものである。彼のこのような動静は Yaθā Ahū Vairyō（または Ahunawar）告白文（ヤスナ27：13）によって容易に解明することができる。

　　　yaθā ahū vairyō　　　aθā ratuš ašāṭčīṭ hačā
　　　Vaŋhəuš dazdā Manaŋhō　　šyaoθ[a]nanąm aŋhəuš Mazdāi
　　　xšaθrəmčā Ahurāi ā　　yim drigubyō dadaṭ vāstārəm
　　　救世者として望ましいように，そのように統裁者としても，天則そのもの
　　　　に従って，
　　　（ご自身は）ウォフ・マナフの（有）として，世のもろもろの営為の，マ
　　　　ズダーへの教導者
　　　また（世の）王国をアフラへ（教導し給う）かた——そ（のあなたさま）

2. 名詮自性「ゾロアスター」

を（かの方がたは）貧しきものどものために牧者と定め給うたのです。[16]

　この告白文の受け取り方は極めてむずかしいが，敢えてこのように訳しておく。私のたどりついた究極的理解によれば，生身のゾロアスターを相手として，信者たちが自分たち（貧しきものども——後述参照）を導いてくれる教導者（dazdar-），牧者（vāstar-）と仰いだ信条告白文である。したがって，主文の主語（顕示されていないが，関係代名詞 yim〔男性単数対格〕の先行詞となるもの）は「彼」でなく「あなたさま（θwāvant-）」と領解さるべきであり，それの述語として用いられている動作主名詞 dazdar-「教導者」は，一方では šyaoθ〔a〕nanąm「もろもろの営為の」という複数属格との関連においては動詞 astī 'he is' が省略されていると解せられるが，xšaθrəm「王国を」（単数対格）との関連においては動詞の役割を演じているといえる。私が astī 'he is' (ahī 'thou art' でなしに）の省略をいうのは，省略されているとみられる主語「あなたさま（θwāvant-）」は実質的には単数2人称的敬語であるが定動詞は3人称単数（ここでは astī）を従えるからで，ガーサーに多くの例があることは私のすでに指摘しているところである。[17] ゾロアスター自身はアフラ・マズダーをさして「あなたさま」といっているが，その語を敬虔な教徒はこの告白文においてゾロアスターに対して用いたとみられるのである。彼らはゾロアスター（ザラスシュトラ）という名を用いるのを避けた。これは後述するように，彼が自身を貧しき者の立場におとして名乗った自称だからである。そこで，このような私の理解からこの告白文を，敷衍しながら訳しかえてみると，つぎのようになる：

　　あなたさまは，尊い方がた（神がみ）が私ども貧者たちのために牧者として定め給うた方で，救世者として望ましいように，そのように統裁者としても，天則そのものに従って，ご自身はウォフ・マナフの有(もの)として，世のもろもろの営為の，マズダーへの教導者にましまし，また世の王国をアフラへ教導し給うのです。

　この告白文で注意したいことは，いま述べたように，ザラスシュトラの名が回避されていることであるが，それとともに，信者たちが彼を神がみが貧者た

ちのために任じた「牧者（vāstar-）」だとよんでいることである。その「牧者」は世の営みを教え導いてアフラ・マズダーに帰属させる教導者，教誨者（daz-dar-）であるが，その教え導かれるものはここでは「貧しきもの（drigu-）」といわれている。貧者とは何か。ガーサー翻訳者はこの語を'needy'とも訳しているが，これも極めて不十分な理解といわざるを得ない。貧者とは宗教的に貧しいものの謂いで，これを十分に理解するには arədra-「富者」と関連させて取り扱うべきであるのに，その arədra- を「熱誠者」「誠実者」などと解していては drigu- と関連させて取り扱うなど思いもよらず，延いてはゾロアスターの教義の重要な面を見失うことにもなる。

なお，この語 drigu- について注目したいのは，M. Mayrhofer : *Etymologisches Wörterbuch des Altindoarischen*, Ⅰ. Band, Lieferung 1, Heidelberg 1986, pp. 67–68 (ádhrigu- の項) である。氏は drigu- を説明するのに，ádhrigu- は「去勢牛の所有者」で「富裕」を示すものという説に従い，その頭音 a が誤って否定辞とされ，それを除いた *dhrigu-／drigu- が「貧困」を示すようになった，とする。これは ásura-「神」が後期に誤ってその頭音 a を否定辞とみなされ asura-「阿修羅」>sura-「神」として新語が成立した，あの過程を擬制するもので説得力に欠ける。

arədra- は Av. arəd-／Vedic ṛdh-「栄える，富む」に -ra を接尾した形容詞で，「富んでいる，富者」から「宗教的に富める者，福者」を意味する。私はインド・イラン的見地から Vedic ádhrigu-「貧しくない」／Av. arədra-「富者，福者」と同 drigu-「貧者」を詳しく取り扱い，イラン側の事情とインド側のそれを対照的に浮き彫りにした。[18] それによると，イラン側では天国の資産（išti-，上引ヤスナ53：1参照）を自ら所有するアフラ神群（アフラ・マズダー，ミスラ）やその信者で存命中に，死後この資産を授与されることをすでに保証されているものが等しく arədra-（富者，福者）とされ，信者ではあってもまだこの保証を得ていないものが drigu-（貧者）とされているのに対し，インド側ではデーヴァ神群とその信者を包括して ádhrigu-（貧しくない者）と称し，信者の中にはこの語を名乗っているもの（Ádhrigu-）さえ見出される

(Ṛg-Veda Ⅰ 112：20; Ⅷ 22：10)。イラン側では等しく aṣ̌avan-「天則者，義者」といっても貧・富の別があるがインド側ではひっくるめて ádhrigu-（貧しくない者）とよんでいるわけで，神群にアスラ（アフラ）対デーヴァという対立があるように，信者層にもこのような対立（差別的対無差別的）のあることがわかる。ウィーデーウダード 3：19にみえる Av. draējištō.təma- は語意をめぐって定説もなかったが，この語が drigu- の最上級 draējišta- の上にもう一度最上級を構成したもので，このことからそれが「最極貧者」として宗教的に救済され得ないものの境地を示していることも明らかとなった。ヤサー・アフー・ワルヨー告白文はサオシュヤントたるゾロアスターが貧しき人びとのために任命された「牧者（vāstar-）」であり教導者（dazdar-）であるといっているが，これは言葉を代えていえば，ゾロアスターの導きによって貧窮位から富者位，福者位に引き上げられ現世において天上の資産を確約される身となりたいこと，あるいは，たといそこまで到らずとも，チンワント（検別者）の橋のもとでおのが魂なりダエーナーなりに生前の邪道をなじって立腹されることのない（ヤスナ51：13；46：11）境地に到りたいことを述べたものである。

　ところで，牧者（vāstar-）の性格は上述のとおりとして，ではその牧者によって拓かれ教化さるべきものは何かといえば，それはまさしく牧地（vāstra-）であり貧者（drigu-）なのである。したがってイサス・ワーストラ（Isaṭ.vāstra-）という名は「牧地すなわち貧者を求める者」であることを示している。彼はそれを求めて上述した境地にまで引き上げてやりたいのである。この点は「イサドワースタルの集会」の性格によって十分に示されている（註15参照）。そこでは義者と不義者の分離が行われ，生前の不義への悔悟もみえる。明らかに，イサス・ワーストラという名が牧地すなわち貧者を求め，教化して正道不履行を防いでやるものの謂いであることを物語っている。

　このような深義を秘めた，イサス・ワーストラという名を，もし彼の父ゾロアスターがつけたとすれば，それはゾロアスターが30歳で啓示を受けてからのちのことに違いない。もしそうでなければ，子イサス・ワーストラが自ら名乗

ったものに相違ないが，それも自身を預言者ゾロアスターの弟子であると自覚したときか，それ以後であろう。いずれにしても，イサス・ワーストラという名は彼が生まれたときにつけられたものではなくて，自ら名乗ったか，父なる預言者ゾロアスターがつけたもので，父ゾロアスターがこの長子につけたやった本名はスピターマ（Spitāma-）なのである。

　上述してきたことから私どもは，Zaraθuštra Spitāma とある場合の Spitāma を，ゾロアスターの父ポルシュ・アスパ（Pouruš.aspa）が彼につけた，いわばゾロアスターの本名とみなさざるを得ないし，ゾロアスターはこんどはおのが子に，この名 Spitāma をつけたわけである。スピタマ家では一祖親にスピタマ（スピターマ）なる人物がいて，この名がのちにも再三登場すること，例えばマドヨーイ・モーンハ・スピタマ（Maiδyōi.mąŋha Spitama──ゾロアスターの従兄）やポルチスター・スピターミー（Pouručistā Spitāmī──ゾロアスターの末女）の如くである。Zaraθuštra Spitāma とか Spitāma Zaraθuštra とかが中期ペルシア語で Zardu(x)št ī Spitāmān とか Spitāmān Zardu(x)št「スピターマ家のゾロアスター」「スピターマの裔ゾロアスター」のように訳されているが，この訳は正確ではない。このような訳の出るのは，私が冒頭に述べたように，この預言者の号「Zaraθuštra」の本義が早く見失われてしまった結果である。

　では，「Zaraθuštra」の語意は何なのか。「老駱駝の持ち主」か，それとも「駱駝追い」であるのか。それはゾロアスターが自ら号したものか，父の名づけたものなのか。

　「駱駝追い」説の難点はシュレラトによって指摘され（上説p.20），その上，私も私なりの疑問を提出しておいた（同頁）。前肢が -a-／-at- に終わるものは後肢を支配するという法則（同頁）も，このような難点には譲歩せざるを得まい。父ポルシュ・アスパが「駱駝追い」を意味して Zaraθuštra と命名したとする説は，もはや成立しない。

　だが，そうはいっても，もう一つの説，すなわち「老駱駝の持ち主」とする「通例の」解釈も，言語学的に反対はないから，この解釈で万事落着かという

2. 名詮自性「ゾロアスター」

と，決してそうではない。すでに述べたように，ガーサー教団またはゾロアスターを取りまくコミュニティには，等しく ašavan-「天則者，義者」といっても福者（富者）と貧者の2層があり，前者は現世にてすでに garō dəmāna- (garōdmān)「天宮」行きが確定し天与の資産（išti-）を確約されているのに，後者はまだその域に達していない。仏教でいえば，前者は現生にてすでに定聚（正定聚）の数に入っているが後者は未入である。しかし，貧者がさらにどのように営為すれば福者になれるのか，あるいは，さらに何をなせばよいのか，この辺のことはガーサーには何も記されていない。おそらくこの認可裁決はゾロアスターや彼の同労者（たち）すなわちサオシュヤント（たち）によってなされたのではなかろうか。これは，仏教において仏陀が某々の成道を予言するのを授記（vyākaraṇa）といっているのに似ており，これの先蹤とさえもいえるであろう。

ゾロアスターの究極至上の目標は福者とともにチンワントの橋を悠揚として渡り天宮に往詣することであった。彼は自らそれを望んでいた（ヤスナ46：10，16）ばかりでなくフラシャオシュトラ（前出）にもそれを勧奨している（ヤスナ46：16）。しかし，極言すれば，福者は放任しても行き先に心配はない。ゾロアスターが救済すべき主たる対象，救済すべき正客としたのはまさに「貧者」である。そこで彼は自らを世俗的物質的貧困に落として Zaraθuštra「老いぼれ駱駝の持ち主」と名乗り，われこそはまさに救われるべき正客であることを示した。Zaraθuštra とは自ら号した卑称である。私が自称の称号であるとするのは，彼の父はわが子にこのような名をつけるほど宗教的に成熟していなかったとみるべきだからである。ゾロアスターは掌握する人畜の少ないために無力であることをなげいている（ヤスナ46：2）が，これはサオシュヤントとして彼が活動した結果で，彼の自称の称号とは関係がない。

私は私のこの立論をよりよく理解してもらうために，法然（1133—1212）と親鸞（1173—1262）を援用しよう。およそ欣求浄土の輩者には極悪底下の自覚があった。すでに最澄（766—831）も登叡直後に草した「願文」に自ら下品の自覚の上に成仏という目標をめざし，極愚極狂底下の最澄と称しているが，こ

の点を徹底的に推し進めたものは法然と親鸞であった。

　日本の浄土教の祖ともいうべき法然は、その博識の故に知慧の法然房と称されたが、自らは愚癡の法然房と称した。親鸞は越後への配流を機に愚禿と号した。これらの称号はいわば己証の境地、すなわち人間のかかる機こそ弥陀の救済に預かるべきものの実態であることを示したものである。衆生は煩悩に繋縛されて常没流転し、弥陀の誓願によらなければ出離の縁なしとされる（善導の「機の深信」）。阿弥陀仏の本願はただこの機を救うためのものであるから、かかる衆生こそ本願救済の正所被であり正客であるというのである（善導の「法の深信」）。

　ところで、シッダールタ（悉達多 Siddhārtha）太子のことであるが、太子は万物の実相を諸行無常・是生滅法と悟り、それに即して生滅滅已・寂滅為楽と悟ってブッダ（仏陀 Buddha）と自称するようになった。覚者・ブッダと称揚される人格の自内証と自身を愚者として愚癡の法然房、愚禿親鸞と自称した二聖のそれとは異なるものでなく、いわば盾の両面にすぎない。しかし、仏陀という称号が称揚的であるからとして二聖の自称も称揚的でなければならぬなどと考えるものはなかろう。宗教的信仰者の自己表示、自称は称揚的なものに限るなどと思うことほど、大きい誤解はない。同じことはゾロアスターについてもいえる。Zaraθuštra という彼の自称を称揚的に解釈すると言語学的難点さえもかかえることになる点は、すでに私が指摘したとおりである。「老いぼれ駱駝の持ち主」としての Zaraθuštra とはかかる Zaraθuštra であり、またかかる Zaraθuštra 以外のものではあり得ないのである。

　では、ゾロアスターはこの自称をいつ名乗ったのであろうか。最も考えられ得るのは、彼が啓示（デーン）を受けたときである。しかし、そのときはまだ彼の教義も arədra〜drigu 説にまで熟してはいなかったであろう——この概念は彼以前にあったとみられるが——。彼は一介の宗教的貧者として「宗教的富者、福者」とは無関係に、アフラマズダーの恩寵を希求したに相違ない。この態度は彼が単数1人称的卑称 mavant-「わたくしめ」を用いているのと深い関係がある。しかし、彼の敬虔随順な心情は、彼が教会のようなコミュニテ

2. 名詮自性「ゾロアスター」

ィをもつようになってからも，変わることなく存続した。彼の立場は，現世にてすでに天宮の住人たるを定められている「福者」は彼らのままに放任してよいが，「貧者」は教導者すなわち牧者によって不断に教導され開拓されていなければならないというにあった。

ゾロアスターは敢えて自己を貧者の位置に引き下げ，結果としては彼らの代表となった。その貧者らは彼が名乗った卑称を用いることをはばかった。これは当然のことで，浄土宗徒や真宗宗徒も愚癡の法然房とか愚禿親鸞の称号を用いて二聖を呼び捨てにすることはない。ヤサー・アフー・ワルヨー告白文にゾロアスターの名がみえないのは，上でも指摘しておいたが，教徒が開祖の前で直きじきにその徳を讃えた自戒の偈であるから当然のことであり，この告白文の古さは「教導者，教誨者」が dazdar- (*dastar- でなしに) という古拙形をとっている点にも，これをうかがうことができる（註16〔p.35〕参照）。

Zaraθuštra という名は zarat-uštra- と分析されて「老駱駝の持ち主」を意味するが，これを承けるどの中期語形にも「駱駝」を想起させる要素は見当らない。このことから私どもは彼が自ら名乗った，宗教的に深い意味を有する，いわば名詮自性的なこの称号が，すでに早くその真意を見失われていたと考えざるを得ないであろう。この点は，ゾロアスターに帰依しその外護者として活躍した Vištāspa 王が「放れ駒の持ち主」を意味する王名のままであったのとくらべても興味がある。王はついに一宗の開祖ではなかった。

註

1　既発表のものには拙稿 Pahlavica Ⅸ. On the name *Zoroaster* —— An Eastern Access to *Zaraθuštra* ——, Misumi 1984 があり，邦文ものには同じ標題のものが『オリエント』第29巻第1号 (1986), pp. 17-31 に発表されている。ただし，ここに収載したものはこれらを増補改訂したもの。

2　A. V. Williams Jackson ; *Zoroaster. The Prophet of Ancient Iran*, New York 1899 (1965²), p.148. この 'Golden star' 説の欠点の一つは合成語名の前肢が golden でありさえすれば，後肢 -štra-<?-stra- は星であることに間違いないかのごとく錯覚しているところにある。語構造論的にみても Av. star-「星」が合成詞

の後肢となるときはそのままか（Tištryō.star-〔-štar- でないことにも要注意！〕「Tištrya 星，シリウス星」，Yašt 10:143），a 幹に転用されても *-stāra- となる（Tištryō.stārahe「シリウス星の」単数属格参照）のみで，-stra- とはなり得ないのである。

3 Irach Jehangir Sorabji Taraporewala : *Selections from Avesta and Old Persian, Part I.* Edited with Translations and Notes, Calcutta 1922, p.15.

4 Taraporewala : *The Religion of Zarathushtra*, Adyar (Madras) 1926, pp. 23-24. uš-「かがやく」に脚註して氏はこういっている「ヴェーダ語 uṣás-「暁紅神」に見られる。このようにして，この預言者の呼称は「金光明者」の意味となり，これこそ最も偉大なる照世界者中の一人に与えられるにふさわしい名である」と。

5 Jürgen Hampel : *Medizien der Zoroastrier im vorislamischen Iran. Abhandlungen zur Geschichte der Medizin und der Naturwissenschaften*, Heft 45, Husum 1982, pp.30-32 ; M. A. Mehendale : "On the Significance of the Name Zarathustra", *Some Aspects of Indo-Iranian Literary & Cultural Traditions. Commemoration Volume of Dr. V. G. Paranjpe*, Delhi 1977, pp. 113-117（この論文に接したのは岡田明憲氏の好意による）。

6 zarat-uštra- とみるもの。zarat<*zarant-（zar-「老いる」の現在分詞。Skt. jarant-<jar-/jr̥, 参照）。註2所掲 Jackson 著書p.14註2をみよ。

7 H. W. Bailey : "Indo-Iranian Studies, Ⅱ. zar- 'to move' ", *Transactions of the Philological Society*, London, 1953, p. 41, 註3.

8 Bailey : 上掲論文，pp.39-42.

9 Manfred Mayrhofer : *Zum Namengut des Avesta*, Österreichische Akademie der Wissenschaften, philos.-hist. Klasse, Sitzungsberichte Bd. 303, 5. Abteilung, Veröffentlichungen der Iranischen Kommission, Bd. 3, Wien 1977, p. 49. なお同氏の *Iranisches Personennamenbuch*, Bd. Ⅰ: *Die altiranischen Namen*, Faszikel 1 : *Die avestischen Namen*, Wien 1977, p. 106 も参照のこと。

10 Bernfried Schlerath : "MAYRHOFER, Zum Namengut des Avesta", *Orientalische Literaturzeitung*, 74 (1979), pp.382-383. なお同氏の "Zarathustra in Avesta", *Festgabe deutscher Iranisten zur 2500 Jahresfeier Irans*, ed. by Wilhelm Eilers, Stuttgart 1971, p.136 においてシュレラトは Christian Bartholomae : *Altiranisches Wörterbuch*, col. 1676 の解釈に従うとともに自らも言語事実を挙げてこれを補強している点も参照したい。

11 dabən「彼らは服従させる，帰依させる」は *damb- の injunctive (<imperfect) 3人称複数能動相。この語根は dam- を -b- で拡張したイラン改新形で，中期語 franaftan (<*fra-namb-) : franam-「行く，前進する」が語根 nam- から同様の手順によって造出されているのと同じもの。この過程については拙稿「Gathica Ⅶ. arədra-", *Orient*, Vol. Ⅵ (1970), pp.26-27 および拙著『ゾロアスター研究』岩波書店，1980（2刷），p.241註43を参照されたい。この前考ではこの語を自動詞と

2. 名詮自性「ゾロアスター」

解したが、ここで他動詞と解したのは続行する saškən（次註12参照）に対応させるためである。dam- に「馴れる；馴らす」の両義があるのは Skt. dam- の場合と同じもの。dafšnya-（ヤスナ53：8）も語根はこの dam- で（したがって「調伏さるべき、懲罰さるべき」の謂い）、dab-「欺く」ではない。上掲拙稿p.26および同拙著 p.215, p.241註43；さらに後段註16も参照。

12 saškən「彼らは……せしめる」は sak-「（……することが）できる」の injunctive （<重複アオリスト。重複アオリストは使役活用の意味となる：to be able>to enable!）3人称複数能動相。前考（註11所掲の文献それぞれpp.26-27およびp.215, p.242註44）では injunctive とみながらも、sak- の強意活用 imperfect よりの injunctive とみて「努める、努力する」と解したが、この新考は阿育王のカンダハール第1碑文 ll. 6—7 を参照した結果である。そこには Whwptysty……（7）;YK ;SRHY ḤLQWT; WL; ;YTY DYN; LKLHM ;NŠY; ḤSYN「そして……〔よき〕随順が、（7）それ（随順）の絆（きずな）が（各人への）所与となって（世に）裁判のなくなるように、すべての人びとをして能く（行動）させた」とある。ḥaʿsan 'it (he) has been able' の paʿʿel 話態 ḥassen 'it (he) has enabled' は saškən 'they (will) enable' に比較さるべきものである。そうすると、ゾロアスターの生国アフガニスタンに造立されたこの阿育王碑には（1）[hu]patyāsti「〔よき〕随順」と（2）ḥssen という二つのガーサー的表現が指摘され得ることになる。拙稿 "A New Interpretation of Aśokan Inscriptions, Taxila and Kandahar I", *Studia Iranica*, t. 6 (1977), pp.156-160 および上引拙著pp.458—465参照。なお後説註16も参照されたい。

13 Nibištag-wizīdagīhā ī Zātspram —『ザートスプラムの撰集』と通称されている— にこう伝えられている：（0）ˈabar xūb-<wi>zēnīh ī ˈzan, ārzōg ī ˈxwēš ud kāmag-iz ī ˈpidarān rāy : pēš ˈaz ˈān ī sazāg windišnīh ˈxwēš tōhmag ˈnē gumēxtan. (1) ˈēn-iz paydāg ˈkū ˈka-š ˈpidar ˈō rāy ˈzan ˈxwāst Zardušt ˈbē ˈō ˈzan pahigārd ˈkū-m rōy ˈbē nimāyēh ˈkū ˈtā-š čˈi⟩hrag ēwēnag brahm ⟨ˈwenīhād⟩ ˈēn-iz ˈkū-š čihrag xwārzōg ayāb ˈnē šnāsˈi⟩hād. (2) ˈu-š ˈzan rōy aziš ˈabar wašt. (3) ud Zarduš guft ˈkū ˈkē wēnišn ˈaz ˈman ˈabāz ˈkunēd, ˈnē warzēd ˈān ī ˈman tarsagāhīh.「（0）自身の望みや両親の希望に沿う正しい嫁選びすなわちよい嫁取りまでは自身の子種を入れないということについて。（1）こうも明かされている、曰く、父親が彼に嫁をさがしてきたとき、ザルドゥシュト（ゾロアスター）はその女性に「わたしに顔をみせなさい」と要求したが、これは彼女の性質、形姿、挙措を見るため——これは彼女の性質が好ましいかどうかを知るためでもある——である。（2）しかしその女性は彼から顔をそむけた。（3）そこでザルドゥシュトはいった「わたしから目をそらすものは、わたしを尊敬してはくれない」」。

この引用文は Behramgore Tahmurasp Anklesaria (by—):*Vichitakiha-i Zatspar-am with Text and Introduction* Part Ⅰ, Bombay 1964, p.75, chapter ⅩⅢ であるが、E. W. West (translated by—) : *Marvels of Zoroastrianism, Pahlavi Texts,*

Part V, *The Sacred Books of the East*, Vol. XLⅦ, Oxford 1897, *Selections of Zaḍ-sparam*, chapter ⅩⅩ, §§ 12–13 (pp.153–154) にあたる。アンクレサリアの英訳は同氏の上掲書 p. XCⅡ に見出される。この嫁選びがゾロアスターの何歳の時かは明言されていないが、引文より少し前（アンクレサリア版では chapter ⅩⅥ なるもウェスト訳では chapter ⅩⅩ, §7）でゾロアスターが20歳になったとき世欲を絶って求道に心掛けたことが記され、しかも彼はまだ30歳になっていない時期のときである。このような取り扱いから私は彼の初回の嫁選びは20歳のとき行われ、そして結婚したのも案外、20歳の時だった可能性もあるとみるものである。したがって、彼の結婚は20代の初期とみてよかろう。

14　Bundahišn TD_1 202 : 11—12＝TD_2 235 : 9—10.

15　Bundahišn TD_1 192 : 4—193 : 5＝TD_2 223 : 12—224 : 13 によると、ⁱpas ⁱbawēd hanǰaman ī Isadwāstarān ⁽ⁱkū⁾ ⁱkū mardōm ⁺ⁱpad ⁱēn zamīg ⁱbē ⁱēstēnd. ⁱandar ⁱān hanǰaman ⁱhar ⁱkas nēk kunišnīh ud wad kunišnīh ⟨ī⟩ ⁱxwēš ⁺ⁱwēnēd ; ahlaw ⁱandar druwand owōn paydāg čiyōn gōspand ī spēd ⁱandar ⁱān ī syā ⁱbawēd. ⁱandar ⁱān hanǰaman ahlaw ⁱkē-š ⁱpad (TD_2 224) gētīg druwand dōst ⁱbūd, ⁱān druwand garzēd ⁱaz ⁱān ahlaw ⁱkū čim ⁱandar gētīg ⁱaz kunišnīh ⟨ī⟩ nēk, ⁱī-š ⁱxwad warzīd, ⁱman āgāh ⁱnē kard ⁱham. ⁱagar ⁽hamgōk⁾ ⁱān ahlaw ⁱōy ⁺ⁱnē ⁺āgāhēnīd, ⁱēg-iš ⁱpad ⁱān hanǰaman šarm abāyēd ⁱwidārdan. ⁱpas ahlaw ⁱaz druwand ǰudāg ⁱkunēnd, ahlaw ⁱō garōdmān ⁱbarēnd druwand ⁱabāz ⁱō dušox ⁱabganēnd ; 3 rōz ud šab dušoxīg tanōmand ǰānōmand ⁱandar dušox pādifrāh widārēnd ; ahlaw ⁱandar garōdmān tanōmand ⁱān 3 ⁱrōz ud ⁱšab urwāhmanīh ⁱwēnēnd. čiyōn ⁱgōwēd ⁱkū ⁱpad ⁱān ⁱrōz ka druwand ⁱaz ahlaw ahlaw ⁱaz druwand ǰudāg ⁺ⁱbawēd, ⁱhar ⁱkas ars ⁱtā zang (TD_1 193) padiš frōd ⁺ⁱfrēstēd, ⁱka ⁱpus ⁱaz ⁺hambāyīh ī ⁱpid ud brād ⁱaz⁺ⁱōy ⟨ī⟩ brād, dōst ⁱaz ⁽ⁱaz⁾ ⁱōy ī dōst ǰudāg ⁱkunēnd. ⁱhar ⁱkas ⁱān ī ⁱxwēš kunišn widārēnd ; ⁱgriyēd ahlaw ⁱabar druwand ud druwand ⁱgriyēd ⁱabar ⁱxwēš ; ⁱast ⁱka ⁱpid ahlaw, ⁱpus druwand, ud ⁱast ⁱka ⁽ⁱkē⁾ ⁺brād-1 ahlaw, ēk druwand……「ついで、この地界の人間が（みな）出席するために、イサドワースタルの集会が催される。その集会にて人はみなおのが善行と悪行を見る；不義者の中における義者は、黒羊の中における白羊のように、目立つだろう。その集会において、(TD_2 224)（生前）下界で不義なる友をもっていた義者——その不義者はその義者に「君が自身でなした善行について、どうして（生前）下界にあるとき僕は知らされなかったのか」と不平をいうだろう。もしその義者が彼に知らさなかったのなら、その際はその集会にて彼は辱かしめを受けねばならない。ついで義者を不義者から分かち、義者をガロードマーン（天宮）に連れゆき、不義者を悪界に投げ戻す；3日3夜、悪界者は身命を得て悪界にて罰を受けしめ；ガロードマーンの義者は身を得てその3日3夜、歓喜を見るであろう。（それはこう）いっているが如くである、曰く「不義者が義者から、義者が不義者から分かれるその日には、人はみな涙を踵まで（TD_1 193）そのために流すであろう、そのときは子を父との同居から、また兄弟をその兄弟

から，友をその友から分かつであろう」と。人をしてみな，おのが行為を通過させ（おのが行為の結果を受けさせ）る；義者は不義者のために泣き，また不義者は自身のために泣く；父が義者で子が不義者のときもあり，またひとりの兄弟が義者でもうひとりが不義者のときもある，……」とある。

16 ahū—この語形への最新の言及は F. B. J. Kuiper : "Note on Avestan *ahū*", *Indo-Iranian Journal*, 28 (1985), pp. 287-290 にみえる。キュイペルは ahū をガーサーに特有な語末母音の二次的長音化 (ahu→ahū) とみて ahu (単数主格) を Hitt. haššu- (hassu-)「王」Lat. erus「主」と同源視する立場をとり，主格でありながら格接尾 -s を有しない点を例えば *kavá/kaví/kavíḥ (これは Vedic!) のごとき3様態中の *kaví 形に相当するものとみている。しかし，ahu- が語源的に「王」や「主」であっては ratu-「統裁者」との区別が顕著でないから，この告白文では妥当とはいえない。

　私は ahū は一次的長音形とみなし，しかもこれを ahu-ū-「世を助ける者，救世者」と解するものである。ahu- を前肢とする合成詞に ahūm.biš-「世を癒やすもの」があり，前肢が対格形であるのを引いて ahu-ū- に反対する向きがあるかもしれないが，この反論は成立しない。何となれば ahūm.biš- は *ahu.biš- の変形で正常な形とはいえないからである。イラン語では -b->-mb- や -m->-mb- のみられることはすでに知られている。後者の例として dam->damb- や nam->-namb- のみられる点は上説した（註11）。ここは -b->-mb- の例とみるべきであるから，例として dārmag「束ねるような，包括的な」を挙げておく。語根は *darb-/Skt. dṛbh-「束ねる」で，*dārbaka->*dārmbaka->*dārmaka->dārmak/dārmag と展開したもの。Wīdēwdād 13 : 2 でハリネズミを形容する urvī.sarah-「頭の先細りしている」が dārmag-sarag ᵎkū-š ᵎsar pōzag bārīg「頭（の先）が束ねたような，すなわち彼（ハリネズミ）の頭（sar）の鼻づら（pōzag）が尖っている（鋭い，bārīg）やつ」と訳注されている。dārmag が bārīg と同義語のようにみえるが，そうではない。H. W. Bailey : "Iranica II", *The Journal of the Royal Asiatic Society of Great Britain and Irland*, 1934, p. 512は語根を dar-「割る，裂く」とみて，dārmag を bārīg と同じく 'fine, thin, keen' の謂いだとし，Jean de Menasce : *Škand-Gumānīk Vičār. La solution décisive des doutes*, Fribourg en Suisse 1945, p.100 ほか，および同氏の *Le troisième livre du Dēnkart*, Paris 1973, p.287 は précis (détaillé も提唱しているが氏としてはむしろ précis をとりたいところであろう）とするが，両氏の説はいずれも賛しがたい。在証箇所は Škand……10 : 79 (dārmag), 8 : 137, 10 : 3 (dārmagīhā, 副詞); Dēnkard ed. Dresden (DkD)778 : 7=ed. Madan (DkM)75 : 4(dārmag-tan「身をすくめて，身をこごめて」—上引ムナス:*Le troisième livre du Dēnkart*, p.87, l.16に '(une femme ……) petite de corps「からだの小さい（女）'とあるのは誤り), DkD 603 : 19=DkM 301 : 2 (ᵎpad dārmagdom hangirdīg nāmīh「きわめて包括的な，要約的な名称で」)。最後に挙げた箇所は dārmag の意味がむしろ hangirdīg「要約的」に近いことを示している。

この箇所は他にも問題があるので，その前後を含めてDkD. 603 : 16－19＝DkM. 300 : 20－301 : 2を訳出しておこう : ud āzādīh ⌈ī⌉ hangirdīgīh ⁺⌊xwēšān《⁺hamdahišnān》⌋ ⌈ān ī⌉ pad a-⌊xwēškārīh az ⁺⌊xwēšān⌋ ⁺spāhīh⌋ ⌈ō a-⌊xwēšān ayārīh⌉ ⌈nē mad⌋ ⌈ēstēnd pēš-dāšnīg-iz sazāgīhā šnāyēnīdan⌋ ⌈ēd ī Abestāg ⁺wisp⌋ ⁺⌊pēš mad⌋ ⌈ka-⁺š⌉ ⌊pad dārmagdom hangirdīg nāmīh xwēdō⌊k⌋dah⌋ ⌈gōwēd「また高貴とは要するに，自族たち《同じ被造者たち》にして，自族たちの衆が責務を履行しないために非自族たちの援助を失ったものたちを，適切に率先施与して喜ばすということであり，このことはアヴェスターがすべてに先駆けて（述べて）いることで，<u>それというのもそれが</u>（Abestāg wisp ⌊pēš mad⌋ ⌈ka-š⌉）きわめて包括的な，要約的な<u>名称</u> xwēdōdah（「最近親婚」）をもって述べているからである。」これは xwēdōdah を「自族に<u>施与する</u>（dah）」と解し，音通に便乗した俗語源説で，前肢はともかく，後肢は的外れな誤解である（Av. xᵛaētu-vadaθa-「自族どうしの結婚」が原形）。それはともあれ，このように解釈して，それをアヴェスターに初見される典拠のようにみているのである。ところが，ムナス訳では，下線部が Apastāk ⁺spūr ⁺manvahmatīk「善思に充ちるアヴェスター」と読解され「このことは，善思に充ちるアヴェスターが xwētōdas なる名称で，きわめて正確に要約しているということである」と訳されているのは首肯しがたい。このような読解では，xwēdōdah を持ち出した理由がわからなくなる。

また DkD 564:21－22＝DkM 349:14 には，⌈ō ⁺dārmagdom gētīg⌋ ⌈grīw paydāgīh「最も包括的なゲーティーグ的生命体が出現するように」が見出される。その前後を含めて訳出すれば「ゲーティーグ的（具象・可見的）創造を総括する用具（abzār）の中において，創造主の御意により，また本性（čihr）のもつ力の主霊（mēnōg）を通して，最も包括的なゲーティーグ的生命体の出現に向けての，生気（waxš）の力の全面的転化（〈wa〉štan）によって，先ず，アヴェスター名をコート（kōt）とする極微素子（nihang）が生じ」といい，以下，順次に先出の素子を包摂する大素子が生じ，計4箇を数え，それらのメーノーグ的（不可視的）エネルギーが合して，ついに宇宙空間をつくり，日月星辰を擁し，またこの空間から温熱と湿潤を生じ，そのメーノーグ的エネルギーはついに人畜を生むに至ることを述べている。「最も包括的なゲーティーグ的生命体」とは宇宙空間や日月星辰，ならびに人畜をさしていっているのである。ところが，ムナス訳（*Le troisième livre du Dēnkart*, p.330）では，問題の句が 'pour la manifestation du moindre des éléments du gētik（ゲーティーク界の諸要素の中の極微なものが出現するように）' とあって，dārmagdom「最も包括的な」が moindre「極微なもの」と訳され，原文の意味が見失われている。

また Dādestān ī Dēnīg の第1章§24にみえる bārīg-wēnišnān ud dārmag-dānišnān は「炯眼の人たちと宏知の人たち（包括的な知識をもつ人たち）」である。b ＞ mb ＞ m なる展開については Sogd. kβn＝*kabna-「少ない」／同 kmbyy＝*kambiyah-「より少ない」（Av. kambišta-「最少の」）／Av. および OP kamna-「少ない」を参照されたい。それ故に ahūm.biš- は *ahu.biš-＞*ahu.-

2. 名詮自性「ゾロアスター」

mbiš- からの変綴とみるほかはない。ahūm- なる対格が -biš「いやす」という動詞の機能を保証するものとみる (J. Duchesne-Guillemin:*Les Composés de l'Avesta*, Liège-Paris 1936, p.71(baēš) の項) のは賛しがたい。動詞 ū-「助ける」は弱語基で後肢を形成しているが、この種の例は他の動詞には多く見受けられる。ここでは、合成詞の後肢としてではないが、aidy-ū-/aiδy-ū-「役立つ」を挙げておく。ahu-ū->ahū- は成立し得る。このヤサ・アフー・ワルヨー告白文はゾロアスターを先ず救世者と仰ぎ、ついで彼がこの目的 (救世) にかなうように統裁者 (ラトゥ) としてその方向に教導するものであることを表白したものである。彼が、ahu-「家長」として用いられていたものに着目し、これとの一種の音通をも意識しながら、この語 ahū を先ずヤスナ29：6に用いた。そこでは牛畜のために活動する ahū- の存在しないことを述べており、彼自身をこの語で表わしたかは明らかではないが、信徒は告白文において、この語を彼を示唆するのに用いたのである。だが、依然として残るのは、ahū の文法形態は何かという問題である。キュイペルは、フンバッハらの単数具格説の不可なることを説いて、単数主格として上記のような提唱を試みたが、kavay-/kavi- の単数主格としての諸形態を参照してahu-:ahū を説明し得るか、私にはそのあたりに疑問がある。私によれば、ahū を文法的に単数と決め込むことでは、問題は解決しないように思われる。他日私は機会を得て (附録V参照) Vedic aśvín-/nā́satya- を取り上げ、この問題にふみこむこととし、今は ahū が語形としては双数主格であるが、nā́satya- と関連して、双数形のままで、単数として理解されていたのではないか、ということを提唱するにとどめておく。

　dazdā ─この語は、私によれば、daḥ-「教える」からの動作主名詞 dazdar-「教導者」の単数主格であって、すでに早く発表済みであるが (辻直四郎編『ヴェーダ　アヴェスター』筑摩書房1967年〔世界古典文学全集第3巻〕, p.368に「教誨者」として)、一般の注目を引かなかったのは残念である。Helmut Humbach : "Weiteres zum Ahuna-Vairya- Gebet", Acta Iranica 23 (1984) でさえ、dazdar-:dazdā の可能性は認めながらも、dazdā を「(審判は) 帰せられる」と訳している (p.228)。一般に翻訳者はみな、dazdā を名詞とみるにしても動詞とみるにしても、これを動詞根 dā-「与える」か同「置く」かに帰属させているが、容認しがたい。

　多少余談めくが、同じくこの動詞 daḥ-「教える、教化する」(他動詞)/「教わる、習う、知る」(自動詞)を語源とする Av./OP dahyu-「属州、州」と MP dahīg「暴虐・乱暴・狼藉」、その他について関説しておきたい。これを理解するためには、daḥ- がさらに転義して「服従さす、制圧する」/「服従する、制圧される」となりうることを知っておく必要がある。このように同一の動詞から相反する両義語が派生することは、私がすでに Olr. *vaig-/Av. vaēg-「投げる」や Olr. spā-/OP ssā-/sā- 投げる」を挙げて証明したところである。すなわち、前者からは Av. vōiγnā-「洪水・氾濫；侵入」や Av. airyana- vaējah-「(ヘルマンド川の) イラン流域、Ērānwēz」が派生し、後者からは Med.– OP spāθa-maidā-「敵・侵入

の撃滅・滅敵」やMP kahas（＜*kaθa-sā-「掘削して通水する施設」）「カナート」が派生しているごときである。dahyu- とは yu- に終わる動作主名詞で「服従するもの」を本義とする。Vedic dásyu- が「インドラの敵, 蛮族, 奴隷」を意味するのはインド先住民との間に展開した歴史的事実が大きく影響した結果であるが, 本義は dahyu- のそれと別のものではない（dāsá- も同源）。また dahīg は『アルダー・ウィーラーブの書』の開巻早々にアレクサンドロス大王の対イラン侵入を叙するくだりに, アフレマンが彼を迷わして「ひどい暴虐, 干戈および狼藉とともにイラン国に送り込んだ（ˈpad garān sezd nibard ud dahīg ˈō Ērān šahr ⁺ˈfrēstīd）」とある句に見出され, また『ジャーマースプに関する回想（ジャーマースピーグと略称）』第16章第17節（本拙著p.303）にも指摘される。dahīg＜*dah-ika- である。この語が取り上げられながらも, まだ決定的に解明されなかったのは, 語源が確認されなかったためである。Fereydun Vahman: *Ardā Wirāz Nāmag. The Iranian 'Divina Commedia'*, London and Malmo 1986, p.224, Commentary 1:9 もその好例で, ⁺wišēg 'fear(?)' と試読試解されている。同じ動詞を語源とする他の語としては Av. dahma-「(マンスラを) 知っている (者)」, MP dahm「敬虔な」や同 dastwar「権威 (者), ダストゥール」（＜*das-ti-bara-'instruction-bearer'）があり, 通常 'wondrous' と訳されている Skt. dasmá- や dasrá- も同源で, 本来は Av. dahma- と同義である。dastwar の語源については諸説があり, Maria Macuch: "Der dastwar „auctor", im sasanidischen Zivilprozess", *Archaeologische Mitteilungen aus Iran*, Band 21／1988, p.177, n.2 参照。

　論の筋を元にもどして告白文のことになるが, その dazdā が *dastā でなしに古拙形（-zd-）をとっていることは, この文の古さを物語るものであるが, 同時に, それが動作主名詞として述語の機能を演じている点も注目したい。アショーカ（阿育）王のカンダハール第1碑文（アラム語）のl.5において patizbātā(ptyzbt) が *patizbātar-「取り止め宣言者」の単数主格として述語の機能を演じているのと比較することができる。patizbātā は *pati.zūzuvarə 'they have denounced'（3人称複数完了能動相）か *pati.zbayantō（現在分詞能動相複数主格）に相当する（いずれも pati.zbā- の）。阿育王時（前3世紀中頃）にガーサー語がなおアフガニスタンで話しつがれていたことを示す言語資料として, 同王碑の価値は高い。註12, および同註所掲の拙稿pp.156-160, 同拙著pp.459, 463-464, ならびに拙稿「アラム・イラン混成語形とその周辺」（『三笠宮殿下古稀記念オリエント学論集』小学館1985年）pp.42-45＝本拙著pp.55-60参照。

17　拙稿 "Gathica I. *xšmāvatō*", *Orient*, Vol. Ⅲ(1967), pp.4-6〔p.4,l.11の *varətū* は *barətū* の誤り〕, 註11所掲拙稿pp.187-190参照。θwāvant-「あなたさま」は謙譲語 mavant-「わたくしめ」（註20）に対応する尊敬語。
18　註11所掲拙稿 "*arədra-*", pp.24-29 および同拙著pp.204-247参照。
19　前註所掲拙著p.209。
20　註17所掲拙稿pp.1-9, 同拙著 pp.183-196。mavant-「わたくしめ」は θwāvant-「あなたさま」に対応する謙譲語（註17）。

2. 名詮自性「ゾロアスター」

21　W. Wüst : *Altpersische Studien*, München 1966, pp.279–281.

3. 古期(古代)ペルシア語 artā-ča brazmaniya とその射程[1]

　ハカーマニシュ（アケメネス）王朝の大王クシャヤルシャン（クセルクセス）1世のペルセポリス碑文 **h**，いわゆるダイワ（魔神）崇拝禁止碑文古期ペルシア語版に 'rt'č' brzmniy なる語が3箇所に指摘される。

　大王はこの碑文に多くの邦々を挙げ，その叛乱を平定したことを述べたのちに，「また，これらの邦々のうちには，かつてダイワの崇められていたところがあった。そこで，アフラマズダーの御意によって，余はそのダイワ殿を破壊して禁令した[2]，ダイワは崇められてはならぬ，と」（ll. 35—39）といい，これにつづけて「かつてダイワの崇められていたところ――そこにて余はアフラマズダーを，―― ――，崇めた (yadāyā parvam daivā ayadya⟨n⟩[3], avada adam A⟨h⟩uramazdām ayadai 'rt'č' brzmniy)」（ll. 39—41）といっている。下線をつけた語の訳文にあたる部分は―― ――として訳出を保留しておく。この方法は次ぎに挙げる2箇所にも，そのまま適用される。

　「のちなる汝はだれにせよ，もし，わたしは生きては歓喜者となり，また死しては天則者となりたいと思うなら，……アフラマズダーを，―― ――，崇めよ (tuva⟨m⟩-ka haya apara yadi manyā⟨ha⟩i šyāta ahani jīva uta m(a)rta[4] artāvā ahani, …… A⟨h⟩uramazdām yadaišva 'rt'č' brzmniy)」（ll. 46—51）。

　「……またアフラマズダーを，―― ――，崇めるところの人――かれは生きては歓喜者となり，また死しては天則者となる (martiya haya……uta A⟨h⟩uramazdām yadatai 'rt'č' brzmniy, hau uta jīva šyāta bavati uta m(a)rta artāvā bavati)」（ll. 51—56）。

39

引文中，訳出を保留した語は，アフラマズダーを崇める（yad-）ときに関連生起する何かを示す表現であることは明らかであるが，具体的にどんな意味かは異論が多くて決定しがたく，私も拙著『古代ペルシア――碑文と文学――』では暫定的に，それまでに提唱されていた解釈のうちの一つをとっておいた。

この 'rt'č' brzmniy，殊に後者に新しく取り組んだのは Fr. Mawet の論文[5]であるが，新しいということでは，このほか Sir H. W. Bailey にも brzmniy への言及がある[6]。マウェの論文は従来の諸説を紹介論駁するとともに自説をも提唱したものであるが，論中に自己批判しているように，その論も難点をかかえて決定的な解明とはなっていない。そこで私はこの最新の提唱をも加えてそれまでの諸説を概観し，私自身による解明を提示してみることにしたい。

まず 'rt'č' であるが，これは一応，3 様の読解が可能のようにみえる。すなわち（1）artā-ča，（2）artāčā，（3）artā-ča である。-ča は前倚接続詞 'and' である。（1）の artā は arta- n.「天則，法」の単数具格，（2）はその arta- と -anč- から成る合成形容詞 artānč-「天則に向かう」の中性単数具格，（3）は（1）と同形であるが *arti-（=Av. aši-）f.「賞与；女神名」の単数位格なので語意上，当面の課題には関係がないから，残るところは（1）および（2）となる。（2）によると，'rt'č' brzmniy は artāčā brazmani(y)「天則に向かいブラズマン（Brazman）祭式において[7]」の謂いとされるが，artāčā は「天則帰依者とともに」という随伴を示す男性単数具格とみる方が自然で，「天則に向かって」という方法を示す中性単数具格とみるのはむずかしく，またブラズマン祭式というのも論拠がないので，（2）の立場は妥当でない。結局，残るところは（1）となるが，具格といっても随伴，手段，方法など，その表わすものは種々に分かれていて，それぞれに問題を提供している。「随伴」表現とみるものは多数で，「アフラマズダーを，天則ともあわせて（artā-ca），まつる」と解釈するものであるが，この表現には artā-ča でなく[8]，artam-ča（対格）か artā（具格。-ča なし）か，または hada artā「天則とともに」とあるのがより自然である。したがって artā-ča は「天則に従って，か

3. 古期（古代）ペルシア語 artā-ča brazmaniya とその射程

つ」と解し，artā を「方法」を示す具格とみるのが望ましい。これが私の立場である。以上（1），（2），（3）のほか，（4）は 'rt'č' を artā-ča と読み，その artā を *artu-「正しい（祭儀の）時」（サンスクリット語 ṛtu- と同視して）の単数位格とみて，ここを「正しい時に，かつ正しい方法で（brazman- の単数位格 brazmani を要請）」と解するものであるが，これは不当である。というのは，-u に終わる古期ペルシア語名詞の単数位格は -au か -avā に終わるからである。さらに，（5）'rt'č' を artāča と読み，*arta-hačā の縮約とみてその -hačā を hačan-「従う」（語根 hač-「従う」からの派生形容詞）の男性単数主格とする説もあるが，展開の過程で縮約を考えるのは首肯しがたい。この説は brazmaniya を男性単数主格とみて，それとの文法的一致を意図したものである。私によれば，artā も brazmaniya もアフラマズダーを崇める際の随伴条件ないし状況を表わす副詞的表現であるが，前者が具格，後者が主格であるのは後述する（pp. 44-46）ような事情に基づくもので，両者が形式的にも同じ格であることを必要とはしないのである。

'rt'č' の解釈をめぐってこのように異論が多いのは，ｂｒｚｍｎｉｙ の語意が明らかでないためでもある。それほど，この語は語形語意ともに多くの論争をまきおこしてきた。

まず ｂｒｚｍｎｉｙ の読みであるが，エラム写音 bír-ra-iz-man-nu-ya，アッカド写音 bi-ra-za-am-man-ni-i とも照合してみると，（1）brazmaniya，（2）brazmani，（3）brazmanī あたりに原形とみられるものがある。（1）は brazmaniya- なる形容詞の男性単数主格。（2）は brazman- なる名詞の -i に終わる単数位格とみられるが，古期ペルシア語の常例としては -ā を後接して brazmaniyā とする方が可能性が高く，（3）は brazmani- なる名詞または形容詞の単数具格とみられ得るが，このタイプは古期ペルシア語には他に例がなく，古期ペルシア語としては単数具格は brazmaniyā となるはずであり，そのうえ（2）（3）はいずれも，古期ペルシア語音と最短距離にあるエラム写音からは隔たりのあることも難点となる。とすれば，（1）のみが残ることになる。

brazmaniya- に対する解釈は大別すると（1）サンスクリット語 bráhman- n.

「梵（私は敢えてこのように訳しておく）」と同源視する立場と，(2)これを否定する立場とに分かれるが，(1)にも三つの異なる立場があり，(2)にも同じく二つの立場があるので，1a, 1b, 1c および 2a, 2b の計5種の立場があることになる。

(1a) 説[12]によれば，bráhman-「梵」やそれからの派生詞とみられる brahmaṇyá- を引き合いに出すと合理的に説明がつく，すなわち brazmaniya- を「敬虔な」とみれば神を崇め祀る（古期ペルシア語 yad-(yaδ-)／サンスクリット語 yaj-)者としては妥当であり，また『ヴェーダ』では「梵」と r̥tá-「天則」との結びつきがあって，ここの古期ペルシア語碑文に brazmaniya- と arta-「天則」とが併出している状況ともパラレルになる，という。しかし brahmaṇyá- は『リグ・ヴェーダ』には見えないからインド・イラン語に遡り得るかは疑問であり，また brazmaniya- を「敬虔な」と解し敬神者の境位を表わすとみても，このようなことは古期ペルシア語碑文には他に例がなく，さらに「梵」と「天則」との結びつきといっても，それは二次的なもので本質的なものではないから，古期ペルシア語碑文に brazmaniya- と arta- とが併出しても，brazmaniya- を「梵」と同源視する根拠とはならない。brazmaniya を「梵的なるもの」として「Ahuramazdām（対格）と Artā（具格）」両者にかかるとみるか，Artā のみにかかるとみても，-iya なる語末からみて文法的一致を欠く[13]から，それは成立しないし，また brahmaṇyá- は「敬虔な」を意味して神の修飾詞ではないから，brazmaniya- を brahmaṇyá- と同視してしかも神の修飾詞とするなら，インド・イラン的立場をすててイランにのみ限定される特定の状況を認めることになる。

(1b) 説は bráhman-「梵」を引き合いには出すが，語源を Av. *bərəg- に求める立場である。Chr. Bartholomae : *Altiranisches Wörterbuch*, Strassburg 1904 には，これが (α) bərəg- (col. 957) f.「宗教的慣習，儀礼，祭式」，(β) barəg- (col. 945)「ようこそと挨拶する」，(γ) ²barəz- (col. 949)「高い」なる各別の3語として収載されているが (β) は当面の課題には関連がないので，(α)(γ) の2語が残る。(α) はもっともしばしば bərəjā なる具格形で登

3. 古期(古代)ペルシア語 artā-ča brazmaniya とその射程

場するもので，bráhman- に引きあて，「儀礼をもって」と訳されているが，『ザンド』では ārzōg「欲望」と訳され，その他この bərəjā と関連のあるイラン語詞も「儀礼」の意味は有しないし，また別の説によれば bərəj- は「力」の謂いでサンスクリット語 bárhas-「強い」，barháṇā「力をもって，強く」を引き当てるべきだというから，bərəj- は語意不明で bráhman- との同源視はむずかしくなる。(γ) を取り上げる立場は IE *bhergh-「高い」(サンスクリット語 bṛhán-, etc.) を引き合いに出して brazmaniya を bráhman- に結びつけようとするものであるが，この *bhergh- には「力，強力」「ふくらます」の意味をもつサンスクリット語 bṛh-「強くする」(bṛhati「強くなる」)や Av. us……barəzayeni「私は成長させたい」なども属するので錯綜した状況となって，「高い」の語から bráhman- を解釈し，さらにそこから brazmaniya- を解釈しようとしても問題の解決とはならない。

(1c) 説は中世（中期）西イラン語（パルティア語・ペルシア語）brahm(ag)「形，方法，服装」から出発して brazmaniya- を解明しようとするもの。この説は brahm の原形として古期ペルシア語 *brazman-「形，様相」なるものを要請し，それを bráhman- に引きあて，'rt'č' brzmniy を artāčā brazmaniya とよんで「天則に従い祭式に則るもの」(単数主格) と解するものである。しかし brahm の語源にはむしろ Av. brāzaiti／サンスクリット語 bhrājate「光る，かがやく」を引きあてるべきで，この動詞根は外面的光耀，外形，服装というふうな語意的展開をみせる諸語形を提供するから，語意不明な bráhman- をもって brahm を説明するものにまさっている。

(2a) 説は E. Herzfeld が一時唱えたものであるが，氏自身によってのちには放棄されたもの。これは brazmaniya- を「高い」を前肢とし mani-(< ¹man-「考える」)を後肢とする合成詞「高い心の持ち主」と結びつけようとするものであるが，Av. bərəzi.gāθra-「声高かに讃歌を唱える」, etc. のように bərəzi- を前肢とするものとは矛盾し，また，これに従わないとすれば前肢は *bərəza- (*b(a)rza-) のようにあるべきである（根名詞とせずに）から，この説は成立し得ないことになる。

(2b) 説—これは 2a 説の欠点を解消しようとするもの。2a 説は合成詞として失格したのに対し，2b 説は派生形とみるものである。すなわち根名詞 *braz-「崇高」を -man で拡張した *brazman-「崇高」から -iya- をもって派生形容詞 brazmaniya-「崇高な，偉大な」を導出するもの。『アヴェスター』には barəziman-「高出」，「崇高」（合成詞ではない）があって -iman 形であるから brazman- は成立しないといっても，ヴェーダ語には -iman 形と -man 形が併出する（drāghimán- : drāghmán-「長さ」, etc. のように）から，*brazman-, brazmaniya- はより古い，特殊形として成立する，とする。しかし brazmaniya なる文法形態（男性単数主格）からすれば，神をまつる人が崇高偉大なものと形容されることにならざるを得ないが，これでは納得がいかない。崇高偉大なるものといえば神のこととなるから，Ahuramazdām（対格）と Artā（具格）の両者にかけるか，Artā のみにかけるかするほかはないが，上述したように，その際は brazmaniyā とあるべきだから，この 2b 説も成立しがたい。

私は上来の批評を通して，brazmaniya がどの説でも解明不能であることを明らかにした。では，その由ってくる原因はどこにあるか。私によれば従来の諸説では，インド・イラン語ないしインド・ヨーロッパ語の領域内を堂々めぐりして，その域外に出ることを知らなかったためである。brazmaniya- は *bᵉ-razman-maniya- から同音省略によって生じたものである。*razman- は raz-「規制する，整理する」からの -man- による派生名詞「律則，法」であること，urvāz-「よろこぶ」からの派生名詞 urvāzəman- n.「よろこび」のごとくである。bᵉ- はアラム語前置詞（'in, through, with'）で razman- を支配し，かくて bᵉ-razman- は「法に」を意味する。maniya- は ²man-「とどまる」(¹man-「考える」も考えられるが，それよりもむしろ）からの -iya-/-ya- による派生形で，この -(i)ya- は ἅγιος ＝サンスクリット語 yájyaḥ のように古くから指摘され，かつ極めて生産的である。したがって bᵉ-razman-maniya- は「法にとどまる，法に依拠する」という形容詞である。razman- は合成詞の前肢としては末音 -n を失うこと Av. apišman-「あばく」：

3. 古期(古代)ペルシア語 artā-ča brazmaniya とその射程

apišma.x^{v}ara-「食物をあばく[28]」のごとくであるから，b^e-razman-maniya- は b^e-razma-maniya- となり，同音省略によってさらに b^e-razmaniya- となる。あるいは，根名詞 *raz「律則，法」を要請して，問題の語形を b^e-raz-man-iya-「法則にとどまる，法に依拠する」とすることも可能である。いずれにせよ，碑文の brazmaniya- はこうして成立したものである。

　私が b^e- を想定するのには，確実な共時的論拠がある。それはペルセポリス宝庫址から発見されたハオマ作成器具のアラム語銘で，クシャヤルシャン（クセルクセス）の治世18年（前468/467）の識語のある Bowman No. 13 と，同19年（前467/466）の No. 14 である。No. 13 では財務官（ganzabarā）が bh⟨rḥwty⟩[29] = b^e-harxvatāya （< b^e-harva-xvatāya)「すべてに（b^e-harva-）君臨するもの，一切を宰領するもの」とされ，No. 14 では同じく財務官が bwhštk[30] = b^e-vahu-štāka-「よきもの（宝物）のなかに（b^e-vahu-）いるもの」とされている。しかも，この伝統は受け継がれてアショーカ（阿育）王のタキシラ碑文（l. 7）にも再現され，中期インド・アーリア語（プラークリット語）bahuvidhaṃ「多種の」を bhwwrd = bihva-varda[31] と訳している。これは b^e-hva-varda で，b^e-hva- は「自身で，自身に」「まことに，実に」の意味であるから，bihva-varda とは「自身で増した」「まことに増した」の謂いから「多種の」の意味となる。クシャヤルシャンのダイワ崇拝禁止碑文に brazmaniya (b^e-razmaniya) が登場しても異とするに足らぬ。さらに，ここで指摘しておきたいのは，b^{e}harxvatāya, b^{e}vahuštāka, bihvavarda がいずれも男性単数主格形であることだ。これらの語形はいずれも，それが修飾する名詞の性・数はともかくとして，その格とまで一致しているわけではないから，いわば，これらの語形はすでに固定化してある程度，他の格機能をも演じていたとみられるのである。brazmaniya ももともと男性単数主格ではあるが，artā と同じような具格機能をも演じていたとみてよい。この点から推察すると，問題の大王碑文はアラム人書記官の手に成ったものと思われるし，そうでなければ，artā「天則に従って」にならって brazmaniya の代わりに具格形が用いられたのではなかろうか。そして，もし私のこの推測にして誤りがな[32]

ければ，原形は b^e-razman-maniya- でなく，b^e-raz-maniya-（ *raz- なる根名詞！）だったかもしれないのである。その点はともかくとして，この語頭の b^e- はパルティア語の表意書きに b^e- を後倚前置詞（proclitic preposition）として前接し andar 'in' と訓じる用法の前史をなすものである。

私によれば，'rt'č brzmniy は artā-ča brazmaniya（b^erazmaniya）「天則に従いかつ法に依拠して」と解し，brazmaniya も artā と同じく，方法を示す具格として訳してさしつかえないし，むしろ，そのように訳すべきである。この論文の冒頭（p. 37）に引用した碑文3句の中で，――――として訳出を保留しておいた部分はいずれも「天則に従いかつ法に依拠して」[33]と訳補すべきである。

察するに，東イランでは aša は耳訓れた語であったが，西イランではそうではなかった。しかし，それをエラム語やアッカド語に翻訳はせずに原語 artā で伝え注釈して理解させようという配慮から，artā を両語版ともに写音して掲げたものであろう。

上述したところによって，拙著『古代ペルシア――碑文と文学――』（本拙著 p. 40 参照）のうち，少なくとも p. 140, ll. 5―11 は，次のように改訂さるべきである：

　異論の多いのは一つには，brazmaniya が難解だったためともいえる。これまでは，この語は純粋な古代イラン語として解明につとめられてきたが，成功しなかった。従来の見方による限り，この語形は男性単数主格として敬神者（大王，その他）を修飾するほかなく，artāča「天則に従いかつ」につづいて，それと同じように，敬神時の態度方法を示す具格となることはできないのである。しかし筆者によれば，この語はアラム語前置詞 b^e- を接頭したアラム・イラン混成語形（混種詞）で，「法（*raz）に（b^e）依拠して（maniya）」の謂いである。この型の語形が主格形でありながら斜格形の代用をなす事実を，筆者は同時代のアラム語銘から指摘することができるのである。

3. 古期(古代)ペルシア語 artā-ča brazmaniya とその射程

註

1 この論文は拙稿 "Pahlavica IV. Aramaic Preposition *B* in Parthian", *Orient*, Vol. XVII (1981), pp. 59–66 (拙稿 "On Old Persian 'RT'Č' BRZMNIY", *Studia Iranica*, t. 10 〔1981〕, pp. 323–324 は抄篇) を収録したもの。なお, 拙稿「アラム・イラン混成語形とその周辺——ゾロアスター在世年代論へ——」(『日本オリエント学会編三笠宮殿下古稀記念オリエント学論集』小学館, 1985年, pp. 40–48 = 本拙著 pp. 51–69) も参照されたい。

2 「余は禁令した (patiyazbayam)」については拙著『ゾロアスター研究』岩波書店, 1980年 (2刷), p. 486 および p. 495 註43参照。

3 〈 〉は私によるテキストの補完・再構を示す。

4 古期 (古代) ペルシア語文中, 語内において (a)r としたものはサンスクリット語 ṛ に対応する母音を示す。

5 Fr. Mawet: "Vieux-Perse BRZMNIY(A) et les nouvelles données de l'onomastique élamite", *Studia Iranica*, t. 7 (1978), pp. 7–22. 以下, マウェと略称する。

6 ベイリー卿はその著 Dictionary of Khotan Saka, Cambridge 1979, p.272 において Walther Wüst の説を排して, 古期ペルシア語 brazmaniya- の barz- または braz- およびサンスクリット語 bráhman- の brah-: bṛh- を IE bhlagh- に遡らせた (これは同氏の Indo-Scythian Studies, being Khotanese Texts, Vol. VI. Prolexis to The Book of Zambasta, Cambridge 1967, p. 230 にみえるものと同じ)。私は註10において氏の説を新旧2種挙げることになるが, brzmniy に対する, コータン・サカ語辞典にみえる解釈は brazmaniya 「ブラズマンと合一する」とする方の解釈と同じものと考えられる。

ちなみに, W. Wüst の説というのは IE *bléghmen- (>bráhman-) の語根を bél(°⁻) 'strong, strength' に求めるもの ("brzmniy", *PHMA*, Heft 8—11, München 1962—65=*Altpersische Studien. Sprach- und Kulturgeschichtliche Beiträge zum Glossar der Achämeniden-Inschriften*, München 1966, p. 221 および註3)。

7 J. Duchesne-Guillemin の S. H. Taqizadeh への書信による回答: "OLD PERSIAN ARTĀČĀ BRAZMANIY", *Bulletin of the School of Oriental and African Studies*, University of London, Vol. XXV (1962), pp. 336–337. (註末の追記参照)

8 たとえば, R. G. Kent: *Old Persian. Grammar, Texts, Lexicon*, New Haven 1953, p. 170, arta- の条下。マウェも同説。

9 Rüdiger Schmitt: "Ein altpersisches *ghostword* und der sog. 'inverse *ca*'", *Orientalia*, nova serie, t. 32 (1963), pp. 442–445.

10 H. S. Nyberg: *Die Religionen des alten Iran*, deutsch von H. H. Schaeder, Leipzig 1938, p. 478 に同書の p. 367 への註1として H. W. Bailey の見解 (ニーベ

リー氏へ書き送られたもの）が紹介されている。それによると，ベイリーはすでに早く artācā barzmaniya「天則に従いバルズマン（アヴェスター語 barəsman-「祭枝」）をたずさえる」（両語とも男性単数主格）と解している。その後，ベイリーはその著 Zoroastrian Problems in the Ninth-Century Books, Oxford 1943, p. 87 註4において barzmaniya を brazmaniya「ブラズマンと合一する」に改めている。氏の artācā「天則に従う」は Walter Bruno Henning: "Bráhman", Transactions of the Philological Society, London, 1944 (1945), p. 116 によって受け継がれた（これに対し，barzmaniya の方はヘニングはこれを brazmaniya「祭式に則る」と解する〔後説註19参照〕ので，ベイリーとは解釈を異にしている）。マウェ註1を参照されたい。

11 両写音とも Walther Hinz: Neue Wege im Altpersischen, Wiesbaden 1973, p. 129, brazmaniya の項による。Ernst Herzfeld: Altpersische Inschriften, Berlin 1938, p. 116, BRAZMANI- の項にはそれぞれ pⁱr.ra.ⁱc.man.ni.ia, bi-ra-za-am-man-ni-i とある。
12 マウェ註10。
13 仮りに「アフラマズダーを天則とともにも」崇めるとして，brazmaniya を両者の修飾詞とする (p. 42 参照。「崇高なる」として）のならば，それは男性双数対格となって brazmaniyā とあるべきであり，「天則とともにも」にかけるのならば，中性単数具格としてこれまた brazmaniyā とあるべきであるから，brazmaniyă では文法上の一致を欠くことになる。後説註26参照。
14 マウェ pp. 11-12。
15 マウェ註16。
16 マウェ p. 12。
17 マウェ p. 12 および註17。
18 マウェ p. 12。
19 註10に所引のヘニング論文。brazmaniya「祭式に則る」（男性単数主格）を容認するものには Ilya Gershevitch: The Avestan Hymn to Mithra, with an Introduction, Translation and Commentary, Cambridge 1959, p. 236 や註11所掲 W. Hinz の著書 p. 129, brazmaniya の項，がある。
20 マウェ pp. 17-20。したがって，マウェによれば 1c 説は成立しないから，2c 説を新しく起こしてこれに組み入れるべき性質のもの。しかしマウェ自身 brāzaiti をもって brahm を説明はするが brazmaniya を「祭式に則る」として解釈するのではない（マウェ説は註25をみよ）から，2c 説は起こせない。
21 New York Times, February 9, 1936。マウェ註18。
22 マウェ pp. 14-15。
23 マウェ註18。
24 ヤスナ36：6にみえる。マウェ p. 16 は J. Darmesteter の訳に従って名詞としているが Chr. Bartholomae の上掲辞書 col. 950 は形容詞「崇い」とする。
25 これがマウェ説 (p. 16) である。

26 マウェ説の矛盾は私が註13でもすでに明らかにしたところ。
27 -maniya- を ¹man-「思う，考える」からの派生詞とすれば brazmaniya- は「法に留意する」ともなろうが，¹man- は対格をもとり得るから b - (b^e-) は不用であろう。したがって，つねに自動詞的である ²man-「とどまる」をとるのが安全である。
28 註 2 所掲拙著 pp. 310-311。
29 註 2 所掲拙著 pp. 425-428。
30 註 2 所掲拙著 p. 428。
31 註 2 所掲拙著 pp. 452, 455-456。bihvavard(a) は bihvavarda とあるべきもの。阿育王碑の造立時代にはガーサーの言語との間に新古の別を指摘できない同系の言語がまだ話し継がれていた。これについては，註 1 所掲の拙稿「アラム・イラン混成語形とその周辺」(本拙著 p. 51 以下)を参照されたい。
32 たとえば raz- からの派生詞 razan-「制約，規制」の単数具格 rašnā あたりも用いられるのではないか。
33 b^e-raz-maniya「法に依拠して」のようなアラム・イラン混成語形ではないが，同じ語法に起源するとみるべき中期語法 ¹pad paymānag mānišnīg (……rādīh)「分限に依拠する(寛裕)」(DkD 817：5＝DkM 22：13) も参照したい。これは無差別的寛裕に対立する概念を示すもの。

追記——デュシェーヌ＝ギュマンには brazmaniya に対する別解もある。氏はその著 *La Religion de l'Iran Ancien*, Paris 1962 (序文の日付は1960年 5 月 1 7 日), p.166 ではこの語を，クシャヤルシャン（クセルクセス）が享けた尊称で 'révérencieux「聖上，お上(かみ)」の謂いだとしている。'rt'č' brzmniy への最新の言及には 3 氏がある。(1) Gregor Ahn, (2) Clarisse Herrenschmidt, (3) Jean Kellens である。(1)はその著 *Religiöse Herrscherlegitimation im Achämenidischen Iran. Die Voraussetzungen und die Struktur ihrer Argumentation*, Acta Iranica 31／1992, p.115 (n. 125)でこれを，'in der rechten Ordnung und auf rechte Weise「正しい理法の中でかつ正しい方法で」と訳し，(2)は "Notes de Vieux Perse Ⅲ", *Indo-Iranian Journal*, 36 (1993), pp.45-50 でこれを, artā hačā (＝Av. ašāṯ hačā) brazmaniy '(avec) un *brazman* selon le bon agencement「よき理法に従いブラズマン（をもって）」と読解したが，重要な brazmaniy は，祭式 (rite), 祭式用語 (parole rituelle), その他祭式関係の表示語であろうが語意決定不可能なる語 brazman- の単数具格とみた。(3)はその著 *Le Pantheon de l'Avesta Ancien*, Wiesbaden 1994, pp.86-87 (n.35) 文において (2) を決定的な解明と評価し，自身はこの句を 'en usant d'un barəsman (ou d'un poème) adapté à l'Agencement「天則に叶う（祭枝）バルスマン（または賛歌）を用いて」と訳している。いずれも特に brzmniy の解明には程遠いものといわざるを得ない。

4. アラム・イラン混成語形とその周辺
——ゾロアスター在世年代論へ——[1]

　アラム・イラン混成（混種）語形とは 3 語から成る合成詞で A＋B＋C の形をとるが，A はもっぱらアラム語前置詞 b^e-（この前置詞は，この論文で取り扱うかぎりでは，後続する B が連続子音で始まるときは bi- となる），B はこれに支配されるイラン語名詞または代名詞，C は A＋B を副詞句とする形容詞（自動詞的）である。これまでに指摘されているものは（1）b^e-har-xvatāya-,（2）b^e-vahu-štāka-,（3）b^e-raz-maniya-,（4）bi-hva-varda- の 4 例で，みな私の発掘である。これらを提供する資料を挙げると，（1）はBowman, Nos. 9, 13, 19（以上は前473—前465，クシャヤルシャン〔クセルクセス〕）[2], 43, 44, 45, 47, 48, 51, 52（以上は前452—前435，アルタクシャサ〔アルタクセルクセス〕1世），73（年次の比定不可能），79, 95, 110, 119, 132, 136, 155（以上は紀年欠）にみえる。ganzabarā zī b^eharxvatāya (bhrḥwty, ただし Nos. 73, 110, 119, 136 はこの語が欠失)「すべて (har) に (b^e) 君臨する (xvatāya) ところの (zī) 財務官 (ganzabarā)」として用いられている。har は harva「すべて」の -va と xvatāya の xva との間に生じた同音省略形である。私はすでに早く，この混成語形を解明している。[3] 欧米学界でこのアラム語銘に関与したものはみな，harxvatāya と読むべきこの語を Haraxvatī「アラコシア，カンダハール地方」として地名に読みとっているが，大きな誤解である。[4]（2）も Bowman, No. 14（前467—前466）に ganzabarā zī b^evahuštāka「よきもの（宝物）のなかに (b^e) いる (štāka＜stāka。u が先行しているために š＜s と音転) ところの財務官，宝物に関与しているところの財務官」として見出される。バウマンは wh (vahu) の w

をgと読んでいるが、これはW. Hinzの指摘しているように，wが正しい。しかしヒンツはvahuštākaをVahištakaと読んで地名（所在不明）とみており，M. N. BogoljubovはHaraxvatīと読み替えるべきことを提唱している有様である。（3）も私による解明であるが（1）（2）（4）におくれて，私としてはもっとも新しい成果となった。拙稿 "Pahlavica Ⅳ. Aramaic Preposition *B* in Parthian", *Orient*, Vol. ⅩⅦ (1981), pp. 60–63 はこれを取り扱ったもので，本拙著所収の「古期（古代）ペルシア語 artā-ča brazmaniya とその射程」はその邦語版ともいうべきものである。この語はクシャヤルシャンのペルセポリス碑文 h，すなわち同王によるダイワ（魔神）崇拝禁止碑文に3箇所在証され，私はその直前の語と一括して 'rt'č' brzmniy を artā-ča b^e-razmaniya (brazmaniya)「天則に従いかつ法（raz）に（b^e）依拠して (maniya)」と読解した。raz は *razman「法」>razma となり，さらに man-iya の頭音 ma との間に同音省略が生じて razma>raz となったものであるが，当初から *raz「法」という根名詞（動詞 raz-「規制する，整理する」から）の可能性も考えられる。いずれにしても，brzmniy の頭字 b をアラム語前置詞とみる着想は私独自のもので，このことに気付かなかった従来の諸説は，私自身のそれをも含めて，すべて失敗だった。

　（1）（2）（3）を総合してみると，それらがハカーマニシュ（アケメネス）朝クシャヤルシャンの治世を上限とし，アルタクシャサ1世時を下限とする年代に跨がっていることがわかるが，言語面ではまだ古期ペルシア語碑の造刻されていた時期である。そのうち，（1）（2）は王朝アラム語文に，（3）は古期ペルシア語文に用いられているが，（3）にみえる用法は単数具格 artā「天則 (arta-)に従って」と並列されているから具格形を取るべきであるのに，（1）（2）と同じく単数主格形のままである。これらの混成語形は王朝アラム語の中で造出固定化され，主格形のままで他の格としても自由に用いられていたものとみてよい。（4）も私がすでに取り扱い済のもので，アショーカ王（前268年即位）のタキシラ碑文 l. 7 にみえる。ll. 7—8 の ZK（本拙著p.139参照）bihvavarda (bhwwrd) ha⟨lkūṯ⟩ huništāvana はシャーフバーズガリーの十四

4. アラム・イラン混成語形とその周辺

章法勅中の añam……bahuvidhaṃ dhramacaraṇaṃ「他の多種の法実践」をアラム語訳したもので，bihvavarda はプラークリット語 bahuvidhaṃ「多種の」の対訳である。すなわち，この語は「自身 (hva) で (bi) 増えた，実に (bihva) 増えた」の意味をもって「多種の」を訳しているのである。阿育王にみえるハカーマニシュ朝の影響は，他にもこれを立証する要素はあるが，このアラム・イラン混成語詞はそれらにまさる，決定的な説得力を有している。

これらの語形（1）—（4）を概括してみると，（4）はプラークリット語 bahuvidhaṃ の訳語として語意決定の上に的確な指標を有し，（3）はエラム，アッカド写音形（それぞれ bír-ra-iz-man-nu-ya, bi-ra-za-am-man-ni-i）を有している点において読み方の上に的確な指標を有していて，これら（4）（3）は（1）（2）の読解にも寄与するところが大きいといえる。

多少余談めくが，王朝アラム語における，アラム語前置詞 b のこのような特殊な用例や b の頻用からみても，エズラ記4：7の前半にみえる bšlm は人名ではなくて bi-šlām「和合して」すなわち「提携して」と解さるべきで，ここは「また，アルタクシャサ（1世）の時代には，ミスラダータと提携して，タープエルおよび他の彼の仲間たちがペルシア王アルタクシャサに（'al-Artaḥšaśtā）書簡を認めた (ktb)」となる。この箇所ももとはアラム語だったのをヒブル語に改作したもので，その際の改作洩れがこの bi-šlām（ヒブル語なら bi-šlōm）と 'al-Artaḥšaśtā の 'al（'against' をあらわすこの語が中期ペルシア語文で ō 'to, toward, for' と訓じられるようになる。ヒブル語でも ō と同義にも用いられるが，ō の意味では 'æl が使用される）「……に」である。また ktb は kāṯaḇ「彼は書いた，書簡を認めた」とヒブル語に読ませているが，この語形は ktb のままでアラム語 kᵉṯaḇ「(上と同じ意味)」でもあるし，またこの ktb は3人称単数男性であるから，bšlm が人名であっては，少なくともビシュラーム，ミスラダータとタープエルが主語となるので，文法上の「数」が一致しなくなる。ここの構文は「ミスラダータと提携して，タープエルが書簡を認めた，そして他の彼の仲間たちも。」というのが本来の形である。だから，従来の訳を踏襲しているにすぎない新共同訳聖書に「また，ア

ルタクセルクセスの時代には、ビシュラム、ミトレダト、タベエル、および（「他の」も訳されていない）その仲間がペルシア王アルタクセルクセスに書簡を送った」とあるのは、この点で誤りである。また、この訳では「その仲間」というのは「彼らの仲間」ということになるが、原文は k^{e}nāwōtāu（アラム語 k^{e}nāwāṭ-eh を改作したもの）「彼の仲間」とあるから、従来の訳はこの箇所でも、原文の意に副うていない。なお、エズラ記4：7の後半は「その諫告の文書はアラム語で書かれていたが（古期ペルシア語で）翻じられた」とあり、そのあとに「アラム語」と付記して、4：8からアラム語で書かれていることを予告している。エズラ記4：7については、註12所引の文献 pp. 214〔16〕-215〔17〕を参照されたい。私のいわゆるアラム・イラン混成語形となれば、bi-šlām は *b^e-rama-stāka か *ba-'^{a}xšti-štāka あたりとなるのではないか。

ハカーマニシュ王朝は前代にアラム語が果たしていた役割——公用語、商用語、その他——をそのまま継承したばかりでなく、東西に跨がるその広大な版図に沿うて、この役割を拡大した。（4）bihvavarda はアラム語が同帝国の東半でも重要な役割を果たしていたことを立証するもの。ペルセポリスで発見された前記の古期ペルシア語碑やハオマ作器具のアラム語銘にみえるアラム・イラン混成語詞（（3）（1）（2））と同型の語詞がはるか東方のタキシラ碑文に登場しているのである。否、この混成語詞ばかりでなく、阿育王がアフガニスタンに造立した、いくつかの現存アラム語碑（以下、しばしば阿育王碑と略称する）そのものが、すでにハカーマニシュ王朝の史的遺産である。実は、このタキシラ碑文も、私がすでに述べている[7]ように、アフガニスタン——おそらくカーブル以東——から何らかの事情によってタキシラに移されたものと考えられるのであるから、この碑文もアフガニスタン出土と考えてさしつかえない。

ところで、これら4語詞のそち、（1）（2）（3）は明らかに、まだ古期イラン語の行われている時期に属しているが、問題は（4）を含むタキシラ碑文や他の阿育王アラム語碑が、古期イラン語の行われていた時期のものかどうかということである。（1）（2）を含むアラム語碑の中に多くのイラン語詞（古期イラン

語！）が象嵌されているように，阿育王のアラム語碑（阿育王碑）にもイラン語詞が象嵌されているし，同王のプラークリット語碑の特色として造立地の言語（方言）に留意していることもすでに知られているから，この象嵌されているイラン語詞もアフガニスタンに用いられた通用語であることはいうまでもない。これらの語形が古期語か中期語かを決定的に知り得る言語要素に，私は新しく邂着した。それは『デーンカルド』第3巻第40章に出る ˈxwad stāg mēnōg「自律的感覚中枢」(DkD 810：11＝DkM 31：22)[8] で，これをリトマス試験紙ともして阿育王期（前3世紀中葉）の東イランの言語が古期のものか中期のものかを判定してみることにしよう。

この語 ˈxwad stāg mēnōg や，それが Jean de Menasce により誤って ˈxwat Spanāk Mēnōk「スパナーク・メーノーク自身」と読解されていること，などについては，拙稿「我観『景教』——呼称の背景をめぐりて——」などを参照されたい。[9]

今や私どもは（2）b^e-vahu-štāka と（4）bi-hva-varda から容易に *bi-hva-stāka なる語形を措定することができる。「自身（hva）で（bi）存立する（stāka）」すなわち「自律する」を意味する語である。ˈxwad stāg すなわち BNPŠH st'k「自身（NPŠH＝napš-eh）で（B＝b^e）存立する（st'k＝stāg）」という中期語形を王朝アラム語的アラム・イラン混成語形で示せば，当然この *bi-hva-stāka となるはずである。中期語では *bi-hva のような混成形（bi- はアラム語，hva はイラン語）はなくて，BNPŠH＝b^e-napš-eh, lit. 'by his own self' という純一なアラム語合成形をもって「自身で」を示す。したがって，これを逆にいえば，bi-hva をもつ形は古期語テキスト用であり，それ故に（4）bihvavarda をもつテキスト（阿育王碑）の中のイラン語は古期語なのである。

阿育王碑にみえるイラン語詞の中には，この古期語層を明確に示しているものが，いくつか指摘される。私はこれまでは，碑中のイラン語詞がアヴェスター語系に属することを力説してきたが，[10] それが古期語層に属することについては，少なくとも拙著『ゾロアスター研究』（1979年，1980年〔2刷〕）の執筆当

時には，それを積極的に主張するには，いささかのためらいがあった。したがって，上述した bihvavarda も bihvavard(a) のように示した。ポレ・ダルンター碑文 ll. 3, 7, ラグマーン第1碑文 l. 3, 同第2碑文 l. 7, カンダハール第2碑文 ll. 1, 3, 5 にみえる shyty を sahyati「それは呼ばれる」と正解しながらも，「古形ではないかと考える」と述べている[11]。これはむしろ「この語形によっても碑中のイラン語が古期語（アヴェスター語系の）であることが明らかとなる」と改めるべきである。場合によっては sahyāti「それは呼ばれるべきである」という接続法も可能となる。アーレフ（'）を伴わなくても長音 ā を表示し得たことは，他にも多くの例がある。特に語末音 ă/ā の表示は注目される。末字 ' がなくても ā と読め，あっても ă とも読めるからで，この現象はすでに早く H. H. Schaeder によって指摘されている[12]。(語末音 -i や -u についても註12所引の文献参照)。これらのうちで，阿育王碑中のイラン語が古期語であることを立証するものとして，私は語末音 -ā をアーレフを用いて表記しない例を3例，援用することができる。ptyzbt, prbst（カンダハール第1碑文 l. 5），'wsp（同 l. 8）で，それぞれ (a) patizbātā「取り止め宣言者」，(b) frabistā「狩猟者」(l. 6 に prbsty＝frabisti「狩猟」があるのも参考となる)，(c) ā vispā「永久に，いつまでも」である。これらの語に関する語源論的，形態論的ないし意味論的取り扱いは私がすでにこれを試みている[13]ので，ここでは (a), (b) の末音 -tā と (c) の末音 -ā のみを取り上げることにする。いずれも -ā を特記する ' を欠いているが，-ā とも読めることは上記シェーダーの研究によって明らかである。多少の問題は，この末音 -ā の中にアラム語の定冠詞 -ā（これは自身が限定する語に後接される。前出 ganzabarā「財務官」も ganzabara に ā が後接されているもの）が含まれているかどうかということであろう。

先ず (a) ptyzbt＝patizbātā であるが，(b) prbst＝frabistā をも含めて，それらが出るカンダハール第1碑文にはギリシア語版があるから，参考のため，はじめにそれを訳出しておこう。訳文中の（　）は私の補筆である：

　　（即位してから）10年が満了したときピオダセース（アショーカ王の綽

称）王は人々に帰法を示した。そしてそれ以来，彼は人々をより敬虔なものにしたし，また（こうして）すべてのものが（今や）全土にわたって栄えている。また王やその他の人々は生類（の屠殺）から身を退いており，また王の猟師らや漁師らも狩猟（や漁撈）をやめてしまった。また誰か放縦なものたちにしても努めて放縦をやめて父と母と長老たちとに従順（になっている）。彼らはこれまでずっと，そしてこれからも，さらに進んで且つよりよく，いつまでも，これらのことを実践していくだろう。

文首の「満了したとき」は，一部原文が欠損しているが，いわゆる分詞構文としてこのように訳せる。しかし実際は「満了しつつあるとき」の意味と思われる。また「帰法を示した」とは，直訳すれば「敬虔を示した」であるが，法（ダルマ）を教えたというのではなく，「法帰依を示した」すなわち「ダルマに帰依した」ということ。「示した」という語は梵語 diś- 「指示する」と同語源だが，語意ではこれも同源のアヴェスター語 dis- 「示す，見せる」と同じものである。さて原文の ll. 7—8 には καὶ ὅσοι θηρευταὶ ἢ ἁλιεῖς βασιλέως, πέπαυνται θηρεύοντες 「また王のあるかざりの猟師と漁夫は漁猟をやめた」とある。これに対し，アラム語版の ll. 4—6 には wᵉ-zī nūnayyā 'āḥᵃdīn, 'illek 'ᵃnāšīn ptyzbt. kᵉnēmā zī frabistā hāwayin, 'illek 'iṯhaḥsenūn min frabisti「また魚をとるものたち——その人びとも取りやめた（ptyzbt＝patizbātā）。同じように，猟師であるものたち——（その人びと）も狩猟から身を退いた」とみえている。両語文をくらべてみると，アラム語文が先行し，あとから大意において同趣の文をギリシア語で書きあらわしたように思われる。[14] それ故に πέπαυνται「やめている」（παύω「やめる」の直説法完了中動相）は一方では patizbātā に，他方では 'iṯhaḥsenūn「（かれらは）退いた，やめた」（ḥsn の (h)iṯhap̄ʿal 話態の完了形3人称複数男性）に対応していることになる。このような動詞効果をもつ ptyzbt は，定動詞形なら *patizūzuvarə（pati-zbā- の完了形3人称複数能動相），分詞形なら *patizbayantō（*patizbayant- の男性複数主格）あたりであろうが，いずれも ptyzbt という字面からは，そのようには読みとれない。どうしても動作主名詞 patizbātā（patizbātar- m. の単数主格）以外のものではあり得ない。純粋なアラム語文では述語には定動詞形だけでなく，分詞も使用されているので，そのような用法からpatizbātā を用いたものであろう。そして，そのアラム語分詞も性・数に応じて変化はしても，定冠詞 -ā を後接されることはないから patizbātā も，そのような -ā を後接されていない理である。

ところで，-tar に終わる古期イラン語の動作主名詞は，その -tar をどのように中期語において受け継がれているのであろうか。多くの例があるが，いずれも -tār／-dār として受け継がれている（sāstār「指揮者」, pādār〔-dār<-tār〕「庇護者」, 等々）。これは明らかに単数対格語尾 -tāram に由来する。したがって，これを逆にいえば，阿育王碑の（a）patizbātā は古期語形であって中期語形ではないのである。

では，(b) prbst はどうか。zī frabistā hāwayin は ὅσοι θηρευταὶ (θηρευτής「狩人」の複数主格）に対応するが，zī frabistā hāwayin 'those-who are hunting'（'those-who are hunter(s)' よりもむしろ）における fra-bistā は同じく -tar に終わる動作主名詞（*frabistar- m. の単数主格）であるが，名詞であるとともに述語の一部を形成する動詞状形容詞でもある。明らかに，この語もアラム語定冠詞 -ā を後接されてはいない，純正な，イラン語の古期語形である。語根は *bid-（Skt. bhid-「裂く，破る」）とすべきであるから，*frabistar- とともに *frabizdar- のような，いわゆる古拙形（バルトロメーの法則）も考えられる。しかし，この語形は『ガーサー』でも稀れであるから（ヤスナ46：8 などに dazdē），阿育王碑にたまたまこの古拙形が在証されないからといって，王碑のイラン語がガーサー語でないとする理由とはなり得ない。

最後に（c）ā vispā「永久に，いつまでも」であるが，ギリシア語版 ll. 12—14 には παρὰ τὰ πρότερον καὶ τοῦ λοιποῦ λώιον καὶ ἄμεινον κατὰ πάντα ταῦτα ποιοῦντες διάξουσιν「彼らはこれまでずっと，そしてこれからも，さらに進んで且つよりよく，いつまでも，これらのことを実践していくだろう」とある。残念なことに，このギリシア語文は必ずしも正解されていると

はいえないので，この機会に二，三指摘しておきたい。

$λώιον$ は $ἀγαθός$ の比較級 $λωίων$ 'more agreeable' の中性単数対格，$ἄμεινον$ は同じ $ἀγαθός$ の不規則比較級 $ἀμείνων$ 'better' の中性単数対格で，いずれも動詞 $ποιέω$ 「実行する」($ποιοῦντες$ は現在分詞能動相男性複数主格)を修飾する副詞で，それぞれ「さらに進んで」「よりよく」を意味する。この動詞は他動詞で，直前の $ταῦτα$ 「これらのことを」(中性複数対格)を支配する。$πάντα$ $ταῦτα$ とつづけて $κατά$ に支配されるものとみて「これらすべてのものにわたって」と解するのは取らない。$πάντα$ は $κατὰ$ $πάντα$ とみて ā vispā (註17参照。ā vispāi も成り立つ) 'for all (time)' に対応するものと解し「いつまでも」と訳すべきである。$διάξουσιν$ は $διάγω$ 「つづいて……する」の直説法未来3人称複数で「実行しつづけるだろう」の謂い。ā vispā (vispa-「すべて」の中性複数対格)は純然たるイラン語の成句とみるべきであるから，vispā の末音にアラム語定冠詞 -ā の含まれていないことはいうまでもない。この wsp なる字面は visp (wisp) とも読めるし，その場合はパルティア語となる(この方言は古い sp を保持していて，中期ペルシア語がこれを s と音転するのと異なっている)。しかし，パルティア語には ā wisp のような語法はないから，wsp はやはり vispā (または vispāi) と読まねばならない。

私は上にも触れたように，阿育王碑のイラン語詞がアヴェスター語系のものであることを立証し力説してきた。そして今や，そのイラン語がガーサー語でないことを証する資料のないことをも詳しく論じた。そういえば，タキシラ碑文 l. 6 にみえる hwptysty (カンダハール第1碑文 l. 6 にも在証) は特に注目される。この語は十四章法勅にみえる suśruṣa「随順，聴従」(śru-「聞く」の意欲活用よりの派生詞)をイラン語訳したもので，hupatyāsti「よき随順，よき聴従」と読解され——重複法による su- を小辞 su-「よき」と誤解したために，それを hu-「よき」とイラン語訳しているのは誤りで，hwptysty の hw=hu は無用であるが——，その patyāsti がヤスナ53：3の paityāstīm に同定されるばかりでなく，この paityāstīm そのものも *paityāzdīm のような

古拙形でないことも，注目したいところである。かくて，アフガニスタンにはゾロアスターの活動していた地域と時代との言語要素が前3世紀中葉に，なお話しつがれていたということになる。そのゾロアスターの出生地がアフガニスタン西部，ズランカ（ドランゲー，シースターン）であることは，これまた私が最近，改めて詳論したばかりのことである。これらの事実，中でも阿育王碑のイラン語要素がガーサー語との間に新古の別をもたないものであることは，ゾロアスターの出生地がアフガニスタンであることと相俟って，彼の在世年代を考定するのに看過できない重要性を有している。

ところで，順序として，ここから私はゾロアスターの在世年代論にはいるべきところであるが，それに先立って，かつまた，アラム・イラン混成語形論の結びとして，一言追加したいことがある。それは Rüdiger Schmitt: "Ein weiterer Bronzedolch mit „Achaimenidischer" Inschrift", *Archaeologische Mitteilungen aus Iran*, Band 22, 1989, pp. 345–347 に紹介されている，楔形文字銘 〈図〉 のことである。双刃の青銅短剣の柄に接続する剣首に刻字されているもので，中央に星形の紋様を配し，左右相称的に，それぞれ š r y／v u š とある。鮮明な刻字にもかかわらず取意不可能とされているが，私によれば šārē-va⟨h⟩uš と読んで「よきもの（vahu-）を開いてくれる（šārē）（剣）」と解される。šārē はアラム語 šr'／šᵉrā「開く」の基本話態の現在分詞能動相単数男性形であり，va⟨h⟩uš は王名 Dāraya-va⟨h⟩uš（「善の保持者」の意）にもみえる語形と同じものであるから，この短剣銘も一種のアラム・イラン混成語形で，しかも bᵉ- 以外のアラム語を有する，めずらしい形である。このアラム語動詞は中期ペルシア語では ŠLYTWNtnˡ／ŠLYTWN-（L は R の代替）と表意書きされて，wišādan／wišāy-「開く」と訓じられているが，短剣銘が古期ペルシア語で višaya-va⟨h⟩uš か viš.haya-va⟨h⟩uš とでも訓じられていたとするなら（意味は上掲のものと同じ），興味はさらに倍加しよう。wišādan／wišāy- や višaya-／viš.haya- は hā(y)-「結ぶ，縛る」（「Skt. syáti」）（Christian Bartholomae: *Altiranisches Wörterbuch*, Strassburg 1904, col. 1800）に wi-／vi- を前接して，反対の意味「開く」をあらわす語

4. アラム・イラン混成語形とその周辺

となっている。(p.68の追記参照)

　では、ゾロアスターの年代論に移るが、これは大別して、二つの立場がある。一つはゾロアスター教徒の伝承を重視するもの、もう一つはこれを否定して前千年頃を引きあてるものである。後者の論拠を一々挙げることは省略するが、その一論拠ともなっているのはガーサーと『リグ・ヴェーダ』との間にある、言語や宗教上の著しい親縁相似性である。Chr. Bartholomae (1918)[22]はこの伝承否定派の代表のようにみられており、ゾロアスターの活動期を少なくともほぼ前900年に遡らせているが、これと多少の相違はあっても、同じような見解は氏以前にもあり、今も絶えていない。たとえば Ed. Meyer (1909)[23]は「少なくともほぼ前1000年頃なるべきも、さらに二、三百年遡ってもよい」といい、C. Clemen (1925)[24]も同じ見解をとっている。A. Christensen (1923)[25]のように前1700—前1500年を提唱するものもあるが、O. G. von Wesendonk (1933)[26]は前10—9世紀とし、H. H. Schaeder (1940)[27]は前1000年の転回期より実質的にはおそくない時期としている。1960年代以降をみると、K. Rudolph (1961)[28]は前9／8世紀の在世とし、W. Eilers (1962)[29]も同じ見解を打ち出している。前5067—前2967年期のはじめとする D. J. van Bemmelen (1975)[30]の特異な立場はともかくとして、Mary Boyce (1979)[31]のように、上掲 A. クリスチャンセン説と同じ年代をとるものもあるが、Gh. Gnoli (1980)[32]は前2千年紀の終わりから同千年紀の始めの間においており、H. Humbach (1982)[33]も前1000年頃としている。

　これに対し、伝承重視説の場合であるが、伝承によればゾロアスターは30歳で啓示（デーン）を受け、苦節10年（40歳）にしてウィシュタースプ王に近づき、2年後（42歳）王を入信させ、自身は77歳で逝世した、という。そういうゾロアスターの在世年代に手掛かりを与える、中期ペルシア語書が3点伝存している。すなわち(1) Ardā Wīrāb Nāmag, (2) Nibištag-wizīdagīhā ī Zāt-spram, (3) Bundahišn である。(1)[34]は第一章冒頭で（重要な該当部分が写本 K20 では欠失）ゾロアスターがデーンを受けて世に弘めてからアラクサンダル（アレクサンドロス大王）のイラン侵入まで満300年間は、それが純一無

雑な形であったといって大王の暴虐を細叙し，(2)は「300年にして日中に夜陰が起こり，ついでデーンは混乱して王朝は崩壊するだろう (dēn āšōbīhēd ud xwadāyīh čandīhēd)」と予言の形で述べている。(1)は(2)を細叙したもので，両者の相違は具略の差のみである。E. W. West は早くこの立場を紹介し，ゾロアスターの年代を前330年（晩春ペルセポリス王宮の焼失，ダーラヤワフ〔ダリウス〕3世の死〔同年秋〕）から起算して (330＋300＋30＝) 前660—前583としている。これに対し(3) TD₁ 206 : 10—17＝TD₂ 239 : 18—240 : 4には，

> Kay Wištāsp はデーンの到来まで30年，（これによって計）1000年（となり，千年紀が満了した）。ついで千年紀の支配権は山羊座に来て，スピターマ家のザルドゥシュト（ゾロアスター）が創造主オフルマズドからの預言者としてウィシュタースプのもとに来た。ウィシュタースプはデーンの受容後90年，そして（その子）Spandyād の子 Wahman は112年，ワフマンの息女〈Humāy〉は30年，Čihrdād (Humāy) の子 Dārāy すなわちワフマンは12年，ダーラーイの子ダーラーイは14年，フローム（拂菻）の Alaksandar （アレクサンドロス大王）は14年（支配した）。

とある。東イランの，いわゆるカウィ／カイ王朝からハカーマニシュ（アケメネス）王朝へのつなぎは Humāy (Čihrdād は彼女の綽称) なる人物を偽作して人為的に操作されているが，ダーラーイの子ダーラーイとあるのは上説したダーラヤワフ3世とみられる。彼の死を起点として彼以前の諸王の統治年数を合算すると，90＋112＋30＋12＋14＝258年の数字が得られる。この数字は al-Bērūnī (973—1048) も伝えているもので，これに基づく前330＋258＝前588なる年次を W. B. Henning は 'the true date of Zoroaster' といい，「デーンの到来」とあるのを，ゾロアスターの生涯のうちで42歳，40歳あるいは30歳の時と見立てることによって，彼の在世年代に (a) (前588＋42＝) 前630—前553，(b) 前628—前551 および (c) 前618—前541と，3様の年所を引き当て得ることを示した。ブンダヒシュンにウィシュタースプ王がデーンを受容してのち90年とある句をゾロアスターが42歳の時とみて，W. Hinz は (a) をとり私もこ

れに賛成だが，C. F. Whitley[42] は（c）をとっている。「アラクサンダルの前」300年云々という年次や，ここに挙げた3様の年代（a）（b）（c）のうち，たとえば（c）をとるなりして，ゾロアスターの在世年代をセレウコス暦（前311年秋，一説には前312年 Nisanu 月1日を暦元とする）によって算出するのは（〔前311＋300＋30＝〕前641―前564／〔前311＋258＋14＋30＝〕前613―前536），この暦法がイランに知られていなかったので賛成しがたい。問題となるのはそのことばかりでなく，30歳とか12年（＝42―30）とかも類型的象徴的な数として批判することもできるが，批判し否定して何が得られるというわけでもなかろう。前記した300年という数字にしても，258年＋42歳＝300年，すなわちゾロアスターの生誕時から数えて300年というのを，彼が30歳の時からと誤解したものとみれば，E. W. ウェストの紹介した前660―前583も（a）に収まることになる。（a）（b）（c）は相互に僅差の年代で，この小差を蝸牛角上に争うよりも，リグ・ヴェーダをも有力な支柱として茫漠たる数字を弄ぶ伝承否定派にどう対処するかが，もっと重要なことではないだろうか。そして，その際見失ってならないのは，私どもが取り上げているのはインドで進行している事態ではなくして，アフガニスタンでのものだということである。それ故に，リグ・ヴェーダの言語に親縁近似しているガーサー語がアフガニスタンにおいて――否，今ではもはやリグ・ヴェーダとの関連は切断されてよいのだ――，前7―6世紀頃，まだ話されていたのか，そのことが重要なのだ。だが，残念なことに，このことには，伝承重視派のだれも取り組むことをしなかった。否，阿育王碑の解読に成功していなかったために，この一等史料を援用することができなかったのである。この最も重要なことに私は，阿育王碑を解読精査することによって，すでに答えている。アフガニスタンでは，ガーサー語との間に新古の別を立て得ない言語が，前3世紀の中頃にもまだ話し継がれていたのである。

　リグ・ヴェーダはその述作活動を大体前1500―前800の間においているが，その最盛期は前1200年頃であろう。ガーサー語がリグ・ヴェーダの言語に近接していることを最も重要な拠点としてゾロアスターの在世年代を前1000年，あ

るいはさらにそれより数百年も遡らせる立場と, ガーサー語が前3世紀中頃になおアフガニスタンに通用語として通行していたことを論証し, したがってゾロアスター教徒が開祖の活動年代を前6世紀においていることは言語のうえで少しも矛盾しないとする立場と, いずれがより合理的であろうか。極言すれば, 前者の立場からは, 前1700年をも引きあてることができるという, 勇敢な年代論さえ成り立つであろうし, あるいは, 伝承を無下に斥けることもならず, 前1000年をかなり下廻る年代を措定して身の安全を期そうとする逡巡派も出て来よう。しかし私どもからみれば, いずれも拠るべき史料に拠ることを忘れた, あるいは拠ることのできなかった立論として賛成することはできないのである。

註

1 『日本オリエント学会編三笠宮殿下古稀記念オリエント学論集』小学館, 1985年, pp. 40–48 に収載された同じ論題の拙稿を若干増補したもの。
2 Raymond A. Bowman : *Aramaic Ritual Texts from Persepolis*, Chicago 1970.
3 拙稿 "Gathica XV", *Orient*, Vol. XII (1976), p. 63. 拙著『ゾロアスター研究』岩波書店, 1980年（2刷）, pp. 427–428 も参照されたい。
4 Jonas C. Greenfield and Bezalel Porten : *The Bisitun Inscription of Darius the Great. Aramaic Version. Text, Translation and Commentary*, London 1982, pp. 42–43 にも同じ誤解がみえる。
5 註3所引の拙稿 p. 63 および同拙著 p. 428 参照。
6 註3所引の拙稿 pp. 63–64。同拙著 p. 442 註54, pp. 455–456 も参照。なおアショーカ王のアラム語碑の造立地・発見地一般については F. R. Allchin and K. R. Norman : "Guide to the Aśokan inscriptions", *South Asian Studies*, Volume 1/1985, pp. 44–45 の地図を参照されたい。
7 註3所引の拙著 pp. 450–451。
8 DkD=*Dēnkart. A Pahlavi Text. …… Edited by M. J. Dresden*, Wiesbaden 1966 ; DkM=*The Complete Text of the Pahlavi Dinkard. …… under the supervision of D. M. Madan*, Bombay 1911. 数字は頁と行を示す。
9 「我観『景教』——呼称の背景をめぐりて——」(『東アジアの古代文化』40号, 1984年夏号) pp. 143, 149 ; 拙著 *Pahlavica* VIII. *Nestorianism and the* 景教 (*kiaŋ kau*), Misumi 1983（自筆謄写仮り綴じ）, p. 13 および Note 6 (pp. 33–35)。前者については本拙著 pp. 451, 459–461 参照。
10 註3所引の拙著 pp. 485–487。

11　p. 472。
12　同氏著 *Iranische Beiträge* I, Halle 1930 (1972²), p. 272〔74〕。
13　拙稿 "A New Interpretation of Aśokan Inscriptions, Taxila and Kandahar I", *Studia Iranica*, t. 6 (1977), pp. 159-161 および註3所引の拙著 pp. 463-466。
14　前引のギリシア語文をより逐語的に訳せば「また王のあるかぎりの猟師たちと漁夫たちは，やめた――猟をする人たちは ($\theta\eta\rho\epsilon\acute{u}o\nu\tau\epsilon\varsigma$)」となる。このギリシア語分詞はアラム語文の 'illek（2番目のもの。'illek ᵃnāšīn「その人びと」の略）を説明しているらしいからである。「アラム語文先行」視については註17参照。
15　字面からはさらに patizbāta「禁令された」（過去受動分詞男性単数主格。王朝アラム語ではイラン語の -a 幹名詞・形容詞は古期ペルシア語の単数主格形を他の斜格形にも，そのまま代用した。上説 p. 52 参照）なる読みも可能であるが，ギリシア語文によって，このような語意の不可なることは明らかである。
16　-tar に終わるガーサー語動作主名詞で古拙形は dazdar- 1例のみ（ヤスナ27：13に単数主格 dazdā として在証される）。私は daḫ-「教える」を語根とみている。Helmut Humbach : "Weiteres zum Ahuna-Vairya-Gebet", *Acta Iranica* 23 (1984), p. 228 は異解を取りながらも，この可能性はみとめている。後説註20も参照。
17　註3所引の拙著 pp. 465-466。ただし，この 'wsp : ā vispā : $\kappa\alpha\tau\grave{\alpha}\ \pi\acute{\alpha}\nu\tau\alpha$ には再考の余地もある。ā vispāi（vispāi は単数与格）と読めばガーサー語句にもっと近くなる。vispāi と読ませるには wsp'y と綴ればよいかもしれないが，語末の -'y が期待どおりに -āi とのみ読まれ得るかというと，必ずしもそうではなく -i と (*vispi) と読まれる可能性もある。では ' をつけずに y のみをつけるとどうか。この場合は *vispi, *vispai などとも読まれ得る。結局，正書法ともいうべきものがないために wsp のままで放置したのではないか。そして，それがギリシア人書記官によって vispā と誤読され，そのまま $\pi\acute{\alpha}\nu\tau\alpha$ と訳されたのではないか。このような考え方からすれば 'wsp＝ā vispāi「いつまでも」にはアラム語定冠詞 -ā との関係はなくなるばかりでなく，アラム語文が先行したということに確実な論拠を提供するであろう。
18　この vispā 対 wisp の取り扱いに準じて取り上げ得るものに 'rzwš（タキシラ碑文 l. 4）がある。śramaṇa-「沙門」の訳語で，arzūša「正見者」である（私の前考 arzūš(a) は bihvavarda に準じて arzūša と改めるべきもの）。これも rz 保持の点においてパルティア語 *arzūš とも読めるが（中期ペルシア語なら *ālūš），vispā に準じてでも古期語形 arzūša でなければならない。この arzūša は arzu-uš-a- で語形の上では，私がすでに提唱しているハオマの綽称 dūraoša-＜dūra-uš-a-「遠くを見るもの；遠くを見させるもの」と同一である。この語の在証されるヤスナ32：14 は，別の機会に詳しく取り扱いたい。
19　Walther Hinz unter Mitarbeit von P.-M. Berger, G. Korbel und A. Nippa : *Altiranisches Sprachgut der Nebenüberlieferungen*, Wiesbaden 1975, p. 127, *hupaty-ā̆sti- f. の項参照。S. Insler : *The Gāthās of Zarathustra*, *Acta Iranica* 8 (1975), pp. 323-324 は 'firm foundation' と訳し pati-ā-sti- と分析しているが，

阿育王碑への言及がないのは遺憾である。私によればこの語は pati-ā-d-ti-, すなわち語根は Indo-Ir. dhā- (Ir. dā-) でインスラーの Indo-Ir. sthā (Ir. stā-) は認めがたい。ヤスナ53：3，a b c はつぎのように訳したい「(a) さて，これなるものを——そなたポルチスター，ハエーチャス・アスパの子孫 (b) スピターミー（スピターマ家の女性の謂い。彼女の名），ザラスシュトラの息女の中で一番末の〔そなた〕——(c) そなたに，ウォフ・マナフと，アシャとマズダーとに随順なるものとして，妻したのです」。

20 註19に私の提示した語根からみれば，この古拙形は期待できる。Av. dā- の直説法現在3人称単数中動相 dazdē : dastē ならびに註16に所掲の dazdar- : *dastar- なども参照のこと。

21 拙稿「「アヴェスターの改刪」をめぐりて」（『日本オリエント学会創立三十周年記念オリエント学論集』刀水書房，1984年）pp. 59-64＝本拙著 pp. 6-11。

22 同氏著 *Zarathustra's Leben und Lehre*, Heidelberg 1924, p. 11. ただし，本書はハイデルベルク・アカデミーにおける1918年11月22日の講演である。本書は Bernfried Schlerath (herausgegeben von —) : *Zarathustra. Wege der Forschung*, Bd. CLXIX, Darmstadt 1970 に収録され，原書の p. 11 はこの書の p. 10 にあたる。

23 Edward Meyer : "Die ältesten datierten Zeugnisse der iranischen Sprache und der zoroastrischen Religion", *Kuhns Zeitschrift für vergleichende Sprachforschung auf dem Gebiete der indo-germanischen Sprachen*, Bd. 42 (1909), pp. 1-27, 特に p. 16。

24 Carl Clemen : "Die Zeit Zarathuštrōs", *Zeitschrift für Missionskunde und Religionswissenschaft*, Bd. 40 (1925), pp. 45-56, 特に p. 56。

25 Arthur Christensen : *Avesta. Zarathushtriernes hellige Skrifter i Udtog. Religionernes Hovedværker i Oversættelse*. Under Medvirkning af danske Videnskabsmænd udgivet af Dr. phil. Poul Tuxen, Kφbenhavn 1923, p. x.

26 O. G. von Wesendonk : *Das Weltbild der Iranier*, München 1933, p. 61 f.

27 Hans Heinrich Schaeder : "Zarathustras Botschaft von der Rechten Ordnung", *Corona*, 9, 6 (1940), p. 601＝Bernfried Schlerath (herausgeg. von-) : *Zarathustra* (註22所掲), p. 117.

28 Kurt Rudolph : "Zarathuštra——Priester und Prophet. Neue Aspekte der Zarathuštra- bzw. Gāthā-Forschung", *Nvmen. International Review for the History of Religions issued by the International Association for the History of Religions*, Vol. VIII (1961), pp. 81-116, 特に p. 88。

29 Wilhelm Eilers, "Zarathustra", *Die Religion in Geschichte und Gegenwart* (*RGG*), 3. Auflage, VI, Tübingen 1962, pp. 1866-1868.

30 D. J. van Bemmelen : *Zarathustra*, Stuttgart 1975, pp. 13-22, 特に p. 22。氏は春分点が双子座にあった前5067—前2907の始めにおいている。

31 Mary Boyce : *Zoroastrians. Their Religious Beliefs and Practices*, London 1979, p. 18. これは女史の前著 *A History of Zoroastrianism*, I, Leiden-Köln 1975, pp.

3, 190 と同じ。
32 Gherardo Gnoli : *Zoroaster's Time and Homeland. A Study on the Origins of Mazdeism and Related Problems*, Naples 1980, pp. 175-179.
33 Helmut Humbach : *A Western Approach to Zarathushtra*, Bombay 1984, p. 15. ただし, 本書は1982年2月の Government Research Fellowship Lectures である。
34 Philippe Gignoux : *Le livre d'Ardā Vīrāz. Translittération, transcription et traduction du texte pehlevi*, Paris 1984, 原文 pp. 36-37, 仏訳 p. 145 ; Fereydun Vahman : *Ardā Wirāz Nāmag. The Iranian 'Divina Commedia'*, London and Malmo 1985, 原文 pp. 76-77, 英訳 p. 191。書名の呼び方については拙著『ペルシア文化渡来考』岩波書店, 1980年, pp. 139-140 参照。
35 E. W. West : *Marvels of Zoroastrianism* (Selections of Zād-sparam). The Sacred Books of the East, Vol. XLVIII, Pahlavi Texts, Part V, Oxford 1897, p. 166 によれば本書の第23章第12節であるが, B. T. Anklesaria : *Vichitakiha-i Zatsparam. With Text and Translation*, Bombay 1964, p. 93 では第24章第12節。本書 (West) 第1—3章については Philippe Gignoux : "Les "Selections de Zādspuram" (Vizīdagīhā ī Zādsparam)", *Annuaire. Résumés des Conférences et Travaux*, t. XCI (1982—1983), pp. 249-251 参照。なおジヌー教授はザートスプラムの父を Mary Boyce 女史が Juvān-Jam と解しているのを斥け, B. T. アンクレサリアの読み「Gušn-Jam」を採っている (p. 251)。この読み「Gušn-Jam」は早く Bamanjī N. Dhabhar : *Dastur Mānušceher-nā barašnūm bābenā patro*, Bombay 1921 が第1書簡の序において採用しているもので (Gošn-Jam), 私も同説。註末の追記の終わりの部分も参照されたい。
36 註35所掲のウェストの著書 p. xxxviii.
37 TD₁=*The Bondahesh, being a facsimile edition of the Manuscript TD₁.* ...... Bombay 1969 ; TD₂=*The Bûndahishn. Being a Facsimile of the TD Manuscript No. 2* ...... Bombay 1908. 数字はテキストの頁と行を示す。訳文中の ( ) は私の補筆, 〈 〉 は私による原文への補入を示す。
38 人名「ワフマン」を祖父と孫が共有するのはイラン古代の命名法の一つ。
39 C. Edward Sachau : *The Chronology of Ancient Nations. An English Version of the Arabic Text of the Athâr-ul-Bâkiya of Albîrûnî*, London 1879 (Frankfurt 1969²), p. 17 (chapter III).
40 W. B. Henning : *Zoroaster. Politician or Witch-Doctor?* Ratanbai Katrek Lectures 1949, London 1951, pp. 41-42. Henrik Samuel Nyberg : "Stand der Forschung zum Zoroastrismus", *Archaeologische Mitteilungen aus Iran*, Neue Folge, Band 1 (1968), p. 46 は「アレクサンドロスに先立つ258年」なる日付けを無価値としているが, 私は賛成しがたい。ちなみに, 氏自身はゾロアスターを前485年以前に在世していたとする (*Die Religionen des Alten Iran*, deutsch von H. H. Schaeder, Leipzig 1938, p. 45)。
41 Walther Hinz : *Zarathustra*, Stuttgart 1961, pp. 24-25. なお Jes P. Asmussen :

"Ideen und Begriffe der agrarischen Sphäre und ihre Bedeutung in der Verkündigung Zarathustras", *Altorientalische Forschungen*, VII (1980), p. 159 も参照されたい。

42 C. F. Whitley : "The date and teaching of Zarathustra", *Nvmen*, Vol. IV (1957), p. 215 ff., 特に pp. 218-220。

追記──p.58でふれた短剣銘については，その後取り扱う機会を得た，すなわち拙稿 "Aramaeo-Iranica"(*Acta Kurdica*, Vol.2／1995所収) がそれである。銘全体の意味は既述のもののほかに，「(この剣が) よきものを開いてくれるもの (であれかし!)」という解釈も成り立つことを述べたが，それ以外にも多くの問題にふれている。šārē-va⟨h⟩uš は男性単数主格形であるから，これが修飾する対象やこれを述語(補語)とする対象も，šārē-va⟨h⟩uš と性・数・格において一致する必要がある。対象が剣(このほうを一先ずとっておく) なら OP *snaθya- (>MP sneh「剣」; Av. snaiθiš- f.「同」参照)，武器なら Av. varəθa-, zaēna- (>MP zēn), zaya- に対応する OP 形，それぞれの単数主格形が暗黙裡に含意されていると考えられる。これで問題の一つは一応解決するが，最も問題となるのはむしろ šārē-va⟨h⟩uš がアラム・イラン混成語形だったか，それとも前肢が OP で訓じられていたか，もしそうなら何と訓じられていたか，ということであろう。すでにみてきた4混成語形は，頭辞 b (b^e-, bi-) がそのまま読まれていたことは，b^e-razmaniya のエラム語やアッカド語写音に徴して明らかであるが，šārē の場合は多音節であるうえに，エズラ記4：18からでもハカーマニシュ朝期に訓読も行われていたことが知られるので，訓読されていたと私は推論した。

エズラ記4：7に，反ユダヤ派の人びとがアルタクシャサ (アルタクセルクセス) 1世に諫言(警告) の書簡を書き送ったところ，「それは翻じられた (m^{e}turgām)」とエズラ記の編述者は述べているが，4：18で大王の彼らに対する返書を記してこう註している「そなたたちがわれらに (書き) 送った諫言は，わが前で訓じて (m^{e}pāraš「訓じられて」) 読まれた」(全文アラム語)，と。ムファーラシュとは基本話態 p^{e}raš「分ける，分かつ，to divide」の pa"el 話態の分詞所相で，一般には「明瞭に (読まれた)」と訳されており，またこれに批判的な訳解「一語一語 (word for word)，完全に (in full) (読まれた)：'it has been read verbatim'」も提示されている (H.G.M. Williamson : *Ezra, Nehemiah. Word Biblical Commentary*, Vol, 16, Waco (Texas) 1985, pp.52, 56)。しかし重要な書簡を書記官が大王の前で明瞭に読まないとか，略して読むなどということは尋常の事態ではない。だから，ムファーラシュとは語源に忠実に解釈すれば「(原語アラム語から) 分けられ分けられして，離され離されして (読まれた)」ということ，つまり「(古期ペルシア語に) 直して，訓じて (読まれた)」ということでしかあり得ない。それは，あらかじめペルシア語に訳しておいてそれを読むのではなく，書記官がアラム語の書簡をたずさえ即席に，我われが白文の漢文を訓じるように，ペルシア語で訓じて読むということである。4：7で m^{e}turgām と表現していたことを，ムファーラシュで具体的に細部を説明しているのである。したがって結果論からすれば，ムスルガームも積極的に「それは訓じられた」と訳してもよいのでは

4. アラム・イラン混成語形とその周辺

ないかとも考えられるが，訳文としてはいささか行きすぎであろう。いうまでもないが，ペルシア語で訓じるといっても，原文アラム語と語順まで一致するとは限らず，そのことは漢文を我々が訓読する場合に準じて類推すれば理解できよう。ともあれ，このような問題が生じたのは，アラム語が公用語であったにしても，ペルシアの大王がそれに充分習熟していたわけではないからである。これらの事情については Hans Heinrich Schaeder : *Iranische Beiträge*, I, Halle 1930 (1972²) 全巻を参照されたい。

では šārē がどう訓じられていたかということになるが，中期ペルシア語 wišādan「聞く」が ŠLYTWNtn と表意書きもされることから，šārē は *wišaya-(*wiš.haya- もあるが) と訓じられていたとみたい。ŠLYTWNtn の L は R の代替であるから，この語形の原辞は šᵉrā (前出。「開く」) である。また *višaya-(*viš.haya-) は *vi-hā(y)-「開く」に遡り，語根は hā(y)-「閉じる」である。šārē-va⟨h⟩uš は višaya-va⟨h⟩uš と訓じられていたのである。

さて，こうしてみると，シュミット教授が上掲論文に挙げている別の短剣銘 (在ゾーリンゲン) も自ずと解明される。剣の前面には $^{d.\ a.\ r.\ y}_{v.\ u.\ š}$，背面には $^{š.\ y.\ r.\ y}_{d.\ š}$ とある。前面は dāraya-va⟨h⟩uš，背面は š[・y]・r・y・d・⟨u・⟩š すなわち šārē-dauš，訓じて višaya-dauš となり，銘全体は「よきものを保ち，喜びを開いてくれる (剣)」または「(この剣が) よきものを保ち，喜びを聞いてくれるもの (であれかし！)」を意味することとなる。dāraya-va⟨h⟩uš は，višaya-va⟨h⟩uš と照合してみれば，大王名やその他の人名ではあり得ないことも明らかとなろうし，背面の銘に y を接中したのは d・a・r・y と字数を等しくするためにすぎず，d・š が d・u・š の誤刻であることはいうまでもない。

なお，註35で取り扱った書冊には最近，新訳が公刊された。Ph. Gignoux+A. Tafazzoli: *Anthologie de Zādspram. Edition critique du texte pehlevie traduit et commenté*, Paris 1993 がそれで，問題の箇所は第25章第12節 (pp,86–87) である。

5. ヤスナ51：16について

——Av. maga(van)-, Ved. maghá(van)- および OP magu- に関説して——[1]

　この小論で私はヴェーダ語 maghá(van)- を新しい視点から検討し「霊力（をもつ）」の謂いであり，またアヴェスター語 maga(van)-（マガ（ワン））とも語義を同じくし，これらのインド・イラン語詞が古期ペルシア語 magu- とも同源であることを論証したい。

　Ved. maghá- は複数対格として maghá および maghāni を有するから中性名詞であることは明らかであるが，通例（1）賜物，（2）報酬，（3）富裕，（4）寛裕（物惜しみしないこと），などと訳されている。（1）は神から人に授けられるものを主とし，（2）は祭祀を修せしめる者（施主とよぶことにする）が祭儀にたずさわった祭官たちに与える報酬（布施）であるから，（1）と（2）は基本的には同じものを意味する。だが，これに対して（4）は（1）（3）を意味するとされる maghá- からの派生詞 maghávan- を「賜物をもつもの，豊かに布施する，富裕な，寛裕な」と解し，そこから逆に獲得された意味である。いずれにしても，これらの解釈はインドの土着文献学徒が maghá-, maghávan- をそれぞれ，dhana-「富・財産」，dhanavat-「富める」と解しているのにもとづくものと思われる。

　Av. maga-／magavan- は在証語形も極めて少ないから，次にその全部の出典箇所（Y.＝Yasna）ならびに，語音・語形上対応するとみられうるヴェーダ語形（いずれもリグ・ヴェーダ）をカッコ内に付記して示すことにする。

　　maga-：magə̄m, acc. sg. （Y. 53：7; maghám）; magāi, dat. sg. （Y. 29:11〔magāi.ā〕; 46：14; 51：11 ——リグ・ヴェーダには magháya のみで *maghaí はない）; magahyā, gen. sg. （Y. 51：16 ; 53:7; maghásya);

magavan- : magaonō, acc. pl. m. (Y. 33 : 7, p.92 参照 ; maghónaḥ); magavabyō, dat. pl. m. (Y. 51 : 15, p.92 参照 ; maghávadbhyaḥ〔これは -vant- に終わる幹に移行〕)。

Av. maga- は男性名詞とされているが, それを立証するには *magō, nom. sg., *magā́ṅhō (マゴーンホー), nom. pl. または *magā́ṅg (マガーン), acc. pl. あたりが要請されるが, 現状では maga- は中性名詞でもありうることになる。

周知のように, リグ・ヴェーダにはアヴェスター中の要素と同源でありながら, それと対立的な現象を示す要素があり, 好例としてよく引用されるのは Indra, Śarva=Rudra, Nāsatya 双神 = Aśvin 双神で, インドで善神とされるこれらに対し, アヴェスターでは Indra, Saurva (サルワ), Nā̊ṇhaiθya (ノーンハスヤ) は魔神とされている。また, インド側そのものにおいてもインドラとシャルヴァ (ルドラ) は神界の王侯階級 (クシャトリヤ), ナーサトヤ (アシュヴィン) 双神は同庶民階級 (ヴァイシュヤ) に当たり, 相合して deva (デーヴァ) 神群を形成し, Mitra や Varuṇa のごとき, 神界の祭司階級 (ブラーフマナ) に属して asura (アスラ, イラン語では ahura アフラ) 神群を形成するものとの間に角逐・対立の関係をもっていることも, よく知られている。この両神群間の対立・抗争はアヴェスターではすでに頂点に達しているが, リグ・ヴェーダではまだそこまでには到っていない。リグ・ヴェーダ (RV) Ⅳ 42の述作者はヴァルナとインドラをして互いに自身の利点を吹聴し優劣を争わせている。だいたい, 争位の文学では両者の間に判定者を立てるものであるが, ここではそれを立てずに両者を仲裁する形をとり, 両神を合わせて Indrā-Varuṇā「インドラ・ヴァルナ双神」という双数形の合成詞で併称している。リグ・ヴェーダでは, アヴェスターと異なり, アスラ神とデーヴァ神の間に角逐の決着がつかず, アスラ神群もデーヴァ神群と対抗し得るだけの勢力をなお有していたことがわかる。これに似たインド・イラン的対立現象は, この小論で取り扱う maghá(van)- と maga(van)- の使用にも, これをうかが

5. ヤスナ51：16について

うことができる。

　RV Ⅳ 42 においてインドラはマガ（maghá-）を授与されたしと訴願され，また彼自身も§5において「われはマガヴァン（maghávan-，マガの所有者，マガ者）」と号しており，またアヴェスターの Y.29：11 と 51：16 では，私があとで明らかにするように，アフラマズダー（Ahura Mazdā）とウィーシュタースパ（Vīštāspa）王は「マガ（maga-）の所有者，マガ者」のようにみられ，したがってこの両者はいわばマガワン（magavan-「マガの所有者，マガ者」）のようなものである。同じ語がインドではデーヴァ神インドラについて用いられ，イランではアスラ（アフラ）神アフラマズダー（とその信者たる王）について用いられるという，この対立関係にも注目しておきたい。

　私がすでに明らかにしたことであるが[2]，イランでは「天上の資産（išti-）」の所持者としての主神（ミスラ信者にはミスラ神，ゾロアスターにはアフラマズダー。いずれもアスラ（アフラ）神）は「富者・福者（arədra-）」とよばれるが，信徒の中でも特別のエリートで生前すでにこの資産を確約されているものもまた「富者」とよばれる。これに対し，信徒ではあってもまだその域に未到のものは「貧者（drigu-）」とされた。ゾロアスターは信徒を「天則者（ašavan-）」と総称したが，この中にも富者と貧者の別があった。ゾロアスターは信徒をすべて彼らの生前において「富者・福者」となし共にチンワントの橋をわたってアフラマズダーの天宮（garō dəmāna-, garōdmān- それぞれアヴェスター語，中期ペルシア語）に往詣することを究極の目標とした（Y. 46：10, 16）が，これは望んでも必ずしも得られることではないから，せめてもの目標として，貧者たちを絶えず教化して「天則・正道（aša-）」を逸脱させないことを目指した（Y. 51：13；46：11 参照）[3]。要するに，イランではアスラ神とそのエリート的信徒は「富者（arədra-）」とよばれたが，エリート外のものは「貧者（drigu-）」とされたのである。ゾロアスター教的に救済・済度の道を絶たれたものを draējištō.təma-（ドゥラエージシュトートゥマ，drigu- の最上級 draējišta- に，もう一度最上級の接尾辞 -təma-<-tama- をつけたもの。「最極貧者」）とよんだり，ソグド語で δrγwš(k)（<drigu-）を用

73

いてパーリ語 bhikkhu-「比丘」を訳している理由も明らかになるであろう。[4]

　他方，リグ・ヴェーダのインドではデーヴァ神インドラとその信徒は共に「貧しくないもの（ádhrigu-）」と総称され，中には「アドゥリグ（Adhrigu）」という人名もある。この語 ádhrigu- は *dhrigu-（Av. drigu- に対応する）の否定形であるから，イラン的状況に対抗して二次的，反発的に創出された概念であることは明らかで，そのうえインド側ではイランのように信徒層に区別を設けていないことも注目される。だから，イラン側からみれば，インドは妥協的な，阿諛的な取り扱いをしていて，本当は ádhrigu- でもないものをたらし込んで寄付させるために ádhrigu- に祭り上げたものもある，といえないこともない。いずれにせよ，ádhrigu- というのは arədra-/Ved. *r̥dhra- がアスラ（アフラ）神群やそのエリート的信徒に適用されているのを不快とし，反発的にそれを破斥したものである。名存実亡的な ádhrigu- も，ádhrigu- 連中の中にはいたかもしれないのである。

　これまでに述べてきたことは，語音や語形からみて対応形と見られうる Av. maga(van)- と Ved. maghá(van)- の原意を考定する基盤を与えてくれるだろう（Av. maga- の文法的性別については p.72 を参照されたい）。

　Ved. maghá- は「賜物」（時には「寛裕」），maghávan- は「寛裕な」とするのが，比較的新しい翻訳者たちの立場であるが，いずれかといえば，精緻な検討を加えていない憾みがある。すでに早く C. C. Uhlenbeck[5] は maghá- の語意「賜物（gabe），布施（geschenk）」および maghávan- の語意「豊施の（gabenreich），寛裕な（freigebig）」を認めながらも，これらを「できる，力がある（to be able, to have power）」を意味する印欧語祖形からの派生とし，かつ Av. maga-「力（macht）」および magavan-「強い（mächtig）」を挙げて参照せよといっている。これを承け，かつ H. Güntert: *Der arische Weltkönig und Heiland*, Halle 1923, p.108 f. にも従って，J. Pokorny[6] は maghá-「力，強力，富裕，賜物（Macht, Kraft, Reichtum, Gabe）」，maghávan-（maghávat-）「強力な（kräftig）」を認めて IE *māgh-/*magh-「できる，力がある，助ける（können, vermögen, helfen）」からの派生とし，

また Av. moɣu-, OP magu-「マギ (Magier), 呪術者 (Zauberer)」をもこれに帰属させている。――こうした取り扱いの中にも何故か，彼は Av. maga-(van)- には全く触れていない。これらに対し，M. Mayrhofer[7] は maghá-「賜物，施物，報酬，富裕 (Gabe, Geschenk, Lohn, Reichtum／gift, reward, wealth)」および maghávan-「寛裕な (freigebig／generous), 豊施の (gabenreich／rich in gifts)」を認めながらも，その語源は不詳とした。氏は Av. moɣu-, OP magu-, Av. maga(van)- をも同源とはしながらも, magavan- が「寛裕な」であるかには疑問を投じている。その他, もっと新しいところでは H.W. Bailey の新説もある[8]。それによると maghá- とは「報酬の支払い (payment for service)」, maghávan- とは「報酬の支払い者 (payer for service)」即ち祭儀への施主のことで, IE *mag-「与えるべきものを与える (to give what is due), 支払う (to pay)」からの派生とし, また Old Iranian magu- も本来はこの語基から -u によって派生したもので, ハカーマニシュ (アケメネス) 朝期の magu- やギリシアの μάγος はこの本義から転義した使用例であり, Av. mimaɣžō (Y. 45：10) がこの *mag- の確実な例であるとしてこれを 'you may seek to pay (him i. e. Ahura) with *yasna*-services for us with a view to *ārmati*-fortune' と訳している。私はこの奇異な解釈文を邦訳する勇気がないので, ここではこの動詞形が意欲活用の 2 人称単数能動相 injunctive (＜imperfect) であることだけを付記しておく。私解については p.91 参照。何故か, 氏も Av. maga(van)- には全く言及していない。

このような状況であるから, Ved. maghá-／maghávan- は原点に帰って洗い直す必要がある。その際, 理論的には基本形 maghá- を先ず取り上げるのが順序であるが, ここでは取り扱いの効率も大きいから maghávan- を先ず取り上げ, ついで maghá- の語意を考定することにしたい。

Hermann Grassmann はその著 *Wörterbuch zum Rig Veda*, Leipzig 1873 (以下, しばしば『辞典』と略称), col. 971 に maghá- m.「富裕 (Reichthum), 裕福 (Fülle)」,「施物 (Geschenk), 賜物 (Gabe)」を挙げながらも, これら両義には互換性があって区別はつけにくいとした。また maghávan- adj. には「施物または報酬を与える (Geschenk od. Lohn gebend), 豊施の (reichlich gebend, gabenreich), 富裕な (reich), 強い (mächtig)」の訳語を与え, m. (男性名詞として)「豊施者 (der reichlich giebt), 施者 (Geber)」の意味を付与している。『辞典』に引用されている該当箇所は全部を網羅しているわけではないが, しかし, その引用箇所だけでも重要な傾向を知るには十分である。

maghávan- の語意として氏が列挙しているものの中で「強い」とあるのは特に注目したい。というのは, maghá- の語意として氏が挙げているものの中からは,「強い」という語意は直接的には出て来ないが, それでいて「強い」なる語意は maghávan- の語意として氏が挙げているどの語意よりも, 文脈に適しているからである。『辞典』によると, インドラを指して maghávan- といっている例 81 のうち, 氏はそれを「富裕な」と訳しているものが12,「豊施の」が1,「施者」と訳しているものが1例で, 他はほとんど「強い」または「強力な (stark)」と訳していて, 文脈によく適合している。これから察すると, maghávan- の原辞 maghá- は本来は, 氏によってその語意とみられているものとは異なるものを意味しているのではないかと思われる。

原典がインドラを等しく maghávan- と形容しているのに, グラースマンがそれを「強い」と訳したり「富裕な」と訳したりしている例として, RV I 82 : 1—6 を引用してみよう。

  úpo ṣú śṛṇuhí gíro mághavan mā́tathā iva |
  yadā́ naḥ sūnṛ́tāvataḥ kára ád artháyāsa íd yójā nv ìndra te hárī ‖ 1 ‖
  卿（インドラ）はまさしく（吾らの）呼声に傾聴せよ, マガ者よ, 不首肯者然たることなかれ。
  もし吾らをして好意あらしめんとならば, 卿もまたその目途に副い給え。
  余は今まさに, インドラよ, 卿の双駿をつけん。
  ákṣann ámīmadanta hy áva priyā́ adhūṣata |
  ástoṣata svá-bhānavo víprā návisthayā matī́ yójā nv …… （以下

§1に同じ) ‖ 2 ‖

彼ら (マルト神群) はまことに噉食せり, 陶酔せり, (この) 親友らは降り来れり。

自ら光明を放ち霊感ある彼らは, いや新しき讃歌もて称讃せられたり。余は今まさに (以下§1に同じ)。

susaṃdŕśam tvā vayáṃ   mághavan vandiṣīmáhi |
prá nūnáṃ pūrṇá-vandhuraḥ   stutó yāhi váśāṃ ánu   yójā nv ……
‖ 3 ‖

見てうるわしき卿 (インドラ) を吾らは, マガ者よ, 讃歎せばや。

今ぞ卿は車座満載し嘆称されつつ意に従いて駆り来れ。余は今まさに……。

sá ghā táṃ vŕṣaṇaṃ rátham   ádhi tiṣṭhāti govídam |
yáḥ pátraṃ hāriyojanáṃ   pūrṇám indra cíketati   yójā nv …… ‖ 4 ‖

双駿つくる縁となる, 満酒の杯を, インドラよ, 見給うて,

家畜を鹵獲せん雄々しの車駕に, 今はただ乗り給うのみ。余は今まさに……。

yuktás te astu dákṣiṇa   utá savyáḥ śatakrato |
téna jāyám úpa priyáṃ   mandānó yāhy ándhaso   yójā nv …… ‖ 5 ‖

卿の右 (馬) がつけられよ, はた左 (馬) が, 百重念力者よ。

それをもていとしの妃のもとへ駆り行けよ, ソーマの液に陶酔し給うて。余は今まさに……。

yunájmi te bráhmaṇā kéśinā hárī   úpa prá yāhi dadhiṣé gábhastyoḥ |
út tvā sutáso rabhasá amandiṣuḥ   pūṣaṇván vajrint sám u pátnyâmadaḥ ‖ 6 ‖

余は卿のために祈禱もて有毛の双駿をつけん。卿は駆り出でよ。卿は (手

綱を）両手に握れり。

　強き搾出液が卿を歓喜せしめたり。プーシャンを伴い卿は妃とともに歓喜し給えり、雷箭者よ。

　§1と§3にインドラの形容詞として同じ maghavan（単数呼格。一応拙訳では「マガ者よ」とした）が出るが、グラースマンは前者を「強きものよ」、後者を「富裕なるものよ」と訳し分けている。「富裕なるもの」と訳したのは鹵獲品などをインドラは車駕に満載しているからであろうが、しかしこれも「百重の念力をもつ（śatá-kratu-）」（§5）インドラの力に依ることであるから、§3の maghavan も§1のそれと同じく「強いものよ」（私によれば「霊力者よ」）であってよい。同様の理由で§1や§3の maghavan も「寛裕者よ」と解さるべきでない。インドラが寛裕なように見えるのは彼が勇猛をもって摧敵しその財を掠取して信者に頒与するからで、彼の寛裕は勇猛に随伴する、二義的なものである。maghávan- は随意に「強者」「富者」と訳し分けるべきでなく、常に「強者」（私の「霊力者」）なのである。だから、問題は maghávan- が「強者」かそうでないかではなくして、maghávan- とはどのように強いのか、その原辞 maghá- がもつ「力」とはどのようなものか、ということにある。私によれば「超人的に強い、神的に強い」ということであるが、しかしこの問題はもっと後にゆずり、ここでは RV Ⅵ 27、特にその§3 を検討してみることにする。だいたい、この章（sūkta）は戦勝を機会にインドラに捧げられる讃歌（§§1—6）と祭官に施与された施物へのそれ（§§7—8）、すなわち勝讃と施讃から成っているが、その中の §3 は次のごときものである（RV Ⅵ 27 : 3）:

　　nahí nú te mahimánaḥ samasya　　ná maghavan maghavattvásya vidmá |

　　ná rádhaso-rádhaso nútanasyéndra nákir dadṛśa indriyáṃ te ||

　　何となれば卿（インドラ）の全幅の偉大も、マガ者よ、（卿の）magha-vattvá- をも吾らは未だ知らず、

　　常に新たなる（卿の）一々の恩恵をも（知ら）ざればなり。インドラよ、なんぴとも卿の雄力を見たるものなし。

5. ヤスナ51：16について

　グラースマンは maghavattvá- を「力 (Macht)」(私によれば「霊力具備」、後説 p.82 参照)、maghavan「マガ者よ」を「強者よ」とそれぞれ一応は正しく訳している。それというのも、この節にはインドラの属性として mahimán-「偉大」や indriyá-「インドラ力，雄力」という語があるうえに，この章全体がインドラの庇護下に戦勝を博したことを述べているからで，インドラの恩恵 (rádhas-) の語が続行しているからといって maghávan- を「富者」とか「寛裕者」と訳すべきでなく，したがって maghá- は少なくともその原意は「富裕」や「寛裕」ではありえないのである (maghavattvá- も「富裕」や「寛裕」ではない)。この §3 は諸種の属性詞でマガ者インドラが強者インドラであることをよく示している。

　インドラのほかにも，maghávan- を属性詞とする神々や事物がある。『辞典』によってそれをさぐると，次のようになる (インドラも加えて示す。付記の数字は頻度を示すもので，以下でもこれに従う)：インドラ82，ソーマ3，アグニ6，アシュヴィン双神3，同双神の車駕1 (註12参照)，マルト神群2，インドラ＋アグニ1，インドラ＋ソーマ1，インドラ＋ブラフマナスパティ1，プーシャン1，ヴィシュヴァカルマン1，諸神4 (そのうち＋インドラ1，＋インドラ＋ヴァルナ1)，諸リブ (Ṛbhu) 1，ウシャス19 (maghónī-となる。グラースマンはほとんどみな「富裕な」と訳しているが不可)，ウシャス＋ナクト1 (uṣásā-náktā maghónī，双数主格女性形。暁紅神と黄昏神)，ダクシナー1 (maghónī- となる。祭官への布施)。

　この表で明らかなように，maghávan- (女性形は maghónī-) で修飾されているものはデーヴァ神 (p.82) かそれと密接な関係にあるものである。ソーマはインドラの英雄行に不可欠の神酒，アグニは神々を祭筵に案内しあるいは供物を諸神のもとに携行するものとしてインドラとも密に関係する。マルト神群はデーヴァ神ルドラ (シャルヴァ) の子とも称され，下位の神々ではあるがインドラともしばしば協動する。アシュヴィン (ナーサトヤ) 双神もデーヴァ神として maghávan- (双数主格形は maghávānā) で修飾されるも道理で，双神の車駕にも maghávan- なる形容詞が移行している。施主や受者 (祭官) らの

志向に従ってインドラがアグニやソーマその他の神々と併合されることもあるが，それほど多くはない。「その他の神々」の中には，表の示すように，アスラ神の筆頭格たるヴァルナ（p.72）の見出されることもある。こうしてインドラが他の神々と併合されるときには，総括して maghávan- の複数形（主格なら maghávānaḥ）で修飾される。ウシャスが maghónī- で修飾されるのは，インドラとの関係から理解できる。インドラ神話によると彼は太陽とウシャスを生むとされるが，これは彼がヴリトラ竜を討ってその抑留していた天界の水を雨下させ，暗天を清朗ならしめたのにもとづく。ウシャスの形容詞 maghónī- をグラースマンはほとんどみな「富裕な」と訳し，もっと新しい翻訳者たちは「寛裕な」と訳している。例えば RV I 48 ではウシャスの授与する幸いを反復叙述しているから，この形容詞を「富裕な」とか「寛裕な」とか訳するのは一見して極めて自然なようにみえる。例えばその §8 では

 víśvam asyā nānāma cákṣase jágaj jyótiṣ kṛṇoti sūnárī |
 ápa dvéṣo maghónī duhitā́ divá uṣā́ ucchad ápa srídhaḥ ||
 生あるものはみな，彼女を眼のあたりにして屈身せり。うるわしの彼女は
  光明を創造す。
 maghónī- なる天の娘ウシャスが敵意を照除し，違過（災厄）を照除せん
  ことを。

ここの maghónī- には「富裕な」か「寛裕な」かが，光明を創造してくれる女神であるから，ふさわしいようにみえるかもしれない。だが，彼女はその光明をもって怨敵や災厄を攘うだけの力をもつが故に，「強い」のである。よって，maghónī- を「富裕な」とか「寛裕な」と訳す必要もない（私によれば「霊力者，霊力ある」である）。

神々の緯称としての maghávan-／maghónī- を解釈するのにみせているグラースマンの動揺は，神々のみでなく，施主の緯称としての maghávan- についても，同じように見受けられる。施主たるものは報酬を提供するから「富裕で」あり「寛裕で」あらねばなるまいが，それは maghávan- をそのように解すべき理由とはならない。氏はこの語を「富裕者」とか「庇護者（Fürst）」と

か「祭主（Opferherr）」と訳していることが多いが，それでも時には「強い（mächtig）」とも訳している。「強い」の場合は10例で，他が 65 例あるのにくらべると少ないが，少なくてもあることはある。これらの施主の要請で称呼されたり崇められたりする神格は，『辞典』によると，インドラ31，ソーマ5，ルドラ1，アグニ23，インドラ＋アグニ1，アシュヴィン双神3，ミトラ＋ヴァルナ1，アグニ＋ミトラ＋ヴァルナ1，アグニ＋ミトラ＋ヴァルナ＋インドラ1，アグニ＋ヴァス（Vasu）諸神＋マルト神群1，ミトラ＋ヴァルナ＋アルヤマン1，ウシャス4，ヴィシュヴァカルマン1，ブリハスパティ1，サラスヴァト（Sarasvat）1，不定＋不詳3，である。数字をみるとデーヴァ神やそれと関連のあるものが大部を占めており，中でもインドラとアグニが群を抜いていることがわかる。この状況は p.79 に示したものと同じである（p.84も参照）。

　ここでは RV Ⅶ 81：6 と Ⅷ 65：10 を引用してみよう。施主を形容する maghávan- がグラースマンによってそれぞれ，「強い」「富裕な」と訳されている例である。

　　śrávaḥ sūríbhyo amṛ́taṃ vasutvanáṃ　　vájaṁ asmábhyaṃ gómataḥ ∥
　　codayitrī́ maghónaḥ sūnṛ́tāvaty　　uṣā́ ucchad ápa srídhaḥ ‖ 6 ‖
　　〔ウシャスが〕（吾らの）施主らに不死の名声と財を（また）吾らに（も）
　　　家畜に富む賞与を〔授けんことを〕。
　　（吾らの）maghávan- なる（施主）らを励起しつつ，恵み深くもウシャス
　　　が違過（災厄）を照除せんことを。

グラースマンでなければ，ここの maghávan- を「富裕な」とか「寛裕な」と訳すところである。施主たちはそのようなものであり，またそうあるべきものでもあるからだが，施主は，ここでは間接的ではあるが，家畜を戦勝の賞として布施するように要請されているから，やはりグラースマンの訳がより適切である（私解では「霊力ある」であるが）。結論予告の嫌いもあるが，主神ウシャスが maghónī-「強い（霊力ある）」（上引のⅠ48：8参照）ものであるのに応じて，それを崇める施主らがこの綽称を承けて「強い（私の「霊力あ

る」）」ものになるのである。同様にして次に挙げる Ⅷ 65：10においても施主たる王もインドラの綽称 maghávan-「強い（霊力ある）」を承けて，それと同じものになっているとみるべきである。

  dātā́ me pŕ̥ṣatīnāṃ rā́jā hiraṇyavī́nāṃ ｜ mā́ devā maghávā riṣat ‖
  10 ‖
  斑色金綺の牝畜の，吾への施与者たる王，maghávan- なる（王）が，
  神々よ，被傷せざらんことを。

ここの maghávan- も，多くの家畜を施与したからとて「富裕な」（グラスマン）でもなく「寛裕な」「豊施の」などでもなくて，多くの家畜を施与するだけの力があるから，やはり「強い（私の「霊力ある」）」であり，またそうあるべきであり，インドラから王はこの綽称を承けているのである。

maghávan- は神・人いずれを修飾しても「富裕，寛裕，豊施などの持ち主」を意味せず，常に「強い（私の「霊力ある」）」の意味である。この言語事実はmaghá- からの接尾辞による派生詞が，その接尾辞に庇護されて maghá- なる語の原意を保持していることをわれわれに示唆する。maghavattvá- (p.74 の RV Ⅵ 27：3 参照) も同様で，「maghá- を具有しているということ，霊力具備」を本義とする。しかも，このような接尾所持形のみでなく，maghá- を前肢または後肢とする合成詞もまた mahgá- の本義を保有している，すなわち (1) maghátti- (<*magha-dāti-)「霊力の授与[13]」(RV Ⅳ 37：8；V 79：5；Ⅷ 24：10；45：15；70：9；X 156：2)；(2) magha-déya-「(1) と同義」(Ⅶ 67：9；X 42：2)；(3) áśvā-magha-「馬が霊力を有する」(Ⅶ 71：1)；(4) krátvā-magha-「有能な霊力を有する」(V 33：9)；(5) gó-magha-「牝牛，家畜，ミルクが霊力を有する」(Ⅵ 35：3–4；Ⅶ 71：1)；(6) citrá-magha-[14]「しるけき霊力を有する」(Ⅰ 48：10；Ⅶ 75：5；77：3)；(7) tuvi-maghá-「敢為の霊力をもつ」(V 33：6)；(8) tuví-magha-「(7) と同義」(Ⅰ 29：1-7；V 57：8；Ⅷ 61：18；81：2；92：29)；(9) śatá-magha-「百重の霊力をもつ」(Ⅷ 1：5；33：5；34：7；Ⅸ 62：14)；(10) śrutá-magha-「名だたる霊力をも

つ」（Ⅷ 93：1）；（11）sahásrā-magha-「千重の霊力をもつ」（Ⅶ 88：1），である。これらのうち，（1）は最初の箇所では諸リブ（R̥bhu），最後の箇所ではアグニと関連するが，他はすべてウシャスと関連し，（2）はそれぞれアシュヴィン双神とインドラと関連する。（3）はアシュヴィン双神を，（4）はMarutâśva（人名）の馬匹を，（5）は最初の箇所（§3）ではインドラ，最後の箇所（§1）ではアシュヴィン双神を修飾するが，他はすべてインドラのもつ糧食を修飾する。（6）はウシャスを，（7）はインドラを，（8）もインドラを修飾するが，Ⅴ 57：8 のみはマルト神群を修飾する。（9）は最後の箇所でソーマを修飾するほかはすべてインドラを修飾し，（10）はインドラを，（11）はヴァルナを修飾する。これら11語形のうち，最後のものを除く計10語は実に，デーヴァ神やそれと関連のあるものについて用いられているのである。ここには1例として RV Ⅷ 61：18 （(8)tuvī́-magha- の用例）のみを挙げておく。

  prabhaṅgí śū́ro maghávā tuvī́-maghaḥ sáṃmiślo vīryā̀ya kám |
  ubhā́ te bāhū́ vŕ̥ṣaṇā śatakrato ní yá vájraṃ mimikṣátuḥ ||

  彼（インドラ）は摧破する強豪，敢為の霊力をもつ（tuvī́-maghaḥ）霊力者，勇猛と渾然一体化す。

  雷箭を堅持する，卿（インドラ）の双腕は雄々し，百重の念力者よ。

 maghávan- が「強い」を意味することは明らかとなった。私はそれの私解として「霊力ある」の訳語を添え書きしてきたが，超人的な力のあること，すなわち霊力のあることは，私はまだ論証していない。また， maghá- も「力」であることは明らかであるが，それが超人的な力すなわち霊力・神力であることを私は適宜，添え書きもしてきたが，この点もまだ私は立証していない。実は，これらの点はリグ・ヴェーダからは論証が困難で，アヴェスターに依らなければ，これを明らかにすることができないのである。しかし，その作業はあとまわしにして，ここではその maghá- を保持し，授与し，あるいは授与されたしと訴願されている神格をみてみよう（maghá- は単数・複数の別は取り上げずに）。それを『辞典』でみると，インドラ20（そのうち＋アシュ

ヴィン双神が1回ある)、アグニ4、アシュヴィン双神1(これはインドラ20例中の1回のもの。前記)、マルト神群1、ウシャス1、ミトラ+ヴァルナ1、諸神1、サラスヴァティー(Sarasvatī)1、となる。

　この状況については改めて説明する要もあるまい。ここでも maghá- と関係するのはほとんどデーヴァ神やそれと密につながるものたちである。しかも神々ばかりでなく、人間も施主としてこの maghá- と関係する——ここでは maghá- は人間施主に神から移譲されているのである——。この種の maghá- も、本来は「力 (might, strength, power) (私の「霊力」)」を意味し、「賜物」とか「富裕」「寛裕」などを意味するものではない。この maghá- を獲得した施者の崇める神々は、インドラ2、アグニ2、アシュヴィン双神1、ミトラ+ヴァルナ1、不詳1、である。この場合は maghá- は馬、牝馬、牝牛、その他、のような具体的な形象であらわれる。maghá- が具象化されているわけだが、それでも maghá- は「賜物」等々でなく、「霊物」である。施主はここでは事実上 maghávan- とよばれてよいから、ここの数字は pp.80–81 に示したものと合算するのがよい。そうすると、インドラ31＋2＝33、アグニ23＋2＝25、アシュヴィン双神3＋1＝4、ミトラ+ヴァルナ1＋1＝2、となる。

　ここでインド側の問題追究を一応打ちきり、イラン側の事情を取り扱ってみよう。maga- や magavan- の曲用形やそれらの在証箇所、ならびに対応するヴェーダ語形は pp.71–72 に示した。それらのうちで、最も重要なのは Y. 51：16 である、というのは maga- の本来の意味がそこから検出されうるからである。原文と拙訳を掲げよう。

　　　tąm kavā vīštāspō　　magahyā xšaθrā nąsat̰
　　　vaŋhə̄uš padəbīš manaŋhō　　yąm čistīm ašā mantā
　　　spəntō mazdā̊ ahurō　　aθā nə̄ sazdyāi uštā
　　　恩寵あるマズダー・アフラが天則に従って思惟されたる、かの
　　　天眼に、カウィ・ウィーシュタースパは maga- の力によって到達した
　　　——善思(またはウォフ・マナフ)の四肢をもって——。(信徒の唱和)
　　　「(神が) 御意のままに吾らをそのようにしてくださるように。」

maga- を Chr. Bartholomae: *Altiranisches Wörterbuch,* Strassburg 1904 (AirWb), col. 1109 は「共同体（Bund）, 密儀共同体（Geheimbund）」, 特に「ゾロアスター教団」を意味するとした。その註にあげているように, パフラヴィー語訳では maga- は maγīh (mkyh) と訳し, abēzagīh「無垢, 清浄」または abēzag wehīh「清浄な正善」と註し, サンスクリット語（以下では梵語）訳では, 訳出するのであれば uttamatvam「最勝」または mahatvam「偉大」と訳し, nirmalam「無垢, 清浄」または uttamatvam「最勝」と註している。氏はまた maga- は語源も不明で, maghá- との同定も困難としている。

バルトロメーの前後に出た諸説は Giuseppe Messina: *Der Ursprung der Magier und die zoroastrische Religion,* Roma 1930, pp.67-68 に概観され, メッシーナ自身は maga- は maghá-「賜物」と同定さるべきもので, 神からの賜物としてのデーン, すなわちゾロアスターの教えをあらわす術語であるとする（同書 p. 75）。しかし, 注目したいのは C. J. de Harlez が Y. 51：16 の magahyā xšaθrā を「力の所持（la possession de la puissance）」と訳し, ウーレンベクが maga- を「力」, magavan- を「強い」と解釈していることである。しかし, いずれも根拠をあげて追究することをしなかったので, その後, 重視されぬままに終わっている。「賜物」から「力」へ, またはその逆をとるにしても, この両概念の間にみられる転義の機微は十分に論究する必要があるのに, これがなされていない点に不備がある。が, それはともかくとして, maga- と maghá-「賜物」との同定は早く F. C. Andreas+J. Wackernagel によってなされており, mazōi magāi.ā (Y. 29：11) を「大いなる賜物（die grosse Gabe）」と訳している。ここでは比較的新しい諸訳を概観してみよう。Jacques Duchesne-Guillemin: *Zoroastre,* Paris 1948 では maga- は「結盟集団（sacrement）」と訳されているのでバルトロメー説と同一であり, Helmut Humbach: *Die Gathas des Zarathustra,* Heidelberg 1959 は maga- を「賜物（Gabe）」と訳すが, 特に Y. 51：16 では「祭儀の供物（Opfergabe）」としている。同書 Bd. I, Einleitung, pp. 66-67 および Bd. II, p. 18 を参照されたい。これとほとんど同説なのは M. Mayrhofer であるが,

maga- を maghá-「賜物」，magavan- を maghávan-「寛裕な」と同定しながらも（p.75 および註 7 参照），Av. magavan- を「寛裕な」とみることには疑問を投じている。[19] やや相違しているのは Walther Hinz: *Zarathustra*, Stuttgart 1961 で，maga- を Y. 29:11；46:14；51:11；53:7[(2)]では「共同体 (Bund)」，51:16 では特に「(神との) 共同体 ((Gottes-)Bund)」としている。Y. 29:11 の註 (p.209) によると「賜物 (Gabe)」と解しても「共同体」と解しても，さしつかえはない，というのは「共同体」とは神との合一であり，かかる合一は合一した人にとっては「賜物」にほかならないから，という。そのうえ，氏は Y. 51:16 の註 (p.238) において，そこに出る xšaθrā を H. フンバッハが「庇護力 (Schirmherrschaft)」と解しているのを卓見としながらも，フンバッハが Y. 51:16 の maga- を「祭儀の供物」（上出）としているのを排し「(神との) 共同体」とした。さらに異なるのは Stanley Insler: *The Gāthās of Zarathustra*, Acta Iranica 8 (1975) で，Y. 29:11 の註 (pp.157–158) によると，maga- は maghá- n.「寛裕 (generosity)」とは同定困難で（文法的性別も異なるから，ともいう。この問題については上説 p.72 参照），Y. 53:7 において mīžda-「報賞 (prize)」が与えられるとある点から，maga- は「労役，業務 (task, enterprise)」，したがって magavan-は「労役分担者，同信者，信徒 (one sharing the task, adherent, follower)」を意味するとなした。「労役，業務」という解釈は C. J. de Harlez や M. Mills にもみえるが，両氏共に根拠はあげていない（p.85 所掲のメッシーナ著書 p.67 参照）。無根拠だから，アルレーのように Y. 51:16 で maga- を「力」とも訳せるのである（p.85 参照）。

　比較的最近の研究者たちは，Ved. maghá-は「賜物」「富裕」「寛裕」，maghávan- は「豊施の」「寛裕な」を意味するとして疑義をさしはさまずに，maga-／magavan- とこれらとの同定を気軽にあるいは肯定しあるいは否定するが，maghá(van)- をこのように解釈しては定点とはなりえないから，確実な結論は出て来ないのである。これに反して，私は maga-／magavan- の語意を先ず決定し，その結果を独自の方法で maghá-／maghávan- (これまでの取

り扱いでその概念はほとんど確実に把握されている）におよぼし，これらをも maga-／magavan- と同義であると主張しようとするものであるから，方法論的にも意味論的にも従来のものとは全く異なる立場になる。

　私がすでに述べたように，Av. arədra-「富者」／ drigu-「貧者」はアスラ（アフラ）神とその信徒について用いられる（信徒は富者と貧者に二分される）が，Ved. ádhrigu-「貧しくないもの」という否定語はデーヴァ神とその信徒に用いられるところから，イラン側に初原的，本源的境地が保持されていることがわかる。この事実とからめてみると，Y. 51：16（p.84）はさらに追究してみる必要が生じる。そのパフラヴィー語訳と梵語訳は次のとおりである。《　》は原文においてすでに註とみなされるべき部分を示し，訳文中の（　）は私による補筆を示す。

ˈān ˈkē Wištāsp mkyh-iz rāy 《abēzagīh rāy》 ˈpad xwadāyīh arzānīg 《jud-iz ˈaz abarmānd》

ˈpad ˈān ī Wahman pedīh 《frārōn ˈxwadāyīh rāy ˈī-š ˈast》 ˈkē frazān-ag ˈpad ˈān ī ahlāyīh paymān 《 ˈkū frazām ī ˈtis ˈpad frārōnīh ēdōn čiyōn abāyēd ˈdānistan ˈdānēd》

abzōnīg Ohrmazd ēdōn-at ˈamāh rāy sāzišn nēkīh

ウィシュタースプ（ウィーシュタースパ）なる方(かた)は mkyh のゆえにこそ《清浄のゆえに》王位にふさわしい《相続によらなくとも》，

ワフマン（ウォフ・マナフ）に所属する統治をもって《彼（ウィシュタースプ）のものたる正しい統治のゆえに》。――その彼は，中庸（中道）は天則とともにあることを知っている《すなわち，（万）物の最後は正道とともにあると，知らねばならぬとおりにこう彼は知っている（ということである）》。

恩寵あるオフルマズド（アフラマズダー）よ，このように卿は吾らに幸いをつくり出してください。

kai Gustāsp nirmalo rājā yogyataraḥ ||

uttamena manasā tasya suvyāpāreṇa rājñaḥ evaṃ kuru yat nirvāṇe puṇyaṃ pramāṇaṃ kuru | kila nirvāṇaṃ kiṃcit suvyāpāraṃ evaṃ yathā yujyate jñātum ||

gurutarāt svāminaḥ mahājñāninaḥ evaṃ śakyate śubhaṃ jñātum ||

カイ・グスタースプ清浄王は極めてふさわしい。 ||

この王の正しい最勝心ゆえに（おお，オフルマズドよ）このようにしてください，すなわち，命終に正しい中庸（中道）があるようにしてください | すなわち，命終はいかなるものであれ，知るに値するように正しいものにしてください。 ||

大智の至高主（オフルマズド）からよき事を知ることが，このように可能なのである。

両語訳共におびただしい誤解の山で，ガーサー原文の文意を支離滅裂にした。それにもかかわらず私がこれを引用したのは，パフラヴィー語訳（ザンド）に maga- (magahyā「マガの」) を mkyh と訳しているからで，この mkyh は Y. 51:16 の決定的解明に寄与することが極めて大きいのである。

mkyh (maγīh) は mow/moγ/maγ「マギ，祆主，祆士，祆僧」(<OP magu- (Av. moγu-)) から派生した抽象名詞で，OP magu- は私がのちに明らかにするように (pp. 90, 93)，Av. maga- と同源である。モウの職責は祭儀の執行や司宰にあるから mkyh を abēzagih「無垢，清浄」と註しているのはよいが，これを在俗者ウィーシュタースパ王に帰属させるのは誤りである。Y. 51:16 に magahyā xšaθrā「マガの支配力によって，マガの力によって」とあるのをみると，マガはダイナミックで，ポテンシャルな動的な「心身力」であることが推察され，abēzagih「清浄」というような静的な徳目からは隔絶した概念であることがわかる。察するに，この maga- に対する訳語 mkyh の成立は極めて古く，それがザンド作成時にも受け継がれたが，原意はすでに忘失されていたと考えてよい。かくして，Av. maga- の的確な代替としての mkyh は，maga- そのものとともに，超人的な力，威神力を意味し，この意味における訳語として私はこれを「霊力 (divine power)」とよぶことにする。'supernatural strength' である。この「霊力」の力によって王は「善思（また

はウォフ・マナフ）の四肢をもって」天眼（čisti-）に到達したとあり，しかも，この天眼なるものは利他的なアフラマズダーが天則に従って「思惟した（mantā）」もの，とある。mantā は man-「思う，考える」の語根アオリスト（3人称単数中動相）であるから，終始思惟していたとか，今もそれがつづいているとかではなくて，ここはおそらく世の始めに獲得したもので，以後はアフラマズダーに所属し彼はこれによってゲーティーグ界やメーノーグ界の過・現・未の3際（3時）を知ることができる，ということである。「思惟した」とは凝念によって到達したということでなければならない。凝念すれば天則によって自然にこれが獲得できることを示している。そしてこの場合，特に注目すべきは，王がこの天眼を獲得したとき「善思の四肢をもって（vaŋhəuš padəbīš manaŋhō）」したとある点である。pad-（padəbīš は複数具格）はこれまで「道」と解し，この句は「善思の道路をふんで」「善思の道路を通って」などと訳されてきたが，これは前考でも私の反対したところであって，pad-は Ved. pád-／pád-「足」と同じものであり，「道」ではありえない。padəbīš（= Ved. pádbhiḥ）とは「手足をもって，四肢をもって」ということで，「善思（またはウォフ・マナフ）の四肢をもって」とは「善思の」とよばれていた一種の手足のポーズをさす。どのようなものかを具体的に推測することはむずかしいが，われわれは例えば坐禅中の禅者がその手足に独得のポーズを示していること，などを想起すれば，王が一種の禅定に入って霊力とともに天眼を獲得したときの様相を思い浮かべることができる。ガーサーの中に禅家の立場とも一脈通じるやに思える縁語のあることも参考となる。すなわち Y.45：10 にある ənman-「調息」がそれである。この padəbīš「四肢をもって」に対し，Y.50：8 にある padāiš …… ižayā̊ は「イージャーの歩調をもって」の謂いで，padāiš「歩調をもって」（pada-「足」の複数具格）は padəbīš とは別の語である。

　この Y.51：16 における霊力・天眼の獲得について参照したいのは，マギが占筮や予言をするときの状況である。ディオゲネス・ラエルティオスはソティオン（200頃—150 BC 述作活動）が『第二十三巻』で彼ら（マギ）が「占筮

と予言をすること，また神々が彼らに示現告知すること，さらにまた雰霧が立ちこめて生じるさまざまな形象で空中がいっぱいになるが，それら（形象）が彼ら天眼通の眼には見えることを」[20]述べている旨を伝えており，またフィロン・アレクサンドリアノス（BC 20頃—AD 40頃）は「さて真のマギ術，観視の学（のこと）であるが，これによって自然界の諸営為がありありとあらわれる，……[21]」ともいっているのである。私がここでディオゲネスの τῶν ὀξυδερκῶν を「彼ら天眼通の」と拙訳したのは肉眼清徹なるのみではなかろうと考えたからであるが，それはともかくとして，マギが薬物などに頼らずに，現前した神の語を聞き，特殊な神秘的状況裡に未来を見得る能力の持ち主であることを，上引の文は伝えている。マギを敢えて引用したのは，あとでも述べるように（p.93; p.88 も参照），OP magu- が Av. maga(van)- と同じ印欧語基 *māgh-/*məgh- 'to be able, to have power' に由来するからで，magu- とは「霊能者（divine-talented）」を意味する語である。

　Y. 29：11 において，アフラマズダーと他の神々にゾロアスターは，信徒をして「偉大なる霊力に（mazōi magāi.ā）」参入させ，天則，ウォフ・マナフや王国がどこにあるかを彼らが知り得るようにしてほしいと訴願し，Y.46：14 ではゾロアスターはアフラマズダーの問いに答えて，カウィ・ウィーシュタースパが「偉大なるマガとの（mazōi magāi）」盟友（urvaθa- ルワサ）である旨を奉答している。ゾロアスターはウォフ・マナフの「マガに（magāi）」導入された盟友を求めている（Y.51：11）。盟友とはマガに導入されたもののことであるが（Y.51：11），この霊力マガはアフラマズダーやその他の神々に所属するものではあるが（Y.29：11），ゾロアスターや彼の信徒によっても獲得され，この力によって彼らはメーノーグ界を観視できるのである（Y.29：11）。Y. 51：16 ではおそらく霊力マガの取得と天眼（čisti-）のそれとの間には論理的先後の関係があるだけで，事実上，王は「善思の四肢をもって」マガをも取得し，それと同時に天眼をも得たとみてよい。仏教でいう六神通の中には天眼通（divina cakṣus, divina-cakṣus）のあることも参考としたい（p.102 をも参照）。ともあれ，こうして天眼を得て王はゾロアスターの教えに

入信したに相違なく，今や王は「偉大なマガとの」盟友となったのである（Y.46：14）。ガーサーの諸章は年代順に配列されているとは限らないから，内容的に 51：16 と 46：14 との間に先・後の差があっても矛盾しない）。

　これらのガーサー諸句をみても，霊力マガがもっと具体的にどのようにして獲得できるのか，あるいはどのような行為を賞されてそれが授与されるのか，その辺のことは知ることができない。しかし，マンスラ（マントラ）を唱えることによってマガが得られるということはない。というのは，ゾロアスターによれば，マンスラは唱えてそれを実践し，あるいは唱えさせてそれを実践させるためのもので，マガ獲得用の口誦のために存するものではないからである。このようなマガは，仏教でいう神通力（vikurvā, vikurvaṇa）に比較できるものと私は考えており，それが一種の力であることは，これまでに取り扱ったことからだけでなく，語源からみても明らかである。maga- は英 might, 独 Macht, ゴート語 mahts f.（<*mahti-），古教会スラヴ語 moštь, ロシア語 močь, etc.（以上はすべて「力」）などとともに IE *māgh-／*məgh-（前頁。ただし p.78 では *magh- として）に遡るもので，動詞の英 may, 独 mögen, ゴート語 magan, 古教会スラヴ語 mogo, mošti（以上はすべて 'to be able, to have power'）や，その他多くの名詞も同様である。しかも，この印欧語基は，ラテン語 mactus「尊敬されたる（honoured）」（ *magere の ppp.）や Ved. mah-「称揚する（to glorify）」をみると，他動詞「力づける，称揚する，尊敬する」としても用いられていたと考えられる。そのうえ，古期イラン語 *mangā-「賦活するもの」（>中期ペルシア語（MP）mang「大麻」）や Ved. maṃh-「与える（これは「力づける」からさらに転義したもの）」からインド・イラン語基 *mangh-／*magh- を措定しうるし，この語基は一方では Av. mimaγžō「あなたは称揚するようにつとめてください」（Y.45：10。< Av. mang-／mag-「称揚する」）を説明し，他方では Ved. citrá-mahas-（註14参照）をはじめ，Ved. máṃhīyas-「より寛裕なる」（RV IX 66：17），máṃhiṣṭha-「最も寛裕なる」（多出），máṃhiṣṭha-rāti-（Ⅰ 52：3），maṃhayád-rayi-「財を授与する」（Ⅸ 52：5; 67：1），maṃhane-ṣṭhá-（Ⅹ 61：1）， maṃhayú- (Ⅸ 20 : 7) などをよく説明することができる。霊力マガはかくして，入信への報賞（mīžda-）として天上にある資産を観視させ，人をしてウィーシュタースパ王のように入信させ，あるいは堅信せしめるのである。

magavan-「マガの所持者，マガ者，霊力者」は「マガとの盟友」の別称でもあるが，maga- に対する諸家の解釈が区々としているのに応じて（p.85 以下参照），magavan- の解釈も一定していない。Chr. バルトロメー（AirWb col. 1111）は「共同体員（Bündler）」；J. デュシェーヌ＝ギルマンは「教団者（les hommes du Sacrement）」；H. フンバッハは「祭儀参与者（Opferteilnehmer）」（Y. 33 : 7），「祭儀者（Opferer）」（Y. 51 : 15）；W. ヒンツは「（神との）共同体員（die zum (Gottes-)Bund gehören)」；S. インスラーは「労役分担者，同信者，信徒」（p.86 参照）としている。要するに，magavan- とは「ゾロアスター教団の所属者，信徒」かまたは「祭儀参与者」と解されてきたことになる。この magavan- と同型の maghávan- は一般に「寛裕な」と解釈されているが，諸イラニストが magavan- を上記のように解釈しているからには，M.マイルホーファーが magavan- を「寛裕な」とみることに疑問を投じているのも理由のないことではない（p.86 と註19参照）。

われわれによれば，magavan- には，所掲諸氏のいうような意味はいずれも該当せず，それは，ゾロアスター教徒の中で「霊力・マガ」を獲得したか授与されたかした特定の信者を指すもので，彼らはゲーティーグ界を予見しメーノーグ界を観視することができる（Y. 29 : 11—p.90 参照）。Y. 33 : 7 においてゾロアスターは「マガ者たちを越えて（parā magaonō, p.72 参照）」聞かれんことを求めているが，ここで「マガ者たちを越えて」とは「非ゾロアスター教徒一般」を指すのでもなく「吝嗇者たち（寛裕なるものどもとは別のもの）」を指すものでもなく，ゾロアスター教徒の中にあって「天眼をもって彼の教えの真実性を観視できないものたち」を指すのである。ゾロアスターはこのような教徒たちにも，自説の聞信されることを求めているのである。Y. 51 : 15 においてゾロアスターは，「マガ者たちに（magavabyō, p.72 参照）」アフラマズダーの天宮ガロードマーンにある報賞（mīžda-）を約束している。おそら

5. ヤスナ51：16について

く，この場面で彼は彼らに向かって「そなたたちの観視しているあの報賞を，わたしはそなたたちに約束する。アフラマズダーはそなたたちが入信しているのを，あの報賞で報いてくださるのです」とでもいったに違いない。霊力（マガ）のおかげで報賞が身近なものになるわけで，インスラーのいうように(p.86)「報賞があるからマガは労役である」ということにはならない。

上述したように（pp.88, 90），OP magu- は IE *māgh-／*məgh- 'to be able, to have power; to vivify, to glorify, to honour (p.91 参照)' から派生した，-u に終わる動作主名詞で，語源的には「霊能者（divine-talented）」を意味する。この語源説を傍証するともみられうるものが，スタイン将来の敦煌文書中に出る人名「翟槃陁」である。すなわち，唐の光啓元年（885）書写の地理書断簡は伊吾県（ハミ）の祆廟と，そこの祆主たる彼の大荒行を次のように伝えているが，この人名は中期ペルシア語 tuwānīg 'able' の対音にほかならない。

> 祆廟中に素書の形像有ること無数。祆主（マギ）翟槃陁なる者有り。高昌未だ破れざる以前，槃陁，因りて入朝し京〈師〉に至る。即ち祆神を下し，因って利刀を以て（己が）腹に刺し左右通過して腹外に出ず。……中略……神没ののち僵仆して倒れ，気息奄たること七日にして即ち平復して舊(もと)の如し。

「翟槃陁」はかくして別の語で OP magu- の語意をあらわしているものといえる。かかる magu- はこれを東方の事例とすれば，西方にも参照すべきものがある。それは『使徒言行録』8：9―11にみえるサマリアのシモンの場合である。新共同訳によると

> ところで，この町に以前からシモンという人がいて，魔術を使って（μαγεύων）サマリアの人々を驚かせ，偉大な人物と自称していた。(10)それで，小さな者から大きな者に至るまで皆，「この人こそ偉大なものといわれる神の力だ（οὗτος ἐστιν ἡ δύναμις τοῦ θεοῦ ἡ καλουμένη μεγάλη)」といって注目していた。(11)人々が彼に注目したのは，長い間その魔術に（μαγείαις）心を奪われていたからである。

とある。μαγεύων は究極的には μάγος に遡るべき語から転来した動詞 μαγεύω「霊力を有す，霊力を発揮する」の現在分詞（動作主名詞）であるから，「念仏者は無碍の一道なり」（歎異抄第七条）の表現と同じように，ここでも「（この人すなわち）霊能家（μαγεύων）は神の偉大なる力なり」ということにもなり，人と霊力との不二なる境地が示され，翟榮陁の場合にくらべると，かなり間接的にではあるが，magu- が「霊能，霊力の持ち主」の謂いであることを示しているといえる。かかる magu- は Av. magavan- のメディア語的表現とみるべきである。マギは眩術で名声を博し，上述のものもその一つとしてかぞえることもできようが，それらの術中には，本来の彼らにはむしろ無縁のものも含まれているのではなかろうか。立証することは困難だが，この眩術・眩技は，私にはメソポタミア起源のものではないかと思われる。張騫（？—114 BC）は第1次西行（138—126 BC）で条支国人が眩技（幻技）に長じていることをバクトリアあたりで聞知している（史記大宛列伝に「国善眩」とある）。「条」の古音は deu で，これは中期ペルシア語 jō(y)（<OP *yauδa-）の写音である。この語は河川，運河，溝渠の別を問わず，水流一般を意味する。支は枝とも書かれ，動詞としては「岐れる」，名詞としては「枝」を意味するから，条支とは「（二）河が岐れて（枝のように）貫流している地域」すなわち「両河地帯」を意味し，「河間地帯」を意味するメソポタミアを別の語でいいかえたようなものである。もっとも，条支は *Jŏ(y)-dāg (-dāg<tāg「枝」)の前肢を写音し後肢を訳出したものか，あるいは *Wisinn-jō(y)「岐れて河の（貫流する）地帯」の前肢を「支」と略写音したものかは明らかではないが，いずれにせよ，メソポタミアを指す語である。「大秦国」を考定するのにも，条支をどこに比定するかで結果も異なるというのが従来の考え方であるが，今や条支即メソポタミアを定点として大秦国を考定すべきではなかろうか。張騫の聞いた「条支は西海に臨む」という，その西海とは，私の前考のように，東地中海とみたい。後漢書西域伝に「和帝の永元九年（AD 97），都護班超，甘英を遣わし大秦に使せしむ。条支に抵る。大海に臨み度らんと欲す，云々」とある大海はペルシア湾で，甘英はこのルートで

大秦国に行こうとしたが，安息国人水夫の警告を聞いて，このルートを断念したものらしい。張騫はその第1次行では安息については，その北部にある黎軒（Ragā）の名は挙げるも，その地の「善眩人」については，まだ聞知していなかったらしい。史記大宛列伝に，安息国が黎軒の善眩人を武帝（前漢，在位141―87 BC）に奉献し，彼（ら？）が善眩之工をもって外国の賓客を歓待していたとあるのは，張騫の第2次行（116―115 BC）以降のことである。ハカーマニシュ王朝のペルシア帝国は大王クル（キュロス）2世のバビロン入城（BC 539），捕囚の聖地帰還許可の発令（BC 538）などを機会に，公的にもメソポタミア世界と密接な接触をもつようになった。そこの高い文化がイラン世界に，より強く流入するようになるのは，自然の勢いである。黎軒の善眩人の中には，アラム人をも含めて，カルデア人もいたと考えてさしつかえない。しかも大秦国は安息・条支の西，大海（ペルシア湾とみる）の西に在り（本拙著p.514 参照），一に犂軒と号す（魏略所引の西戎伝――他書には犂鞬，犂軒，黎軒，犁軒）ともあるから，大秦国がシリアをさすのは自然の数であるが，それは必ずしも大秦国の故地ではなく，その故地こそ，一名犂軒とよばれるものでなければならぬ。そのうえ，この別名は前記安息国の黎軒とも文字を同じくするともいえるので，この問題は他日を期して発表し，ここではただ，両レイケン（リカン）は別物であることを指摘するにとどめておく。

　こうして，マギはとかく，すべて幻技の持ち主であるかのようにみられているが，彼らの本然の姿は中期ペルシア語文学の中に，よく伝えられているといえる。サーサーン朝王『アルダクシール（1世）の行伝』によると，モウベダーン・モウベド（大モウ頭(とう)・大司教）は大王の命令に叛いてその寵姫をかくまい，延いては大王と彼女との子であるシャーブフル（のちの1世）の生命をも救うことになるが，大司教が将来を予知する場面には星占，鳥占，夢占などは登場していない[27]。アルダワーンが頼っているこれらの占師も，おそらくマギ（モウ）だったに違いない。というのは，極めて古くからマギは占術に長じていることが知られているからである。『行伝』でこれらの占師をアルダワーン側にのみ登場させるのは，前王朝とサーサーン王朝との差異を，より鮮明にす

るための手法とみられるが，それでもここにマギ（モウ）の本姿が垣間見えているのは注目すべきことである。この点でさらに興味のあるのは『ザレールに関する回想（Ayādgār ī Zarērān）』で，「モウ師（mow-mard）」すなわちマギは「火と水を崇めて守るものなるが故に」兵役の義務を免除されている旨を述べているが，予知・予告のほうは，もっぱら賢者ジャーマースプ（Jāmāsp<Av. Dəjāmāspa-）がこれを行っている。[28] ところが，このジャーマースプは，伝承によると，ウィシュタースプ王の宰相で，ゾロアスターの末女ポルチスター（Pouru-čistā-,「天眼に充ちている女」の謂い）を娶り，義父の没後はその教団の長，すなわち大司教になった，とされているから，ガーサーで彼は「マグ（モグ）」（註25参照）とか「マガ者（magavan-）」をもって形容されてはいないが，それと同じ霊力・霊能の持ち主であることは Y. 51：18 において彼は「天眼を選取している（čistīm……vərəntē）」とされていることによって明らかである。われわれは，これらの記載によって，マギは聖職として宗教行事にたずさわるのが本務で，予言・予告をするときは，占星や夢占に頼ることもなく薬物の服用をすることもせずに，自らの霊感か神の霊告によってもこれをよくしたものであることを知り得るであろう。マギが多彩な分野で活動していたとされるのは，実際に彼らがそれらの分野にも進出したためか，あるいは，中にはカルデア人と混同されたものもあったからではなかろうか。『マタイによる福音書』2：1—12にみえる，いわゆる「マギによる礼拝」についてであるが，これはインド・イラン学的に見ると，三つの問題をかかえているといえる。（1）は礼拝者はマギだったのか，（2）は救世主の問題であり，（3）は礼拝者の「神足」の問題である。（1）についてみるとギリシア語訳には「マゴスたち（μάγοι）」とあるから問題はなさそうであるが，共同訳は新旧版ともに「占星術の学者たち」とし，その他にもこの語には「博士たち」「ユダヤ人の魔術師」「魔術者」などの諸訳もあるから取り上げてみるのも無益ではない。（2）は，ユダヤ・キリスト教世界にはメシアの思想があり，イラン世界にも終末論的救世主の思想があるから，問題は両思想がマタイ伝においてどのようにからみ合っているかということである。（3）は，わかりやすく

いえば，礼拝者が神足（非常な速歩）で行動したのではないかということであるが，この問題はあとでもっと具体的な形で取り上げることにしよう。すると，まず（1）と（2）の問題ということになる。

しかし，この二つのテーマは個別的に答えるよりも，結果論的ではあるが，（2）を取り上げてその過程で解決するほうが効率もよいので，その方向で論をすすめていこう。しかも，この方向だと，ハカーマニシュ（アケメネス）王朝期における救世主と帝王（大王）との関係を筆者の立場から明らかにしておけば，問題は多く解決されているともいい得る状況にある。[29]

ヘロドトス（III 86）によると，ダーラヤワフ（ダリウス，のちの1世）が王位継承権のあるライバルたちと馬で早暁に出かけたところ，彼の馬が最初にいなないたので取りきめによって彼の王位継承がきまったが，それと同時に青天から稲妻がひらめき雷鳴がとどろいたので，ライバルたちは彼の前に平伏した，という。これはミスラ神の武器ワズラ（vazra-「ミサイル，雷箭」）であるが，この現象はミスラ神が彼にくだって彼をその化身としたことを意味するもので，彼はここで帝王にして現身のミスラたる身分，つまり救世主的帝王，Saviour-king となったのである。これを立証する史料は，ペルセポリス王宮址で発見されたハオマ作成器にみえるアラム語銘の識語 aškāra šenat x「現身ミスラ（＝現神，今上）の第何年」である。これは年代的にはクシャヤルシャン（クセルクセス）以降のものであるが，ヘロドトス所伝の事蹟の真義を解明する重要な史料である。この思想は単なるミスラ崇拝とは異なるもので，いわゆる apotheosis「人間神化」に結びつくものである。次ぎにのべるように，この思想はアルシャク・パルティア王朝にもうけつがれているから，ハカーマニシュ朝とのつながりが直接的ともいえるほどの，筆者のいわゆるバガダート・フラタラク王朝（パールス）にうけつがれたであろうことは推察するに難くないが，なにぶんにも資料となるのは Fratarakā zī 'ælāhayyā ('Fratarak ī 'bagān)「神々の名代」という貨銭銘にすぎないから，多くを論じ得ないのは残念である。しかし，「神々」の中にはミスラ神も入っていたであろうし，fratarak ももともとは「……から出ているもの，……からの出自」という謂い

であるから，この王朝の支配者も「現身ミスラ」でもあったと考えることができる。この点は，のちにこのパールスから興起したサーサーン王朝の大王らが自ら bay「神」と号し，また，コスロー1世が Āškārag Mihr「現身ミスラ」とよばれていることからみても，根拠のないことではない。

　フラタラク朝にくらべると，アルシャク王朝は，この点ではやや史料に恵まれている。この王朝の版図はミフルダード1世時代にアゼルバイジャンにおよんだが，そこはアルメニアの隣接地域。アルメニアはアルシャク王家の一族が君臨していた時期もあって，多くのイラン・パルティア要素を受容した。しかし，アルメニアはローマ帝国とパルティアとの間にあって争奪の的となり，アルシャク王族でありながら，ローマ帝国の宗主権を認めざるを得なかったこともある。トゥルダト（Trdat＜Tīrdād）1世もそうで，ローマで戴冠式をあげており（66年），皇帝ネロをミスラとして尊崇している（Dio Cassius, LXIII 5）。このことはパルティアに王を現身ミスラとみる思想のあったことを裏書きするものである。そういえば，ダーラヤワフの場合は電光によって現身ミスラの生誕が示されたが，パルティアの場合は同じく天象にしても，特別な輝星によってこれが示されている。というのは，ミフルダード2世エウパトール（在位123—87 BC）はその生誕と即位時には，太陽をしのぐ光をもって彗星（stella cometes）が70日間かがやいた，といわれているからである（Marcus Junianus Justinus, XXXVII 2, 1—3）。その王名（「ミスラによって創造されたもの」の謂い）もさることながら，彼は王にして現身ミスラとみられていたのである。救世主の生誕が星によって予告されるという思想は『ザンディー・ワフマン＝ヤスン（Zand ī Wahman-Yasn ——ワフマン＝ヤスンの訳注）』III 15に「かのカイ（kay）が生まれる夜は徴候が世界にあらわれ星が天から降る《かのカイが生まれるときは星が徴候を示す》」とあるとおりである。ここに出る「カイ」とは「支配者，王」あたりを意味するが，このような黙示書では終末論的な帝王，救世主の意味で用いられる。本書ではアフラマズダーがゾロアスターに予言の形で，このカイがウシェーダルの千年紀にそれを助けるために東方から現れると告げており，名をワフラームというので，カイ・ワフラーム

ともよばれる。このような意味をもつ「kay」からは，イスラームがイランに入ってから，アッラーに準じて kiā ができるが，思想史的にもこの造語は理解できる。NP kiā は「主，lord」の意味で人名にもなっている。おもしろいのは，このような「カイ」がラテン語では「rex magnus（偉大な王）」，ギリシア語では「γίγας（巨人）」といわれていることで，殊に巨人といっても理念的な表現にすぎず，むしろ「童子」であることを強調しさえしていることである。梵語 kumāra「童子」を借用して kumār の語であらわしたりする。そういえば仏教でも善財童子や雪山童子など「童子」が重視され，雪山童子が釈迦牟尼仏の前身として無常偈の後半をきき羅刹に捨身しようとしたことはよく知られている。イエスがマリアに抱かれている図は繰り返し画材となっているが，生後まもないみどり子であるから嬰児として表現されているのは当然としても，ここにも「童子」の思想が色濃く流れていると筆者は解釈したい。そのイエスもかいばおけに寝かせたとされているので（「ルカによる福音書」2：7）厩で生まれたと考えられがちであるが，原本には πάτνη「かいば」とあるだけで「かいばおけ」とはないばかりでなく，殉教者 Justinus（100頃—165頃）は「洞窟（spelunca）」で生まれたといっているし（『ユダヤ人 Tryphon との対話』78），キリスト教初期の芸術でも洞窟内にイエスとマリアを描いたものがある。ミスラ神が下生するときは洞窟内に生まれるとの思想には諸種の文証があるが，この思想のそもそもの渕源はインド・イラン期に遡り，降ってはミトラス教にも深い影響をおよぼしていて，その長遠な命脈はおどろくばかりである。

　筆者はすでにリグ・ヴェーダの Mitra, Varuṇa, アヴェスターの Ahura Mazdā や Spənta Mainyu（スプンタ・マンユ），すなわち，アスラ／アフラ神群の邦土が西方下界にあって岩石（aśman-／asman-）で固成されていることを指摘した（拙著『ゾロアスター研究』pp.361-374）。といってもそこが岩石のみというのではなく，あたかも，イラン人の世界像ではわれわれの地界が宇宙山アルブルズで固成されているとみられていても，山岳のみというわけではないのと同様である（本拙著 p.256 参照）。リグ・ヴェーダでは，ミトラとヴ

ァルナの2神が西方下界のその邦土でおのおの，各自の役割を演じ，いわば両者が合体して一つの主神格を構成しているわけで，ひとりのカイが童形として，しかも洞窟（岩窟）内に下生（降臨・降誕）するというのは，かの西方楽土の，この地上におけるレプリカ的ミニ版にほかならない。カイが童子であるのはミニ版なるがためであるが，それでいて彼はすでに Saviour-king たることを約束されているのである。童子であって無限の可能性を秘めているわけ。ミスラ神が岩窟内に下生するという思想のそもそもの渕源はここにあり，それにはアルメニア版もあって注目される。それはムヘル（Mher＜Meher＜Mihr＜Miθra）英雄譚で，それによると彼は黒鴉に導かれてサスン地方（ヴァン湖の西方）の山上の岩窟に乗馬のまま入る。岩窟はそのあとで閉じられるが，彼が洞内で一年をすごし，マナの降る日にそこを出て山を下り，それを拾集してまた洞内にもどると，入口はまた閉じられる。こうしてムヘルは同じことを繰り返すが，洞内には二本の蠟燭がともり宇宙輪が廻転している。この輪がとまるとき彼は洞窟から出て正義をもって世界に君臨する，といわれている。一つのアイオンが終わり，新しいアイオンがはじまるわけで，まさしく彼は Saviour-king である。このようにして，これまでにみたミスラと洞窟の関係，そのミスラの現身としての帝王すなわち Saviour-king の生誕——童子としての生誕——には星がこれを予示するとする思想，これらのモチーフが一つになっているものが『セツ（Seth）の名による黙示書』で（Opus Imperfectum in Matthaeum, Homilia secunda），これはよく知られているが，関連部分を引用しておこう：

 ……彼らは彼らのことばでマギとよばれていた，というのは彼らは黙って呟語で神を称揚していたからである。それで彼らは毎年，取り入れの脱穀後，彼らのことばで勝利の山（Mons Victorialis）とよばれる，かの地方の一山に登った。山は（上に）岩窟があり，泉水と選りぬきの樹木とで，非常に美しかった。彼らはそこに登って沐浴し3日間，黙って神に祈りかつ讃えたが彼らは，かの吉星が彼らに見え，小さな少年のような形をし，上に十字架様のものをつけて勝利の山に（くだって）来るまで，それが各

5. ヤスナ 51：16 について

自の代に出て来ないかと期待しながら、代々このようにやっていた。……
これが『ズクニーン（Zuqnīn）の歴代誌』ではもっとマタイ伝に近づくが、それでもイエスへの贈りものは王冠であって黄金・乳香・没薬ではなかった。この点はイラン要素を保持するものとして特に注目される。

本書は繰り返しの多い冗長な記述のなかにも、イランの救世主誕生にまつわる諸徴跡はなお、これを指摘することができる。それによると毎年マギは東方のシーズ（Šiz。ŠYZ がシリア文字で ŠYR となっているのは誤記。ここはマギの本拠地であった）に集まり勝利の山（Ṭūr Nišhānā　トゥール・ニズハーナー）に登るが、登山前に沐浴する泉水や樹木は山麓にあり、洞窟は山上にあるが宝蔵窟となっている。彼らは星のように全世界を照らす大光明の出現を窟外で待った。出現したこの光は柱の先端についている星で示されたが、しかもその星が窟内に入るとともにマギたちも中に入って窟内を充たす光が集中して童形のようになるのを見た。マギらはそこで星の指示する道を行けよとの命令をうけ、星を道しるべとしてベツレヘムに行く。ここでまた同じような洞窟があり、光の柱や星の窟内進入といった同じことの繰り返しがあって、やっとイエスの誕生譚に移る。だが、上述したようにマギらの贈りものは王冠だった（「吾ら（マギ）は吾らの王冠をとってそれを彼の足もとにおいた」）。この王冠云々のことは、それがイラン的なものであることを文証と図像で確認することができる。文証とはコレンのモーセ（Ⅱ40）がアルメニア王 Eruand（在位66—85）が弟 Eruaz を「マギの弟子（ašakert mogi）」（これはパルティア語の訛音的表現）として Bagaran の聖所のヘッドに叙したと伝えていることで、マギは支配者の一族からも任命されたことが知られよう。また図像とはエチュミアヅィン（Ečmiadzin— アルメニア）の福音書（10世紀）の巻末にある図像（6世紀）のことで、ここでは3人のマギがパルティアのズボンをはき各自が王冠をたずさえているのである。これは明らかにイラン・パルティア起源のものたることを示している。マタイ伝をめぐるイラン要素の多くはよく知られているので、ここでは最後に筆者の立場からマタイ伝2：9の背景として参考となるものをあげておこう。それはゾロアスターの終末論的3子の而立時にお

ける太陽の天頂静止で、それぞれ10, 20, 30日間にわたるといわれている。

　以上の概観によって問題の（1）と（2）には、ほぼ答えることができたと考える。キリスト教徒にしてイランの救世主降誕説に通じていたものが、その救世主こそイエスであると考え、それをもって福音書譚を賦彩した可能性がはなはだ大きい。そして東方の異教世界をキリストの前に帰服させようとするには、その異教世界の代表としてマギの右に出るものはなかったはずである。上述したように（pp.89-90）、マギはその霊能をもって尋常人には不可見、不可知の事象に通じていた。イエス生誕時における彗星の出現については、筆者はその実録に接していないので、マタイ伝の星というのは尋常人に可見のものではなく、マギの眼にのみ可見のものだったと考えざるを得ない。だとすれば、単なる占星術の範囲内にあるものではなく、またヘロデ王との接見諫止の夢告というのも単なる夢占や夢解きでなく、夢寐の中で感得したものとみれば、これもマギのマギたるゆえんに叶うといい得る。してみれば、共同訳のように、「マゴス（マギ）たち」を「占星術の学者たち」とする必要もないのではなかろうか。

　さて、マタイ伝の提供する問題の第（3）は、マギたちが東方（ここではこの問題は取り上げない）から来たとあるのも多くの日数をかけてではなく、むしろ短時日のあいだに事を運んだとみるべきではないかということで、この可能性はオドリーコもこれを認めているし（後説する）、図像でも、例えばラヴェンナの聖アポリナーレ・ヌオーヴォ（S. Apollinare Nuovo）聖堂の「礼拝図」のように、3人のマギを急ぎ足のポーズで示しているものがある（この図像ではマギは3人ともサーサーン朝中期の服装ながら、先頭の2人はパルティアのズボンをはいている点にも注目したい）。このこともマギであってこそ可能なのではないか。われわれは六神通（p.90）の一つに神足通（ṛddhi-prātihārya）のあることを想起したい。マギのこの種の能力については実録がある。それは唐の張鷟（660？—？）がその著『朝野僉載』に記している、次のような一節である：

　　唐梁州の秋神祠、祈禱の日に至れば、秋主利鉄を以て（已が）額上従り之

に釘し腋下に直洞す。即ち門を出で、身軽くして飛ぶが若(ごと)く、須臾にして数百里、西の祆神前に至り一曲を舞い、却(かえ)りて旧(もと)の祆所に至り乃ち釘を抜く。一も損ずる所無し。臥すこと十余日、平復して初めの如し。其の然る所以を知る莫(な)き也。

この点について極めて興味のあるのは、ベツレヘム行きが異常な速歩で遂行されたろうことを、オドリーコ（128?年―1331）もその『旅行記』で推測していることである。彼はカッサン（Cassan, 現 Kāšān）に着いたとき、次のように述べている。

この街（カッサン）からイェルサレムへは優に50日の行程である（が、マギたちがどんなに速歩で行ったことかと思えば、彼らは、たしかに人力でなく、奇蹟を以てはたらく神力によって、そこにたどりついたのだった)。[30]

オドリーコはマギたちの往訪を実録と考えているが、ともあれ、この速歩はマギであって大いに可能性のあることである。このようにみて来ると、東方から来た礼拝者がマギ、それもイラン人ゾロアスター教徒のマギであったとすれば、彼らの行動はイラン学的に、否、もっと遡及してインド・イラン学的に、容易に理解することができるであろう。この論考の筆者たる私からすれば、「霊能者」たるマギの超人的速歩（神足(じんそく)）を特に強調したいのである。

論の筋をもとにもどそう。maga- や magavan- がイランでアスラ／アフラ神アフラマズダーを中心としてのみ展開していること、これが最も重要な点である。

ここで私は「arədra- と drigu-、ならびに ádhrigu-」について論じたこと（pp.73-74）を、もう一度想起してみよう。前者中の arədra-「富者」がイランでアスラ（アフラ）神群に、後者の ádhrigu-「貧しくない者」がデーヴァ神に用いられ、しかも arədra- も ádhrigu- も神・人に共用されること、そうした状況の中にもイラン側に初原的、一次的な位相が保持されていること、を知るに到った。そして今や、maga(van)- と maghá(van)- についてみるに、イランでは maga(van)- がアスラ神アフラマズダーと共存している（pp.90-93）のに反し、インドでは maghá(van)- はデーヴァ神（インドラな

ど）と共存していること，また magavan- も maghávan- も神・人に共用されていること，をもわれわれは知った。Av. maga(van)- の意味「霊力（者）」はそのまま Ved. maghá(van)- のそれであるとみるのに，何の躊躇がいろうか。maghá(van)- も maga(van)- と同じく IE *māgh-／*məgh- から派生しているもの。従来の比較言語学的な取り扱いでは「賜物，富裕，寛裕」などを意味する語としての maghá- ならびに，「それをもつもの」としての maghávan- を IE *māgh-／*məgh- からの派生とする説もあったが，これは意味論的に成立しない。われわれによって考定された「霊力（者）」としての maghá(van)- であってこそ，この語基からの派生たりうるのである。maghá- は「賜物，富裕，寛裕」，maghávan- はそれらの保有者すなわち「豊施者，富裕者，寛裕者」をむしろ意味するようにみえる場合が，しかも極めてしばしばあるのであるが，それらの場合でも maghá(van)- が「霊力（者）」であることに変わりはなく，maghá- はせいぜい「霊力をもつ物，霊力の権化，霊物」なのである。maghá- は dhana-「富・財産」(maghávan- は dhanavat-「富める」）と訳されているが (p.67 参照)，この dhana- は賜物の謂いではなく，財産の謂い——われわれによれば divina- dhana-「神的，霊的な財物」なのである。愚説を次の3証例 (RV Ⅷ 88：6；Ⅰ 11：3；Ⅶ 30：4) に徴してみよう。

 nákiḥ páriṣṭir maghavan maghásya te   yád dāśúṣe daśasyási |
 asmā́kaṃ bodhy ucáthasya coditā́   mā́ṃhiṣṭho vā́jasātaye || 6 ||
 おお霊力者（インドラ）よ，卿にして敬虔者に顧愛し給うときは，卿の霊力にはいささかの障碍もなし。
 吾らが讃辞の励起者となり給え，報酬を（吾らが）獲んために，最も寛裕なる（卿インドラ）は。
 pūrvī́r índrasya rātáyo   ná ví dasyanty ūtáyaḥ |
 yádī vā́jasya gómataḥ   stotṛ́bhyo mā́ṃhate maghám || 3 ||
 彼（インドラ）にして家畜に富む報酬の霊物を讃称者らに授与し給うときは，

5. ヤスナ51：16について

インドラの恩施は充ち充ちて，その加護は尽くることなし。
vayáṃ té ta indra yé ca deva   stávanta śūra dádato maghā́ni |
yácchā sūríbhya upamáṃ várūthaṃ   svābhúvo jaraṇā́m
aśnavanta || 4 ||
吾らは，インドラよ，卿の有(もの)にして，強き神よ，(卿に)もろもろの霊物を捧ぐるものと謳われんものども(にてありたし)。
(吾らの)施主らに至高の保護を授け給え。彼らが安祥にて高齢に達せんことを。

3箇の maghá- と1箇の maghávan-(ただし呼格として)とが見出される。第1文の maghavan や maghá- については改めて述べるべきことはないが，問題は第2，3文の maghá- である。第2文の maghá- は従来の諸訳では「家畜に富む報酬の賜物(the gift of the reward rich in cattle)」と訳すところであるが，'the divine-powered thing of the reward rich in cattle' として上記のとおりに訳すべきであり，ここの属格表現は同格(apposition)とみて原文の vā́jasya gómataḥ……maghám を vā́jaṃ gómantaṃ……maghám 「家畜に富む報酬という霊物を」あるいは「霊物として家畜に富む報酬を」とみることができるから，maghá- はやはり「霊力ある物」，霊力ある物としての「霊物」なのである。また，第3文の maghā́ni にしても「霊力あるもろもろの物」「もろもろの霊物」(複数)である。この場合に，「吾ら」と自称している祭官らが maghávan- すなわち「霊力者」であるなら，あるいは「霊力者」と自任するなら，その供物はまさに「霊力ある物」となる。リグ・ヴェーダそのものの内部においても，神と人との関係において，do ut des 'I give that you may give' の立場が成立するようになるので，人が maghávan- として神に供饌し神力を左右するに到れば，その供物はまさに「霊力ある物」となるのである。

いまリグ・ヴェーダについてみると，maghá- はもともとインドラのようなデーヴァ神に属する霊力である。アスラ神に属するものは，周知のように，マーヤー(māyá-)「幻力」とよばれるものであるが，このマーヤーのほうはそ

105

れでいて，さかんにインドラ神にも移行している。ところが，マガのほうは，すでに見てきたように，アスラ神にも移行はするが，その例はきわめて限られていて，この点からしても，マガがデーヴァ神に属し，アスラ神のマーヤーに対抗する霊力であることを知り得るであろう。

上説した（p.91）ように，中期ペルシア語 mang「大麻」は *mangā-「賦活するもの」からの転訛である。イラン人は大麻の経口投与のみでは効果の少ないことを知っていた。彼らはその蒸気を吸入したり（ヘロドトスの『歴史』Ⅳ 75），酒と併用したりした。デーンカルド書によると（Ⅶ 4：84以下），ウィシュタースプ王はホーム（ハオマ，ハウマ）とマング（大麻）を服用して昏睡し，目覚めて妃にゾロアスターをよばせ，彼の教えを聞いた，とのことであり，「ホームとマング」はメーノーグ界を観視する心眼をより清明にするための飲料といわれている。[31]『アルダー・ウィーラーブの書』ではアルダー・ウィーラーブが「ウィシュタースプのマング（mang ī Wištāspān）とホーム」を飲んで昏睡し，心身分離して遊離魂が他界を遍歴したのち心身合一して覚醒後，その見聞を筆録させた，とされている。[32]「ウィシュタースプのマングとホーム」はデーンカルドの所伝を介して Yasna 51：16に遡ると思われるが，そこの maga-（私のいう「霊力」）を *manga-（＞ mang「大麻」）の収斂形とみるのは——私もかつてはそのようにも考えてみたが——成立しない。なぜなら，「善思（またはウォフ・マナフ）の四肢をもって」とは昏睡の徴候を示唆していないからで，ウィーシュタースパ王は覚醒裡に，禅定中に，天眼を修得しているのである。もし maga- が *manga-（＞ mang）「大麻」であるならば，それを mkyh と中期ペルシア語訳することはなかったであろう。なお，ここのデーンカルド句やアルダー・ウィーラーブの件については本拙著 p.463 以下，殊に p.472 以下も参照されたい。

追記——問題の maga- や maghá- と関連したりあるいはそれを直接の対象とした論考が，最近3篇発表された。（1）Jean Kellens ＋ Eric Pirart：*Les Textes Vieil-Avestiques*, Vols. Ⅰ (1988), Ⅱ (1990), Ⅲ (1991), Wiesbaden ; (2) Helmut Humbach + Josef Elfenbein + Prods O. Skjærvø : *The Gāthās of Zarathushtra and the Other Old Avestan Texts*, Parts Ⅰ & Ⅱ, Heidelberg 1991 ; (3) Hanns-Peter Schmidt : "Gathic maga and Vedic maghá", *K. R. Cama Oriental Institute International Congress Proceedings* (5th to 8th January, 1989), Bombay 1991, pp. 220–239, である。maga-／magavan- をそれぞれ (1) は bienfait「恩典」／bienfaiteur「恩典者」; (2) は offering「奉献」／sacrificer「奉献者」(ただし Y. 53 では婚礼に関連するものとして maga- を sacrament「礼典」とする) ; (3) は名指してではないが，明らかに私への反論として，bounty／rich とする。(3) は magu- とは関連がないものとし，(1) (2) はこの関連には全くの無関心である。そのうえ，Y. 51：16 の padəbīš は3論共に従前の訳を無批判に踏襲しているにすぎない。どの点も承服しがたいものばかりである。

註

1 この論文の大要は日本オリエント学会第29回大会（1987年10月11日，於宇都宮市栃木会館）において「東方の博士（マタイ伝2）について――インド・イラン学の立場から――」の題下で発表した。その別稿としては "On Yasna 51：16――referring to Av. *maga(van)*- and Ved. *maghá(van)*- ――(Gathica Ⅻ)", *Orient*, Vol. XXⅢ (1987), pp.1-21 があり，関連論文としては「ペルシャ文化の東西光被――主として宗教史的に――」〈上〉〈下〉（『中外日報』1987年9月30日，10月2日）および「ゾロアスターをめぐる二，三の問題」―上―，―下―（『中外日報』1987年10月19日，同21日）もある。
2 拙著『ゾロアスター研究』岩波書店，1980年（2刷），p.204 以下。
3 拙稿 'On the name *'Zoroaster'* ――An Eastern Access to Zaraθuštra――', Misumi 1984, p.16 以下および「名詮自性「ゾロアスター」――東方からのアプローチ――」(『オリエント』第29巻第1号 (1986)), p.21 ＝本拙著 p.22 以下。
4 註2所掲拙著，p.209.
5 Christianus Cornelius Uhlenbeck (1866―1951): *Kurzgefasstes Etymologisches Wörterbuch der Altindischen Sprache*, Amsterdam 1898―1899, p.209, col. 2.
6 Julius Pokorny (1887―1970): *Indogermanisches Etymologisches Wörterbuch*, Bern／München 1959―1969, p. 695.
7 Manfred Mayrhofer : *Kurzgefasstes Etymologisches Wörterbuch des Altindischen*,

Heidelberg 1963, pp.545–46, および *Handbuch des Altpersischen*, Wiesbaden 1964, p.130, *magu-* m. 'Magus, Magier'. 註19も参照のこと。

8　Harold Walter Bailey: *Dictionary of Khotan Saka*, Cambridge 1979, p.327, *mājimę* 'payment for service' の項下。

9　Karl Friedrich Geldner (1852—1929): *Der Rig-Veda, aus dem Sanskrit ins Deutsche übersetzt* ……. Viertel Teil, *Namen- und Sachregister zur Übersetzung* …… von Johannes Nobel, Cambridge, Massachusetts 1957 も参考となる。

10　Hermann Grassmanm (1809—1877): *Rig-Veda. Übersetzt und mit kritischen und erläuternden Anmerkungen versehen*, Leipzig 1876.

11　「力強い (gewaltig)」が1回、「勇者 (Held)」が4回ある。

12　RV I 157:3 ではアシュヴィン双神の車駕（車両）が maghávan- といわれている。

13　H.W.Bailey の上掲書, p.327 は maghátti- と magha-déya- を「マガを支払うこと (paying the maghá-)」と解釈している。「報酬の支払い (maghá-) を与えること」という謂いだというのであるが不可。ちなみに、maghátti- 「霊力の授与」は「霊力の授受」とも訳せるが「受」のほうは -tti- (<*dāti-) を自身が自身に授与することとみれば、「受」を訳語に入れずに「授与」のみでもよかろう。

14　citra- を前肢としても citrá-mahas- (p.91 参照。RV X 122:1) は「しるけき称揚をうける、しるけく称揚される」の意味でアグニを修飾する。-mahas- の mah- については p.91 参照。

15　É. Benveniste: *Les Mages dans l'ancien Iran*, Paris 1938 に対するメッシーナ師の書評 (*Orientalia*, nova series, Vol. Ⅷ (1939) 所収), p.205 も参照されたい。

16　Charles Joseph de Harlez (1832—1899): *Avesta. Livre sacré du zoroastrisme, traduit du texte zend*, Paris 1881, p.365.

17　p.74 と註5参照。

18　Friedrich Carl Andreas (1846—1930)+Jacob Wackernagel (1853—1938): "Die erste, zweite und fünfte Gāthā des Zurathuśthro (Josno 28. 29. 32).Anmerkungen", *Nachrichten von der Königlichen Gesellschaft der Wissenschaften zu Göttingen*, philologisch-historische Klasse, 1913, p.323.

19　M. Mayrhofer: *Onomastica Persepolitana*, Wien 1973, p.186, 8.916 Ma-ka-ma (*Magavā). p.75 および註7も参照。

20　De vita philosophorum, Prooemium I 7: ἀσκεῖν τε μαντικὴν καὶ πρόρρησιν, καὶ αὐτοῖς θεοὺς ἐμφανίζεσθαι λέγοντας. ἀλλὰ καὶ εἰδώλων πλήρη εἶναι τὸν ἀέρα, κατ' ἀπόρροιαν ὑπὸ ἀναθυμιάσεως εἰςκρινομένων ταῖς ὄψεσι τῶν ὀξυδερκῶν.

21　De specialibus legibus Ⅲ 100: τὴν μὲν οὖν ἀληθῆ μαγικήν, ὀπτικὴν ἐπιστήμην οὖσαν, ᾗ τὰ τῆς φύσεως ἔργα τρανοτέραις φαντασίαις αὐγάζεται, ……

22　μηχανή, Dor. μαχανά (>Lat. māchina「機械、工具」)「手段、工具」など。註6所掲文献, p.675 参照。

23　A. A. Walde+J. B. Hoffmann: *Lateinisches Etymologisches Wörterbuch*, Heidelberg 1972⁵, Zweiter Band, p.4 以下によると mactus を *magere の ppp. としながらも、この *magere を「増大する (augere)」と解し、Lat. māgnus, Gr. μέγας, μεγάλη, μέγα, Skt. mah-ánt-, Av. maz-ant- の語根 IE *meĝ(h)-「大きい、偉大な」よりの派生とされているが賛しがたい。

24 語形の説明や H.W. ベイリーの異解については p.75 参照。
25 アヴェスター語にも magu- は moγu.tbiš-「マグ／モグの敵」の中に moγu- として存在するが、わずかにこの１例のみである。Yasna 65:7 において mā nō āpō …… mā moγu.tbiše …… frāδāiti「おお諸水よ、そなたたちは我らをモグの敵に引きわたし給うなかれ」とあるのがそれである。ギリシア人の中にはゾロアスターがマギ（マゴス）と自称したというものがあり、わが国にもこれに雷同する向きがあるが、このようなことはあり得ないことである。
26 古期イラン語 *yauza-, Av. yaoza-, OP *yauda- (yauδa-) はそれぞれ *yauz-, yaoz-, yauδ-「さわぐ」からの派生詞で「さわぎ、不穏、反乱」などを意味する。原意「さわぐ」とは善悪、吉凶どちらにも片寄らない意味で、このような OP *yauδa- が MP jōy「水流」となったのは、「流動するもの」としての「河川」という意味からである。同源でありながら吉凶という正反対の語意を示す例としては vaējah-（吉）と vōiγnā-（凶）; kahas（吉）と spāθa-（凶）などがある。註２所掲拙著、pp.291-293, 246（１刷の l.24 : OP ssā- は OP sā- の誤り）、496註54参照。jōy< *yauδa- がペルシア語系であるのに対し、NP -yōz「……をほしがる」は *yauza- を承けるパルティア語系。註７所掲文献 Handbuch, p.156, yauδ- の項; W. Hinz : Neue Wege im Altpersischen, Wiesbaden 1973, p.158, yauδantim の項、同氏の Altiranisches Sprachgut der Nebenüberlieferungen, Wiesbaden 1975, p.274, *yauδa- ~ *yauδavīra- の項参照。それゆえに Av. yaoxšti-「洞察力、霊力」もこの yaoz- から *yaošti->yaoxsti- と展開したとみるべきで、Ilya Gershevitch : The Avestan Hymn to Mithra, Cambridge 1959, p.187 のように別の *yaoz- を措定する必要はない。本拙著 p.18 も参照のこと。——また、少なくとも前３世紀初頭にはすでに中期ペルシア語（文）の指摘されることを私は、パールスのフラタラク朝の貨銭銘を読解して詳細に論じた。上記拙著、p.410 以下を参照されたい。Michael Alram : Nomina Propria Iranica in Nvmmis. Materialgrundlagen zu den iranischen Personennamen auf antiken Münzen (Iranisches Personennamenbuch, Band Ⅳ), Wien 1986, p.162 以下は拙稿"Gathica ⅩⅣ-ⅩⅤ", Orient, Vol.Ⅻ (1976), pp.47-66, を引用して私の立場を追認している。同一の動詞から吉凶の二義が派生することについては、本拙著 pp.35-36 参照。
27 拙著『古代ペルシア——碑文と文学——』岩波書店、1979年（２刷）、pp. 281-282, 284, 289-290 ; 263-274 参照。星占者、鳥占者、夢占者は中期ペルシア語では、それぞれ axtar-mār, murw-niš, xwamn-wizār という。
28 この作品の傾向や先稿本のことについては、本拙著 pp.265-270 参照。邦訳には清水嘉隆「Ayādgār ī Zarērān」(１)(２)(『オエリント』第19巻第２号 (1976), pp.53-68 ; 第21巻第１号 (1978), pp.109-125 があり、同氏の「中世ペルシア語

d'l の語義」(同誌第27巻第2号 (1984), pp.30-34) も参照されたい。この語 dāl
「枷」は DkD 681:11 にもみえ、ムナスの Dēnkart 第3巻訳 p.191 には 'récepta-
cle「(人間の) 溜まり場」(? *dār*)' と誤読されており (文献は本拙著 p. 31 下段
参 照), Davoud Monchi-Zadeh: *Die Geschichte Zarēr's*, Uppsala 1981,
pp.32 (§25), 42 の gār 'Volk「領民」' も誤解である。

29 Geo Widengren: *Iranisch-semitische Kulturbegegnung in parthischer Zeit*, Köln und Opladen 1960, pp. 62-86.
30 ユールの英訳には 'From this city to Jerusalem, (whither the Magi found their way, not surely by human strength but by Divine strength working by miracle, seeing how quickly they went), is a good fifty days journey.' とある。Sir Henry Yule: *Cathay and the Way Thither*, Vol. 1, Tokyo 1898, p.51.
31 Marijan Molé (1924—1963): *La légende de Zoroastre selon les textes pehlevis*, Paris 1967, p. 58 (原文), p.59 (仏訳); 註2所掲拙著, p.69.
32 この作品の翻訳については本拙著, p.313 註8参照。

6. ジャムの十訓とヤスナ32:8[1]

デーンカルド書[2]はジャム (Jam<Av. Yima, Ved. Yama) の十訓とアズダハーグ (Azdahāg<Av. Aži Dahāka) の十訓を対比して次のように伝えている。アズダハーグはゾロアスター教徒にとっては，トゥーラーンのフランラスヤンやアレクサンドロス大王とならぶ三大魔の中の筆頭格であるから，無理もないことであろう。

ˈabar 10 andarz ī huramag Ǧam ˈō ˈmardōm ⟨ud⟩ 10 ī dahišn kāhēnīdār Dahāg padīrag ˈān andarz ⁺drāyīd. ˈaz nigēz ī weh dēn.[3] 美しき畜群の主ジャムの人間への十訓と，被造物損壊者ダハーグがその（十）訓に対抗してほざいた十（訓）とについて。ウェフ・デーン（善教）の示教から。ˈhād āsn-xrad zahag dām sūd ˈweh dēn passand dādār kām 10 ī andarz ī huramag Ǧam ˈō mardōm. さて，根本智の出自・庶類の利益・善教の認許・創造主の御意たる，美しき畜群の主ジャムの人間への十訓（はこれ）。
　（1）ēk dādār ī gēhān [menīdan] amurnǰēnīdārīh ⟨ī⟩ gēhān menīdan guftan padiš ōstīgān ˈēstādan. 一つは，世界の創造主は世界の破壊者でないと思い，言い，それに安住すること。
　（2）ud ēk ˈdēw ˈpad ˈtis ābādīh ˈnē yaštan. また一つは，（いかなる）物の繁栄のためにも魔を祀らないこと。
　（3）ēk dād mayān ⟨mardōmān⟩ mehēnīdan ōstīgān dāštan. 一つは，人中に律法を崇くし堅持すること。

(4) ēk ˈabar ˈhar ˈtis paymān rāyēnīdan ud frehbūd ud abēbūd aziš ānāftan. 一つは，いかなる物の上にも中庸（節度）を樹立して過多と欠如をそこから排除すること。

(5) ēk ˈxwardan brādarwār 《čiyōn brādarān》[4]. 一つは，兄弟らしく《兄弟たちのように》飲食すること。

(6) ēk ˈō kardan pidwār 《čiyōn ˈpid》 frazandān rāy ⁺wis[5] kard⟨an⟩ kām hammōxt⟨an⟩. 一つは，子らを父親らしく《父親のように》するために，家を営む意欲を教えること。

(7) ēk ˈdād⟨an⟩ ī ˈō arzānīgān ˈxwēš-wār 《čiyōn kadār-iz-ē ˈaz ˈdād⟨an⟩ ī ˈō ˈxwēš ˈnē sagrīhēd》 [andarzēnīd]. 一つは，（受けるに値する）相応者たちに，自身（へ）のように《だれでも自身への施与に充ち足ることがないように》，施与すること。

(8) ēk zam[az]īg uzēnag rāy [ˈdast][6] ˈandar ⁺hāmīn hambār ī ˈmardōmān ⟨ud⟩ gōspandān frabīhišn[7] sāxtan. 一つは，冬季の費用にそなえて，人畜の肥育[7]のための貯えを夏の間に用意すること。

(9) ēk ˈtis ī gyān 《buz ⟨ud⟩ mēš ˈān ī ˈpad dušwārīh ˈandar ˈnē abāyēd》 ud meh sūdīh ī ˈmardōm ⟨ud gōspand-iz⟩ rāy jōy[8] baxtan [andarzēnīdan]. 一つは，生命（維持用）の物《山羊や羊が苦しむので必要としないもの》と，人のみか益畜もの大利とのために，カナルを頒つこと。

(10) ēk gōspand pēš ˈaz madan ī nazdwarīh sāmān 《čiyōn mēš ud buz ˈpad 4 ˈsāl[9] ˈō nazdwarīh ˈrasēnd》 ˈnē kuštan ud dādestān ī nazdwarīh abzōn ī ˈpad tan gōspand 《mēš ud buz》 ˈtā 4 ˈsāl ud ˈpad 4 ˈsāl čihrīg abzōn ⟨ˈō⟩ bālist madan ud 4 ˈsāl ˈpad nazdwarīh ˈēstādan ˈaz ˈān frāz ˈabāz ˈō kāhišn ˈēstād⟨an⟩. 一つは，益畜は発情期が来る《すなわち羊と山羊は4年で発情に達する》より前には屠殺しないことと，発情の法則——身体における成育は益畜《羊と山羊》は4年かかり，そして（その）4年で性器の成育は頂点に達し，また（さらに）4年間は発情

状態にあり，それからのちに衰退にむけて転落する——とである。
ud dām ⁺dahišn zyān Jahūdīh [ī] kēš [ī] dastwar⟨īh⟩ ᵓdēw kām 10 ī dahišn kāhēnīdār Dahāg ᵓpad petyāragīh ī ᵓim 10 dahišn sūd andarz ⟨ī⟩ Jam huramag. また，庶類と被造物の禍害，ユダヤ教義の権威，魔の意欲たる，被造物損壊者ダハーグの，美しき畜群の主ジャムのこの利生の十訓に敵対しての十（訓はこれ）。

（1）ēk padīrag ᵓān ī Jam dādār ī gēhān amurnj⟨ēnīd⟩ārīh ī gēhān guft Dahāg dādār ⟨ī⟩ gēhān murnjēnīdārīh guft ⟨ī⟩ gēhān. 一つは，ジャムが世界の創造主は世界の破壊者でないといったことに対抗して，ダハーグは世界の創造主は世界の破壊者といった。

（2）ēk padīrag ᵓān ī Jam ᵓdēw ᵓpad ᵓtis ābādīh ⟨ī⟩ gēhān ᵓnē yaštan andarzēnīd [ud] Dahāg yaštan ī ᵓdēwān ᵓpad harwisp ābādīh ī gēhān drāyīd. 一つは，ジャムが世界の（いかなる）物の繁栄のためにも魔を祀らぬよう訓えたのに対抗して，ダハーグは世界のいかなる繁栄のためにも諸魔の奉祀をほざいた。

（3）ēk padīrag ᵓān ī Jam dād mayān ᵓmardōmān mehēnīdan andarzēnīd Dahāg dād wišōb wizīr guft ᵓpad dādestān ᵓnām [ī] adādestānīh kardan ud ᵓnihād⟨an⟩ drāyīd. 一つは，ジャムが律法を人中に崇くするように訓えたことに対抗して，ダハーグは律法を撹乱する判定を述べ，法の名において不法を作成して施行するようにほざいた。

（4）ēk padīrag ᵓān ī Jam paymān ᵓabar ᵓhar ᵓtis rāyēnīdan guft Dahāg ⁺frehbūd ud ⁺abēbūd ᵓandar ᵓhar ᵓtis ⁺ᵈabgandan ⁺drāyīd. 一つは，ジャムが中庸をいかなる物の上にも樹立するように述べたことに対抗して，ダハーグは過多と欠如をいかなる物の中にも投入するようにほざいた。

（5）ēk padīrag ᵓān ī Jam ᵓabar ᵓxward⟨an⟩ andarzēnīd [ud] Dahāg ⁺rōzag hammōxt ud [Dahāg] ⁺ᵈdādan dāštan andarzēnīd. 一つは，ジャムが飲食することについて訓えたことに対抗して，ダハーグは断食を教え

113

かつ施（食）を抑止するように訓えた。

（6）⟨ēk padīrag ⎜ān ī Jam ⎜ō kardan pidwār frazandān rāy wis kardan kām hammōxtan andarzēnīd Dahāg ⎜ān kām ⎜nē hammōxtan drāyīd.⟩ 一つは，ジャムが子らを父親らしくするために家を営む意欲を教えるように訓えたことに対抗して，ダバーグはその意欲を教えぬようにほざいた。

（7）ud ēk padīrag ⎜ān ī Jam ⎜abar ⎜dād⟨an⟩ ī ⎜ō arzānīgān andarzēnīd Dahāg ⎜ōy rāy appurdan ī ⎜az ⎜har ⎜kas framūd[an]. また一つは，ジャムが相応者たちへの施与について訓えたことに対抗して，ダハーグはそれをいかなる人からも奪うように命じた。

（8）ud ēk ⟨padīrag⟩ ⎜ān ī ⟨Jam⟩ gōspand pēš ⎜az madan ī ⎜ō nazdwarīh ⎜nē kuštan andarzēnīd Dahāg harzag ⁺kušišnīh ī gōspandān Jahūd ēwēn hammōxt[an]. また一つは，ジャムが益畜は発情に達するより前には屠殺しないように訓えたことに対抗して，ダハーグは益畜の随意屠殺というユダヤの風習を教えた。

（9）ud ēk padīrag ⎜ān ī Jam ⟨tis ī gyān⟩《gōspand ⎜ān ī ⎜pad dušwārīh ⎜andar ⎜nē abāyēd》⟨ud⟩ ⎜mardōm ud gōspand-iz meh sūdīh rāy jōy ⁺baxtan andarzēnīd Dahāg ⁺šabestān kardan ud mēwag [ud] mēwag ī ⎜mard ⟨ud⟩ ⁺ʰzan drōšīd⟨an ī⟩ bun andarzēnīd[an] čiyōn Jahūdān kēš. また一つは，ジャムが生命（維持用）の物《益畜が苦しむので必要としないもの》と，人のみか益畜もの大利とのために，カナルを頒つように訓えたことに対抗して，ダハーグはハーリムを設け，またユダヤ人の教義のように男女のどの初穂にも端緒を印する(いん)（割礼する）ことを訓えた。

（10）ēk padīrag ⎜ān ī Jam ⎜pad hāmīn zamestān uzēnag ⁺rāy hambār sāxtan andarzēnīd Dahāg anāmurzīgīhā kēn ⎜pad menišn hambārdan ⎜pad-iz 9 āwādag tōxtan guft. 一つは，ジャムが夏に冬の費用にそなえて貯えを用意するように訓えたことに対抗して，ダハーグは無慈悲にも恨

みを心に貯え9代（の子孫）にまでも報復するようにいった。
ˈpad ˈim 10 dām zyān andarz ī padīrag 10 ī Jam dām sūd andarz āwā-līdag nibēg bun ⁺kard ⁺ud ˈandar Urišlīm dāštan framūd. ジャムの利生の十訓に対抗してのこの毀生の十訓に魅せられて、彼（ダバーグ）は書を（自ら）創作して、イェルサレムに保管することを命じた。（註13の末尾参照）

ud ˈaz ˈān ˈpas Ibrahīm ī Jahūdān dastwar kār padiš ⁺kard ⁺ud Mūšag ˈī-š sarədag ī Jahūd 〔ud〕ˈpad waxšwar ˈdārēnd frazāmēnīd〔an〕ud Jašūg ⁺buland ˈōy Mūšag ⁺hāwišt ˈbūd rawāgēnīd ˈgōwēnd. ud ˈhar Jahūd sarədag ˈandar ˈxwēš bahr ˈdārēnd ud padiš ˈwirrōyēnd. そしてそののち、ユダヤ人の長老イブラヒームがそれを利用し、また彼の同類でユダヤ人が預言者としているモーセが完成し、そして崇き者ヨシュヤがそのモーセの弟子となってひろめた、と（ユダヤ人は）いっている。そしてユダヤ人はみな、（この）同類を彼ら自身の仲間に入れて彼を信じている。

ダハーグの十訓中、第8と第10を入れ替えれば、ジャムの十訓と各項ごとに完全に対応することになる。ともあれ、ジャムの十訓がモーセの十戒に対抗して作成されたことは明らかである。しかし、そうであっても、ジャムの十訓全部がゾロアスター教の伝統に無縁のものばかりかというと、必ずしもそうとはかぎらない。デーンカルド書第7巻第9章§§8－12をみると、ジャムの名は出さないが彼の第10訓を敷衍解説したものであることがわかる。

ˈēg Ašawahišt ˈō māzdēsnān ˈaz abardar nēmag ˈabar ˈbē ˈxwānēd ēdōn ˈgōwēd ˈō māzdēsnān ˈhēd ' ˈma ˈkas ēdōn gōspand ˈbē kuštār ˈbawēd čiyōn ˈān ˈpēš ˈbē ˈkuštār ˈbūd ˈhēd.（9）andarzēnēd waxšišn ˈpad dād andarzēnēd nazdwarīh ˈpad tan māzdēsn-ēd gōspand ˈbē kušēd. ˈān ˈaz ˈawēšān ˈbē kušēd ˈkē ˈō ˈšmāh ayārēnēd ˈkē ˈō ˈšmāh ˈgōwēd 《ˈkū ayārōmandīh ī ˈšmāh rāy ˈō ˈšmāh ˈgōwēd》 ˈkū "māzdēsn ˈhēd ˈxwarēd ˈman ˈpad nazdwarīh pēš ˈaz ˈān ˈtā ˈka ˈman gaz ⁺udarasag ˈbē jōyēd."' (10) ud andarzēnēd waxšišn andarzēnēd nazdwarīh māzdēsn gōspand ⌐bē kušēnd ⌐ān-iz ⌐az ⌐awēšān ⌐kē ⌐ō ⌐awēšān ayārēnēd ⌐kū 'māzdēsn ⌐hēd ⌐xwarēd ⌐man ⌐pad nazdwarīh pēš ⌐az ⌐ān ⌐tā ⌐ka ⌐man gaz ⁺udarasag ⌐bē jōyēd.' (11) hunsandīhā māzdēsn gōspand kušēnd ud ⁺hunsandīhā māzdēsn gōspand ⁺brīnēnd. ud hunsand gōspand ⌐ka ⌐[nē⌐] ⁺brīnēnd. ud hunsandīhā māzdēsn gōspand ⌐xwarēnd. ⟨ud⟩ hunsand ⟨gōspand⟩ ⌐ka-š ⌐xwarēnd. (12) ud ⌐ēg ⌐ka ⁺mēnōgān ⌐bawēnd hambāyēd kuštār ud ⌐kē-iz-iš kušēnd ud ⁺brīdār ud ⌐kē-iz-iš ⁺brīnēnd ⟨ud⟩ ⌐xwardārān ud ⌐kē-iz-iš ⌐xwarēnd. そのとき, アシャワヒシュトはもろもろのマーズデースン者に高い方処から呼び掛け, 汝らマーズデースン者にこういうであろう「人は益畜を, (これまで) 汝らが早まって屠殺することをしてきたように, 屠殺することをしてはならぬ。(9) 成育を年齢で判断せよ, 発情を身体で判断せよ。汝ら (もろもろの) マーズデースン者よ。益畜を屠殺せよ, 彼ら (益畜) のうちで, 汝らに助けとなり, 汝らにいうて《すなわち, 汝らを助けるために汝らにいうて》『御身ら, もろもろのマーズデースン者よ, わたしを腹で這う蛇が呑むより前に, 発情しているわたしを, たべてください』と (いう) ところのものを, 屠殺せよ」と。(10) そして, 成育を判断し, 発情を判断して, (もろもろの) マーズデースン者は益畜を屠殺するであろう, 彼ら (益畜) のうちで, 「御身ら, もろもろのマーズデースン者よ, わたしを腹で這う蛇が呑むより前に, 発情しているわたしを, 食べてください」と (いっ) て, 彼ら (マーズデースン者) に助けとなるところのものを (屠殺するであろう)。(11) 満足して (もろもろの) マーズデースン者は益畜を屠殺するだろう, また満足して (もろもろの) マーズデースン者は益畜を割くだろう。そして益畜は, 彼らが割くとき, 満足するだろう。また満足して (もろもろの) マーズデースン者は益畜を食うだろう, (また益畜は) 彼らが食うとき満足するだろう。(12) そして, ついで (マーズデースン者と益畜がひとしく) メーノーグ者となるとき, 屠殺者 (たち) と彼らの屠殺

6. ジャムの十訓とヤスナ32:8

するものとは同座し，また割者(かつしゃ)（たち）と彼らの割くものとは，（さらには）食者（たち）と彼らの食するものとは（同座するであろう）。

管見によればヤスナ32:8 abの解釈にこれらの句が十分に援用されなかった憾みがある。このガーサー句をよりよく理解するためには，次のことをまず知っておく必要がある：（a）Yima (Ĵam) は牛なりと直截的に同定した伝承はないこと；（b）彼が益畜に関して罪を犯したとの伝承もないこと（デーンカルドの前引句からみてジャムの第9，10訓はジャムによる屠牛噉肉の勧めとさえいいうる。またヤスナ9：1のザンドの註によると，ジャムを非難するどころか，人間がより長生きする——不死無量寿ではないにしても——ために肉を食べさせたことを称賛しているし，またデーンカルド書第9巻第32章§12 (DkM 838:2—9) も同様で，この箇所は Marijan Molé : *Culte, mythe et cosmologie dans l'Iran ancien*, Paris 1963, p.225 以下に取り扱われている）；（c）ジャムは創造主に不遜の念を抱いたことを非難されていること。[19] これらの事情を考慮すればヤスナ32:8 abは次のように解することができる：

aēšąm aēnaŋhąm　　　　Vīvaŋhušō srāvī Yimasčīṭ
yā mašyāng čixšnušō　　ahmākāng gāuš baga xᵛarəmnō[20]

これらの非違に（連坐した）と，ウィーワフワントの子イマさえも喧伝された——

その彼は「われらの人の子を満足させようと欲するは牛」と（いっ）て（肉）片を自ら食していた（のに）。[20]

テキストは，人間を満足させようとねがっているものは牛であるといい，イマだといっているのではない。この牛の願意はジャムの第10訓や上引のデーンカルド句に明らかである。ヤスナ32：12でゾロアスターが非難しているのは，カルパンやウシグ祭司らが祭儀の要請があれば随時に屠牛することをいとわない点にある。屠牛そのものは，適時のものであれば，拒否されるのではなかった。したがって卑見からすれば，ヤスナ29はそのような宿命にある牛（の霊）への「慰藉の章」なのである。

117

註

1 この論考は拙稿 "Jam's 10 Precepts and Yasna 32:8 (Pahlavica Ⅱ)", *Orient*, Vol. ⅩⅥ (1980), pp.173-181, を補訂したもの。

2 DkD=M.J.Dresden (edited by—): *Dēnkart. A Pahlavi Text. Facsimile edition of the manuscript B of the K.R. Cama Oriental Institute Bombay*, Wiesbaden 1966, 606:21—604:18; DkM=Dhanjishah Meherjibhai Madan (under the supervision of—): *The Complete Text of the Pahlavi Dinkard, published by "The Society for the promotion of researches into the Zoroastrian religion"*, Bombay 1911, 297:12—299:20; Jean de Menasce (traduit du pehlevi par—): *Le troisième livre du Dēnkart*, Paris 1973, pp. 283-284.

3 〈　〉は私による復原補入、〔　〕は削除、《　》は原文においてすでに註とみなされていた部分を、（　）は邦訳に際し私の補筆した部分を、⁺は私による改変を示す。

4 『ジャーマースプに関する回想 (Ayādgār ī Jāmāspīg)』、16:10「1夜はともにパンと酒を飲み食いして友だち付き合いをしながら、次の日は互いの生命をねらって手段を講じ、また悪事をたくらむでしょう (šab ēk abāg did nān ud may xwarēnd ud pad dōstīh rawēnd ud rōz ī dudīgar pad gyān ī ēk dudīgar čārag sāzēnd ud wad handēšēnd)」とあるのも参照したい。本拙著 p.303; Giuseppe Messina: *Libro apocalittico Persiano Ayātkār i Žāmāspīk*, Roma 1939, p.67 参照。

5 DkD, DkM ともに wyš(wēš) 'more' とあるが wys(wis) 'home, house' とあるべきもの。

6 ここは ˡdast ˡandar hāmīn hambār……sāxtan「夏の貯えに手をつける」と ˡandar hāmīn hambār……sāxtan「夏に貯えを用意する」とが交錯しているようにみえる。ダハーグの第10訓にみえる ˡpad ⁺hāmīn……hambār sāxtan「夏に貯えを用意する」をも参照のこと。

7 註2所掲ムナス著書 p.284 に frapīhišn '(pour) engraisser' とあるのに従った。

8 DkD, DkM ともに yw w d とあるが語頭の yw は Pāzand j を2字に誤読したもの。したがって yw w d は jōy「カナル、カナルの水」と読むべきもの。ここのカナルとはおそらく *kaharēz, kahas すなわちカナートのことであろう。ジャムとカナルとの伝承については Jos. Markwart: "Das Naurōz. Seine Geschichte und seine Bedeutung", *Dr. Modi Memorial Volume*, Bombay 1930, p.736 参照。

9 ˡpad 4 ˡsāl「(その) 4年で」とは「4年目に」ということ。

10 この第6訓は全文を私が再構したもの。

11 šabestān kardan「ハーリムを設ける」とは「去勢する」の謂い。ムナス前掲書 p.285 参照。

12 mēwāg mēwāg ī mard ud ˡzan drōšidan ī bun「男子と女子の果実ごとに最初の

刻印をすること」とは「割礼すること」の謂い。

13　āwālidag('w'lytk¹) は āwālīdan の ppp. を -ka>k/g で拡張したもので，Old Ir. *ā-varz-／Skt. ā-vṛj-「……に向ける，占有する，所有する」の OP 形 *ā-vard-(ā-varδ-) に遡る。OP rd(rδ)>MP l の音転や直前の母音 ă の代償延長 (ă>ā) などは周知のとおり。¹pad ¹im 10……andarz……āwālidag は「この十訓にとりつかれて，魅せられて」を意味する分詞構文。ムナス前掲書 p.285 は 'w'lytk¹ の第2アーレフを削除して ⁺ōrāytak と読み，アラム／シリア語 ōrāitā 「律法，掟」と同定して，この語からセンテンスを起こし，⁺ōrāytak nipīk bun kart「彼は律法の書を創定した (il inaugura le Livre de la Loi)」と訳しているが，これは統語法的にも承服しがたい。なお le P. Pierre Jean de Menasce: *Une apologétique mazdéenne de IXe siècle Škand-Gumānīk Vičār. La solution décisive des doutes. Texte pazand-pehlevi transcrit, traduit et commenté*, Fribourg en Suisse 1945, p.182, 脚註2において，'ōráitā と同定して上述の 'w'lytk¹=āwālidag とともに (A)'wlyt'(DkM 253:19— 氏は註2所掲の文献の Index orayta の項ではこの箇所を誤脱している)，(B)'wl'yt'k (同257:8) の2語を挙げている。これは Marijan Molé: *Culte, mythe et cosmologie dans l'Iran ancien. Le problème zoroastrien et la tradition mazdéenne*, Paris 1963 が Orāitā [u] ⁺Yahūtīk būn nipēk kartan 'il……fit la Thora, écriture de base du judaïsme'(pp.53,55); Orāitāk ⁺yahūtīk bun nipēk kartan 'il ……fit la Thora, écrit de base du judaïsme'(pp.56,57)(「彼 (ダハーグ) はユダヤ教の本典トーラーを作成した」) と読解しているのと同じものである。実際，A, Bのあらわすものが同一であることは明らかである。そしてAはムナス，モレ両氏の読解が妥当であるかにみえるし，Bにおける第2アーレフについても両氏の立場を是認するかにみえる理由もある。すなわち，エレパンティネーのパピルスには MRꞌY(mār-ī) 'my lord' があり，この語形はそのまま碑文パルティア語にも用いられて xwadāw 'lord' と訓じられているが，上記パピルスには MRYHM(mār-ē-hom) 'their lord' があり，Frahang ī Pahlawīg には MRWHY(mār-ū-hī [mārōhī でなしに]) his lord [his lords でなしに]' が xwadāy 'lord' と訓じられていて，いずれもアーレフを有していない。アーレフは原形 MRꞌ(mārē—ウガリト語 MRꞌ「命令する」参照) を伝える史的記法に堕して通音とは関係がないとする Giuseppe Messina: *L'aramaico antico*, Roma 1934, p.14 の説をとれば，H.S.Nyberg: *Frahang i Pahlavīk……from the posthumous papers of—*, by Bo Utas with the collaboration of Christopher Toll, Wiesbaden 1988, p.60の錯雑な説明ももっと簡略化されるだろう。この原形表示的史的記法説はイラン語 sar「頭」に対するアラム語形をみても首肯できる。碑文パルティア語では RYŠ(rēša) 'the head' が用いられ，碑文や典籍ペルシア語では LꞋYŠH(rēš-eh) 'his head' が用いられて sar と訓じられているが，ꞋはꞋの代替であり，これは原形 ra'š の ' を示すにとどまる史的記法に堕して通音には関係がなくなっていることは，パルティア語系の RYŠ(rēša) が示すとおりである。上掲メッシーナ著書 p.14 およびニーベリー遺著 p.75,7, L'YŠH の項参照。こうしてみ

ると，B (-k は一応除外視して) もAの別記で ōráiṯā であるようにもみえる（第2アーレフは á を負荷するものではなく，原形 ;R; 「結びつける」の第3根子音を示す記号）。

ではこれで問題は落着したかというと，そうではない。Bの末辞 -k は語末が -ak／-ag で終わるペルシア語で訓じられていたこと，したがって -k をもたないAもやはり訓じられていたことを明示している。中期ペルシア語で，「律法，掟」の意味は dād や dādestān で表わす。dād にはアラム語形は用いられないが，dādestān は DYN;(dīnā) と表意書きもされる。そうすると，Aは dādestān と訓じられないことがわかる。では dād と訓じられたかもしれないとの疑問も出ようが，そうだとすればBは dādag と訓じられたことになる。しかし dādag で「律法，掟」を意味する例はない。

そうすると，A，Bともにどう訓じられていたかを，改めて検討する必要が生じる。私によれば問題解明のカギは，『断疑論』13：1—2に『創世記』を「⁺ažāṯ（起源の（書））とよんでいる naxustīn niwē（初めの書）」と称しているところに見出せる。Pahlavī 形で示せば ažāṯ は azād, naxustīn niwē は naxustēn nibēg であり，ここでは特に naxustēn nibēg「初めの書（the first book)」が重要で，これに呼応するように先ずAを読解すればアラム語 awwalīṯā となる。しかもBは，上で取り扱ったように，原形を史的記法にのみ留めているとみられるべき第2アーレフを有するので，その原形的原辞は ;WL; (aulā) 'first' であることがわかる。しかも，このBも (-k は一応除外視して)，この第2アーレフは無視して通音はAと同じく awwalīṯā であった。aulā は接尾辞を伴なうときは 'awwal- となるし，その接尾辞はここでは女性詞をつくる -ī(ṯ) (-īṯā は限定位相) であり，これについては Stanislav Segert: *Altaramäische Grammatik mit Bibliographie, Chrestomathie und Glossar*, Leipzig 1975, 4. 3. 5. 2 以下および5. 3. 8. 4. 1を参照すれば，ᵃḥár「後に，後の」＞aḥᵃrīṯ「未来」（構成位相）に準じて理解することができる。なお，ažāṯ／azād などについては本拙著p.392およびそこの註75を参照されたい。

ところで，この aulā は fradom 'first' と訓じられていたのでAは fradom と訓じるわけにはいかず，したがってBも fradomag と訓じることもできない。そこで私はAは ˈnaxust，Bは第2アーレフを有したままで ˈnaxustag と訓じ，これでどちらも『創世記』をあらわしていたと断定したい。よってモレの引用している上掲箇所（DkM 253:19—20;257:8）を，それぞれ前後を含めて引用訳出すると，次のようになる。

(DkM 253:19—254:14) ud ˈnaxust [ud] Jahūdīh bun nibēg kardan ud Urišlīm dēsīdan padiš dāstan……ˈweh dēn paydāgīh
そして彼（ダハーグ）はユダヤ教の本典たる「初めの（書，創世記）」を作成し，そしてイェルサレムを建設し，そこに保管した……とはウェフ・デーン（善教）の所詮である。

(DkM 257:7—15) ud agdēn ⟨ud⟩ adādīh ˈaz ˈdēw⟨ā⟩n ˈpad ⁺frēb ⟨f⟩rēbišn fradom dahišn kāhēnīdār Dahāg dōšīdan ud ˈnaxustag Jahūdīh bun nibēg

kardan……paydāg
そして諸デーウに由来する邪教と無法を，（彼らの）まよわしによるまよわしによって，まず最初に，被造物損壊者ダハーグが鐘愛し（dōšīdan），そしてユダヤ教の本典たる「初めの（書，創世記）」を作成した……と明かされている。
　また，このように詰めてくると，上掲「ダハーグの十訓」の最後の部分（本拙著 p.116）も，āwālīdag nibēg bun kard は āwālīdag ⟨'naxustag⟩ nibēg bun kard「……に魅せられて，彼は創世記を（自ら）創作した」と補読することもできる。綴りの似ている 'w'lytk'（āwālīdag）と ;WL;YT;k ('naxustag）をコピストが重出と誤解するかして，後者を削除したためとみるわけである。これに対して，'w'lytk' そのものを ;WL;YT;k (awwalītā-k = 'naxustag）の誤記とみて「この毀生の十訓により（'pad）彼は創世記（'naxustag nibēg）を創作した」と改読するのは行きすぎである。āwālīdag の存在は，上引のデーンカルド句に「……ダハーグが鐘愛し……」とあるのに照らしても，否定し得ない。
　（追記――Shaul Shaked: "Zoroastrian Polemics against Jews in the Sasanian and Early Islamic Period", *Irano-Judaica* II, Jerusalem 1990, pp. 97, 99-103 は問題の語を3語とも，ムナスの解釈に従っている。）

14　Mūšag 'ī-š sarədag「彼（イブラヒーム）の同類モーセ」――slytk' (sarədag) の y は，おそらく ə (Av. sarəδa- 参照）の写音であろうし，sarədag は sltk' (sardag)「種類」と同定してよかろう。註2所掲ムナス著書 p.285 は「第3モーセ（Moïse le troisième)」と訳しているが承服しがたい。神直道氏によれば，ユダヤ教父の歴史からみて，このような解釈は困難とのことである。

15　Jašūg ⁺buland 'ōy Mūšag ⁺hāwišt 'būd「崇き者ヨシュヤがそのモーセの弟子となった」は Jašūg blwwd 'ōy Mūšag ašnūd 'būd を私が改読したもの。ムナス前掲書 p.285 は「モーセの弟子（⁺hāvišt<ašnūd）だった，ヌンの子ヨシュヤ（Josué bar Nun qui fut le disciple de Moïse)」と訳しているから，原文は Jašūk ⁺bar ⁺Nun ⁺i 'avē Mūšak ⁺hāvišt 'būt と改読したものである。

16　DkD 312:22―311:15; DkM 669:16―670:10。訳については Marijan Molé: *La légende de Zoroastre selon les textes pehlevis*, Paris 1967, pp. 92-95,220; 拙著『ゾロアスター研究』岩波書店1979 (1980²), pp. 124-125 参照。

17　「'ēg（そのとき）」とはウシェーダルの千年紀の第5・百年紀にマルコースの冬が去りジャムのワル（ノアの方舟にあたるもの）が開かれるときのこと。

18　「'ō māzdēsnān 'hēd（汝らマーズデースン者に）」は ⁺kū māzdēsnān 'hēd「（こういうであろう）曰く，汝らマーズデースン者よ。（人は益畜を，……）」と改読することもできよう。

19　ヤシュト 19:34 参照。*Pahlavī Rivāyat Accompanying the Dādestān ī Dēnīg*, XXXI 1,§§9-10 (B. N. Dhabhar [ed.by―]: *The Pahlavi Rivâyat Accompanying The Dâtistân î Dînîk*, Bombay 1913, pp. 101-102) に「オフルマズドは語った『余はもろもろのゲーティーグ者のうちでまず第一にデーンをジャムに示した。（ところが）彼はもっと賢明であるべきだったのに，アフレマンと諸魔との道に入

った。(10) そして彼はいった：水はわたしが創造した。大地はわたしが創造した。草木はわたしが創造した。太陽はわたしが創造した。月はわたしが創造した。星辰はわたしが創造した。また天空はわたしが創造した。益畜はわたしが創造した。人間はわたしが創造した。ゲーティーグ界の被造物はみなわたしが創造した，と。……そしてこの虚言とともに光輪と王権は彼から奪われた……』」とある。またⅩⅩⅪ 3,§§4—6 (p.103) も参照されたい。(この書には新版が上梓された。A. V. Williams: *The Pahlavi Rivāyat Accompanying the Dādestān ī Dēnīg*. Part Ⅰ: *Transliteration, Transcription and Glossary*; Part Ⅱ: *Translation, Commentary and Pahlavi Text*, Copenhagen 1990 がそれである。ここに引用した箇所はそれぞれ，Pt. Ⅰ, pp. 134-137 に Chapter 31 a 9—10, Pt. Ⅱ, p. 57 に Chapter 31 a 9—10, および Pt. Ⅰ, pp.136-137 に Chapter 31 c 4—6, Pt. Ⅱ, p. 58 に Chapter 31 c 4—6 として見出される——この項追記)

20 「bagā ((肉) 片を)」は中性複数対格。あるいは bagā を単数具格とみて b 行を「——その彼は「われらの人の子を (肉) 片をもって満足させようと欲するは牛」と (いっ) て自らも食していた (のに)。」と解釈することも可能。bagā に対する解釈は二様になるが，どちらをとってもよく，これが ab 行に対する私の最終的見解である。

7. カルデールの「ゾロアスターのカアバ」刻文について[1]

　カルデールはサーサーン朝初期に出たゾロアスター教の聖職で，同教の国教化に大きな役割を演じた。「ゾロアスターのカアバ」の東面外壁最下部に記されている彼の刻文（カアバ刻文とも略称する）は，重要な宗教史料として発見（1939年）以来，M. Sprengling : *Third Century Iran. Sapor and Kartir*, Chicago 1953 ; W. Hinz : "Die Inschrift des Hohenpriesters Kardēr am Turm von Naqsh-e Rostam", *Archaeologische Mitteilungen aus Iran*, NF Bd. 3, 1970, pp. 251-265 ; Ph. Gignoux : *Glossaire des Inscriptions Pehlevies et Parthes*, London 1972 ; Chr. J. Brunner : *A Syntax of Western Middle Iranian*, New York 1977 （カアバ刻文への論及は少ないが）; M. Back : *Die sassanidischen Staatsinschriften* (Acta Iranica 18), 1978 のように，諸家の研究が続いたが，まだ完全な解読までには至っていない。私のこの小論はそれに答えるとともに，カアバ刻文の紹介をも兼ねるものであるが，ゾロアスター教の国教化に到るまでの経緯をも伝えてこの刻文は，宗教史的史料としても重要な文献である。読者はまず「文解・語解」の項（pp.132-141）で取り上げた箇所をあらかじめテキストにマークしてから，テキストと訳文（pp.124-132）を読んでいただきたい。なぜなら，それらの事項は論末の註から外したからで，註は最小限度にとどめた。記号 〈 〉, 〔 〕, （ ）, 《 》はそれぞれ私による復原的補入，同削除，同加筆，原文ですでに註としてみられるべき部分を示す。刻文は19行から成るが Ⅰ―ⅩⅢ の段落にわけて取り扱った。行の改まるごとに（1）（2）のようにして原文の行数を示すが，例えば Ⅰ-1 のような引用は原文の第1行で私の第Ⅰ段に入る部分であることを示す。ロー

マ字写音にはしばしば同写字を付記したが，同一段落内での繰り返しは原則として避けた。

カルデールにはカアバ刻文のほかに，サル・マシュハド，ナクシェ・ロスタム，ナクシェ・ラジャブにも刻文を残しているが，これらの刻文相互間のテキストの出没異同はバック著書のシノプシスによって一目瞭然となるから，この小論では言及しなかった。これら一連の刻文（みな中期ペルシア語）は293年を作成最後の年（ナレサフ1世〔在位293—302〕即位の年）とみなしてよかろう。

テキストと邦訳

（Ⅰ）（1）ud ˈaz(ʾNH) Kardēr ˈī mowbed$\overset{2}{}$ yazadān ud Šābuhr ˈšāhān ˈšāh huparistā ud hukāmag ˈniwēhān(ḤWYTNn). ˈu-m ˈpad ˈān spās ˈī-m ˈpad yazadān ud Šābuhr ˈšāhān ˈšāh kard —— ˈniwēhēd(ḤWYTNt) —— ZK-m ˈkard(ʿBYDWN) Šābuhr ˈšāhān ˈšāh ˈpad kardagān ˈī yazadān ˈpad ˈdar ud šahr ˈō šahr gyāg ˈō gyāg hāmšahr ˈpad mowestān kāmgār ud pādixšā.

さて，諸神および大王シャーブフル（1世）の忠勤にして忠良たる余モウベド（モウ頭$\overset{とう}{}$）・カルデールは告げよう。して余を，余が諸神および大王シャーブフルに尽くしたかの奉仕によって——（人々に）告げよ——，さて余を，大王シャーブフルは神事に関し，宮廷において，はたまた全土の諸州随所にて，モウ職内にて専行かつ専権たらしめ（給う）た。

（Ⅱ）ud ˈpad framān ˈī Šābuhr（2）ˈšāhān ˈšāh ud pušt ˈī yazadān ud ˈšāhān ˈšāh šahr ˈō šahr gyāg ˈō gyāg ˈwas kardagān ⟨ˈī⟩ yazadān abzāyīh(ʾpzʾdyḥy) ud ˈwas ādur ˈī Wahrām$\overset{3}{}$ ˈnišāyīd(YTYBWNd$\overset{4}{}$). ud ˈwas mow-ˈmard$\overset{2}{}$ urwāhm ud padēx ˈbūd(YḤWWNt) ud ˈwas ādurān ud mowān pādixšīr(pʾtḥštly) ˈāwišīd(ḤTYMWNd$\overset{4}{}$). ud Ohrmazd ud yazadān ˈwuzurg sūd ˈrasīd(YḤMTWN) ud Ahreman ud ˈdēwān ˈwuzurg mēhgār(mḥykʾry) ˈbūd.

7. カルデールの「ゾロアスターのカアバ」刻文について

　また（2）大王シャーブフルの命令と諸神および大王の援護とによって，諸州随所に神事が多数増加され，またワフラーム火が多数安置されている。また多数のモウ師が喜悦しかつ栄え，また多数の（聖）火とモウに（認可の）辞令が捺印（発給）されている。かくしてオフルマズドと諸神には大利が到来したが，アフレマンと諸魔には大害が生じた。

（Ⅲ）ud ᵊēn and ādur ud kardagān ᵊčē ᵊpad nibišt ZK-m ᵊōh gōnag-⟨dar⟩（3）Šābuhr ᵊšāhān ᵊšāh ᵊpad wāspuhragān ᵊpāymār(PKDWN) ᵊkard(:BYDWN) ᵊkū-t bun- xānag ᵊēn ēw ᵊbēh(YḤWWN) ud čiyōn ᵊdānāy(YD:YTN'y) ᵊkū ⟨ᵊānōh(TMH)⟩ kard yazadān ud ᵊamāh ᵊweh owōn ᵊkun(:BYDWN).

　して，書きこまれてあるところの，これほどもの（聖）火と（神）事を，さて余に，かくもはなはだ多様に，（3）大王シャーブフルは特別に付嘱し（給う）た「このブン・カーナグはそなたに属してよろしい。で，⟨そこでの⟩行動が諸神とわれらにとって最良のものとなることをそなたが知るであろうように，そのように行動せよ」と（仰せられ）て。

（Ⅳ）ud gad pādixšīr ud mādayān ᵊčē ᵊōy ᵊzamān ᵊabar Šābuhr ᵊšāhān ᵊšāh ᵊpad ᵊdar ud hāmšahr gyāg ᵊō gyāg kard ᵊōy ēd owōn ᵊabar ᵊnibišt(YKTYBWN) ᵊēstēd(YK:YMWNt) ᵊkū Kardēr ᵊī hērbed('yḥlpt).

　そして遺言，辞令および文書にして大王シャーブフルの御治世に，宮廷において，はたまた全土の随所にて作成されたもの，それには，このように書かれてある，曰く「ヘールベド（聖職教師）・カルデール」と。

（Ⅴ）ud ᵊpas ᵊkū Šābuhr ᵊšāhān ᵊšāh ᵊō ᵊbayān(:RḤY:n)（4）gāh 'šud(:ZLWN) ud Ohrmazd ᵊšāhān ᵊšāh ᵊī-š ᵊpus ᵊpad šahr ᵊēstād (YK:YMWNt), ᵊu-m Ohrmazd ᵊšāhān ᵊšāh kulāf ud kamar ᵊdād (YḤBWNt) ᵊu-m gāh ud padixšar abardar ᵊkard(:BYDWN) ᵊu-m ᵊpad ᵊdar ud šahr ō šahr gyāg ᵊō gyāg hāmšahr ᵊpad kardagān ᵊī yazadān kāmgārdar ud pādixšādar ᵊkard ᵊu-m ᵊkard ᵊnām Kardēr ᵊī Ohrmazd mowbed Ohrmazd ᵊbay(:RḤY:) ᵊpad ᵊnām.

また，大王シャーブフル（1世）が神（4）去りましてその御子大王オフルマズド（1世）が君臨されてのち，余に大王オフルマズドは冠帽と綬帯を賜わって余の地位と栄誉をさらに高くし，かつ余を，宮廷において，はたまた全土の諸州随所にて，神事に関し，さらに専行かつさらに専権たらしめ（給う）た。そして余に，天子（または「神」）オフルマズドの名をいれて，「オフルマズドのモウベド・カルデール」と名をつけられた。

（Ⅵ）ud ˈēg-iz ˈpad ˈān ˈzamān šahr ˈō šahr gyāg ˈō（5）gyāg ˈwas kardagān ˈī yazadān abzāyīh('pz'dyḫy) ud ˈwas ādur ˈī Wahrām ˈnišāst (YTYBWNt). ud ˈwas mow-ˈmard urwāhm ud padēx ˈbūd(YḤWWNt) ud ˈwas ādurān ud mowān pādixšīr ˈāwišt(ḤTYMWNt). ud gad ud pādixšīr ud mādayān ˈčē ˈōy ˈzamān ˈabar Ohrmazd ˈšāhān ˈšāh ˈpad ˈdar ud hāmšahr gyāg ˈō gyāg kard ˈōy ˈēd owōn ˈabar ˈnibišt(YK-TYBWN) ˈēstēd(YKʕYMWNt) ˈkū Kardēr ˈī Ohrmazd mowbed.

また，ついでその治世にも諸州随（5）所に神事が多数増加され，またワフラーム火が多数安置された。また多数のモウ師が喜悦しかつ栄え，また多数の（聖）火とモウに（認可の）辞令が捺印（発給）された。そして遺言と辞令および文書にして大王オフルマズド（1世）の御治世に，宮廷において，はたまた全土の随所にて作成されたもの，それには，このように書かれてある，曰く「オフルマズドのモウベド・カルデール」と。

（Ⅶ）ud ˈpas ˈkū Ohrmazd ˈšāhān ˈšāh ˈō ˈbayān(ʕRḤYʔn) gāh ˈšud (ʕZLWN)（6）ud Wahrām³ ˈšāhān ˈšāh ˈī Šābuhr ˈšāhān ˈšāh ˈpus ud Ohrmazd ˈšāhān ˈšāh ˈbrād(ʔḤY) ˈpad šahr ˈēstād(YKʕYMWNt) ˈu-m Wahrām-iz ˈšāhān ˈšāh ˈpad aγrāyīh('gl'dyḫy) ud padixšar ˈdāšt(YḤSNN) ˈu-m ˈpad ˈdar ud šahr ˈō šahr gyāg ˈō gyāg ˈpad kardagān ˈī yazadān ham-gōnag kāmgār ud pādixšā ˈkard(ʕBYDWN).

また，大王オフルマズドが神去りまして（6）大王シャーブフルの御子にして大王オフルマズドの御弟なる大王ワフラーム³（1世）が君臨されてのち，余を大王ワフラームも顕位と栄誉をもって遇し，かつ余を，宮廷において，はた

また諸州随所にて，神事に関し，(先王と) 同じように，専行かつ専権たらしめ (給う) た。

(Ⅷ) ud |ēg-iz |pad |ān |zamān šahr |ō šahr gyāg |ō gyāg |was kardagān |ī yazadān abzāyīh('pz'dyḥy) ud |was ādur |ī Wahrām |nišāst (YTYBWNt). ud |was mow-|mard urwāhm (7) ud padēx |būd (YḤWWNt) ud |was ādurān ud mowān pādixšīr |āwišīd(ḤTYMWNd).⁴ ud gad ud pādixšīr ud mādayān |čē |ōy |zamān |abar Wahrām |šāhān |šāh kard |ōy-iz |ēd owōn |abar |nibišt(YKTYBWN) |ēstēd(YK׃YMWNt) |kū Kardēr |ī Ohrmazd mowbed.

また，ついでその治世にも諸州随所に神事が多数増加され，またワフラーム火が多数安置された。また多数のモウ師が喜悦し (7) かつ栄え，また多数の (聖) 火とモウに (認可の) 辞令が捺印 (発給) されている。⁴ そして遺言と辞令および文書にして大王ワフラームの御治世に作成されたもの，それにも，このように書かれてある，曰く「オフルマズドのモウベド・カルデール」と。

(Ⅸ) ud |pas |kū Wahrām |šāhān |šāh |ī Šābuhragān |ō bayān(bgd'n) gāh |šud(׃ZLWN) ud Wahrām |šāhān |šāh |ī Wahrāmagān(wlḥl'nkn) |ī |andar šahr rād ud rāst ud mihrbān ud hugar ud kirbakkar |pad |šahr |ēstād(YK׃YMWNt) ud |pad dōšāramīh |ī Ohrmazd ud yazadān ud |xwēš (8) ruwān rāy ZK-m |andar šahr abardar gāh ud padixšar |kard (׃BYDWN) |u-m gāh ud padixšar |ī |wuzurgān |dād(YḤBWNt). |u-m |pad |dar ud šahr |ō šahr gyāg |ō gyāg hāmšahr |pad kardagān |ī yazadān pādixšādar ud kāmgārdar |kard |kū čiyōn |ahy(KZY) |būd (YḤWWN) |hēm(ḤWHm). |u-m hāmšahr mowbed² ud dādwar⁶ |kard |u-m Staxr ādur |ī Anāhīd-Ardaxšīr ud Anāhīd |ī |bānūg(ML׃T׃) ēwēnbed- ('dwynpt) ud pādixšā |kard. |u-m |kirīd(׃BYDWNd)⁴ |nām Kardēr |ī (9) bōxt-ruwān⁷ Wahrām |ī Ohrmazd mowbed.

また，シャーブフル (1世) の御子大王ワフラーム (1世) が神去りましてワフラーム (1世) の御子にして治世には厚施にして公正，また誠実にして仁

127

慈かつ作善にまします大王ワフラーム（2世）が君臨されてのち，オフルマズドと諸神とへの愛のために，かつまた御自身の（8）霊のゆえに，さて余の，国内における地位と栄誉をさらに高くし，かつ余に大官の地位と栄誉を賜わった。そして余を，宮廷において，はたまた全土の諸州随所にて，神事に関し，さきに余があったときよりも，さらに専権かつ専行たらしめ（給う）た。そして余を全土のモウベド兼法官となし，また余をスタクルのアナーヒード・アルダクシール火と妃神アナーヒードとの掌典長兼主監となし（給う）た。そして余に「オフルマズドのモウベド・拯霊ワフラーム（2世）のカルデール」との名がつけられている。

（X）ud šahr ʾō šahr ud gyāg ʾō gyāg hāmšahr kardagān ʾī Ohrmazd ud yazadān abardar ʾbūd(YḤWWNt) ud dēn Māzdēsn ud mow-ʾmard ʾandar šahr ʾwuzurg padixšar ʾbūd. ud yazadān ud ʾāb ud ādur ud gōspand ʾandar šahr ʾwuzurg šnūdīh ʾabar ʾrasīd(YḤMTWN) ud Ahreman ud ʾdēwān ʾwuzurg snāh ud bištīh ʾabar ʾrasīd. ud kēš ʾī Ahreman ud ʾdēwān ʾaz šahr ʾuzīd(ʾDYTN) ud awābar('wb'ply) akirīy('kylydy). ud Jahūdān ud Šaman(šmny) (10) ud Braman(blmny) ud Nāṣarā(n'čl'y) ud Kristiyān(klstyd'n) ud Makadag(mktky) ud Zandīk ʾandar šahr ʾzad (MḤYTN) ʾbawēnd(YḤWWNd) ud uzdēs gugānīh ud grist ʾī dēwān wišōbīh ud yazadān gāh ud nišēm(nšdmy) akirīy.

また，全土の諸州と随所にオフルマズドと諸神との（神）事がさらに興隆して，（イラン）国内のマーズデースン者のデーンとモウ師に大なる栄誉が生じた。かくて国内の諸神と水と火と益畜には大なる満足が到来したが，アフレマンと諸魔には大なる打撃と痛苦が到来した。そしてアフレマンと諸魔との教え（ドグマ）は国から退去して不可信のものにされた。また国内のユダヤ教徒と沙門（仏教僧）（10）とバラモンとマンダー教徒とキリスト教徒と洗礼教徒とマニ教徒は弾圧されて（彼らの）偶像は毀たれ，かつ諸魔の巣窟は破壊されて諸神の場と座が（代わりに）設けられた。

（XI）ud šahr ʾō šahr ud gyāg ʾō gyāg ʾwas kardagān ʾī yazadān ab-

128

zāyīh('pz'dyḫy) ud ⌈was ādur ⌈ī Wahrām ⌈nišāyīd(YTYBWNd).[4] ud ⌈was mow-⌈mard urwāhm ud padēx ⌈būd(YḤWWNt) ud ⌈was ādur ud mowān pādixšīr ⌈āwišt(ḤTYMWNt). ud gad ud pādixšīr ud mādayān ⌈čē ⌈abar Wahrām ⌈šāhān ⌈šāh ⌈ī Wahrāmagān(wlḫl'nkn) (11) kard ⌈ōy ⌈abar ⌈ōh ⌈nibišt(YKTYBWN) ⌈ēstēd(YKːYMWNt) ⌈kū Kardēr ⌈ī bōxt-ruwān[7] Wahrām ⌈ī Ohrmazd mowbed.

また，諸州と随所に神事が多数増加され，またワフラーム火が多数安置されている。[4] また多数のモウ師が喜悦しかつ栄え，また多数の(聖)火とモウに(認可の)辞令が捺印(発給)された。また遺言と辞令と文書にしてワフラーム(1世)の御子なる大王ワフラーム(2世)の御代に(11)作成されたもの，それには，このように書かれてある，曰く「オフルマズドのモウベド・拯霊[7]ワフラーム(2世)のカルデール」と。

(XII) ud ⌈man(LY) Kardēr ⌈az ⌈ahy ōrōn ⌈pad yazadān ud ⌈xwadāyān (MRːḤYn) ud ⌈xwēš ruwān rāy ⌈was ranj ud awwām('wd'm) ⌈dīd (ḤDYTN) ⌈u-m ⌈was ādurān ud mowān ⌈andar šahr ⌈ī Ērān padēx kard.

また，余カルデールは早くからこのかた，諸神と諸(大)王のために，かつまた自身の霊のゆえに，多くの労苦と辛酸をなめ，また余は多数の(聖)火とモウをイラン国内にて栄えさせた。

(XIII) ⌈u-m ⌈pad-iz Anērān-šahr ādur ud mow-⌈mard ⌈čē ⌈pad šahr ⌈ī Anērān ⌈būd(YḤWWN) ⌈kū ⌈asp ud ⌈mard[11] ⌈ī ⌈šāhān ⌈šāh ⌈rasīd (YḤMTWN) —— Andiyōk('ndywky) šahrestān ud Sūriyā(swly'y) šahr (12) ud ⌈čē ⌈abar Sūriyā nihang(nsngy)[12] Tērsasīt(tylssyt) šahrestān ud Kilikiyā(klky'y) šahr ud ⌈čē ⌈abar Kilikiyā nihang Kēsariyā(kysly'y) šahrestān ud Kapōdakiyā(kpwtky'y) šahr ud ⌈čē ⌈abar Kapōdakiyā nihang ⌈tā frāz ⌈ō Grāēkiyā(gl'dkyd'y) šahr ud Arman('lmny) šahr ud Warūčan(wlwč'n) ud Alān('l'ny) ud Balāsagān(bl'sk'n) ⌈tā frāz ⌈ō Alānān-⌈dar('l'n'n-BBː)[13] Šābuhr ⌈šāhān ⌈šāh ⌈pad ⌈asp ud ⌈mard[11] ⌈ī ⌈xwēš wardag ud ādur-sōxt ud āwērān kard —— ⌈ānōh-iz-am ⌈pad framān ⌈ī ⌈šāhān (13) ⌈šāh ⌈ān mow-ˈmard ud ādur ˈčē ˈōy šahr ˈbūd ZK-m winnārišn kard ˈu-m ˈnē ˈhišt(ŠBKWN) zyān ud wardag kardan ud ˈčē ˈōh ˈkas wardag kard ˈbūd ˈān-iz-am ˈbē ˈstad(YNSBWN) ˈu-m ˈabāz ˈō ˈxwēš šahr ˈhišt ˈhēnd(ḤWHnd).

また，余は非イラン国においても，大王（シャーブフル1世）の馬と兵が進到した非イラン国にありし（聖）火とモウ師を――アンティオキア市とシリア国（12）とシリア周辺地域，タルソス市とキリキア国とキリキア周辺地域，カイサリア市とカッパドキア国とカッパドキア周辺地域をギリシア国（ポントス）に至るまでとアルメニア国とグルジア国とアラーンとバラーサガーンをアラーン人の門まで，大王シャーブフルは御自身の馬と兵をもって奪取して火で焼きかつ劫掠（し給い）た――そこ（非イラン国）にても余は大（13）王の命令によって，その国（々）にありしかのモウ師と（聖）火を，さて余は修復して，余は（それを）損壊したり奪取したりすることを許さなかったし，またこのように人が奪取していたもの（があれば），それをも余は取り（もどし）て余はそれぞれの国に差しもどした。

(XIV) ˈu-m dēn Māzdēsn ud mow-ˈmard ˈī xūb ˈandar šahr aγrāy ud padixšarā<wa>nd(ptḥšlˈ<w>ndy) kard ud ahlomōγ ud gumarzāg ˈmard ˈkē ˈpad mowestān ˈpad dēn Māzdēsn ud kardagān ˈī yazadān ˈnē ˈpad wizār(wčˈly) pahrist(pḥlsty) ˈawēšān-am puhl (14) ˈzad(MḤYTN) ˈu-m nixrōst ˈhēnd(ḤWHnd) ˈtā-m ˈweh kard ˈhēnd.

また，余は国内のマーズデースン者のデーンと正善なるモウ師を引き立てて栄誉あらしめたが，モウ職のなかにありながら，マーズデースン者のデーンと神事に関し鑑別帳に載っていない破義者や毀法者，彼らに余は懲罰を (14) 加え，かつ余は，余が彼らを改善するまでは，彼らを譴責した。

(XV) ˈu-m ˈwas ādurān ud mowān gad pādixšīr kard. ud ˈpad pušt ˈī yazadān ud ˈsāhān ˈšāh ud ˈaz ˈman kard ˈandar šahr ˈī Ērān ˈwas ādur ˈī Wahrām ［Y］ ˈnišāyīd(YTYBWNd). ud ˈwas xwēdōdah kard. ud ˈwas ˈmardōm ˈī anastwān ˈbūd(YḤWWN) ˈān astwān ˈbūd ud ˈwas ˈān

130

7. カルデールの「ゾロアスターのカアバ」刻文について

ˈbūd ˈkē kēš ˈī ˈdēwān dāšt ˈu-š ˈaz ˈman kard ˈān kēš ˈī ˈdēwān ˈhišt(ŠBKWN) ˈu-š kēš ˈī (15) yazadān ˈgrift(ʾḤDWN).

また，余は多数の（聖）火とモウに遺言（形式の）辞令を作成した。そして諸神と大王（ワフラーム2世）との援護により，かつまた余（自身）の活動から，イラン国内に多数のワフラーム火が安置されている。また多くの最近親婚が実行された。また未信者だった多くの人（々），彼（ら）も入信者となった。また諸魔の教え（ドグマ）を奉ずるものも多かったが，彼（ら）も余の活動から諸魔の教え（ドグマ）をすてた，そして彼（ら）も（15）諸神の教えを受け入れた。

(XVI) ud ˈwas rad-passāg(ltps'k) ˈgrift(ʾḤDWN). ud ˈwas dēn ˈōšmurd (MNYTN) gōnag gōnag. ud ˈany-iz kardagān ˈī yazadān ˈwas abzūd ud abardar ˈbūd(YḤWWN) ˈī ˈabar ˈēn nāmag ˈnē ˈnibišt(YKTYBWN) čē ˈagar(ḤT) ˈnibišt ˈhē(ḤWH) ˈēg ˈwas ˈbūd ˈhē. ˈu-m ˈpad ˈxwēš-iz ˈxānag(BYTʾ) gyāg ˈō gyāg ˈwas ādur ˈī Wahrām nišāst. ˈu-m ˈyašt(YDBḤWN) ˈpad ˈān and ādur ˈī-m ˈpad ˈxwēš ˈxānag nišāst ˈhar(KLʾ) gāh gāh ˈō gāh rad-passāg 1133 (16) ud ˈbūd ˈpad 1 ˈsāl rad-passāg 6798. ˈu-m ˈpad ˈxwēš ˈxānag ˈany-iz kardagān ˈī yazadān gōnag gōnag ˈwas kard ˈī-m ˈagar ˈabar ˈēn nāmag ˈnibišt ˈhē ˈēg ˈwas ˈbūd ˈhē.

また，多数のラド親祭が取り入れられた。また聖典も数多く多種多様に学習された。また，もし書けば多くなるだろうからこの刻文には書いていない神事が，他にも多数増加されてさらに興隆した。また余は自費でも随所に多数のワフラーム火を安置した。そして余は，余が自費で安置したあれほどもの（聖）火に，祭時祭時に毎祭時ラド親祭1133（会座）を奉修して（16）1年間にはラド親祭6798（会座）となった。また余は自費で神事を他にも多種多様に多数執り行ったが，それは余がもしこの刻文に書けば，（過）多となるであろう。

(XVII) ˈbē-m ˈēn nāmag ˈōy rāy ˈnibišt(YKTYBWN) ˈkū ˈkē frāstar (pl'stly) ˈzamān pādixšīr mādayān ayāb gadag ayāb ˈany (17) nāmag

ˈwēnād(ḤZYTNt) ˈān ˈdānād(YDˈYTNt) ˈkū ˈaz(ʾNH) ˈān Kardēr ˈhēm(ḪWHm) ˈī ˈabar Šābuhr ˈšāhān ˈšāh Kardēr ˈī hērbed ˈxwand(KRYTN) ˈhēm ud ˈabar Ohrmazd ˈšāhān ˈšāh ud Wahrām (18) ˈšāhān ˈšāh Kardēr ˈī Ohrmazd mowbed ˈxwand(KLYTN) ˈhēm ud ˈabar Wahrām ˈšāhān ˈšāh ˈī Wahrāmagān Kardēr ˈī bōxt-ruwān Wahrām ˈī Ohrmazd mowbed ˈxwand ˈhēm ud ˈkē ˈēn nāmag ˈwēnād(ḤZYTNt) ud paypursād(ptpwls't) ˈān ˈpad yazadān ud ˈxwadāyān(MRʾḤYn) ud ˈxwēš ruwān ⟨rāy(l'dy)⟩ rād ud rāst ēw
ˈbēh(YḪWWN) ˈān owōn čiyōn ˈaz(ʾNH) (19) ˈbūd(YḪWWN) ˈhēm ——ˈkū-š ˈim astwand tan husrawīh ud ābādīh ˈrasād(YḪMTWNt) ˈu-š ˈōy astwand ruwān ahlāyīh ˈabar ˈrasād——.

　しかも余がこの刻文を書いたのはこの理による，曰く，もっとのちの世に人あって辞令，文書あるいは遺言，あるいは（その）他の (17) 記録を見んに，余が，大王シャーブフル（1世）の御代で「ヘールベド・カルデール」とよばれ，また大王オフルマズド（1世）と (18) 大王ワフラーム（1世）の御代では「オフルマズドのモウベド・カルデール」とよばれ，またワフラーム（1世）の御子・大王ワフラーム（2世）の御代では「オフルマズドのモウベド・拯霊ワフラーム（2世）のカルデール」とよばれた，あのカルデールであるということを彼に知ってもらうためであり，また人あってこの刻文を見かつ読まんに，彼も，諸神と諸（大）王のために，かつまた自身の霊〈のゆえに〉，余が (19) あったように，そのように，厚施にして公正であれ――けだし，彼のこの生身の身に令名と栄達が到来し，かつ彼のその生身の霊に天則（または「正信」）の到来せんがためである――との（ねがいの）ためである。

　文解・語解

1） ḤWYTNn = ˈniwēhān「余は告げよう」／ ḤWYTNt = ˈniwēhēd「汝ら（または「人」）は告げよ」（Ⅰ−1）――それぞれ niwistan : niwēh-「告げる」（< Av. & Skt. ni-¹vid-「告げる」）の現在接続法1人称単数および命

令法2人称複数（または3人称単数）で，両語形の統語法的地位は拙訳によって説明を要しないほど明瞭であろう。ナクシェ・ロスタム碑文（l.1 & l.2）では両語形ともに ḤWYTN とのみあって表音補辞を欠き，撰文の粗雑さを浮き彫りにしている。ḤWYTN はナレサフ1世のパーイクーリー碑文ペルシア語版（パイクリ・ペ語版）にも次のような形であらわれており，同碑文パルティア語版（パイクリ・パ語版）の対応形をカッコ内に併示すると次のようになる。略記号は Hu = H. Humbach and Prods O. Skjærvø:*The Sassanian Inscription of Paikuli*, Part 2, Wiesbaden 1980（本書の Part 3.1 および Part 3.2 は P.O. Skjærvø の著作として Wiesbaden 1983 に上梓されている）／ He = E. Herzfeld:*Paikuli*, Berlin 1924（He² はヘルツフェルトの supplementary material を示す〔Hu p.111 参照〕）。数字は行を示す。

　　Hu2 : He3 ḤWYTNm（パ版欠）／ Hu7 : He 8 ḤWYTNt（パ版 ḤWHnt）／Hu 9 : He 10 ḤWYTNt（パ版 ḤWH〔He による〕— Hu では確認不能）／ Hu 18 : He² 19 欠（パ版 ḤWYHnt）／Hu 20 : He 21 ḤWYTN（パ版 ḤWH）／ Hu 21 ḤWYT⟨—⟩; He 22 ḤWYT⟨Nt⟩（ジヌーによる）（パ版欠）／ Hu 29 ḤWYT⟨N⟩: He 30 ḤWYT⟨Nd⟩ および ḤWYTN⟨d⟩（He ではこのように取り扱いに乱れがある）（パ版欠）。

これらのうち，欠失したものはパ語版に基づいて復原もできるが，主要な問題は，これらのパイクリ語形それ自体の文法形態は把握できても，文脈上に占める統語法的地位が碑面に欠失の多いために，全く把握できない点にある。例えば最初にあげた ḤWYTNm は明らかに現在直説法1人称単数であるが，この語の前後は……⟩ Armanān ⟨šāh ḤWYTNm ud Arman phl ⟨……とあるのみで，しかもパ語版は全欠なのである。

ḤWYTN は ḤWH の pa''el 話態 ḥawwī「告げる（正確には完了形3人称男性単数能動）」に由来するものであり，この pa''el 形は王朝アラム語にも在証されるから，特別に取り上げる必要もない。しかしこの語形がパイクリ・ペ語版やカルデールのナクシェ・ロスタム碑文に用いられ，ヘルツフェルトの上掲書によって dānistan : dān-（「知る」）と訓じられ，かつ 'consider, regard as, take for' の意味に解せられた——？を付してではあるが——とき (p.184 も参照)，問題の発端が生じた。なぜなら，この解釈は受け継れてカアバ刻文にもそのまま適用されたり，あるいは，それを不十分とみた (?) のはよいが，見当違いの取り扱いをされたり[16]しているからである。ḤWYTN を dānistan と訓むのは承服しがたい，というのは dānistan には YDꞋYTN があり，カアバ刻文でも YDꞋYTN'y = Ꞌdānāy「汝は知るだろう」(Ⅲ—3) や YDꞋYTNt = Ꞌdānād「彼は知るだろう」(ⅩⅦ—17) があるからである。このような事情から ḤWYTN は niwistan「告げる」と訓じるほかはない。文脈からすれば，wāng kardan「(声を出す) 告げる」とか āgāhēnīdan「明らかにする，知らせる」などの訓みも考えられようが，後者はやや適切を欠くし (註19参照)，前者には訓読語詞をこのような複合表現で訓じることに難がある。カアバ刻文Ⅲ—3に「付嘱した」を PKDWN ꞋBYDWN = Ꞌpāymar Ꞌkard としている例からも明らかなように，wāng kardan を表意書きするなら KꞋLꞋ ꞋBYDWN のような複合表現で示されたであろうし，この点を難点と私はいいたいのである。そして，私の訓読をもってするなら，本拙著 p.133 に引いた句は……Armanān Ꞌšāh Ꞌniwēhēm ud Arman phl……「アルメニア王なる余 (のちのナレサフ1世) は告げる，そしてアルメニア……」となるのではないか。これは p.133 所掲シェルヴォの著書 Part 3.1, p.28, ll.11—14 に載っており，訳文はすぐその下にあるが，「(われらは) 住んでいた」と訳しているのは誤りであり，同文献 Part 3.2, pp.24-25, 63 も不可である。こうしてみると，Ⅰ—1に「Ꞌaz Kardēr……Ꞌniwēhān (余……カルデールは告げよう)」とあるのにはじまるカアバ刻文はハカーマニシュ (アケメネス) 朝の大王，殊にダーラヤワフ (ダリウス) 1世の諸碑文を想わせるもので，アンダルズ (教訓) 文学を構成するものといえる。ここにはカルデールの自信にみちた堂々の表白がある。

2) ZK-m「さて余を，に，の，は」(Ⅰ—1, Ⅲ—2, Ⅸ—8, ⅩⅢ—13) ——私がわざと「さて余……」としたのは注意をひくためであるが，結論をさきにいうと，この ZK-m は Ꞌā-m と訓じて Pahlavī ā-m 'then me' と同視すべ

7. カルデールの「ゾロアスターのカアバ」刻文について

きものである。パフラヴィー語では ā に m, t, š, mān, tān, šān,（それぞれ 'me, thee, him〔her,it〕, us, you, them'）を接辞したものがしばしば用いられるが、その最も正則的な例は agar 'if', ka 'when' などで始まる副文が先行し、主文がこれにつづくとき、その主文が ā-m, etc. で始まる場合である。しかしこのような相関関係の生じる複文ではなくて、単文においても、その文が ā-m, etc. で始まることが稀でない。この単文の場合をいくつかの型にわけて考察すると、当面の問題に関連のある型として3種を挙げることができる。すなわち（1）文首に ｽP-m = ｜u-m, etc. が立つが、これにつづく文肢が長すぎるときは、それにつづいて出る文肢が重複的に ā-m, etc. で始まる；（2）文肢を強調するために文首に出すとき、真の文首が ā-m, etc. で始まる；（3）副詞句を文首に出すとき、真の文首が ā-m, etc. で始まる、場合がそれである。『リヴァーヤト』中のクルサースパ物語から引例してみると、（1）の例：｜u-š hamāg zamīg ｜ī-š ｜abar rāh būd , ā-š pērāwandīhīd kard ud tārīgīh ｜bē ēstād「して、彼（風）は、彼の（通る）道にあった地をことごとく、<u>さて彼は</u>かきたてた、そして暗黒が生じた」；（2）の例：(｜abāz ｜ō azēr zamīg ｜šawam.) ｜ān ī Ohrmazd framūd ｜kū zamīg ud asmān ｜dār《｜gīrēh》, <u>ā-m</u> ｜bē ｜nē ｜hilēndē「（わたし（風）は地下にもどろう。）オフルマズドが『地と天を支えよ《持てよ》』と（いっ）て命令し（給う）たことを、<u>さてわたしは</u>放棄すまい」；（3）の例 ｜ān čim rāy, <u>ā-m</u> wahišt ud garōdmān ｜bē ｜dah「その理由により、<u>さてわたしに</u>最勝界（天国）と天宮（ガロードマーン）をください」、となる。[17]

上に挙示したカアバ刻文中の4箇所のうち、I—1：｜u-m ｜pad ｜ān spās ｜ī-m ｜pad yazdān ud Šābuhr ｜šāhān ｜šāh kard…………<u>ZK-m = ｜ā-m</u> ｜kard Šābukr ｜šāhān ｜šāh………kāmgār ud pādixša「して余を、余が諸神および大王シャーブフルに尽くしたかの奉仕によって………さて余を、大王シャーブフルは……専行かつ専権たらしめ（給う）た」は（1）の例に相当し、[18] III—2：ud ｜ēn and ādur ud kardagān ｜čē ｜pad ｜nibišt <u>ZK-m = ｜ā-m</u> ｜ōh gōnag⟨dar⟩ (3) Šābuhr……｜pāymār ｜kard「して、書きこまれてあるところの、

135

これほどもの（聖）火と（神）事を，さて余に，かくもはなはだ多様に，（3）
……シャーブフルは……付嘱し（給う）た」は（2）の例に相当し，[19] IX－8
:……, ud ¦pad dōšāramīh ¦ī Ohrmazd ud yazadān ud ¦xwēš (8) ruwān
rāy ZK-m =¦ā-m andar šahr abardar gāh ud padixšar ¦kard ……「……,
…オフルマズドと諸神とへの愛のために，かつまた御自身の（8）霊のゆえ
に，さて余の，国内における地位と栄誉をさらに高くせられた」は（3）の例
に相当する。この最後の引文は第IX段の冒頭から始まる ud ¦pas ¦kū Wah-
rām ……¦ō bayān gāh ¦šud ud Wahrām ……¦pad šahr ¦ēstād「また，……
ワフラーム（1世）が神去りまして……ワフラーム（2世）が君臨されての
ち」に対する主文であるが，¦pas ¦kū ……「……ののち」に呼応して主文
を始める 'then' は ud ¦pad dōšāramīh の ud によって示されている（訳文
には出せない。例は第V，VII段にもあり，同様に先行副文が ud ¦pas ¦kū で
始まり，¦pad šahr ¦ēstād で終わり，それにつづく主文は ¦u-m で始まって
いる）から，この ud を除外すれば ¦pad dōšāramīh 以下は独立の単文とな
る。

ところで，問題の ZK であるが，これを特別に取り上げたのはブルンナー
p.63 で，氏はカアバ刻文 I－1, IX－8中の2文を引用し ZK を ¦ān とみ
て ¦LH =¦ōy よりもやや強い強調的人称代名詞と解釈し，I－1 : ZK-m
（=¦ān-am!）¦kard Šābuhr ¦šāhān ¦šāh ¦pad kardagān ¦ī yazadān……kām-
gār ud pādixšā. を ZK で始まる独立の単文とみて 'He, Šâpûr. King of
Kings, made me absolute and authoritative in the rites of the gods.' と訳し
た。バック pp. 385–386 も 'Jener, Šāpūr, der König der Könige, machte
mich…….' と訳しているから，ほぼ同見とみてよかろう。しかし両氏のよう
な訳文に見合うためには原文は ZK-m でなくて ¦P-m =¦u-m で始まり，した
がって ZK 'he, jener' は不用となるはず。次にブルンナーはまたIX－8 : ud
¦pad dōšāramīh ¦ī Ohrmazd ud yazadān ud（この部分をブルンナーは省
略）¦xwēš ruwān rāy ZK-m (=¦ān-am!) ¦andar šahr abardar gāh ud
padixšar ¦kard. を引いて 'For the sake of my soul, he elevated my rank

7. カルデールの「ゾロアスターのカアバ」刻文について

and dignity in the empire.' と訳し，バック pp.407–408 も 'Und aus Liebe zu Ahuramazda und zu den Göttern und um seiner eigenen Seele willen erhöhte er im Reich meinen Rang und meine Würden.' と訳しているから，「余の霊」と「彼自身の霊」との相違は別として，両氏は ZK = ˈān に関しては同説とみてさしつかえない。しかし，このような訳文に見合うためには原文は文首の ud を ;P-š = ˈu-š に改め，ZK-m は除いてその -m を ˈī ˈman「余の」として padixšar のあとにおき，ˈu-š ˈpad dōšarāmīh〜ruwān rāy ˈandar šahr abardar gāh ud padixšar ˈī ˈman kard (ˈkard は ˈu-š の次に位置するもよい)とし，要点は 'And by him……was elevated my rank and dignity.' とする必要がある。それゆえにブルンナーの 2 引文は氏自身やバックの解釈を許容し得ないことが明らかとなる。

では残る 2 箇所（Ⅲ—2, ⅩⅢ—13）はどうか。それをバックの訳 (pp.390,428–29) について検討してみよう。Ⅲ—2 : ud ˈēn and ādur ud kardagān ˈčē ˈpad nibišt ZK-m (= ˈān-am!) ˈōh gōnag⟨dar⟩ Šābuhr ˈšāhān ˈšāh ˈpad wāspuhragān ˈpāymār ˈkard を「また（シャーブフルの）碑文に列挙されてあるごとき多くの拝火聖所と祭儀とのために，それら（ZK）のために，まさに次のような具合に，大王シャーブフルは御内帑(ないど)に関して，余に(-m)告諭を発せられた：」と訳しているから，ZK は ān と訓じて先出のものを承先再説していることになる。しかし承先再説を要するほどの文脈ではないから，ZK-m を除いて ˈō ˈman「余に」を pāymār の前に加えるだけで足るのである。最後は第ⅩⅢ段であるが，これは私によれば全体を 1 個の単文とみるべきもので，そのようにみれば，結論的には Ⅰ—1 と同じように ˈu-m ……ZK-m = ˈā-m の型となるから，（1）の例（p.135 参照）に相当することになる。すなわち l.11 の Andiyōk から l.12 終わり近くの āwerān kard まで——訳文でもこの部分は挿入句としておいた——を除外すれば，ˈu-m ˈpad-iz Anērān šahr ādur ud mow-ˈmard ˈčē ˈpad šahr ˈī Anērān ˈbūd ˈkū ˈasp ud ˈmard ˈī ˈšāhān ˈšāh ˈrasīd ………… ˈānōh-iz-am ˈpad framān ˈī ˈšāhān (13) ˈšāh ˈān mow-ˈmard ud ādur ˈčē ˈōy šahr ˈbūd

137

ZK-m=ˈā-m winnārišn kard ……「また，余は非イラン国においても，大王の馬と兵が進到した非イラン国にありし（聖）火とモウ師を—……—そこにても余は大（13）王の命令によって，その国（々）にありしかのモウ師と（聖）火を，さて余は修復した……」となって，ˈu-m……ˈā-m の関連が明らかとなろう。そしてまた，それとともに，冗漫な措辞に推敲不足の跡も浮き彫りにされるであろう。しかるに，バックは XIII—13：ˈānōh-iz-am～ZK-m(=ˈān-am !) winnārišn kard のみを独立の単文とし「そこにおいても余によって，大王の命令により，これらの地域に所属していたかのモウ僧と拝火聖所は（それらは余によって）修復された」と訳し，しかも ZK-m の訳にあたる部分はカッコ内に入れている。察するに，バックも，ZK を指示代名詞 ān とみるかぎり，そのような ZK で承先再説するにもあたらないことを感じたからであろうし，氏の立場からすれば納得もいく。氏の単文視を認めるなら，ZK-m を除去し，ˈānōh-iz-am の代わりに ;P-m=ˈu-m ˈānōh-iz「そして余によってそこにおいても，（大王の命令により，……）」とすべきである。この文節にある ZK-č-m の č は ZK-m=ˈā-m でないこと，すなわち ZK は ˈān であることを示すもので，ZK を強調の小辞とみるのは，おそらく誤りであろう。

　私は ZK-m の 4 文を検討して，ZK を指示代名詞とみることの不合理を明らかにした。この難点を解決する道は ZK-m を ā-m 'then me'（ただし，then は訳文に出せないことも多い）と訓むほかにない。しかし，そうはいっても，ZK は ān と訓んでこの ā の意味になり得ないか，また ZK は何故に ā と訓まれたとみるべきか，その辺の事情はこれまでの私の論述からはまだ明らかになっていない。しかし，これらの点は註18に引用したシャーブフル 1 世のカアバ刻文によって，これを明らかにすることができる。そこでは「さてわれらは」は ZK-n と書かれており，この記法こそ ā-n（つまり ZK=ā）と訓まれていたことを示すものである。ā-n なら ZK=ˈān=ā-n としてこれだけで事足るが，それでは指示詞 ān との区別がつかないために n を剰添したのである（残念ながら，パルティア語版 l.16 にはこの ā-n に相応する表現がなく，ギリシア語版 l.34 も同様）。弁別記号剰添の例は他にもある。中期ペル

7. カルデールの「ゾロアスターのカアバ」刻文について

シア語に ڡ 'may「酒」と ڢ 'gandum「麦」がある。それぞれアラム語 ḥamrā「酒」および ḥinṭā「麦」の頭文字 H に省略記号をつけたものであるが，この記号のつけ方に 2 つの段階があったと考えられる。第 1 段階ではどちらも ڡ (H°) となって区別がつかないために次の段階で，前者にはもう一つ同じ記号をつけて ڡ とし，後者には 2 点を打って ڢ としたのである。ここで ZK-n への参考となるのは ڡ のほうで，誤解防止のために記号を剰添しているわけである。このことについては拙著『ゾロアスター研究』p.80 註 200, p.421, および註1所掲英文拙稿 pp.55-56 でも取り扱ったが，ここでさらに分かりやすく解説しておく。ともあれ，このようにして ZK-n が成立すると，こんどはその ZK が ā と訓まれでもするかのように誤解され，ā-m も ZK-m と書かれるようになったと考えられる。したがって ZK-m が ā-m と訓まれるべき理由 (ān-am でなく) や，註17でふれた am, etc. なる訓み方の成立し得ない理由も，明らかとなる。シャーブフル 1 世のカアバ刻文を手がけた書記官がカルデールの刻文にも関与したならば，ā-m を ZK-m とは表記しなかったであろう。

この ZK-n なる記法の淵源をさぐると，ハカーマニシュ朝期に遡りうる。私は OP anya- 'other' が ZK, ZK'y, ZKy の 3 記法で表記されていたらしいことを指摘した。ZK はアショーカ王の Taxila 碑文 l.7 に Middle Indic añam 'other' の訳語として用いられているもので，ZK'y は楔形文字の 'niy を写し，ZKy は anya- の発音を直に写したものである。拙稿 "Gathica XIV—XV", *Orient*, Vol. XII (1976), p.63, n.46 および拙著『ゾロアスター研究』, 1979, p.442, 註54および p.455 参照。ハカーマニシュ朝期における ZK のこのような奔放な用法が ZK-m の背景にあると考えられる。ブルンナー p.114 は ā- を考察する際に，この ZK- にも論及すべきであった。

3) 'nē 'pad wizār pahrist「鑑別帳に載っていない」(XIV—13)——pahrist は語源 (pari-hiz-／haēz-; -rh->-hr-) も語意 (「ある状態にある，versari」) も明らかなので，問題は wizār の意味にかかってくる。この語は「分離；解説」を意味するが，ここでは具体的に何を意味するかという段になると，決定も容

易でない。そのことはこの句をジヌーが「贖罪をしていない」，ヒンツが「教令（カノン）に服していない」と訳していることからも明らか。贖罪とは罪からの分離であろうが，贖罪には puhl, tōzišn, petīt などが用いられる。またカノンには wizīr, wizārišn あたりが適切で，wizār を引き当てるのはやや的外れである。私は wizār のもつ「分離」の意味を忠実にふまえて，「分離」＞「分離簿」，つまり資格の有無を調べてふるい分けする「検別帳，鑑別帳」の意味に解したい。要するに，有資格者の登録簿である。したがって ˈpad wizār pahristan とは，そのような「鑑別帳に載る」ことを意味する。

4）「ゾロアスターのカアバ」の用途（Ⅲ－3）――多くの拝火施設や神事をカルデールの管理にゆだねる際にシャーブフル1世の与えた告諭は，この建物の本来の用途をさぐるうえに重要な手掛かりとなる。ハカーマニシュ朝崩壊後もパールスにはその伝統が長く受け継がれて，サーサーン朝に引き継がれた。このカアバにしても，同型のゼンダーネ・ソレイマーンにしても，ハカーマニシュ朝期から存していたとみられるから，それらの用途も古くから知られていたであろう。シャーブフルの告諭はまさしくそれをふまえたものとみるべきである。告諭のうち〈ˈānōh（＝TMH）〉kard yazadān ud ˈamāh ˈweh は難解だが，kard の前に ˈānōh 'there' を補ったのはナクシェ・ロスタム刻文でここに3字分の欠落があるからである。ānōh kard とは「そこでの行動」であるが，kard は「第一義的に宗教的なる」動作・所作などではない，なぜならカアバ刻文では，そのような動作は kardagān（kard の -agān 拡張形）で表わしているからである。宗教的行動なら当初から確実な効果が期待ないし予定されているから，「そこでの行動が諸神とわれら（大王家）にとって最良のものとなるということを，そなたが知るだろう（ˈdānāy ―接続法2人称単数）」とはいわぬはずである。実行してみたらそれが分かるだろうから，分かったとおりに行動せよと大王はいっているのである。だから建物内で行われることは「純粋に宗教的なるもの」ではなく，たとえ宗教的な要素が付随しても，それは二義的なものにすぎない。ここにて最良の方途が知られるだろうし，カルデールがそれを知って行動すれば王室興隆のもととなる――そういう興隆の根元

(bun)となる建物であるから，bun-xānag「根元の建物」といわれる，というのが私の解釈である。バック p.391 のように「これを施設の資産(bun-xān-ag)としてそなたに役立てよ，そして神事(kard)が諸神とわれらにとって最良のものとなることをそなたが知っている(᾿dānāy)とおりに，そのとおり執り行えよ」と解するのは承服しがたい(下線と原語形付記は私による)。

註

1　この論考は次の2拙稿を増補したもの：``Some Remarks on Kardēr's Inscription of the Ka'be-ye Zarduŝt (Pahlavica Ⅲ)", Orient, Vol.XVII (1981), pp.49-57,64;「カルデールの「ゾロアスターのカアバ」刻文について」(『オリエント』第24巻第2号 (1982), pp.1-18)。
2　ゾロアスター教の聖職はモウと汎称され，上級のものがモウ師 (mow-᾿mard —マルドは Mr. の謂い)，最高がモウベド (モウ頭)。のちにはモウベダーン・モウベド(大モウ頭)の称号もできた。
3　火名・王名ともに wlḥl'n＝Warhrān と綴るが Wahrām と読んでおく。ワフラーム火は最神聖火。刻文は拝火聖所も火も ādur「火」で示しているので訳文も「火」で統一した。
4　特異な直説法現在3人称単数受動形として YTYBWNd＝᾿nišāyīd，ḤTYMWNd＝᾿āwišīd，⫶BYDWNd＝᾿kirīd (kylyty, kylyt, klyty とも表記される) があり，-d は -dty＝-yty の略記とみたい。それぞれの不定詞は nišāstan「安置する」，āwištan「捺印する」，kardan「作る」である。
5　カルデールの刻文の上方に付刻されているシャーブフル1世の刻文(ペルシア語版)と関連させて「刻文にあるところのあれほどもの火と神事」と解するのは不可。「これほどもの」とあって，「あれほどもの」とはいっていない。
6　最高の聖職位と法職位との兼摂。
7　拯霊 (bōxt-ruwān) とは霊を救われたもの，祝福されたもの，の謂い。
8　マーズデースン者のデーンとはゾロアスター教のこと。
9　⫶DYTN (√⫶DH「遠ざかる」) の訓み uzīd は試読。*dūrēnīd, *uzdehīgist, *uzdehēnīd なども可能。
10　Nāṣarā「ナザレ派」はマンダー教徒のことか／Makadag「洗礼教徒」については W. Sundermann: ``Parthisch 'BŠWDG'N 'Die Täufer'", Acta Antiqua Academiae Scientiarum Hungaricae, T. XXV, Fasc. 1 — 4, 1977 (1980刊), pp.237-242 参照。氏は Theodoros bar Kōnay がメソポタミアの洗礼主義者 (マーニーの父もこれに属していた) を mnaqqdē (m^enaqq^edē) とよんでいるのに注目し，その単数形

mnaqqdā の頭音 mn＞mm＞m と末音 -ā を -ag (＜-ak) として成立したものが mktky＝Makdag で，パルティア語 Absōdagān に対応するものとみた。これに対し H.W.Bailey : "Iranian MKTK-, Armenian MKRTEM", *Revue des Études Arméniannes*, n. s. t. XIV (1980), pp.7–10 は Arm. mkrtem「身を洗う，洗礼を受ける」にも在証される mak-「洗う，しめらす」を提示した。これを承けて Philippe Gignoux は mktk の古期イラン語形を *makata-ka- と推定した (*Studia Iranica*, Supplément 4—1981 [*Abstracta Iranica*], item No. 36 (p.12)。なお，本拙著 p.462, 註26も参照されたい。／マニ教徒が Zandīk といわれるのは独特の zand「解釈」を加えるからで，例えばオフルマズドを「原人」とみるなどもその好例。

11 「馬と兵」は asp ud mard「馬と人」の訳。
12 「シリア周辺地域」—ˈčē ˈabar A nihang ⟨frasang⟩「Aへ若干のフラサングにあるもの」と解した。1フラサングは6キロメートル弱。
13 Alān はアルバニア (Albania) で，現アゼルバイジャン。
14 ラド親祭 (rad-passāg) とは rad (＜Av.ratu-)「下級官」が親しく執り行う (passāg＜*pati-sāka-) 祭儀。毎祭時 1133 会座で1年間には 6798 会座になったとあるのは，おそらく年6回行われるガーハーンバール季節祭のことであろう (1133×6＝6798。ただし毎回5日間行われるものを1会座とみてのことである)。季節祭については拙著『ゾロアスター研究』p.290 以下参照。ともあれカルデールの親祭ではないから，多回執行も可能となるわけ。ラド親祭が「取り入れられた (grift)」という表現は特に注目したい。下級職による代行は古くからみられる傾向である。
15 rāy「のゆえに」を補わないままで「諸神と諸 (大) 王と自身の霊とのために」とするもよい。
16 例えば最新の例としてバック p.18 は ḤWYTN を「見せる，示す」とし，表音補辞 -n は -t に改め，-t を伴う形 ḤWYTNt を過去受動分詞とみて「余は……諸神および……シャープフルに忠勤にして忠良なるものとして自身を示した」「また余は……かの奉仕によってそれを示した」とする (pp.384–385。能格構文)。氏は ˈnimūdan「示す」なる訓読の可能性を考えている。ブルンナーは語意は示さずに ḤWYTNn を -an に終わる現在分詞 (p.265)，ḤWYTNt を助動詞の現在3人称単数 (-ēd に終わる) とみている (p.266)。
17 3例は順次に§§21, 22, 25で H.S.Nyberg : *A Manual of Pahlavi*, I, Wiesbaden 1964, p.33, ll.16–17, 21–22, p.34, ll.2–3 にみえる。なお同書 II, Wiesbaden 1974, **am** の項も参照のこと。ただし ā-m, etc. を am, etc. のように解するのは承服しがたい。

本拙著 p.122 に追記した A.V.Williams の著書では，(1)(2) は Pt. I, pp.106–107, Pt. II, p.41 にそれぞれ 18 f 21 および 22 として，(3) は Pt. I, pp.108–109, Pt. II, p.42 に 18 f 25 として見出せる。氏は (1) の pērāwandīhīd (ニーベリーの推定読み) を dazīd ud hōšīd と推定改読し，全文を and all the earth which was in its path was scorched and dried up, and there was darkness. と訳している。問題の語はむしろ †pīlāwandīhīd とし、ā-š †pīlāwandīhīd kard「さて彼は象がいたようにした（蹂躙したということ）」と訳してはどうだろうか。また（2）では氏はそれぞれ |šawam ＞|šawēm,《|gīrēh》＞|kunēm, |hilēndē ＞|hilēm と改め、全文を '…"I shall go back under the earth ; I shall do what Ohrmazd ordained, namely : Support the earth and the Heavens"'. Then will you not allow me? と訳している。

18 この（1）の例（この文は註20所掲の「書評」に A. Tafazzoli が自説の例証として原文のみを挙げている）に相当するものには、シャープフル1世の「ゾロアスターのカアバ」刻文中期ペルシア語版 l.21 がある：|P-n |mardōm |čē |az Hrōmāyīg šahr 〈|az〉 Anērān |pad ādāl |ānīd ZK-n |andar 〈Ērān šahr |andar Pārs……（復原中略）……|ānōh |nišāst〉「して、われらは、非イランのローマ国から捕虜として連行した人（々）を、さてわれらは〈イラン国のパールス…………そこに住まわせた。」この文で「さてわれらは」が ZK-n と表記されていることについては本拙著 p.138 以下を参照されたい。

19 この（2）の例に相当するものにはカルデールのナクシェ・ラジャブ刻文 ll.5—6 がある：〈|ō |ē〉n-iz 〈kardagān〉 rāy čiyōn 〈|andar šahr kir〉īd |im-iz (6) rāy parrōn |čē gōnag |hē ZK-m 〈*āgāhēnēd(MḤWḤYt)〉 |kū-š |a〈ba〉r wistāxtar |bēh「国内で行われているこれらの（神）事についても、他界で（または「来世で」）どのようになるかを、さて私にお示しください—それについて、いっそう確信がもてるように、というこのことのために、です。」

20 ZK を ān と訓み、指示詞ではあるが 'therefore' の謂いに用いられたとするのは A. Tafazzoli である (Bulletin of the School of Oriental and African Studies, Vol. 40 〔1977〕, p.631〔Mary Boyce: *A Reader in Manichaean Middle Persian and Parthian*, Leiden 1975への書評〕）が、本拙著, p.133 所掲の文献 Part 3. 2, p.102, ll.17—28 において Prods O. Skjærvø はこれに疑問をさしはさみ、さらなる研究の要ありとしている。註18も参照されたい。私のこの想定あるいは考定した ZK- の奔放な使用法から考えてみると、シャープフルの問題の刻文にみえる ZK-n=ā-n なる用法はもっと早く始まっていた可能性が大きい。もしそうだとすれば、——ZK-n は ¡P-n の -n を機械的に ZK のあとに接辞したものとの考え方もあろうが、そうではなくて、むしろ——その先例に従ったものとみるべきである。ZK を ān と訓読して、それだけで ā 'then' を意味するとみるのは不可能である。

8. 萬葉集にみえるイラン人名について
——天武天皇挽歌2首をめぐる諸問題——[1]

まえがき

萬葉集を読んで何らかの共感をおぼえるのは多くの日本人のだれにも通ずることであろうが、こと「萬葉学」となれば、必ずしもそうとはいえまい。これは私自身についてもいえることで、ここに「萬葉学」もどきのことを書くようになったのには、思いがけない動機があった。だが、それを記す前に、標題の2首（萬葉集巻第二・160, 161番歌）とその題詞とをかかげておく。

　一書曰天皇崩之時太上天皇御製歌二首
　燃ゆる火も取りて裹みてふくろには（福路庭）入ると（澄）言はずや面智男雲（160）。
　北山（向南山）にたなびく雲の青雲の星離れゆき月を離れて（161）。

題詞の意味は「天皇（天武）が崩御されたとき皇后のつくられた御歌二首, とある書に入っている」ということであるが、皇后はのちに即位されて持統天皇となり、さらに皇孫（文武）に譲位されて太上天皇となられたもので、この題詞はその時点でつけられたものと一般にはみられており、私もそれに従っておく。

160番歌は末句「面智男雲」の故に古来, 難訓歌の一として今も定訓がないが、専家の否定的な指摘があるのに

　燃ゆる火も取りてつつみて袋には入るといはずや　おもしらなくも

と訓み,「燃える火でも取って包んで袋に入れるというではないか。そんな奇蹟もあるというのに、亡き帝にお逢いする術もないのか」と怨ずるものと受け

145

とる向きが多い。[2]

　さて、私が「思いがけない動機」というのは、1983年（昭和58年）10月4日、未知の女性から書簡と論文（9月28日付）を送られてきたことで、送り主は当時、成城大学大学院後期（博士課程）にあって萬葉集を専攻中の木村千恵子さんであった。論文は「天武天皇挽歌『燃ゆる火も』の歌についての試案」と題し、帝が火徳の君たるをもって自ら任じ他からも同様視されていたことを詳細に論じ、160番歌が特に「燃ゆる火も」といって火を取り上げたのはこの事実とも深い関係があるとしながらも、具体的には、燃ゆる火でも云々というのをゾロアスター教祭司マギ（祆僧、祆士）の眩技、眩術に長じているのと結びつけて考え、ゾロアスター教徒の来日していたことを拙著『ペルシア文化渡来考——シルクロードから飛鳥へ——』（岩波書店1980年）を援用するほか、自らも斉明紀にみえる奇怪な記載をイラン・ゾロアスター教徒の異習がこのような記事に駆り立てたのではないかと考えて、それへの合理的な説明を試みようとされていた。さらに、イラン文化の渡来をこの160番歌が示唆しているものとして「福路庭（袋には）」という特異な用字にも注目し、これを盂蘭盆会（イラン起源）や須弥山像と関連させて解明しようともされていた。このような論文の中で私に質問されたのは、燃ゆる火も云々というのは文献を渉猟したが見当たらず、祆僧の眩技として火と関係のあるのは「吐火」のみなので、然るべき典拠があれば指示してほしいというのであった。

　私は論文を一読するなり、燃ゆる火も云々というのは祆僧の眩技ではなく、拙著『ゾロアスター研究』（岩波書店1980年）に収めたゾロアスター伝の中に回答のあることを述べ、拙著の再読を勧めた（10月6日発）。その際私は「福路庭」の取り扱いにも賛成しかねたが、質問外のことなので他日を期し、これは一応見送ることにした。「面智男雲」は木村論文によって難訓の度合いを知り、一応の訓みは書き送ったものの、専門家が長い間判じかねてきたものを、駆け出しの徒輩に訓めるはずもないとして初めから棚上げにしてかかったが、6日の出状後、ものは試しとばかり、少々気持を集中して、二度三度訓み返してみた。すると、この4文字がゾロアスター教徒のイラン語名であることが念

8. 萬葉集にみえるイラン人名について

頭に浮かんだ。と同時に、この人名をめぐるいろいろなイラン学的事項がパノラマのように展開し、論証の運びもおおむね成り立つことまで見通しがついた。そこで人名をしるし簡単に注記して7日に書き送った（第2信）。これに関連する事柄は裾野が大きくてイラン学専攻外の人に書こうとすれば私の負担もかなりなものとなる上に、私は当時身辺も多忙だったので折をみては断続的に書き送る形をとり、11月4日付け（第5信）が一先ずの締めくくりとなった。中に立つ第3信は10月12日発のもので、「福路庭」に関する愚見を述べ、拙著『ゾロアスター研究』中の「仏光とイラン要素」の項を再読することを勧めた外、さらに「福路」を farrah/xwarrah「光耀、光輪」の写音とみる私の立場から、天武帝の神上がりされていく庭、光耀光輪の在所すなわち天宮（中期ペルシア語ではガロードマーン garōdmān という）が「福路庭」で、火と関連の深い帝であるから、そのような farrah と火との密接な関係を中期ペルシア語書『Bundahišn』の一節（本拙著p.151参照）を引いて明らかにしておいた。私の第1、2、3信を承けて新稿を興こし、大要において愚説をも容れたものが送られてきた（10月31日受）ので多少のコメントを付して送り返した（第4信）。このあとが私の前記の第5信となるが、面智男雲が遡れば古期イラン語人名「マンスラダフマ（Maθra-dahma-）」に帰着するのに現存の『アヴェスター』には伝存していないので、その理由について書き送るとともに、両歌の実作者にもふれ、実作者としては舎衛女か堕羅女（本拙著p.187参照）の外になく、一人にしぼるとすれば後者であることを述べた。こうした間にも、第何信だったか忘れたが、メニシルダクモ（面智男雲）と中期ペルシア語 Mǎns(a)rdahm（<Maθra-dahma-）との間の音韻対応に詳しくふれたと記憶している。そしてゾロアスター教徒の、死者への態度にもふれ、死者のための慟哭をつよく戒しめられていることを文献を引いて記し、160、161歌がそのような哀悼慟哭の情をみせていない点を159番歌とも比較して説明した。私によればこの2首は本質的には挽歌ではなく、いわば一種の祝祷歌——帝のみたまが安らかに昇霄されんことを願う祝祷歌ともみるべきもので、161歌はそれを示している。ゾロアスター教徒は死者を哀悼しその今一度の蘇りを願うなど

のことはしない。したがって，しばしば行われている解釈——不可能を可能にする術もあるというのに帝の生還相見の不可能なるをなげくものとみるのは成立しないことになる。事実，私は160番歌を訓み返すうちに，ますますこのことへの確信を深めていった。木村さんは上記した改稿を足場にしてさらに推考をかさね，最終稿ともいうべき論文を送られてきた（1985年9月4日）。第5信以後に書き送ったものも取り入れられているが，私がここで書いた最後の事柄——死者のための慟哭云々を含めてそれ以下の事柄——は木村さんの見解とは異なるので，そのことを特に注に付記してもらった。異なる点といえば例えば，実作者を堕羅女としながらも，皇后（のちの持統帝）のために作歌献上したものと考え，こうした結論に至るまでのさまざまな状況についても木村論文には精緻な推考が展開されている。このように私と異なる多くの部分はあるにせよ，愚説に配慮された，この最終的ともいうべき木村論文が，いつの日にか活字になることを私はつよく希望しているが，それとは別個に，私の立場だけからこの2首を取り上げてみるのも，他日木村論文の発表されたときには彼此読み比べてももらえるであろうし，何らかの意義もそれなりにありそうに思えるので，敢えてこの一文を草することにした次第である。（木村論文は註1の最後にあげた拙稿のあとにpp.162-180にわたって掲載された。）

　本論

「まえがき」が長くなったが，その中にはいくつも私の立場が述べられている。本論では適宜にこれらも援用しながら稿をすすめていくが，読者に耳新しい私の説をよりよく理解してもらうために，論理的な運びにはこだわらず，なるべく結論的なものを先に掲げて，その次にそれに到達した筋道を述べることにしたい。また天武天皇の皇后はいかなる場合でも「持統」天皇とよび，また以下この本論で「木村論文」として示すものは「まえがき」の冒頭に挙げた最初の論文であることも，あらかじめおことわりしておきたい。

　さて，問題の2首を私は次のように訓みかつ理解したい。
　　燃ゆる火も取りてつつみて袋には（福路庭）入ると（澄）言はずやメニシ

ルダクモ。(160)
　北山にたなびく雲の青雲の星離れゆき月を離れて。(161)
　(160) 燃える火でさえ取って包んで袋に入れるというではないか，メニシルダクモ（マンスラダフマ）は。

　160番歌は「燃える火でもより強大なものの前には抗しがたくて袋に入れられる。それと同じく，天武帝もより強大なもの（定命）には抗しがたくてついに神上がりましまし，光輪の在所（福路庭）をさして」と詠み，つづけて(161)「今や星天をすぎ月天をすぎて（日天へと）上昇されていることよ，または（日天へと）上昇されますように」と結んでいる。「星離れゆき月を離れて」とは，水平の方向に遠ざかることを述べているのではなくて下方から上昇することを述べているのだから，「月を離れて」との切り方はさらに上方，日天へということを示唆している。

　2首で一つの心境を詠んだもので，161番歌は帝魂が青雲となり，あるいはそれに包まれて星天をすぎ月天をすぎて日天へと上昇されていることよ，というのか，あるいは日天へと上昇されんことを，という祝祷歌かである。この1首が星や月を詠むのは天武，持統両帝が天文愛好家だったためであるとか，あるいは北山を向南山と書いているのも加えて，これを中国文学の影響によるものとするなどの説が行われているが，星がさき（下）に出て月があと（上）に出るという，この反宇宙論的順位がまさにゾロアスター教的なものであること[3]（マニ教的でもあるが）に留意したものはいない。この点からだけでも，この2首の実作者はゾロアスター教徒であるといえる。萬葉集には月は単独にか，他の関連語と並んでか，しばしば登場するが星の方はそれほど多くはなく，また単独で出るのはこの161歌のみで，この点でもゾロアスター教徒作歌説を成立させうるのではなかろうか。この辺のことを，反宇宙論的順位とともに明らかにするために，柿本人麻呂の歌（1068番）を引用しておく。

　　　　天を詠む
　　天の海に雲の波立ち月の船　星の林にこぎ隠る見ゆ
この歌で月・星の順序で出てきたり161歌では星・月の順序で出てきたりする

149

のを単なる歌のはこびに基づくものとするのは賛しがたく，根底にはやはり世界観の相違があるものと私は理解したい。

161歌は題詞もなくて単独に出たならば，叙景歌と見誤られるかもしれない。それほど淡々と詠まれており，持統帝の御製とすればむしろ28番歌の

　　春すぎて夏来たるらし白栲の　衣乾したり天の香来山

に比較さるべきで，挽歌とするにはあまりにもかけはなれている。挽歌とみがたいことは，持統帝の159番歌と比べてみれば，いっそう明らかになる。「やすみししわが大王の夕されば」ではじまるこの歌は，帝の遺愛の的であった風物に慕情を凝縮させ慟哭の情を激しくぶっつけたもので，その激情は161歌にはその片鱗さえも伺うことができない。ゾロアスター教徒が死者のために悲泣雨涙することを戒しめられたのは，アヴェスター以来のことで極めて古い。ヤスナ71：17には信条告白文として

　　我らは勤（varəza-）と愉悦（haomanaŋha-）とを崇める

　　我らは愉悦と勤とを崇める，

　　暗黒に対抗するために，

　　哭泣（xšī-）と悲泣（amayavā-）とに対抗するために。

とある。ここで禁戒の対象となっているものは，わが国上代の殯宮における哭泣の儀礼と類似のもので，大陸では北方や西方でも行われていた風習である。おもしろいのはここの「哭泣と悲泣」をザンドが šēwan ud mōyag「哭泣と悲泣」と訳していることである。なぜなら，この風習はパルティア王家支配下のアルメニアでも行われ，それを šivankʻ といっていたからで，このアルメニア語は複数形だが，パルティア語 šēwan の借用に外ならない。サーサーン朝期の挙証としては多くの文証があるが，ここではデーンカルド書と『アルダー・ウィーラーブの書』を挙げ，さらに後代のものながら当面の問題に極めて重要な『アオグマダエーチャー Aogəmadaēčā』を取り上げてみよう。

デーンカルド書によると，至福千年の王国に君臨した原王ジャム（Av. Yima；Vedic Yama）がその治世から追放したとされる不祥事の中に šēwan ud mōy「哭泣と悲泣」が見えている。この簡潔な描写に対し，『アルダー・ウ

ィーラーブの書』は死者のために哭泣悲泣涕泣すれば死者の魂を苦しめるからだといって，その間の事情を精叙している．最後に『アオグマダエーチャー』であるが，今は他のテキストによってとってかわられたものの，かつては人の死後4日目の払暁前，死者の魂が他界へ去るとされるときに読誦されていた葬送文である．アオグマエダエーチャーというのは本書が aogəmadaēčā usmahičā vīsāmadaēčā (-čā は 'and') ではじまるので，その首語をとって書名としたものである．ところで，この3語はアヴェスターのヤスナ41：5に「且つ御身の讃歎者にしてマンスラ者（預言者，マンスラン）であると，アフラマズダーよ，我らは曰います，且つ（それであることを）我らは欲みます，且つ（そのようなものとして）我らは奉仕します」とある中から下線の部分を抜き出したものである．そして首語 aogəmadaē-「我らは曰う」は語根 aog-「曰う」に直説法現在1人称複数中動相の活用語尾 -madaē- (-čā がなければ -maidē [=Skt.-mahe] となる) を付したものであるが，この中に -gəm- があるのを見つけて動詞 gam-「来る」と同定し，これを「私は到来した」と解し，さらに敷衍して「私はこのゲーティーグ界（可見界）に到来した」とする．次の2語も——こんどは語順までかえて——同様な曲解を試み「私は受容する，私は満足している」と解し，さらに敷衍して「私は非理と困苦を受容する，私は死に満足している」とする．私は本書を『我等曰且』（原語の語順に従う）とか『又我等曰』と訳しているが，このような舞文曲筆の中にその性格が端的に伺える．要するに，この葬送文は死を与えられたものとして甘受満足することを根底に成り立っているもので，死の不可避性を繰り返して説き，死者の遺徳を賛美しても追悼の語は見せず，その魂がアフラマズダーの天宮ガロードマーンに迎え入れられることを祝祷するのみである．死者のよみがえってこれとの再会を願うとか，亡魂の此土に留まることを願うなどのこともない．

　ゾロアスター教徒の死に対する態度をこのように見て来ると，161歌が題詞のように天武帝の崩御を機に帝のために作られたものとすれば，烈しく慟哭された（159歌）持統帝のものではなく，また持統帝のためにゾロアスター教徒が代作したものでもなく，ゾロアスター教徒が自らの立場で天武帝に捧げた祝

禱歌のたぐいであることがわかる。よって，北山にたなびく雲の青雲の星をはなれ月をはなれて（日天へと）上昇するように，帝のみたまも上昇されていくことよ，または上昇されますように，との意を込めたものと私は解釈したい。

　160番歌の解釈とも大きな関連をもつものとみて161番歌をはじめに取り上げることになったが，ここから私は160番歌に移ることとしよう。160番歌をもって帝の蘇り，ないし帝との再見の道のなくなったのをなげくものとするのがしばしば見られる見方であるが，私は帝が定命に抗しがたくて世を去られたことを寓意したものであり，それ以上の何ものでもないとするもので，このことはすでに「まえがき」でも述べたとおりである。このような私の受け取り方は161番歌の受け取り方とも密接に関連するが，160番歌そのものの中にも，この1首がゾロアスター教徒の作であることを証する多くの要素が見出せるのである。

　まず「燃える火」と「袋（福路）」のことであるが，一つの典拠ともみられ得るものとして私は，ゾロアスター教書にみえるゾロアスター伝中の一齣を挙げたい。『ウィジールガルディー・デーニーグ（Wizīrgard ī Dēnīg）』第17節と『パフラヴィー・リヴァーヤト（Pahlavī Rivāyat）』第47章第5—7節である。前者によると，ゾロアスターはウィシュタースプ王を入信させようとし「ついで燃える火（ātaxš sōzāg）を持ち上げ，ウィシュタースプの手においた。そしてウィシュタースプはそれをジャーマースプ（宰相）やスパンドヤード（王子）やその他のものの手においたが，それはだれの手も焼かなかった」とあり，さらにつづいて王がブルゼーン・ミフル（Burzēn-Mihr。サーサーン朝期には3聖火のひとつとされた。後段p.155参照）の演じる秘蹟をもみてついにゾロアスターの教えに入信したことを伝えている。燃える火を手にとっても火傷を負わなかったというのは眩術や奇術の類ではなくて，判別法（ordeal——中期ペルシア語ではワル［war］という）の一つである。この法はサーサーン朝期にも実施されており，犯罪の有無ばかりでなく，事の正邪曲直を知るためにも，水火刀杖などを用いて行われていた。サーサーン朝王シャーブフル2世（在位309—379）のとき，ゾロアスター教の高僧アードゥルバーディー・

マーラスパンダーン（Ādurbād ī Māraspandān）が胸に熔銅を注いでその奉ずる伝来の教義が正当であることを立証したのは有名な事蹟で，ゾロアスター教系の諸書に記されている。わが国の探湯（くがたち）も同類のもので，このワルに服して傷を負わぬか，負うても手で撫でるなどすれば癒える場合はシロで，「免出した（bōxt）」といわれる。それゆえに，ゾロアスターが燃える火で王たちを相手に秘蹟を演じたのは，その奉ずる信仰の真実性を立証したものである。ゾロアスター教徒にとって「燃える火」とは物理的なものでなく，宗教的なものであった。「燃える」とは単に火の性質を活写するためのものではない。ゾロアスター教の火壇では聖火が不断に燃えており，またゾロアスター教書にてオフルマズドが創造したものとして星・月・日（ここにも反宇宙論的順位がある！）・燃える火・犬・鳥および5種の益畜のことがしばしば記されている。「燃える火」でこそ正邪曲直を検別し得るのである。

次は前述した，ゾロアスター伝中のもう一つの場面であるが，これは彼の携帯していた革袋が悪神ガナーグ・メーノーグによって悪用されかけたのを未然に防いだ事蹟である。「わが教えに来たれ」とよびつづけるゾロアスターが祭服を新調する。これを着てまた神を祀り人々に幸いを斎らそうとするのを快よしとしなかった悪神は，彼の革袋にひそかに人骨を入れておく。「ゾロアスターは口では立派なことをいうが，今度の祭服にしても人々に死をもたらすもので，まさにこれ，このとおり」といって人々にその人骨を見せつけてやろうと考えていた。ところが，ゾロアスターは袋の形が異様なのに気づいて事態を察知し，袋をひっくり返して人骨をほうり出し悪神の裏をかいた，という。この袋の本来の用途は不明で，祭服か祭具か，教化用具を入れるものではなかったかと思われるが，短絡的との批判をうけるかもしれないが，燃える火を取って包んで入れてみせる袋だったかもしれない。いずれにしても，燃える火で秘蹟を行いうる人は袋も携帯していたということだけは否めまい。天武帝が火徳の君であるから火を詠み込んだとするのは首肯できるが，燃える火でも袋に入れられるように帝も定命に抗しがたくて崩御されたとの解釈からは，帝が火徳の君であることを必ずしも必要とはしないであろう。祆僧の眩技ではないから，

153

その方面の文献に見出せないのは当然である。

ところで，神上がりされた帝の行き先のことであるが，私は161番歌の「星離れゆき月を離れて」という，余情を含んだ切り方にそれが示されていることを，すでに上述したが，これをさらに具体的に詳述したものが「福路庭」の3字で，視覚的にも好字が使われていて興味深い。てにをはの「には」にはしばしば「庭」の字も用いられるので，そのこと自体は取り立てていうほどのことではないが，私はこの「庭」の字が萬葉集中，ここでのみ庭の字本来の意味，すなわちガーデン，場所，在所の意味をも含ませて用いられているのは，意味があるものと考える。もちろん，そのためには先行する「福路」の2字がそれに見合うものを表わさなくてはならない。

「福路」は「袋」をあらわしている。集中，袋の詠み込まれているのはここと，もう1首，746番歌のみであるが，後者では「嚢」の字が用いられ，彼此対照しても，ここの「福路」が何ものかを寓意していることを推知させる。福路を「幸福のある路」「幸福への路」とみても甚だ漠とした概念で，明確さに乏しい。「路」を示すイラン語は複数形では「境涯」，「世界」をあらわすこともあるが，「路」とあるここの文字をそのような意味に解するのは多少の無理がある。「幸福のある路」や「幸福への路」とみる見方からすれば，「庭」は本来の意味を失っててにをはの「には」のみとなる。私はこれを防ぐために次のような解釈をするのではなく，それは，いわば「福路」をイラン語の写音とみた直観的な発想から来ている。

「福路」で写音され得る原語には（1）farrox 'happy'，（2）farrah 'splendour'，（3）xwā(h)rīh 'happiness, bliss' の3例が考えられる。（1）をとれば「福路庭」は「幸福な所」，（2）では「光耀のある所」，（3）では「至福の所」となる。エーリュシウムを安楽世界，至福の境涯とするのは多くの宗教に共通するもので，ゾロアスター教にいうガロードマーンの独占するものではない。ガロードマーンに独特のものといえば，当面の場合では（2），すなわちそこを「光耀の在所」とする見方である。したがって三者中，一つを取るとすれば，これこそ取るべきものである。

ここに farrah「光耀」というのは単なる光, 光明とは異なる概念で, イラン独得のものである。主神——ゾロアスター教の場合はアフラ・マズダー——が携えている正統王者のシンボルで, イランにおける最古の表出はビーソトゥーン磨崖の彫刻にみえる（前519年）。帝王の叙任式において主神と帝王の間に交わされるファルラフの授受は, これをリングの形で示すことが多いから私は「光輪」とも訳しているが, このモチーフは他の宗教にも波及し, 仏教では仏・菩薩の光背（放光や輪光）ともなってあらわれている。私はこの farrah の概念がイラン語族の間に古期から中期にも及んで広く見出されること, その一環として中期語で farrah（メディア＝パルティア語）, xwarrah（ペルシア語）があり, 古くは farnah-（メディア語）, x^{v}arənah-（アヴェスター語；古期ペルシア語は xvarnah-）などのあること, さらにはこの概念が火と密接な関連をもつことなど, すでに詳しく取り扱った（p.147参照）ので, ここではサーサーン朝期における光輪と火との関係を示すものとして『ブンダヒシュン』書の一節 TD$_1$ 102：5—103：12＝TD$_2$ 124：2—125：12 を引用しておこう（上説p.147参照）。これは, 同王朝期に重視された聖火を三つの光輪になぞらえたものである。

　この3火すなわちファルローバグ火, グシュナスプ火およびブルゼーン・ミフル火（p.152参照）を開闢からオフルマズドはかの3光輪のように, 世を守るために創出した《その身体において光輪を具えるごとくに世の中でいつもかがやいていた》。……ブルゼーン・ミフル火はウィシュタースプの治世まで同じように世の中をつねに遊行し庇護をつねに与えていた。ザルドゥシュト（ゾロアスター）が弘め（人々をして）デーンに疑惑なからしめ, ついにはウィシュタースプと王子らが神々のデーンに帰するために, デーンをもたらしたとき, 多くのこと（奇蹟）を目にみるごとくに示した。

　これは『ウィジールガルディー・デーニーグ』の前引箇所とも典拠を同じくするもので, オフルマズドと光輪, 3聖火の関係の密接なことが知られよう。ゾロアスター教系中期ペルシア語書においてオフルマズドを形容するのにしば

しば用いられる常套語に rāyōmand (ud) xwarrahōmand (語順が逆のときもある)「財あり（かつ）光耀あるもの（光輪をもつもの）」というのがある。その xwarrahōmand はパルティア語でいえば farrahōmand で，いずれにしても主神と光耀・光輪の密接不離なるを物語っており，訳者の中にはこれを「福あるもの」と訳す人もあり，光耀が幸福・至福に通じるからで，究極的には意味からすれば，上に示した3箇の意味の中から強いて「光耀 (farrah) の在所」なる一義をえらぶ必要もなくなりそうである。「燃ゆる火も……袋には（福路庭）入ると言はずや」とあるからには，帝の往詣された天宮ではあるが火の入れられる場としての「福路庭」とあるのであれば，火と福路 (farrah)，その在所としての天宮との関連も無視できまいから，敢えてこのようなことにまで論及した次第である。要するに天皇の神去りますことをいうのであるが，これにはサーサーン朝期に注目すべき表現もあって参考となろう。それは ᵓō ᵓbayān (ʾRḤYʾn) gāh ᵓšudan で，直訳すれば「神々の所に往き給う」の謂いである（カルデールの「ゾロアスターのカアバ」刻文 ll.3-4, 5, 7——本拙著pp.125-126, 126および127)。なお，私が「福路」を farrah の写音とみることについては，後段においてイラン語詞写音の歴史をたどってみるので，そこも参照ねがいたい (p.164以下, p.175)。

さて，私は160番歌における，ゾロアスター教的と見られる諸要素を浮き彫りにした。賀茂真淵が燃ゆる火も云々というのをさして役行者がかかることをしたのであろうといい出してから，この奇蹟の典拠が探究されたが，これも見るべき成果なくして終わっている。これらのゾロアスター教的要素は，残る4字「面智男雲」をメニシルダクモと訓んでゾロアスター教者の名とみる私の立場をさらに強化するものというか，あるいはメニシルダクモという発想が逆にこれらのゾロアスター教的とみられうる要素を裏付けるというか，とにかくこのメニシルダクモは要(かなめ)の位置にある人名である。

私は上記したように，「木村論文」によって，この4字に定訓のないことを知った。訓みにくいために「智」を「知日」または「知曰」に分解し，場合によっては「面」を上に送って「言はずやも」とも訓むなど，苦心が払われてき

た。私がメニシルダクモと訓んだのは，そのような諸説を検討した結果ではなく，いわばヒラメキのようなものであった。このような経過は私が何十年も手がけてきたイラン諸語（古期・中期）の場合でも，ほとんど同様であった。拙著『ゾロアスター研究』に収めた諸論文は大部分がそうであったし，それ以降のものとしては古期ペルシア語 brazmaniya-（本拙著p.39以下に収録）もある。ただ，これらの場合にはその結論的発想をジャスティファイする論拠は即座に念頭に展開したが，こんどの場合は，メニシルダクモをめぐるイラン学的諸状況は発想と同時にパノラマのように展開したものの，萬葉学に跨がる分野はそうではなかった。少なくとも，そういう相違があった。だが，多くの文献を読み進むに従い，私は私の訓みが，この4字をめぐる，700年以上にもおよぶ解読史の中に，新しい一つの地歩を占め得るものであることを確信するようになった。700年以上というのは，古訓「モチヲノコクモ（持ち男来も）」を仙覚の訓みとすれば，ということである。

　この4字をどう訓んできたかというと，大別して，文字を変更して訓むものと，そうでないものとがある。改字の一例は橘守部の萬葉集檜嬬手で，面智を面知日に改め「あはむ日」と訓んでおり，これを承けて澤瀉久孝[16]はこの末句を「逢はむ日招くも」と訓み「天皇にお逢ひ申す日を招き祈ってゐることよ」と解している。その際，氏は男は仮名（私はここで特に訓仮名としておきたい）としてはヲとしか訓めないことを指摘するとともに，男雲をナクモと訓むことの不可能を指摘する木下正俊の説（後述）をも援用しているが，なおかつ，義訓「逢はむ日」への不満を陳べて後考を俟つとしている。同様の傾向として智を知曰に改め（「面」は上に送って），知曰男雲を「知ると言はなくも」（帝を生還させお逢いする方法を知っているといわないことよ）とする説もある[17]。この「面」を上に送って「言はずやも」とする立場は多くの人によって支持されているが，重要な3字「智男雲」の訓みが放棄されている場合が多いので，どうしようもない。この「面」の問題は澤瀉のいうように，問題の文字をどう訓むかで決まるもので，これを決めないで「面」の上げ下げを決めるのは問題になるまい。私の立場は4字を改めないで訓むべきだとするにあるが，写本もす

べて面智男雲とあり，また字を改めては訓みようがなくなるからでもある。したがって，文字を変えて訓む立場は，「面」を上に送る立場とともに，私には賛しがたいことになる。

　この4文字を訓む上で最も重要な法則は早く木下正俊によって提起されており，面智男雲（オモシラナクモ），知日男雲（シルトイハナクモ）などと訓まれているナクモの成立しないことを明らかにしている。すなわち男がナム（呉音）であるなら，略音「ナ」として訓まれるためには m, b, p(F) のいずれかが続行するを要するというのである。イラン学畑では音韻の法則は，論考に決定的な影響力をもつものとして，極めて重視される。そのような目で，この木下説以降の「訓み」を検討してみたところ，この説は知らぬ気に，堂々と「ナクモ」と訓んでいるものの多いことを知り，いささかおどろきもした次第である。この木下説は私の訓み「メニシルダクモ」にも大きい影響をもつもので，この点についてはあとで触れる。ナクモのナクは否定の助動詞「ズ」の古い未然形「ナ」に名詞形をつくる準体助詞「ク」がついたもので「……ないこと」で，詠歎の助詞「モ」を接辞されることはない。木下論文では，その立場から「雲」を「裳」に改め「知ると言はなも」なる訓みが提唱されているが，試案程度のもので，のちには放棄された。ナクモ訓みを否定する木下法則はオモシラナクモやシルトイハナクモを否定する。オモシラナクモにはもう一つ難点がある。それは面智をオモシルと訓む点にある。萬葉集ではオモシル（常時顔なじみの）は2首，オモシルキミ（3015）とオモシルコラ（3068）にみえるのみであるが，いずれも面知とかかれている。萬葉集では to know の意味のシルは，1字表記なら「知」とかき「智」とはかかない。そのうえ，オモシルは現に生存しているか，生存していると考えられている者について用いられていることも，当面の場合では考慮すべきではなかろうか。しかし「智」は「知」に通って「シル」とも訓めるであろう。が，そのシルは to know であってはならない。

　このようにして私は自ずと私の立場を定立することになった。すなわち，（1）4字不可変，（2）面智は面知「オモシル」ではあり得ない，（3）ナク

モ訓みは成立しない，の３点にしぼられてきた。この第３項に抵触するのを避けたものには上引の澤瀉説があるが，そのほかに「オモシルヲ，クモ」がある。前者は面知日（あはむ日）に難点があり，後者は第２項に抵触する。特にこの後者は私の知るかぎりでは最も新しい訓みで，「お姿を知っているものを，雲よ，（帝のみたまを包み，とどまってくれよ）」の謂いだという。しかもこの提唱者によると[20]，日本にゾロアスター教徒が来ていて帝のために燃ゆる火も云々のような延命の法を修したのに，帝はついに逝かれた，というのである。上述もしたように，崩帝の蘇られて再会の日を待つとか，亡魂の此土残留を願うとかの観念は，私のいうゾロアスター教徒実作説からは成り立たないし，まして火による延命術云々など考えられないことである。この来日ゾロアスター教徒らによる，火による延命術云々のことは1983年（昭和58年）４月10日に催された共同討議で述べられたものであるが，同年初めに提出された「木村論文」では燃ゆる火も云々というのをマギ（祆僧）の眩技ではないかと推定しただけで（p.146参照），火による延命術云々などにはまったくふれていなかったから，以火延命術説はこの提唱者独自のものであろう。

　私は従来のどの訓みも何らかの，これまでのすでに判明している難点をかかえているものであることを明らかにした。では，私の訓みであるが，今，第３項に取り上げた問題に関連して，男を「ダ」と訓むことについて，私の立場を明らかにしておこう。男を「ナ」と訓もうとするのは，その呉音「ナム」に拠ってのことである。これに対して私は漢音「ダム」を取るもので，イラン語の漢字写音に漢音を取っていることは他にも例が多い。ここでは一先ず「貴文」と「白加」を挙げておく。詳細は後段p.169を参照されたい。貴文はクンブ (xumb)「瓦」の対音，白加はパイカル (paykar)「像」のそれで，文も白も漢音によっていることがわかる。男「ダム」を「ダ」と訓めば，次に m, b, p のいずれも続行しないのに唇内韻尾「ム」が省略されることになるから，第３項と関連する「木下法則」に抵触する。しかしイラン人なら，この場合 -dam kumo を -daŋ kumo と発音する。萬葉集では韻尾 -ŋ の略されうること，またその -ŋ の略されたあとに同系列の子音がつづくことのあること（ここで言

えば daŋ k>da k）もすでに知られている。それ故に daŋ>da（ダム>ダン>ダ）は許される。しかし，それは音声論のみの問題で，本来 daŋ でない漢字「男」をそのように用いることは漢字に無理強いをするもので，この文字によって人名の男性たるを示そうと意図したかどうかは明らかでないが，ともあれ，これは漢字の誤用である。作者をイラン人と見る私の立場からすれば，このような誤用も考えられることであり，したがって「入ると（澄）言はずや」の澄も登の誤用として容易に説明のつくことではなかろうか——この卑見に対し木下正俊教授から，拝火教徒実作者説の立場からはむしろ燈の誤用と考えるべき旨の示唆を寄せられた（昭和61年6月13日付の書簡）。しかし，この誤用説を恣意に拡大して「面智」の智を知の誤用とみるのは首肯できず，またたとい誤用とみても，オモシラナクモは成立せず，オモシルヲ，クモは私の立場からは許容できないものである（pp.158-159参照）。

　では，このような「ダ」を含む私の訓み「メニシルダクモ」全体を取り上げればどうなるか。これには三つの問題が考えられる。一つはこのように大陸音・和訓を畳みかける，音訓音訓式のイラン語人名表記法をどのように位置づけるかということと，もう一つはわが国の上代文献にイラン語の普通名詞（これは「福路」の原語形と関連する）や人名が果たして知られていたかどうかという問題，そして最後の問題は「メニシルダクモ」に対する原語形 *Maθra-dahma- が触発するイラン側の状況を合理的に解決し得るかどうかという問題である。ここでは最後の2問題を連続的に取り上げ，最初の問題は2首の実作者を近似的に明らかにした段階（p.185）で取り組むことにしたい。

　「メニシルダクモ」は上記したように，究極的には Av. *Maθra-dahma-「マンスラ・ダフマ」に遡る。前肢 maθra- はサンスクリット語 mantra-「真言・祈呪」に対応するが，ゾロアスターの述作した『ガーサー』（アヴェスターの一部）ではむしろ「神の語，聖語」の意味で多用され，いわゆる「スペル，呪文」としての使い方は極めて少ない。後肢 dahma- は「通じているもの，通暁者，通達者」を意味するから，マンスラダフマとは「聖語に通じている者」を意味する。この語形が私に思い浮かんだとき，同時に想起されたのは

Av. Maθra-vāka-(マンスラ・ワーカ)「聖語を宣べ伝えるもの」という人名である。マンスラダフマとマンスラワーカは同型の合成詞的人名である。マンスラワーカはアヴェスターのヤシュト13：105において

> サーイムジー(Sāimuži)の子にしてアエースラパティでありハミズパティである義者マンスラワーカのフラワシ(精霊)を，義者の誘発した敵意に対抗するために，我らは崇める——その彼は，ガーサーを喚び誦し天則を破壊し天則を持せずアフを持せずラトゥを持せず畏怖を催起しフラワシを忿らす極悪輩を，いとも多く打ち倒したるもの。[22]

といわれている。マンスラを唱えるだけで怨敵を倒すというような考え方はゾロアスターにはあまりふさわしいものではないが，彼にもこれに近い思想はあった。が，それはあとでふれることにして，この Maθra-dahma- という古形の，その後の変遷を考えると中期語では Mǎns(a)r-dahm となったはず。前後肢とも単独にはよく出てくる形で，後肢ダフムは「有徳な，敬虔な；正統ゾロアスター教徒」の意味で用いられているが，このような意味は古期語形 Maθra-dahma- を知ってはじめて理解できるものである。前肢 mǎns(a)r 中の(a)はaを入れるか入れないか微妙なところを示すもので，この s(a)r を「シル」としてイ音「シ」で捉えているのは首肯できる。また mǎn(マーンまたはマン)が「メニ」となること，つまり ǎ>e の音転は「ニシ(ni-si)」と口蓋音が連続して続行しているために可能である(s 音はイラン語では単なる歯噛音(dental sibilant)でなく，口蓋音的音色を含んでいたことは Av. sāma-「黒い」と Av. Syāmaka-「黒山」(山名)とが見出されることによって明らかである)。残るところは dahm と「ダクモ(dakumo)」の対応であるが，男をダと訓む経緯については上説したとおりであり，またイラン語の h (後口蓋音)に対応する日本語音としては k 音が近いから，これをクで写したのは当然であろう。このようにして，面智男雲はイラン語，それもゾロアスター教系の人名で，「燃ゆる火も」云々という秘蹟を行って何事かの(おそらくはゾロアスター教関係の)正邪を明らかにした人物であろう。過去の人名を挙げてその事蹟を詠みこんだものは，多くはないが萬葉集にも見出される。し

かし、この問題は当面の2首の実作者のイメージをもっと明らかにしてから取り上げるほうが理解もしやすいので、今はしばらく保留しておきたい（p.187以下参照）。ここではイラン語の普通名詞や人名がわが国の上代に知られていたかどうかを取り上げよう。

そういう観点から私は、日本書紀に私が初めて発掘指摘した「イラン人ゾロアスター教徒の来日」をもう一度、ここに紹介してみることにする。[23] これは160, 161番歌の作者を比定するのにも直接関与してくるので、無意味とはいえまい。

それは孝徳・斉明・天武の3朝にわたる一連の記載で、次のとおりである。（1）孝徳白雉5年（654）4月トカラ国の男2人女2人舎衛女1人、風のために日向に漂着；（2）斉明3年（657）7月3日トカラ国の男2人女4人筑紫に漂着、迎えられて大和に入り（3日とあるのは大和着の日付とみたい）、同月15日盂蘭盆会をつとめてトカラ人に饗応したが、そのトカラ人をある本には堕羅人といっている；（3）斉明5年（659）3月10日トカラ人が妻舎衛婦人と同道参内；（4）斉明6年（660）7月16日トカラ人乾豆波斯達阿、妻を残し送使をつけられて本国に向こう；（5）天武4年（675）元旦舎衛女堕羅女同道参内、物を献上した。

この記載について以下に、トカラ、舎衛、堕羅、舎衛女・堕羅女の見出しで注釈をつけておく（これらについては本拙著附録Ⅲをぜひ参照されたい）：

　　トカラ＝Tuxwārestān。ラは羅または邏すなわち la で表記されている。中期ペルシア文字でもこのラは l 字で示されたはず。r 音は r 字や l 字で示すが、逆に l 字はほとんど r 音を表わす。r 字は w, n, ' などの音をもあらわしてまぎらわしい。トカラの治所はクンドゥズ（Kunduz）。書紀は乾豆（カンドウ）と写音しており、アフガニスタン北東部の都市である。

　　舎衛＝中期ペルシア語／パルティア語シャーフ（šāh）「王」の写音。祇園精舎のあったインドの舎衛国（Śrāvastī）ではない。治所クンドゥズ（乾豆）にあってトカラ「王」を号していた人物の名はダーラーイ

(Dārāy—下段参照）で，舎衛女とは「王女」の意味で彼の息女をさし，人名ではない。人名でないから人数も「1人」と記されている。原史料では（1）の舎衛女1人の前にもう一つ「舎衛」——あるいは，むしろ「堕羅舎衛＝ダーラーイ王」——があったはず。「王」は1人だから人数を記す必要もなかったが，そのために「舎衛舎衛女1人」のような形となり，これを重出と誤解して「舎衛」を一つ——堕羅とともに——削除したとみられる。故に「王」ダーラーイは息女を同伴して日向着の一行と同道で，その総人員は男3人女3人の計6人となる。

堕羅＝Dārāy＝達阿。（4）に「トカラ人乾豆波斯達阿」すなわち「トカラ国の住人でクンドゥズ在のペルシア人ダーラーイ」として出てくるが，（2）では堕羅，（3）では単に「トカラ人」と称せられている。（2）の「堕羅人」とはダーラーイ配下の人たち，の意味。Dārāy は古代ペルシア帝国の大王名ダーラヤワフ（Dārayavahu-）の転訛であるが，名辞学的にみても政権掌握者のみしか名乗っていない人名で，ここもそのとおり。彼はその名からみても，サーサーン王家の血を引いている可能性もある。私は彼がサーサーン朝最後の王ヤザドギルド3世（651年暗殺）の遺子ペーローズを助けて，王室復興に援助が得られるかを探る目的をももって来日したと考えているが，離日後の消息は不明である。

「達阿」という写音には二つの特色がある。一つは Dārāy の第2長音 ā を写音するために「阿」を添加していること（漢字には長音がない），もう一つは Dārāy の dār を「達」で写音していることで，この方はサンスクリット語音 dhār を「達」で写音する（例えばシッダールタ Siddhârtha「悉達多」）のにならったものである。したがって「達阿」は原語音 r をそのまま写音していることになる。これに対して「堕羅」では中期ペルシア文字 l が r 音を表記する（上の「トカラ」の項下参照）のに用いられているのに従ったもので，達阿も堕羅も共に Dārāy の写音である。

舎衛女・堕羅女。舎衛女については「舎衛」の項参照。彼女が日向に着いたとき（654年）は10代のはじめと思われるが、5年後659年には（3）にみるように、父なるダーラーイの妻となり、「舎衛婦人」として同道参内している。この舎衛婦人は šāh-bānūg「王の妃」の前半を写音し後半を翻訳したものである。舎衛女と異なる女性が王妃となったのではない。父娘、母子、兄弟姉妹間などに行われる、この種の最近親婚はゾロアスター教では大善大功徳の行為として勧奨されるもので、すでに中国やインドにも知られている（邪淫として）。私はこの一点からダーラーイの一行をゾロアスター教徒と論断した。舎衛女はこれによって660年、ダーラーイ離日の年にみごもり、翌661年、女児を出産してこれにダーラーイの名をとってダーラーイ・ドゥクト（またはドゥクタグ）Dārāy-duxt(ag)と命名した。これはイラン古来の命名法で、「堕羅女」とは前半を写音し後半を翻訳したものである。この人名は（5）が初見であるが、参内のためには、イランで古来、元服加冠の年齢とみられている15歳が望ましくもあり、どうしても彼女の出生を私はこのように見ざるを得なかった。イランの人名学に関心をもつものなら、（2）に出る「堕羅人」の堕羅と（4）の達阿とこの堕羅女とを即座に結びつけることができよう。

日本書紀の記載（1）－（5）から史像をまとめてみると次のようになる：トカラ国のクンドゥズ（乾豆）にあってシャーフ（舎衛，「王」）を号していたダーラーイ（堕羅，達阿）は息女（舎衛女，王女）ほか一行をつれて来日したが、大風のため二手に分かれて大和に迎え入れられた。その間、息女の長ずるにおよんで彼はこれを妻としたが、660年妻を残して離日した。その翌年、父の顔も知らぬ女児を生み、母なる舎衛女はダーラーイ・ドゥクト（またはドゥクタグ）（堕羅女）と命名した。のち、天武4年（675）元旦、この母子は同道参内して物を献上した、時に母は30代の半ば、娘は15歳であった、となろう。そしてここには中期ペルシア語（やパルティア語）が漢字写音されたり訳出されたりしているのがみえる、すなわち

8. 萬葉集にみえるイラン人名について

堕羅, 達阿　Dārāy
堕羅女　Dārāy-duxt(ag)
舎衛　šāh「王」
舎衛女　šāh-duxt「王女」
舎衛婦人　šāh-bānūg「王妃」
波斯　Pārsīg
乾豆　Kunduz
吐火羅（ほか）Tuxwārestān。

書紀ではトカラは吐火羅，覩貨邏，覩毗羅と書かれているので原史料は複数で存していたことがわかる。ダーラーイが堕羅，達阿と書かれているのも同じ理由で首肯できる。しかるにこのトカラや堕羅がタイのドヴァーラヴァティー王国，舎衛はインドの舎衛城であるとする（『国史大辞典』第10巻，吉川弘文館1989年，p.259「とから・しゃえ」の項——このカッコ内の記載は追記）なら，トカラ人乾豆波斯達阿を「ドヴァーラヴァティー国の人，クンドゥズ（またはインド）のペルシア人（ペルシア化した，の謂いか）ドヴァーラヴァティー国」とするのか。ここの達阿は国名でなく国名と同じ人名だというなら，名辞学的にみて，ドヴァーラヴァティーなるペルシア語人名はあり得ない。達阿をダーラーイすなわち堕羅と見抜けないようでは，ナンセンスに終わってしまう。また舎衛にしても，これを地名とみるのでは，「トカラ人，妻舎衛婦人とともに参内」とあるのは，どういうことになるか。ここで「女」の代わりに「婦人」となっているのは「夫人」をさしているからであるが，トカラ人が舎衛（地名）夫人と同道というのでは，これも不自然にきこえる。例えば，私の家内は熊本県出身であるから，「伊藤は熊本夫人とともに東上した」というようなもので，この呼び方も自然ではなかろう。このような明白な不合理を蔵する説が「有力」というのは，なんとしてもおかしい。（追記——これらの点については，本拙著の附録Ⅲをぜひ参照願いたい。）

人名としては，時代を遡ると，推古20年（612）に百済から渡来した路子工（ロシコウ），またの名を芝耆麻呂（シキマロ）というものがある。私はこれを

イラン系胡人とみるもので，それぞれ Rāh-aškār, Āškār-āmār の写音とみる。Rāh-aškār は「(築)道(rāh) に明るいもの」，Āškār-āmār は「計測 (āmār)に明るいもの」を意味し，職能と人名との区別もつきにくいような名である（語頭母音 ā は写音されない）。ここで注意したいのは aškār「明るい，通じている」を写音するのに前者は子工，後者は芝耆と使い分けて配慮が示されていることである。これは路子工の場合は rāh「みち」を写すのに「路」を用いて原語 rāh の語音を写すとともに語意をも伝え，子工をもって aškār を写すのに，この語の中から殊更に kār を抜き出してこれに「工」を充て，ここでも音・意ともに原語 kār「作る人，工人」の面影を伝えようとしているからである。[27]

このような取り扱い方は中期ペルシア語の知識があったことを示すもので，この事実はさらに遡って崇峻紀元年（588）に出る飛鳥寺（法興寺・元興寺）造営の記事や塔露盤銘をみれば，もはや疑い得ないであろう。このことについては一部では私は早くすでに詳しく取り扱っているが，一部ではおくれて取り上げた部分があり，しかもこの部分に当面の問題に深くかかわる史実がある。[28]そこでここでは先ず塔露盤銘（以下，露盤銘とする）の中から必要な部分を引用することからはじめよう（註末の追記参照）：

戊申（崇峻天皇元年，588），始請₌百済主名昌王法師及諸師等₋，故（<致）遣₌上釈令照律師，恵聡法師，鏤盤師将徳白昧淳，寺師丈羅未大父賈古子，瓦師麻那父奴陽貴文布㥻貴昔麻帝彌――令₌作奉₋者山東漢大費直（<宣）名麻高垢鬼，意等加斯費直（<宣）也――畫工陽古博士白加（<書人百加博士陽古博士）₋，丙辰年（推古天皇四年，596）十一月既，爾時使レ作レ企（<金）人等，意奴彌首名辰星也，阿沙都麻首名未沙乃也，鞍部首名加羅爾也，山西首名都鬼也，以（<此）₌四部首₋為レ将，諸手使₌作奉₋也

文中に挿入した「――」は私による。また原文に「書人……陽古博士」とあるのを「畫工……白加（百加でもよい）」に改めたのも私による。「此四部首」のままでもよいが上述のように改めてみた。その他の改訂は説明の要もあるま

い。日本書紀に「文」を用いているのに対し露盤銘が「父」を用いているのは誤りとはいえない（父賈古子／文賈古子，麻那父奴／麻奈文奴），というのは貴文（クヰブニ）＝xumb「瓦」には両者とも「文」を用いているからである。

　この露盤銘のうちで「丙辰年十一月既（11月に工事が終わった）」までを前段，それ以降を後段とすれば，この後段と，前段中に私が挿入句とした部分とは日本書紀には欠落している。この挿入句中にみえる2造営指揮者のうち，山東漢大費直（ヤマトノアヤノオオアタエ）麻高垢鬼は，大意においてはほぼ同様ながら，私は前考をやや補訂して，これを ma kas kōxšād「人 (kas) は争う (kōxšād) なかれ (ma)」の写音とみることにする。サーサーン朝期のゾロアスター教徒が勧奨された処世哲学的徳目であるが，同時に仏教的理念にも契合するものとして興味深い。露盤銘が信仰の中心を成す塔の鑢盤師のことから始め，ついで寺師，瓦師と次第し，日本書紀が寺工，鑢盤博士，瓦博士の順に記しているのと異なるのは，それ相応の意味があることで，私は麻高垢鬼こそ露盤師の名であるとみるものである。私が早くから寺師・寺工の名とみてきた意等加斯（ēdōn-kaš「このように（ēdōn）（図を）引く者」の写音。「等」を濁音によむことについては前出の「乾豆（カントウ）＝Kunduz」の「豆」を参照。意等加斯はオトカシではない）が単なる費直であるのも，年齢の長幼もあったのであろうが，信仰の中心を成す塔の露盤（ここでは相輪全体のこと）を手掛けるか否かの相違も与っていたに違いない。もちろん，大費直，費直などは彼らが来日してからのちに享けたものを遡って付記したものに相違ない。が，それはそれとして，造営の全般的指揮に当たったものは意等加斯で，麻高垢鬼はいわば名誉的地位に祭り上げられたものと考えられる。

　いまこの2人名以外の部分を前段中から抽き出して箇条書き式にならべ，私による言及ずみのことはなるべく省いて，新しく付言すべき点を追加すると，以下のようになる（露盤銘を中心にして取り扱う）：

　　鑢盤師　将徳　ōstād＜ awestād「師，職匠，マスター」。awestād は崩れて ōstād となっていた；
　　自昧淳　書紀の「白昧淳（ハクマイズニ）」を pay-miznē／pay-muznē（以下では煩をさけ

て miznē の形のみを出して論をすすめる)「露つきのもの」の意味か
ら露盤 (ここは相輪のこと) を表わす, ペルシア人ならではの造語とみ
たが, これはまさにそのとおりながら, その際私は自昧淳を白昧淳の誤
記かと考えていた。ところが, そうではなく,「自」は中期ペルシア語
の前置詞 az 'from' の略写音 (語頭母音は写音しない), したがって自
昧淳は az miznē「露から」の謂いで, これをフルに表現すれば ān ī
xwēd az miznē「露でしめっているもの」, ān ī uzīd az miznē「露か
ら出てきたもの」あたりになる。とすれば, az miznē も pay-miznē に
劣らぬ, ペルシア人ならではの造語であり, 今やむしろ az-miznē と一
語に連書してもよいほどである。az からの派生詞としては azišīh「所
出, 結果」や har-aziš「そこから万有の生起するもの, 万有の本源」な
どもあり, 後者については本拙著p.407およびその註97参照。「自」が
「……より」を意味する漢語でないことはいうまでもない。この自昧
淳／白昧淳については後述の布悗貴／悗貴文を参照されたい。

寺師　丈羅未大　私は書紀の太良未太と照合し原形を太丈羅 (または良)
未大と復原した。そして今やこれをパルティア語 tajar-āmid の音写と
みる (ペルシア語 tazar-āmid は措いて)。理由は後述する。書紀の形
や露盤銘の形 (太良や丈羅) は tajara (！日本人は a を添尾していたは
ず) が tajara>tera のように崩れつつあったことを示唆する。āmid は
「……に精通している」であるから tajar-āmid は「(造) 寺師, (造) 寺
工」。後説布悗貴の項も参照；

父賈古子　bunak-kōšk　テント型の堂宇。kōšk (パルティア語)「パビリ
オン, 堂宇」の語根は古期イラン語 (OIr.) *kau-z-／*ku-z- (Skt. ku-
ñ-c-「弯曲している」参照) で, これから OIr. *kauz-ka->kauška>
kōšk と展開したもので (中期ペルシア語なら *kōhk のはず), 本来は
円天井かドーム状の建物を意味していたとみられる (この卑見は1980年
３月17日付の書簡で泉井久之助博士に知らせたもの)。kōšk がパルティ
ア語なるため tajar-āmid を取った次第であるが, この kōšk はトルコ

8. 萬葉集にみえるイラン人名について

語の影響で i 音を承け音転して kiosk「キオスク, 売店」となった；

瓦師　麻那父奴　mān-nahumbān「家 (mān) を葺く人」；

陽貴文　āyīn-xumb (āyīn<ēwēn<*adwēn はペルシア語。パルティア語は abdēn／aβδēn)「文様瓦；または丸瓦，鴟尾瓦など特殊な形の瓦」；xumb は「瓦（<陶片, 陶容器）」(上説)；

布悷貴　afrang-xumb「色瓦」。貴は貴文の略。「色」にはこのほか rang や aurang もあり，これらに xumb を付したものが書紀の悷貴文の原形でみな「色瓦」の謂い。語形の展開は前考に反して，方言差に基づくというよりも，むしろ語源差に基づくものと考えて，*abiranga->*abrang>aurang および *apiranga->afrang とみるべきであろう。今，布悷貴／悷貴文の相違や上述した白昧淳／白昧淳の相違を考えてみると，瓦師（この人物の名はついに不明）が時に応じて afrang-xumb といったり aurang-xumb, rang-xumb といったり，露盤師麻高垢鬼が az-miznē といったり pay-miznē といったりしていたことを伺わせるもので，生きていた言語表現を垣間見せておもしろい。そういえば，寺師意等加斯も，「寺」の真の形が tajar(a) であることは知っておりながら，すでに「テラ」のような形に崩れている通音には抗しがたくて jora（丈羅）といってみたり tara（太良）といってみたりしていたのではないかとも考えられ，草創期の用語をめぐる一コマを偲ばせる思いもする；

昔麻帝弥　syaxmān-tōxm（パルティア語）「鐙瓦（<軒先の丸瓦，または，先端に円形部のある瓦）」；

畫工　陽古博士　āyīnak-kar「像の制作者」；

白加（または百加）paykar<pahikar「像（仏菩薩などの）」；

（語頭母音 a, ā, ō, au はこれらの諸語形でも写音されていない）。

次は露盤銘の後段に移るが，前段の終わりで工事の完了したことを述べ，ついでその時に企て作らしめた指揮者として①忍海の首辰星，②朝妻（金剛山東麓の大和の集落。ただし滋賀県米原町にもある）の首未沙乃，③鞍部の首加羅

爾，④河内の首都鬼の名をあげ，彼ら四部の首を将となし，云々といっている。彼らは丙辰の年早々というよりももっと前に，前記の2指揮者に代わっていたとも考えられる。そしてその率いる集団は日本人（帰化人も含めて）であっても，彼らはむしろ前任者2人の後継として胡人であったと考えざるを得ない。私の解釈によると，4人名は次のようになる。

　辰星——以下の3人名も大陸音を借用しているから，辰星もシンセイ（シニセイ）であって「タツノホシ」や「タツホシ」ではあり得ない。辰星は多義語で水星や房星（さそり座の西北隅にあたる）をあらわすが，ここではこの語を借りて北辰（北極星）を表わしているとみたい。なぜ北辰の語を用いなかったかはあとで述べるが，在来の語（ここでは辰星）をもって別物（ここでは北極星）を示す方法は露盤銘そのものが将徳（前記）で先例を示している。百済の官位名「将徳」を借りて中期ペルシア語 ōstād を写音しているのである。中期ペルシア語によると北極星にはいろいろな呼称があるから（例えば mēx ī gāh「場（空間，方位）の釘」, mēx ī mayān ī asmān「天の中央（天央）の釘」, meh ī bālist「至高の巨魁」など），ここの辰星の原語形は決定しにくいが，中期ペルシア語人名を漢訳形で示す例は陽古博士＝āyīnak-kar（ただし職種名）にも一部すでにみられ，のちには堕羅女（前出）にもそれがあり，さらに後述する伎楽面制作者（基永師ほか3人名）にみられるので，ここの辰星はいわば先駆をなすものともいい得るし，異例とはいえない。ここで重要なのはイランの占星術で北極星が spāhbedān spāhbed「諸軍将の軍将，大軍将」とよばれていたことで，この下に東南西北の首星としてそれぞれ Tištar（シリウス），Sadwēs（？フォーマルハウト），Wanand（ヴェガ），Haftōring（大熊座）を配して「軍将」とよび，北極星にこの4星を加え，これらを禍因となる土星・水星・金星・木星・火星とそれぞれ対置させていた。露盤銘の4人名とは数字に違いはあるが，四部の首を将となすという表現はこの占星術に基づくものと考えられる。北極星の中期ペルシア語形を漢字写音しなかったのは「辰星」のほうが視覚効果が大きかったのによると思われるが，これに関連して考えてみたいことがある。上述したように多義語の辰星を仮りに水星だとすれ

ば，水星は中期ペルシア語で Tīr という。この Tīr やその愛称形である Tīrād や Tīrag は人名として名乗られた例もある。ティールは神名でもあるが，ここでは「辰星」となっているから，やはり天体を意味していることになる。神名ティールならともかく，禍因としてうろつく水星としては，東方の首星シリウスに対置されるからといっても，「四部の首」の第一に位置することは困難である。そのうえ，これにつづく3人名では，後述のように，名そのものがいずれもその人物の役割・職責をも示しているのに，「辰星」すなわちティール，ティーラード，ティーラグあたりでは，首位に見合う意味を表わすか，それを示唆するかすることもできない。それ故に，ここの辰星はやはり北極星すなわち北辰とみなさねばならない。北辰としなかった理由の一つには，占星術では，北方の軍将として北斗七星（大熊座）があったからでもあろう。そうすると，この人名「辰星」を首長として以下の3名を加えて「四部の首」とし「将」とするという布置の背景には，成書として将来されたものは伝存していないが，サーサーン朝期のホロスコープ的知識が日本にももたらされていたのではないかを想わせるものがある。

　この「四部首将」制にはまた，サーサーン朝期の社会組織という，もう一つの背景もあった。それは僧・士・農・工とでもいうべき4種の職能階級に分かれていたことで，最後に挙げた階級は hutuxšīh といった。これは「よく (hu) 努める (tuxš) 者，工人，工匠，artisan」を抽象名詞にした (-īh を接尾して) 形である。3人名のうちの最後の都鬼（トキ。ツキよりも）」は中期ペルシア語 tuxšād「（人は）努めよ」か tuxšāg「努める者」かの略写音である。この人名が tuxš (tuxšīdan「努める」の現在幹) から成っていること，それが四番目におかれていることは，露盤銘の背後にイランの社会制度があったことを示すものである。私が人名「麻高垢鬼」（前出）を前考 ma kōxšagan (bād)「（人は）争うもの（となる）なかれ」から上述のように ma kas kōxšād に改めたのは，この都鬼＝tuxšād とする私の新解によるものである。

　では残る2人名，未沙乃（ミサナイ，ミシャナイ）と加羅爾（カラジ）であるが，前者は中期ペルシア語 meh-šnās「大いに（メフ）識っている者，大知

者」，後者は同 kārāz＝kāra-az「人々（カーラ）を（作業に）駆りたてる者，督励者」の写音で，どちらも彼らが受けもった役割・職責をも示している。šnās は šnāxtan「識る，認識する」の現在幹，az も古形 az-「駆りたてる」に遡る現在幹である。kāra は kārawān「キャラバン」の中にも含まれている語で，単独には kār であるが，このような複合語の前肢としては kāra をとりたい。このほか中期ペルシア語には別の語源に由来する kār「仕事」という語もあるから，加羅爾は kāraz＝kār-az「工事を駆りたてる者」の意味となるやに考える向きがあるかもしれないが，az という動詞は生きものを追いたてる，駆りたてるの意味にも用いられるから，この解釈は成立しない。

　以上のように4人名を解明してみると，辰星は総指揮，未沙乃は参謀，加羅爾は督励者，都鬼は現場主任，あたりになるのではないか。麻高垢鬼か意等加斯かがなお留任して総括に当たり，その下にこの4人が配置されたのではない。そのことは辰星という人名の意味から考えて屋上屋を架するようなことになるからである。またこの4人名を私のように解明してみると，「爾時使作金人等」と原文にあるのをそのまま受けとめ，その金を金物（金銅やそれで鋳造する仏像など）の意味に解するのでは，4人の受け持つ職域の幅が大きすぎてそぐわない。それ故に金は「企」の誤記とみるほかはない。この4人が推古4年早々に来日したのか，それ以前なのかは史料がないから不明であるが，幾年か前の来日ではなかったろうか。いずれにせよ，さきの2人とあとの4人をみるに，百済人があえてペルシア語人名を名乗ったとは考えにくいことである。

　このようにして私は，天武紀以前にわが国に知られていた中期ペルシア語人名を新旧の順に多数紹介することができた。ほとんどが大陸音による漢字写音であるが，その中に例外的ともいえる例のあることも指摘した，すなわち人名の意味を全面漢語訳する例で「辰星」がそれである。しかもこの傾向がのちに伎楽面の制作者名にもあらわれることも指摘した（路子工〔芝耆麻呂〕や堕羅女は部分漢語訳）。これは時代的には天武紀以後になるから当面の課題からはそれることになるが，文化史的には注目すべき価値もあるので，この機会にそれらにも言及しておくことにしたい。

8. 萬葉集にみえるイラン人名について

　ここに伎楽面というのは天平勝宝4年（752）4月9日の東大寺の大仏開眼供養に参列した伎楽隊の用いたもので，その面や面袋に問題の人名が書きつけられている。それは（1）基永師，（2）延均師，（3）財福師，（4）捨目師の4人であるが，このほかさらに（5）将李魚成や（6）葱坂福貴のような写音形もみえ，それに日本人とみられる（7）大田倭万呂の名もみえる。（7）は省き，（5）（6）は註にゆだね，（1）—（4）のみを取り上げることにする。これらの人名はゾロアスター教的信仰・理念・願望を示すもので，私が原語形と想定するものを，かの「麻高垢鬼」と対照させてみるのも意義深いことではなかろうか。また註にゆだねた（5）（6）の人名にしても，これに対照させて（1）—（4）に劣るものでもない。

　さて人名（1）—（4）の特色は「師」のついていることであるが，（5）（6）にはないから，敬称のためではなく，師をつけないと人名らしくないからであろう。それほど奇異な名前ばかりである。ここでは取り扱いの便宜上，（1）基永師と（2）延均師を先ず一括して取り上げよう。

　ゾロアスター教後期の伝承によると，世界の創成から1万2千年後に来る終末には，山岳の鉱物が熔けて地上を流れ罪者を清めるのみか，悪界（地獄）にまで流入して罪穢を消滅させる。かくて悪界の土は搬出されて大地は拡げられ（延）平坦となって（均），隆起も陥没もなくなる。世界は善悪混合相をはなれて正善の相に回帰し，オフルマズド（アフラマズダー）が根源者（基〔もとい〕）として永遠に存続する，という。「広い (frāx)」「平坦な (hāmōn)」「根源者 (buništag)」「永遠なる (jāwēd)」——これらの語が人名を構成して「基永（師）」とは「（オフルマズドが）根源者として永遠に（ましますように）」，原語でいえば Buništag jāwēd，また「延均（師）」とは「（地界が）広く平坦で（あれかし）」，原語でいえば Frāx-hāmōn で，いずれも願いを込めた表現であるが，それを示す動詞 bād（接続法現在3人称単数 'May he (it) be!'）は省略されていたとみてよい。もっとも，「永遠なる」は jāwēd のほかに jāwēdān, hamēīg, hamē, hamēīhā, tā hamē-hamē-rawišnīh 等々があるから決定的な一形を選ぶことはむずかしい。また上説した世界の建直しの状況は Bundahišn（9世紀の成立）TD₁ 196：1—7＝TD₂ 227：13—228：5によったものであるが，この地平坦説はプルータルコス（46-120年頃）の『Isis と Osiris』47. 370 Cにもゾロアスター教の説として知られているので，「延均師」という名は年代的にこれら両書の中間に位置する貴重な史料となるのみならず，この平坦説は仏典にみえる阿弥陀仏の浄土の相や弥勒下生時の世界の相としても説かれているので，比較宗教史的にも意義深いものがある。buništag「根源者」は善悪両原理のいずれにも用いられ，景教では創造主をこの語で示すし，また最高神格の永遠性はどの宗教でも主張されるから「基永師」をゾロアスター教的に解釈するのに批判の余地もあろうが，しかし，これにつづく「延均師」が全くゾロアスター教的にしか解釈できない点からみて，「基永師」に対する私の見解は許されるであろう。次は（3）財福(師)と（4）捨目(師)であるが，これらもゾロアスター教的理念をふまえた人名である。（3）は中期ペルシア語のゾロアスター教書の冒頭の識語に「財あり光耀ある創造主オフルマズドの御名を通して（私はこの書を書く）」とある常套語にみえるものであるから，財福師という名は rāyōmand (ud) xwarrahōmand「財あり（且つ）光耀あるもの」として，神のこの属性を自身の名に移して神徳を銘記するよすがとしたものであろう。「光耀（光輪）あるもの」が「幸いなるもの，至福者」に通じることはすでに上説した（pp.154-156）。最後に（4）の「捨目(師)」であるが，捨は喜捨や捨入の捨で，仏教的用語であるのもおもしろい。この人名は「施しの目（Hudāg čašm）」か「施しの目をもつもの（Hudāg-čašm）」の謂いであるが，「喜捨する目」を「慈眼」とみればその「慈」には hu- や hugar なども考えられるし，hudāg には hudāhag という別形もあるので，原形を打ち出すことはむずかしい。案外，コンパクトな Hučašm あたりだったかも知れない。いずれにしても，眼を重視するのはイラン古来の風習で，「わるい眼が見ると凶作になる」といった土俗信仰もそれである。これは人体を小宇宙とみて大宇宙との間に相似一致を説く世界観から来ているもので，ブンダヒシュン書には「頭頂の脳髄は無終の光明のごとく，また頭蓋はガロードマーンのごとく，両眼は月と太陽のごとし」とある（TD₁ 161：10—12＝TD₂ 190：4—

5)。ガロードマーンはアフラマズダーの天宮，無終の光明とはそこにある光とみてよい。日月が光るのはこの光明と結びつくからで，それと同じく脳髄は光を発し，その光は両眼から射出し，人はその光によってものを見るというわけ。したがって，悪人は邪光を放つから不祥事をもたらすことになる。このような眼目観の好例は拙著『ゾロアスター研究』p.46にもある（デーンカルド書第7巻第3章§§39-40）。が，最も劇的なのは終末の日にゾロアスターの子 Astvaṭ.ərəta が願意の眼で一切穢類を見，彼の覿見が彼らを不壊にするといわれていることである（ヤシュト19：94）。ゾロアスター教徒が犬に屍体を視させて魔除けにする儀礼「サグディード Sag-dīd「犬視」」も同じ原理による。犬はアフラマズダーの創造した善庶類であるから（p.153）邪光を出すことはない。サグ・ディードという語の意味は「犬が視る」ということである。この儀礼の原理について Jehangir C. Tavadia : *Šāyast-nē-šāyast*（「許不許」）. *A Pahlavi Text on Religious Customs*, Hamburg 1930, p.17 (17a) は Johannes Hertel の，いわゆる Arische Feuerlehre をもって説明しようとしているが，一部では承服しがたいところもある。

残る（5）（6）は註30にゆだねたが，（6）葱坂福貴にしてもその自利利他的な面をとらえて，例えば「人我兼利」から「兼利師」とでも訳してみよう。だが，これでは（1）—（4）のように原語の面影を濃く伝えているとはいいにくい。この2形を写音形で残したのは，それなりの理由がありそうである。

このような天武紀以後の例は別として，かの麻高垢鬼・意等加斯・未沙乃・加羅爾・都鬼などの写音人名からみて，萬葉集160番歌にイラン・ゾロアスター教徒の人名が面智男雲（メニシルダクモ）として，特異な表記法（p.185以下参照）によってではあるが，登場し，あるいは露盤銘や崇峻紀元年にみえる諸イラン語形から「袋には」を「福路庭」と書き，その福路をもって farrah「光耀，光輪」の写音とみなし，その在所にして帝魂の畢竟処たる天宮ガロードマーンを福路庭と好字をもって視覚にも訴えているとみても，大過ないであろう。しかも，この farrah を福路で写音している点は，日本書紀や露盤銘にみえる諸イラン語形と比較してではなくして，実に萬葉集そのものにみえるイ

ラン語形と比較してみるときに，新たな意義をもって私どもに問いかけているように思われる。それは148番歌（天智天皇挽歌）で，題詞には帝が重篤に陥られたとき皇后の詠まれた歌とあり，歌詞は「青旗の木旗の上を通ふとは目には見れども直に逢はぬかも」とある，その「木旗」のことである。歌は一見平明のようであるが，理解しやすいとも限らない。それは，この木旗が何をあらわしているかが，必ずしも明らかではないからである。これまでは木旗が木幡（現・宇治市）か，山科の強田山とある強田（現在のものには比定不能）なのか，意見も分かれていた。私は木旗が地名ではなくて中期ペルシア語 kabōd (kpwt と書く)「灰青色，青色」が訛られ，母音も音位が転換されて「青旗」のそれに順応したものと考える。すると，青旗の木旗の上とは碧空の青さの上，つまり蒼穹の上（上は字義どおり「うえ」），ということになり，一首の謂いは「死者の魂魄がもやなどの形で青空高く上昇するのは，この目には見てきていることであるが，大君の場合は直接そのような情景にはお遭い申していないことです。病篤くましますが，どうかご平癒なされますように」というほどになろう。書紀や露盤銘には的確なイラン語写音が天武挽歌以前にすでに見出されるが，萬葉集のみに限っていえば，私の知る限りでは，天武挽歌以前の例としてはこの天智挽歌の木旗のみであり，しかもイラン人ならぬ天智妃によって大きく訛られているのである。私は，これに比べてこの天武挽歌の「福路」をもってイラン人ならではの的確な写音とみなすもので，実作者のイラン人であることを示すものとして注目したい。

　マンスラ maθra- はゾロアスターにとっても，極めて重要な概念であった。そのことは，彼が自らを maθran-「マンスラ者」とよんでいることでも知られる。この語はガーサーに5箇所用いられ，しかもみなゾロアスターが自身をそうよんでいる場合のみである[31]。マンスラを宣べ伝える者の謂いか，それを知悉している者か，それを受持している者の謂いか決定することはむずかしいが，神のことば，聖語を預かっているものとして「預言者」と訳することは許されよう。「マンスラを宣べ伝える者」の意味をとれば Maθra-vāka- と，「マンスラに通じている者」の意味をとれば Maθra-dahma- と類義になる。ゾロ

アスターがどんな使い方をしているかを、ヤスナ32：13に伺ってみよう：
　　（権勢と）ともに捕縛も（人を）最悪のアカ・マナフの館に縛りつけたが
　　るが、その権勢のゆえに
　　この世界の破壊者どもがおり、また、マズダーよ、ほしいままに御身の
　　マンスラン（マンスラ者）の使命について苦情するものどももそうで、彼
　　（マンスラン）は彼らを阻んで天則を見させぬでありましょう。（本頌に
　　ついては本拙著p.463以下を参照のこと）

しかし、この詩頌を前引ヤシュト13：105（p.161）と比較すると、ゾロアスターの敵がマンスラワーカの敵と同類であることがわかり、マンスラの重要性をさらに高めるであろう。この mąθran- も中期語では *māns(a)rān となるはずであるが、これは事実上見出せない。このことは、例えばヤスナ32：13の「御身のマンスランの使命を（θwahyā mąθrānō dūtīm）」が ˈpad ē ī ˈtō mānsar gōwāg ˈhēnd 《（ˈkū pēšōbāy ī ˈpad dēn ˈhēnd）》「御身のマーンサル（聖語）に従って宣説しつつあるものたち《すなわち、デーンの守教（ペーショーバーイ）たるものたち》」と訳註されているのをみても明らかである。要するに、中期語では mąθra- の転訛形のみが残り mąθran- のそれは残らないから、Mąns(a)r-dahm（面智男雲）の前肢には、上来みてきたように、Av. mąθra- のみを考えるだけでよいこととなる。

そこで、残るイラン側の事情は(1) mąθra-dahma- がゾロアスターの形容語ではないかということと、（2）人名だとすれば、どうして現存のゾロアスター教関係の文献に残っていないのか、その理由は何かということ、この二つにしぼられてくる。

mąθra- や dahma- の意味、mąθra-dahma- のそれについては、一応のことは上説した（pp.160-161）。ただ dahma- についてはさらに取り扱っておくべきことがある。この語はガーサーではヤスナ32：16の 1.a に dahmahyā（単数属格）として出てくるのが唯一の例で、Chr. Bartholomae: *Altiranisches Wörterbuch*, col. 704 はこの dahma- に 'ductus'「通暁している」の訳を付しており、私もこれが原意に最も忠実なものとみているものであり、一般に

'pious' と訳すのは二次的な展開の所産に拠るもので，ガーサー語としては取るべき語意ではなかろう。だが，バルトロメー自身もこれを含む l.a の訳出は断念しており，この語を 'of the Wondrous One' と訳している S. Insler も l.a の一部は訳出を放棄している。インスラーの 'the Wondrous One' は dahma- をアフラ＝マズダーと解しているものだが，これは正に倒錯に近い謬見である。その他，dahma- を 'pious' と訳していても，的外れの翻訳をしたり，l.a は全く手をつけずに放置するなど，研究者を戸惑いさせたもので，その他この§16は l.c にも，これまでのどの訳にも大きい誤解がみられ，難解詩頌の一たるをみせつけている。

hamām taṯ vahištāčīṯ　　yā ušuruyē syasčīṯ dahmahyā
xšayas mazdā ahurā　　yehyā mā aiθīščīṯ dvaēθā
hyaṯ ⁺aēnaŋhē drəgvatō　　āāānū išyōng ⁺aiŋhyā

まさにこのこと（前節を承ける）こそ，（聖語）通暁者（たる私）の幸いのために，マズダー＝アフラよ，

その者への怒気が私を脅かしておりますその者を，制し給う方として，払いのけてさえもして下さる（あなたさまの持ちてまします）最勝のものであるのです——

乞い願っているものたち（の願い）に応じて不義者の暴虐に（聖語を）私が投げつけるために——。

この私解を補足するためには，いくつかの語釈が要る。それらのうちで，ušuruyē と syas- は註に委ね，ここでは節末の語 ⁺aiŋhyā を取り扱っておく。この語は写本には aŋhyā（写本 J 3），aŋhayā，aŋhāyā の 3 形が見える。H.Humbach のみ Ved. āsayā́「眼前に」と同定しているほかは，いずれもバルトロメーの上掲辞書 col. 1800 に従って ā̆-hā(y)-「阻止する，抑止する」と解しており，これと異なって ā-hā(y)- を「捉える」と解する S. Insler も結局はバルトロメー説の修飾にすぎない。この最終行をバルトロメーは「わたしが，わが愛するものどもへの（gegen）暴虐にあたって，不義者どもを阻止するために」と訳し，インスラーは aŋhāyā を *ā-ŋhāya(i)yā（現在希求法1

人称単数能動相)の同音省略とみて 'if I am to capture the deceitful for their harm against the worthy' と訳している。どの説も頭音 a を ā と見なしているが、このような見方は万策尽きた場合にのみ許されることで、安易に執るべき手段ではない。ここではむしろ、このために大きい誤解や曲解を余儀なくされていることに注目したい、というのは əəānū すなわち anu「……に従って、沿うて」が 'against' 'gegen' と解されているからである。この動詞は写本 J 3 の aŋhyā を執って正字法的に aiŋhyā (より新しい形なら aṅhyā) とし、²ah-「投げる」の現在接続法 1 人称単数能動相とみるべきであり、何を「わたしが投げつけるために」かといえば、それはマンスラ「聖語」である。ここでは明示的にこの語は見えないが、神の前におけるゾロアスターの独白としてこの語はいわば神と彼との間における、いわずとも知れた自明の概念であった。私は、稀ではあるが、マンスラを唱えるだけで怨敵を倒すという考え方がゾロアスターにもあったことを上に指摘しておいた (p.161) が、これがその一例である。私のこの考え方はヤシュト 10：20—21 によって支持される。そこには正しい形の aiṅhyeiti (より正しくは ⁺aṅhyeiti.「彼は投げる」) のほかに aŋhayeiti のように -ha- をもつ形もある。つまり -hya- のほかに -haya- があるということで、このことは aŋhyā のほかに aŋhayā, aŋhāyā のあることと同じ状況であり、この点からもここでは aŋhyā (より正しくは ⁺aiṅhyā) の方を選取し得るし、語根はどうしても ²ah- でなければならない。ヤシュト 10：20—21 は次のとおりである。[41]

    apaši vazaite arštiš
    yąm ⁺aṅhyeiti (＜aŋhayeiti) avi.miθriš
    frāna aɣanąm maθranąm
    yā vərəzyeiti avi.miθriš
    反ミスラ者が投げる
    槍は逆に戻ってくる、
    反ミスラ者が放つ
    悪呪の数々もろともに。

yatčiṯ hvastəm ⁺aṅhyeiti （＜aiṅhyeiti）
yatčiṯ tanūm apayeiti
atčiṯ dim nōiṯ rāšayente
frə̄na aɣanąm mąθranąm
yā̊ vərəzyeiti avi.miθriš
vātō tąm arštīm baraiti
yąm ⁺aṅhyeiti （＜aŋhayeiti） avi.miθriš
frə̄na aɣanąm mąθranąm
yā̊ vərəzyeiti avi.miθriš

たとい好投を（好）投しても
たといからだに当たっても
どれも彼を傷つけぬ,[42]
反ミスラ者が放つ
悪呪の数々もろともに：
反ミスラ者が投げる
その槍は風がもちてゆく,
反ミスラ者が放つ
悪呪の数々もろともに。

ここでは反ミスラ者の槍も呪文もミスラ者を傷つけぬのみか、その反ミスラ者に逆戻りするといっている。槍には「投げる（aṅhyeiti）」、呪文には「放つ,仕かける（vərəzyeiti）」と異なる動詞が用いられているが、動詞を互いに入れ替えても意味に大きな相違も生じないのではないか。ここに私の読み「⁺aiṅhyā」の正しい論拠がある。「敵に呪文を投げる」すなわち「マンスラで敵を圧伏する」という思想は多くはないが、ヤスナ44：14の ll. be にもみえる：

kaθā ašāi   drujə̄m dyąm zastayō
nī hīm mərąždyāi   θwahyā mąθrāiš sə̄nghahyā
ə̄mavaitīm   sinąm dāvōi drəgvasū

8. 萬葉集にみえるイラン人名について

ā īš dvafšə̄ng　　mazdā [a]nāšē ạstạsčā
いかにして天則の両手に不義をわたくしは引き渡しましょうか。
御身のみ教えのもろもろのマンスラをもってそれを打ち据えんために
——不義者どものなかに強力な破壊を加え
彼らに、マズダーよ、破滅と禍害の到来するようにと——。
またヤスナ43：14，ll. de にゾロアスターが「御身（アフラマズダー）のもろもろのマンスラを銘記しているすべてのものどもと相携えて、み教えの侮蔑を追い払うべく立ち上がる (uzirəidyāi azə̄ sarədanā̊ sə̄nghahyā/maṯ tāiš vīspāiš yōi tōi mąθrā marəntī)」ことを望んでいるのも参考となる。

私は以上によってヤスナ32：16を解明した。その末語は ⁺aiŋhyā 'I may throw' であり、マンスラを投げつける意味で用いられていることが明らかとなった。この詩頌の l. a は「まことこのことこそ、（マンスラ、聖語）通暁者の幸いのために、……払いのけてさえもしてくださる（御身がもちてまします）最勝のものです」となる。ここでゾロアスターは「通暁者 (dahma-)」という語をもって自身のことをいっている。彼はまさしく「マンスラ通暁者 (*mąθra-dahma-)」である。それを証するかのような詩頌がヤスナ43：11である：

また（同じく）恩寵者として御身を、マズダーよ、わたくし（ゾロアスター）が認め奉ったのは、アフラよ、
わたくしを（御身さまが）ウォフ・マナフとともに取りまかれた[43] (pairī.jasaṯ) ときのことです。
（しかし）みことばをもって (uxδāiš)、御身たち二方によって、最初にわたくしが教えられた (dīdaiṅhē) ときは
御身たちが最勝のものとわたくしに仰せられたことを実践せんがための
信念は、（不義なる）人々の間にあって、わたくしには苦難なものに見えたのです。

ここでは、ゾロアスターの立場からいえば、神の語は uxδa- (uxδāiš は複数具格）で示されている。神の語、聖語は mąθra- だけでなく、ここのよう

に uxδa- や vaxša- でも示される。そして，ゾロアスターはここで神よりその語をもって「わたくしは教えられた（dīdaiṅhē——daḥ- の完了過去 1 人称単数中動相と私は解する。daḥ-「教える；教わる」は dahma- の語根）」といっている。彼はマンスラを教えられ，それに通暁するものとなった——そういうことをいっているわけ。いよいよ彼は「マンスラ通暁者（*maθra-dahma-）」なのである。だが彼はマンスラダフマ（Maθra-dahma，メニシルダクモ）と同一人物でなければならぬことはない。*maθra-dahma- なる語でゾロアスターを形容したり，これを彼の別称としたりするようなテキストは見当たらないからであるが，また上引マンスラワーカを引き合いに出してこの点を一層明らかにすることもできるからである。

　今，ヤスナ 45：3 において，ゾロアスターは

　　では，わたし（ゾロアスター）は預言しよう[44]（fravaxšyā），この世の始元(はじめ)を——

　　それはわたしに，知りてある方（vīdvå）としてマズダー＝アフラの語られたもの。

　　そなたたちのうちにて，このマンスラ（「聖語」）をわたしが思い且つ語る（vaoča-）が

　　ごとくに，それを実践しないものたち——

　　そのものどもにとって，世の終末は「ああ」（悲嘆の叫び）となるであろう。

と語っている。ここでゾロアスターは自(みずか)ら「わたしはマンスラを語る（maθrəm……vaočā）」といっている。しかし彼は賢人マンスラワーカ（「マンスラを語るもの，それを宣べ伝える者」の謂い）その人ではない。ヤスナ 31：6 では

　　「人あって，わたしのために，知りてある者（vīdvå）として真実の（マンスラ）を宣べ伝えんに（vaočāt haiθīm），最勝なるものが彼にあらんことを——（すなわち）

　　「かの方（マズダー）のために（われらの）善思によって成長していく王

国こそマズダーのもの」という

完璧と不死に関する，天則の（真実の）マンスラを，です。
といって，ゾロアスターのために真実のマンスラを宣べ伝えるものに幸いを彼は祝禱しており，これはマンスラ宣説者がゾロアスター以外にもあることを示すもので，マンスラワーカなる人物がゾロアスターでないことを，いよいよ明白にするであろう。マンスラワーカなる人名の意味と相通ずる境地をゾロアスターは有しているが，マンスラワーカとゾロアスターとは別人である。それゆえに，マンスラダフマなる人名の意味と相通ずる境地をゾロアスターが有していても，ゾロアスターとマンスラダフマとは同一人物でなければならぬ理由はない。上引ヤスナ31：6において，「知りてある者（vīdvā̊）」として真実のマンスラをゾロアスターのために宣べ伝えてくれる者への祝祷を述べているが，「知りてある者（vīdvā̊）」は「通暁している者（dahma-）」に極めて近い概念であるから，ヤスナ31：6はまさに，ゾロアスター以外にもマンスラ通暁者のいること，いいかえれば，マンスラダフマはゾロアスターと別人であってよいということを示すものである。

ここに出る vīdvā̊(vīdvāh-［Skt. vidvān- に対応する］の単数主格。同与格は vīdušē，同属格は vīdušō）は神と人とに共通して用いられている（「知りてある方」「知りてある者」）。神人共許の境地は Av. arədra-「富者，福者」や Vedic ádhrigu-「貧しくないもの」にもみえることで異とするには足らないが，従来この語 vīdvāh- が具体的に何を知っているのかという点においては極めて漠然としていたが，私のこの研究によって，少なくともマンスラを知っているものとしてその一面が明らかになったと考える。

では，人名マンスラダフマが古期や中期のイラン語文献に洩れた理由は何かということになるが，これには二つの事由が考えられる。その一つは，現存のアヴェスターは曽存の大アヴェスターすなわちいわゆる21ナスク本の三分の一ないし四分の一程度の遺残である。このことはデーンカルド書の伝える21ナスクの内容からみて，当たらずといえども遠からずといえる。したがって，その散佚した部分は大きく，その中にこの人名や萬葉集に伝えるごとき彼の事蹟も

183

収録されていたのではないか，ということになる。もう一つの理由として考えられることは，ペルセポリスの城塞文書の中にみえる人名 Manθra（メディア語形）と Manssaka（Mançaka）（古期ペルシア語形）から推察されうる事情である。M. Mayrhofer は後者を Maθravāka のごとき人名の短小形ならんといっているが，今やわが萬葉集は Maθradahma を提供しているから，氏の言を補足充実させることになる。前者 Manθra も同様に見なしてよいのみか，[46] むしろこのほうが -θra-（古期ペルシア語では -ssa-／-ça- となる）を有していてアヴェスター語形に近い（同一）ことを示している。察するに，マンスラダフマは燃ゆる火云々の秘蹟をもって名を馳せ，ために世人は彼を単にマンスラ（さん）とのみ愛称して伝えていたのではないか。ところが，テキスト編集の段になってこのマンスラが普通名詞マンスラ「聖語」と区別がつかなくなり，ついに人名として編集される機会を逸したのではないか，とも考えられるのである。[47]

　以上をもって，私はイラン側の事情として触れるべきものには，おおむね触れたつもりである。そこに指摘挙示した諸事実，すなわち1）燃える火（と袋）で演じた秘蹟にゾロアスター伝にみる一齣と通ずるもののあること，2）福路庭という特異な用字（「ファルラフ＝光輪の所在するオフルマズドの天宮ガロードマーン」を示す），3）人名 Maθradahma（ゾロアスター教系の）を面智男雲で写音していること，4）反宇宙論的順位（星が下，月が上），5）崩帝への哀悼哭泣の情が見えないこと，から2首は，題詞には持統帝の作とされているが，ゾロアスター教徒が自身の立場で詠んだもので，持統帝のために代作したものでもないと主張したい。これだけ多くのゾロアスター教的要素を盛り込むことは，作者自身がゾロアスター教徒でなくては不可能である。それはあたかもおびただしいゾロアスター教的モチーフを所狭しと盛り込んでいる橡　地羊木文の﨟纈屏風絵（正倉院蔵。天平勝宝三年〔751〕十月と墨書きの銘がある）が，ゾロアスター教徒の関与なしには制作されえなかったのと同様である。では，2首の作者はだれなのか。

　私は上でトカラ国からダーラーイの一行が来日したことを述べた。クンドゥ

8. 萬葉集にみえるイラン人名について

ズで王（シャーフ，舎衛）を号していた彼は，来日後己が息女（王女，舎衛女。人名ではない）と通婚したが，これを残して離日した（660年）翌年（661）一女が生まれ，母（舎衛女）はこれにダーラーイの名をとって Dārāy-duxt(ag)（duxt, duxtag は「娘」の謂いで，これのみを「女」と訳し，書紀は堕羅女と記している）と命名したが，天武4年（675）元旦，母（30代の半ば）娘（15歳）同道で参内していることを記した。天武帝は11年後，686年に崩御されたが，書紀には年齢の記載がない。天智の皇弟とするのを疑う向きもあるが，皇弟とすれば，『本朝皇胤紹運録』が帝の在世を623―686年，崩寿を65歳（実計算では63／4歳くらい）とするのを否定して，65を56の倒錯とみるのも一つの見方であろう。56歳説をとれば，天武帝は舎衛女よりほぼ10歳，堕羅女よりは30歳の年長となる。帝の崩時，舎衛女は大和入りしてからでも30年余，堕羅女に至っては大和生まれの26歳である。日本文化の中心にあって名門に恥じない教育も受け，日本語やそれを表記する漢字の多様な用法にも習熟していたであろう。殊にこの漢字の用法には，母国の文字とも比べて興味をもったのではなかろうか。当時の彼女らの母国の文字は同一文字がいくつもの音をもつ場合があり，正規の母音文字もないうえに，アラム語（ヒブル語に近いセム語）を同じ中期ペルシア文字で書きペルシア語で訓じたりしていた。例えば lwč は rōz「日」とも ranj「苦労」ともよめるが，rōz の場合は w は ō をあらわす母音記号の役を演じ，ranj の場合は w は n なのである。つまり w 字は子音文字だが母音記号の役を演じるが，また n 音をも表わすということである。元来，w 字と n 字とは区別されていたが崩れた結果同じ形となったのである。同じようなプロセスを経て結局 w 字は w, n, r, ・などの音を表わすようになった。rōz については ywm（yōm「日」）と書いて rōz と訓じる表意書きもある。ではこの ywm はそれだけですむかというと，これは dwm とみると dum「尾」となるから厄介である。w 字の場合と同様な史的変遷によって y 字は y, d, g, j などの音も示すようになったから，ywm は dwm でもありうるし，この場合は w は短母音 u を示す記号である。それに rōz は lwč と書くが rwz とは書かないから，いよいよパズルめいたものにな

185

る。上出した「白加」すなわち paykar (＜pahikar)「像」も ptkl と書くから文字 t が現実には y 音を表わしている形となり、文字と音とのズレも大きくなっている。ゾロアスター教系の文字のもつ煩雑な側面に習熟していた堕羅女たちにとっては、漢字遊びは案外おもしろかったのではないか。したがって、それへの熟達も速かったにちがいない。わが国には『波斯國ノ字様』という書があった。寛平年間（889—898）に成立した藤原佐世の『日本國見在書目録』に載っている。成立年代は不明であるが、『波斯語』といわないところがおもしろい。この厄介な文字のことを詳説していたと思われる（註29参照）。彼女らにこの2首ができても不思議はない。そして、このような見方からすると、「メニシルダクモ」という記法にも彼女ら流の匂いがつよくなってくる。

　私は上で漢字表記によるイラン語人名のいくつかを挙げた。基永師、延均師、財福師、捨目師のような（p.173以下）翻訳名は別として、その他のものは漢字漢音（隋唐音というほうがよいかもしれない）による音写を建て前としている。時代を新から旧へと逆順に繰り返してみると、将李魚成、葱坂福貴（共に註30参照）；達阿＝堕羅；路子工＝芝耆麻呂；未沙乃、加羅爾、都鬼；麻高垢鬼、意等加斯（p.167以下）となり、160番歌以前のものとしては未沙乃〜意等加斯らが注目される。これに対しメニシルダクモは音訓音訓方式になっているので、これらの場合とは趣きが異なるが、私は彼女らが漢字の諸用法に通じていたがための、よくいえば独自に打ち出し得た新機軸、いってみれば彼女らの一種の playful innovation、わるくいえば勇み足とでもいうべきものと考える。日本人でないから、伝統の拘束力をそれほどつよく感じなかったのではないか。このような手法は「福路庭」にもその一部を垣間見せている。庭はおそらく gyāg か gāh (p.156参照) 'place' で、bōyestān「花園、庭」ではなかろう。写音ではないからメニシルダクモと比較するのは妥当でないが、フクロニハにも一種の音訓方式があるともいえる。ニハがてにをはのにはでもあるから庭が用いられたが、このような必要がなかったならば、多用される gyāg のほうを取り入れてフクロニハを中期西イラン語でどう表現するかを考えてみると、（1）ān gyāg ī farrah,（2）ān ī farrah gyāg,（3）ēd ī farrah gyāg

あたりとなる。（1）は今は除外し，（2）（3）をみるとほぼ同じ表現で，farr-ah と gyāg が連続して登場する（ān は 'that'，ēd は 'this' であるが，「光耀の，光輪の」という属格表現を ān ī farrah とか ēd ī farrah とかで示す）。この farrah gyāg を捉えて，これを福路城屋（フクロギヤ）などと，意味もありげな文字で写音したかもしれないような気がする。これだと音仮名訓仮名の混用となって，メニシルダクモとも比較できそうである。私はすでに「と」に澄の用いられている難点に一つの解明を試みた（p.160）。澄を「と」に用いる用例はないから澄は「と」でないといっても，日本語としては「と」とよむほかはない。それと同じように，人名の音訓式写音はないからメニシルダクモは成立しないといっても，イラン語としてはメニシルダクモとしか読むすべがない。この末句が難訓だったのは，日本語として読みとろうとしたからではなかろうか。

　私はこうして，上で（p.160）提起した三つの問題のうち，最後に残った最初の問題，メニシルダクモという表記法をどのように位置づけるかという問題をも，私なりに解決することができた。

　天武天皇は資性英明勇武にして，あるいは修史の業を興こして記紀成立の端を開き，あるいは壬申の乱を収めて皇統長治の制を定めたが，その後宮もこれに劣らず華やかであった。ところで，長安酒肆の胡姫のことであるが，彼女らがその捲髪玉肌や深眼錐鼻をもって唐都人士の心魂を奪ったことはよく知られている。これと妍を競ったかは知る由もないが，ノーブルではあったにちがいない，この異国の両女，それでいて大和ことばを自在に操り詩藻亦豊かだったとすれば，帝の目にもとまり，賜謁の機も4年元旦の公式的なものが，前後を通じての唯一のものだったとは考えにくい。したがって帝との間に「相聞」ならずとも，ことばや歌のやりとりがあっても不思議はなかろう。崩御された帝に彼女たちが歌──み魂のための祝祷歌をささげても異とするには当たらない。

　私はこの2首の作者を考えたとき，まっさきに浮かんだのは舎衛女のことであった。彼女がダーラーイの訃報に接して詠んだものではないかとの疑いだっ

た。この疑念は今も晴れていないが、題詞は天武天皇の崩御に際して、といっている。ダーラーイのためでないとすれば、舎衛女を作者とするよりも、堕羅女を作者とするほうがよい。堕羅女は父の顔も知らずにこの世に生を享け、現実に帝を見て人と成った。題詞には「一書に曰く、天皇崩之時云々」とある。原史料には「王の夫人の娘」という意味で「王婦女」とか何とかあったものを、「一書」が誤って「王の婦女＞王の婦人」のように解し、天武の皇后のこととしたのでもあろうか。

　私はこれまでメニシルダクモをもって古代イランに在世した人物、したがって「燃ゆる火も」云々という事蹟も当時のものが堕羅女にまで語りつがれてきたものと受けとってきた。彼女にとっては、それはもう千年以上も前のことであり、母国のことといっても、彼女にとっては遠い異国の出来事で、ただ伝え聞くだけのことであった。過去の人名を挙げてその事蹟を詠みこんだものは多くはないが、萬葉集にも見出され、例えば松浦左用姫（868番以下）、葛飾の真間の手児奈（431―433, 1807番）や葦屋の免原処女（宇奈比処女―1809, 1810番）などがある。また過去の出来事で自らは実見せず、ただ伝聞にとどまることながら、それを述べて自身への問いかけとする形式としては「今日今日と吾が待つ君は石川の貝に交りてありと言はずやも（不言八方）」（224番）や「こもりくの泊瀬をとめが手にまける玉は乱れてありと言はずやも（不言八方）」（424番）などがある。このような表現形式からみても、メニシルダクモは過去の人物であるべきで今来の人物、すなわち彼が自ら来日して所詠のごとき秘蹟を演じたとみるべきではない。もし彼ほどの人物が来日したのであれば、日本書紀の沈黙をどのように解すべきであろうか。

　それはともあれ、わが萬葉集は、こうしてゾロアスター教徒のイラン語人名 $\text{m}\underset{.}{\text{a}}\theta\text{ra-dahma-}$ を伝えて今日におよんだ。この語形は人名としても普通名詞（形容詞）としても、他には文献不伝の語である。このようなケースは、管見によれば、萬葉集中では、確実な例は160番歌（$\text{m}\underset{.}{\text{a}}\theta\text{ra-dahma-}$, farrah）や148番歌（kabōd＞木旗, p.176）のみであるが、わが国上代の他の史料に眼を転じると、同様な例はかなり見出され、普通名詞ばかりでなく人名もあること、

上述したとおりである。イラン文化の浸透のみでなく，イラン語そのものの浸透も看過されてはならないことである。

　天武天皇挽歌2首の読解を終えて考えてみたいのは，そのもつ歴史的意義についてである。私は独自の考証によってゾロアスター教徒の渡来を論証した。ダーラーイら一行の来日がそれである。だが，ゾロアスター教徒の来日が直ちにゾロアスター教そのものの渡来に結びつくとは限らない。彼らが聖職であるとか祆寺の建立がみられるとかの場合はゾロアスター教の伝来といえるが，残念ながらこれら二つの条件は，いずれも満たすものがない。しかし，この2首は，歌詠の形ではあるが，サーサーン朝期のゾロアスター教の教義を，きめもこまやかに且ついとも正確に盛り込んでいて余蘊がない。『アオグマダエーチャー』の日本語版，というよりも，それに先行する日本版といっても過言ではなかろう。宣教を目的に詠まれたものではさらさらないが，ゾロアスターがアフラマズダーを前にモノローグ的に自意を陳べたものをも含めて『ガーサー(Gāθā)』とよんでいるように，堕羅女が崩御の帝を前にモノローグ的に自意を陳べてもいるこの2首を私どもは一つの『ガーサー』とでもよび得るのではなかろうか。ガーサーすなわち伽陀とは詩頌であり偈頌である。私にとってこの2首はゾロアスター教そのものの渡来を証する確実な史料に外ならないのである。(なお，本拙著所収の「法隆寺伝来の香木銘をめぐって」も参照ねがいたい)

あとがき

　「まえがき」の冒頭にも書いたように，私は最初の「木村論文」に触発されて天武天皇挽歌2首とかかわりをもつようになった。このような経緯で草したこの一文が，わが国の萬葉学界のどの論著とも相容れないものであることを私は知っている。それゆえに容認されがたいものであることはいうまでもないが，解読に行き詰まっている「面智男雲」に新しい訓・義を提唱し，2首の解釈にも未踏の境地を拓いたものではないかと考える。このような「木村論文」が同氏自身のその後の展開に貴重な礎石となっていることも，これまた改めて

言挙げするまでもなかろう。無倦の精進と犀利な心眼がもたらした成果であるが，これに関連して思い出されることがある。昭和54年（1979）3月8日のことであるが，木星探査機ボイジャー1号から送られていたイオ（木星の衛星）の映像をみていたL. モラビトさん（米宇宙航空局〔NASA〕惑星間航法担当官）は異様な現象を見つけて「火山じゃないの」といった。これはやがてわが太陽系で地球以外に現存する活火山の確認へとつながるきっかけとなった。また，その前年，昭和53年（1978）9月11日には埼玉県稲荷山古墳出土の鉄刀（いわゆるワカタケル鉄剣）を調べていた大崎敏子さん（元興寺文化財研究所文化財保存処理センター勤務）は，5，6箇所に小さな金泥粒があって金線でつながっているのを見つけており，これは金象嵌に成る115字銘文のX線による検出とその解読へとつながる，重要ないとぐちとなった。彼此併わせ考えて感慨なきを得ない。

註

1 この論考は独立の論文であるが，その中には拙稿 "A Zoroastrian Proper Name from the *Man'yōshū* (Pahlavica X)", *Orient*, Vol. XXII (1986), pp. 1-15 および同 "On Yasna 32：16 (Gathica XVI)", *Acta Iranica*, 28, *A Green Leaf, Papers in Honour of Professor Jes P. Asmussen*, 1988, pp. 3-11 も含まれており，また抄論というべきものには拙稿「歴史学の謎，ゾロアスター教――その東伝――」（『高校通信，東書〔日本史世界史〕』No. 123/1986, pp.2-5）やそれを敷衍した「ゾロアスター教の渡来――天武天皇挽歌二首を解読して――」（『東アジアの古代文化』51号, 1987年春号, pp.142-161）がある。
2 末句「おもしらなくも」の代わりに「おもしるなくも」「おもしろなくも」もある。「おもしらなくも」と訓んでも，高木市之助＋五味智英＋大野晋『萬葉集』一（岩波書店1957年），pp.94-95では「しる」を「領る（自由にする）」と解しているが，再会不能をなげくとするのは同じである。
3 Bundahišn TD$_1$ 28：8—13＝TD$_2$ 32：12—33：2 には（1）雲圏，（2）恒星圏，（3）無混合星群，（4）最勝界――月はこの圏にある――，（5）無終の光明とよばれるガロードマーン――太陽はこの圏にある――，（6）不死饒益尊の王座，ならびに（7）オフルマズド（アフラマズダー）の王座たる無終の光明，のように上界の6圏と無終の光明が挙示されている。これは7の数を作りあげるために無理をかさねている（無終の光明が（5）と（7）に割れていることでもわかる）が，それでも雲圏・星圏・月圏・日圏という，下から上への順位は確認されよう。また同

書 TD₁ 174：6—13＝TD₂ 203：10-204：1には善魂が第1歩で星圏に，第2歩で月圏に，そして第3歩で「輝やくガロードマーン」の所在する日圏に昇霄することを述べており，「救われるとは日天に赴くこと」ともある（DkM〔次註〕107：1—2）。反宇宙論的順位については註15も参照のこと。

4　Dēnkard ed. by Madan (DkM) 810：10—16（Dēnkard ed. by Dresden＝DkD は欠落）（ここは既存今欠のアヴェスター中の Sūdgar ナスクがどのようなことについて取り扱っていたかを述べるもの）に「またジャム（Jam）を斬殺してのちに人間がみな有毒化した理由と，ダハーグ（Dahāg）の支配とに関してダハーグが集会（hanjaman）の人々に（なした）質問について，また（集会の）人々が『ジャムは世界から窮乏と貧困，飢えと渇，老齢と死，哭泣と悲泣，過度の寒冷と炎熱，魔が人間と混在することを遠ざけていた』と，こうダハーグの質問に答えていることについて」とある。原文は ud ⎮abar hanjamanīgān pursišn ī Dahāg ⎮abar čim ī wišōmandīh ī hambāstag mardōm ⎮pas ⎮az kirrēnīdan ī Jam ud xwadāyīh ī Dahāg ud mardōm ⎮ō Dahāg pursišn guftan ⎮kū Jam ⎮abāz dāšt ⎮ēstād ⎮az gēhān niyāz ud škōhīh ud suy ud tišn ud zarmān ud margīh ud šēwan ud mōy ud sarmāg ud garmāg ī apaymān ud āmēzišn ī ⎮dēw ⎮abāg mardom とある。

5　Ardā Wīrāb Nāmag—本書はダンテの神曲の祖型としても興味深いが，一般に Ardā Wīrāz Nāmag「アルダー・ウィ(ー)ラーズの書」とよばれているのは残念。本書の呼称については私がすでに述べたところ（拙著『ペルシア文化渡来考』pp. 139-142）なので，ここでは再説しない。本書には最近，新訳が相次いで現われた。Philippe Gignoux：*Le Livre d'Ardā Virāz. Translittération, transcription et traduction du texte pehlevi*, Paris 1984 と Fereydun Vahman：*Ardā Wirāz Nāmag. The Iranian 'Divina Commedia'*, London and Malmo 1986 である。ここではそれぞれ AWN ジヌー版，同ヴァフマン版と略称する。関連箇所は次のとおり。

第16章§§ 2—7：私（アルダー＝ウィーラーブ）は一所に来て渡渉困難な一大暴河を見たが，その（河）中には多くの魂魄とフラワシ（精霊）がいて，あるものは渡れず，あるものはやっとのことで渡り，あるものはやすやすと渡っていた。そこで私は問うた「これはどんな河で，またこんなにもがいているこの人々は何者ですか」と。義神スローシュと神アードゥルは仰せられた「この河は死者のあとから人々が眼から流し，そして哭泣しかつ悲泣しかつ涕泣した，たくさんの涙であり，彼らが不法に垂らしたその涙がかさんでこの河となっている。渡れぬものたちは（彼らが）死去のあとから彼らのために哭泣と悲泣と涕泣がたくさんなされたものたちである。いともやすやすと（渡っている）ものたちは，あまりなされなかったものたちである。世のものたちに告げなさい『そなたたちは，世にある間は，哭泣と悲泣と涕泣とを不法になしてはならぬ。なぜなら，そなたたちの死者の魂魄にあれほどの不祥と苦しみが来るからだ』と」。（ジヌー版：原文はpp.66-69，訳はpp.170-171；ヴァフマン版：原文はpp.148-151，訳はp.207中段＋下段1行目）。なお本書 AWN については本拙著p.422註62も参照されたい。

6　本書にも新しい英訳本が刊行された。Kaikhusroo M. JamaspAsa : *Aogəmadaēcā. A Zoroastrian Liturgy*, Wien 1982 がそれであるが、これについては拙稿「『アオグマダエーチャー』——ゾロアスター教徒の一葬文——」(本拙著p.211以下) を参照されたい。

7　究極的にはこのような解釈になるかもしれないが、武田祐吉『増訂萬葉集全註釋』三、角川書店1956年、pp.461-462は「(帝の崩御が) なじみのないこと、理解に苦しむこと」とし、桜井満『現代語訳　対照　万葉集』上、旺文社文庫404、1974年、p.77も「わかりかねることです」として、これに従っている。

8　この思想は例えば461番歌「留め得ぬ命にしあれば敷栲の家ゆは出でて雲隠りにき」など参照。

9　本書すなわち『聖教撰要』第17節は拙著『ゾロアスター研究』岩波書店1980年 (2 刷)、p.167参照。

10　本書すなわち『パフラヴィー語伝承』第47章 5 — 7 節は前註所掲拙著、p.152参照。本拙著p.122に挙げた A. V. Williams の著書では Pt. I , 47.5 (p.168)、Pt. II, 47.5 (p.76) 参照。新訳が提示されているが、hambān「革袋」を 'pocket' と訳している。

11　この部分の原文は ｜pas ātaxš sōzāg ｜ul ｜dāšt ｜pad ｜ān ｜dast ī Wištāsp ｜dād ud Wištāsp ｜pad ｜dast ī Jāmāsp ud Spandyād ud ān ｜anyān ｜dād ｜kē ｜dast ī ēč ｜kas ｜nē sōzīd.

12　DkD (註 4 参照) 511 : 20—510 : 4=DkM 413 : 2—8 ; Ardā Wīrāb Nāmag、第 1 章§§ 4 —10、ジヌー版、原文pp.36-39、訳p.146 ; ヴァフマン版、原文pp.78-79、訳p.191下段およびpp.227-228の Commentary 2 : 9 をみよ。原文は両箇所ともにそれぞれ H.S.Nyberg : *A Manual of Pahlavi*, I, Wiesbaden 1964, p.101およびp.108 (本拙著、p.422、註62参照) に収録されている。

13　拙著『ゾロアスター研究』p.81以下；同『ペルシア文化渡来考』p.160、pp.173-175 (ただし、二月堂修二会における火天と水天の共舞については、やや補正した見解を拙稿「修二会のイラン要素」(『東大寺お水取り——二月堂修二会の記録と研究——』小学館1985年所収)、pp.201-202に発表しておいた)。

14　武田祐吉上掲書p.461。

15　「赤い、燃える火 (āta(x)š suxr sōzāg)」はしばしば見出される。例えば Petīt ī pašēmānīh「悔過 (け か)」(*Zand-i Khūrtak Avistāk*, ed. by Bamanji Nasarvanji Dhabhar, Bombay 1927, p.59) に「オフルマズドの庶類すなわちオフルマズドの有たる星と月と太陽と紅い燃える火、犬と鳥、5 種の益畜、その他のよき庶類に私のなした (一切種の罪業をすべて、私は懺悔します) (｜ī-m ｜andar dām ī Ohrmazd jast čiyōn star ud māh ud xwaršēd ud ātaš suxr sōzāg ｜sag ud way gōspand ī panj ēwēnag abārīg ｜weh dahišnān Ohrmazd xwēš)」とあり、また Aogəmadaēcā §30 には「余 (オフルマズド) は、スピタマ＝ザラスシュトラよ、星、月と太陽、赤い燃える火と犬と鳥と 5 種の益畜を創造した。…… (mən dāṯ Spitama Zaraθuštra star māh u xurəšāṯ ātaš suhur i sojā u sag u vaē u gōspənd panj āēna……)」とあるがごとし。この両文にみえる反宇宙論的順位（星，月，太陽）についてはAogəmadaēčā §62 も参照のこと。

16 澤瀉久孝『萬葉集注釋』巻第二，中央公論社1958年，p.244には一首を「燃える火も取つて包んで袋に入るといふではないか。さういふ奇蹟が行はれるやうに天皇にお逢ひ申す日を招き祷ってゐることよ」と解されている。これと同説には稲岡耕二（校注）『萬葉集』㈠ 明治書院1979年および『萬葉集全注』第二，有斐閣1985年，pp.241-243や服部喜美子『万葉女流歌人の研究』桜楓社1985年，pp.24-31がある。

17 佐伯梅友＋藤森朋夫＋石井庄司（校註）『新訂萬葉集』一，朝日新聞社1973年，p.118。

18 木下正俊「唇内韻尾の省略される場合」（『萬葉』第十号〔1954年〕），p.25以下。この説は小島憲之＋木下正俊＋佐竹昭広『萬葉集』㈠ 小学館1961年，p.20以下にも開陳されている。

19 中西進『萬葉集全訳注原文付』一，講談社文庫 古6，1978年，p.128。

20 松本清張＋青木和男＋中西進＋森浩一「「松本清張説」をめぐる共同討議「古代を検証する」」（『國文學』第28巻第12号〔1983年〕），p.38。

21 上掲木下論文，p.25；同小島＋木下＋佐竹著書，p.20。

22 マンスラワーカの名は§115にもみえるが，これは系譜を示すのみ。「マンスラワーカの子なる義者ワフマエーザータ（Vahumaēδāta）のフラワシ（精霊）を我らは崇める」とある。パティをもつ語はそれぞれ教軏（？）の長，教朋の長の意。

23 拙著『ペルシア文化渡来考』pp.1-36；拙稿「『ペルシア文化渡来考』への書評に答えて，榎一雄博士へ」（『朝日ジャーナル』1980年，9月19日号，pp.84-86）。

24 拙稿「イラン語人名考――『日本書紀』にみえる「達阿（堕羅）の場合――」（『東アジアの古代文化』29号，1981年秋号，pp.152-158）。

25 拙稿「『日本書紀』とイラン――最近親婚の場合――」（『東アジアの古代文化』31号，1982年春号，pp.132-140）参照。サーサーン朝期のこととしてはゾロアスター教の高僧カルデール（同教の国教化に主役を演じた。3世紀末頃没）がその刻文（「ゾロアスターのカアバ」刻文――本拙著p.131）に多数の最近親婚を実行させたと記していることを挙げたい。この習俗への批判（サーサーン朝期）としてはインド側では世親の阿毘達磨倶舎論（玄奘訳）分別業品第四の邪淫加行の箇所に「従癡生者，如ヵ波剌私讃ニ於ヵ母等ヵ行ヲ非梵行甲」とあり，中国側では魏書一百二，列伝九十の西域の波斯国の条に「俗事火神天神。文字与胡冑異。多以ヵ姉妹ヲ為ヵ妻妾ト。自余婚亦不ヵ撰ヵ尊卑。諸夷之中最為ヵ醜穢ト矣」とあり，また大唐西域記第十一巻，波剌斯国の下には「婚姻雑乱」と評している。『デーンカルド』第3巻第80章（Dk M 72:17—80:5）はこの風習実践の因や理を説いているが，納得のいく論理はみえない。

26 拙稿「『日本書紀』にかかれたトカラ人――「達阿・舎衛女・堕羅女考」楽屋裏――〈批判にも答えて〉」（『東アジアの古代文化』25号，1980年秋号，pp.23-31）。

27 もっとも，aškār から kār のみを抜き出してこのような取り扱い方をするのは通俗語源説まがいのもので，純正なものではないが。aškār の語源については拙著『ゾ

ロアスター研究』, pp.425-432参照。

28 拙著『ペルシア文化渡来考』, pp.48-68；拙稿「頻波の寄するが如く——イラン系胡人の来日——」(『明日香風』第2号, 昭和56年冬号), pp.124-129 (付記：この拙稿は私の校正を受けていないために誤植や恣意的改変などが少なくない。）；拙稿「日本のイラン学——飛鳥寺造営記事にみえるイラン語彙のイラン学的価値について——」(『京都産業大学国際言語科学研究所所報．第1巻第2号 (1980年), pp.41-52；『言語』第9巻第4号（通巻98号）(1980年), pp.99-107)；拙稿「飛鳥寺と古代ペルシア」(『東アジアの古代文化』50号, 1987年早春号, pp.208-210)；拙稿「私の「西域から日本へ」」(『同誌』57号, 1988年秋号, pp.67-79)；拙稿「続・私の「西域から日本へ」」(『同誌』58号, 1989年冬号, pp.164-167。ただし,『同誌』59号, 1989年春号, p.106下段に正誤表がある)。

29 余談めくが, この伎楽隊の用いた伎楽面に太孤父, 太孤児, 酔胡王, 酔胡従がある。当日のパレードの殿（しんがり）をこの順でつとめたらしく, 人数はそれぞれ1人, 2人, 1人, 8人である。太孤とは「太だ孤独な（さびしい）」, 酔胡とは「酔った胡人」の謂いだとされているが, 面貌をみると酔胡はイラン系だが, 太孤はこれと人種の異なることがわかるし, またそんなに「太ださびし」そうな表情でもない。私は中国音からみて太孤にはテュルク（突厥）が含まれ酔胡には「塞」が含まれていると考える。塞は塞土（ゾグド）をも示す語であるがもっとひろく, ギリシア人がスキュタイ人とよんでいるものを含めてもよい。ソグドもスキュタイも同源の呼称で「弓人」を意味し, これに対し古期ペルシア語碑の, スキュタイに対する汎称「サカ」はノーマドだとは最近の一説だが, しかしサカもスパカのペルシア語訛りとみれば「弓人」の謂いとなろう。このような見地からすると, シル川上流の「ハウマ崇拝のサカ族」なるものを酔胡とからめてみるとおもしろくなる。私は太孤父（児）とは「突厥の（太ださびしい）おやじ（こども）」, 酔胡王（従）とは「ソグドの（〔ハオマに？〕酔った）王（従者）」の謂いであると考える。しかも行列に太孤のあとに酔胡がつづいたのは当時の大陸の事情も関係していたとみられるし, また国内にも関連的に注目すべき事情がある。大陸の事情というのはソグド語とウイグル族（東突厥——突厥の東西二分は583年から）との関係で, ソグド語は中央アジアの通用語となっていたばかりでなく, ウイグル族の間で盛用され, 初期には彼らの公用語となることができたほどで, ブグト碑文（ソグド語。中部モンゴリア。580年頃）やオルホン河畔碑文（ソグド・中国・ウイグルの3語。首都カラバルガスン。810年頃）はその生き証人とも言える。国内における関連事情というのは『日本國見在書目録』（後出。p.186) に『波斯國ノ字様一巻』のあとに一つおいて『突厥語一巻』を載せていることで, 波斯国というのはゾグドではないが, イラン系のものという点では, この記載法にも何か関連がありそうである。中期ペルシア文字の読みにくい点を詳説していたと思われる本書——字様といって波斯語といわないところが重要である。本書の成立年代は不明であるが, 本書そのものでなくても, 類書のたぐいが早く成立していた可能性は大きい。前出した「意等加斯」(Ēdōn-kaš) の場合をみてみよう。人名の前肢 ēdōn は 'ytwww = 'ytwn' と書かれ

ているから，字面に即してよめば ētōn であるが通用音は早くから ēdōn であった。t 字は史的記法となっていたのである。「意等」と清音「等」を用いてしかも連濁音として「イドウ」と発音されていたとするのは，この辺の事情を忠実に反映したものとみるからである。

30 将李魚成と葱坂福貴—前者は「しょうりのうおなり」，後者は忍坂富貴と読み替えて「お（し）さかのふうき」と訓まれていたが，前者は Čārag-niyōš，後者は原形のままで Spand（または Spen)-farrox の写音である。チャーラグは「方策，仕様」，ニヨーシュは動詞 niyōšīdan「聞く」の現在幹であるから，将李魚成なる人名は「仕様を聞く（追求する）者」の謂いで，太孤父面や多くの酔胡従面を手掛けた人として，その卓抜な手腕はこの名ともよく一致する。またスパンドは古形 spənta-「利益的」の転訛であり，スペンは古形 spanyah-「より利益的な」の転訛であるがいずれも，ゾロアスター教で最優先視される徳目の一つである。そして「福貴」なる好字は farrox「幸いなる」を写音しているから，葱坂福貴なる人名は「利他的にして自利的なる者」の謂いか，あるいは文末に「……であれかし」を意味する動詞 bād の略されたものとみて「（人は）利他的にして自利的（であれかし）」の謂いであろう。bād が人名に略されることはしばしば見られるもので，また r もしばしば写音されないことがある。いずれにせよ，葱坂福貴なる人名はゾロアスター教的理念をふまえるとともに，仏教にも通じるものを有している。

インド・イラン語系人名をその漢字写音から復原する作業は，あまり容易なものではない。このために，重要なこの作業が意外にも長く放置されていたような気がする。例えば正倉院所蔵の白石板（8個）の制作者名のごときである。これは長方形の厚い石板の表面に，雲中に四神と十二支を二つずつ組み合わせて浮き彫りにしたものである。四神と十二支は中国のものだが，二つの動物をからみ合わせたり渦文の多い雲形などは西方的なものであるから東西文化の融合した作品ではないかとみられている。ところで，問題はこの大理石板の裏面に墨書きされている人名で，(1) 須彼天馬，(2) 阿斯大尢沙，(3) 秦司，(4) 山伐一馬，(5) 山伐山伐とある（参考文献としては土井弘『正倉院』（原色日本の美術，第4巻），小学館1968年，pp.46,58,をあげておく）。(3) はハタノツカサと読んでよかろう。彼自身が帰化人なのか，帰化人秦氏の一人なのか，そういう問題もあるが，今は日本人名としておく。残る4人はそれぞれ，(1) Suhitêśvara（<suhita-īśvara「恩寵深い主」），(2) Acyutâyus（<acyuta-āyus「不動の（=無量の）寿命，またはその保持者，無量寿（者）」），(4) Sarvêśvara（<sarva-īśvara「一切万有の主」），(5) Sarvasaha（<sarva-saha「あらゆる事物に耐える者」）と考えられる。いずれもサンスクリット語名である。(5) が山伐を二つかさねているのは一種の戯書めいた記法で，漢字の用法にも習熟していたことを思わせる。片仮名表記にすれば（1）スヒテーシュヴァラ，(2) アチュユターユス，(4) サルヴェーシュヴァラ，(5) サルヴァサハとなる。(1) (4) に「馬」の字を用いたのはイーシュヴァラ（īśvara）「主」の中にアシュヴァ（aśva）「馬」に似た音があるためかと思われる。両者は全く関係のないものであるが，例は他にもある。インドのアシュヴィン（Aśvin）双神がそ

うで，本来「馬」とは関係がないのに，それがあるかのようにみられているのである。私見によれば（3）は，「司」という役名があっても，弟子格の立場にあったのではなかろうか。この点は，院蔵伎楽面の制作者大田倭万呂も同様だったとみてよかろう。

31　ヤスナ28：7；32：13；50：5，6；51：8。ガーサー外ではヤスナ41：5（上出，p. 151）；ヤシュト3：1。

32　Neryōsang のサンスクリット語訳には tava mānthravāṇyā ⁺stutā……《kila ye puraḥsārāḥ dīnyāḥ santi……》」「御身の聖語の讃歎者（たち）……《すなわちデーンの先達たるものども……》」とあるから，ここでも -an に終わる maθran- なる語の生き残っていないことがわかる。⁺stutā は Spiegel 版 stūtāyatān, Collected Sanskrit Writings of the Parsis 版 dyutā を改訂したものである。

33　Christian Bartholomae : *Die Gatha's des Awesta. Zarathustra's Verspredigten*, Strassburg 1905, p.31.

34　S. Insler : *The Gāthās of Zarathustra*, Acta Iranica 8 (1975), p.49 およびp.210（註）。

35　Mary Boyce (edited and translated by-) : *Textual Sources for the Study of Zoroastrianism*, Manchester 1984, p.37 および Jean Kellens＋E. Pirart : *Les textes vieil-avestiques*, Volume I. *Introduction, texte et traduction*, Wiesbaden 1988, p.122 ではヤスナ32：16は訳出されていない。

36　ušuruyē は ušuru-／ušəuru-「幸い」の単数与格。ušuru- は ＊aš.uru-「非常に広い」から -uru- の影響によって aš-＞uš- と音転したもの。「非常に」は aš- のほかに maš- もある。両者の関係は印欧祖型の母音度の相違に由来するもので本質的なものではない，すなわち aš-＜IE m̥ǵh-s-／IE maǵh-s-＞maš- である。ušuru- がここで「幸い」を意味していることについては MP tangīh「狭隘」が「困苦」をも意味しているのを参照したい（tang「狭い；苦しい」の名詞形）。この解釈はヤスナ34：7 ab によって成立する：

kuθrā tōi arədrā mazdā　　yōi vaŋhəuš vaēdənā manaŋhō
sənghūš raēxənā̊ aspānčīṯ　　sādrāčīṯ čaxrayō ušəurū
善思を保持してもってみ教えを相続分として栄えさせもし
苦難さえも幸いにする，御身の，マズダーよ，福者たちは，どこにいるのですか。
ここでは ušəurū「幸い」（中性複数対格））は sādrā「苦難」（複数対格）と対置されており，Zand ではそれぞれ frāx ōšīh「広い理知」（これについては後段参照）tangīh「困苦」と訳されていることも注目したい。

このヤスナ32：16は，その中の ušuruyē に対する卑見の当否ばかりでなく，dah-mahyā に対する卑見の正否をも問う重要なものなので，詩頌全体をさらに広い角度から取り上げてみる必要がある。この詩頌はザンドには次のように訳注されている：

ham-ēdōn čiyōn pahlom ˈpad frāx ōšīh 《ˈpad dānāg ōšīh》 ud hammōxtišn ˈān ī dahmīhā 《ī weh mardīhā》

| pad pādixšāyīh ī Ohrmazd |ka 《|pad |ān ī |ōy zamān》 |ān ī |man 《hāwišt》
āškārag |bawēd |ān |pad gumānīgīh
|ka kēnān ⟨ī⟩ druwandān 《|kū wināh-gārān pādifrāh |kunēnd》 |ōy ī |dahān
xwāstār 《|kē Abestāg ud Zand |gōwēd》 arzānīgīh 《|kū-š mizd |dahēnd》
まさにこのようなことこそ最勝のようである：かの敬虔者たち《すなわちよき人
たち》が広い理知とともに《聡明な理知とともに》(あり)且つ学ぶことで，
オフルマズドの大御力によって《その主の時間を通して》わたしのものども《生
徒》が疑問としているところのことが明らかになるから(直訳では：時のこ
と)です。
彼ら(生徒たち)が不義者どもの敵と(なる)《すなわち彼らが造罪者どもに罰
を加える》とき，彼ら(生徒たち)はだれでも，それに相応する資格あること
《すなわち人々が彼にお布施をすること》を口をもって要求する者《彼はアベ
スターグとザンドを誦するのである》とな(り得)るのである。

この訳注では ušuru- を frāx ōšīh「広い理知」と訳し，それを dānāg ōšīh「聡明
な理知」と注していて，宗門学校のような施設で先生について学ぶことのように解
釈している。たいへんな誤解であり，詩頌全体への理解も桁外れの曲解となってい
るが，ušuru- の -uru- を frāx「広い」で捉えているのは大きい。それなのにイラ
ニストのだれひとりとしてこれに注目したもののいないのは遺憾で，このことは上
出ヤスナ34：7の ušəurū を frāx ōšīh「広い理知」と訳していることにも，そのま
ま適用される。ここに介在する -ə- は，明らかに原辞 -uru- の存在を示唆してい
る。もっとも，uš- を uš-「理知」とみて ōšīh と訳したのは誤りであるが，この種
の uš-「理知」はハオマの緯称 dūraoša- (<dūra-uš-a-)「遠く知見するもの；遠く
知見させるもの」にもみえ，'rzwš=arzūša- (<arzu-uš-a-)「正見者，沙門」(これ
については拙稿「アラム・イラン混成語形とその周辺――ゾロアスター在世年代論
へ――」〔『三笠宮殿下古稀記念オリエント学論集』小学館，1985年所収〕，p.47,
注19＝本拙著，p.65，註18参照)にもみえるもの。ネルヨーサングの梵語訳では次
のようになっていて，ザンドの訳注の機微が一部で見落とされている：

sarvaṃ tat utkṛṣṭataraṃ yat pṛthulacaitanyena śikṣāpaṇaṃ uttamānām
pārthivatve mahājñāninaḥ svāminaḥ yathā madīyānām prakaṭayate saṃdig-
dham 《śiṣyāṇāṃ me》
yo dveṣī durgatīnām sa ānanena īpsayitā anurūpam 《kila yaḥ pāpakarmiṇāṃ
nigrahaṃ kurute saḥ Avistā-Avistā 'rthaṃ ca vakti prasādaṃ ca labhate》
すべてこれは最勝のことである：よき人々が広い理知をもって学ぶことで，
(それは)大智神(アフラマズダー)の大御力の下で私のものどもの《私の弟子
たちの》疑問が解明されるために(です)。
不義者どもを憎むものは相応の資格を口をもって得たいと思う(てよい)ことに
なる《すなわち造罪者どもを制圧するものはアヴェスターとザンドを誦して布
施を受けるということ》。
私はこれによってヤスナ32：16(および同34：7)の ušuru- の解明を終えた。この

語については拙稿 "Gathica Ⅳ. ušəuru-", Orient, Vol.Ⅲ (1967), pp.13-14 も参照のこと。

37 syas- は čīṯ を後接されているために完全な形で現われている。前考では syas を syas (現在分詞) に読み替えたが、原形のままでよい。sā-「払いのける、防ぐ」(Bartholomae, 上掲辞書 col.1569) の imperfect injunctive (=present) 2 人称単数能動相で、「あなたは阻止して下さる、払いのけて下さる」の謂い。同辞書では sā-(:sya-) の項でヤスナ31:18 (sāzdūm, s-aorist) と同48:7 (paitī と共に:⁺syōdūm [<*syadūm, present]) のみを挙げて中動相のみとしており、col.1630 では syas を「不明」として諸訳もこれに追随しているが、今はいずれも誤りであることが明らかとなった。ザンドの訳では hammōxtišn「学習」、梵語訳でも śikṣāpaṇaṃ「学習」としているが、これは syas と語音の似ているところから sixša-「学ぶ」('sak-'to be able' [上掲辞書 col.1552] の意欲活用。Skt. śak- 'to be able'>śikṣati 'he learns' も同様) と結びつけたもので、アヴェスター語形としては sixšant- (現在分詞能動相— col.1580)、sixšəmna- (同前中動相— col.1580)、sixšaya- (形容詞、「学ばるべき」— col.1580) などがある。そして syasčīṯ「払いのけてさえもして下さる」はザンドでは ud hammōxtišn「そして学ぶこと」と訳されているが、梵語訳では ud「そして」は無視されたのでザンドが「先生につくなどして学ぶこと」といっているのを梵語訳では「広い理知で学ぶこと」つまり「自学」となっている。

38 Helmut Humbach: *Die Gathas des Zarathustra*, Heidelberg 1959, Bd. I. p.99, Bd. Ⅱ, p. 38 (Anm.).

39 a-ŋhayā を ă-hā(y)- の現在接続法1人称単数能動相とみる (「わたくしが阻止する (ために)」)。上掲辞書 col.1800。

40 註34所掲インスラー著書。

41 この2節の解釈については M. A. Mehendale: "Two Notes on Yašts, (2) On Mithra Yašt 10.20 (5.20とあるのは誤り)", *Indian Linguistics*, Vol. 27 (1966), pp.71-73 参照。frəna は frāna-「充満」の単数具格で同伴を示す。

42 「たといからだに当たって (apayeiti) も、どれも彼を傷つけ (rāšayente) ぬ」— 動詞はそれぞれ3人称の単数と複数であるが、いずれも主語は顕示されていない。Ilya Gershevitch: *The Avestan Hymn to Mithra*, Cambridge 1959, p.83 は主語をどちらも 'he (反ミスラ者)' としているが、私は apayeiti の主語は「好投 (狙い正しく投げられた (槍))」で、rāšayente の主語はそのような槍の数々を含意すると考える。いずれも話者の心裡で主語が「反ミスラ者」から槍へ、その1本の槍から多数の槍へと移行しているとみるべきである。

43 2人称単数の敬称語 θwāvant-「御身さま」は動詞の3人称単数を従えるが、この θwāvant- はしばしば顕示されない (ここも pairi.jasaṯ「(あなたさまは) 取りまかれた〔3人称単数 imperfect 能動相〕」のみがあって θwāvant- は略されているわけ)。これについては拙著『ゾロアスター研究』、pp.187-188参照。

44 「わたしは預言しよう (fravaxšyā)」—より忠実には「すすんで、または、ひろく預

言しよう」。vaxša-「神の語，聖語」からの転来動詞現在接続法1人称単数能動相。vak-/vač-「言う」の未来時制でない。拙著『ゾロアスター研究』, pp.255-258参照。「預言」は「予言」ではない。上説p.176, p.181参照。

45 前掲拙著, p.204以下。
46 Manfred Mayrhofer : *Onomastica Persepolitana. Das altiranische Namengut der Persepolis-Täfelchen*, Wien 1973, **8.949**（p.189）.
47 Mayrhofer 前掲書, **8.950**（p.190）.
48 文字と音との大きなズレを解消し、なるべく発音どおりに書く目的をもってマーニー（3世紀）の創始した文字体系では、上出した rōz は rwč／rwz, ranj は rnz と書かれる。また ywm (yōm) と書いて rōz と訓ませるような表意書きはすべて廃止された。dum は現存のマニ教文献には見出せない。paykar は phykr と書かれる。この phykr は pahikar と読むべきもので、これがマーニーの在世時の音である。ところが「白加」は588年なので pahikar はさらに崩れて NP paykar と同じ音となっていたことがわかる。OP patikara-「像」＞*paθikar＞pahikar＞paykar と音転したのにゾロアスター教徒は ptkl という、文字 t をもつ史的記法を墨守している。マニ教徒の文字体系は、ついに一般化せずして終わった。同じアラム文字から由来しても、ゾロアスター教徒の文字とマニ教徒の文字とは字形も大きく相違しているが、マニ教系のものも正規の母音文字をもたない点はゾロアスター教系のものと同じで、phykr の y は ĭ を、rwč／rwz の w は ō を示すのに代用されているのである。

追記――露盤銘（p.166）については田村圓澄『飛鳥・白鳳仏教史』上（下とともに）、吉川弘文館　1994年2月20日（序文は1993年8月）, pp.107-112参照。銘にみえる地名「意奴彌（p.169）」を忍海すなわち奈良県北葛城郡新庄町忍海としたのは同書に従ったもの。

伊藤　博『萬葉集釋注』一（第二・第三）, 集英社　1995年11月25日（跋は同年7月1日）pp.377-380にも「……言はずやも智男雲」とあり、青雲、星、月はそれぞれ天武、諸王子、持統皇后自身を指すものとされている。

9. 法隆寺伝来の香木銘をめぐって[1]

　東京国立博物館の美術誌『MUSEUM』昭和62年4月号には，法隆寺に伝持されていた香木（白檀）2点が関連論文[2]といっしょに発表されている。2点というのは「法112号」「法113号」と列品番号をつけられたもので（以下，それぞれA号，B号と略記），どちらにもソグド文字によるソグド語銘の焼印と，パフラヴィー文字草書体によるパフラヴィー語（中期ペルシア語）の刻銘がついている。B号に墨書きの銘が「字五年」と読みとれる（A号は「五年」）ところから東野治之氏[3]は，これをA号とともに「天平宝字五年（761）」とみているが，これは正しいであろう。私はこの紀年を2点が法隆寺に上納された時の年次とみている。

　ソグド語銘のほうは吉田豊氏が nym＝nīm（ニーム），syr＝sīr（スィール）と読み，それぞれ「半分」，「重量または貨幣の単位」と解釈しているし，また同氏もいうように，別の読み方もないではないが，かんばしいものではないから取り上げるほどのものではなかろう。それに，前記の読み方をとっても，それから関連分野などへの大きい拡がりは期待しにくく，要するにこの焼印は交易に関連した一種の符牒のようなものであろう。

　これに反して，中期ペルシア語（以下，中ペ語と略記）銘のほうは，この香木の位置や価値を決定づける重要な意義を有している。そこで私は，本末顚倒のようだが，はじめに私の読みと解とを示し，それに辿りついた過程や銘文の意義などについて，所見を述べることにしたい。というのは，この方法が取り扱い上，きわめて便宜だからである。

　私の読みはB号に基づくもので，原文字をローマ字に移すと bw'tˡ LK と

なる（原文とは字順が逆。写真参照）。大文字 LK はアラム語（ヒブル語に近いセム語）であることを示す。' 字は草書体では，同じ字形のままで h や x の音も（a や ā 音のほかに）示していたし，ここではそのうちの x 音にあたる。語末の垂線まがいの記号 | は原形では w 字と同じであるが，草書体の時期には，しばしば語末にこの記号を書き添える慣わしがあった。だから，音は表わさない文字，虚字・衍（えん）字であり，したがって読みには無視してよいわけ。そうすると，はじめの語は bōxt（ボーフト，ボークト）「救われたる」となる（w 字はここでは ō 音を表わす）。これは動詞 bōxtan（ボーフタン）「救う」の過去受動分詞である。次の語 LK は l-āk（ラーク）「汝に」（l は前置詞「……に」）であるが，このとおりには読まないで，中ペ語で tō（トー）と訓読していた。しかもこの tō は「汝」であって「汝に」の意味ではない。アラム語形とその中ペ語的訓みとの間には，このように意味に微妙なズレのあることがしばしば。そうすると，この銘文は bōxt 'tō（語頭の小垂線は訓読したものとの記号）「汝は救われたる（もの）」となるが，これには文末に動詞 bāš（バーシュ）「汝はあれかし」が略されている。これは動詞 būdan（ブーダン）'to be' の命令法２人称単数であるが，命令法といっても接続法と大して相違はなかった。そのことは旧約聖書創世記にみえる「神，光あれと言たまひければ光ありき」（1：3）とあるのをゾロアスター教書が簡約して取り上げているのをみても明らかである。彼らはこれを「あれかし，そしてあった」といっているが，「（光よ，汝は）あれかし，そしてあった」というときは bāš ud būd といい，「（光が）あれかし，そしてあった」というときは bād ud būd といっている。būd は būdan の過去形，bād は būdan の願望法３人称単数である。つまり命令法といっても願望法のようなものということがわかる。香木銘ではこの bāš が略されているが，bād のほうも人名ではよく省略される動詞形である。例はあとで示すが，とにかくこの動詞形の略されていることを考えないでは，この刻銘は読めない。こういうことを考えないで刻銘のままだと，能格構文として「汝は救った」ともなりかねないが，これでは無意味であるのみか，そのような文意なら，ここでは語順を逆にして 'tō「汝

パフラヴィー文字の刻銘（法112号）

同前（法113号）

ソグド文字の焼印（法112号） 　　同前（法113号）

法113号の墨書　　　　　　　　（東京国立博物館所蔵）

（は）」が文首に来るほうが望ましい。このように検討してみると，中ペ語銘は「あなたが救われて（ましますように）」との願いを托した願文(もん)ということになる。

　このB号写真を見た当初から，私にとって動かしがたかったのは，末字がk字だということである。キセルの雁首のようなものが頭部に左向きについている。もっと大きく，またもっと下方にまで三角形の底辺部を下げたいところだが，考えてみると，この刻銘は衆目を気にするモニュメンタルなものでなく，個人が縁のある死者のために彫った私的なものである。それに彫り手が刻字に長じていたわけでもあるまいし，また木片で彫りにくかったこともあろうから，k字はこれで十分に用を弁じている。このk字の前の文字はl字以外の何ものでもない。もっとも，l字はl音のほかr音も示すが，ここはアラム語音lである。アラム語 LK=l-āḵ（tō と訓じる）はk字で終わったままで，虚字を添え書きすることはなく，ここもそのとおりになっている。

　ところで，このk字には，異体――g字の異体ともいえるが――がある。異体といっても，常体のk字にいつでも代位できるかというとそうではなく，ごく限られたケースにしか異体は用いられていない。l字とこの異体とが連書されると 𐩠 のような形になる。注意したいのは，常体のkを書くべきところに，乱雑な書き方をしたために異体のkのようになり，しかもl字が横倒しになったうえに，ひどく短く書かれでもすると，𐩠 のような形にもなる。A号で語末の2字が と のようになっているのは，この 𐩠 がさらに誤書（誤刻）された結果である。だから，A号の末字2字を字面のままで読みとろうとすると無理が生じる。A号の大きい欠点は ’ 字（x 音）の場合にみられる。2本の垂線が足でつながるか頭でつながるかということになれば，当然足でつながるべきであるのに，堂々と頭でつながっている。このような字体は草書体にはない。私は一見したとき，アラム文字 ḥēt（ḥ）かといぶかったくらいである。要するに，A号の彫り手は手本（乱雑に書かれたもの。B号そのものではない）を見ながらか，あるいは文字に対するおぼろげな知識をもとに勘考しながら，かくしてコツコツと，これも縁のある死者のために彫ったものと

の感を禁じ得ない。A号の彫り手は識字者ではなかったらしい。

　さて，私は機会あるごとに述べたことを，本拙著所収の「萬葉集にみえるイラン人名について——天武天皇挽歌２首をめぐる諸問題——」の中でも繰り返した。それはゾロアスター教徒の来日ということである。だから，その内容を繰り返すことは避け，読者はその趣旨に通じておられるものとして，２点の彫り手を次のように推理してみたい。まずB号の彫り手（彫ってもらったことも考えられるが）であるが，これには三つのケースが考えられる。（１）ダーラーイ（達阿・堕羅）の訃報に接して舎衛女が彫ったもの。彼は660年に離日しているが，訃報が入ったとしても，いつのことか推測すらできないものの，仮りに離日早々のことだったとすれば同年か，翌661年（堕羅女の生まれた年）くらいになろうか。日本書紀がこの訃報に沈黙していても，この可能性を考える障害とはなるまい。（２）天武天皇の崩時（686）に帝のために彫ったもので，彫り手は舎衛女（40代の半ば）か堕羅女（ダーラーイと舎衛女との間にできた娘。26歳）かである。天武挽歌を私は堕羅女の作に帰したが，彫り手となれば舎衛女を加えても不自然ではなかろう。（３）この両女が何歳まで生きていたか知る由もないし，老少不定が人の世の習いとはいえ，仮りに長幼の序に従って順縁どおりだったとすれば，舎衛女が先逝し，あとに残った堕羅女が母のために彫ったものとも考えられる。当時としては世寿60でも長寿といえそうだが，舎衛女がこの年齢で逝世したとすれば，それは701年かその翌年頃となる。

　このあとにひとり残った堕羅女のことであるが，出生の秘密（父と娘との通婚から生まれた）から考えても，必ずしも健全な体質に恵まれていたとは考えられまい。それでも仮りに45歳まで存命できたとすれば，彼女の没年は705年となり，母のあとを追うようにして帰らぬ人となったわけ。この頃には，幼かった舎衛女と同道して来日したペルシア人たちはみな他界し，その二世たちが在世していたとしても，その人たちは堕羅女ほどの教育を享けたわけでもなく，したがって母国の文字にも暗かったと思われる。そんな人たちのうちの誰かが堕羅女のために彫ったか，それとも日本人で堕羅女にかしずいていた誰か

が彫ったかしたもの、それがA号だったのではないか。刻字に誤りの生じたのは当然であろう。

　このように推理してみると、問題の香木2点の刻銘は660—705年の間くらいに成立したことになる。のちに、この2点は何らかの縁をたよって半世紀後、法隆寺に上納されたのであろう。異教徒たるゾロアスター教徒にゆかりの香木が仏寺に上納された意義も、改めて考えてみたいところである。いうまでもなく、香木銘はアフラマズダーの天宮に逝世者の霊が迎え入れられることを願ったものではあるが。

　この香木はインドあたりからペルシアに入り、ソグド人商人の手をへて中央アジアを横断し、長江下流域か朝鮮半島に運ばれ、そこから舶載されたものと思われる。サーサーン朝期にあった『植物誌』には白檀は「芳香植物」の中に分類されていたはずである。ペルシアのゾロアスター教寺院では一日、5刻（晨時、晌時、晡時、昏時、宵時；冬場は4時）の礼にこの香を焚いた。堂内はその異香がみなぎっていた。ゾロアスター教徒で死して天宮に迎えられるものは、薫風とともに美少女がこれを出迎えるとされている。これと反対の場合は悪臭の中に醜女が迎接するとされ、また地獄も濃密な暗黒と悪食とともに悪臭充満とされているほどである。だが、日本にいたゾロアスター教徒にとっては白檀は常時、意のままに用い得るほどの日用品ではなく、高価なうえに、入手もそんなに容易ではなかったであろう。したがって、よほどの祭儀、例えばフラワルディーガーン（精霊祭）などの季節祭あたりにでも、これを焚くことができれば上の部ではなかったろうか。そんな貴重品に亡き人の「霊よ安かれ」と願って彫られたこの刻銘の意義は大きく、また異国に死んだ人たちの運命も憶うてみれば哀れである。

　私はこの刻銘をみたとき、それはペルシアで彫られ、ソグド人商人の手をへて、まず「突厥の宮廷」に運ばれたのではないかと思った。これはB号の2番目の文字 w の垂線が末端で左折しているとみて、銘文全体を BB; twlk＝bāḇā Turk＝ᵓdar Turk と解読したためである。dar は中ペ語でも「門」のほかに「宮廷」を意味する語である。だが考えてみると、香木に刻銘

された時期には、ペルシアでは中ペ語が行われ、パフラヴィー草書体が盛用されていた。そんな時期のそんな地域で、A号のような誤字が出来(しゅつたい)しただろうか。そう考えてみれば、この刻銘は日本においてこそ出来し得たものではないか。もし、仮にB号だけが伝存していたなら、読むことはできても、位置づけることは困難だったであろう。日本で刻銘されたと推定しても、それは単なる推定にとどまったに違いない。そう考えると、A号の価値もきわめて大きい。A、Bは車の両輪のごとく、互いに補完し合って刻銘の地位を決定づけるのに大きく寄与しているといえる。

　わが国にはソグド語の影響のみを言い立てる向きがあるが、上代文献の伝える限りでは、中ペ語のほうが影響も大きく、また古い。私は上掲拙稿「萬葉集にみえるイラン人名について——天武天皇挽歌2首をめぐる諸問題——」でも、人名のほかに、普通名詞(名詞や形容詞)の渡来していたことも指摘しておいた。今この香木銘を目の当たりにして愚見の裏書きされた感もないではないが、愚説はこれによってはじめて立証されたわけではなく、愚説はそれ自体としてすでに確立しているものと私は考えている。

　中期ペルシア語はすでに前3世紀のはじめには金石文(貨銭銘)にあらわれている[6]。同じイラン語でも東方方言(アヴェスター語)[7]にくらべると、西方方言では古期語の段階から中期語への崩れがおどろくほど早かった。そしてその中ペ語の東方への伝播も、これまた予想外に早かった。張騫は前129,8年頃バクトリアあたりで「条支」国の名を伝聞している(史記「大宛列伝」)。「条(デウ)」は中ペ語 Jōy (ジョーイ)「河川・水流・溝渠」の音写であるから、条支とは「河川が枝のように岐れて流れている地域」の謂いで、両河地帯ということ、「メソポタミア」ということである[8]。また彼が同時に聞いた「安息」もパルティア語 *Aršakānān の中ペ語形 Ašakānān の略写音である。

　いずれにせよ、伝播力にバイタリティーを秘めていた中ペ語である。わが国にも早くから根づいて、人名にさえ秀抜な訳語を打ち出すまでになった。私は本拙著においても日本書紀崇峻紀元年(588)の条や元興寺伽藍縁起并流記資財帳所収の露盤銘(塔露盤銘)(崇峻元年〔588〕—推古4年〔596〕)を取り扱

って，そこに多くの中期西イラン語（パルティア語や中ペ語）の人名や普通名詞が漢字写音されていること，時には人名「辰星」のように漢語訳されたものさえ見出されることを述べた。また降っては東大寺大仏の開眼供養（752年4月9日）に協賛した伎楽隊のマスク（太孤父・太孤児；酔胡王・酔胡従）の制作者名も解読して中ペ語人名が漢字写音されたり（将李魚成・葱坂福貴），漢語訳されたり（基永師・延均師・財福師・捨目師）していることを指摘した。今，問題の香木銘と対比させてみると，刻銘の成立を660—705の間におくなら，bās の省略されている点において，それは「延均師」（基永師も）の先駆をなすものとなり（「辰星」は人名訳の例としては基永師以下3人名の先駆をなすものとなる），もし香木銘の成立を法隆寺への上納年次（761）と同一視するなら（これは私には受け入れにくいが），bās の省略は延均師・基永師の場合（bād）に準じるものとなる。香木銘の私による解読はこのような視点からでも，無根拠なものでないことは首肯できるであろう。

　　註

1　この論考は『東アジアの古代文化』54号／1988年冬号，pp.96-105に収載の「法隆寺伝来の香木銘をめぐって」を再録したものであるが，本文の末尾は本拙著に収録するように書きかえ，註も若干新たに追加したものがある。
2　東野治之「法隆寺献納宝物・香木の銘文と古代の香料貿易」。これには「とくにパフラヴィー文字の刻銘とソグド文字の焼印をめぐって」という補説がついている。補説はパフラヴィー文字の部分は熊本裕氏，ソグド文字の部分は吉田豊氏が担当している。熊本氏の読みは主としてA号によったもので，bōxtōy と読み人名だろうとされている。東野氏にはこのほかさらに「海のシルクロード・貿易商雄飛をしのぼせる法隆寺伝来の香木の刻印」なる関連論文（『毎日新聞』昭和62年7月8日付夕刊）もある。なお，同新聞同年6月3日付夕刊には井本英一「法隆寺伝来の白檀と栴檀＝ゾロアスター教徒の使った香木か」なる一文も載っている。井本教授の読みでは私のいう末字 k は文字ではないとし，残りの6字を bōxtōr と読み，bōxtār「救世主」の方言形とし（どこの方言かは記されていない），ユニークな解説が試みられている。
3　アラム文字が書きくずされてできたパフラヴィー文字には楷・行・草の3書体がある。楷書体は4世紀頃までの金石文に主として用いられたもので，行書体はそれが

さらにくずされ5世紀のはじめ頃までにはできていたと考えられている。この行書体を伝えているのは旧約聖書詩篇の中期ペルシア語訳（残簡。景教徒のもの。トゥルファンの近郊で発見された）であるが，この写本自体は8世紀の筆写とみられている。草書体は6〜7世紀の成立で，ゾロアスター教徒がこの書体を用いて中期ペルシア語で盛んに著作活動をしたのは実に9世紀であった。問題の香木銘はこの草書体によるものであるから，「字五年」の墨書きがなければ，その年代を決定することは困難だったであろう。

4 アラム語はハカーマニシュ（アケメネス）・ペルシア帝国時代にはインダス流域から小アジア，シリア，メソポタミア，パレスチナからエジプトあたりまで伝播し，公用語や商用語として重要な役割を果たしていた。アラム語による上表文がペルシア帝国の大王の前で，古期ペルシア語で「訓じて読まれた（m^epāraš q^æri）」ことが旧約聖書エズラ書4：18にみえている。パルティア語，中期ペルシア語，ソグド語でアラム語を書いてそれぞれの言語で「訓じる」風習があるが，その歴史はこのように古い。

5 bāš ud būd については本拙著所収『断疑論』13：86, 94；bād ud būd については同13：8—9, 69参照。

6 拙著『ゾロアスター研究』岩波書店1980年（2刷），pp. 410-446参照。Michael Alram (Wien 1986) による愚説の追認については本拙著 p. 109, 註26参照。貨銭銘 fratarakā／fratarak の意味について Mary Boyce: *Zoroastrians. Their Religious Beliefs and Practices*, London 1979, pp. 89, 96 は沈黙しており，Richard N. Frye: *The History of Ancient Iran*, München 1983, pp. 271-273 も fratarakā zī ᵉlāhayyā に対するかつての見解（*The Heritage of Persia*, London 1962, p. 205 には 'governor (by grace ?) of the gods' としている）を保持しているのか，沈黙しているので不明。

7 アヴェスター語が前3世紀中頃にもアフガニスタンで通用していたことについては拙稿「アラム・イラン混成語形とその周辺——ゾロアスター在世年代論へ——」（『三笠宮殿下古稀記念オリエント学論集』小学館1985年），pp. 42-45＝本拙著，pp. 55-60参照。

8 より詳しくは本拙著，pp. 94-95参照。

9 本拙著，pp. 164, 167-170参照。

10 本拙著，pp. 170-173参照。この部分に先行する拙稿としては「解説——『火の路』をめぐりて——」（松本清張全集第二期『火の路』1983年3月），pp. 500-503がある。

10.『アオグマダエーチャー』
―― ゾロアスター教徒の一葬文 ――

　私は本拙著p. 145以下に記したように，思いがけないことから，萬葉集中の2首に取り組むことになった。その過程で愚説を補強するために，頭記の書を改めて読み返してみた。この一文はその際の偶作のようなものであるが，この書がわが国にはまだ紹介されたこともないので，無益でもあるまいと考え，原文とその邦訳，ならびに註記とを掲げることにした。

　ゾロアスター教によれば，人が死ぬと4日目の明け方に，魂が頭辺を離れてチンワント（チンワド）の橋のもとに赴くとされる。その魂のために，それに先立って読まれる祝禱文――オフルマズド（アフラマズダー）の天宮ガロードマーンに赴けよとの祝禱文が『アオグマダエーチャー（Aogəmadaēčā）』である。-čā 'and' を接辞されて全体は 'And we say' の謂いで，私は私なりに「又我等曰（語順どおりなら「我等曰且」）」と訳しているもの。この文は早い時期に廃用されて，『アーフリーニー・アルダーフラワシュ(Āfrīn ī Ardāfrawaš ――「死者への祝禱」）』(Ervad Edalji Kersâspji Antiâ (collected and collated by ―) : *Pâzend Texts*, Bombay 1909, pp.82–85 所収) が代わって用いられるようになった。

　アオグマダエーチャーは，概略的にいえば，アヴェスター語文，それに対する中期ペルシア語による訳註と，それのサンスクリット語（梵語）訳から成り，また古グジャラート語訳もある。いずれもこの書が実用されていたことを物語るものであるが，ここで注意しておきたいのは，中期ペルシア語による訳註と文字との関係である。

　イラン語族がはじめて持った文字は楔形文字であるが，この字体は粘土板や

磨崖などに彫り込むのが建前で，インキと芦ペンで書くには不向きであり，このため早くからアラム文字が導入された。この文字は書きくずされてパルティア文字と（中期）ペルシア文字となったが，殊に後者は金石文用の楷書体から行書，草書体へと進展した。今日，ゾロアスター教系の多くの文献はこの草書体で書き残されている。時には行・草書体を一括して走行体ともよぶことがある。困ったことに，この後期の書体では同一文字でいくつもの音を示す場合がいっそう多くなって読みにくくなっており，またアラム文字の体系はもともと独立の母音文字を持たないで，'（アーレフ），w（ワーウ），y（ヨード）を母音文字として代用しており，このような記法を受けついだ中期ペルシア語の場合でも例えば k' は ka, kā　ky は ki, kī, ke, kē　kw は ku, kū, ko, kō といった雑多な音を示し得ることとなって，読み取るのも時によって容易でない。そのうえ，' は h, ḥ (x) その他の音をも示すから厄介である。厄介ついでに，もうひとつ厄介なもののあることを紹介しておこう。それはアラム語詞を書き込んで中期ペルシア語で訓読するのだが，そのアラム語詞といっても同じ中期ペルシア文字で表記されているのである。われわれの場合だと，「一昨日は青空がみえた」と書いて「おとといはあおぞらがみえた」と訓じて大して不便でもない。漢語は一見してわかるように漢字で書かれている。仮りにこれが「いつさくじつはせいくうがみえた」と全文仮名ばかりで書かれ，それを訓じて読めとなると事は面倒だが，中期ペルシア語文の場合は文字は訓読語詞にも同じ文字を使うのだから，全文仮名書きを訓じるようなものである。ここでひとつ例を示すと，y 字は y, g, d, j などの音を示すので ywm = dwm で，ywm の方をとるとアラム語 yōm で，これは rōz「日」と訓じるし，dwm の方をとると dum「尾」という語になる。では rōz は ywm とだけ書く（表意書き）かというと lwč とも書く（表音書き）。l 字が r 音を表わし č は z 音を表わしているわけだが，その lwč はまた ranj「労苦」とも訓める（w 字は n 字と同形，č は j 音を表わす）。r 字は別に本来のもの（w 字と同形）があるが，rōz にも ranj にもそれは使用されないのである。

　誤読して当然というような，こんな文字の使用を改めることが，ゾロアスタ

一教徒の間でも企てられた。それはアヴェスター文字をもってする書き替えである。

はなしは少々前後するが，上述した中期ペルシア文字，特に初期のものを母胎とし，またギリシア語のアルファベットが母音文字を有しているのも参考として新しい文字を創出し，主として口伝されてきたアヴェスターテキストを文字に移すことになった。5世紀頃とみられる。一部になお不備はあるが，アヴェスター文字の体系は，ほぼ完全なアルファベットといってよい。このようにして成立したアヴェスターには中期ペルシア語・中期ペルシア文字による訳註がつけられ『ザンド (Zand)』とよばれる。ザンドとは普通名詞としては解説・解明の謂いであるが，術語としてはアヴェスターにつけられた中期ペルシア語による訳註をいう。実際には，アヴェスター原文を書きそのつぎにザンドを書き，またアヴェスター原文を書きそのつぎにザンドを書くので，ゾロアスター教徒の聖典は「アベスターグ・ウド・ザンド (Abestāg ud Zand —アヴェスターとザンド，玄典と解典)」というふうによばれている。現存のものは往時のものの3分の1乃至4分の1くらいの遺残とみられる。往時のものは21の「ナスク (Nask「巻」)」に分かたれていたとされるので21巻本とか大アヴェスターなどといい，11世紀頃まではまだ存していたらしい。

ゾロアスター教徒自身でも誤読の危険にさらされていた中期ペルシア語書（中期ペルシア文字による）を読みやすくするためには，彼らにとっては，アヴェスター文字で書き替えるほかはなかった。こうして成立したテキストは「パーザンド (Pāzand)」本とよばれる。

考えてみれば，アヴェスターは中期ペルシア語でアベスターグというが，もう少し古い形では「アパスターク (Apastāk)」といったはずで，そのことは 'pst'k という綴りから明らかである。その意味は「(人智から) 離れてあるもの」または「(人智を) 遠ざけるもの」の謂い，すなわち深遠秘奥で人智をもっても知りがたいもの，したがって「ザンド」すなわち「解説」によってはじめて人間に理解されるというのである。それと同じく，読みがたい中期ペルシア語書を読みやすく，分かりやすくするというところから，アヴェスター文字

で書き替えたものも「解説・ザンド」であるが，この方は今ひとたびのザンド，更なるザンドというところからパーザンドと呼ぶのであり，「再解説」の謂いである。パーはパティ（paiti-）の延長楷梯（vṛddhi）パーティ（pāiti）から来ている。そしてこのパーザンド本に対し，在来の文字，読みにくい文字で書かれた本は「パフラヴィー（Pahlavī）」本とよぶ。ゾロアスター教徒の中期ペルシア語はパフラヴィー語（狭義の）ともよばれるので，この呼称を文字にもあてはめてパフラヴィー本というのである。そうすると，中期ペルシア語文献は文字に即して分けると，パフラヴィー本とパーザンド本との二つ（もう一つ，パールシー本があるが，ここでは省く）になる。中期ペルシア語テキストは先ずパフラヴィー本ができ，必要に応じて，そのパーザンド本ができるわけで，これが正常の順序である。

そうすると，容易に読解できるパーザンド本さえあればそのパフラヴィー本も容易に読めるとか，たといパフラヴィー本が散佚していても，それは容易に再構再獲得できる，などと思われるかも知れないが，それがそうはいかないことも多いから，事はなかなか厄介である。しかし，この問題を詳しく取り扱うと，アオグマダエーチャーを上記のような意図で取り上げるうえからは，無用に問題を広げすぎることになるし，またあとでこの問題に少しくふれることにもなるので，ここでは1例だけを挙げて，これ以上の深入りは避けることにしたい。その1例というのは，一パーザンド書——といっても，これはそれをさらにアラビア文字で転写したもの，すなわちパールシー本とよばれるものであるが——に Šakūt と表記されている語のことであるが，これは「ヤザドギルド（Yazadgird）」という王名の誤読である。中期ペルシア文字で正しく書けば ١٣١۶ٮ となるが，これが ١٣١۶ٮ のように誤認されて škwt¹ すなわち Šakūt とされたものである（文字は右から左へよむ）。パーザンド本といっても，それを作成するには，パフラヴィー本への的確な知識がないと「再解説」どころか，読み手を誤らせることにもなる（後説 p. 274 参照）。

こうして，パフラヴィー本からパーザンド本へというのが順序であるが，この逆を行くのがアオグマダエーチャーで，パーザンド本が先ず作成され，それ

10.『アオグマダエーチャー』

から数百年もたってからパフラヴィー本ができている。基本的なアヴェスター語文の拾集が行われたのは11〜12世紀で、まだ大アヴェスター、すなわち21巻本が存していたとみられる。この拾集されたアヴェスター語文をもとに原パーザンド本が解説書として作成され、そこから現パーザンド本がさらに作成された。梵語訳はネルヨーサングの手掛けたものでなく、彼の学統につながる者の手に成るとみられるが、底本となったパーザンド本がどのパーザンド本かは私には不明である。現パーザンド本に比べてみると、この梵本はより敷衍的説明的である。原パーザンド本の存在は現パーザンド本を検討してみれば明らかとなる。例えば§45で、vəhə.āfrāgan「確実な」の前に i を挿入して dōstąn「友人たち」への修飾詞としているがそうではなくて、「確実な身で」生きてまた両親兄弟のもとに帰ってくるためには、といっていたはずの原パーザンド本への誤解がみとめられるがごときである。

　この原パーザンド本からは、上述のようにパフラヴィー本も作成されることになるが、これは、「写本 J 58（1820年筆写）」の散失底本の年次たる1739年よりも以前のものではあるまいとみられている。

　原パーザンド本にしても現パーザンド本にしても、中期ペルシア語が生きて話されていた時代からは遥かに遠ざかっていて、その作成者たちには中期ペルシア語は一般的にいって、パフラヴィー本（アオグマダエーチャーのものではない）をもとにして、話しことばとは遊離した、いわば一種の神学語として受け継がれていたにすぎない。だから、アオグマダエーチャーのこのパーザンド本はマニ教書にみえる中期ペルシア語に比べると、音韻や形態の点で大きくくずれているうえに、新期（近世）ペルシア語の音韻も堂々と罷り通っているのである。だが、それでいて、他書に不伝の正しい古形をも存置しているから、このような（現）パーザンド本から中期ペルシア語形を（復原）再獲得するには、よほどの注意が要請される。パフラヴィー本が失敗をしているのも無理からぬところである。詳細は該当節の註記にゆずるが、例えばパーザンド本§32の kə nāči hīnənd až brəhə až dāša bə framošənd margī「（天体の）光芒からも《予兆からも》迅速な行動をするでもなくて、死を忘れているところの

（ものども）」の hīnənd「（彼らは）迅速な行動をする」を梵文では jānanti「（彼らは）知っている」（一写本では jānayanti「（彼らは）知らしめる」）とし，パフラヴィー本では hēnd 'they are' としているごときで，さらに1例を示せばパーザンド本§73の anazdihā frāž vasīnət mardum「彼は不意に人間を引き裂く」の vasīnət 'he breaks, splits' が，梵文で vināśayati 'he kills' となっているのはともかくとして，パフラヴィー本では HZYTWNyt すなわち 'vīnət (PZ 形) 'he looks'（語頭の小垂線は訓読された語形であることを示す）となっている有様である。これらの例はアオグマダエーチャーはパーザンド本が最優先視さるべきことを示すものであるが，誤りはあるにしても，梵本もそれの理解に有力な地位を占めていることを物語るものといえるであろう。

ここで私はこの一文中に用いる略記号をあげておく：

MP （中期ペルシア語。マニ教系の同語文献にみえるもので，3～5世紀頃のもの）

PZ （パーザンド本，同語形）

PH （パフラヴィー本，同語形，同文字）

AV／Av. （アヴェスター，同語，同語形，同文字）

《 》 原註とみなすべき部分を示す

（ ） 訳文中のものは私の補筆した部分を示す

本書は永らく Wilhelm Geiger : *Aogemadaêcâ. Ein Pârsentractat in Pâzend, Altbaktrisch* (AV のこと) *und Sanskrit, herausgegeben, übersetzt, erklärt und mit Glossar versehen*, Leipzig und Erlangen 1878 (Hildesheim 1971²) によって親しまれていたが，これに含まれていない PH（パフラヴィー）本をも収録した新著が刊行された。Kaikhusroo M. JamaspAsa : *Aogəmadaēcā. A Zoroastrian Liturgy*, Wien 1982 (Österreichische Akademie der Wissenschaften, philosophisch-historische Klasse, Sitzungsberichte, 397. Band, Veröffentlichungen der Iranischen Kommission, Band 11) がそれである。本書のすぐれている点は他の文献から参考語句を豊富に引用して理解を助

10. 『アオグマダエーチャー』

けていることであるが，PZ本を校定して定本を作成するまでには至っていないし，その訳文にも問題視すべき箇所が多いのも残念である。前引 hinənd は vīnənd 'they perceive' に改められ，vasīnəṯ は nasīnəṯ 'he makes (men) perish' に改められている有様であるが，ここでは巻頭の識語（序詞）を1例として挙げてみよう（ただし写本 K42, M66, M67 によって私の校定したものを掲げる）。これは巻尾の識語（跋語）§110とも呼応するもので，それには

  pa nąm yazdąn jahəšni yak frōx jāṯ aogəmadaēčā niwīsihəm frōx bāṯ

とある。ジャーマスプ＝アーサー（以下ではジャマスプ＝アサとする）は jāṯ「生まれた，born」を jant (M66！)「ザンド」に改め

  Praise to the name of God. A (copy of) the auspicious Zand Aogəmadaēčā is written. May it be auspicious.

と訳している。アオグマダエーチャーはAV語句を訳註解説して成ったものであるから，ザンドともいえる。しかし，それだとしても，「アヴェスターとザンド，玄典と解典」として併称されるときのザンドとは異なり，また成立期もこの跋文は遥かに新しいものであるから，このようなテキストをザンドと称したかは疑わしい。また niwīsihəm はMPに戻しても nibēsīhēm 'I（アオグマダエーチャーの作成者）am written' となって序詞に容れられる語ではない。この語形については Jehangir C. Tavadia : *Šāyast-nē-šāyast*（『許不許』），Hamburg 1930, p.27, n.13 参照。おそらく nibēsēm 'I write (the Aog.)' と nibēsīhēd '(by me) it (the Aog.) is written' との混淆交錯であろうが，ここは nibēsēm の方をとるべきである。また jahəšni は MP jahišn「機会，幸運」であって 'praise'（これには stāyišn〔§30参照〕，niyāyišn などを用いる）ではない。ただし，ここでは jahišn は副詞，すなわち jahišn rāy「たまたま，幸運にも」の謂いに用いられている。rāy の省略は §§3, 108にもみえる。よって，この序詞はより正確なMPに戻すと，

  pad nām ī yazadān *man kē* jahišn *rāy* ēk farrox zād *ham* Aogəmadaēčā nibēsēm farrox bād（イタリック体は補入）

  神々のみ名を通して，私――幸運にも一介の至福者と生まれてきた私は，

217

アオグマダエーチャーを書くことにする。それ（本書）が栄えあるものとならんことを。

となるべきである。Ervad Sheriarji Dadabhai Bharucha は *Sanskrit Writings of the Parsis*, Part II.——*Ijisni* (Yasna), Bombay 1910, p. III において frōxī jāṭ を Farrokhzâd と読んで，アオグマダエーチャーの著者としている。ジャマスプ=アサがこれを否定したのはよいが，上記したような語釈は氏のために惜しまれる。また氏のPH本のローマ字写音にしても方法に統一性が欠けており，またPZ本とPH本を一括して成るべく同一の英訳文で処理しようとするあたりにも無理があって，批判的に取り扱う余地の多いことも残念である。しかし，私は萬葉集歌の解明に本書を読んでその傾向を知ってもらう目的で取り組んだもので，このような細部にまで逐一，専門的に深入りすることはできるだけ避け，必要最小限度のものを，訳文のあとにつけた註記に掲げることにとどめた。

本書は110節に分かたれているが，1箇のセンテンスが無理にいくつかの節に分かたれている場合も多いので，実際には110も節数があるわけではない。節の分け方がこのような状況なのに，ジャマスプ=アサ訳はおおむね，節を独立のセンテンスとして取り扱っているので，訳文にも無理が生じている。例えば2箇の節に跨がっている nē …… bē〜'not …… but〜'が見失われかねない形になっているがごときである（§§33—34参照）。私も節の分け方はほとんど従来のものに従ったが，いくつかの節をも一センテンスの文節とみる場合も多いので，訳文にもその点だけでも，ジャマスプ=アサ訳とはかなりの相違を生じた。

ところで，110節あるといっても，AV, PZ, PH, Skt. の諸文がみなそれだけの節を具備しているわけではない。未完なのはAV文で，これを有するのは1, 3, 12, 16, 17, 19, 25—28, 41, 48, 49, 51, 53, 56—60, 66, 69, 70, 77—81, 81b, 82, 84の計31節のみで，しかも現存するアヴェスター（p. 213参照）に典拠の見出せるのは1, 3, 12, 16, 19の5節にすぎない。

これらの中で§1は，AV文とそれに対するPZ本の立場，ならびに本書が

10.『アオグマダエーチャー』

Aogəmadaēčā とよばれる理由，などを知るのに重要であるから，つづく §2 と併わせて，特別に紹介しておくことにしよう。

§1

AV　aogəmadaēčā usmahičā vīsāmadaēčā「且つ我らは曰い，且つ我らは欲み，且つ我らは奉仕する」

PZ　rəsəm padīrəm x^{v}arəṣadahəm「私は到来し，私は受容し，私は満足しています」

梵本　âyāmi aṃgīkaromi saṃtoṣayāmi「私は到来し，私は忍受し，私は満足しています」

§2

PZ　rəsəm ō gēθī padīrəm anāī x^{v}arəṣadahəm pa maryī「私はゲーティーグ界（現界）に到来し，私は不祥を受容し，私は死に満足しています」

梵本　âyāmi atra pṛthivyām aṃgīkaromi anyāyam kaṣṭaṃca saṃtoṣayāmi mṛtyoḥ《yataḥ itthaṃbhūtena puruṣeṇa svâbhilāṣaḥ sādhyate》「私はこの地界に到来し，私は非理と困苦を忍受し，私は死に満足しています《こうすると，このような目に遭った人は自分の望みが達せられるのです》」

AV文はヤスナ41：5の一部からとったものであるが，その部分の原文には「且つ御身の讚歎者にしてマンスラ者（預言者）であると，アフラマズダーよ，我らは曰い（名乗り）ます，且つ（それであることを）我らは欲みます，且つ（そのようなものとして）奉仕し（祭儀に臨み）ます」とある。この中から，下線をつけた部分のみを引いて§1のAV文として掲げたもので，原文の最初に出てくる語 aogəmadaēčā「且つ（-čā）我らは曰います（aogəmadaē-）」が書名とされているのである。

ところで，この§§1－2をみると，§1のAV文がPZでは（PHは掲げないが ud「且つ」を入れているほかはPZと同義）恣意とも言えるほど曲筆されていること，そしてそれがさらに§2で拡大解説されていることがわかる。この辺の事情を明らかにするためには，上引AV文のザンドをみる必要がある。ザンドには，

ˈka ō ˈēd ī ˈtō stāyīdārīh ud māns(a)rīgīh Ohrmazd ˈabar ˈrasānd hunsand ˈhānd ud ⁺ˈpadīrānd 《(ˈkū ˈbē ˈpadīrānd ud hunsandīhā ˈōh ˈkunānd)》（⁺印は私による改訂改読）

御身への礼讃と唱呪に，オフルマズドよ，（人々が）来たり加わり，満足しそして受容せんことを《すなわち彼らが受容し，そして満足しながらそのようになさんことを》。

とある。

§1のAV文は3個の動詞から成り，いずれも直説法現在1人称複数で，語根はそれぞれ aog-「曰う（＝現在幹）」，vas-／us-「欲する（＝現在幹）」，vaēs-／vĭs-「奉仕する（現在幹は -a を加え，その -a が -madaē- の前では a＞ā となる）」，また活用語尾は -madaē-（＝Skt. -mahe）が中動相，-mahi-（＝Vedic -masi）が能動相である。だが，PZ作成者には，そんなことはどうでもよい，AV語形の中に何か意味のつけられそうな部分が見つかれば，それでよかった。だから，先ず aogəmadaē- の中に -gəm- を見つけて gam-「来る」と同定し，rəsəm（＝MP rasam）「私は到来している」と解した。つぎは，残る2動詞形の語順を入れ替え，vīsāmadaē- を padīrəm（＝MP padīram）「私は引きうける，受容する」とした。この入れ替えは上引ザンド中の註に従ったものであるが，ザンドにしてもアオグマダエーチャーにしても，vaēs-／vĭs- の語意をふまえて「受容する」と解しているのではなく，vīsāmadaēčā の中に -sāmad- があるのを見て，それを āsān āmad「平安になった」か āsānīh āmad「平安が来た」（中期ペルシア語だ！）とでも解し，それを「甘受する，受容する」と転義させて，そのように訳した（padīrānd／padīrəm）のではないか。usmahi も同様で，Av. vas／us- をふまえているわけではなく，この語形の中，特に usm- あたりに，なんとなく hunsand「満足せる」（中期ペルシア語！）を思わすようなものがあるかのようにみて，ザンドが hunsand hānd「満足してあらんことを」とし，それにならってアオグマダエーチャーも xᵛarəsadahəm（MP hunsand ham）「私は満足している」としたものと考えられる（xᵛarəsạda と hunsand との相違はここでは

触れないことにする)。そして，このようにして成立したPZ§1をさらに敷衍解説したものが，その§2である。AV語句を掲げながらPZが大きくくずれているのは§3にもみえる。

§§1－2をこのように見てくると，本書がAV語句をどのように解釈して成り立っているか，そしてまた節の数が110もあるのにAV語句がそれほど数えられないわけも明らかとなろう。また梵語訳が現PZ本に比べると，さらに敷衍解説的であることは，PZ本を底本としながらも現在本を底本としていないことをも示唆するであろう。この§§1－2は本書の性格を明示するものとして重視される。それは死を与えられたものとして甘受する態度である。肉体は可滅だが魂魄は不滅であるとし，この不滅のものへの祝禱を主とし，遺族への慰藉を加えたものが本書の骨格を形成しており，それを端的に示すのが§§6－7であるとも言える。死者への追悼や哭泣は見出せないのである。

本書の根幹を成すものはAV語句ではなく，それへの解釈の当否は別として，そのAV句への，あるいはAVからは独立せる，PZテキストである。そこで私はPZテキストを底本としながらも，それを上述した（p. 215）ようなMP文に再構したものを各節ごとに掲げ，それへの訳文と註記を示すことにした。私の掲げるMP文は，いわば私の校定文であるから，現PZ本との異同など逐一示すべきであるが，煩を避けてすべてこれは割愛した。読者はジャマスプ＝アサ本と対校されれば，容易にこれが知られ得ると考えたからである。もっとも，特に必要な場合は註記の中で，それに触れることにした。

序　詞

pad nām ī yazadān jahišn ēk farrox zād Aogəmadaēčā nibēsēm farrox bād
神々のみ名を通して，私――幸運にも一介の至福者と生まれてきた私は，アオグマダエーチャーを書くことにする。それ（本書）が栄えあるものとならんことを。

（註記）この序詞については，より完全なMP文を示すなどして，詳しく取り扱い済み。§110とも呼応する。この真摯な自己省察はこの序詞がコピストの

ものでないことを示唆している。

1

rasam padīram hunsand ham

私は到来し、私は受容し、私は満足しています。

（註記）AV文は前引した。AV文とPZ文との関係も詳しく取り扱い済み。

2

rasam ō gētīg padīram anāgīh hunsand ham pad margīh

私はゲーティーグ界（現界）に到来し、私は不祥を受容し、私は死に満足しています。

（註記）本節も取り扱い済み。

3

šād ān tan kē warzīd ān ī xwēš ruwān

おのが魂のために（なるように）行動した身体はよろこばしい。

（註記）AV文は šātō manā̊ vahištō urvąnō とあるが、vahištō「最勝の（男性単数主格）」は vaštō「如意に、思いどおりに（vaštu- の単数位格で副詞的）」の誤りであることは Helmut Humbach : "**Kaikhusroo M. Jamasp-Asa**, Aogəmadaēcā", *Göttingische Gelehrte Anzeigen unter Aufsicht der Akademie der Wissenschaften*, 235. Jahrgang・Heft 1／2, Göttingen 1983, p.119 のいうとおりである。もともと、この句はヤスナ60：11に「我らの心がたのしみ、（我らの）魂が如意で身体が安穏であるために………最勝界が（我らに頒たれてあらんことを）」とあるものから下線をつけた部分のみを抜き出したものであるから、PZ文は恣意的な曲解である。ところで vaštō が PZ varzīt＝MP warzīd「彼は行動した」と訳されているのは、vaštō を varəz-「行動する」の過去（受）分詞 varštō（varšta- の男性単数主格）と同定（誤って）したためであろう。AV文に厳密に従えばPZ文は訳せないが、PZ文に独自的に意味を見出そうとすれば、ān ī xwēš ruwān（これは「おのが魂のためのもの」とは訳せない）「おのが魂」のあとに与格的意味を付与する後置詞 rāy が略されているもののように解釈して（序詞 jahišn や§108の

sar 《frazām》 参照），上記のように訳するほかはなかろう。

4 — 5

zad winast wānīd bād gizistag Ganāg Mēnōg adān purr-marg (5) kē akār-ēnīd kālbod ī ōy anōšag-ruwān

（5）この逝世者（＜永霊者）の肉体を無力にした，（4）無知満死の，呪うべきガナーグ・メーノーグは打倒され敗亡し征服されんことを。

6 — 7

ud ōy anōšag-ruwān rāy wahišt bahr bād (7) ud šmāh-iz andar nihang zamān ān rāmišn āsānīh pad dūdag abāz rasād kū bēš ī ōy anōšag-ruwān hugugārd bād

そしてこの逝世者に最勝界が頒け前となりますように。（7）また，この逝世者ゆえの痛みがよく解消するために，あなたがたも（その）家になるべくはやく，あの（いつもの）平安（と）安息がもどってまいりますように。

（註記）§6については§104参照。§7は遺族たちへのなぐさめの祝禱。

8 — 9

ham ī and ōšbām ī sidīgar bām čahārom Srōš ī ahlaw tagīg ud Rašn rāst Way ī weh Aštād yazad ī pērōzgar Mihr ī frāx-gōyōd Frawahr ī ahlawān ud abārīg mēnōgān kē xwēš-kārīh padīrēnd padīrag ruwān ī ōy anōšag-ruwān āyād (9) ud ruwān ī ōy anōšag-ruwān rāy xwārīhā ud frāxīhā ud newdilērīhā abar Činwad puhl bē widārānd

第3の払暁（すなわち）4日目の明け方に，（いつもと）同じだけのかたがた（すなわち）強い義神スローシュと公正ラシュヌ，正善のワイ，勝利のアシュタード，広牧地の主ミフル，義者たちの精霊ならびに責務を引き受けられるその他のメーノーグたち（幽尊たち）が，この逝世者の魂を出迎えられんことを，（9）そしてこの逝世者の魂をして易々として且つ悠揚として且つ意気揚々としてチンワド橋を渡らせてくださるように。

（註記）§8文首の PZ hamā anṭ は PH では ham i, 梵訳では sarve「すべての（男性複数主格）」（ジャマスプ＝アサ訳には省かれている）とあるが，い

ずれもPZ形を正解していない。PZ hamā ant＝MP ham ī and はスローシュ以下の諸尊といった，いつもと「同じだけ」のものという表現で，この総括的表現を文首に出しているのである。and 'much' の使い方は ān and 「あれだけ」，ēn and 「これだけ」なども参照のこと。「出迎えられんことを（padīrag …… āyād），（9）そして……渡らせてくださるように（ud …… bē widārānd）」――widārānd（PZ gudāraṯ）は接続法3人称複数。ここの文意は死者一般の取り扱いを平叙するのでなく，当面の逝世者への取り扱いを要請するものであるから，widārānd に準じて PZ āyet＝MP āyēd 'he comes' とあるのは MP āyād 'may he come' とあるべきもの。PHは āyēnd, widārēnd（共に直説法3人称複数），梵本は samâyāṃtu（命令法3人称複数），samuttārayaṃti（直説法3人称複数），ジャマスプ＝アサ訳では前者を直説法，後者を接続法とする。これら両動詞がMP（PZ）本に一は単数，他は複数であるのは主語を一括して解釈するか個別的の多数とみるかの相違による。

10―11

jādag-gōw bād pad ruwān ī ōy anōšag-ruwān Wahman amahraspand (11) bē ō handēmānīh ī Ohrmazd ud amahraspandān barād

この逝世者の魂にワフマン不死饒益尊が介添え役となってください（11）（そして）オフルマズドと不死饒益諸尊の大前にお連れくださるように。

12―14

ul ēstād Wahman amahraspand az gāh zarrēn kard (13) ud ān ī ōy anōšag-ruwān dast frāz gīrād (14) ud ēdōn pad rāmišn bē kunād čiyōn andar gētīg har tan-ē kē pad rāmišndar būd ēstād 《čiyōn ōy-iz āzādīhādar farroxīhādar mad ēstād》

ワフマン不死饒益尊は黄金作りの座から立ち上がってください（13）そしてこの逝世者の手をとってやってください。（14）また，いとも平安に過していた人のだれもがゲーティーグ界（現界）に（あったとき）のように《ということは，この者もいとも自由に，いとも幸いに暮らしていたということです》（この者をも）平安にしてやってください。

（註記）§12にあるAV文はウィーデーウダード19：31の文首に「ウォフ・マナフは黄金作りの座から立ち上がった」とあるのを，そのまま引用したもの。ザンドも ul ēstād Wahmam az gāh zarrēn kard「ワフマンは黄金作りの座から立ち上がった」とAVを逐語訳している。ところが，この§12の PZ aval āstāt̰=MP ul ēstād は「立ち上がった」ではなく「立ち上がってください」のように接続法として用いられている。ul ēstād は（1）'he stood up' と（2）'may he stand up' の両義に解釈できるからだが，同様の態度は§19にもみえる。§14の原註中の ōy-iz「彼も，この者も」は「……平安に過していた人のだれもが」を指すのではなくて，当面の逝世者を指すものとみたい。したがって，この原註はその逝世者がどんな生活をしていたかにかかわりなく，生前の彼を美化したものとみてよい。

15—16

Frawahr ī ahlawān ō ruwān ī ōy anōšag-ruwān anōšēn xwarišn dahānd az ān ī pad Mēdyōzarm gāh kard ēstēd (16) ābēn mayēn šīrēn angubēnēn
義者たちの精霊（しょうりょう）がこの逝世者の魂に与えてくれるように——不死の食として，メードヨーザルム大祭にて作られたもので，(16) 水ででき，酒ででき，乳ででき，蜜でできたものを。

（註記）§16のAV文は「食物に（または，食物として）春出来（でき）のバターが彼にもたらされよ（bərətạm）」とある。典拠はハゾークト・ナスク（Haδōxt Nask）2：18（拙著『アヴェスター』筑摩書房1967年〔1976年²〕, p.382参照）。その他の参考出典についてはジャマスプ＝アサの訳著p.57脚註参照。拙著『ゾロアスター研究』岩波書店，1980年², p.301 も『知慧の霊の判決（Dādestān ī Mēnōg ī Xrad）』2：152にふれている。§15の az ān ī pad Mēdyōzarm gāh kard ēstēd は「メードヨーザルム大祭にて作られたものから」でなく，この属格的表現はAV文の部分属格を機械的に訳出したもの。「中春」を意味するこの祭儀は，ゾロアスター教徒の6季節祭中のひとつ。

17

Wahman amahraspand wastrag zarrēn pēsīd taxt zarrēn ō ruwān ī ōy anōšag-ruwān dahād

ワフマン不死饒益尊が金飾の衣服（と）黄金の宝座を，この逝世者の魂にお授けくださるように。

（註記）AV語句は「あるいは銀飾にて，あるいは金飾にて，あるいは（その他）いかなる色にても」とあるのみで，現AV本には指摘されない。ərəzatō.paiθi「銀飾にて」と zaranyō.paiθi「金飾にて」の -paiθi は -pisi のくずれた形（H. Humbach の前掲書評p.119）。

18

ud Ahreman dēwān pad ruwān ī ōy anōšag-ruwān ēč wizend ud zyān ma tuwān bād kardan

そしてアフレマン（や）諸デーウがこの逝世者の魂に，いかなる傷害や打撃も加えることができませぬように。

19

čiyōn mēš ī gurgān xwēšīd kē az bōy ī gurg frāz tarsēd awēšān-iz kē dēw ud druz hēnd az bōy ī ōy anōšag-ruwān frāz tarsānd

狼群に追われ，狼の臭いを恐れる羊のように，デーウやドルズたるやからもこの逝世者の香りを恐れますように。

（註記）AV文はウィーデーウダード19：33から引用されて「（義者の）通り過ぎしあとに，不義悪行の諸ダエーワ（デーウ），（その）香りを恐るる（fratərəsạti）こと，狼に追わるる羊の狼を恐るるがごとし」とある。この fratərəsạti はPHの frāz tarsēnd, 梵訳の pratrasyaṃti とともに直説法現在3人称複数 'they fear' であるが，PZでは frāž tarsand とあるので，これをMP frāz tarsānd（接続法3人称複数）とみて 'may they fear' と訳した。ジャマスプ＝アサ訳では tarsēnd（直説法現在3人称複数）'they fear' とある。AVの直説法をPZが接続法に解釈替えしている例は§12にもある。

20

čē har ān ī zād ud har ān ī zāyēd ēn kār bē abāyēd kardan čiyōn ēn ī wahišt bahr kardan ud ān zamān mad ēstādan rāy ī az ēn axw franaftan

wahišt bahr ud garōdmān dāšn bād
何となれば已生(いしょう)のものもみな、そして当生(とうしょう)のものもみな、この業(わざ)をなす、すなわち最勝界の頒け前を作る、べきだからで、またこの世界から去り逝くかの時の到来してしまったときにそなえて、最勝界が頒け前となりガロードマーンが果報となりたいからであります。

（註記）ud ān zamān …… の ud を kū に読みかえて「……作る、べきだからであります——この世界から去り逝くかの時の……果報とならんために——。」とすることも可能。ジャマスプ＝アサ訳は ēstādan や franaftan のような不定詞をみていないために、文意の把握に未だしの感がある。ēn ī wahišt bahr kardan は「最勝界の頒け前を作る」で「最勝界を頒け前にする」ではない。ēn ī wahišt は「最勝界の」という属格的表現である（類似の表現はp. 224, § 13にもある）。§§ 6, 104も参照のこと。

21

čē gyāg-ē paydāg kū Ohrmazd ō Zardušt guft kū man dād Spitāmān Zardušt ham ān ī tan husrawīh ham ruwān hupānāgīh
何となれば一所に明されているからであります、曰く「オフルマズドはザルドゥシュト（ゾロアスター）に仰せられた『スピターマーン・ザルドゥシュトよ、余は身(しん)の令名と魂のよき庇護をともに創造した』と」。

22

kē ēdar tan husrawīh ud ānōh ruwān hupānāgīh andar wirrōyišnōmandīh pad ahlaw dārišn
ここ（現界）で身に令名があり、またかしこ（幽界）で魂によき庇護があるものは、堅信に（住していて）義者となさるべきであります。

（註記）wirrōyišnōmandīh「堅信」（または wurrōyišnōmandīh）—— PZ varomaḍiē すなわち MP warōmandīh「疑い」を私が読み替えたもの。原PZ作成者が勘ちがいをしたのではないか。ジャマスプ＝アサは If the body (is) of good renown here (and) the soul (is) well-protected there ; in case of doubtfulness, one should be regarded as righteous. と訳しているが、If ……

なる訳文は成り立たないし，また氏の訳文によるなら，「もし人が身に令名あり魂によき庇護ありや否や不明のときは，義者とみなさるべきだ」というのでもあろうか，これでは善人も悪人も義者とみてよいということにもなりかねまい。梵文は andar 以下を sa aṃtaḥ câṃte (saṃśayitve の謂いか) muktaḥ parijñāyate 「そして彼は命終のときは救われたものとみとめられる」と訳して恣意的な飛躍がみえるが，PZ varomądiē を誤解とみる愚説を，間接的ながら，裏づけているといえる。

23—24

čē pad ān ī amāh dīd šnāxt xwēš-kār tan-awestwār Ohrmazd šnāyēnīdār būd ud Ahreman tarwēnīdār (24) ud har kē abāg ōy sargār būd az ōy pad ābādīh būd ka sūdīh ayāb rāmišn būd enyā zyān dušxwārīh aziš nē būd

何となれば私共が見知っているところによれば，彼は責務を果たした人，身堅固の人，オフルマズドの宥和者にしてアフレマンの調伏者だったのであり，(24) またこの統率者と共にいたものはだれも，利益か平安があったほかには打撃も苦難も彼からはなかったので，彼のために栄えたわけだからであります。

25—28

čē gyāg-ē paydāg kū bōy ī ruwān ō tan gōwēd ēdōn man rāy tan ī sēǰōmand pad menišn men humad (26) ēdōn man rāy tan ī sēǰōmand pad uzwān gōw hūxt (27) ēdōn man rāy tan ī sēǰōmand pad har dō dast warz ān ī frārōn kunišn (28) ma man rāy tan ī sēǰōmand widerišnīg ō ān ī ganāg war abganāi sahmgēn ī bīmgēn rēšgēn ī tārīg anšnās 《kē-š tārīgīh ēdōn kū pad dast frāz šāyēd griftan》 kē pad frēftārīh frāz kirrēnīd Ganāg Mēnōg andar bun ī axw ī tom arγandēn dušox

何となれば一所に明かされているからであります，曰く「魂の精(せい)が（その）身体に（こう）いう：『こう，私のために，可壊の身体よ，心で善思を思うてください，(26) こう，私のために，可壊の身体よ，舌で善語を語ってください，

(27) こう，私のために，可壊の身体よ，両手で正しい行いをなしてください。
(28) 私を，去り逝く可壊の身体よ，戦慄すべき，おそろしい，傷つける，暗くて識別できぬ《その暗さは（濃密で）手でつかむことができるほど》かの破壊的な洞穴——それは暗黒の境涯，おそるべき悪界の底にガナーグ・メーノーグが妖術をもって造りおったもの——に投げ入れないでください』と。」

（註記）§25の文首「何となれば……魂の精が身体にいう（ce ……bōy ī ruwān ō tan gōwēd)」はPHから補ったもの。梵文には「魂の精が身体にいう」とあるのみだが，誤って§24の末尾におかれている。この部分を除けば，§§25—28は各節共にAVがある。§§25—27はいずれも「さて，私のために (āaṯ mē)，可壊の身体よ」ではじまり，以下PZ文ともよく一致している（ただし§27末尾のPZ「正しい行い」がAV文では「時にかなった善行」とあって，やや異なっている）。AV文文首の āaṯ mē が aaṯ mąm「さて，私を」となっているものがあるが，これは§28の文首の ma mąm「私を……ないでください」に誤られたもので，ジャマスプ＝アサはそれを aaṯ mē と訂正しているし，Humbach もこれを認めている。AV文§25の manya managha humatəm「心で善思を思ってください」における manya は manyaŋuha (< *manyahva〔man-「思う」の現在命令法2人称単数中動相〕) が managha「心で」との間に生じた同音省略形だと Humbach 前掲書評p.119は指摘している。§28のAV文は次のとおりで，PZ本とほぼ同じ内容。「私を，可壊の身体よ，（かの）破壊的な洞穴——それは残酷で苦しく，欺き，見通しのきかぬものとして，満死のアンラ・マンユ（＝ガナーグ・メーノーグ）が暗黒の境涯，すなわち忌まわしい悪界の涯底として造りおったもの——に投げ込まないでくれよ。」この文中，「暗黒の境涯，すなわち忌まわしい悪界の涯底」はウィーデーウダード19：47およびそのザンドからの引用。

29—30

gyāg-ē paydāg kū Ohrmazd ō Zardušt guft (30) kū man dād Spitamān Zardušt star māh ud xwaršēd ātaxš suxr ī sōzāg ud sag ud way ud gōspand panj ēwēnag bē az harwispīn meh dād mard ahlaw kē az man bē padīrift rāst ahlāyīh stāyišn andar weh dēn

一所に明かされている、曰く「オフルマズドはザルドゥシュト（ゾロアスター）に仰せられた、(30) 曰く『余は、スピタマーン・ザルドゥシュトよ、星、月と太陽、赤い燃える火と犬と鳥と5種の益畜を創造した。しかし、何ものよりもより偉大なものとして義者を創造した、そは余から善教（ウェフ・デーン）にある、正しき天則への称讃を受け入れたものである』と」。

31—38

bē čim-iz-ē ayārēnd ē dušfarrag Āz dēwān-dād (32) kē nē-iz hīnnēnd az brāh 《〖*ud〗 az daxšag》 bē framōšēnd margīh (33) ud nē handēšēnd az zamān kardārīh ud widerānīh ī tan (34) bē hamwār wiyābān hēnd pad rāh ī Āz (35) ud widang dārēnd abar ārzōg ī Waran *ud xwāstag (36) a-frayādišn kēn paymōzēnd pad rāh ī stēz *ud tarmenišn (37) mast ēstēnd pad juwānīh (38) bē purr pašēmān bawēnd pad rōzgār frazām

(32)（天体の）光芒から《予兆から》迅速な行動をするでもなくて死を忘れ、(33) また時間のために身体の活動と変移のあることを思わない (34) で、つねにアーズ（魔）のために迷い (35) 且つワラン（魔）の欲望と財物のために心労し (36) 役にもたたぬ憎しみを争いと侮蔑によって抱き (37) 若さに酔い痴れているものどもは、(31) 理由とて一つもないのに凶運・魔所造のアーズに加勢するがよい、(38) しかし彼らは歳月（生涯）の最後には後悔に充ちることでしょう。

(註記) §§31—38は一括して一センテンスを成すもので、これを数節に分かつのは無理である（その1例として§32にもある nē ⋯⋯ bē～ 'not ⋯⋯ but～' が§33と§34に跨がって見出されることが指摘できる）。しかもそのうえに、従来の分け方では *印（計3個）の部分からそれぞれ32, 36, 37節がはじまっていて文脈が破壊されているのである。§31の PZ bā čum čəh は *bā čim čiə=MP bē čim-iz-ē 'though without any single reason' の誤りで、梵訳 ⁺niḥkāraṇârtham は正しい。PZ adārəndyą は MP ayārēnd ē で、ayārīdan「助ける」の希求法現在3人称複数。§32の PZ hīnənd に対するPH

や梵訳の解釈についてはすでに触れた (p. 215)。ジャマスプ゠アサは PZ vīnənd＝MP wēnēnd 'they see' の誤りであろうとみて 'they perceive' と訳している。氏は vīnənd の誤りであろうとする理由は挙げていないが，察するに，これを挙げると自縄自縛的なことになるからではなかろうか。wēnēnd は ḤZYTWNd (ـﯾﻠﮕﺰﺳ) と書かれる。これは Aram. ḥᵃzī 'he was seen' (これは Aram. ḥᵃzā 'he saw' の pe‘īl 話態) に，受動形なるが故にというところから，イラン側でイラン語過去受動分詞の標識辞 -ta を表わすT字を加えたもの (ḤZYT) が基本となり，これに他のアラム語動詞活用形からWN (パフラヴィー文字としてはWもNと同形！) を借用して，語末にイラン語的表音補辞 -d (-ēnd を表わす) を接辞したものである。ところで，T字は小さくまたは粗雑に書かれると，その楕円部分は見分けにくくなり，その結果T字は ۲ すなわちYN (＝YW) のようになり，かくて全体は ـﯾﻠﮕﺰﺳ (< ـﯾﻠﮕﺰﺳ) となり，しかもZ字はここではY字と同形なので，一見 ḤYYYNN(<W)Nd のようになり，これを hīnənd＝MP hīnēnd と誤読したものと，氏は考えているのではないか。しかし，このような考え方ではPH本が先行することになり，PZ本先行説とは相容れないことになる。しかし PZ hīnənd＝MP hīnnēnd／hīnēnd は Vedic syand-「速く流れる」に対応する OIr. *hyand- に遡るもので，*hyand- > *hēnd->MP hīnn-／hīn- と音転したもので，その -nd- > -nn-／-n- はパルティア語 bndyst'n＝bandestān「牢屋」対 MP bnyst'n＝bannestān「牢屋」が示すように，中期ペルシア語的なものである (H. S. Nyberg : *A Manual of Pahlavi*, Ⅱ, Wiesbaden 1974, band の項参照)。不定詞と現在幹は hīn(n)īdan : hīn(n)- であろう。その syand- は水流についてだけではなく，Rig Veda V 53 : 7 は tatṛdānā́ḥ sínd-havaḥ kṣódasā rā́jaḥ prá sasrur dhenávo yathā | syanná́ áśvā ivā́dhvano vimócane ví yád vártanta enyàḥ ‖「放出された水流は奔流となって虚空を突進した，宛かも牝牛のように；そのさまは道から（くびきを）解かれたおりに，まだら牝馬が（道から）外れると，（追いかけて）疾駆する馬のよう」(syanná- は syand- の過去分詞。自動詞であるから意味は現在分詞に近い)

といって，syand- が馬にも用いられたことを示し，また同 X 22:4 は yujānó áśvā vátasya dhúnī devó devásya vajrivaḥ | syántā pathá virúkmatā sr̥jānáḥ stoṣy ádhvanaḥ ‖「おお雷箭者（インドラ）よ，神たる卿は風神の悍馬をくびきづけ，（太陽の）光道を疾駆して（馬を）駆るとき，その道を称賛せよかし」(syántr̥- は syand- の動作主名詞) といって，syand- が神にも用いられたこと，すなわち syand- は「生きもの」一般にも用いられたことを示している。それゆえに hīnnēnd も人に用いられて，「彼らは迅速な行動をする」と解して少しもさしつかえない。az brāh《az daxšag》「(天体の)光芒から《予兆から》」については Ayādgār ī Jāmāspīg, 13:6 に čē nišān pad kadām axtar ī ayār ud abāxtar ī hamēmāl「どんな兆候（をもつ）か，どんな吉兆の星と，どんな凶運の惑星とともに（あるの）か」とあるのを参照したい（本拙著p. 298）。az brāh と az daxšag との間に ud 'and' がないので az daxšag は註とみたい。従来のように az daxšag から§32をはじめるのは文意を破壊するだけである。§§33—34 (文首の bē まで)をジャマスプ=アサは 'And they do not consider the activity of time, the passing of the body. But ……' と訳しているが，ここは 'and (who) do not consider the activity and passing of the body on account of the time, but ……' と訳すべきもので，氏は az zamān「時間のために」の az を見落としている。それはともあれ，「時間」の影響をみせているのは興味深い。

39—40

čē agar guft hē kū pad haft kišwar zamīg tan-ē bē abāyēd murdan har kas handēsīdan abāyēd kū ma agar ān tan man ham (40) ka ēdōn āgāh hēd pad ān ī xwēš xrad kū ōšōmand ōy-iz ī dād ēstēd ōšōmand ōy-iz ī būd ēstēd ō har has bē rasēd Astwihād nihān-rawišn frēftār

何となれば，もし七洲の地では人はだれでも死なねばならぬといわれているとすれば，人はみな，「おそらく私がその人だ」と考えねばならぬからです——(40) いやしくも，「すでに創造されている者も死すべく，(これから)生まれる者も死すべきもので，だれにでも，ひそかに徘徊する迷わし魔アストウィハ

ードはやってくる」と，こうおのが知慧で分かってみればです——．

（註記）§40の dād ēstēd と būd ēstēd は現在完了の形であるが，dād も būd も過去分詞とみずに形容詞とみて，それぞれ「創造されたものとして現存している」「生まれ出たものとしてこれからのちに現存する」と解すべきであろう．したがって，būd ēstēd は bawēd 'he shall come into being' すなわち「（これから）生まれてくる」の謂いである．梵文で死神アストウィハードが Astiguhāda-Yama として，ヤマが死神とされているのはおもしろい（§§57, 60, 65, 68, 69, 70も同様だが一々指摘しない）．PZでも同様だったにちがいないが，Yima（§94）と Yama とは別個の存在と考えられていた．

41—44

čiyōn ka pad ān rāh tōšag xwāhēnd mardōm 《kešēnd》 (42) ka ēk pih rāh dō pih rāh tōšag xwāhēnd (43) ka dō pih rāh sē pih rāh tōšag xwāhēnd (44) ka dah šab rāh pānzdah šab rāh tōšag xwāhēnd

人（々）が道中のために食糧を求める《用意する》ようなもの，（すなわち）(42) 1食の道中には2食の道中の食糧を求め，(43) 2食の道中には3食の道中の食糧を求め，(44) 10夜の道中には15夜の道中の食糧を求めるようなもの（であります）．

（註記）各節文首の ka は§41の čiyōn ka に準じて解釈すべきもの．また各節文首の ka につづく ēk (dō) pih rāh, dah šab rāh は§41 pad ān rāh に準じて pad が略されているものとみるべきである．§41の kešēnd は「携行する」よりも「用意する，こしらえる」とみたい．この節にのみAV文があり，「（実際の食糧と）同等以上にさえ人々は食糧（avaŋha-）を求める」とある．avaŋha-（＝Vedic avasá- n.）は AV Vulgata には在証されない新語．

45—47

menēd kū zīndag rasēnd ō dōstān wābarīgān ham ō pidarān brādarān-iz (46) čiyōn ka pad ān rāh tōšag nē xwāhēnd mardōm kē az raftan čārag nēst (47) ka ēk barišn frāz šawēd tā hamē-hamē-rawišnīh

考えてみられよ：（人々が）友だちのもとに生きて着き確実な身で同じように

233

また両親兄弟のもとに（帰り着く）ためには，(46) 行くより（外に）方法のない人（々）が，その道中のために食糧を求めないで，どうすればよいのか。(47)（ましてや）ひとたび止息すれば永遠(とわ)に旅立つというのにです。

（註記）この文はまだ正解されていない。§45文首の menēd は命令法2人称複数，これにつづく kū は目的文を誘導する接続詞「……ために（は）」。この従続文に対する主文は§46文首の čiyōn「どうすれば（よいのか）」。§45は「信頼のおける友だちのもとに，そしてまた両親兄弟のもとに生きて到着すること」といっているのではない。上説した（p. 215）ように，現PZ本は原PZ本を誤解して vəhə.āfrāgan = MP wābarīgān「確実な」の前に i (ī) を入れて「友だち」への修飾詞としてしまった。kū …… wābarīgān ham ō pidarān brādarān-iz *abāz rasānd*「確実な身で同じように（すなわち往きと同じように生きて）また両親兄弟のもとに帰り着くためには」といっているのである（イタリック体の部分は私の補入）。§§45—48でいわれていることは，行って帰るにも食糧の用意が要る，まして逝ってしまいっぱなしの旅にはなおさらのことだ，ということ。§47はPH本にならって ēk barišn の前に pad を入れるもよいが，ēk barišn を一種の分詞構文とみれば pad は不要。

48

čim ōšōmand ō ōšōmand ānāstīh xwāhišn ō tan kū tan nē bād čim ō ruwān kū ruwān druwand bād čim ō frazand čim ō gēhānīgān margīh kū gōspand bē abesīhād ka ēdōn āgāh hēd pad ān ī xwēš xrad kū ōšōmand

何故可壊の（人間）が可壊の（人間）に破滅を求める要がありましょうか，身体に身体の無くなるようにと，何故魂に魂が不義となるようにと，何故児孫に，何故世の人々にその死を（すなわち）益畜が亡びるようにと（求める要がありましょうか）――（人間は）死すべきものだと，こうおのが知慧で分かってみればです――。

（註記）PZの文首のあたりをMP文になおすと čim ōšōmand ō ōy ōšōmand tan ānāstīh ……「何故可壊の（人間）が可壊の（人間）の身体に破滅を……」となるが，ここの tan「身体」の語は冗語的であり，またAV文からみ

10.『アオグマダエーチャー』

てもこの語のないほうが妥当であるし，そうすれば ōy の語も不用となる。AV 文は Humbach の上掲書評 p. 120 の校訂に従うと，čim aošaŋuhā̊ aošaŋuhaite a̦stəm isaiti tanva čim uruni čim frāzənta čim vā gaēθāwyō mahrkaθəm「何故可壊の（人間）が可壊の（人間）に（その）身体について毀損を欲(のぞ)むのか，何故魂に，何故児孫に，あるいは何故世の人々に（その）破滅を（欲む）のか」とある。

49

anāmurzīd ast kē nē ān ī xwēš ruwān āmurzēd nē abaxšāyēd ēč kas abārōnīh ī ōy abaxšēnīdan nē tuwānēd

おのが魂を憐憫しないものは非憐のものであり，恕(ゆる)さなければだれひとりとして，彼の非違を恕すことはできない。

（註記）AV文は「彼はまことにおのが憐憫に非憐である」（彼は憐憫の情が心におこることを許さない，の謂い）とある。

50

hāmōyēn wahmān wiyābān hēnd kē nē pad gētīg dēn rawēnēnd nē astān sūdēnēnd nē būdān ayādēnēnd

ゲーティーグ界（現界）でデーンを流布せず，現生のものどもを利益(やく)せず，卒去のものどもを回想しない某（たち）はみな，迷妄者であります。

（註記）wahmān「某」── www＝w-nˡ をPZが van と書いているのは van (MP wan)「森」の謂いで書いているのではなく，煩を省いて略形で示しているにすぎない。例えば 芋 と書いて菩薩と読むようなもので，実際には wahmān と読んでいたもの。だから，PZ本の前にPH本があって www＝w-nˡ と書かれていたのだという議論は成り立たない。梵本でこれを vana-「森」と訳しているのは大きな誤りである。PZ rawnd は rawənd ではなくて rawinənd＝MP rawēnēnd「彼らは流布する，ひろめる」の誤りで，rawənd＝MP rawēnd の誤りとみて「実行，実践する」と訳することはできない。

51—52

ēk rōz rasēd Spitāmān Zardušt ayāb ēk šab ka frāz ped ramag hilēd ayāb frāz ramag ped hilēd ayāb frāz gyān ān ī ārzōg tan (52) nē ān ahlāyīh kē az astān mehist pahlom nēktom az mard judāg bawēd

（飼い）主が群を捨て去るか、あるいは群が（飼い）主を捨て去るか、あるいは生霊が（その）快楽の（対象とした）身体を（捨て）去るかする一日か、スピターマーン・ザルドゥシュトよ、あるいは一夜がやってくる。(52)（しかし）もろもろの存在のうちで最大最勝最美なる、かの天則は人から離れることはない。

（註記）PH全欠。AV文は§51のみで「何となれば、これかあれか、（とにかく）一日が、スピタマ・ザラスシュトラよ、あるいは一夜がやってくるだろうからである」とある。ān ī ārzōg tan は 'that which (is) the desire of the body'（ジャマスプ＝アサ訳）ではない。

53—55

hamāg andar rōz zīndag tan menēd kū ēn hamāg andar rōz abar šāyēd madan kū fradāg andar rōz bawam hubahr ud tuwāngar ud padīrift 《kū xwadāyān xūb dāšt ēstēd》 (54) ham andar rōz tēz abar xwāhēnd dušxwarrahīh 《kū az dar abāz gīrēnd sar bē barēnd xwāstag abāz ō šāyīgān nayēnd》 ham andar rōz zīndag tan ō way xwarēnēnd 《wāyendag》 kē pad tuhīgīh abar wazēd ī asmān (55) pad abar rawišnīh ō ēn widardōmand zamīg

終日、生きていて身体は考える：「(55) この可滅の地界に必至のこととして（§55終）、この終日中に（このことが）やってくるにちがいない、すなわち、日中、朝のうちは私は幸運で富裕で（好）遇されている《主人たちがよく遇してくれている》。(54)（ところが）同じ日のうち、はやくも屈辱が招致される《すなわち戸口からは引き離され頭部は露出され（身につけた）物は取り扱い人たちに引きわたされる》。同じ日のうち、生きている身体は空中を上で翔んでいる鳥《翔んでいるもの》に食わされる」と。

（註記）§54の終わりの部分はPZをそのままMPで示すと zīndag tan ō way

10.『アオグマダエーチャー』

xwarēd 《wāyēd》 となるが、これでは訳しようがない。これは zīndag tan ō way xwarēnēnd 'they give the living body to the bird to eat' と zīndag tan way xwarēd 'the bird eats the living body' との混淆交錯である。原註はMPで示すと上記のように wāyēd 'it flies' となる。私は wāyendag 'adj. flying ; n. bird' に改めたが、改めなくてもよい。この原註は way が「鳥」であって Way「ワイ ; Av. Vayu-」でないことを示すもの。§55はジャマスプ＝アサのように独立の文とみないほうがよい。AV文は§53にのみ存し「身体は生きて（一）日をすごす：日中、朝は彼はきわめて幸運、好遇されることになる、ところが日中、のちになると苦しみが（ある）」とある。

56

az dušmatīh ud dušāgāhīh frahist mardōm druwand ud dušāgāhān kē-iz murd hēnd tā nūn kē-iz mīrēnd az nūn frāz
悪思と悪見（無知）からたいてい、人は、今までに死んだものも今からさきに死ぬものも、不義で悪見（無知）の（ものとなる）。

（註記）AVには dāuš.dātya fraēšta drvantō duždåŋhō「悪法性から放出されると不義悪行の徒となる」とある。Humbach 上掲書評p. 120のいうように、fraēšta は過去受動分詞 fraēšta-「送り出された」の男性複数主格であるが、私によれば原PZがこの語を正確にMPで捉えていたとすれば、それは frēstād(ag) か frēstīd(ag) となるべきであったが、これらよりも PZ frāhəst (=MP frahist)「たいてい, most」のほうが fraēšta には語形上近い（原PZの作成者にとっては）のではなかったか。そこにおとし穴があったとみてよい。したがって、現PZ文をAVに準じて訂正すべきではなかろう。また Humbach は写本K42（PZ）の dāuš.dātyå に注目し、-å がしばしば与格接尾 -āi であることからAV文を「悪法性に馴染むと……」とも訳されうるとしたが、PZ (MP) 文はこれに準じて訳することはできない。dāuš.dātya は dāuš.dātya-「悪法に従うこと, unlawfulness」（新出の語）の単数具格。

57―68

guft-aš Ohrmazd kū frāz kirrēnīd ēstēd Astwihād ō akārīh ī ōšōmandān 《kū ōšōmandān ōy bē wēnēnd ēdōn bē tarsēnd kū gētīgīhā abāg druz kōxšīdan nē tuwān ud bē rawišn ēdōn čiyōn ō pēš gōwam》 (58) kē nē az ōy kas bōzēd az ōšōmandān mardōmān 《hād bē nē bōxt tā nūn nē-iz bōzēd az nūn frāz》 (59) nē kē hērbedān hērbed 《mowbedān mowbed》, nē kē dahibedān dahibed 《šāhān šāh》 ud nē kē pad sūd sūd-xwāstār ud nē kē nē sūd-xwāstār (60) ud kē pad ulīh ul wazēd 《ka pad tuhīg asmān andar šawēd čiyōn Kāyōs kē čiyōn and ōz ud xwarrah ud tuwāngarīh dāšt az Astwihād bōxtan nē tuwān būd》 (61) nē kē pad nigūnīh frōd wazēd 《kē azēr zamīg nihān bawēd čiyōn Afrasiyāb ī Tūr kē azēr zamīg āhen suxt mān kard hazār wīr bālāy pad sad stūn (62) kē andar ān mān star ud māh ud xwaršēd pad rōšnīh kardārīh rāyēnīd (63) kē rōšnīh kunēnd andar ān mān pad kām abāyist ī xwēš (64) čiyōn zīndagān nēktom zīst (65) kē čiyōn and ōz ud jādūg-garīh dāšt az Astwihād bōxtan nē tuwān būd》 (66) nē kē pad frāz kanišnīh frāz kanēd ēn zamīg pahn ī gird ī dūr-*widarag 《čiyōn Dahāg (67) kē az ōšastar abar ō dōšastar raft ud ahōšīh xwāst u-š nē windād (68) kē čiyōn and ōz ud tuwān-kardārīh dāšt az Astwihād bōxtan nē tuwān būd》

オフルマズドは仰せられた「可壊のものどもが無力になるようにと（死魔）アストウィハードは造出されおって《すなわち可壊のものどもが彼を見ると非常に恐れて、地上では（この）ドルズと戦えなくて逃げ出すこと、のちに余が述べるがごとくである》(58) その彼からは、可壊の人間どものうち、だれも逃れるものはなく《すなわち、今までに逃れたものもなく、今からさきにも逃れるものはない》、(59) 大司教《大モウ頭》も然らず、大君《大王》も然らず、また（世の）利益のために利益を求めたものも然らず、また利益を求めなかったものも然らず、(60) また上昇して上昇するものも然らず《（上昇して上昇するとは）虚空に入ることで、例えばカーヨースのごときで、その彼は似合うだけの力と光耀と能力を有していたが、アストウィハードから逃れることはできなかった》、(61) 下降して下降するものも然らず《（下降して下降するとは）

238

地下に潜むことで，例えばトゥーラーン人アフラシャーブのごときで，その彼は地下に高さ千人，百柱の堅い鉄の館を建て（62）その館の中に星と月と太陽を光りを放つために設置し，（63）それらは彼自身の所望が必要とするとき，その館の中に光りを放ち，（64）それは生きとし生けるものの中での最善の生きざまで，（65）その彼は似合うだけの力と呪術を有していたが，アストウィハードから逃れることはできなかった》，（66）広く円い，遠い道程のこの大地を掘りすすんで掘りすすむものも然らず《例えばダハーグのごときで，（67）その彼は東から（星と月と太陽の）上を西へ奔って不死を求めたが得（られ）なかった，（68）その彼は似合うだけの力と能力を有していたが，アストウィハードから逃れることはできなかった》」と。

（註記）§§57—60と§66にAV文がある。前4節のAV文は「そこでアフラマズダーは仰せられた『血管を破る（ziražă<zira-žan-<zira-jan-），避けがたいアストウィハータ（Asto.vihāta-）は造出されおったやつで，（58）彼からは可壊の人間どものうち，だれひとり逃れるものはなかろう，（59）司教たちも然らず，国王たちも然らず，最強者にも栄えなかれ，非最強者にも（栄え）なかれ，（60）上行するものも然らず，下行するものも然らず』とある。§57のziražăについては Humbach 上掲書評p. 120；§59の sąsəvištāi は są səvištāi「最強者に栄え（あれ）」で，その są は Humbach p. 120のいうように Vedic śam（与格と共に用いられる）「安祥，栄え」である。
§66のAV文は「広く円い，涯遥かなこの大地の掘削路を掘削するものも然らず」。原文には frakanō「掘削者は」の語はないが Humbach p. 121は frakanəm「掘削路を」のあとにこれが略されているものとみている。
PZ§57にある gāθihā は改訂して MP gētīgīhā に復原せらるべきもので「地上では」ほどの謂い。PH本にある zamīg pahnāy「地上ではどこでも」はこれの註とみるべきもの。§59の hērbedān hērbed については Philippe Gignoux:"Pour une esquisse des fonctions religieuses sous les Sasanides", *Jerusalem Studies in Arabic and Islam*, 7 (1986). pp. 102-104参照。梵本§§57, 60, 65, 68については§40の註記参照。

69

any tā frašagird-kardār Sōšāns 《čē tā Sōšāns nē rasēd kas az Astwihād bōxtan nē šāyēd》

建直し人ソーシャーンス（が到来する）までは（彼より）外のなんぴとも（だ）《何となればソーシャーンスが到来しないうちは，だれもアストウィハードから逃れることはできないからである》。

（註記）AV文を Humbach 前掲書評はPH写本M66によって anyā aŋhōuš frašō.čarəθrat と復原して「世の建直し人よりほかのものどもを（世の建直し人よりほかのすべての人びとを，の謂い）」としている。anyā は梵文に anye「他のものどもを」と正しく訳されているように，複数対格である。ところがPZではこの anyā に対応するものが a̰ ə̰d「あれだけ，that much」とあって奇異なものになっている。私はこの a̰ ə̰d を ə̰ ədā（ā を加えて）とし，ə̰ を anə とみて MP any とし，ədā は MP tā であるから，MP any tā 'other(s) until' と解した。PZ a̰ ə̰d (=MP ān and) では全文はシンタックス的に意味をなさない。この§69が「建直し人ソーシャーンスまでは外のなんぴとも（だ）」とのみいっているのは，上来述べてきたことへの総括的結句だからである。梵文§69については§40の註記参照。

70—76

ō har kas bē rasēd Astwihād nihān-rawišn ī frēftār (71) kē drōd ud pārag nē stanēd (72) gōhrīk-kār nē kunēd (73) anazdīhā frāz wisinnēd mardōm (74) az ēn xwarrahōmand gētīg pad ān rāh abāyēd raftan ī hagriz nē raft (75) ud ān tis abāyēd dīdan ī hagriz nē dīd (76) guft ud pahikar abāg ōy kas kē frēftan wiyābān kardan nē tuwān

だれにでも，ひそかに徘徊する迷わし魔アストウィハードはやってくる，(71) その彼は阿諛も賄賂も受けつけず，(72) 代理人も認めず，(73) 不意に人間を引き裂き，(74)（ために人は）この光耀ある現界から，未踏の道を通って行かねばならず，(75) また未見の物を見なければならず，(76) 迷わし欺くことのできない彼（アストウィハード）と人はことばをまじえ対論（することになる

のです)。

(註記) §73の PZ vasīnət すなわち MP wisin(n)ēd「彼は引き裂く，毀つ」(MP wisistan : wisinn-／wisin-) についてはp. 216, p. 217で軽く触れた。PZ形の正しいことは Humbach 上掲書評pp. 117-118, p. 123参照。この語は OIr. *vi-saēd-／vi-sid- (= Skt. vi-chid- : vicchinatti「彼は引き裂く」; Chr.Bartholomae : *Altiranisches Wörterbuch*, col. 1547 : saēd- 参照) が中期ペルシア語的に音転したもの。ところが，このPZ形に対し，梵文では vi-nāśayati「彼は死なす，殺す」，PH文では ḤZYTWN-yt (MP ˈwēnēd, PZ 形なら ˈvīnət「彼は見る」と訓じられるもの) とある。梵語訳も的確ではないが，W. ガイガー上掲書p. 109 (本拙著p. 216)はこれを参照して vasīnət の頭音は n の誤りとみてこのPZ形を naçînəd (MP nasēnēd) に改め「彼は死なす，殺す」と解した。彼はPH本の存在を知らなかったばかりか，Aogəmadaēčā の原本はPH本でPZ本はこれに基づく二次本と考えていたのである。ところがこれらの事情に明るいジャマスプ＝アサも，この ḤZYTWN-yt を nasēnēt (すなわち nasēnēd) に改めている。今，この ḤZYTWN-yt (ﾊｽﾞﾞﾘﾊﾞ) について考えてみると，ﾊﾟ 字は連書されるとき時として ﾊﾟ すなわち yn のようになることがあるので ḤZYT (ﾊﾞｽﾞｳ) は 'syn (ﾊﾞｽﾞｳ) のようになる。また訓読語詞では ' と ' が交替することもある (ﾊﾟ ﾊﾞ) が griftan「捕える」と訓じられるときは，頭字 ' は ' の代用である :<'æhadūn)。PH本の最古本ではおそらく ﾊｶﾞﾊﾞ (vasīnēd, より正しくは wisinēd) と表音書きされていたのではないか。それが転写の間に誤って ﾊｽﾞﾘﾊﾞ (ḤZYTWN-yt) となったと私は考えたい。そこで私はPH形 ḤZYTWNyt を機械的に ˈwēnēd「彼は見る」と訓じることには，疑問の余地があると考える。

77

widaragōmand bawēd rāh 《ka bē tuwān šudan》 ka rōd pāyēd ī zufr ī frāz bunag tazāg 《ka rōd kadag buland》 ud ān ēk awidarag kē Way anāmurzīd 深い，(地) 底から流れ出る川が扼しているときも《川床が高い (すなわち浅

い）ときは》，道は通れるものになる《行けるときがある》が，無慈悲なワイ（ワユ）の（扼している）それ一つだけは通れない。

（註記）ka bē tuwān šudan は「行けるときは」であるが，ka は astī ka とみて「行けるときがある」と訳しておく（以下§81まで毎節にみえる）。AV 文は「深い，（地）底より湧出して（frabuna）流れる川が扼している（apayāiti）道は避けられようが，無慈悲なワユのそれ一つだけは，どうしても避けられない」とある。§§78—80の計3節のAV文では同じ「扼している」にしても，ここの apayāiti の代わりに，pāiti「守る，扼す」が用いられているので，apayāiti が問題となる。Humbach 上掲書評p. 121は，ジャマスプ＝アサが ap-「到達する」を提唱しているのを疑問とし，且つ apayāiti が接続法であってはならないとして，upa-yā-「接近する」を提唱している。しかし原型は apa- であって upa- ではないから，氏の提唱も賛しがたい。これは apa-yā-「去る」の使役活用 *apa-yā-aya-ti の同音省略とみるべきで，そうすれば apayāiti は「去らす，通せんぼうする，扼す」となり，梵語訳 nirodhayati「彼は差し止める，抑止する」ともよく一致する。frabuna は私によれば「（地）底から湧出する」の謂いの新語。AV語 Vayu- が Kāla-「時間」と梵語訳されているのも興味がある。以下§81まで各節とも同様。

78

widaragōmand bawēd rāh 《ka bē tuwān šudan》ka az pāyēd ī gāw-zahā ī asp-ōbār ī mard-ōbār ī wīr-zadār ī anāmurzīd ud ān ēk awidarag kē Way ī anāmurzīd

牛大で，馬を呑み人を呑み勇士を打倒する，無慈悲な竜の扼しているときも，道は通れるものになる《行けるときがある》が，無慈悲なワイの（扼している）それ一つだけは通れない。

（註記）AV文は「牛大で，馬を襲い人を襲い人を殺す竜が扼している（pāiti）道は避けられようが，無慈悲なワユのそれ一つだけはどうしても避けられない」とある。

79

widaragōmand bawēd rāh 《ka bē tuwān šudan》 ka xirs pāyēd xašēngēn ī spēd-anīg ī wīr-zadār ī anāmurzīd ud ān ēk awidarag kē Way anāmurzīd
暗青色、白額で勇士を打倒する、無慈悲な熊の扼しているときも、道は通れるものになる《行けるときがある》が、無慈悲なワイの（扼している）それ一つだけは通れない。

（註記）AV文は「暗色、白額で無慈悲な熊の扼している道は避けられようが、無慈悲なワユのそれ一つだけはどうしても避けられない」とある。ただし、「白い額の、白額の」は原文には欠けているのをW. ガイガー上掲書p. 143が *çpaêtô-ainikô すなわち spaētō-ainikō（spaētō.ainika- の単数主格）として補ったものに従ったもの。

　　　　　80

widaragōmand bawēd rāh 《ka bē tuwān šudan》 ka mard bē pāyēd gēg ī ēw-tāg zadār anāmurzīd《kē rāh pad tan-ē dārēd ud kas-iz zīndag bē nē hilēd》ud ān ēk awidarag kē Way anāmurzīd
人間――独力で倒す無慈悲な（人間）盗賊《その彼はひとりで道を封じて、だれひとりをも生かしてはおかないもの》の扼しているときも、道は通れるものになる《行けるときがある》が、無慈悲なワイの（扼している）それ一つだけは通れない。

（註記）AV文には「一撃で倒す、無慈悲な人間盗賊の扼している道は避けられようが、無慈悲なワユのそれ一つだけは、どうしても避けられない」とある。

　　　　　81

widaragōmand bawēd rāh 《ka bē tuwān šudan》 ka Xiyōn pāyēd čaxrōmand ul-grift-drafš 《kē drafš barēd pad rēš kardan ī mardōmān》 ud ān ēk awidarag kē Way anāmurzīd
戦車を有し旌旗を高くかかげているヒヨーン人《その彼らは人間を殺傷しようとして旌旗をかざしている》の扼しているときも、道は通れるものになる《行けるときがある》が、無慈悲なワイのそれ一つだけは通れない。

（註記）AV文には「戦車を有し交戦に展開された（敵）軍の（haēnayå ……hamaēθē vyāzdayå）道は避けられようが、無慈悲なワユのそれ一つだけは、どうしても避けられない」とある。Humbach 上掲書評 p. 121 は vyāzda-（vyāzdayå は女性単数属格）の語根は had-「坐す」でなく d(h)ā-「置く」で vi-ā-d(h)H-ta-（過去受動分詞・古拙形）「展開された」であることを指摘している。また p. 121 では AV haēnā-「敵軍」とあるが p. 123 ではそれが Xiyōn「ヒョーン人、白匈奴」（氏はテュルク人とする）とPZで解釈されている点をも指摘している。

81 b

本節にはPZ文が欠けているのでAV文やPH文は、あとからの追加とみられる。PH文を私のいうMP文で示せば、つぎのようになる。

guft-aš Ohrmazd kū duš-xradōmand 《kū xrad abārōn》 ruzdōmand 《hamwār hamāg gōwēd》 ēdōn asrūd-gāhān 《ōy yašt nē kard》 kē-š nē bawēd husrawīg gētīg ud nē bawēd huruwānīg mēnōg kē andar ān āsāyēnd ruwān ī ahlawān

オフルマズドは仰せられた、曰く「邪智で《すなわち知慧が道外れのもの》、饒舌で《いつも何でもしゃべる》、かくもガーサーを誦さないもの《彼は祭儀を行わない》——その彼にはゲーティーグ界（現界）も令名あるものでなく、また、そこにて義者たちの魂が安息する（はずの）メーノーグ界（幽界）も善魂の（安息所）とはならないのである。

（註記）最初の kē のあとに -š を補って kē-š としなければ、シンタックス的にこの kē 以下が文意を成さない。またこの kē-š 以下を「そのものの現界が令名あるものでなく、また幽界が善魂的でない者は邪智、饒舌、ガーサー不誦者（である）」と訳すべきでもなかろう。PH文全体が完全な文を成していないことはAV文をみても明らかで、AV文は「そこでアフラマズダーは仰せられた『邪智で右繞せず、ガーサーを誦さない者を』」とあるのみ。AVの apairi.gaēθąm「右繞しない、囲繞しない」や asrāvayat̰.gāθąm「ガーサーを誦さない」の語末音 -ąm は -əm とあるべきもの。apairi.gaēθa- はヤスナ34：2

に出る pairi.gaēθē「(敬意を表して) 右繞・囲繞するときに」(pairi.gaēθa- の単数位格) の否定形とみるべきで，これを 'who does not dedicate possessions' とするのは賛しがたい。二番目の kē 以下は mēnōg を承先して説明するものであるから，この mēnōg は huruwānīg と合して合成語を成すものではなく，したがって gētīg も husrawīg と合して合成語を成すものではない。私が最初の kē を kē-š としたのはこのためである。

82

ēdōn ān druwand gāw windēd ēdōn ān druwand asp windēd ēdōn ān ī druwand mēš ramag windēd nē windēd mardōm druwand ī sāstār ramag ī ahlāyīh

このように不義者は牛を獲，このように不義者は馬を獲，このように不義者は羊群を獲る（が），暴君たる不義者的人間は天則の群を獲ることはない。

（註記）AVは「且つ不義者が牛を獲，且つ不義者が馬を獲，且つ不義者が羊牧地を獲る」とあるのみ。

83

ramag ī ahlāyīh xwāhēd Zardušt 《nar hēd nārīg hēd》 čē ān ramag ī ahlāyīh purr bōzišn ast

天則の群をそなたたちは求めよ，ザルドゥシュト（ゾロアスター）よ《そなたたちが男子であるにせよ女子であるにせよ》，何となれば天則の群は（魂にとって）救いに満ちているからである。

84

xāk bawēd gāw xāk bawēd asp xāk bawēd asēm zarr xāk bawēd mard ī tagīg kārezārīg ud ō xāk gumēzēd hamāg ēn tan ī mardōmān bē ān ek ō xāk nē gumēzēd ka mard andar gētīg ahlāyīh stāyēd ayāb ō ahlawān wehān tis dahēd

牛も塵となり，馬も塵となり，銀金も塵となり，勇猛勇戦の人も塵となり，また人間のこの身体全部も塵に混じる。しかし人にして，ゲーティーグ界（現界）で天則を賛美するか，義者善人たちに物を喜捨するときは，そのもの一つ

だけは塵に混じることはない。

（註記）AV本には「牛も塵，馬も塵，銀金も塵，敢為勇猛な人も塵と（なる）」とある。

85—87

čē agar kas margīh rāy čār dāšt hāh ayāb čār šāyist kardan fradom az gētīgān Gayōmart ī gar-šāh būd (86) kē sē hazār sāl ēn gēhān amarg azarmān ud ašuyišn ud apōhišn ud apetyārag frāz dāšt (87) ōy-iz rāy ka ōš frāz mad tan bē dād ud abāg ōš ī xwēš kōxšīdan nē šāyist

何となれば，もしだれかが死に対して策をもつか，あるいは策を講ずることができるかしたら，現界のものどもの中で最初に，山岳の王たるガヨーマルトがいたからであるが（86）——その彼は3000年間この世界を不死不老にして不飢かつ不朽かつ無侵襲に保ちつづけたもの——（87）その彼にさえ死がやってきたときは，肉体を投げすててしまい，おのが死と戦うことはできなかったのです。

（註記）§85のgar-šāh「山岳の王」に対しPHではgil-šāh「坤輿(こんよ)の王」とあるが，どの表現も「此土(しど)の王，大王」の謂い。Humbach 上掲書評pp. 122-123は§86にPZ ašōyašn, PH 'šwyšn (MP ašuyišn)「飢えることがない」とあるのをジャマスプ=アサが asōhišn「感覚をもたない，unfeeling」と改悪している点を指摘している。3000年間云々とはメーノーグ的状態にあった期間を指すもの。ガヨーマルトはゲーティーグ界に生まれ出て侵襲（petyārag）をうけると30年（30歳）で死亡した，とされている。

88—90

ayāb Hōšāng būd ī Pēšdād (89) kē fradom dād ī dahibedīh andar gēhān ō paydāgīh āwurd az hamāg wišūdagān ī Ahreman az sē dō bē ōzad (90) = (87)

あるいはペーシュダード朝のホーシャーングがいた（からであるが）（89）——その彼は最初に治国の法を世に公布しアフレマンの全落胤中の3分の2を殺戮したもの——（90）=（87）

（註記）§89では，かつての事蹟を記す前半をPH文から補ったが，この部分はPZ本の遺漏とみるべきもの。

91—93

ayāb Taxmōrab būd ī zēnāwand ī Wīwanhānān (92) kē dēw dēwāndom Ganāg Mēnōg 30 zamestān pad bārag dāšt ud haft nibēg dibīrīh az ōy bē āwurd (93) = (87)

あるいはウィーワンハーンの子なる，勇敢なタクモーラブがいた（からであるが）(92)——その彼は魔中の大魔ガナーグ・メーノーグを30年間乗馬とし，また七巻の書を彼から奪取したもの——(93) = (87)

（註記）ウィーワンハーンはアヴェスターのウィーワフワント，ヴェーダのヴィヴァスヴァント。イマ／ヤマの父である。

94—96

ayāb Jam būd ī šēd huramag ī Wīwanhānān 《kū šēd ī rōšn būd huramag būd kū ramag ī mardōmān ud gōspandān drust dāšt》(95) kē šaš sad šāzdah sāl šaš māh šāzdah rōz ēn gēhān amarg azarmān ud ašuyišn ud asōhišn ud apetyārāg frāz dāšt ud az niyāz az dām ī Ohrmazd 《Hormizd》 abāz dāšt (96) = (87)

あるいはウィーワンハーンの子なる，輝やき，美群の主なるジャムがいた（からであるが）《すなわち輝やくとは光っていたこと，美群の主とは人と益畜との群を健全に保っていたということ》(95)——その彼は六百十六年六か月（と）十六日の間この世界を不死不老にして不飢かつ不朽かつ無侵襲に保ちつづけ，またオフルマズド《ホルミズド》の庶類から貪欲（と）窮乏を遠ざけたもの——(96) = (87)

（註記）§94については§91の註記参照。ジャムはイマの中期語形。ヤム（Yam）と読む人が多いがジャムと読むべきもの。§40の註記も参照されたい。§95の šāzdah rōz「十六日」に対しPZに sēzdah rōž = MP sēzdah rōz「十三日」とあるのは不可。ašuyišn「飢えない」については§86の註記参照。

97—99

ayāb Dahāg būd ī wattar-dēn kē ēw rōz nēm kem hazār sāl ēn gēhān pad dušxwadāyīh frāz dāšt (98) ud was jādūgīh ud bazakkarīh andar gēhān ō paydāgīh āwurd (99) = (87)
あるいは極悪教のダハーグがいた（からであるが）——その彼は千年より一日半少ない（期間の）間この世界を暴政で掌握しつづけ（98）また多くの魔法と造罪を世に出現させたもの——（99）=（87）
（註記）Dahāg は Azdahāg ともいい、ゾロアスター教徒にとってはアフレマン、アレクサンドロス大王と並び称せられる悪の権化。もっとも、その彼にも善行があった。そればザニガーウ（Zanigāw, ザニグ Zanigu）討滅の事蹟で、PH本には§98の終わりに Zanigāw druwand bē ōzad (MP)「不義者ザニガーウを誅戮したもの」が挿入されている。この立場からすれば、悪の権化ながらこの善行もあったこと上来述べてきたものや後述するものと等しいが、やはり死には抗することができなかった、となる。

100—102

ayāb Frēdōn būd ī Āswiyānān (101) kē Azdahāg ēdōn garān-wināhdom zad bast Māzandarān dēw āwurd bast ud wasān nērang andar gēhān ō paydāgīh āwurd (102) = (87)
あるいはアースウィヤ家のフレードーンがいた（からであるが）(101)——その彼はかくも極重罪のアズダハーグを討って縛し、マーザンダラーンの（諸）魔を拉致して縛し、また多くの明咒を世に出現させたもの——（102）=（87）
（註記）§101はPZ本によるとMP āwurd bast「拉致し縛した」とあり、梵本も ānīya babaṃdha「連行して縛した」とあるが、ジャマスプ＝アサはPH本に従ってMP zad ud bast 'he smote and bound' としている。マーザンダラーンはカスピ海南岸の同名の地域に見立てられているが本来はそうではなく、東イランのバローチスタン方面に求めるべきもの。

103—104

nūn spāsdār ham az Ohrmazd xwadāy《Hormizd xwadāy》pad spāsdārīh hangāram ka stōr mad jud bār nē šawēd baxt āmad spōxtan nē šāyēd

(104) ōy anōšag-ruwān rāy wahišt bahr bād

今や私は（創造）主オフルマズド《（創造）主ホルミズド》に感謝して感謝いたします。私の考えまするに，載荷獣が来たからには積み荷なしには出かけませぬ，連命が到来したからには振りすてることはできませぬ，(104) この逝世者に最勝界が頒け前となりますように。

（註記）§103の spāsdār ham …… pad spāsdārīh「私は感謝して感謝いたします」のごとき語法は§60：pad ulīh ul wazēd「彼は上昇して上昇する」，§61：pad nigūnīh frōd wazēd「彼は下降して下降する」や§66：pad frāz kanišnīh frāz kanēd「彼は掘りすすんで掘りすすむ」にもみえる。ジャマスプ＝アサはPH本に従って§103の pad を ud 'and' に改め，ud spāsdārīh hangāram「そして私は感謝をささげる」と訳しているが賛しがたい。ちなみに，「私」とはこのテキストの作成者であるが，延いてはそれの読誦者である。§104はPH文全欠であるが，同文のものは§6にもある。その他，§20も参照されたい。

　　　　　105—109

dahmān kē ō ēn mēzd āmad hēd az ēn mēzd bahr grift hēd har gām-ē rāy hazār duwīst wahišt rōšn garōdmān hamāg-xwāhrīh padīrag āyād (106) pad frāz āmadan kirbag bē abzāyād (107) ud pad abāz šudan wināh az bun bē šawād (108) sar 《frazām》 ahlāyīh abzāyād (109) ruwān garōdmānīg bād

この供饌に来会されこの供饌の頒け前を受けられた（あなた方）信徒方よ。その一歩ごとに千二百（歩）ずつ，輝やく最勝界，悉楽のガロードマーンが来接してくれますように。(106) ご参会によって（あなた方の）功徳が増大しますように，(107) そしてご辞去によって罪障が元本から消滅しますように。(108) 最後《命終の時》のために（あなた方の）天則が増大しますように，(109) み魂がガロードマーン行きであられますように。

（註記）この5節は参列者への祝禱である。§105のPZは āmat hāt (MP āmad hēd), girft hāt (MP grift hēd) と2人称複数であるからPHやジャマス

プ=アサのように āmad hēnd 'they have come', grift hēnd 'they have taken' とするのは賛しがたい。§106はPH文全欠。§107の「そしてご辞去（退出）によって」のPZ文は u〈……〉awāẓ šudan であるべきに、ジャマスプ=アサは〈……〉を欠いでいる。bun「元本」とは waxš「利子」に対する概念。§108のMP sar frazām はジャマスプ=アサ訳のような、単なる 'finally' ではない。両語とも「最後」を意味するが、ここでは frazām を sar の言い替えすなわち註とみるべきであり、また与格表示の rāy がここでも（序詞や§3におけると同じく）略されているとみるべきである。梵本に aṃte nirvāṇe「最後に，命終に」とあるのも注目したい。

110

ahlaw bawam

aθa jamyāṯ yaθa āfrīnāmi humatanąm hūxtanąm 〈hvarštanąm〉

私は天則者（救われたもの）です。

私が祝福しますように、そのように、善思者たち・善語者たち・〈善行者たち〉にあらんことを。

（註記）まず ahlaw bawam についてであるが、PH本はMP: ahlaw bawēd ud dagr zīwēd「あなた方が天則者であられるように、そしてご長命であられるように」とあるが、PZ本は ašō bī.am (=MP ahlaw bawam) とあるのみで、この点は梵本 mukto bhavāmi「私は救われたものです」ともよく一致する。次は祝禱文（アヴェスター語）の方であるが、ここに挙げたものは写本K42に最後の語を私が補入したものである（〈 〉の部分）。写本D3はこの文末の3語の部分を humatanąm ;D sar (=ʾtā sar)「善思者たちに（以下）終わりまで」としているが、これは一々書く煩を省いた省略記法にほかならない。ジャマスプ=アサはこの部分を humatanąm 〈……〉;D sar とし、〈……〉内に hūxtanąm hvarštanąm が欠落しているかのように考え、「終わりまで、最後まで」を jamyāṯ にかけて「最後まであらんことを」と解しているが、これは誤りであろう。また§110は氏がいうような、参列者への祝福ではなくして、Aogəmadaēčā の作成者が自身の法悦を告白し、ゾロアスター教徒一般への祝

禱を述べたもので，その内観は彼が序詞に披瀝しているものともよく響応し，本節を美しい結びのことばにまで高めている。

11. イランにおけるビジョン（霊観）の文学

I　まえがき——文学史的に——

　文学とは何かといったしかつめらしい問題はともかくとして，例を中世（中期）ペルシア語文学にとってみると，いくつかのジャンルにわけることは一応可能であるが，一つの作品を一つのジャンルに枠づけしても，それによってその作品の鑑賞をつくすことにはならない場合も少なくない。例えば叙事文学というジャンルを設定して，一つの作品をそれに枠づけしても，事実においてその叙事文学には抒情要素も含まれていて，この要素の方がむしろわれわれを惹きつけることがあるのである。
　そのような見方からすると，甲のジャンルにはいる作品がその地平において，乙のジャンルにはいる作品と交差することもしばしばあるわけで，枠づけといっても，絶対的なものでないことが知られよう。したがって，ここに「ビジョンの文学」というジャンルを設定して作品を取り扱ってみようとするのも，絶対的な枠づけを試みようと考えてのことではない。
　さて，そんな考え方から設定する「ビジョンの文学」なるものであるが，わかりやすくいえば，何らかの方法で作中の人物が霊感を得，それにもとづき，あるいはそれによって，他界を感見（観視）したり，未来を予見予告したりするものをさす。そのような霊能・霊力を得る方法は一様ではない。一種の禅定によるとか，霊水によって知慧を授与されるとか，麻薬と酒の併飲によるとか，さまざまである。しかも，この種の方法は極めて古く，少なくともゾロアスター自身の教団で霊能・霊力の獲得が行われていたことを，われわれは

253

『ガーサー』や『デーンカルド』から知ることができる。ガーサーとは、その大部分がゾロアスターの述作したもので、彼の思想を知るうえにもっとも重要な資料であり、ゾロアスター教徒の聖典『アヴェスター（中期ペルシア語ではアベスターグという）』の中に含まれていて、「ヤスナ」とよばれる部分の第28—34，43—51の計16章に、ゾロアスターの没後間もなく作成された第53章を加えた、計17章を指してよぶことばである。それは全篇、詩文で書かれており、「詩頌」を意味する「ガーサー」という呼称がぴったり合うのである。他方、デーンカルドというのは遥か後期のもので、その中の中核ともみるべき部分は9世紀の成立とみてよい。用語は中期ペルシア語であるが、現在本は始めの2巻を欠いた第3～9巻のみ。このように本書は残欠本であるが、現存のアヴェスターよりも遥かに浩瀚な聖典が存在していたこと、その、いわゆる『大アヴェスター』は21の「ナスク（巻）」から成っていたこと、各ナスクの名称やその取り扱っていた項目（内容）を伝えていることなどから、貴重な資料である。このデーンカルドによって第13ナスク（『大アヴェスター』の）が「スパンド・ナスク（スペンド・ナスクともいう）」といって、ゾロアスター伝であったことがわかるので、デーンカルドの第7巻（ゾロアスター伝）の背景がそこにあることを知りうるのである。その第7巻第4章83—86節によると、ウィシュタースプ王は、ゾロアスターの教え——デーン（dēn）という——が受容すべきものとわかっても、受容によって起こる大動乱を恐れてためらっているのを知り、神オフルマズド（アフラマズダー）は使者を送って王にマング（mang「インド大麻」）とホームを飲ませて眠らせ、最勝界（天国）の偉大な栄光（光輪）と秘蹟を見させて回心の決断をさせたとのことである。この飲みものを原典では、「心眼を明るくする食物（飲みもの）」[2]といっている。ホーム（hōm, アヴェスターではハオマ haoma,『ヴェーダ』ではソーマ soma という）は酒そのものではないが、同名の植物（これを葡萄と同定するのは誤り）を搗いて得られる液で、ドゥーラオシャ（dūraoša）「遠くを見るもの、または遠くを見させるもの」（これを「死を遠ざけるもの」とするのは本来の語意ではない）と形容されているように、やはりビジョンを得させる飲料であった。

だが，ここではマングの方がより重要である。ウィシュタースプ王のこの場面はゾロアスター教徒にとっては，よほど重要な出来事だったらしく後世，マングをこのようなビジョン獲得用にするときは，「ウィシュタースプのマング(mang ī Wištāspān)」とよぶようになった。マングとは古期イラン語*mangā-(「力を賦与するもの，大麻」)の転訛である。ガーサーの中に同王が「マガ(maga-)の力で天眼を得た」(ヤスナ第51章第16節——以下では51：16のように示す)といっている，そのマガと同源の語である。テキストは王が一種の坐禅を思わせるようなポーズで，これを獲得したことを述べている。同じく46：14では王をすでにマガを獲得したもの，マガ者(magavan-「霊力者」)の中にリストしている(ガーサーの諸章は成立順に配列されているとは限らない)。王は入信に踏み切るためにマガの力によって天眼を得，自ら天界の資産を実見したのであろうが，デーンカルドをみると，それ以前に，心情的にはすでにゾロアスター教徒となっている。おそらくデーンカルドはガーサーの状況にいくらかの潤色を施したものであろう。ガーサーの中には「マガ者」という語がヤスナ51：15, 33：7にみえるが，彼らは天国をマガの力で感見・観視した信徒なのである。このマガを『ザンド』(中期ペルシア語による，アヴェスターの訳注)ではmkyh (maɣīh, mowīh)と訳しているが，このマギーフとは『マギ力，(マギ的)霊力』を意味し，ザンドの成立時には，この本来の意味が見失われていた。そのことは，これへの注解が的外れになっているのを見れば明らかである。もしマガがマングであれば，ザンドは「霊力」と訳さずに「マング」と訳したはずである。だが，このマガはやがて，同源のマングと同定され，ウィシュタースプ(ウィーシュタースパ)王はホームとマングの力でビジョンを得，最勝界(天国)を感見してゾロアスターのデーン(教え)に帰入したとされるようになったのである。ともあれ，ガーサーにみえる王は麻薬などは用いずに天眼を得て天界を観視したのである。ところが，王が入信したその「デーン」というのも，これまた，ビジョンの意味なのである。

デーンとは中期ペルシア・パルティア語で，アヴェスター語では「ダエーナー(daēnā-)」という。この語そのものがビジョンという意味を示すもので，

語根はダーイまたはディー（dāy-, dī-）「見る」である。サンスクリット語（梵語）に同源の語を求めると dhyāna「禅那，禅」があって，語意でも極めて近い。アフラマズダーのビジョンがダエーナーであり，その感見し観じた内容もダエーナーである。そのようなダエーナーは心性と切りはなせない関係にあるところから，ダエーナーはしばしば urvan-（ルワン。ウルワンではない）「魂魄」に近い意味で用いられ，やがて「我，自我」などに転義もする。このようなプロセスはガーサーにすでに明らかで，しかもその微妙な過程をヤスナ49：6はわれわれに垣間見せてくれる。イラン世界においては，このように極めて古くから，ビジョンが重要な役割を演じていた。

　しかし，古い時期には，このビジョン，霊観，霊視を軸とした文学の展開はみられなかった。それが文学の形をとった最初のものはおそらく，『ハゾークト・ナスク（Haδōxt Nask）』（ハーゾークト・ナスクともいう）の中に含まれていたと思われる。今日ではその残簡が伝存して同書の第2章を構成しているが，それをみると明らかに，他界遍歴をして，人の死後の運命をたしかめたらしいことがわかる。その遍歴者はアスモー・クワンワント（Asmō.xᵛanvant）という。名辞学的にみると，この名はアスマン（asman-）「岩石・空」とクワン（xᵛan-）「太陽」とから合成され，それにワント（-vant-）という接尾辞を付したものであるから，名全体の意味は「岩中の太陽を見たもの」となる。インド・アーリア人の『リグ・ヴェーダ』をみると，「岩中の太陽」とそこに伴在する「暗黒」とを感見・観視するのはリシ（聖仙）となる，一つの条件ともされていた。太陽は西方下界に沈むが，そこは岩石で固成されていると考えられていたし，そこはまた暗黒の冥土ながら不思議な方法で光の生じる，不思議な光明土でもあった。その下界は，そこに没入した太陽すなわち岩中の太陽を擁したまま，夜は夜天となってこの世界の上に倒懸（さかさまにかかる）しながら東方への夜旅をつづけ，朝，東方に行きついたその世界（春陽土ともよぶ）から太陽が西方に回帰すると考えられていた。このように説明してもいくつかの矛盾があって合理的に解明できないのは，この考え方そのものが事実に反するからで，やむを得ないことである。それはともあれ，この考え方はアヴ

11. イランにおけるビジョン（霊観）の文学

ェスターにもその痕跡をとどめているから、この世界観・世界像はインド・イラン的なものだったことがわかる。アスモー・クワンワントという人名も、このような背景によってはじめて理解されうるものであり、また同時に、この人物が他界遍歴者だったことを物語るものである。ハゾークト・ナスクは、おそらく、ハカーマニシュ（アケメネス）朝晩期の成立とみてよかろう。ようやくこの時期になって、ビジョンを軸とする「文学」書が形を見せるようになったわけであるが、なにしろ上述したように、ビジョンそのものへの傾斜は極めて古くから指摘される傾向なので、ハゾークト・ナスクののちにも、この伝統は受け継がれていったことが推測される。

果たせるかな、サーサーン朝の初期になると、こんどは歴史上の人物が登場して、これとかかわりをもつようになる。彼はその名をカルデールとよぶ。ただし、彼自身の刻文には kltyl と書いていて、それをわれわれがカルデール（Kardēr）と読むのだが、読み方も一定しておらず、学者によってはキルディール（Kirdīr）と読む者もあり、筆者はもっと別の読み方をとりたいが、今は前記のような一般読みに従っておく。彼はゾロアスター教のモウ（マグ）聖職であった。モウとはもともとは、ヘロドトスがマゴスとよび、古期ペルシア語ではマグ（magu-, 単数主格はマグシュ maguš）といっていた、古代メディアの聖職集団の名称であるが、彼らは早くからゾロアスター教と結びつき、それを通して自己の教権や教勢を拡張するようになった。ゾロアスターはシースターン（イランとアフガニスタンとの国境地域であるが、彼の生地はアフガニスタン寄りの地方）に生まれ東イランで活躍したが、のちに出国してホラーサーン（現今よりも広域）に移った。しかしマグ集団は彼がいかにもメディアの出自であるかのように粉飾し、彼にかかわりのある東イラン的要素を西方、メディアに移してメディアを権威あらしめようとした。しかも、この傾向はすでに[3]アヴェスターの中に見出されるから、ハカーマニシュ王朝時代にはじまっているとみてよい。というのは、アヴェスターの「ウィーデーウダード」1 : 15でメディアのラガー（現テヘランの南郊）を「3（子）を生み出す地（θri-zantu-）[4]」と称しているからである。「3子」とはゾロアスターの終末論的3子

257

のことで,「ヤシュト」にみえるように, 彼らはもともとはシースターンから興起することになっていた。

そのようなモウ聖職のひとり, カルデールのことであるが, 彼自身の刻文によると, 彼はサーサーン朝のシャーブフル1世（在位241—272）からオフルマズド1世（在位272—273）, ワフラーム1世（在位273—276）, 同2世（在位276—293）と, 計4大王の治下にあって漸次権勢を得, ゾロアスター教の国教化に大きな役割を演じた。彼はこの目的のためにすべての異教徒に弾圧を加え, その中にはインド系（仏教, バラモン教）やイラン・メソポタミア系（マニ教, 洗礼教, マンダー教, キリスト教, ユダヤ教）の諸宗教が含まれている。彼の刻文から推測すると, 296年頃に没したらしい。その彼の残したいくつかの刻文（すべて中期ペルシア語）の中から当面の問題にかかわりのあるものを挙げてみると, ナクシェ・ラジャブ刻文とサル・マシュハド刻文が注目される。前者の2-9行でカルデールは自身の所行に対し, 現世で神々の恩寵を得たと同じように, 最勝界でもその果報のあることを示してほしいと祈ったところ, そのしるしが現われたというような意味のことを述べ, 17-19行では「確実なことと知るべきは最勝界が存在し, また悪界（地獄）が存在すること, および善行者は最勝界に赴いたが, 造罪者は悪界に投じられたということだ」ともいっている。これはみな, 彼のビジョンにあらわれたことを述べたものである。サル・マシュハド刻文は, 問題に関連のある部分に欠落の多いのは惜しいが, それでも34行目には,

　　……彼らにこういった「騎馬者たちの将と騎馬者たちを余（カルデール）は見たが, 彼らはすぐれた馬に乗っていて……」……

とあり, 35行目には,

　　……そして今や東方から女性があらわれてやって来たが, 余（カルデール）は彼女よりすぐれた女性は見たことがなかった。……」……

とあり, また43行目には,

　　……彼らは見えた, そしてその方から橋にすすんできて今や橋に着いた。そして今や……

とあるのが読みとれる。最勝界を騎馬帯槍の戦士が密集警護していることは、ザートスプラムがその著『典籍からの撰集』に記しており、また人の生前の営為の善悪が死後清算され、それぞれ美女醜女の姿となってその死者（の魂魄）を迎えることもよく知られているから、34、35行にみえることは、カルデールが自身のビジョンにあらわれたことを記したものであることがわかる。また死者の魂魄が渡らねばならぬチンワント（チンワド）「検別者」の橋のことも、ゾロアスター教ではガーサー以来、引きつづいて知られていることであるから、43行目も上に引用した部分は全文を「　」内に入れて、カルデールの所談（ビジョンにもとづく）とみるべきものである。

　ところで、カルデールとビジョンのことに関して、もう一つ記しておきたいことがある。それはナクシェ・ロスタム左端の大王墓（ダーラヤワフ〔ダリウス〕2世のものとされている）の前にある建造物で、「ゾロアスターのカアバ」とよばれているもののことである。窓はついているが見掛けだけの化粧窓で、採光は大王墓側からの出入口しかないから、これをふさげば中は暗室となる。この建物の用途については葬廟、拝火関係の施設、アヴェスターの保管棟、などの諸説があるが、いずれも満足すべきものではなかった。これと同型のものがクル（キュロス）大王墓（在パサルガダエ）の近くにもあり、この方は「ソロモンの牢屋（Zendān-e Soleymān）」とよばれているが、崩壊が甚だしい。またこの「牢屋」も「カアバ」もハカーマニシュ朝期に存在していたことも知られているから、用途をめぐって諸説の紛糾していることも首肯できる。筆者は「カアバ」に付刻されているカルデールの刻文2-3行に、

　　また書きこまれてあるところの、これほどもの（聖）火と（神）事を、さて余（カルデール）に、かくも多種多様に、（3行目）大王シャーブフル（1世）は特別に付嘱なされた、「この根元の家はそなた（カルデール）に属してよろしい。されば、〈そこでの〉行動が諸神とわれらにとって最良のものとなることを、そなたが知るであろうように、そのように行動せよ」と（仰せられ）て。

とあるところから、この建物をビジョンを得るための施設と考えている。敢え

て直訳文を出したこの句はかなり難解なためで，必要と思われる注解を，2，3付しておきたい。「書きこまれてある（npšty＝nibišt）」とあるのは，カルデールの刻文の上方に付刻してあるシャーブフル1世の中期ペルシア語刻文に記されていることを指すのではなく，「これほどもの」といっているから，カルデール自身の刻文に記していることを指す。「〈そこでの〉行動」は〈TMH〉klty=〈ᵓānōh〉 kard であるが，原文には klty「行動，所行」とのみあってTMH「そこにて，そこでの」はないが，同文のナクシェ・ロスタムのカルデールの刻文（7行目）では〈k〉l〈ty〉の前が3字分欠落しているので，そこにTMHがあったものと推定し，それに従ってここでもそれを補って解読したもの。ただし，TMHの代わりにZNH＝ᵓēn「ここにて，ここでの」を補うことも可能。もっとも問題となるのは「根元の家」と拙訳した語 bwny BYTᵓ＝bun ᵓxānag で，この建物をアヴェスターの保管施設とみるのは，bun「根元，始源，基本」をアヴェスターを意味するものとみる立場である。しかし，この聖典を「ブン」とよぶのは，他所でも指摘したように，アヴェスターに対する絶対呼称ではないから，この説は成立しない。「根元の家」とは，上引の文言から推察すると，そこでビジョンを得，大王家の幸いとなるように行動せよということ，つまり，王室興隆の根元となるように行動せよということである。「カアバ」には火をもやした形跡があるが，それは開設当初のものではない。当初はヤスナ51：16にみられるような方法でビジョンの獲得に精進したものに違いない。焚焼の痕跡についていえば，それが目的々なものであったとすれば，建物の構造からみて拝火の行事と関連させることは困難であるから，別の視点から解明する必要があろう。今，中期ペルシア語書『アルダー・ウィーラーブの書（Ardā Wirāb Nāmag）』をみると，ウィーラーブの遊離魂が他界を遍歴する間，関係者一同が魂魄の抜けた彼の身体を7日7夜，常燃常薫の火のそばで，かつ暗黒の中で，看守（みまも）っていた，とある。この記載からみると，火は用いるが暗黒でなくなるほどの明かりでないと考えられるから，大がかりな火ではないはず。そのような程度のものなら，「カアバ」の構造でも不可能ではなかろう。「カアバ」にしても「ソロモンの牢屋」にしてもハカーマニシュ朝

11. イランにおけるビジョン（霊観）の文学

期から存しており，しかもビジョンの獲得——その方法は時代を降るにつれて変化したとしても——が重要な役割を演じていたこともゾロアスター以来のことであるから，筆者による提唱も根拠のないことではない。

筆者は霊観・ビジョンを重視するイラン古来の風習を概観してきたが，そのような伝統が最後に文学の形をとり，他界遍歴譚として結実したものが，前記のアルダー・ウィーラーブの書である。本書が現在の形をとったのはイスラーム時代であるが，その中核はサーサーン朝コスロー1世（在位531—579）時代の初期に遡るらしいとされている。本書によると，ゾロアスターがデーン（教え，啓示）を受け入れてから300年間，それは純粋な形で伝えられていたが，アラクサンダル（アレクサンドロス）がイランに侵入してから邪義懐疑が一般の風潮となった。これに対処してシャーブフル2世（在位309—379）のときアードゥルバードが出て，伝統教学の正当性をワル（判別法・裁断法）によって立証したが，その後も依然として危機がつづいた。そこでゾロアスター教の所説が人の死後，他界において妥当するかどうかを実地に検証する必要があるということになり，同憂の人々がパールス（現・ファールス）の聖火殿に集まり，その中から7人→3人→1人と順次選んでアルダー・ウィーラーブが選出された。しかし彼は即座には受諾せず「判別の骰子（ダイス）(war nāyīzag)」によることを要求したので，これに応じてダイスが3度投げられたところ，みな彼に当たったので，彼ははじめてこの大役を受諾した。nāyīzag はまだ読解されていない語であるが，梵語 naya-「一種のゲームおよびそれに用いるダイス」と同源で，Old Iran.*nāyačaka->*nāyičaka->*nāyīčak>nāyīzag と展開した指小辞的愛称語形 (-ča-ka-) であり，まさしく「サイコロ」である。こうして彼は「ウィシュタースプのマング」（前出）と酒を併飲して身心分離の境地に入り，7日7夜，義神スローシュと火神アードゥルに伴われて他界を遍歴し，帰来後（遊離魂が身体に帰入後），その見聞したところを書記に口述筆記させた，とのことである。101章から成り，義者の受ける善報の記載もあるが，圧倒的に多いのは受苦のさまざまな場面である。そして，その中でも37, 69, 74, 80, 88の諸章は倒懸（さかさ吊り）の苦を受ける場面

をえがいていて、孟蘭盆会にまつわる説とも併わせ考えて興味深いものがある。

　ところで、筆者はこの書の成立期として一般に認められているものについては上述したが、これにはもっと古い時期が措定されそうである。「アルダー・ウィーラーブ」とは「実語のウィーラーブ」、ありのままを正しく証言するウィーラーブという意味であるが、「ウィーラーブ」という呼称には指摘しておきたいことがある。現在、海外の学究はこれを「ウィーラーズ」または「ウィラーズ」(Wīrāz／Vīrāz) と読み、アヴェスターの人名「ウィーラーズ（もっと正しくはウィーラーザ）」(Vīrāz, Vīrāza) を援用する。しかし、問題の書名を成す人名には「ヴィーラーフ (Vīrāf)」という伝統的な読み方がある。筆者がウィーラーブと読むのは、これをウィール（またはウィーラ）(wīr, vīra)「判断、記憶」とアーブ (āb)「水」との合成詞とみて「知慧の水を飲んだもの」と解するからである。この解釈は、後述する中期ペルシア語書『ザンディー・ワフマン・ヤスン (Zand ī Wahman Yasn)』[9] に、ゾロアスターがオフルマズド（アフラマズダー）から一切知 (harwisp-āgāhīh) を水の形にして投与され、7日7夜の間、彼はオフルマズドの知慧の中にあって、到来する七つの時世（ゾロアスターの時世をも加えて）を見た、とあるのによる（詳細は後述）。これによって、少なくとも、問題の人名をウィーラーブと読む理由の大筋は明らかになったと考えるが、しかしそれでもなお、「ヴィーラーフ」という伝統的な読み方との間には、語末音ブ (b) とフ (f) という相違が残ることになる。この相違はおそらく、f 音が āb の古い単数属格形 afš に由来するものとみれば解決がつくであろう。アヴェスターには星の名として afš-čiθra-「水の性質をもつ（星）」（ヤシュト12：29）があり、単数属格形 afš がみえる。伝統的な読み方はアヴェスター語に近い形で、書名を『ウィーラーブの』といっていた——あたかも『ザレールの』とか『ジャーマースプの』とよばれていた書（いずれも後述する）のあったことをわれわれが知っているのと同じように——もののあったことを示唆するわけで、われわれは『アルダー・ウィーラーブの書』なるものの歴史をより古く遡らせることができるであ

ろう。

　これまでに取り上げたものはビジョンが他界遍歴の方向をとって展開する場合であったが、こんどはそれが未来を予言する方向に展開する場合を取り上げてみよう。この場合でも、いくつかの注目すべきデータに出会うが、それぞれの史的背景をみると、やはり古い伝統にもとづくものであることがわかる。中期ペルシア語書として、この種のものでもっともまとまりを見せているのは、先述の『ザンディー・ワフマン・ヤスン』(「ワフマン・ヤスンのザンド」の謂い)である。ワフマンとはアヴェスター語「ウォフ・マナフ (Vohu Manah)」の中期語形。ウォフ・マナフはアフラマズダーに陪接する大神格中の一つで、ゾロアスターがはじめて啓示をうけたのも、この神格との出会いからであり、彼をアフラマズダーのもとに連れていったのもこの神格である。ヤスン(ヤスヌ)とはアヴェスター語ヤスナの転化、したがって、『ワフマン・ヤスン』とは『ウォフ・マナフのヤスナ』ということで、それを中期ペルシア語で訳注ないし解説したものが『ワフマン・ヤスンのザンド』ということになる。『ウォフ・マナフのヤスナ』なるアヴェスター語書は現存しないし曽存の証跡もないが、曽存したかのように擬制されてそのザンドが作成されてもおかしくないほどの背景もあり、事実、ザンディー・ワフマン・ヤスン書を読んでみると、古い言いまわしが見えるので、アヴェスターに起源を求めうる典拠を有していたことは確実であろう。

　本書は大別すると、人類の頽廃していく過程を 4 時に分けて説く場面と、7 時に分けて説く場面があり、前者は金・銀・銅・「鉄混じり」でギリシア思想と関連があり、後者は金・銀・銅・青銅・鉛・鋼・「鉄混じり」でバビロニアの占星術と関連がある。問題のビジョンとの関係では第 1 章と第 3 章 (ウェスト訳では第 2 章)以下とに興味のある記載がみえる。第 1 章は、「スードガル・ナスク」(「ストゥードガル・ナスク」とあるのは誤り)を引用し、ゾロアスターがオフルマズドから「一切に通暁する知慧」を見せられ、そのおかげで彼は夢寐(むび)の中に金・銀・銅・「鉄混じり」の 4 枝をもつ 1 樹を見るが、おどろいて問う彼にオフルマズドはそれが世界の 4 時であることを説明するととも

に，最後の第4時がサーサーン朝滅亡後，つまり，ゾロアスターの千年紀の最後の百年紀にあたること，そして，その時世は大魔ケシュム（アヴェスター語アエーシュマの転化）の後裔たる，革を帯とした諸魔で髪を振り抜けたもの（革帯披髪の諸魔 dawāl-kustīgān dēwān ī wizārd-wars）の暴政の世という。これに対し第3章以下では，上述したように，「一切知を水の形にして」ゾロアスターに飲ませ，このようにして得られた「一切知」がゾロアスターから撤収されるまでの7日7夜の間，彼はオフルマズドの知慧の中にあってさまざまなものを観じるが，その中に7枝をもつ1樹をも見る。第1章の場合と同じく，それをオフルマズドが彼に説明してやる。そして，ここでも，最後の「鉄混じり」の時世がゾロアスターの千年紀の終わりに相当し，そのときの状況をオフルマズドはつぎのように話してきかせる（第4章第2―68節）が，これは裏返しにいえば，ゾロアスターがオフルマズドの助けでビジョンを得て未来を予言するということである。

　　この最悪時には百種千種万種の魔がイランに侵入して悪虐の限りをつくす。彼らはケシュムの後裔で，革帯披髪の諸魔とよばれる。人倫は頽廃して虚偽と敵視が人間を支配する。（第16―19節によれば）太陽は地平に接して高くは昇らず，年・月・日ともに短くなり，大地は狭まって道は用をなさず，果実には種子がなく10に8は萎縮し，あるいは肥厚するも（熟して）白色とならず，云々とある。また第20節には人はさらに矮小に生まれ，彼らは熟技と力に乏しく，詐偽には長じ悪法にはなじみ，パンと塩に感謝尊敬の念なく，100に90は愛情を有せずとあり，第21節には，この極悪時にはデーンを奉じる人々の財よりも1羽の鳥の方が大切にされる，ともある。そして第45―46節には，全天は黒雲が夜のごとくし，熱風と寒風が来て穀物の実と種を奪い去るであろう。雨も己が時に降らず，（降っても）水よりも害虫の方を多く降らすであろう。また河川や湖沼の水は減ってふたたび増加することはないであろう，ともある。（第4章）

要するに本書（第9章第24節で完結）は全巻を通じて，ゾロアスターの千年紀の最後の状況を予言の形でもっとも力説しているのである。

この書が現在の形をとったのはサーサーン朝後であることは予言の内容からみても明らかであるが、問題は1箇の予言書としてどこまで遡りうるかということであろう。書き出しの部分に「スードガル・ナスクによると」と典拠を挙げていることは上述のとおりであるが、デーンカルド[10]をみると、スードガル・ナスクに「4時」のことが説かれていたことがわかるので、この書き出しの文言も裏書きされるとともに、ビジョンが予言の方向をとって展開する伝統がアヴェスターに遡ることを知りうるであろう。そればかりでなく、R. ライツェンシュタインはエジプトで発見されたギリシア語のパピルス文書（2および3世紀のもので、エジプト語からの転訳とみられている）の中に敵が「ゾーノポロイ（ζωνοφόροι）」すなわち「帯をつけているやから」とよばれているのを発見し、[11]『ザンディー・ワフマン・ヤスン』にみえる伝承の古さを指摘しているのである。

ところで、この書ではゾロアスターがオフルマズドからビジョンを授かる形をとっているが、それに対し、そのゾロアスターからジャーマースプがビジョンを授かり一切知者として登場するのが、もうひとつの書『アヤードガーリー・ジャーマースピーグ（Ayādgār ī Jāmāspīg ──「ジャーマースプに関する回想、ジャーマースプ伝」）』で、筆者がここに訳載しているものがそれである。この書についてはあとで細説するが、本書でも力説されるのは、ゾロアスターの千年紀の終わりの状況である。ウィシュタースプ王の下問にジャーマースプが奉答する形をとっているが、ゾロアスターの千年紀の終わりの状況に関しては、まさしく予言である。ザンディー・ワフマン・ヤスンとも共通する語句があり、両書が同一資料を典拠としていることを示唆している。例えば、ザンディー・ワフマン・ヤスンから先に引用した部分（第4章）を本書第16章9─13節と比較してみても、そのことが首肯されよう。

ジャーマースプはアヴェスター語形ジャーマースパの転化。ガーサーのヤスナ51：18においてゾロアスターはアフラマズダーに、彼に天眼を授与されたしと訴願しており、その他のガーサー中でも彼の名がみえているので、彼はゾロアスターと同時代の人物であることがわかる。ヤスナ53はその彼とゾロアスタ

ーの末女ポルチスターとの結婚に際して作成されたテキストとされている。と
にかく，ジャーマースパはこのような関連もあって，ゾロアスターの没後は教
団のリーダーとなったと，ゾロアスター教徒の伝承は伝えており，また多くの
奇蹟的霊能を彼に帰している。デーンカルド第5巻第3章第4節には，
　　……時代時代にかつて出現しました未来に到来するであろうところの風
　　習，行動，もろもろの兆候――これはジャーマースプがザルドゥシュト
　　（ゾロアスター）の教えから（取り出して）述べ，一部は（自ら）書きと
　　めたもの（すなわち）アベスターグ（アヴェスター）とザンドで，これは
　　牛皮にそして金（泥）で書かれ諸王（サトラプのこと）の宝庫に保管され
　　てあった……[12]
とあって，アヴェスターとザンドを，一部ジャーマースパが自ら書いたとの伝
承もあるほどである。中期ペルシア語で述作されているザンドまでも彼に帰す
るなど時代錯誤も甚だしいが，彼がいかに重視されていたかを物語るものであ
る。

　そのような彼とウィーシュタースパ（ウィシュタースプ）王との密接な関係
は，これまたガーサー以来のものであるが，古いテキストのことはさておき，
霊能者としてのジャーマースプとウィシュタースプ王との関係で，『アヤード
ガーリー・ジャーマースピーグ』（以下，しばしば『ジャーマースピーグ』と
略記）にみえるものと同じものが，『アヤードガーリー・ザレーラーン（Ayād-
gār ī Zarērān ――「ザレールに関する回想，ザレール伝」）』に見出されるの
は，特に注目したい。その35―37節を『ジャーマースピーグ』第1章10―11節[13]
と，また第40，45節を『ジャーマースピーグ』第16章第34節と比較してみれば
十分であろう。しかも，『アヤードガーリー・ザレーラーン』（以下しばしば
『ザレーラーン』と略記）はだれが見ても明らかに叙事文学であるから，「ビ
ジョンの文学」の地平の広さを知ることができる。では，この『ザレーラーン』
はいつごろの成立なのか。それを知れば，予言の方向をとった「ビジョンの文
学」の歴史をたどることもできるであろう。
　中期ペルシア語で現存している叙事文学ないし説話文学の類としては『アル

11. イランにおけるビジョン（霊観）の文学

ダクシールの行伝』と『将棋（チャトラング）の解き明かし』，それにこの『ザレーラーン』との計3篇をかぞえる程度で，甚だきびしい。前2者は拙著『古代ペルシア——碑文と文学——』（岩波書店1975年）の中に訳出したものがあるから，参照ねがいたい。これらはそれぞれの特色をそなえているが，叙事文学としての格調の高さからいえば，『ザレーラーン』にははるかに及ばない。しかも『ザレーラーン』は抒情にも切々のひびきをたたえていて，中期ペルシア語文学の傑作とよばれるにふさわしい。

『ザレーラーン』はまず，それが書かれたのはウィシュタースプ王がデーン（教え）を受け入れた時だ，という書き出しではじまるが，これは奇しくも『ジャーマースピーグ』の書き出し（第1章第7節）ともほぼ一致する。しかし，『ジャーマースピーグ』の方は予言に重点をおいていて，『ザレーラーン』がヒヨーン（白匈奴）王アルジャースプからの2使の到着を詳述している（第5節）のとは異なっており，そこに両書の相違がまず認められる。しかし，両書ともにそのような時期に「アヤードガール（回想）」が書かれたといっているのは額面どおりに受けとめてよいかは疑問で，むしろ，その時期に「回想」は由来するものとみるべきである。

さて，『ザレーラーン』の方に話を戻すが，そこではウィシュタースプ王はゾロアスター側の宗教戦士として登場する。ヒヨーン王アルジャースプが2使を送って彼に信仰放棄を求めるが拒絶されて戦端が開かれる。この戦闘が全篇の舞台となるが，実戦の指揮をとるのはウィシュタースプの弟ザレールである。イラン側ではまず，兵役義務のある男子（10歳から80歳まで）の召集が早馬やその他で布告される（24—25節）。「早馬」とはバヤスプーンというパルティア語（ペルシア語ならデースパーンあたりとなる）。応召集合した軍兵の間で鼓笛などが鳴り4兵（歩・騎・象・車）の発進となり（§§26—28），天日をくらます大密集隊の行軍ぶりが活写される（§§30—31）。いよいよあすは戦闘開始という日に，ウィシュタースプ王はジャーマースプを召してその霊能をたたえ，あすの戦況いかにやと問う（§§35—39）。ジャーマースプは答えて，この戦いに際会せずばよかりしものを（§§40—41）とのことばからはじめて，

悲況を予告する (§§ 45—49)。王は驚愕悲嘆して玉座から倒れ，ジャーマースプや諸将の慰憮激励も効なく (§§ 53—60)，王子スパンドヤードが王を慰めて敵勢を殲滅させるからということばに，ようやく生気を取りもどす。いよいよ開戦の日，陣頭に立つザレールは燎原の火さながらの獅子奮迅ぶりであるが (§ 70)，敵将ウィードラフシュが背後から忍びよって毒槍で彼を刺殺するや，矢雨も雄叫びもはたと途絶えて，戦場は一瞬，寂(せき)として声を呑む (§ 75)。ただごとならずと感じた，ザレールの子バストワルは年歯わずかに 7 歳なるも，ウィシュタースプ王の制止をくぐって父をさがしあて長恨慟哭する。

　　ああ誰ぞや卿が　反魂(はんごん)の薬(やく)　奪ひ去る
　　ああ誰ぞや卿が　敵討(あだう)つ鋒戈(ほうくわ)　奪ひ去る
　　ああ誰ぞや卿が　天馬のセーン　奪ひ去る。(§ 84)
　ヒヨーンといくさ交へなん
　卿(な)はかくつねに望みしに
　いまはいくさに打ち倒れ
　無位の財なき人のごと。(§ 85)
　風吹き絡(から)む卿が鬚髯(しゆぜん)
　卿が浄(きよ)き身は馬踏みて
　塵(ちり)，卿が頸(くび)にかかれるを。
　さはれ，いまわれいかにせん
　もしわれ馬をおりたちて
　卿が頭(かみ)腕(かひな)にかきいだき
　頸より塵を払ひなば
　身もかろやかに立ちかへり
　馬にのることかなふまじ。(§ 86)

　悵語(ちょう)3句のうち最初のものは原文をそのまま直訳したものであるが，原文も3行から成り，しかも各行とも12音節で頭韻も脚韻も踏み，明らかに詩文である。そのうえ2行目の「敵討つ鋒戈 (wirāz padrānand)」からみて，この悵語がパルティア語であることが知られる。このことから，現在本にパルティア

268

語先稿本があって詩文で書かれていたのではないかとの推測も許される。

また戦況の方にもどるが、バストワルは状況報告のためウィシュタースプ王のもとに引き返す。しかし、父ザレールの仇を討つためにまた戦場にとって返すので、王はおのが箙から1矢を抜いてこれに祝禱し、その矢を彼に与える。

いで矢よ、われゆ進みゆけ。
汝(なれ)は勝ち技(わざ)揮ふもの。
すべての攻めと反攻に
照りていや照りかへす名を
汝(な)はもたらせよ、とことはに。
死を仇敵(あだびと)にもたらせよ。（§92）
エランの騎馬に牙旗と兵
──わが軍(ぐんびやう) 兵を汝は統(す)べて
名こそかがやくものたれよ、
とこしへの日のその日まで。（§93）

原文は ayē(h)「汝は（勝ち技揮うもの）である」、yāwēd(ān)「永遠なる」、murd「死」、nām-xward「名声赫々たる（名こそかがやくもの）」、yad ō「……まで」のようなパルティア語をみせるほか、各行6音節から成る詩文であること、などは、さきに第84節を取り上げて先稿本のことについて述べたところを、かさねて肯定するものとなる。すでに É. バンヴェニスト[15]は先稿本たるアルシャク朝本が同王朝の盛時たる、西暦1世紀頃に遡りうるとし、かつ全篇を通じて6音節詩行を基調とする詩形に再構しうることを、実地についてわれわれに例証した。しかし、音節数についていえば、氏の主張する6音節のみでなく、8音節詩行もあるように思われる。上に掲げた第85、86の2節は、筆者が8音節詩行に再構したものの邦訳である。先稿本のことは、それが佚して伝存しないから、論じても異論のない結論は期待できまいが、現在本が成立したのは4世紀か5世紀のあたりとみてよく、―先稿本から中期ペルシア語をもって書きかえられたものらしく、パルティア語要素が諸所に露呈して古い跡をかいま見せているのも興味深い。パルティア語要素は『ジャーマースピーグ』

にも見出せる。第14章第9節においてジャーマースプがくだす命令に「門をあけてはならぬ」というのがあるが、その「門」はパールシー本（後説）に bar とあってパルティア語形を伝えており（ペルシア語なら dar）、しかもそれが、『ザレーラーン』と同じように、ウィシュタースプ王を取りまく環境に見出されるのも偶然の所産でない。これはみな、パルティア王朝時代に栄えた文運の余影である。

　アルシャク・パルティア王朝時代にパルティア語で営まれた文学活動を直接的に示す作品は今日、何一つ残されてはいないが、いくつかの徴跡から、その活動が相当なものであったことを推知することができる。例えば、サーサーン朝初期の大王たちの刻文にパルティア語版の併出する（中期ペルシア語版との併用か、さらにギリシア語版〔大文字のみを用いる〕を加えた3語併用）のも、パルティア語が書きことばとして十分に開拓されていたことを示唆するもの。すでにA・クリスチャンセンは、民族伝承に成る英雄文学がパルティア王朝時代に栄えていたことを推知しているが、『アスールの木（Draxt Asūrīg）』は東イランの伝説的英雄ルスタム（ロートスタフム）のことがパルティアに知られ、さらにメソポタミアにも伝えられていたことを示している。その第41節をみると、

　　ロートスタフムとスパンドダード
　　打ち跨がりてありにける
　　鞍をばゆはへ結びにし
　　綱はわれより作るなる（karēnd）。

とある。「彼ら（人々）は作る」をパルティア語では karēnd という（中期ペルシア語なら kunēnd）。そのほか、「スパンドダード」もこれまでみてきた「スパンドヤード」（中期ペルシア語）に対するパルティア語形である。アスールの木、すなわちアッシリアの木とは一種の棕櫚の木のことだが、このタイトルそのものがメソポタミアを指示している。この第41節はそのアスールの木がいかに世に寄与しているかを、山羊に対して自慢する一コマである。「わたしが初果をむすぶと王がわたしを召しあがるから、わがクワニラフの地にはわた

11. イランにおけるビジョン（霊観）の文学

しと比肩する木はない」（§3）というのを手はじめに、棕梠の木の自慢は延々とつづき、舟板や帆となり、家を掃く箒や米麦を搗く臼、火をおこすうちわや工人の靴から、さらにはお前（山羊）の背をたたく棒、脚をつなぐ綱（§11）、山羊を叩頭させてつなぐ杭はもちろんのこと、山羊をローストにする火をもやす薪ともなるといい、最後には（§20）「わたしの頂きは黄金色で永遠に不変。酒もパンもない人でも、わたしを食べてわたしの力をわけてもらう」ともいっている。これを退けていい返す山羊の自慢には聞き捨てにならないものがある。

　　広き世界のいづちにも
　　われより出(いで)て来(きた)るなる
　　これぞわが利とはた恵み
　　これぞわが施(せ)とはた祝(ほぎ)ぞ。（§50）
　　汝(なれ)（アスールの木）にぞわれの置きにける
　　これわが黄金(こがね)のことばなり
　　「ものに譬へん、豚とかや
　　はたゐのししに真珠貝(あこや)
　　投ぐるがごとし、はたチャング（ハープ）
　　駱駝の前に鳴らすごと」。（§51）

この訳文は筆者が、原文にさしたる手直しも加えずに再構した、各行6音節の詩文にもとづいて試みたもの。すでにÉ. バンヴェニスト[18]は『アスールの木』にも詩形の再構を試み、6音節詩行や11音節詩行（これは『シャーフナーメ』に用いられるモタカーレブ詩形 ⌣ー｜⌣ー｜⌣ー｜⌣‐ の先駆とみられる）の存在を確認したが、筆者によれば8音節詩行もみとめられる。この詩形再構には中期ペルシア語詞をパルティア語に読み替える作業も必要となるが、このことからも本書の先稿本がパルティア語であったことが、いっそう明らかとなる。本書はそのような先稿本をサーサーン朝期に中期ペルシア語で手直ししたものとの印象がふかく、これもまたパルティア語文学の、たしかな遺残である。しかも、そればかりではない。上に挙げた第51節にみえる「豚に真

珠」の語は、『マタイによる福音書』7・6——「聖なるものを犬にやるな。また真珠を豚に投げてやるな。恐らく、彼らはそれらを足で踏みつけ、向きなおってあなたがたにかみついてくるであろう。」——とも相通じる。真珠は「救われた救世主」のイラン的シンボルとみられているが、これだけではこの発想をイラン出自とみるわけにもいくまい。しかし、聖書世界とアルシャク・パルティア世界との文学史的出会いとしても興味あるテーマである。この種の出会いの成果は他にも指摘しうるから、アルシャク・パルティア朝期の文学活動は、国際的な規模においても、作品を生み出しうるバイタリティーをひめていたことがわかる。

　ふたたび『ザレーラーン』にもどるが、そこに登場する人物はアヴェスターのヤシュト書にみえるものが多い。例えば、ウィシュタースプ（ウィーシュタースパ）、ジャーマースプ（ジャーマースパ）、ザレール（ザリワリ Zairi.vairi）、バストワル（バスタワリ Bastavairi）、スパンドヤード（スプントー・ザータ Spəntō.δāta）、アルジャースプ（アルジャス・アスパ Arjat.aspa）など。彼らの中でスパンドヤードが重視されていることも注目すべきで、『シャーフナーメ』になると、『ザレーラーン』においてザレールに付与されている栄光はイスファンドヤール（スパンドヤードの新しい形）に与えられ、またナストゥール（バストワルの新しい形）は副次的役割しか演じなくなっている。これをみると、スプントー・ザータ〜スパンドヤード〜イスファンドヤールを称揚しようとする傾向は古くからあって、時代を降るに従ってエスカレートしたことが知られよう。この点においても、その他の点においても、『ザレーラーン』は古いヤシュト叙事文学とシャーフナーメとの中間に位する貴重な存在といってよい。それはアルシャク・パルティアの騎士的宮廷の文学、封建騎士階級の文学であって、素材を古い伝統に受け継ぐもの。かかる文学を生んだその封建文化の影響力がいかに大きかったかは、同文化に関係のあるパルティア語彙が隣接民族に広く借用されていることでも明らかである。マンダー語[19]から2，3引用してパルティア語と比較してみよう。

　　p'd'hš'r (pādaxšār)「王」＜ pădixšahr,

q'm'n (qamān)「弓」< kamān,

qwmr' (qumrā)「帯」< kamar,

š'h'rd'l (šahardār)「サトラプ」< šahrδār,

w'rz' (warzā)「棍棒,矛」< warz,

z'yn' (zainā)「武器,鎧」< zēn.

繰り返していうが,このような叙事文学『ザレーラーン』にもビジョンの文学がその裾野を曳いているのである。

Ⅱ 『ジャーマースプに関する回想』

これまで取り扱ってきた「ビジョンの文学」の中で,『ザンディー・ワフマン・ヤスン』と同じように予言の方向をとって展開したもう一つの書『ジャーマースプに関する回想』(略して『ジャーマースピーグ』)については,概略はp.265以下ですでに述べた。そこで,ここではこの書を理解するのに必要な項目を若干摘記し,そのあとで訳文を掲げることにしたい。

そもそも中期ペルシア語とはサーサーン朝期(224/26—651)にもっとも栄えたイラン語であるが,その後もながく使用され,特殊な場合を含めると11世紀の初期頃までも生きのびている(もっとも,極端な場合をいえば18世紀にも中期ペルシア語による撰文はみられるが,このような例をあげれば際限もないことになる)。しかし,新期ペルシア語は8世紀頃から用いられはじめているから,中期ペルシア語は書きことばとしてのみ生きのびていた時期があるわけ。事実,ゾロアスター教徒はイスラーム時代になっても,特に神学語として中期ペルシア語を中期ペルシア文字(草書体)とともにながく使用し,ゾロアスター教系の現存テキストは9世紀に成立したものが非常に多いのである。

ところで,イラン語族の文字の歴史をみると,楔形文字に代わってハカーマニシュ(アケメネス)王朝以来,ながく使用されたものはアラム文字であるが,もともとセム語を表記する文字体系なので,印欧語系のイラン語を表記するには不向きな面もあった。しかし書きやすいのでながく使用され,書きくずされて中期ペルシア文字とよべるような段階になった。しかし,その中期ペル

シア文字というのも、サーサーン朝初期の刻文に多く用いられている書体と、筆写用に書きくずされたものとに分けることができる。前者を筆者は楷書体、後者を走行体とよんでいるが、走行体はさらに行書体と草（走）書体とに分けられるから、中期ペルシア文字は楷・行・草の3体をもつことになる。行書体は『詩篇（旧約聖書）』の中期ペルシア語訳に用いられているもので、この書体は5世紀の初め頃までには成立していたらしく、これに対し、草書体は『詩篇』やマニ教系の文書以外の、ほとんどすべての文書に用いられて今日に伝えられているもので、6，7世紀頃の成立とみてよかろう。

　この中期ペルシア文字は、その楷書体においても、すでに字形が同一でありながら、その表わす音の異なるものもあるが、この傾向は文字が書きくずされるにつれてますます増大し、草書体では文字の形が同じで音の異なるものが多くなった。つまり、一字多音の傾向が極点にまで来たのである。ということは、読みにくく、誤読の危険も多くなったということである。しかも、原則として特別な母音文字とてなく、子音文字（ʼ，y，w）を母音文字に代用したりする厄介な文字体系である。そのうえ、例えば、母音文字の代用をつとめるyにしても、それが表わす母音も i，ī，e，ē などと一定するところがないし、そのyがなくてもiを入れて読むこともあるといった状況である。そこでピンチヒッターがあらわれた。早期のものはマーニー（216—276頃）の創始したマニ教系の文字体系であるが、のちになるとゾロアスター教徒も同様の挙に出た。それがパーザンド（パーゼンドともいう）本とパールシー本にみられるものである。

　パーザンド（pāzand, パーゼンド pāzend）という語は「ザンド（zand）」（解説，解明の謂い）に pā-（＜pāiti-)「かさねて、さらに」を前接したものであるから、「再解，復解」ほどの意味である。この語を術語として用いるときは、アヴェスター文字で中期ペルシア語を表記する場合をさすのである。では、そうすることがなぜ「再解，復解」すること、つまり分かりやすくすることになるのかというと、アヴェスター文字というのは、もともと中期ペルシア文字を母胎にして作りあげた文字体系ではあるが、ほぼ1字1音で誤読の危険

は極めて少なく、母音文字もそなわっているからである。アヴェスター文字の成立時期は異論もあるが、筆者はサーサーン朝王コスロー1世（在位531—579）の治世がもっとも可能性の多いものとみている。このようにしてパーザンド本が作成されるわけであるが、誤読の危険防止というのは子弟や学生の教育を目的としているためである。だから、中期ペルシア語書をはじめから直接アヴェスター文字で書くのではなく、すでに中期ペルシア文字（草書体）で書かれているものをアヴェスター文字で書き直すのが建前であり、葬文『アオグマダエーチャー（Aogəmadaēčā）』のようにこの逆をいくような場合は例外的なものである。パーザンド本の成立は、少なくとも草書体が成立し、それを用いて書かれたテキストが作成されてから後のものである。現在残っているパーザンド本はこのようにして成立したものであるが、パーザンド本の中には一次パーザンド本をもう一度手直しした二次本もあると考えられる。これらに対し、アラブ・ペルシア文字を用いて中期ペルシア語文を書きかえたものをパールシー（Pārsī）本という。これははるかに新しいもので、目的はパーザンド本作成の場合に準じて考えてよいが、日常使い慣れている文字であるだけに、読みやすさも大きいはずである。中期ペルシア語テキストは、マニ教系以外のもの——といえば、ほとんどゾロアスター教系のものであるが——は、中期ペルシア文字（主として草書体）、アヴェスター文字、アラブ・ペルシア文字という、3種の文字体系で書かれたものが理論的にはありうることになる。

　ところで、その中期ペルシア語にはパフラヴィー（Pahlavī）語という別称がある。この呼称は近世ペルシア語（新期ペルシア語）の古音に属するが、本来は「パフラウ Pahlaw（パルティア）の」という意味であるからパルティア語を指すかのようであるが、そうではない。アルシャク・パルティア王朝（前247—後226）はアルシャク（Aršak。アルサケスは訛り）を開祖とするイラン系王朝で、今のイランの東北地域、ホラーサーンを古くはパルティアとよんでおり、この地がこの王朝の最初期の1根拠地だったので、パルティア王朝、アルシャク・パルティア王朝（さらにはアルシャク王朝）などとよぶ。そしてこのホラーサーン・パルティア地方の中期イラン語をパルティア語という。理論

的には中期とか中世とかを頭につけるべきだが，古期（古代）パルティア語なるものはこれを伝えている文献がないので，パルティア語というだけで中期・中世のものを指すことになっている。パルティア語もハカーマニシュ（アケメネス）朝期のアラム文字から変様したものを用いて書かれるが，中期ペルシア文字とは少しく字形が変わっている（ハカーマニシュ朝期に字体に2派があったとの説もある）。これにも楷書体と走行体とがあるが，サーサーン朝初期の大王たちの刻文は，上述したように (p.270)，パルティア語，中期ペルシア語の2語版のほか，ギリシア語版を加えた3語併用版もあって，文字の展示場みたいな観がある。こんな歴史をもつパルティア語・パルティア文字であるが，それと語音上ゆかりのある「パフラヴィー」という呼称がどうして中期ペルシア語や中期ペルシア文字をさすのに用いられるのか，やや変則的な感じもするが，ここでは深入りすることは避けて簡単に述べておこう。サーサーン朝を滅ぼしたモスリムは，ゾロアスター教徒が中期ペルシア文字草書体を読み書きしているのをみて，それを「イラン固有のもの」と考え，それを「パフラヴィー」という語で呼んだ——そう筆者は理解している。そうすると，これまでの「中期ペルシア文字草書体」という呼称にかえて「パフラヴィー文字」を用いうることになり，中期ペルシア語テキストは（1）パフラヴィー (Pahlavī, PHと略記) 本，（2）パーザンド (Pāzand, PZと略記)，（3）パールシー (Pārsī, PSと略記) なる3種の表記本を理論上，用うることになる。では，中期ペルシア語がどの文字本でも正しく表記されているかどうかを，例を挙げて示そう。PH本で nywkyh と綴られている語がPZ本やPS本では nēkaš となっているのをみると，問題が簡単でないことがわかる。PH本のを文字どおりに読むと nēwakīh「正善」となるが，マニ教文献では nyky すなわち nēkī とあるので nywkyh の通音は nēkīh で，nēwakīh ははるかに古い語音であることがわかる。この通音の一部はPZやPSの nēkaš にもうかがわれる。しかしこの2形は抽象名詞を作る接尾辞 -īh（ ）を š（ ）と読みちがえているから，完全な中期ペルシア語形とはいえない。理解を欠いたコピストの誤りに帰してもよいが，しかし現実はやはり š と書かれているから，その事

実は認めなければならない。読みにくいPH本の語形を読みとる規準となるものは、この例でもわかるように、マニ教系のテキスト（中期ペルシア語の）である。3～5／6世紀頃の通音とみてよいものが、そこには表示されているからである。それを「中期ペルシア語（Middle Persian, MPと略記）」とよぶなら、MP：nēkīh／PH：nywkyh／PZ, PS：nēkaš となるが PH：nywkyh（MP nēkīh）／PZ, PS：nēkaš のような表示が可能となろう。PZ形やPS形をMPにもどす手順には音韻ばかりでなく、文字に対する注意も十分に払う必要があるわけ。サーサーン朝最後の大王ヤザドギルド3世といえば、ゾロアスター教徒にとっては思い出も深い帝王であるが、PHでは yzdkrt' （語末の ' は虚辞）すなわち ڛڡڶڛۉ と書かれている。語頭の ۉ は上述の -īh の場合と同形であるが、ここではhにあたる部分が zd なる二字（通例なら ڛ と書くが、ここはそうではない）とみられるから、MP：Yazadgird となる（強いて古音をとれば Yazatkart となるが）。ところが、『ジャーマースピーグ』のパールシー（PS）本はこれをシャクート（Šakūt）と読んで（書いて）いるからたまらない。語頭の ۉ を ڛ （Š）とみているわけ。PHのr字はw字（ū 音を示すにも用いられる）と同形であるから、-krt' を -kūt と読んでいるのである。ウパニシャドがウプネカト（Upnekhat）の名で西欧に伝えられたことは周知のことであるが、-kha- となっているのは -ša-（°ڛ°）を -yh-＝-yx-＝-ekha-(-exa-) と読みちがえたためで、上に述べたこととは逆コースの場合となる。

　予備知識はこれくらいにして、『ジャーマースピーグ』に移ろう。本書全巻を提供するものはPH, PZ, PS本いずれにもないが、圧倒的に多くのテキストを提供するのはPS本である。そこでPS本の章を掲げ、PZやPH本の提供する章をそれに付記して、諸本間の異同を明らかにしてみよう。PZやPHのごとき付記のない場合はPS本としてのみ現存していることを示す。略記号はPH, PZ, PSのほか、NPは近世ペルシア語（新期ペルシア語）訳本を示し、略記号のあとに付したアラビア数字は、それぞれの本の章を示す。

　第1章――序章（§6からはPZあり）。

第2章——創造主と創造（PZ 2）。

第3章——メーノーグ（不可見），ゲーティーグ（可見）両界における最初の庶類（PZ 3）。

第4章——ウィシュタースプまでの諸王と彼らの所行（PZ 4・NP 5）。

第5章——世界の7洲の人類。

第6章——アルブルズの人類。

第7章——カング城。ジャム所造のワル，エーラーン・ウェーズの人類。

第8章——インド，シナ，トゥルケスターン，アラビアおよびバルバレスターンの人類（PZ 7）。

第9章——胸目人，胸耳人，革脚人，侏儒，犬頭人。

第10章——セイロンや水辺の人間（§1後半からはPHあり）。

第11章——人類の悪性を予知しながらオフルマズドが人間を創造した理由（PH）（内容からすれば，少なくとも第12章と入れ替わることが望ましい）。

第12章——マーザンダラーン人とテュルク人（§12前半まではPHあり）。

第13章——ジャーマースプに内在する知識の起源と性質（§4の末語からはPHあり）。

第14章——ウィシュタースプ王の治世の長さおよび善行実践の勧奨（§5の首語まではPHあり）。

第15章——ウィシュタースプ王以降の支配者（PZ 5・NP 2）。

第16章——ザルドゥシュト（ゾロアスター）の千年紀の終わりにおける終末論的状況（ただし§43の⅔まで。PHは本章全部を含む）。

第17章——ウシェーダル，ウシェーダルマフおよびソーシャーンス（それぞれ，ゾロアスターの千年紀につづく3・千年紀にひとりずつ出現する，ゾロアスターの子）の到来（本章はPZ本のみ。PS本もPH本もない）。

この概観からでもわかるように，『ジャーマースピーグ』を全訳しようとすれば，パールシー本と取り組まねばならない。そのパールシー本は，「ヤザド

ギルド」なる王名を「シャクート」と書いている例でも明らかなように，意表を衝くような形を，つぎつぎに登場させる。現流布本は一先稿本を手直ししたようなもので，それだけに崩れがひどい。それゆえに，この難解なパールシー本を確実なパフラヴィー本に復原してはじめて訳出の基礎ができあがる。このような困難な作業を経てはじめてテキストを公刊されたジュゼッペ・メッシーナ神父の業績は高く評価される。[20] 筆者がこれまでに挙げた諸項目も，これからのものも，深くこれに負うている。拙訳が同師の誤読や誤解を訂正したことはもちろんであるが，それらは微瑕としてその業績を少しもそこなうものではない。師による書名の表示は筆者のもの（p.265。『ジャーマースピーグ』は略称）とはやや異なるが，いずれもパフラヴィー形にもとづくもの。

『ジャーマースピーグ』の背景は，メッシーナの指摘しているように，デーンカルドその他によって，これを知ることができる。章別に取り扱うと，大体はつぎのとおりである。

第1章——序章。ジャーマースプの霊感を取り扱う部分は，彼を礼賛していた諸書から収集したもの。

第2—3章——『ダームダード・ナスク』にもとづく。世界の創造・混合，諸神の佑助などを取り扱っていたもの。『スパンド・ナスク（スペンド・ナスクともいう）』も，そのはじめの部分で，同じようなテーマを取り扱っていた。

第4—10，12，14，15章——『チフルダード・ナスク』を背景にもつ。このナスクは人類の創成と歴史をひろく取り扱っていた。

第11章——特定のナスクと関係するというのでなく，ゾロアスター教神学が問題とし，また『断疑論（Škend-gumānīg Wizār）』とも関係のある質疑課題をこの章でも打ち出している。

第13章——ジャーマースプを礼賛していた諸書が出典なので第1章にも一部に同じ背景がみえる。

第16，17章——『スパンド・ナスク』が典拠。このナスクについては上述したが，主として世界の建直しに至るまでの終末論的状況を取り扱

っていたもの。『ザンディー・ワフマン・ヤスン』と比較してみても、アヴェスター・テキストに取材したものもあるらしいことがわかる。ゾロアスター千年紀の終わりに現われる濁悪相はギリシアやラテンの作家たちにも見られ、なかでもラクタンティウス（Lactantius, 4世紀初頭）らキリスト教徒作家への影響は否定できない。

『ジャーマースピーグ』全体を通観してみると、ウィシュタースプ王がジャーマースプの霊感霊知を称賛し、それに応ずるようにジャーマースプが諸種の下問に奉答し、最後に終末論的予言をしているものともいえる。これは『ザレーラーン』の一部において同王がジャーマースプの霊知を称賛し迫り来る戦闘の状況を問うのに答えて、ジャーマースプがそれを予告するのと、モチーフも同じ同巧の手法である。明らかに『ザレーラーン』にも「ビジョンの文学」がその裾野を曳いていることがわかる。

次にかかげる『ジャーマースピーグ』の訳文や註に用いる各種の記号は次のとおり。

（　）──文意を明らかにするためには訳者（筆者）が補ったもの。小活字の場合は註の役割をもたせたもの。

《　》──原文においてすでに「註」とみなされるべき部分。

〔　〕──削除すべき部分。

〈　〉──原文において補われるべき部分。

　⁺　──語頭に付した小十字はテキスト所伝の形を改読したもの。

PS　Šakūt＞PH　yzdkrt'＞MP　Yazadgird　のごとき表示はパールシー形はŠakūt なるもパフラヴィー形に直せば yzdkrt' となり、それを中期ペルシア語で読めば Yazadgird となる、ことを示す。しかし煩を避け PH yzdkrt' を省いて、ほとんど……＞ MP(PH) Yazadgird」とした。語末の ' は虚辞を示す。

ud 'and, but'──頻出するこの接続詞も、ほとんど省略せずに訳出した。

11. イランにおけるビジョン（霊観）の文学

ジャーマースプに関する回想

第 1 章

（1－2）恩寵あり，諸メーノーグ[21]者や諸ゲーティーグ[21]者の中で最大者にまします，よき創造者なる主オフルマズド（アフラマズダー），不死饒益諸尊[22]，その他のメーノーグ諸神やゲーティーグ[23]諸神の御名と御意と（賜わる）平安と加護とを通して（わたしはこの書をかくことにする）。（3）吉兆と幸福と勝利と友誼と長寿と昌栄と天則と正善が，すべてのよき人々に（あらんことを）。

（4－6）恩寵あり，諸メーノーグ者や諸ゲーティーグ者の中で最大者にして最利益者にまします，創造者なる主オフルマズドや，マーズデースン[24]者らのよきデーン[25]の恵み深い主なる不死饒益諸尊や，よき用具（主の用をつとめる作具，用僕）にして利益者たる「天則者たちの精霊[26]」や，すべてのメーノーグ神やすべてのゲーティーグ神（――これらの方々）の御力と全……（解読不能）と勝利――これらは天則者にしてよき創造者たるオフルマズドの栄えである――は讃うべく，また称うべきもの。

（7）『ジャーマースプに関する（ジャーマースプの）』と人のよぶこの回想（伝記）は，ウィシュタースプ王が国王となってデーンをひろめ，完璧な政治を行い，ヒヨーン（白匈奴）の偶像崇拝者（アルジャースプ）との大戦がおこるだろうとの予兆が現われた，あの当時に書かれたもの。

（8）彼（ウィシュタースプ王）は〔蛮族の地〕アードゥルバーダガーン[27]（アゼルバイジャン）のジャーマースプを〈召した〉が，彼はスピターマ家のザルドゥシュト（ゾロアスター）の（没）後に大モウ頭[28]・ジャーマースプとなり，かつ，副王ジャーマースプと人々によばれたもの。彼はウィシュタースプ王〈の貴〉顕中のひとりであった。（9）ザルドゥシュトは存命中にこういった，

「わたしは，オフルマズドの命令によって，ジャーマースプを知者にした。彼は一切を知っている」

と。　　（10）のちに，ウィシュタースプ王の前にジャーマースプは参進して，こう言上した，

「わたしはスピターマ家の永霊者ザルドゥシュトによって，一切を知っています。すなわち，一冬に雨が降るとき水滴がいくつ山に，いくつ地に，いくつ野に，いくつ海に降るか，こういうことも知っているのです。　（11）また，草木に花がいくつ咲くか，世界にいくつの草木や樹木があるか，こういうことも，わたしは知っております。　（12）空に恒星がいくつあり，一々の恒星が星団にいくつあり，だれに所属しているか，こういうことの知識もあります。

（13）羊と牛の群の中に黒毛のがいくつ，また白毛のがいくつか，こういうことの知識もあります。（それに）わたしは，毛の数もみな知っているのです。

（14）オフルマズドの命令のゆえに，問うてください，世界の王〔座〕よ，いろいろな答えを，わたしは打ち出し（てみせ）ますから」と。

第　2　章

（1）ウィシュタースプ王は問うた，

「いかなるものが常在するだろうか。また，いかなるものが常在したのか。そして，いかなるものが（現に）常在し，かつ，無限なのか，いってみなさい」。

（2）彼，副王ジャーマースプは言上した，

「聴いてください，国王よ。常在し給うたのは光明の中におけるオフルマズドのみで，オフルマズドから出る光明は，オフルマズドがその中にましますと，人のいっているそれなのです。　（3）そしてそれは（王をして）デーンを流布させたものであり，またそれは，世を統べるメーノーグ者にましますオフルマズドの（無限）時間にわたれる常在性（そのもの）でした。

（4）不死饒益諸尊，諸神（および）その他のよき庶類をオフルマズドは創成し，形成し，清浄に造り出されたのです。見えますか，光明と暗黒から（この世界の）成っているのが。　（5）アフレマンは暗黒の中にいる虫のようで，蚕がまゆの中にこもっているのと同然です。アフレマンは（世界の）終末には滅びるでしょう。　（6）もしガナーグ・メーノーグ[29]（＝アフレマン）の

打倒が（原初）になされたならば、このゲーティーグ界が9000年間、（善悪）混合の中に経過する因となった、彼（アフレマン）による庶類創造はなかったでありましょう。（7）と申しますのは、（庶類は）単一の本性から成るものではないからです。そのわけは、光明と暗黒から成っているからです、（すなわち）光明からは芳香と快楽、あらゆる善きもの、安息が生じ、暗黒からはあらゆる不祥が生じるからです。これらは　（8）本性が異なるために、互いに対抗しまた敵対すること、あたかも寒冷が温熱と、また悪臭が芳香と、また暗黒が光明と、（さらには）その他すべての極悪が正善と（対立）しているがごとくです。

（9）このことから、それらが同じ力、同じ本性のものでないことを知りうるのです。と申しますのは、同じ本性はおのが本性に対抗することなくして（他を）助長し、力さえ与えるものとなるからで、（10）あたかも、水が水に出会うとき、風が風に出会うとき、火が火に出会うときは、同じ本性のために、互いに助長するがごとくです。（11）（ところが）光明が暗黒に（出会う）とき、芳香が悪臭に（出会う）とき、温熱が寒冷に（出会う）とき、また乾燥が湿潤に出会うときは、異なる本性のために、『おれは（こう）する、やつは（こう）する』ということがおこるのです」。

第 3 章

（1）ウィシュタースプ王は問うた、
「オフルマズドはどの〈メーノーグ界の〉庶類を最初に創成し、また、彼はどのゲーティーグ界の〈庶類〉を最初に創造されたのか」。
（2）彼、副王ジャーマースプは言上した、
「オフルマズドは最初の庶類として、不死饒益諸尊を創造された。と申しますのは、呪われたるアフレマンがどのようにして暗黒の中に生じていたかに、オフルマズドは、よく思念しよく知り給う性質をもって、思い及んでおられたからです。（3）そのよく思念し給う性質からワフマン（以下、アムルダードまで、不死饒益諸尊）を創り出されたが、オフルマズドのよく思念し給う性質から

生じたので，ワフマン（「善思」）の名があるのです。ワフマンの礼賛した天則から，アルドワヒシュト（「最勝の天則」）が生じました。次いで，アルドワヒシュトが天則を礼賛しました。その礼賛から，シャフレワル（「望ましき王国」），すなわち，オフルマズドのメーノーグ（的王国）が生じました。（5）シャフレワルからスパンダルマド（「利益する施心」），スパンダルマドからホルダード（「完璧」），ホルダードからアルムダード（「不死」）が，（それぞれ）一が他から出現し，一は他にその存在を負うことになっております。（6）と申しますのは，ランプがランプから（光りを）取っても，そのためにランプが小さくなることもなくて，次には，それ（ランプ）を増光するからです。（7）彼（オフルマズド）は不死饒益諸尊を，一から他をと，このような具合にして，創出されました。そして，彼は（彼らを）無垢（清浄）にして識知・観察・判別しかつ叡知あるものとして創造されたが，彼らは坐して思考し（8）（こう）いいました『原初の主にしてダストワル（統率者）には，だれがなるのがふさわしいか』と。

（9）そこで，不死饒益諸尊，（中でも）特に，アルドワヒシュトがいいました『（かつて）常在しましまし，また（未来にも）常在しますであろう御一人者，永遠者よ。御身はわれらの主にしてダストワルにておわしませ，創造者オフルマズドよ。（10）また，御身はわれらの統御者におわしませ。御身こそ，われらを，御自らの，道にかなった御心から創造し創出なされた方』と。こうして，彼らは相互に意見が一致しました。

（11）オフルマズドは，その統治に，善を思念されました。して，オフルマズドとは，知ある主，とこういう意味であります。

（12）彼（オフルマズド）は，おのが主たるの立場を示そうとして，ゲーティーグ的庶類のうち，まず第1に天，第2に水，第3に地，第4に草木，第5に益畜，第6に人間を（1年がかりで）創造されました。（13）また，彼は，輝やく不死饒益諸尊と協力して，（年6度の季節祭のために）安息にみちた飲食としてメーズド（聖餐）をつくって（季節祭を）ガーハーンバールと名づけられたのです。

(14) また，彼（オフルマズド）は，（畜類の創出には）最初に（原）牛を，次には，（人間の創出には最初に）ガヨーマルトを創出されたが，かの牛の系譜からは大小の益畜282種を創出されました。

(15) （アフレマンの）侵襲が庶類に来たとき，最初に（かの原）牛に〈来ました〉。（牛の死によって）かの牛から，あれほどの種類（の益畜）が生じたのです。　(16) 侵襲がガヨーマルトに来たとき，それはたちどころに死にました。人間は，（地中に放出された）ガヨーマルトの精液から，麻の形で大地から生い出たのです。　(17) （やがてそれが男女の姿となったものの，）妻となり夫とならぬ間に50年が過ぎましたが，彼らが（互いに）妻のつとめと夫のつとめを果たす間に93年6か月（98年8か月改め）が過ぎました。　(18) そして，彼ら（1組，すなわちマシュヤグとマシュヤーナグ）から，同腹の7組の双生児が生まれたが，（各組ごとに）ひとりは女子で，ひとりは男子でした。（各組ごとに）一は他と妻となり夫とされました。そして，それら（7組の）ふたりから，ゲーティーグ界の生類（人類）の系譜の進展がはじまりました。庶類の創造はこのようであります。

(19) しかし，（アフレマンの）侵襲がきて，庶類は（悪的要素と）混合されました。死者の起生と後得身まではこの本性（善悪混合という）の清められないことは，　(20) 反デーウ（魔）者なる天則者ザルドゥシュトが『かの勝利をもって，かの免出とともに，（また）かの力とともに……とき，かのもろもろの害獣も，このような具合に，また一斉に生じてくるであろう』と仰せられたごとくであります」。

第 4 章

(1) ウィシュタースプ王は副王ジャーマースプに問うた，「最初の国王で主だったのはだれか。彼ら，諸王ひとりひとりの行動はどんなだったか。また，彼らのデーン（宗教），律法ならびに帝王としての統率力はどのようであったか，そしてどのように行使されたか」。

(2) 彼，副王ジャーマースプは言上した，

「最初の主はギルシャーフ・ガヨーマルトでした。彼は3000年は（メーノーグ界で）侵襲を受けずに，そして30年は侵襲のある（ゲーティーグ界の）中で生きていました。　（3）しかし，彼はデーン（オフルマズドの教え）に明かされているとおりに，責務のことを知って憶持しておりました。　（4）侵襲が彼にやってくると，彼はたちどころに死んだが，まさにその死のまぎわに際して，こう申しました『（これで）よいのだ。わたしは天則に乏しく正善に乏しいために，侵襲がやってきたのだ』と。　（5）彼の精液は草木に行ったが，草木は受け入れなかった。大地に行くと，大地は受け入れました。30年地中にあって（はじめて）麻の形で大地から生い出てきました。（麻は1組の男女となった，すなわちマシュヤグとマシュヤーナグという兄妹であります。）（6）彼らから，結婚によって，まず7組の男子と女子が生まれている。子としてスヤーマグという男子〈と女子ナシャーグが生まれ，このふたりから〉子として〈男子フラワーグと女子フラワーギーが生まれ〉，（7）〈このふたりから子〉として男子ホーシャーングと女子〈ゴーザグ〉が生まれたのです。そして，彼（ホーシャーング）は40年，7（洲の全）地に君臨しました。　（8）ホーシャーングはペーシュダードとなった，すなわち，彼は王の律法を前方へ（すなわち律法を）彼はひろまるようにしたのです。また，彼は7（力）のケシュムを討ち，また1ドルズを打ちました。

（9）また，ホーシャーングから男子ウィーワンハーンと女子が生まれました。彼はウィーワンハーン（と名付けられたの）でした。彼（ウィーワンハーン）が創造者（オフルマズド）の庶類と思って受け入れたもの（女）がパリーグ女（魔女）だったために，生まれたのはタクモーラブ，チェーン（支那）のナレサフおよびスピドユルです。　（10）タクモーラブは7洲のうえに君臨したので，ゼーナーワンド（「豪勇者」）（と名付けられたの）でした。　（11）30年間，彼は大魔アフレマンを馬同然に脚下に抑え（て乗りまわし）たので，（アフレマンは）30年間，いかなる悪事もしでかすことができなかったのです。

（12）また，彼（タクモーラブ）は多くのデーウ（魔）とパリーグ女を討って，（諸）魔を，人間とともに行き，ともに坐すこと（行住坐臥をともにするこ

11. イランにおけるビジョン（霊観）の文学

と）から遠ざけました。

（13）ウィーワンハーンから男子と女子が生まれた，（すなわち）ジャムとジャマグが生まれたのです。また，美しい畜群の持ち主たる（この）ジャム王[49]は，光輪，威光ある勇気，幸いある勝利にみちていて　（14）616年6か月（717年7か月改め），人間とデーウに君臨して7洲を掌握していました。

（15）その時世には，雲と風と雨は彼（ジャム王）の命令下にあったし，また，彼はデーウとドルズを，人間への奉仕のために，下僕にしました。

（16）諸魔は人間の食物を調理し，人間は平穏と如意の生活の中にありました。

（17）かのジャムの治世には寒冷もなく暑熱もなく，老いもなく死もなく，諸魔所造の嫉みもなかったのです。　（18）これらはみな彼のおかげで，（諸魔が）活動から退けられたからであります。

（19）また，彼（ジャム王）は，恒星の下を運行〈して〉運行するとき，（惑）星としてその恒星に挑む7パリーグ星を，　（20）1眼を残して，他の眼を捕え監禁したうえ，1眼を除く（残りの）眼を盲目にしました。　（21）また，彼はパイマーン（節度・中道・中庸）を彼らから奪回しました。こうして彼は寒冷と暑熱と万物をふたたび節度あらしめ，また世界をさらに拡張しました。

（22）彼（ジャム王）は616年6か月（717年7か月改め）を満了するまでは，おのが創造者（オフルマズド）に感謝していたが，（感謝の念を失って王位を失い蒙塵して）100年間，（妹で）妻なるジャマグと一緒に海（辺）に逃亡潜伏していました。　（23）その後も感謝せず不法な言を弄したので，妻も威光も光輪も彼から奪い去られたのです。　（24）（ジャムを）捕えるために，人々のベーワラースプ（「万馬の持ち主」の謂い）ともよぶアズ・ダハーグ（ダハーグ竜）がきて，（ジャムの異母）兄弟でもあるスピドユルや多くのデーウと協力して（彼を）捕え，千刃の鋸で切断しました。[50]

（25）こうして3口・6眼・1000術のアズ・ダハーグが7洲の地で，諸デーウと人間とのうえに支配権を1000年，掌握したのです。そして，彼は悪虐と傷害と不祥事を人間に加えました。　（26）彼は毎日，若者をふたり捕えて殺

し，自身の首にいるかの2匹の蛇をして，人間の脳髄で満腹させ，そのあと自身はパンを食べるのでした。　(27) また，彼は不祥事をやり遂げ(⁺hanjāmīd)，多くの不法と理由なき行為を人間に対して遂行したり企てたりしました。

　(28) 1000年の満了半日前に，ジャムの裔《縁族》で，アースウィヤ家のフレードーンが進んでジャムの仇討ちにベーワラースプを捕え，あの極めて不思議な綱で（彼を）ダマーワンド山に縛りつけました。

　(29) おのが威光（と）勇猛のゆえに，フレードーンはクワニラフ洲（第7・中央洲）にて，諸デーウと人間との上に500年，君臨しました。　(30) また彼はオフルマズドからデーン（教え）を受け入れ，また保健の祈呪および薬物をもオフルマズドから教えられ，多くの慈愛と治療をオフルマズドの諸庶類に施しました。　(31) また彼は人々に命じ（ていっ）たものです『人々よ（汝らは）おのおの自力で生活し行動しなさい，責務に努力しなさい。　(32) また汝らは諸魔とは事を共にするでないぞ，行動も，食事も，協調も，情愛も（共にするで）ないぞ。自ら相互に対し愛情・判断・善行をもって生活し，（世を）秩序あらしめよ。　(33) 道に叶った律法を実践し，道に外れたそれからは避けなさい，というのは，汝らは諸魔とは何事も共にするではないからだ』と。

　(34) あるときマーザンダラーン人が数人，海を脚で渡りクワニラフ洲にやってきて，人を数人捕えて食ったのです。　(35) そこで人々は，マーザンダラーン人に対する苦情をもってフレードーンの前に来て申しました『アズ・ダハーグはたれよりも悪い主でしたが，それでも彼はムルウ（メルヴ）の敵を遠ざけてくれましたに，そなたはそれを遠ざけることができない』と。　(36) そこでフレードーンはマーザンダラーン人のもとに行って，彼らにいいました『人間をこの洲から捕えるな。害を加えずに立ち去れよ』と。　(37) 彼らが（答えて）申しますには『われらはここから立ち去らぬのみか，お前もここに生かしてはおかぬぞ』と。　(38) フレードーンはそのように聞くと，神のもとから彼の上に降っていた威光と光輪によって，空中に上昇しておのが鼻孔を

11. イランにおけるビジョン（霊観）の文学

吹き一（々の）鼻孔の隅々から，5000マン[53]よりも重く，一つ一つが山一つほどもある石をいくつも彼らの上に投げとばし，彼らマーザンダラーン人を殺し，彼らはこの（クワニラフ）洲から消え失せました。

（39）フレードーンから3子が生まれ，サルムとトーズとエーリズといいました。そして彼は3人とも自分の前に呼んで，彼らひとりひとりに申しわたしました。『わたしは，お前たちみんなに世界を分けてやろう。お前たちによいと思われるものを，めいめい（わたしに）所望しなさい』と。　（40）サルムは多くの財貨を，トーズは勇気を，そしてエーリズは，カイ王朝の光輪[54]がその身に降っていたから，律法とデーン（オフルマズドの教え）を所望しました。フレードーンは（3子に）いいました『お前たちの所望したとおり，そのとおりにお前たちのもとに到来するように（してやろう）』と。　（41）彼はフローム（ギリシア・ローマ）の地を海岸までサルムに与え，そしてトルケスターン[55]を砂漠とともに海岸まで[55]トーズに与えたが，エーラーン・シャフル（イラン国）とインドは海岸まで[55]エーリズの有となりました。

（42）フレードーンは不祥な圧力の（きた）とき，光輪をおのが頭からはずし，エーリズの頭に戴せて申しました『わたしの光輪は，（世界の終末の）建直しの朝まで，エーリズの頭におかれてあるぞ。　（43）そなた（と）そなたの子孫に，（その）生涯を通じて，サルムとトーズとの子孫に対する主権と支配権を持たせようぞ』と。　（44）サルムとトーズはこのさまを見ていいました『われらの父フレードーンのなされたこのことは何事ぞ——宗主権を長子にも与えず次子にも与えずに，末子に与えられるとは』と。　（45）そこで彼らは対策の時機をねらって，おのが兄弟のエーリズや（その）子々孫々を，ウェーザグという1少女を除いて，ことごとく殺したのです，『われらは，だれも生きて残さぬために，だ』といって。　（46）その後，フレードーンは，その少女をひそかに育てていました。330年間，山にかくれ住んでいたその少女（すなわちおのが孫娘とフレードーンは結婚し，彼女）の系譜から3000人が生まれ出ております。　（47）彼らは，マーヌシュチフルの指揮とネルヨーサング（神）の命令とによって，エーラーン・シャフル（イラン国）に来てエーリ

ズの遺産分を要求し，サルムとトーズを殺しました。

　（48）エーリズの（裔）マーヌシュチフルはエーラーン・シャフルの王位につきました。彼ら（人々）が彼をマーヌシュチフルと名づけたのは，彼のチフル（容貌）がエーリズのそれにマーニスト（似ている）との故であって，彼ら（人々）は『美しい，立派な容貌がエーリズの容貌に似ている』といっていました。　（49）そして彼（マーヌシュチフル）は120年統治しましたが，彼の治世には世界は栄え，正善にみちて無畏でした。　（50）マーヌシュチフルの治世の半ばで，ジャードゥーグ呪師なる，トゥーランのアフラシヤーブが12年間，王位を奪っていました。マーヌシュチフル〈や〉その他のエーリズの子らは，パダシュクワールガルの山中に棲まねばならなくなりました。　（51）やがて，スパンダルマド（大地界の女神）は下界によびかけたのです。そこで，彼ら（人々）は多くの用具・防具（ならびに）よきメーノーグ諸（神）の援助によって，地をアフラシヤーブから奪回しました。

　（52）マーヌシュチフルの後には，トゥクマースプの子ウザウが5年統治しました。そしてカイ王朝のカイ・カワードは100年，またカイ・カーヨースは150年，スヤーワクシュの子カイ・コスローは60年，そしてカイ・ロフラースプは120年でした。カイ・ロフラースプから王位は，御身（カイ・ウィシュタースプ王）に来たのであります」。

第 5 章

　（1）ウィシュタースプ王は副王ジャーマースプに問うた，「アルザフ（東）とサワフ（西）とフラダダフシュ（南東）とウィーダダフシュ（南西）とウォールーバルシュト（北西）とウォールージャルシュト（北東）（洲）にいる人々それぞれの律法と行動は，どんなものか。彼らはだれの（説く）原理に依拠しているのか。また彼らの食物・衣服はどのようなものか。また彼らの寿命はどれほどか。死ぬ〈と〉，どこに棄てるのか。また彼らの魂魄はどこへ行くのか」。

　（2）彼，〈副王〉ジャーマースプは言上した，

「アルザフとサワフ（洲）では人は冬，スローシュ（神）に祭りを〈する〉が，その返礼にスローシュは彼らに主(しゅ)を送ります。 （3）また彼らの律法は正善で，デーンは先師のものです。また彼らの寿命は長くて，彼らの中には300年生きているものも多いのです。 （4）また彼らの労働と責務は正善のもの。鳥と魚も（彼らの）思いどおりに多いのです。また彼らの主にして首長たるはスローシュ，そして彼らは死ぬと天則者となります。

（5）また他の（諸）洲のものですが，あるものは山に住み，またあるものは林棲であり，あるものは友，あるものは敵，（死ぬと）あるものは最勝界（天国）に，あるものは悪界（地獄）に行きます」。

第 6 章

（1）ウィシュタースプ王は問うた，
「アルブルズにいる人々，（それと）アルブルズの山腹に住んでいるものもだが，彼らの律法と行動はどんなものか。また彼らの暮らしはどんなもので，どのようにあるのか」。

（2）彼，副王ジャーマースプは言上した，
「それらの地の人々の行動は気持のよいもので，すべて正善のもの，そして彼らの寿命は長く，彼らの主（スローシュ）の友，ウェフ・デーン者，魂魄を愛しデーンを愛するものです。 （3）また彼らの主にして国王たるはスローシュ，そして彼らの（受ける）侵襲は少ないのです。彼らは死ぬと天則者になります」。

第 7 章

（1）ウィシュタースプ王は問うた，
「カング城に住んでいる人々，ジャム所造のワルに（住んでいる）ものやエーラーン・ウェーズに（住んでいる）もの（のこと）だが，彼らの律法と宗教と行動と寿命と食物はどのようにあるのか，また彼らは死ぬと魂魄はどこへ行くのか」。

（2）彼，〈副王〉ジャーマースプは言上した，
「カング城は輝やくスヤーワクシュが諸魔の頭上に築いたもので，それを1周する道程は700フラサング⁶⁸。　（3）そして，その7つの周壁は第1は鉄，第2は銅，第3は鋼，第4は黄銅，第5は瑠璃，第6は銀，第7は黄金製であります。　（4）また，その諸宮殿は銀で，黄金衣の人々がおります。その中には7つの牧場があり，また，それ（カング城）には多くの見張りの塁(とりで)があります。　（5）そして深い7河が，その中から（外へ）流れ出ております。（6）かしこには恒春と繁栄があり，樹木は果実にみち，また，そこにはいささかの寒冷も暑熱もなく，それに（人々は，受ける）侵襲も少ししかありません。　（7）彼らはたのしく暮らし，（主の）友にしてウェフ・デーン⁶⁴者です。また彼らの律法は正善で，デーンは先師⁶³のもの。また彼らの寿命は長く，彼らは死ぬと天則者となります。　（8）また彼らのラド（教主）は御身の王子(みこ)なる輝やくピシュヨータン⁶⁹，また主にして首長たるは（カイ・）コスロー⁷⁰です。

（9）ジャム所造のワルにある世界と人とはみなウェフ・デーン者で，魂魄を愛し功徳行を行じ，また彼らの寿命は長く　（10）あるものは300年生きております。40年ごとにひとりの男子とひとりの女子から1子が生まれます。またジャードゥーグ呪師⁵⁷マルコースが極めてきびしい冬⁷¹をもたらすであろうほかは，彼らの間には侵襲は少ないのです。　（11）人間とその他の大畜と生類は凍えて死滅しますが，（マルコースの冬が去ったのちには，ジャムはワルに入れていた）人間とその他の大畜と生類をそこから外に連れ出し，そして世界を彼らはふたたび綺飾(きし)するでしょう。

（12）またエーラーン・ウェーズに住む人（々）はみな友でウェフ・デーン者であり，また彼らの責務は善良です。野獣《庶類》・鳥類・魚類・牛および羊は多数おります。　（12）また10か月はそこでは冬で2か月は夏⁷²ですが，その2か月も寒冷です。また彼らの（受ける）侵襲は冬と多数の水蛇です。彼らは死ぬと天則者となりますし，また彼らの寿命は70歳です」。

第　8　章

（1）ウィシュタースプ王は問うた，
「インドやシナ（支那）やトルケスターンやアラビアやバルバレスターン[73]にいる人々（のこと）だが，それぞれの律法と行動はどんなか，また彼らの寿命はどうか。死ぬと，どこに（遺体を）おくのか，また彼らの魂魄はどこへ行くのか」。

　（2）彼，〈副王〉ジャーマースプは言上した，
「インドの国は大。寒い（所）もあり，暑い（所）もあり，乾燥の（所）もあります。森林の所もあり，ひどい旷野の所もあり，砂漠の所もあります。（3）あるものどもの暮らしは米で，あるものは牛乳を，あるものは卵を食(しょく)しております。　（4）また彼らの信仰や律法や行動は多（様）です。そして，あるものはオフルマズドの側(がわ)に，また，あるものはアフレマンの側にあり，ジャードゥーグ[57]呪術を公然と弄しております。　（5）また彼らは死ぬと，あるものは地中に葬り，あるものは水に投じ，また，あるものは火で焼きます。フデーン[64]者でないものはみな，悪界（地獄）に行きます」。

　（6）またシナ（支那）の国は大で，金多く，麝香多く，貴石も多い。その中にいる人々は利巧な技術者で，また，目のきく人たちです。彼らはブト（「仏陀」）を崇め，死ぬと不義者[74]となります。

　（7）アラブ人とバルバリーガーン[73]（「蛮族」）との国は暑くて乾燥した砂漠。果実もなく，また水も乏しいのです。そして彼らの食物は乳と害獣と鼠と蛇と猫，狐とハイエナ，および，その他，この種のもの。彼らは偶像を崇めます。また彼らの暮らしは駱駝および四足（獣）と共同で，その他の物はありません」。

第　9　章

　（1）ウィシュタースプ王は問うた，
「胸目人[75]や胸耳人や革脚人や侏儒(こびと)や犬頭人の所と地はどのようにか。彼らはオフルマズドの側にいるのか，それとも，アフレマンの側にか。食物と暮らしはどんなで，また，どのようにか。彼らは死ぬと，（遺体を）どこに置くのか，

また彼らの魂魄はどこへ行くのか」。

（2）彼，〈副王〉ジャーマースプは言上した，
「胸目人の地に住んでいる人々（のこと）ですが，彼らの所はパリーグ女[47]の地で，彼らはパロース（？）に坐しているものです。　（3）また樹木が多く，また牛をたくさん所有しております。また彼らには首長で王たるものもなく，アフレマンの側にあります。　（4）また彼らは死ぬと食べますし，年齢が満1歳にみたないと，みな火に投じます。彼らが手で捕えた生きものは，みな食います。

（5）胸耳人も同様ですが，しかし彼らの食物は木の葉と草，また彼らは律法も知らず，デーンも知りません。死ぬと不義者になります[74]。

（6）また侏儒の国は小さく，また彼ら自身も身体が小さいのですが，利巧な才知ある召し使い[76]で，オフルマズドの側にあります。　（7）そして彼らはいつも胸耳人と争い戦っております。また彼らが死ぬと，あるものは最勝界に行き，あるものは悪界（地獄）に行きます。

（8）革脚人と犬頭人は能動的で，また兇暴かつ不潔にして律法も知らず，デーンも知らず，功徳行も知らず，罪悪も知ってはおりません。　（9）また彼らには偉大な首長がなく，また彼らはアフレマンの側にあります。彼らは天則者はだれでも食い，自分らの中でも，死んだらみな食います。

（10）また彼らには清潔さがありません。そして彼らの魂魄はアフレマンの側にあり，（死ぬと）悪界（地獄）に行きます」。

第 10 章

（1）ウィシュタースプ王は問うた，
「セイロンの人々や，湖や海に住んでいるもの（のこと）だが，彼らの暮らしや死はどんなか。また彼らの主にして首長たるはだれか。（彼らは）だれの側にいるのか。また彼らが死ぬと，どこにおくのか。また彼らの魂魄はどこへ行くのか」。

（2）彼，〈副王〉ジャーマースプは言上した，

294

「湖や海にいる人々は水の民で，また諸神の側にあります。そして彼らの所は果実に富んでおります。　（3）また彼らには四足獣や鳥や魚や害獣が多くて，彼らは（それを）みな（捕）食します。死ぬと燥地におきますが，あるものは最勝界に，が，あるものは悪界（地獄）に行きます」。

第 11 章

ウィシュタースプ王は問うた，

「オフルマズドは知ありて一切を知り給い，また人間どもがあのように兇暴同然になって，たいてい悪界（地獄）に行くことを知っておられるのに，彼らが生を享けることからどんな利益があるのか，また彼らは彼によって何のゆえに創造されたのか」。

（2）彼，〈副王〉ジャーマースプは言上した，

「かつて，かのガナーグ・メーノーグがゲーティーグ界の庶類〈に〉やってきたとき，多くの侵襲を持ち込み，大地から星圏天に到るまで，彼の侵襲のやって来なかったところは針の先ほどもなかったのです。　（3）して，オフルマズドはそれに先立ち，知慧と一切知とをもって，これだけの侵襲は，よき僕をもつこと，それも多数でなければ，滅ぼすことがむずかしいということを知っておられた。それで，彼は人間の創造をなされたのです。

（4）そして，あるものは侵襲が少なく，あるものは多くやって来る，同じように，あるものはより清浄，あるものは侵襲を多く受けるのです。　（5）彼らは，律法を認めぬやからは別として，（律法は認めていても）寒冷と暑熱，および飢えと渇，ならびに痛苦やその他，ガナーグ・メーノーグの侵襲を，好むと好まざるとにかかわらず，いつも受けるのです。その本性からしてアフレマンは，それからのちに数限りなく闘争をするのです。

（6）して，要するに，オフルマズドは庶類の利益，アフレマンは（庶類の）禍害です，と申しますのは，オフルマズドは後得身において，死せるおのが全庶類を復活させ，彼らはふたたび無垢にして清浄となり，またアフレマンの侵襲はみな，ひとたび取り除かれて，ふたたび起こることは決してないから

です。　（7）こういうことも（明かされてあります，すなわち）彼らの中には悪界（地獄）に行っていない多くのものがおりますが，そのために（かえって）デーンの知識が彼らに到達していないのですが，それゆえに彼らは救われうるのである，と。　（8）要するに，オフルマズドはおのが全庶類を合法と慈眼をもってみそなわして，彼らを侵襲の中に見捨て給うことはないのです」。

第 12 章

（1）ウィシュタースプ王は問うた，
「マーザンダラーン人とテュルク（トルコ・突厥）人はどんな種類か。人間なのか，それともデーウなのか。また彼らそれぞれの律法はどんなものか。また彼らが死ぬと，どこへもっていくのか，また彼らの魂魄はどこへ行くのか」。

（2）彼，〈副王〉ジャーマースプは言上した，
「マーザンダラーン人は所作とからだつきと見掛けでは，みな人間です。彼らも律法は知っています。また彼らの所は栄えていて樹木も豊富であり，また山も平原もあります。　（3）また，それは暑熱と酷寒の地です。そして多量の雪がつもります。また彼らの律法とデーンは，あるものは道に叶い，あるものは道に外れております。　（4）また，あるものはオフルマズドの側にあり，また，あるものはアフレマンの側にあります。そして死ぬと，大多数は最勝界に（行く）が，他は悪界（地獄）に行きます。　（5）また彼らは死に対する恐怖をもたず，また婦女との交接に貪欲です。男子は，婦女と同衾するとき，（これに）負傷させるものが多いのです」。

（6）また比較的長生きするものでも50歳で，また彼らには子の生まれることが多いのです。そして，死ぬと，家族は友人，兄弟および縁族とたのしく坐して飲食します。　（7）また彼らの中には，ザルドゥシュト（ゾロアスター）ののちに，デーン（教え）がそのもとに来たものがあり，この無垢なデーンに帰依しております。

（8）トルケスターンは広大な地域で，どこも寒冷ですが森林もあります。また彼ら（テュルク族）には果樹や食用のくだもの，および（その他）若干の

ものがあります。　（9）彼らの中には月を崇めるものもあり，また，あるものはジャードゥーグ呪師[57]であり，また，あるものはウェフ・デーン者[64]です。
（10）また，月を崇めるものは人殺しはあまりやらず，また，その他のものは射手(しゅ)で平原の友です。　（11）また彼らの馬は1日1夜に30フラサング[68]走ります。パンはなくて，その捕える生きものは（みな）食い，平原に起居しております。　（12）また彼らは毛織りの衣服をきております。彼らは生活が疲弊し，生活が困窮しております。また婦女子に対する彼らの嫉妬はつよく，また彼らの婦女子はだぶだぶのズボンをはき[78]，そして性交をたびたび行います。
（13）また彼らの見掛け，容貌および眼は鋭いのです。彼らは多くは冷徹(ひややか)，また多くは比較的熱情的です。また彼らには，いつも互いの間に争いや戦いや，その他の（もめ）事がおこります。　（14）彼らにとっては，つまらない死は容認しがたいもの。かの地方にも，（わたしどもの）容認できない律法から，捕虜となったものを殺したものもおります。　（15）彼らは耕作の仕事をします。死ぬと森林に（遺体を）おきますが，あるものは最勝界に，またあるものは悪界（地獄）や等混界（善悪行が等量の人の行く他界）に行きます。　（16）そして（世界の終末に）死者を回帰させる（浄化永生させる）とき，彼らをもまた回帰させます。そして彼らは人間と一緒に（同じようにものを）考えて行動するようになります」。

第 13 章

（1）ウィシュタースプ王は問うた，
「そなたに，この霊能は何物から，また何者から，どのようにして来たのか。何故に諸帝王や諸国王に，この霊能が来なかったのか。また，そなたはこの霊能と霊知を他人(ひと)に教え，かつ，伝授することができるかどうか。　（2）また，その霊能を，そなたは最初に母胎（内）から（母胎にあるときに）得たのか。そなた，ジャーマースプは，魂魄は，その時（受けて伝えるとき）には，ガロードマーン（オフルマズドの天宮）にあるのかどうか[79]。また，そなたはかつて虚言(うそ)をいったことがあるのかどうか」。

（3）彼，〈副王〉ジャーマースプは言上した，
「この霊知はオフルマズドのデーンとザルドゥシュト（ゾロアスター）から，わたしの上に来たのです。そして，この霊能と頴知がわたしに来ましたのは（……が来ましたそのわたしは），御身国王に王位が所属しておりまする，そのお方と同様です。[80]　（4）して，わたしが得ましたのは父からでもなく，母からでもなくて，（しかも）わたしには，その霊能を他人(ひと)に教えることができるのです。　（5）そして，この霊能と霊知とは，きょう生まれまた死んだすべての種類の人間はこれこれだと，こういうふうに私に来たのです。　（6）（それは，彼らは）何という名か，また，だれの子か，また，どんな家門の出か，また，どんな兆候（をもつ）か，どんな吉兆の星と，どんな凶運の惑星とともに（あるの）か，また彼らの妻と子，財貨と財産，さては王位　（7）と支配権（すなわち王朝）はいくばくか，また，どのようにあるのか，また，どんな種類か，そしてまた建直しと後得身(ごとくしん)[40]に至るまでのことをも，わたしは知っていると，こういうことです。　（8）また，わたしには，諸国王や人々にかの霊能を教えることができるのです。わたし，ジャーマースプは，そのとき（教えるとき）には，魂魄はガロードマーンにあるのです。[79]また，わたしは，かつて虚言(うそ)をいったことはありませぬし，（きょうも，これからも）いうことはありませぬ」。

第 14 章

（1）ウィシュタースプ王は問うた，
「われら，諸国王や諸帝王は，この幸福な王座を何年保持するであろうか，また，どんな責務と功徳行を最善，かつもっとも義務的なるものと解して実践すべきか」。

（2）彼，〈副王〉ジャーマースプは言上した，
「責務と功徳行をなすことに努力なされよ，そして，御身にとって懺悔し給うべきであった過(あやま)ちは，そのようになされよ，また御身がオフルマズドとザルドゥシュト（ゾロアスター）から受け入れられたあの契約には，よりいっそう努

11. イランにおけるビジョン（霊観）の文学

力なされよ。そして，あらゆる罪と過ちからは，もっともっと身を守られよ。

（3）御身がその上に君主として帝王としてまします，これなるすべての人々を看守って無畏となし給え。　（4）また彼らに奴隷労働や強制労働を命じ給うな，と申しますのは，人はみな裸身（はだか）で（生まれて）来て裸身で逝き，そして，善き行為よりほかには，なにものをも（来世に）携行することはないからです。　（5）〈そして〉御身にしてよくなし給うかぎり，その他の責務と功徳行をすて給うことなかれ，と申しますのは，御身が功徳行をなそうと欲し給うとも，まもなく御身にはその時がなくなるからです，そのわけは，わたしは御身に申しますが，国王にまします御身よ，1年（を終えぬ）前に御身は逝去して，世におわさぬ方（かた）となられるからです」。

（6）そこで，ウィシュタースプ王はそれを聞くと，錯乱悲嘆した。（7）彼は処置を講じ（ていっ）た，「わしの妹（きさき）（で妃の）フトースと，彼女から30人生まれた彼女の息子と息女，ならびに，その他の妃たちや（その）子女たちで，そのことを聞いたやからはみな，即刻，かしこに行け」。彼らは（その場を）立ち去った。[81]　（8）「ウィシュタースプの光輪がその身にある（が，かまわずに）かのフトースは捕らえて投（獄）せよ，また造罪者（ども）も（みな）投（獄）して処置を講じよ」と。[82]

（9）そこで，ジャーマースプは命令をくだした，「門をあけてはならぬ。（獄には）あす，くだせばよい，御殿（ごてん）のまわりに（御殿のそとに）彼女（たち）を追放してだ」と。[83]

（10）ところが，やがて，ウィシュタースプは困惑するとすぐジャーマースプにいった，
「余（よ）はこういうものだ，すなわち，余は無垢なこのデーンを受け入れ世に弘めたし，また余はあれほどのデーウ，ドルズや蛮族を討って斃（たお）し　（11）そしてエーラーン・シャフル（イラン国）から放逐したし，また余の子スパンドヤードも（彼らを）退けたし，また余の多くの軍兵（ぐんびょう）もデーンのために殺された。

（12）して，余は命にかけて保持してきたに，これが破滅して消え失（う）せるも同然にならねばならぬとは，そしてまた余ウィシュタースプがこの王座から，

そしてまた、この世界から、まもなく離れ去る（ことにならねばならぬとは）。

（13）してまた、余のこの兄弟たちや子女たちならびに、王座や光輪——カイ王朝《きょうだい》のものたる——から……」。[84]

（14）すると、そこでジャーマースプは言上した、
「寿命長久にましませ。これなるカイ王朝の光輪は、御身のうえに着座しているのです。（身を）苛み給うな、そして痛みを身に入れ給うことのないように。[85]《さいな》
そして、祭儀をささげることにより、ご自身を安息の中に保ち給うように。
（15）王子たちやご兄弟たち、さらにはお妃たちとともにメーズド（聖餐）をつくり給え、帝王の習法をおちついて、よく守られよ。と申しますのは、楽し《みこ》[86]《しきたり》
くてよき1年の長らえは、不楽の1000年よりもよいからです。

（16）また、わたしは御身に、このことも申しましょう『人は死を遠ざけず、また時間をひきとめませぬ、と申しますのは、（まず第一に）、オフルマズドの所造だったガヨーマルトも、おのが（命終）の時が来たとき、アフレマンが（彼を）毀損したからであります。　（17）また、次には、（御身より）《みょうじゅう》
先に出られた一々の帝王たちも、彼らの（命終の）時が来たとき、何一つなすことができませんでした。殊に、アフレマンを30年の間乗馬にしていたタクモーラブが（そうです）。と申しますのは、彼自身（の時）が来たとき、自分自《こと》
身を死から遠ざけることができなかったからであります』と」。

（18）して、ここで、ウィシュタースプはそれを彼（ジャーマースプ）から聞くと、身に満足をおぼえた。そして、彼は神々に感謝をささげてジャーマースプを祝福した。

第 15 章

（1）ウィシュタースプ王は問うた、
「国王にして帝王たる余ののちに、この幸福な王位は、だれが、どんな帝王が保有するか、（そのものの）父は何（という名）か、また、だれの子で、どんな家門の出なのか。　（2）また彼らはそれぞれ、（この）洲を何年保有するか。（彼らのうち）だれが正善で、また、だれが極悪なのか。彼らののちに、

11. イランにおけるビジョン（霊観）の文学

どのような時代と時期が到来するか。〔マーズデースン者らのこのデーンはいつまで，何年存続するか。〕」。

（3）彼，〈副王〉ジャーマースプは言上した，
「わたしは御身に申しましょう『御身ののち，この幸運な王位は（御子）スパンドヤードの子ワフマン[87]に行くでしょう。そして彼は（この）洲を112年統治されるでしょう。そして彼の息女で，チフル・アーザードとも人々のよぶフマーイ[88]が30年，君臨されるでしょう。

（4）ダーラーイー・ダーラーヤーン[89]は13年君臨するでしょう。

（5）（王位は）そののち，フローム人アレクサンダルに13年間， （6）次いでアシャク家に到るでしょう《有名なパルティア王家に到るでしょう》。（同王家は）282年（この洲を）統[90]べるでしょう。これらの帝王のもとで不祥事（災厄）は少しずつ終息し，やがて完全な安寧が来て洲は繁栄と無畏の中に（保たれ），人も如意の生活の中に保たれるようになるでしょう。

（7）そして次には，王権はパーバグの子アルダクシール[91]に到り，（王は）洲を14年統べるでしょう。 （8）アルダクシールの子シャーブフル（1世）は20年， （9）シャーブフル（1世）の子シャーブフル（マイシャーン＝メセネ王）は1年， （10）勇猛オフルマズド（1世）は1年と2か月，（11）サガーン王（サカ王）と人々のよぶ，ワフラームの子ワフラーム（3世）は40年， （12）ワフラーム（3世）の弟ナレサフ（1世）は9年， （13）オフルマズド（2世）の子シャーブフル（2世）は72年， （14）シャーブフル（2世）の子シャーブフル（3世）は5年， （15）キルマーン王と人々のよぶ，シャーブフル（3世）の子ワフラーム（4世）は11年， （16）シャーブフル（3世）の子ヤザドギルド（1世）は21年と5か月， （17）ワフラーム・ゴールと人々のよぶ，ヤザドギルド（1世）の子ワフラーム（5世）は23年と10か月， （18）ワフラーム（5世）の子ヤザドギルド（2世）は15年と4か月， （19）ヤザドギルド（2世）の子ペーローズは22年， （20）ペーローズの子〈ワル〉ガシュは4年， （21）ペーローズの子カワード（1世）はジャーマースプとともに42年， （22）〈カワード（1世）の子コスロー

（1世）＝アノーシャグ・ルワーン〉は47年と7か月と7日，　（23）コスロー（1世）の子オフルマズド（4世）は12年，　（24）オフルマズド（4世）の子コスロー（2世）・アバルウェーズ王は37年，　（25）シェーローイとも人々のよぶ，コスロー（2世）の子カワード（2世）は9年，　（26）カワード（2世）の子アルダクシール（3世）は1年と5か月，　（27）シャフルヤールの子ヤザドギルド（3世）は20年（統べるでしょう）。

（28）それからさきは（サーサーン王朝は）倒れ，彼らは自（壊）自滅する。次いで（大魔）ケシュムの一族の出たる披髪のアラブが来（襲し）て，少数の兵力でエーラーン・シャフル（イラン国）を掌握すること382年9か月7日と4時間におよびましょう』と」。

第 16 章[92]

（1）ウィシュタースプ王は問うた，

「この無垢なるデーンは何年間行われるか，そして，そののちにはどんな時世と時期が到来するか」。

（2）彼，〈副王〉ジャーマースプは言上した，

「このデーンは1000年行われるでしょう。そののち，その時世にいる人々はみな背信に奔り，互いに怨みと妬みと欺りを行います。そして，そのゆえにエーラーン・シャフル（イラン国）をアラブに引きわたし，アラブは日ごとに強大となって国々を占領するでしょう。　（3）彼らは人を邪道と虚偽に転じさせ，そして彼らが言いかつ行うことはみな，彼ら（自身）にとって極めて利己的となり，また（人々の）道に叶った行動は彼らのために痛めつけられるでしょう。　（4）このエーラーン・シャフルの無法状態のために，諸国王には重荷が来るでしょう。そして大衆はおびただしい金と銀，および多くの財宝や財貨に関心をもつでしょう。　（5）しかし，そのすべては破滅して消失するでしょうし，また，まことに王宮の多くの財宝や財貨が仇敵どもの掌中と支配に帰するでしょう。そして，不時の死亡が多くなるでしょう。　（6）こうして，エーラーン・シャフルはすべて彼ら仇敵どもの手中に帰して，非イラン

11. イランにおけるビジョン（霊観）の文学

（人）はイラン（人）の中に混じ，ためにイラン要素は非イラン要素と区別できぬようになる，（すなわち）イラン的なるものは非イラン要素に屈服するようになりましょう。

　（7）また，このわるい時世には，富者は貧者を幸福に（しようと）するが，貧者自身は幸福にはなりませぬ。また高貴な人たちや高官たちは味気ない暮らしに陥って，彼らにとっては死が楽しいものに思われること，あたかも父と母が子を眼にし，母が婚資（一種の支度金）を受けた娘を（眼にするときの）ようになりましょう。　（8）また（母は）自分から生まれた娘を金銭で売り，また息子は父と母を倒して，その存命中に彼（ら両親）を家督から排除するでしょう。また弟は兄を倒してその財貨を彼から奪い，そして，その財貨について虚偽と不実を語るでしょう。また妻はおのが夫をマルグ・アルザーン罪者に仕立てるでしょう。[94]　（9）また卑賎で無名のものが顕位につき，そして，いつわりの，不実の証言と虚偽がはびこるでしょう。　（10）1夜はともにパンと酒を飲み食いして友だちづき合いをしながら，次の日は互いの生命をねらって手段を講じ，また悪事をたくらむでしょう。

　（11）また，そのわるい時世には，子のないものを幸いとし，子のいるものを眼に卑しいとします。そして多くの人が亡命，流離あるいは困窮に陥るでしょう。　（12）また大気は混乱して寒風と熱風が吹き，草木の果実はさらに小さくなり，また大地は物産から離れ去るでしょう。　（13）地震は頻発して多くの荒廃をもたらすでしょう。また雨は時を定めずに降り，また降るのも無益な降雨となり，また雲は空を（徒らに）去来するでしょう。

　（14）また書記は文書から逸脱し，[95]また，だれかれなしに，いったことや書かれた文面や，契約に背反するでしょう。　（15）また正善さがいくらかある人もみな，その生活はさらに味気なく，かつ，さらに悪化するでしょうし，また疎外されていた小家が（豪家となって）顕われてくるでしょう。　（16）騎者は歩者となり，また歩者は騎者となるでしょう。下僕は貴族の道を歩むも，彼らの身には高貴の性は宿らぬでしょう。　（17）また人々は大多数が嘲弄や道外れの行為に転じて不正な味をおぼえ，そして彼らの愛情と愛着は狼藉に[96]

(傾けられて）あるでしょう。　（18）成年にも達しないのに人は急速に老化し，また，自らの悪行に喜ぶものはみな，（それを）特権とみなすでしょう。

　（19）かくて，国と国，村と村，地方と地方は互いに争いと戦いを交え，相手から物を掠奪するでしょう。　（20）また兇暴で貪欲かつ横暴な人を勇者とみなし，そして叡知ありかつよきデーンを奉ずる人をデーウ（悪魔）とみなすでしょう。また，[97]だれでも，自分の必要から，他人をその望みどおりにはさせないでしょう。

　（21）また，そのわるい時世に生まれ出る人（々）は，鉄や銅よりももっと硬いでしょう。彼らは（みな），同じ血と肉をもつものというほかは，石よりももっと硬いでしょう。　（22）嘲笑と軽蔑が（彼らの）飾りとなってだれもかれも他人行儀となり，あるいは，アフレマンの配下となるでしょう。そして彼らは，その時世には，背信の罪を犯すでしょう。　（23）殃罰のきびしくてたちまち到ることは，あたかも河水が海に走るがごとくでしょう。

　（24）また，エーラーン・シャフル（イラン国）の諸（聖）火は尽きて消えるでしょう。また財産と財貨は不義者なる非イラン人の手に渡り，そして（人々は）みな邪教徒となるでしょう。　（25）（人々は）財貨を多く集めても，その果実を食むことはなくて，みな，情け容赦もない首領どもの手中に帰するでしょう。　（26）また，だれも，他人のしたことを容認しませぬし，人々は，他人から自分の上に加えられる苛酷さや不祥のために，生きることが味気なくなって死に庇護を見出すことになりましょう。

　（27）その後，ホラーサーンの地に，身分が低くて世に顕われていないひとりの漢が，多くの人・馬を引きつれ鋭槍をたずさえて興起して，国を力づくでおのが支配下におくでしょう。　（28）（しかし）彼自身も，治世の中途で破滅して消失いたしましょう。　（29）支配権はみなイラン人から去り，非イラン人に帰するでしょう。そして多くの教義や律法や信仰が生じ，また互いに殺すことを徳行とする，（すなわち）人殺しは軽微なこととなるでしょう。

　（30）また御身にわたしは，このことも申しましょう。『かの[98]（わるい時世）には覇王某が出るでしょう。彼はフローム（ギリシア・ローマ）の地にある多く

11. イランにおけるビジョン（霊観）の文学

の国と多くの都城を占領し，また多くの財貨を鹵獲品としてフロームの地からもたらすでしょう。　(31) 次いで，その覇王は死去して，それからさきは，彼の子孫が王位につくでしょう，　(32) そして彼らは国を力づくで握り，また多くの不法な暴虐をエーラーン・シャフルの人（々）に加え，また多くの財物が挙って彼らの手に入るでしょう。が，その後，彼らは滅亡と破滅に陥るでしょう。

　(33) また，そのわるい時世には，愛情や尊敬（の念）はないでしょう。そして彼ら（その時世の人々）は，目上のものは目下のものと区別されず，また目下のものは目上のものと区別されず，また彼らには互いにかばい合うこともありませぬ』と。[99]

　(34) また御身にわたしは，このことも申しましょう，『母から生まれない[100/101]か，あるいは，生まれても死んで，ザルドゥシュト（ゾロアスター）の千年紀の終わりにおける，これほどの邪悪と頽廃を見ぬものは幸いです。　(35) また起こらざるを得ない大戦や，そのとき起こらざるを得ず，かつ，相戦う人（々）の間でやむことなき，あれほどの流血を（見ぬものは幸いです）。

　(36) かのアラブどもはローマ人やテュルク（トルコ・突厥）人と合流して（この）洲を劫掠するでしょう。　(37) が，のちに，スパンダルマド（大地の女神）はオフルマズドに（こう）声をかけるでしょう，わたしの（受けている）この邪悪と不祥は，わたしの（負うべき）償いではありません。わたしはくつがえされました。そこで（こんどは）わたしがこのもの（ども）をくつがえしてやります。水と火を人（びと）はいためつけています，彼らがそれに加えている乱暴と無法のために，と。

　(38) そして，のちに，ミフル（神）と（大魔）ケシュム[46]は互いに打ち合うでしょう。その打ち合いのなかで，ワデーナガーンと人々のよぶ１ドルズ[41]で，ジャムの治世に縛られていたが，ベーワラースプの治世に縄から解かれたのが（おりますが），　(39) ベーワラースプはそのドルズと談合したのです。して，そのドルズの役割は穀物の実を少なくすることです。で，もしそのドルズのために（そんなことが）起こらなかったら，１グリーウ播いたものはみな，[102]

400グリーウの実を収穫したでしょう。 （40）396年の間，ミフルはそのドルズを打（ち）つ（づける）でしょう。その後は，1グリーウ播くものはみな400（グリーウ）を貯える（に至る）でしょう。そして，その時期には，スパンダルマドは（喜びを示そうとして）口をあけて多くの宝石と鉱物を露出させるでしょう。

（41）のち，南方の地方から，支配権を求めるひとりの漢(おのこ)が興起して軍兵を編成し，そして諸国を力づくで占領し，かつ，思うがままに行動しようとして多くの流血を引きおこすでしょう。 （42）して，そののち，最後に彼は敵の手から逃れてザーブレスターン[103]およびその（縁辺）地方に赴いて，かしこから軍を編成して引き返すでしょう。そして，それからさきは，エーラーン・シャフル（イラン国）の人（々）は非常な絶望に陥り，そして目上のものも目下のものも対策の樹立に奔って自分の生命の庇護に目をかけるでしょう。

（43）しかし，のちに，かのパダシュクワールガルの海岸[59]の近くで[104]（ひとり）の漢(ひと)[105]がミフル神に見(ま)えるでしょう。そして，ミフル神は隠されていた多くの秘密を，その人に告げるでしょう。 （44）（ミフル神は）伝言とともに（彼を）パダシュクワールガルの王[106]に送（ってこう伝え）るでしょう，この王権をそなたはどうして，聾者にして盲者のように，行使するのか。して，そなたも王権を，そなたの父祖や祖先やそなた（自身）が行使したように[107]，行使されよ，と。

（45）その人（パダシュクワールガルの王）はいうでしょう，わたしはこの王権をどのようにして行使することができよう——わたしの父祖や祖先にあった，あの兵と軍と財と軍将がわたしにはないのに——，と。

（46）その使者はいいましょう，どうぞこちらへ。そなたの父祖や祖先の財宝と財貨を，わたしはそなたに引きわたしましょうから，と。そして彼（使者）はフラースヤーブの大いなる財宝を彼に示すでしょう。 （47）財宝をもってくると，彼はザーブル[105]の軍兵[103]を編成し敵に向かって行くでしょう。 （48）して，その情報(しらせ)が敵にとどくと，テュルク（人）とアラブとローマ人は会(かい)して（いうでしょう），パダシュクワールガルの王を捕えて，かの財宝と財

貨をあの漢(おとこ)から奪おう，と。

　(49) そして，その後，その人[105]はその情報をきくと，ザーブルの多くの軍兵とともにエーラーン・シャフル（イラン国）のまっただ中に来て，かのやからどもと，その平原[108]——御身ウィシュタースプ（王）が白匈奴（のアルジャースプ王）と（そこの）スペード・ラズール（「白林」）において（戦いを）交えられた——にて，パダシュクワールガルの王とともに，闘争と戦闘をくりひろげるでしょう。　(50) そして，エーラーン〈・シャフル〉の神々の力と，カイ王朝の〈光輪〉[54]，およびマーズデースン者らのデーンの光輪[24]，ならびに，パダシュクワールガルとミフル（神）とスローシュ（神）[59]とラシュヌ（神）と諸水と諸火との光輪，とによって，（人々は）いとも奇(く)しき戦争をするでしょう。そして，彼（カイ・ワフラーム）には彼ら（敵方）よりも（戦況は）有利となるでしょうし，敵のうちで数えきれぬほどのものを殺すでしょう。

　(51) そして，そのあとに，スローシュとネルヨーサング（神）は御身の王子ピシュヨータン[69]を，創造者オフルマズドの命によって，カイ王朝の（カイ族の）カング城[65]から起ちあがらせるでしょう。　(52) 御身の王子なるピシュヨータンは，白貂(てん)と黒貂(ころむ)を衣とする弟子150人とともに，旗をもって，火と水が安置されているパールス（ペルシス，ファールス）の（聖）所に進みゆき，そこにて祭儀を執り行うでしょう。　(53) 祭儀が終わり，ゾーフルを水にそそぎ，そして，かの火にゾーフル[109]を供えると，諸不義者や諸拝魔者は，あたかも寒冷な冬に木々の葉がしおれるように，滅び去るでしょう。

　(54) そして，狼の時世は去って羊の時世にはいるでしょう。そして，ザルドゥシュト（ゾロアスター）の子ウシェーダル[110]が，デーンを示すために，あらわれるでしょう。そして不祥と荒廃とは終息し，安息と歓喜と至福があらわれるでしょう』と」。[100]

第 17 章

　(1) ウィシュタースプ王は問うた，
「メーノーグ的指導者たち[111]がエーラーン・シャフル（イラン国）に来，あれほ

どの偶像を打ち，世界を不浄から清浄と澄潔とに変えてのちに，どんな時代と時期が到来するのか。一々の千年紀にどれだけの首領と国王がいるか。世界をどのようにして彼らは秩序あらしめるのか。世の律法と裁決はどのようにか。ウシェーダル，ウシェーダルマーフおよびソーシャーンス（それぞれ）の千年紀に，どのような状況が生起するのか」。

（2）彼，〈副王〉ジャーマースプは言上した，
「ウシェーダルの時代には324人の首領がいるでしょう。その時代には侵襲はさらに少なく，ドルズと狼の種族は滅びるでしょう。（人々は）責務や労務を（するのに），律法から（強制されて）でなくて功徳をかぞえて（自発的に）するでしょう。年・月・日はもっと短くなりましょう。

（3）ウシェーダルの千年紀が500年くらい終わるとき，太陽は庶類を打つでしょう。（その後）ザルドゥシュト（ゾロアスター）の子なるウシェーダルマーフがあらわれ，デーンをひろめるでしょう。（魔）アーズ（「貪婪」）とニヤーズ（「窮乏，飢饉」）の種族はみな滅びるでしょう。

（4）次いで，魔マルコースが来，かのマルコースの冬をひきおこし，庶類と生物（で，ジャム所造のワルに入れられたもののほか）はみな，その冬の間に滅びるでしょう。そののち，ジャム所造のワルが開かれ，人間，畜類と生物はそのワルから外に出てきて（ふたたび繁殖し），世界をまた綺飾するでしょう。

（5）その後，（大魔）ケシュムは行ってベーワラースプ（＝アズ・ダハーグ）を縄から外し，（ベーワラースプは，こうして）世界を掌握し，次いで人間を食い，次いで生物を食うでしょう。

（6）そこで，オフルマズドはスローシュとネルヨーサング（にこういって，この両神）を派遣されるでしょう『サーミー・ナレーマーン（「ナレーマーン家のサーム」）を起ちあがらせよ』と。（両神は）行ってサームを起ちあがらせ，そして，〈彼が〉かつて有していた力を，復た（彼に）与えるでしょう。サームは起ちあがり，アズ・ダハーグのワルに行くでしょう。

（7）アズ・ダハーグは，サーミー・ナレーマーンを見ると，サーミー・ナ

11. イランにおけるビジョン（霊観）の文学

レーマーンにいうでしょう『わたしの主君なる御身は，御身の軍将なるわたしとこの世界を共有しようとして，よくぞ来られた』と。　（8）（しかし，この）ことばには耳をかさずに，彼（サーム）はその不義者（アズ・ダハーグ）の頭に棍棒を打ちおろすでしょう。かの不義者はサームにいうでしょう『わたしを打つな。主君のそなたは軍将のわたしとこの世界を共有されるのですぞ』と。しかし，サームは，その不義者のこのことばに耳をかさずに，棍棒をまたもその不義者の頭に打ちおろし，（こうして，その不義者は）死ぬでしょう。

（9）そののちに，ソーシャーンスの千年紀がはじまるのです。ソーシャーンスはオフルマズドとの対話に赴き，デーンを受け入れ，世界にひろめるでしょう。　（10）次いで，ネルヨーサングとスローシュが行って，スヤーワクシュの子カイ・コスロー[113]，ノーダルの子トース，ゴーダルの子ゲーウおよびその他（のものども）を，1000の財宝および（1000の）軍将とともに，起ちあがらせ，アフレマン[29]を諸庶類から遮断するでしょう。地上の人類はみな，心を同じくしことばを同じくし行為を同じくするものとなりましょう。

（11）アフレマンと彼の庶類どもは，オフルマズドの庶類に何事をもなすことができぬでしょう。次いで，魔アーズはアフレマンにほざくでしょう『お前さんはオフルマズドの庶類に，何事もなすことができないな』と。　（12）次に，アフレマンはタクモーラブの前に来て（いうで）しょう『わたしは食い物が入用だ。わたしとそなたは大物（おおもの），食物をとる必要がある』と。（だが，タクモーラブは）聞き入れぬでしょう。　（13）そんなわけで，アフレマンはアーズにほざくでしょう『行け，（そして）デーウとドルズ，害獣とわたしの庶類をみな食うがよい』。魔アーズは行って，アフレマンの全庶類を食うでしょう。極悪者（ごくあくもの）（アーズ）はいうでしょう『わたしは（まだ）満腹していない』。その後，魔アーズもアフレマンも力尽きるでしょう。

（14）次いで，ソーシャーンスは三つの祭儀[114]を執り行うでしょう。先ず，生けるものどもを不死にし，次に，死せるものどもを（この世へ）連れもどすでしょう。祭儀をハーワン刻[115]に行うとき，人間はすべて起ちあがるでしょう。祭儀をラピフウィン刻[115]に行うとき，人々は（それぞれ）自分自身となるでしょ[116]

う。祭儀をウゼーリン刻に行うとき，すべての人々は健康で殃罰なきものとなるでしょう。　（15）祭儀をエーブスルースリム刻に行うとき，人はみな，もう一度，15歳となるでしょう。祭儀をウシャヒン刻に行うとき，シャフレワル[117]は世界の山（々）をみな熱し，（熔）鉱が全地に（山々）から流れ込み[118]，すべての人は熔銅の中を通過し，あたかも光明とともにある太陽さながらに，無垢にして輝やき，かつ清浄となるでしょう。

　（16）アフレマンは天の外にきりはなされ，そしてそこからついにきり落とされる[119]。次いで，庶類は無垢となり，人々は15歳の年齢にて永（生），不死にして不滅かつ不老となり，またすべてのもの（ごと）が彼らにとって，彼ら自身の望んでいるとおりになるでしょう。

　（17）息災，歓喜と安息のうちに（この書を）書き終えた。

附　録（Ⅰ）[120]

　（1）ウィシュタースプ王は問うた，
「重大な危機は何度，飢饉は何度，黒い（降）雪は何度，赤い（降）雹は何度，大戦は何度あるか」。

　（2）彼，〈副王〉ジャーマースプは言上した，
「重大な危機は3度あります。一つはアズ・ダハーグの悪政下に，また一つはトゥーラーン[58]のフラースヤーブの悪政下に，また一つはザルドゥシュト（ゾロアスター）の千年紀のうちにあります。

　（3）飢饉は4度あります。一つはトゥーラーン人フラースヤーブの悪政下に，また一つはアシャク王朝の治下に，また一つはヤザドギルト（2世）の子ペーローズの治世に[121]，また一つはザルドゥシュトの千年紀の終わりにあります。

　（4）ひどい災害は3度あります。一つはマーヌシュチフル〈の〉治世に，また一つはヤザドギルド（2世）の子ペーローズの治世に，また一つはザルドゥシュトの千年紀の終わりに（あります）。

　（5）黒い（降）雪と赤い（降）雹は3度あります。一つはマーヌシュチフ

ル〈の〉治世に，また一つはカイ・カーヨースの治世に，一つはウシェーダル の千年紀にあります。
　（6）大戦は3度[122]あります。一つは（カイ・）カーヨース王が諸魔とともに，崇きもの（不死饒益諸尊）[22]と戦ったそれで，また一つはアルジャースプと人々のよぶ，白匈奴〈王〉なるジャードゥーグ呪師と御身（ウィシュタースプ王）がデーンのために交えられたそれ，また一つは国王と交戦する（彼ら）テュルク人とアラブとフローム人どもが合同する，ザルドゥシュトの千年紀の終わり（におけるそれ）であります」。

附　録（Ⅱ）[123]

　（1）ウィシュタースプ王はジャーマースプに問うた，
「わが子（ピシュヨータン）の時代が到来するとき，どのような予兆と兆候を示すのか」。
　（2）彼，〈副王〉ジャーマースプは言上した，
「ウシェーダルの出現しなければならぬ時（gāh）は，これだけの兆候が世にあらわれます。
　（3）（第）1はこれです，すなわち，夜がさらに明るくなること。
　（4）第2はこれです，すなわち，北斗七星が（本来の）位置をすてて東方に回転すること。
　（5）第3はこれです，すなわち，人間が相互にいっそう干渉し合うこと。[124]
　（6）第4はこれです，すなわち，その時期に（人々の）行う背信が，より速く，かつ，より目前に（迫り）来ること。
　（7）第5はこれです，すなわち，卑しいもの（ども）がさらに権勢づき，かつ，さらに敏腕となること。
　（8）第6はこれです，すなわち，極悪人どもの幸運が増大すること。
　（9）第7はこれです，すなわち，アーズなるドルズ[125]がさらに強盛となること。[41]
　（10）第8はこれです，すなわち，その時期に人々の〈行う〉呪縛がいっそ

う愛好されるようになること。

(11) 〈第9はこれです，すなわち，豹や四足の狼のごとき害獣は害が増大すること。[126]

(12) 第10はこれです，すなわち，（デーンに）通じること暗きやからがデーンの〉ダストワル[34]たちに[126]〈嘲笑をより多く加えること〉。

(13) 第11はこれです，すなわち，ダストワルたちの[126]〈デーンに対する痛めつけ〉が定着して（人々が）彼らについて，ひどいいつわりと不実をいうこと。

(14) 第12はこれです，すなわち，夏と冬とが区別できないこと。

(15) 第13はこれです，すなわち，多くの人々の愛着が狼藉に[96]（傾けられて）あること。

(16) 第14はこれです，すなわち，その時世と時期に生まれるものどもはさらに邪悪，さらに狡智，そして（世に）死亡の充満することがその極に達すること。

(17) 第15はこれです，すなわち，尊敬されるものたちが不名誉なドルズ的行為と虚偽の裁決といつわりの証言(あかし)を，さらに多く犯すこと。そして死と老齢との大きな，並みはずれの圧迫が全洲に到来すること。

(18) 次いで，ダストワル[34]があらわれ世界を払拭するが，かれはザンドの預言者（ザンドを世に告げるもの）。

(19) 第16はこれです，すなわち，シースターンに二つある湖が（水を）放出して都城の沼が水を湛(たた)え，そして全シースターンが水に充ちること。[127]

註

1　拙著『ゾロアスター研究』岩波書店，1980年（2刷），pp.68-70。
2　上掲拙著，p.79，註184。
3　拙稿「「アヴェスターの改刪」をめぐりて」（『日本オリエント学会創立三十周年記念オリエント学論集』刀水書房，1984年，pp.55-68＝本拙著，pp.3-16）および本拙著，p.281および註27。

4 上掲拙著, pp.489-491。
5 拙稿「カルデールの「ゾロアスターのカアバ」刻文について」(『オリエント』第24巻第2号 (1982), pp.1-18 =本拙著, pp.123-143)。
6 上掲拙著, pp.270-274。
7 本拙著, pp.255-256およびpp.88-89参照。
8 Philippe Gignoux : Le livre d'Ardā Vīrāz. Translittération, transcription et traduction du texte pehlevie, Paris 1984, pp.42-45 (原文), pp.152-153 (仏訳) ; Fereydun Vahman : Ardā Wirāz Nāmag. The Iranian 'Divina Commedia', London and Malmo 1986, pp.84—87 (原文), p.193 (英訳)。
9 Behramgore Tehmuras Anklesaria : Zand-î Vohûman Yasn and Two Pahlavi Fragments, with Text, Transliteration, and Translation in English, Bombay 1919 (1957²). 本書における章・節の分け方はウェスト訳 (E. W. West : Pahlavi Texts, Part I, (The Sacred Books of the East, Vol. V, Oxford 1880, pp.189-235) とは異なる。ウェスト訳併記の場合以外はアンクレサリア編著によったもの。
10 第9巻第8章1—7節 (Dhanjishah Meherjibhai Madan (under the supervision of—) : The Complete Text of the Pahlavi Dinkard, Bombay 1911, p.792, ll. 4-16)。
11 R. Reitzenstein und H. H. Schaeder : Studien zum antiken Synkretismus aus Griechenland und Iran, Leipzig／Berlin 1926, p.38 ff.
12 註1所掲拙著, p.146。
13 Jamaspi Dastur Minocheherji Jamasp-Asana (ed. by) : Pahlavi Texts, I, Bombay 1897 (Tehran 1969²), pp.1-16 ; H. S. Nyberg : A Manual of Pahlavi, I, Wiesbaden 1964, pp. 18-30 ; 清水嘉隆「Ayādgār i Zarērān (1) (2)」(『オリエント』第19巻第2号 (1976), pp.53-68, 第21巻第1号 (1978), pp.109-125) および「中世ペルシア語d'lの語義」(『オリエント』第27巻第2号 (1984), pp.30-34)。
14 padrānand はパルティア語 pad-rān-「対抗する, 抗戦する」の現在分詞。wirāz は「大きな鉄矛」。これを warāz「猪」とするのは不可。
15 É. Benveniste : "Le mémorial de Zarēr, poème pehlevi mazdéen", Journal Asiatique, t. 220(1932), pp.245-293。
16 Ar. Christensen : Les gestes des rois dans les traditions de l'Iran antique, Paris 1936, p.40 f.
17 註44参照。
18 É. Benveniste : "Le texte de Draxt Asūrīk et la versification pehlevie", Journal Asiatique, t. 217(1930), pp.193-225.
19 マンダー語はマンダー教徒 (南東イラーク, フーゼスターンに住む少数の洗礼主義派) の用語で, 東アラム語の一派。
20 Giuseppe Messina : Libro apocalittico Persiano Ayātkār i Žāmāspīk. I.—II., Roma 1939。

21 ゾロアスター教では万物は物質で構成されているが，それが微細精妙か粗大粗放かで不可見，可見の別ができると考えている。前者をメーノーグ，後者をゲーティーグという。しかし「メーノーグ（的）」はしばしば清浄な，神々しい，霊妙な，などの意味でも用いられる。
22 原語では「アマフラスパンド（Amahraspand）」という。アフラマズダーに陪接する，一連の大神格をよぶ呼称で「不死なる恩寵者」の謂い。一々の神格名については第3章3—5節および註32参照。
23 ここの「神」の原語は「ヤザド（yazad）」といい，前註所掲の大神格よりも下位の神格一般を指すが，大神格も含めてヤザドとよぶこともある。
24 本来の意味は「マズダーに祭儀をささげるもの」で，「マズダーをまつるもの，崇めるもの」すなわち，ゾロアスター教徒。
25 「デーン」についてはpp.255-256参照。ただし，この語は「宗教」一般をも意味するので，ゾロアスター教を指すときは，このように「よきデーン，善き教え」ともいう。
26 原語は「フラワフル（frawahr）」だが「フラワルド（fraward）」ともいう。詳細は註1所掲拙著，pp.294-296。
27 ジャーマースプをアゼルバイジャンの出とするのは東イランのゾロアスター教的要素を西方メディアに移す傾向の一環で，pp.257-258参照。
28 「大モウ頭」の原語は「モウベダーン・モウベド（mowbedān mowbed）」であるが，この職階はサーサーン朝初期にはまだ成立していなかった。
29 後期のゾロアスター教ではオフルマズドに対立する悪の根源。アヴェスター語アンラ・マンユ（アングラ・マイニュは不可）の中期語形。これに対し，アンラ・マンユを意訳したものが「ガナーグ・メーノーグ」すなわち「破壊的不可見者，破壊霊」。
30 より正確には「6000年」。
31 註22およびp.263参照。
32 「天則」はアヴェスター語アシャの訳語。このアシャはアルタの訛り。そのアルタを中期語ではアルドという。このアルドはしばしば「最勝の，最上の」という修飾詞を伴う。「天則」と「最勝の天則」とは本来同一のものであるが，前者から後者が生じたとは，ゾロアスター教において天則が極めて重要な位置を占めるものであることを示唆する。オフルマズドは自ら天則を創成し，しかもそれをもって自身を律する。これは，天則が彼の所造とされながらも，万象を律する法として，いわば神とは独立に存在するものという，アシュム・ウォフー告白文とも響応する。
33 シャフレワルは鉱物を支配下におくとされるが，これも「王国→王権→それを守る武器→それを作る素材としての鉱物」というふうに考えると理解できる。第17章第15節もこの関係から首肯できる。このシャフレワルからスパンダルマドが生じたとするのは，支配者のもつべき利益心から理解できる。スパンダルマドを「従順心」とするのは採れない。
34 「ダストワル（dastwar）」（より新しい形はダストゥールという）とは権威者，指導

者，リーダーとしての地位にあるものを，聖俗いずれの面でも，指し示すことば。
　　本拙著p.36, p.312参照。
35　「メーズド（mēzd）」とはパンと果物と酒から成る聖餐。註86参照。ゾロアスター教
　　の立場からは「浄餐」と訳したい。
36　年6回，毎回5日ずつの季節祭を「ガーハーンバール」（『ガーサー』が唱えられる
　　祭日，ほどの謂い）という。この第13節はテキストが不備で，かなり補訳しないと
　　意味が通じない。ガーハーンバールについては註1所掲拙著，pp.290-295参照。
37　「ガヨーマルト」とは「死すべき生命」ほどの謂い。
38　「兄妹間に結婚生活が営まれる間に」ということで，ゾロアスター教に勧奨する，
　　いわゆる最近親婚の先例。
39　この名はテキストによって記法がさまざま。筆者はここに仮名書きした形で通して
　　いる。「マシュヤグ（Mašyag）」とは「死すべきもの（男性）」，「マシュヤーナグ
　　（Mašyānag）」は同義の女性形。註56参照。
40　ゾロアスター教（後期の）では開闢から12,000年後に世界の建直しが来るという。
　　そのとき，死者も起き上がり（死者の起生），万人の罪も浄められて永生不死にさ
　　れる。こうして顕現する世界の形態を「後得身（tan ī pasēn）」という。
41　「魔」を示すのに中期ペルシア語では「デーウ（dēw）」と「ドルズ（druz）」の2語
　　がある。訳文では後者は「ドルズ」で通し，前者は「魔」または「デーウ」とす
　　る。もっとも，デーウは「人間」と併出するときは，その最古の意味「神」をなお
　　保持しているかに見える場合がある（人・天，人と神と）。
42　かけられた嫌疑を晴らしたり真偽を判定したりするために用いられる「判別法」
　　（ワルという）に服した結果，シロ（無実，真）として立証された場合は「免出し
　　た」という。ただし，ここではテキストの一部に欠落があるので，文全体の意味は
　　把握しにくい。
43　「ギルシャーフ（Gilšāh）」とは「坤輿の王（地界の王）」の意味であるが，「ガルシ
　　ャーフ（Garšāh）」すなわち「山岳の王」としてあらわれることもある。ギルは
　　「土」，ガルは「山」。本拙著p.246参照。
44　地界は7洲（洲はキシュワルという）から成るとされ，中央洲は第7洲またはクワ
　　ニラフといい，他の6洲（第5章第1節参照）の総和と同面積。しばしば，「この
　　洲」の表現は「この国土」を意味する。
45　ホーシャーング（Hōšāng）はホーシュヤング（Hōšyang）ともいう。ペーシュダー
　　ドはアヴェスター語「パラザータ」の中期語訳で，この語解は通俗語源説。中期ペ
　　ルシア語書ではペーシュダード「王朝」として取り扱われている。タクモーラブ
　　（アヴェスター語タクマ・ルピ）とともに註1所掲拙著，p.386参照。この「王朝」
　　はウザウで終わり，カイ王朝につながる。本章第52節参照。
46　p.264参照。
47　パリーグ女とは非ゾロアスター教的信仰集団に属する特定の妖婦。
48　時代錯誤は別として，サーサーン朝王ヤザドギルド3世の孫ナレサフ（泥涅師）
　　——3世の子ペーローズの子——と関連があるものか。彼は父の遺志をついで王室

復興を志したが、事成らずして中国に客死した。

49 ジャムは『アヴェスター』の「イマ (Yima)」、『ヴェーダ』のヤマ。したがって、彼の父ウィーワンハーンはアヴェスターのウィーワフワント、ヴェーダのヴィヴァスヴァント。註66も参照。

50 アヴェスター語形は「アジ・ダハーカ (Aži Dahāka)」。ゾロアスター教徒にとってはこの人物とトゥーラーン (註58) のフラーシヤーブとアラクサンダル (アレクサンドロス大王) が3大魔となっている。アラクサンダルはゾロアスター教徒の聖典を焼いたやつだと称して、特に「ソーカンダル (Sōkandar)」とまで蔑称した。これは動詞 saok-「焼く」にむすびつけて「焼失させたやつ」というのである。このSōkandar からアラブ・ペルシア語形イスカンダル (Iskandar) ＞シカンダル (Sikandar) が生じたとみられる。H. S. Nyberg : *A Manual of Pahlavi*, Ⅱ, Wiesbaden 1974 p.177, **Sokandar** の項参照。Iskandar をサンスクリット語「スカンダ (Skanda ―塞建陀。子らを襲う病魔の首領)」と関連させるのは不可。

51 テヘラン東方の高峰デマヴェンド。

52 マーザンタラーン人 (第12章第2節参照) は巨人種で、海中にあっても水は身体の中程までにしか届かず、最深所でも口に達するだけ。古くはマーザンといっていたのをマーザンダラーンとし、これを現マーザンダラーン (カスピ海の南岸地帯) に同定しているが、本来のものはむしろパキスタン (バローチスタン) あたりとみたい。

53 マンは重量の単位。他の重量に換算不可能。

54 カイ・カワードにはじまるとされる東イランの王朝 (本章第52節参照)。この王朝の正統性を象徴するものが「カイ王朝の光輪」。光輪については註1所掲拙著、pp. 374-403参照。

55 「海岸まで」とは大海が取りまくと考えられていたから。

56 ここの語解は通俗語源説。本来の意味は「マヌの後裔」ということ。このマヌはサンスクリット語古典のマヌと同源。前出のマシュヤグ (註39) もそうだが、このマヌも、地域の異なるのに応じて、それぞれに伝承されていたとみられる「人類の祖」。

57 「ジャードゥーグ (Jādūg)」(アヴェスター語形は yātu-) はゾロアスター教徒の忌避する呪術・呪法の一。

58 「トゥーラーン (Tūrān)」(ツラン) はシースターンとマクラーンとの中間地域で、インダス河畔にも達していた。

59 「パダシュクワールガル (Padašxewārgar)」(またはパダシュクワール山) (第16章第43節参照) は東イラン (含アフガニスタン) またはパキスタン地方に求めるべきで、従来の諸説は不可。

60 「呼びかけた」は PS karōš (PZ gərəwiš) vast を読み替えて MP (PH) xrōsīd と復原したものだが不確実。メッシーナは drafš vast (wast)「旗を投げた」とする。

61 註45参照。ウザウは、捨て子として川に流されていたカワードを拾って養育したとされている。

62 これらの6洲については註44参照。
63 「先師のもの」とは教団初期の教父たちの説いた教えということだが，時代錯誤はともかくとして，サーサーン朝期の教父の所説を指すこともしばしば。
64 「デーン」(註25)はしばしば「よき」を冠称されて，「よきデーン，善き教え」ともいわれ，それをウェフ・デーンといったり，フデーンといったりする。したがって，ウェフ・デーン者，フデーン者とはゾロアスター教徒のこと。
65 「カング城（Kangdiz）」をサマルカンドに同定する説は根拠がない。第16章第51節参照。
66 「ジャム所造のワル」とはジャム（註49）の造ったワル（ワルとは「かこい，城塞」）のことで，イラン版の「ノアの方舟」にあたる。イラン版では洪水の代わりに「酷寒，厳冬」などが登場し「マルコースの冬」といわれる。第17章10—11節参照。
67 「エーラーン・ウェーズ（Ērān-wēz）」は略称で，詳しくいえば「ウェフ・ロード＝ウェフ川＝ヘルマンド川の灌漑するイラン流域」ということで，シースターンを指す。ゾロアスター教徒にはイラン民族の祖地として聖域視された地域。註1所掲拙著，pp.292-293, 488-492；註3所掲拙稿p.59＝本拙著，p.10参照。
68 1フラサング（frasang）は6km弱。
69 ピシュヨータンはカング城で「不死者」として生き延び，ゾロアスターの千年紀の終わり（ウシェーダルの出現する前）の終末論的作業に参加する。第16章51—53節参照。
70 カイ・コスローも前註と同じカング城での「不死者」であるが，終末時の建直しに参加する点を異にする。第17章第10節と註113参照。
71 註66参照。
72 『アヴェスター』の「ウィーデーウダード」書1：3による。
73 「蛮域」の意味らしいが，それもベルベラ地方と関連があるらしい。そこの人たちが「バルバリーガーン（蛮族）」とよばれている（本章第7節）。
74 死んで「不義者となる」とは悪界（地獄）に行くもの，堕獄者，ほどの意味。
75 胸目人（胸に目をもつもの），胸耳人（胸に耳をもつもの），革脚人（革の脚をもつもの），犬頭人（犬の頭をもつもの），については註20所掲メッシーナ著書，p.102，註2および註1所掲拙著，pp.490-491参照。
76 「召し使い」は PS parastār ＞ MP (PH) paristār の訳。男女性いずれでもよい。
77 文首からここまでは MP (PH) ud ān kē wēštar zīwēd panzāh sāl u-šān frazand zāyišnīh wasyār bawēd の訳。
78 「だぶだぶのズボンをはく」は PS pa šalvār vastuvār hand ＞ MP (PH) pad šalwār wastarwār hēnd.
79 「魂魄がガロードマーンにある」とは，本章第8節にあるように，身心分離してその遊離魂がそこに参到すること，つまり，ビジョンを得て，ということ。
80 「御身に」以下文末までは PS čūn ān mard ke ōi šumā dahyuvad xūdāyaš ēstad ＞ MP (PH) čiyōn ān mard kē ō šmāh dahibed xwadāyīh ēstēd. ān は ēn「こ

317

の」の謂い。
81 「かしこ」とは牢屋のこと。
82 本節全文は PS ō ke Guštāsp xurah andar ōī(ママ) giriftan andūh afganand u gunāhgār yak afganand u kār gīrand > MP (PH) ō kē Wištāsp xwarrah andar ōy griftag Hutōs abganēd ud wināhgār ē abganēd ud kār kunēd. PS yak は希求法的小辞 ē とみるべきであろう。「造罪者（ども）」とは、聞いてはならぬ不吉な予告を聞いたもの（ども）、の意味。
83 「門」の原語は bar。これについてはp.270参照。
84 「……」は PS stāyam dāvar vadkayān（第13節文末の3語）であるが、MP (PH) に復原不能。
85 「寿命長久にましませ」以下ここまでは Antonino Pagliaro による「書評」(*Rivista degli Studi Orientali*, Vol.22 (1947))、pp.151-152参照。
86 「メーズド」（註35）など、近世に先立っての作法については拙著『古代ペルシア ──碑文と文学──』岩波書店、1974年、p.210参照。
87 PS Ardībahišt を排し、PZ Bahman (> MP (PH) Wahman) をとった。
88 「フマーイ (Humāy)」はウィシュタースプ王の息女で妃なる「フマーヤー (Humāyā)」から創作された架空の人物。
89 「ダーラーイ・ダーラーヤーン (Dārāy i Dārāyān)」とは「ダーラーイの裔ダーラーイ」の意味で、ダーラヤワフ（ダリウス）3世をさすとみられる。ウィシュタースプ→ワフマン（ウィシュタースプの子スパンドヤードの子）→フマーイ（註88）→ダーラーイ・ダーラーヤーン（ダーラヤワフ3世）なる王位継承譜は他書にもみえる。ハカーマニシュ（アケメネス）王朝からは最後の大王ひとりのみリストされているわけ。
90 アルシャク・パルティア王朝（前248—後226）をイランの王統にリストするのは、他書には稀な、本書の一特色。282年の年数は奇異。「アシャク (Ašak)」は「アルシャク (Aršak)」のペルシア語訛り。
91 パーバグ（この語形はバーブの裔というようにも解釈できる。すると、バーバグとなろう）の子アルクダクシール（またはアルダシール）からサーサーン王朝に入るが、本書では王名中に脱落もあり、また在位年数も史実とは必ずしも一致していない。メッシーナの前掲書、p.110にはアガティアス、エデッサのヤコブ、パールシー本 (PS) とパーザンド本 (PZ) にみえる在位年数の一覧表があるから、それを次頁に転載しておく。ただし、アガティアスとヤコブについては Theodor Nöldeke : *Geschichte der Perser und Araber zur Zeit der Sassaniden. Aus der arabischen Chronik des Tabarī übersetzt* ……, Leiden 1879, Anhang A, p.435 参照。
92 本章の3—6、8、10、12—13、29節はそれぞれ『ザンディー・ワフマン・ヤスン』第4章の33—38、13—15、20、41—46、58節（ウェスト訳では第2章の28—29、30、32、41—42、49節）と共通する（具略の差はあるが）のみならず、本章全体の傾向はラクタンティウスの『Divinae Institutiones（神聖な教理）』, I・7・15・7

11. イランにおけるビジョン（霊観）の文学

	アガティアス	ヤコブ	パールシー	パーザンド
①アルダクシール Ardaxšīr 1世	14. 4	15	14	13
②シャーブフル Šābuhr 1世	31	30	20	20
③オフルマズド Ohrmazd 1世	10. 0. 10	2	1. 2	1. 10
④ワフラーム Wahrām 1世	3	3	—	—
⑤ワフラーム2世	17	{17	—	—
⑥ワフラーム3世	0. 4		40	4
⑦（サガーン・シャーフ Sagān-šāh)				
⑧ナレサフ Naresah	7. 5	9	9	9
⑨オフルマズド2世	7. 5	7	—	—
⑩シャーブフル2世	70	70	72	72
⑪アルダクシール2世	4	4	—	—
⑫シャーブフル3世	5	5	[7] 5	—
⑬ワフラーム4世	11	11	11	11
⑭（キルマーン・シャーフ Kirmān-šāh)				
⑮ヤザドギルド Yazadgird 1世	21	21	21. 5	21. 5
⑯ワフラーム5世（ゴール Gōr)	20	19	23. 10	23. 10
⑰ヤザドギルド2世	17. 4	18	15. 4	18. 4
⑱オフルマズド3世	—	—	—	—
⑲ペーローズ Pērōz	24	27	22	22
⑳ワルガシュ Walgaš	4	4	4	4
㉑カワード Kawād 1世	11	11		
㉒（ジャーマースプ Ĵāmasp)	{+ 4 +30	{+ 2 +30	42	2
㉓コスロー Xosrō 1世	48	47	47. 7. 7	47. 7. 7
㉔（アノーシャグ・ルワーン Anōšag-ruwān)				
㉕オフルマズド4世	—	12	12	12
㉖コスロー2世	—	37	37	37
㉗（アバルウェーズ Abarwēz)				
㉘カワード2世	—	1	9	9
㉙（シェーローイ Šērōy)				
㉚アルダクシール3世	—	2	1. 5	1. 5
㉛ヤザドギルド3世	—	12	20	10

（王名の表記法は筆者伊藤による）

—8に要約されている観があり、また本章12—13, 14, 49節はそれぞれラクタンティウスの上掲書I・7・16・5—6, I・7・15・9, I・7・17・10—11に類似の思想を見出すことができる。詳細はメッシーナの前掲書, pp.112-117の諸註参照。

93　「大衆は」以下文末までは註85所掲の「書評」, p.149参照。
94　「マルグ・アルザーン罪者」とは死（マルグ）に値する罪者。
95　「書記は文書から逸脱する」は MP (PH) dibīr az nibišt ⁺pattāyēd.
96　「乱暴・狼藉 (dahīg)」については本拙著, pp.35-36参照。
97　「また」以下文末までは MP (PH) ud kas-iz kas pad abāyist⟨an⟩ ī xwēš pad kāmag nē ras⟨ēn⟩ēnd と読んだもの。
98　このことばは第33節の終わりまでつづく。
99　このことばは第30節からはじまる。前註参照。
100　第34節からはじまるこのことばは、第54節の終わりまでつづく。
101　「母から」以下、第35節末までのうち、第34節は『ザレーラーン』第40, 45節に、また第35節前半は『ザレーラーン』第53節後半と比較されうる。
102　「グリーウ」は穀類の量目の単位。
103　ザーブレスターンはガズニ（アフガニスタン）を首都とする地域であるが、ここの表現からみると、むしろガズニを指すようにもみえる。第47, 49節のザーブルはザーブレスターンと同じ地域。
104　「近くで」の原文は az nazdīkīh で、アヴェスター語の直訳。「近くから」とするのは不可。
105　この人物はカイ・ワフラームとみられる。45—49節にもみえる。一種の「建直し」に不死者カイ・ワフラームが東方から出現するとあるのは、ゾロアスターの出生地を東方とみるべきことをも示唆する。
106　この人物（王）はマーヌシュチフル。第4章第50節および註59参照。
107　「聾者にして盲者のように」とは、神を忘れて、神に反して、ほどの意味。反ゾロアスター的集団の成員カルパン（カルブ）祭司とカウィ（カヤク）領主（祭司）は「神のことに聾にして盲」とされた。本拙著p.401とそこの註89も参照されたい。
108　この「平原」こそ『ザレーラーン』第19節の「平坦な野」である。
109　「ゾーフル」は液体の供物。
110　註112参照。
111　ピシュヨータンの一行（第16章第52節）を指す。
112　以下の3人はゾロアスターの終末論的3子（p.5参照）。ゾロアスターの千年紀に、この3子それぞれの千年紀がつづくが、「千年紀」といってもゾロアスターの千年紀にはすでに1000年という数字に問題があり、殊に最後の「ソーシャーンスの千年紀」は事実上57年にすぎない。57年の間に終末の建直しが成就するのである。弥勒の下生成道はこの3子の出興受命と比較されうるし、殊に興味のあるのは釈尊の入滅後56億7千万年に弥勒の出現を説く仏教の立場である。インド学側の計算では精緻に試算しても5億6千7百万年（五十七俱胝六十百千歳〔大毘婆娑論〕）にしかならず、もう1桁上げるためには「俱胝 (koṭi)」すなわち「1千万」を1桁上げて

11. イランにおけるビジョン（霊観）の文学

「1億」とする立場をとるほかはない。そうすれば57億6千万年となり、口調をととのえて56億7千万年としたのではないか、ということにもなろうが、イラン側からすれば別の試算もできる。それはゾロアスターの千年紀とそれにつづく二つの千年紀を、合算せずに乗じると1000×1000×1000＝10億となる。その頭数字「10」にソーシャーンスの千年紀の実数「57」を振り替えて入れると57億となり、これを口調をよくするために5－6－7のようにしてなだらかにすれば56億7千万年が得られる。1000を3乗したのは、可能な限り遠い未来に振りむけようとの志向からであろう。

なお、本筋を少々はずれるが訂正しておきたいことがある。宮田登編著『弥勒信仰』（民衆宗教史叢書⑧）雄山閣、1984年に編入されている鈴木中正「イラン的信仰と仏教との出会い」の一部に「弥勒とイラン的宗教との関係」という一節があり、拙著『ゾロアスター研究』を誤解して、フヴァルナは svar／hvar「光る」から出たものでないと説いている、とある（p.234）。フワルナフは svar-／hvar-「光る」からの派生詞だと私は力説しているのだが。

113　第7章第8節と註70参照。彼の不死者たることについては、デーンカルド第7巻第1章第40節（上掲拙著、p.10）参照。
114　3祭儀を記しながら、完全な解説もせずに5刻の祭儀に移るのは撰述者の不手際。
115　以下にあげる5刻はそれぞれ、晨朝から正午まで（ハーワン＝晨時）、正午から午後まで（ラピフウィン＝晌時）、午後から日没まで（ウゼーリン＝晡時）、星の出現から午夜まで（エーブスルースリム＝昏時）、午夜から星の消えるまで（ウシャヒン＝宵時）（ただし夏場。冬場は4刻）。
116　「自分自身となる」は PZ hənṭ bānṭ＞ MP (PH) xwad bawēnd. 註85所掲の「書評」、p.150による。
117　註33参照。
118　「（山）から流れ込む」は PZ avāz astāṭ ＞ MP (PH) abāz ēstēd.
119　原文は PZ Ahriman pa bərūn āsmąn ba kūšīnām ṭ ajiš sar ba burənṭ. 私の訳はこれを MP (PH) Ahreman pad bērōn ⟨ī⟩ asmān bē kušīnēnd ⟨ud⟩ aziš sar bē brīnēnd と読んだもの。メッシーナは kušīnēnd を ōzanēnd, ⟨ud⟩ aziš を u-š と読んで「アフリマンは天の外で殺され、そしてその頭は切りおとされる」と訳している（p.120）。kušīdan「殺す」という語が用いられ、一見メッシーナ訳が正しいようにもみえるが、Dēnkard ed. Dresden, 752:20—751:12＝ed. Madan 110:18—111:13 は同じ動詞を用いながらも、ガナーグ・メーノーグが死滅するのでなく、その活動を停止されることを力説する。拙訳はこれをも参照したものであるが、この点については註1所掲拙著、p.350を参照されたい。
120　附録（I）は Jivanji Jamshedji Modi : *Jâmâspi, Pahlavi, Pâzend and Persian Texts, with Gujarâti Transliteration of the Pahlavi Jâmâspi, English and Gujarâti Translations with Notes of the Pahlavi Jâmâspi, Gujarâti Translation of the Persian Jâmâspi, and English Translation of the Pâzend Jâmâspi*, Bombay 1903 所収のパフラヴィー・テキスト（PH）第2章（pp.8-9）。

121 註90参照。「アシャク」は「アルシャク」のペルシア語訛り。
122 3度の大戦は『ザンディー・ワフマン・ヤスン』第6章7—10節（ウェスト訳第3章8—10節）にもみえる。
123 附録（Ⅱ）は註120所掲の文献所収のパーザンド・テキスト（PZ）第9章（pp.77-79）およびパフラヴィー・テキスト（PH）Fragment No. Ⅰ. MU_4（pp.15-16——この写本の欠落部分については註126参照）。
124 「いっそう干渉する」は PZ hudara āmaṯ vəš bāṯ : PH 'ndl'mt wyš YHWW-Nyt : MP andarāmad wēš bawēd の訳なるも不確実。
125 「アーズ」については第17章第3節以下参照。
126 〈　〉の部分は PZ のみで PH 欠落。
127 洪水でなく，涸れていた水がもどってくるということ。デーンカルド第7巻第9章第23節（註1所掲拙著，p.126）参照。

12. 『断疑論』

まえがき

　『断疑論』（以下では単に断疑論とする）とはマルダーン゠ファルロキー・オフルマズドダーダーン Mardān-Farrox ī Ohrmazd-dādān（断疑論第1章第35節——以下では1：35のように挙示する）の書シュケンド゠グマーニーグ・ウィザール Škend-gumānīg Wizār に対する、私による訳名であるが、字順も原語の語順と一致するので、引きつづき私はこの訳語を用いている。原著者マルダーン゠ファルロクはデーンカルド書にも負うていることを述べているから（10：55—57）、その著作活動は9世紀の中頃から後半にわたるものとみることができる。ゾロアスター教（祆教）系の著作が多く著者名不詳の中にあって、本書はその例外をなす、数少ないものの中の一つである。この時期の著作にとかく不文のものが見出されるのにくらべると、本書は出色の感もあるが、必ずしも訳出しやすい文体とはいえない。ここでその点を具体的に指摘することはさしひかえておくが、本書の他の特色は、著者自身がいっているように（10：45—46）、祆教の伝統からはなれて自由に思索することによって、父祖から伝えられた伝世の教えの価値を論証しようとしたところにある。この点から本書は祆教系文献の中に、護教的ではあるが、特異な位置を占めるものとなった。

　断疑論の著者は「宗教」探求のために諸方を訪れている（1：37；10：44）。彼のいっている海国（zrēh wimand）（1：37）というのはおそらく、南部メソポタミアをさしていると思われる。メソポタミアは彼が対決論駁しているマニ教の故土である。マニ教の開祖マーニーはインドにも行っているが、マルダ

ーン＝ファルロクも同様のことをいっている（10：44）。しかしヒンズー教や仏教に触れていると思われる箇所のないところをみると、この「インド」がヒンドスタンかどうかは再考の余地もありそうである。彼の経歴は本書以外に、それを知る手掛かりのないのは残念である。彼はどこの産、何家の出かも記していない。父系を示す Ohrmazd-dādān「オフルマズド＝ダードの子、または、その裔」がわずかに彼がゾロアスター教祭司の家に生まれたことを示唆するのみである。また、本書2：2によると断疑論は、イスファハーン在の祆教者ミフル＝アヤーリー・マーフマダーン Mihr-ayār ī Māhmādān が出した質問（2：1）に答える形をとって祆教々義内での諸問題に解答を出している（第2―4章）から、彼の住地はキルマーンかイェズドあたりとも考えられよう。第5―6章は無神論（ダフリー派やソフィステス派）に有神論をもって答えているが、第7―9章では再び自教の二元論的立場を弁護し、第10章では一神論に対抗するために神をその相状（čiyōnīh）において、すなわち神とはいかなるものであるかを、識ることの重要性を強調する。第11―16章は有神論と取り組むが、11―12はイスラーム、13―14はユダヤ教、15はキリスト教を論駁するから、一元論（一神教）と対決することになる。しかし彼らの立てる唯一の根源（bun）、根源者（buništag）をその固有名詞でよんだり、あるいはそれを訳語で示したり（崇きもの、ありてあるもの）することはなく、その必要があれば yazad「神」の語でそれを示した。祆教ではこの語は、起源からすれば、一種の minor god をさすが、オフルマズド（アフラマズダー）をも指称するから、yazad の語を蔑称として用いたわけではない。イスラームは7世紀中葉に興起したもので、サーサーン朝が彼らのために名実ともに倒れたのは651年、ヤザドギルド3世の暗殺されたときであるから、イスラームが祆教と交渉をもったのは新しいが、それの古いユダヤ教やキリスト教はマニ教（ザンディーク Zandīk）とともに、3世紀末葉に祆教の高僧カルデールの弾圧を受けているから（本拙著p. 128参照）、彼らの奉ずる唯一神の名を挙げて論駁するのになんら支障もなかったはずであるが、それでさえもその神名を挙げていない。これから推してみても、対イスラーム論難にアッラーの名を出さないのは、イス

12.『断疑論』

ラーム治下における祆教徒が弾圧を恐れたためではなくて，名を挙げることさえいさぎよしとしなかったためであろう。したがってヤハウェーの名を挙げないのも同様の理由からとみることができる。

イスラーム，ユダヤ，キリストの諸教は一神論である点において根源的には共通するところがあるが，断疑論は反論的論法が重複しないように対象を注意深く選別して，しかも一様に二元論の立場からその矛盾を指摘することに努めている。これに対し，ひとしく二元論といっても，マニ教が全生物を悪原理の所産とみるのに対し，断疑論は善生物を善原理の意図的所造とする立場をもって対抗する。これが終章16の立場である。

無神論をも含めて，これらの異教に対し，断疑論がいずれに最も力を注いだかは速断することはむずかしいが，費した語数の多寡で論じるなら，対イスラームが最多であり，これは当面の敵が彼らであることを物語っている。ことに指摘したいのはイスラームにムウタズィラ派（al-Mu'tazila）がおこって，神の絶対的唯一性を強調するために属性をすべて切りすて，悪の創造から神を解放しようとしたことである（11：280参照）。8世紀中頃からはじまったこの運動は断疑論の乗ずるところとなって，悪の根源を創造主の外に置く祆教の立場を闡明にするのに大きく寄与した。だが，祆教が人間をもって善原理による，悪原理に対抗するための被造物とするなら，心言行に犯す人間の罪悪は悪原理によるものであり，したがってその罪悪に対する答責と人間との関係はどのように解さるべきか。断疑論はついにこの問題は提起せずに終わっている。それとともに注目されるのはマニ教のことである。マニ教はマーニーの殉教後も亡びず，則天武后の延載元年（694），開祖の没後420年にしてペルシア人拂多誕が「二宗経偽教を持して」入唐しているのみか（『佛祖統紀』巻39），断疑論10：59—60をみると，開祖の没後570余年にしてなおイランの思想界に隠然たる勢力を保持していたことが知られる。「二宗経偽教」が何故マニ教を指すのかは「拂多誕」の語によって明らかであるが，一，二付言して批判を乞いたいこともある。拂多誕ついては前考を翻してヘニング説に拠ることにした（W. B. Henninng : "Neue Materialien zur Geschichte des Manichäismus", *Zeitsch-*

325

rift der Deutschen Morgenländischen Gesellschaft, Bd. 90 (1936), pp.13-14). それによると拂多誕はソグド語 aftāδān「70」であるが，漢訳マニ教文献に「七十二拂多誕」の語が見え，MP haftādān ud dōnān「七十有二」も発見されているので，拂多誕は略記であることがわかる。マニ教教界では上から3番目のビショップにあたる階位で慕闍（možak）に次ぐもの。72とは全教団では計72人（12の教区に1教区あたり6人ずつ）いたからである。この称号については吉田豊「ソグド語雑録（II）」（『オリエント』第31巻第2号（1988）所収, p.173；森安孝夫『ウイグル＝マニ教史の研究』, 1991, pp.78-79（**68a avtadan** の項）のほか，筆者宛の吉田豊氏の親書（1993年9月30日付）には特に負うところが多かった。次はこの称号拂多誕につづく「二宗経偽教」のことであるが，これに従ってか，マニ教は二宗経ともいうと説く人もあるが誤りである。二宗経とは2根源すなわち二元を立てる経典の謂いであるから，このままでは祆教経典をも意味し得るから，区別するために「偽教」の語を添えたものである。祆教サイドからはまさにニセモノそのものであろうが，ここはそうではなく，二つの見方が可能であろう，すなわち①「新しく人（マーニー）が為った教え」ということか，② Mani という名――これには語末の部分が少し異なった，いくつかの語形がある（Otakar Klima : *Manis Zeit und Leben*) Prog 1962, pp.260-270）――を MP mānāg「似ている（形容詞）」に引き当て，これを「偽」で示したか，である。そうだとすれば①，②いずれをとっても偽教とはマニ教ということになる。

　ところで，マルダーン＝ファルロクは無神論をも含めて，自ら駁論している諸派に対し，その所説を名指して handrag「頑固・頑迷」といって指弾した。1：39は反祆教的な一般を指し，4：103はマニ教，5：1は無神論，6：46はソフィステス，13：48はユダヤ教，15：3はキリスト教を指している。もっともマニ教だけは名指してはいないが，4：103に 'dō buništag winārdārih handrag「二元論の頑迷」といっているのは明らかにマニ教を指したもので，そのことはデーンカルド書 Dresden 編717＝ Madan 編152からも明らかである。この箇所は断疑論の背景を知るうえにも重要なので，その「章」の題名と

12. 『断疑論』

ともに次に引用訳出することにした。[2]

ᵎabar abun ǰud ᵎaz ēk ⁺ᵎastīh ᵎnē šāyēn 〔ud〕 kēš ǰahūd ud ᵎdō ī ᵎhar ēk ᵎpad tan-⁺asmān čāštag Mānāyīg ud hamāg ᵎxīrān kārān ᵎtisān ⁺abun ⁺drāy Sō〔k〕fistāg hangirdīg handrag ᵎaz nigēz ī Weh Dēn

一者以外に無始なるものが存在することは不可能だと説くユダヤ教と，各箇別の二者が身体という蓋天（身天）にあると教えるマニ教と，諸財物・諸活動・諸事物はみな無始だとほざくソフィステス派の，要約していえば，頑迷（handrag）について。ウェフ・デーン（善教・祆教）の示教から。

ᵎhād abun ᵎdō ī ᵎdūr ᵎaz āgenēn ⁺ᵎastīh ᵎnē šāyēn kēš ǰahūd handrag ᵎēn-iz ᵎkū ᵎka ᵎdō hamēstār čiyōnīh ī ⁺abun ⁺ī ᵎdūr ᵎaz āgenēn guftan ⁺zēfān ᵎdārēh čiyōnīh 〈ī〉 ᵎdō āgenēn hamēstār abrīn-zamānīhā ᵎpad ēk 〔ud〕 gētīg ham abyōxt ud būd čim ᵎgōwēh

さて，相互に離れている無始なる二者が存在することは不可能と説くユダヤ教の頑迷（には）こういうことも（いおう）：相互に離れている無始なる二対抗者の相状を述べることを汝は愚劣とするのに，二つの相互に対抗するものが時間の間断もなしに一つのゲーティーグ界で同一者として結合して存在していたという相状を，何故汝はいうのか，と。

ud ᵎdō abun ī ᵎhar ēk ᵎpad tan-⁺asmān čāštag Mānāyīg handrag ᵎēn-iz ᵎkū ᵎka ēk-iz 〔ī〕 ᵎpad tan-⁺asmān ᵎbūd ᵎnē šāyistan ᵎaz-iz ᵎastīh ī ǰud aziš tan-ōz paydāg ᵎdō ī ᵎhar ēk ᵎpad tan-⁺asmān ᵎbūd čiyōn šāyēd hamāg

また身天の中における各箇別の，無始なる二者（二元）（の存在）を教えるマニ教の頑迷（には）こういうことも（いおう）：身天の中では一者でも存していたということの不可能なことは，それとは別の身体の力の（すでに）存在していることからでも明らかであるのに，各箇別の二者が身天の中に存在していたということは，どのようにして共に可能なのか，と。

ud hamāg ᵎxīrān kārān 〔ī〕 ᵎtisān abun drāy Sō〔k〕fistāg handrag ᵎēn-iz

ǀkū ǀka ēk-iz abrīn-zamānīhā ǀpad ǀdō gyāg guftan ⁺zēfān hangārēh
ǀhar jud jud akanārag-zamānīhā ham ǀpad ǀwas gyāg čim ǀgōwēh

また諸財物・諸活動・諸事物はみな無始だとほざくソフィステス派の頑迷（には）こういうことも（いおう）：一者でも時間の間断なしに二つの場で（存在する）ということを汝は愚劣と考えているのに、万物がそれぞれ時間の涯際なしに同じもの（無始者）として多くの場で（存在するなど）と、何故汝はいうのか、と。

筆者が handrag「頑固・頑迷」と読解している語は字面では an-darg/andarag 'in, between, among' と全同であるために、Neryōsang(12, 3世紀) 以来両者の別が見失われてきた。しかしそれでは統語法的にも訳解に無理の生じることは当然で、それに気づかれたためか、Jean de Menasce は andarg 'contre (against)' とし、時には名詞にまで見立てて 'objection' とまで解したが、難点は少しも解消されなかった。今、断疑論13：48をみると、nūn gōwam nihang abar handrag ī-šān drāyišn ud ⁺zēfānīh ī-šān gōwišn「今、私はいささか述べよう、彼ら（ユダヤ教徒）の駄弁の頑迷と彼らの言説の愚劣について」とある（Pāzand 本のみの部分も特別な場合を除き、Pahlavī 本の部分と同じく、3—5世紀ごろの中期ペルシア語音にもどして示す）。「彼らの駄弁の頑迷（handrag ī-šān drāyišn）」と「彼らの言説の愚劣（zēfānīh ī-šān gōwišn）」とが構文上パラレルであることは明らかで、handrag が zēfānīh「愚劣」と見合う語意をもつことがわかる。その handrag を an-darg/andarag 'in, between, among'、あるいは 'contre (against)' 時には 'objection' と読解しては正解できようはずもない。筆者の提唱する読解は Av. ham-¹drang- (¹drang-, AirWb 772, Zum AirWb 175「固める、強化する」に遡るもので、*ham-draγnah-> *handraγnah-> *handraγγ>handrag と展開し「凝り固まっているもの」>「頑固・頑迷」と転義したものである。*handraγnah-> *handraγγ なる音転については、OIr. *hvarnah-/Av. xᵛarənah-「光輪」> NP farr (MP xwarrah は *xwarr に -ah を接辞した一種の拡張形) や Av. tafnah-「熱」> taff を参照のこと。（追記——なお、

12.『断疑論』

　この handrag については，私の別稿 "On Pahlavī *hndlg* (Pahlavica XI)"（本拙著p. 106，追記に所掲の3文献中の(3)，pp. 262-265所収）がある。

　断疑論はパーザンド本のみならず梵語訳も作成されているから，祆教徒には護教書として重視されていたことがわかる。が，これらの作業がはじまったのは，すでに原典の理解が困難となっていたことを示すものである。流布本についていえば16章から成り，パーザンド本はそのすべてを提供するが，Pahlavī本は第1—5章のみである。この点からいえば本書は残欠本であるが，パーザンド本からほぼその全部を復元し得るので，理解に事欠くほどではない。パーザンド本はその16：11（終章終節）において「完結」の語で結ばれていないことからも明らかなように，末尾の欠落していることが知られるが，16：1—3からみても欠落部はさして大量のものとは考えられない。写本や版本のことはムナスⅠ，pp.14-15にゆだねてここには割愛するが，筆者が拠ったテキストはムナスⅠで，参照した訳文は梵語訳のほか，ムナスⅠ（註4所掲），また第13—14章ではさらに J. ニュースナーの英訳（註5所掲）など。註6所掲の West (+ Jâmâsp-Âsânâ) の編著よりも前に上梓された Pahlavi Texts Part Ⅲ：*S*ikand-Gûmânîk Vigâr (The Sacred Books of the East, Vol. XXIV／1885, pp.115-251) translated by E.W. West は最初期の近代語訳としてのみ評価される。

　拙訳がこれらの先訳を，それが誤っているときは，補正することに努めたものであることはいうまでもないが，それを一々指摘挙示することは，ほとんどこれを割愛した。これは読者に対しては親切を欠くことになるが，莫大な紙数を要するので第一，筆者自身においてその煩に耐えなかったからである。筆者は handrag「頑固・頑迷」という語を発掘してやや詳論したが，それの在証箇所について拙訳と先訳との異同を指摘するとなれば，それだけでもかなり紙数を消費することは明らかであろう。さらに一，二例を挙げてみると，例えば 11：40—44であるが，そこには

　　あるものどもを彼（アッラー）は高貴なものにし，(41) あるものどもを
　　(42)「余の（悪界から）解放するものどもがより正善，より恩恵的となる

ために」といって悪界に投じたが，(43) 今でも彼の解放したものどもは（人々を）よき援助なきものにし (bē-hučār kunēnd), (24) 以前のものよりもはるかに，より造悪的，より造罪的となっているのである。(一部は取意にとどめた)

とある。問題は bē-hučār であるが，パーザンド本には bə̄ x^{v}azār kunənd, 梵語訳には apakāraṃ kurvanti とある。ムナスＩは 'Or, ceux qu'il a ramnés, ne font que peu de choses「さて，彼の解放したものどもは，わずかなことしかしていない」' と訳している (§43)。West も同様であるが，もっとも彼は，梵語訳に 'injury (apakāraṃ)' とあるから，x^{v}azār は 'č'l=āzār ('torment') の誤読かもしれないといっている。ところで，ここで注意したいのは，x^{v}azār は kunənd と合して合成動詞をつくるものではないから，x^{v}azār の直前の bə̄ は動詞に前接されてそれに種々のニュアンスを与える小辞ではなく，むしろ x^{v}azār を支配する前置詞だということである。だから，ここは bə̄-x^{v}azār「x^{v}azār のない」か bə̄ x^{v}azār「x^{v}azār がなくて」あたりとなるほかはない。梵語訳 apakāraṃ kurvanti「彼らは（人々に）損害を与えている（作り出している）」をみると，x^{v}azār が bə̄ と kunənd の間に介在しているのに，それを無視して bə̄ を動詞前接辞とみなしていることは明らかで（この誤りは先訳いずれにも共通している!)，x^{v}azār をこのようにみれば上説のように，これを āzār とするほかはない。しかしこの読み替えも不可であり，bə̄ を動詞前接辞とみることも不可であるから，梵語訳は一見して文意に適してはいるが，けがの功名とでもいうようなもので，取るべき解釈ではない。これに対し，ムナスＩや West の訳にみえる「わずかなこと」というのは，この x^{v}azār を Pāzand x^{v}azāraa = huzārag 'little, few' と無理に同定したものである。Vocabulary (註 6 所掲), p.256 に「x^{v}azār (khvazâr) سوݩ, apakâra, *a little*」とあるのは，この語は梵語訳には apakāra-「害 (injury)」とあれど 'a little' を意味する x^{v}azāraa に同定すべきだ，という意味であろう。このようにみてくると，Pāzand 形 x^{v}azār は Pahlavī 形 سوݩ とみて hučār と読むほかはない。今，斷疑論11：17を見ると Pāz. awą awə̄čār

＝abāg abēčār「無援（abēčār）とともに，独力で」の語があり，čār は「援助」の意味で用いられていることがわかるから，x^vazār＝hučār は「よき援助」の謂いである。したがってこの語は bā＝bē と熟して bē-hučār「よき援助のない」か，bē hučār「よき援助がなくて」かとなるほかはない。拙訳では bē-hučār のほうをとっておいた。それはともあれ，拙訳と先訳との異同を一々註記するとなれば，このようにわかりきったことでさえ相当の紙数を必要とする。煩に耐えない所以でもあるが，その煩を省く意味からも一言付記しておきたいことがある。それはパーザンド本の語形を引用するときも，特別な場合以外は，その語形を3―5世紀頃の中期ペルシア語音で示すことにした点で，これは読者にとっても煩の省けることになるのではないかと思う。

　今，ひるがえって第二次世界大戦後，ことにこの2,30年間における西アジアに関する本邦学界の情況をみるに，躍進の跡がいちじるしく，その成果には目を見張るようなものがある。これを断疑論が批判の対象としている領域に限ってみても，その感がいよいよ深い。研究史に歴史のある旧・新約聖書に関するものはいうまでもないが，中でも括目すべきはイスラーム学（広義）の進展で，歴史の浅い点にかえりみれば隔世の感さえ禁じ得ない。おそらく断疑論も，すでに読まれ研究され批判されているだろうと考える。それに，門外漢の筆者でさえ，読めば聖書やコーランの中から，ムナスⅠにある細緻な挙証を俟たずとも，容易に典拠的章句を挙げ得るほどであるから，原典の該当箇所を示すことはすべて割愛することにした。では拙訳の提供に何の意義や目的があるのかということになるが，これは中期ペルシア語を手掛けてきただけの一書生による訳文が聖書やコーランの研究者に，どの程度に受け入れられるかを知るためにほかならない。

　筆者は本書の訳出に改訳をかさねた。そして，これをかさねるごとに訳文はますます分かりにくくなった。が，それと引きかえに，訳文と原文との間の，文体論や統語論上の隔たりはますます小さくなっていった。筆者は「翻訳」はこれでもよいのだと思う。訳文の分かりにくくなったのは，聖書やコーランの用語（邦訳の）のみか，既成の術語もできるだけ使わず，中期ペルシア語の語

意や文意をなるべく再現しようと努めたためでもある。例えば tis (Pāzand θis) 'thing' という語がしばしば用いられ，生物と無生物も（したがって神や人間も）この語で表わされる。大いに抵抗を感じるが，者，物，もの，などを用いて訳しわけせずに，すべて「物，事物」の訳語で一貫した。また「たましい」を表わす語に gyān (Pāz. ja̦) と ruwān (Pāz. rva̦) がある。厳密にいえば前者は呼吸と生死を共にし，死とともに個体を去る要素で breath-soul「気息霊」とも訳され，単なる「たましい」ruwān——これは不滅で気息霊はこれと合体する——「霊，霊魂，魂」とは異なるが，この区別はつねに厳守されているとは限らない。拙訳ではむしろ前者を「生霊(せいれい)」と訳して「霊魂，魂」とする後者とを機械的に区別する立場をとった。このほか「霊」には wād (Pāz. vāt) や waxš もあるが，これらには初出のときに原語を付記することにした。要するに，このような訳語の採用も拙訳を読みづらくした原因でもあることを告白しておきたい。

　断疑論は上説したように第1—16章に分かたれているが，各章内の節の分けかたと同じく，註6所掲の Jâmâsp-Âsânâ＋West 本にしたがったものである。しかしそれは原著者マルダーン＝ファルロクの意図とは異なるもので，例えば両氏本（したがって拙訳も）の第1章は原著者によれば「序」とされたもので，彼の第1章は両氏本の第2章なので，そのことはこの第2章が「第一の章」と書き出されているのでも明らかである。そして原著者の意図する第2章は両氏本（したがって拙訳も）の第5—7の三章が一括してそれに該当するのではないかと思われる（5：1, 11；7：22参照）。そのほか，両氏本における節の分け方に不合理な点のあることは拙訳によって諒承ねがいたい。

　断疑論は筆者にとっては，活字に載せた機会も少なく，わずかに2回という程度だった。一つはムナスⅠ（註4参照）に対する『書評』（『アジア・アフリカ文献調査報告』第7冊：西アジア2／1964年）で，これは補訂すべき点もあるが，改めて触れるほどのものでもない。もう一つは「『断疑論』の異教批判」（『日本オリエント学会創立三十五周年記念オリエント学論集』，刀水書房1989年所収）で，1：35—57；10：43—80；16：1—111を訳註したもの。これら

12.『断疑論』

の成果はすべてこの拙著に収録されていることはいうまでもない。

以下に掲げる拙訳に用いる記号については註2を参照されたい。またその章別と頁（本拙著の）は次のようになる：

章	頁
1	334–337
2	337–338
3	338–340
4	340–346
5	346–351
6	351–354
7	354–355
8	355–361
9	362–364
10	364–368
11	368–388
12	388–392
13	392–400
14	400–404
15	404–413
16	413–418
註	418–427

断疑論
本文

第1章

（1）最大にして知あり，一切を支配し全知にして全能なる主オフルマズド の名を通して（私は本書を書くことにするが），（2）その彼は諸メーノーグ者 の中にこそましますメーノーグ者。（3）また彼は唯一者たる自性から，（そ の）唯一者的存在性に依拠するものを創造した。（4）また彼は，それ自身， 対立者なき力をもって，至高の七不死饒益尊（アマフラスパンド Amahra-spand）とメーノーグ的ならびにゲーティーグ的なる一切の神々（yazadān），（5）ならびに人間・益畜（gōspand）・火・鉱物・地・水・植物という，ゲ ーティーグ的七象徴を創造した。（6）また彼は人間を諸庶類の長として，御 意の行われるために創造した。（7—9）また彼は時代時代に，おのが善意 （と）慈愛をもって，おのがものども《諸庶類》に，デーンと，無混合（と）混 合に関する知識（と），本性的意欲（⁺čihrīg kāmīh）——（それは）まさにこ のようなもの：眼・耳・鼻・舌・全身の触覚器官というゲーティーグ的（具象 的・可見的）五官を通して，視覚・聴覚・嗅覚・味覚・触覚というメーノーグ 的（無象的・不可見的）五官の情報を求める，霊の器官（機能）である記憶・ 覚知・知慧・認知・意識・精霊（しょうりょう—フラワルド fraward）——を 与えた（⁺dād = d'ʾt <ˡāmad = YˀTWNt）。（10）そして彼は，これらの器官の 助けによって，人間を諸庶類を統率するように創造したのである。

（11）また彼は全知のデーンを最大の樹木になぞらえて創造したが，（12）そ れには一幹・二株（waxšišn）・三枝・四小枝・五彩(⁺brāšk)があり[8]（13）——して，その一幹は中庸，（14）二株は（御意に従える）行動と（御意なら ぬものからの）防衛，（15）三枝はフマド・フークト・フワルシュト，すなわ ち善思・善語・善行，（16）四小枝は依って以て世が組織されている，デーン

の（説く）四職階，(17) すなわち祭司職・戦士職・農耕職・工匠職，(18) 五彩はデーンにおける名称を家長・族長・州長・国主・ゾロアスター教長という五首長——，(19) また一つの諸頭目の頭目，すなわち諸王の王，世界の国主があった。(20) また小世界すなわち人間の（体）内に，世のこの四職階になぞらえて，彼（オフルマズド）はこのように表象した：(21) 頭には祭司職を，(22) 手には戦士職を，(23) 胴（はら）には農耕職を，(24) 足には工匠職を（表象したのであるが），(25)（それは）まさにこのようなもの：人間の（体）内にある四美徳すなわち禀性・敢為・知慧・勤勉である。(26) 禀性には祭司職すなわち祭司の最大の本務を（表象しており），彼らは恥辱と畏怖という禀性の故に罪を犯さないのである。(27) 敢為には戦士職を（表象し），これは戦士の別格的な綺飾で，自性から発する勇気と説明されている美徳である。(28) 農耕者には知慧を（表象し），これは耕作し，世を建直しに結びつけるという，知慧ある営為である。(29) 工匠者には勤勉を（表象し），これは彼らの職階の最大の推進因子である。

　(30) 正義と中庸という一つの幹の上にある，これらあらゆる種類の存在は，ドルズ（「魔」，ここは特にアフレマン）とそれの（同じく）対立的（なる）諸要具とに対抗する。(31) 私が多種多様に研究したこれらのもの，すなわち，みな相互に矛盾対立する破摧者・毀損者たる，歴史上の多くの宗教者や多くの信仰者 (32)——その彼らの相互的矛盾と破摧と加撃とに加えて，(あろうことか) なおかつ唯一なる正義（ゾロアスター教の）に対しては彼らは（一転して）一致し力を一つにして刃向かうのである。(33) 正義の自性は正義の唯一者的存在性に依拠する一箇の力であり，(34) 多種のドルズは，虚偽という一つの根源 (bun) から出た合一体 (hamāgīh) として，(正しい) 多くの習法 (brahm) に矛盾せざるを得ないのである。

　(35) マルダーンファルロキー・オフルマズドダーダーンなる私の（ˈān ī ˈman ⟨ˈkē⟩）この撰述は，私が歴史の中で，もろもろのドグマが立てる多くの信仰・多くのデーン・多くの思弁を見たのにしたがって作成されたのであるが，(36) その私は自身の未冠のころは，いつも正義の熱心な欲求者・探究者

であったし，(37) このために私は多くの国 (kišwar) と海域 (zrēh wimand)[9] にも赴いた。(38) そして私は，この要約的なもろもろのことば——そこには正義の愛好者たちからの (私あての) 質問も (含めて) あり，またそれは先出の賢人たち・正しい権威者たちの書や覚え書きや，ことに故アードゥルバーディー・ヤーワンダーン (Ādurbād ī Yāwandān) の蒐集選択にかかるもの——(すなわち) この覚え書きに『断疑論 (Škend-gumānīg Wizār)』[10]の名をつけた，(39) というのは，それは新規の学生たちが疑いを解くために，善教 (ウェフデーン，ゾロアスター教) の正義と信憑性と，邪悪な論争者どもの頑迷 (handrag)・貧困 (škōh⟨īh⟩)[11] を知るうえにきわめて好適だからである。(40) そして私は賢人たちや熟達者たちのためにではなくして，勉学者たちの新しい用具となるために著作して編集したのであって，(41) 多くの者たちが先師たちのことばである善教の不思議と信憑性とについて，いっそう無疑となるためである。(42) 私がすぐれた賢人たちに要請したいのは，(43) 注目しようと思う者は特殊なデーン[12]を述べたり編集したりする者にではなくて，先出せる賢人たちの偉大と正義と信憑性と際限を守る言説とに注目されたい，ということである，(44) それというのも，撰述者である私は教授者の立場でなしに，学習者のそれをとるものだからである。(45) また私には，デーン学 (dēn-dānāgīh)[13] からのことばを，施与心をもって新規の学生たちに頒つことが (⁺baxšīdan<baxt ud) 有意義に思われる，(46) というのは，自分の有している (|ī-š |ast) わずかな知識から (でも，それを受けるに値する) 相応者たちに頒つ者は，多く知っておりながら，相応者たちが彼から無益・無援しか受けないような者よりも，いっそう容認され得るからである。(47・48) そのさまは彼ら先出の賢人たちが，施与の三種とは心的・語的・行的と定義しているがごとくである。(49) 心的施与 (心施) とは自身と同質のものたち——どんな人であれ——のために，自身のためにするように，善事 (幸い)[14] を要請することである。(50) 語による施与 (言施) とは自身のもとに得ている一切の正しい知識と情報を相応者たちに教える者 (のこと) で，(51・52) それは一賢人が「私はあらゆる有益な情報を知って友人たちに教え，そして得るべき果実を

得ることを望んでいる」と，こういっていることのごときである。(53) 行による施与（身施）とは自身のもとに得ている善事がどんなものであれ，相応者たちにとっても善事である者（のこと）である。

(54) 次は，霊魂の救われる身となること（bōxt-ruwānīh）を善き人々が憶持（銘記）することで，(55) この故に私は，賢人たちが（彼ら）自身の善意をもって，慈眼で私に注目されながら，(自らは) 永霊者となられることを憶持されるように（と），（本書を）編成したのである，(56) 何となれば，「善き一切庶類に慈眼で注目するもの——彼の眼は太陽の眼である」といっているからで，(57) それというのも，太陽こそ一切庶類に対する，慈眼をもってする注目者にして照明者だからである。

第2章

(1) 第一の章。(2) スパーハーン（イスファハーン）の常勝者（同信者）ミフルアヤーリー・マーフマーダーン（Mihr-ayār ī Māhmādān）が，おろかな求めではなくて，善良な心念で質問してきた若干の質問に対する答。(3)「アフレマンは何の故に光明に加害するのか，また，彼は（光明とは）同質でないのに，（そしてまた）我らは同質でないものはみな異質のものから，あたかも水が火から（そうする）ように，身を守るということを見ているのに，（加害が）おこったことは，どのようにして可能なのか」と質問したこと（についてであるが），(4) 答はこれである：アフレマンの光明に対するその加害は，それ自体が原因たる異質性（そのもの）であって(5) 彼の実質の中につねに存在していた加撃欲のために，異質なものへの加撃者となるのである。(6) 被害・加害はどんな具合におこっても，異質性と異質のものどもを抜きにしてはおこらないのである。(7) 何となれば，同質のものどもには相互間に協意性と協調性があり，加害も被害もないからである。(8) また，異質のものどもは対抗者的実質のために，どのような具合に出会うとも，相互に加撃者・加害者となる（が），(9) 同質のものどもは，協調性と同質性のために，相会するときは，生きつづけるものとなり，活動しつづけるものとなり，そし

て互助するものとなるのである。(10) 同質のものどもの混乱と違和は（その中に混合している）異質のものども（相互）の不和（ということ）で，(11) あたかも，対抗者的実質のために，つねに実質上から，相互に加撃し，加害し，抗争し，混乱させる温熱（と）寒冷のごとくである，(12・13) というのは，すべての混乱は寒冷と乾燥と温熱と湿潤という元素の相互的加撃と加害と対抗より（生じる）からで，(14) それというのも，(誰もの）身体の混乱は温熱と寒冷，乾燥と湿潤の不断の抗争より（生じる）からである。(15) これらのものの相互的抗争から，(誰もの）身体は混乱状態となり活動できなくなるのである。(16) 水と火は，自体の実質からすれば，加害性は一つもみられない，(17) しかし，寒冷という対敵が水の湿潤に混合し，火の温熱の対抗者（となり），(18) また，対敵たる乾燥が火の温熱に混合し，対抗者として水の湿潤への加害者（となるのである）。

第3章

(2) また，「創造主オフルマズドは，有能な行為者であるのに，何故アフレマンを，悪をなしかつ悪を欲することから抑止しないのか。(3) 彼は有能な行為者でないと私がいえば，すなわち彼は完全者でなく，無力者でさえあるのですよ」といって (1) 質問したこと（についてであるが），(4) 答はこれである：(5) アフレマンの悪い行為は，ドルズとしての彼に常在する悪しき実質と悪しき意欲から生じるのである。(6) 創造主オフルマズドの全能性は，すべてが起こり得るということ（可能態）に即しているそれで，限界がある。(7) 起こり得ないものには，できる・できない（の語）は適用されない。(8) （これを）いう者は，ことばの領域を識る者ではない，(9) というのは，（人にして）「それは起こり得ない」といっておき，ついで「神はそれができる」といえば，その者は起こり得ないという領域から拉し去られたことになるからで，(10) それというのも，それでは起こり得ないということはなくなって，起こり得るということになるからである。(11) 彼（オフルマズド）が能力があり（ながら）限界があるように，また彼の（ˈu-š）意欲（御意）も同様

12. 『断疑論』

である, (12) 何となれば, 彼は叡知者だからであり, (13) 叡知者の意欲はみな, 起こり得るものに（のみ移りゆき）, (14) そして彼の意欲は起こり得ないものには移りゆかないからである, (15) というのは, 彼は起こり得べきものはすべて欲し給うからである。(16) もし私が, 創造主オフルマズドはアフレマンをその不断の実質たる極悪性から抑止することができるというならば, (17) 魔的実質は神的（実質）に近づき, それは神的（実質）を魔的（実質）に変え得るということであり, (18) また暗黒を光明に, また光明を暗黒になし得るということである。(19) 実質を識らないものどもは実質は（その）自性において変化するというが, (20) その彼らは実質を行為の特質の中に見きわめることを識らず, (21) また狼, クラフスタル（有害生物）を善きものと考えるものどもである。(22)（しかし）人間と益畜から生じる不祥と悪は（彼ら）自身の実質と関連するものではなくして, ドルズ（アフレマン）の破壊・惑わし・しめつけ・迷わしから生じるように, (23) 人間に混じた怨念と忿怒と貪欲[16]のごとき, 他の（諸）ドルズの同じ極悪性から生じるのである。(24) 毒の混じた苦い薬を服用するのは善いものを惑わすことではなくして, 実質外のものから来る痛みや病気を除去するためであるように, (25・26)（そしてまた）（両者が）一体となっていて, いつわりの語一つによって正信（天則）の人が多くの不祥から救われ, また正しい（語）によって（人が）罪に陥るときの, 正しい語といつわりの語のように, (27) かの善きものは, ほとんど, いつわりの語（そのもの）からではなくて, 極悪のものどもに混じている加撃性と極悪性を除去することから生じ, (28) かの不祥なるものも正語からでなくて, 極悪のものどもに混じている極悪性から生じるのである。

(31) 光明が暗黒を, 芳香が悪臭を, 善行が罪業を, 善い知識が悪知識を（排除し得る）ように, (29) 対抗者同士はおのおのが対立者を排除するように本性づけられていることからしても, (30) どの一つもおのが対抗者（だけ）は排除することができる。(32) 光明は悪臭を排除することはできず, また芳香も暗黒を（そうすることはでき）ないが, (33) しかし, それぞれおのが対抗者を排除するように本性づけられているのである。(34・35)「暗い夜間に正

信の人が獅子や狼や犬や盗賊どもからまぬがれ，明るい昼間に彼らの手に虜となる」と（世人の）いっていること（について）も，(36) それを暗黒から生じる善きこととしたり，光明から生じる不祥としたりすべきではない，(37) というのは，光明は暗黒を除去するために創造されたもので，獅子，狼および諸クラフスタル，（ならびに）その他この種に属する多くのものを排除するためではないからである。

(38・39) 長くなるので（私は）要約するように考案した。あなたがた勝利者（同信者）たちよ，善事とは，あなたがたがデーンを多く獲得（学習）することと，このように識ることです。

第4章

(2・3) また，「すべての物は穹窿と星辰から由来していることを私は見ており，またこの穹窿は誰が創造したか（といえば），すなわちそのものこそ（妄）信者ども（イスラーム教徒）が『善も悪も彼が創造した』といっているところのものであるのに，(4) もしアフレマンがこの不可思議物の働きを創造したのなら，彼はどのようにして創造することができたのか，(5)（また）何のためなのか——善事（幸福）という助けが頒与されている，そのもとたる星（辰）が（すでに）存在しているのに——。(6) もしオフルマズドとアフレマンが談合して創造したのなら，それでは，オフルマズドは，穹窿から由来している罪と悪に関して，アフレマンと同罪同坐になると，こう明らかになる」といって (1) 質問したこと（についてであるが），(7) 答はこれである：(8) 穹窿は善事の頒与者たるもろもろの神（bay。「頒与者」）の場で，その彼らからすべての善事の頒与が正しく頒与されており（hamē baxš⟨īh⟩ēnd），(9) また彼らの下をうろつく七（遊）星，もろもろのカルブ（星）ならびにもろもろのパリーグ（星）は反頒与者たる窃盗者で，(10) 彼らの聖典名は盗賊という。(11) 創造主オフルマズドによる，これらの庶類・被造物の巧妙な叡知による配置と建直しへの結びつけは，(12) ガナーグ・メーノーグ（アフレマン）が蓋天の内部に封じ込められたごとくで，このドルズは

おろかにも虚偽的ないつわりをもって，暗黒の一族たる多種の邪悪なる諸ドルズとともに光明に突進し，（それに）混合し（ていっ）た「わしはオフルマズドのこの庶類・被造物を無くしてやる，それともわが有にすることもできるぞ」と。(13) 諸善者中の至高者たる，かの諸光明者（諸善星）は，全知の故に，このドルズの愚行と虚偽的いつわりに気づいていた，(14)（それは）まさにこういうことである：この愚行・加害行為の出所たる，この彼の力は，限界があるから，（いずれは）彼から去りゆく (15) ので，以後は，縄縺(じょうせつ)と痛苦，蓋天の内部への封じ込めとの（もたらす）全面的摩滅から（元の状態に）立ちもどるための力は，彼にはまったくなくなるのである。

(16) 彼（オフルマズド）の叡知ぶりは，かのドルズが彼の諸光明者に突進して封じ込められたごときで，そのとき彼（アフレマン）のすべての諸力・諸用具——然り，彼ら多種の邪悪なドルズどもをおのおの，おのが所望を実行するままに放置しないために，一部（のドルズ）は諸光明者のゲーティーグ相に混合して，(17) オフルマズド的四元素（水・火・地・風）がまとうて保持しているクラフスタル的なドルズ毒（魔毒）のように（なったのである）。(18) 何となれば，もしクラフスタルどものこのドルズ毒がオフルマズドの具象造出的四元素——それは水と火と地と風である——に封じ込められていなければ，メーノーグ的蓋天にまで行っているも同然だからであり，(19・20) もしそれらがメーノーグ相や無形体相に及んだならば，かのオフルマズドの庶類は彼らの魔毒からまぬがれ，逃れることは，捕捉されていて (andar grawih)，不可能だったろうからであり，またもしこのように混合したならば，人間その他の庶類の組成・出生・成長・増殖は不可能だろうからである。

(21) 同じくこのように，かの諸遊星も，諸光明者のゲーティーグ相の中にあるクラフスタルどものドルズ毒のように，光明をまとうて保持しており，(22) ——この故にこそ，その他の諸野獣・諸クラフスタルのなかにも，毒を消す蛇の種類（のいること）から，多くの利益物の存在していることが明らかとなる——，(23) 同じくこのように，諸光明者の光芒の下(した)で諸遊星が（それと）相混合したために，善事が彼ら（遊星）から現われるのである。(24) 諸

遊星が頒与している彼らのこの善事（なるもの）の類例は，(25) あたかもカーラワーン（キャラバン）の商人どもの中（に割り込ん）で行路を分断する盗賊・追剝どもが，(26) 大事な物をたくさん奪い取りながら，(27) 本務を果たす相応者たちにではなくて，造罪者・本務を果たさない者・遊女・淫婦といった不相応者どもに分けて与えるようなものである。

(28) こういうことも（いおう）：占星術者たちがかの諸遊星のなかから算出していっているこの造善性（なるもの）は，この理による：(29) 善事を頒与するもろもろの神（§8参照）の相状と，かのオフルマズド的五星——それは定位にある至高の巨魁（北極星），マズダー所造のハフトーリング（Haftōring。大熊座），ワナンド（Wanand。ヴェガ），サドウェース（Sadwēs。？フォーマルハウト），ティシュタル星（Tištar。シリウス）である——のそれ（相状）とを，不祥の頒与者たる盗賊ども（§10参照）の中で彼ら（占星術者）が区別していないからであり，(30) また，星の形態をもってそれらの下をうろつき，かの光明をまとうて保持している五遊星——それは土星と木星と火星と金星と水星である——のそれ（相状）を（区別していないからである）。(31) 至高の巨魁は (32) 土星に対抗し，(33) マズダー所造のハフトーリングは火星に対抗し，(34) クラフスタルの打倒者ワナンドは木星に対抗し，(35) サドウェース星は金星に対抗し，(36) ティシュタル星は遊星的水星に対抗するように，(37) かの盗賊どもから（出る）と（世人が）いっている善事（なるもの）は，かのオフルマズド的五星から（出ているもの）で，(38)（そのことはこの五星が）力においてまさり（かつ）加害のきわめて少ない勝利を獲得しているがごとくである。

(39) また，これらの五遊星を，創造主オフルマズドは，おのが意のままに（運行するの）を許さないために，各（星）を二本の紐帯で太陽と月に結びつけており，(40) そしてそれら（五遊星）の前進も反転もこの理によるのである：(41) 土星と木星のように比較的長い長さのそれ（紐帯）をもつものもあり，(42) また，あるものは水星と金星のように比較的短いのである。(43) 各（遊星）が紐帯の末端に来ると，後方へ引きもどし，(44) そして彼らがおのが

12. 『断疑論』

意のままに運行することを許さない，(45) これは，彼らが庶類を破壊することのないためである。(46) また，太陽と月との遊星的対抗者である，きわめて強力なかのニドルズが二光明者（太陽と月）の光芒の下を動いており，(47) そのほか，盗賊星であり，ムーシュ・パリーグ (Mūš Parīg。パリーグ彗星) とよばれるものも同じように太陽の光芒の下に結びつけられていて，(48・49) 紐帯から遠ざかると，太陽による，引き戻しの再完全捕捉が行われるまで，交会する星座において，その星座が主管する方位に，禍害と不祥をはたらくのである。(50) これについて唱えられている説は，(51) これは星辰天における上層者どもの戦いであり，(52) これらの下にはティシュタルとスペンザガル (Spenzagar) 魔との戦い，(53) またワーズィシュト (Wāzišt) 火とアボーシュ (Abōš) 魔，(54) その他のよきメーノーグ者たちの暗黒者どもとの（戦いが）庶類どもへの催雨と利益頒与のため（にあり），(55) （さらに）これらの下で人間および益畜と，クラフスタルと蛇と（の戦い）やその他の善悪庶類間（のそれがある）(57) ——何となれば，貪婪と貪欲と怨念と忿怒と惰眠 (58) ならびに知慧と禀性と敢為と認知と覚知と記憶という (56) 特質が人間と混合していることは，(59) 善行と罪との因である善き禀性と悪しき禀性とが（人間について）語られているがごとくだからである——（というのである）。

(60) 庶類のこれらすべての善事（幸福）はほとんど創造主から（出ており），(61) その彼はご自身，おのがものども・庶類どもの医師にして保健主，庇護者・護持者にして保育者，また守護者・救出者であり，(62) また彼はおのがものども・庶類どもに，不祥から（身を）救う手段と罪悪からまぬがれる方策を完全に授けられかつ教えられた。

(63) そして彼の類例はあたかも，木々の果実を荒らしておのが苑林に有害で打撃的な野獣や鳥を退治しようと思っている，怜悧な苑林主や庭園番のようなものであって，(64・65) この怜悧な苑林番は自分のわずかな苦心で，かの有害な野獣をおのが苑林から駆除するために，かの野獣を捕え得るための，ワナや網や，鳥を餌にみせた仕掛けを設置する (66) ——これは野獣が餌を見て，

343

彼がワナや網に気づかないままで苦心しながらそれに取りつこうとして，その中に捕捉されるためである——のである。(67) ここで知悉のことは，野獣が網にかかるのは網の勝利でなくて，網の設置者のそれだということで，(68) それによって野獣が網の中に捕捉されるのである。(69) 網の設置者たる苑林主人は知識によって，その野獣の力がどの限界まで，そしてどれほどの時間の間（もつ）かを知っている，(70) （すなわち）その野獣が網を破りまたワナをちぎり，荒らし，もがくことができるだけの，彼の体内にある力と精力が，もがくことによって，力を失い失せていくことを（知っている）。(71) そして力不足となるために彼のもがく力が去りゆき無力となるとき，すなわちその怜悧な苑林番は自分の望みどおりに且つ自分の究極の結果を得て，実質を傷つけ($^+$xast-gōhrīhā) 力を無能にさせて，怜悧にその野獣を網からほうり出し，(72) 自分の網とワナを，再び設置するために，無傷のままで倉にしまい込むのである。

(73) この者に似ているのは創造主オフルマズドで，そは諸被造物の救出者にして庶類の設置者[19]，また悪根源者の奪力者にして，おのが苑林の破壊者からの防衛者。(74) 苑林を荒らす害獣とは諸庶類の迫害者・敵対者たる，呪うべきアフレマン。(75・76) よき網とは，その中によき庶類どもが止住しており，その中にガナーグ・メーノーグ（アフレマン）と（彼の）被造物どもがみな捕捉されている蓋天（のこと）。(77) また（害獣を）おのが意のままな行動から無力にする，害獣（用）のかのワナと網は，(78・79) アフレマンと彼の諸力・諸用具がもがく間の時間，ワナや網の中で野獣のもがく間に彼の力が無力となる，その長[20]（時支配の時間のこと）。(80) 諸庶類の唯一の創造者——その彼による仇敵からの救出，永遠なる安楽境の樹立は，かの怜悧な苑林主による，あの網とワナとの再設置（abāz-$^+$ārāstan）（にあたる）。

(81) その他，かのドルズが諸光明者と闘争している間に彼の力が減退して牽引力もなくなることは，このことからも明らかである，(82) すなわち($^+$ˈkū<ˈka) 彼が虚偽的ないつわりをもって「わしはこの蓋天と地とオフルマズドの庶類を無くしてやる，それとも（彼らを彼ら）自身の実質から変え，わ

が有にするぞ」と考えるやいなや（čiyōn-⁺iš），(83) すなわち彼のドルズ力と破壊欲と不断の闘争をもってしても（abāg ⟨-iz⟩），諸魔の闘争は（恣意的行動）可能の範域を一つも有していない，ということである。この大地と蓋天とこの庶類が（84）少数から多数へと繁殖していることは明らかなとおりで，(85) 大衆もそれを信じている，(86) というのは，もしこの（ドルズの）闘争に一つの勝利でも万が一（⁺pargast）あったならば，少数から（ふえて）多数に達することは不可能だったろうからで，(87) たといゲーティーグ界の出生者ども——万が一（⁺pargast）彼（ら）に死の到来が顕われても，それでもその死は存在物の完全な無力化ではなくして（一つの）場から（他の）場への，（一つの）働き（kār）から（他の）働きへの移動であることが見られるからである。(88) それというのも，すべての庶類の成立は四元素（水・火・地・風）からで，彼らのゲーティーグ的身体は（死して）再び四元素に混じることが眼前に明らかなように，(89) 身体を統括するメーノーグ的なもろもろのものも，生霊（gyān）は諸器官とともに霊魂（ruwān）に混じ，²¹(90)（同）一本性の故にそれら（メーノーグ的なもろもろのもの）は混乱することもなく，(91) そして霊魂はおのが行為の清算をうけるからである。(92) そしてそれ（霊魂）の善行と罪悪が寄託されている両財官はかしこに，（善悪量比較の）競合者としてやって来る，(93) そして善行の財官——彼の力のほうが大きいときは（¹ka……meh ōz ¹ī-š），その優位によって相手の手から安楽位（meh-gāhīh「広い場」）と諸光明者とのもとへ救い出され（bōz⟨īh⟩ēd），²²（それと）同じ快楽を集め（ham ¹xwašīh harrōbēd），(94) そして永遠の安楽生活をもって助けられるし，(95) また罪悪の財官——彼の力のほうが大きいときは（¹ka……meh ōz ¹ī-š），その優位によって介添え人の手から引き（はなされ），(96) 囲みと祓浄との場や与痛の治療所²³に引きわたされるが，(97) そこでも，彼がゲーティーグ界でなした，彼のかのわずかな善行も無力化することはない，(98) というのは，この理による，（すなわち）囲いと祓浄と罰は彼の罪の範囲（量計）に不当なものではないからで，(99) それというのも，彼には懲罰からの庇護者があって，(100) 最後には，庶類の慈愛者たる善意の創造主は，よい

345

庶類をたれひとりとして敵の手に捕われのままに放置し給うことはないからである。(101) そして天則者（正信者）どもとともに，造罪者どもをも，罪を分離してやることによって，祓浄者どもの手から救い，永遠の安楽生活に到らしめ給うのである (⁺¹rasēnēd＝YHM⟨TWN⟩ynyt)。

(102) 要約すればこういうことになる：創造主は庶類どもの医師にして保健主，また護持者にして保育者，また庇護者にして救出者であり，おのが庶類の与病者，（実質の）改変者，また懲罰者でもない。(103)²⁵また，二元論 (¹dō buništag winnārdarīh「二根源者を立てること」) の頑迷 (handrag) とともに無神論者 (nēst yazad gōwān「神の存在せぬことを説くものたち」) や一元論者 (ēkīh uskārān「一元性を思弁するものたち」，一神論者) （のこと）が，もっと明白に下に書いてある。(104) あなたがたが所望なされたとおりに取りまとめてあります。慈眼をもって注目していただきたい，(105) というのは，私〔ども〕が上に書いたように（1：44参照），私は教授者の立場でなしに，学習者のそれをとっているからです。(106) これらの諸宗教（のこと）をも (¹ēn-iz dēnīhā) 教えてくれるものは，知慧のデーンによって私がアードゥルバーディー・ヤーワンダーンの書から得てここに載せたところのものであるが，(107) また彼のもろもろの教えは，善教徒（ゾロアスター教徒）の守教 (pēšōbā-y)²⁶であった高識叡知のアードゥル＝ファルローバイー・ファルロクザーダーン (Ādur-Farrōbay ī Farrox-zādān) の『デーンカルドの書』の中で，デーン学すなわち『千章 (Hazār Darak)』を引いて解説されているのです。

(108) 無限と有限についてあなたがたが質問したことも，神々の御意を通して下に私は書くことにしました。

第5章

(1) そこで (¹ēg)（この）章は「神と彼の対立者との存在に関する無神論者の頑迷 (handrag)」。

(2) 神と彼の対立者との存在は，知慧によって受容さるべき認識と論理とから出る，際限（限度）をもつ言語にもとづくもの。(3) 要約すればこうい

うことになる：最高・第一・最不可欠なる認識とは神を識ることであると，知っていただきたい（ということ）。（4）この認識が諸認識の守教（4：107参照）となっていない，そういう者には，他のどんな認識も役にはたたない。（5）神を識ることは統一された覚知と灼熱する憶念と分別する知慧によって可能である。（6）何となれば，神を識るということは，それだけのことではなくて，神が存在すると知ることよりももっと多くのことだからである，（7）というのは，某が事物を存在するものとして知っていて，しかもそれの相状——（すなわち）こういうこと：その事物がよいかわるいか，よい知者か悪い知者か，霊薬（anōš「解毒剤」）か毒物か，寒冷で凍結したものか温暖かつ加熱的なものか，乾燥し干枯させるものか湿潤で潤すもの（mi⟨z⟩nāg）かということ——に無知のときは（⁺¦ka<¦kē），（8）〔そしてそれの相状に無知のときは〕すなわち彼には無益なことを知ることがあるのみだからで，（9）それというのも，いかなる事物への称讃や称揚も（それの）存在に関してではなくて，相状に関してなすべきだからである。

（10）こういうことも知っていただきたい：事物を知ることは三方法による：（11）[27]（すなわち）必然認知によるか，あるいは類推認知によるか，あるいは存在可能の要請による。（12）必然認知とは$1 \times 1 = 1$，$2 \times 2 = 4$のようなものである，（13・14）何となれば，必然の範囲内でも「$2 \times 2 = 5$または$= 3$といわれる，何らかの時間，または何らかの場（空間）があった（とか），あるであろう」とはいえないからである。

（15・16）類推認知とは事物の顕在から顕在していない事物を顕在させ，また眼前の事物から眼前にない事物を，手の上に置かれた類似物をもって，知慧の眼に接見させるところのもので，（17）完全相似，相似，部分相似より成る。（18）完全相似とはファールスの人が他州の人に（似て）いるようなものである。（19）また相似とはチーズが卵の白身に（似て）いるようなものである。（20）また部分相似とはチーズが石灰に（似て）いるようなものである，（21）というのは，これは，チーズは石灰に白色によってのみ似ている，というような相似せる（一）部分の範囲に属するからで，（22）卵の白身（のほう）は白

色と可食性もある（ので部分相似には属さない）。(23) また，相似せるもの（者・物）に対しより相似せるもの，また部分の相似せるものに対し部分のより相似せるもの，ととわれるものがありもする，(24)（だが）より完全に相似せるものについて述べられることはない，(25) なぜなら，完全なるものに対する，より完全なるものは存在しないからである。

　(26)[28]この種のことの繰り返しは，長くなるので，多くのことを放棄した。(27) 眼前の事物から眼前にないものを示すこととは，例えば，それの造作者や保持者が現前していない所造物や所持物から，(28) またそれの撰述者が顕在していない撰述物（書物）から，(29) その所造物の造作者，その所持物の保持者，その撰述物の撰述者の顕在してくる（paydāgīhēd，論証される）ことが不可避（必然）となるようなもの——(30) というのは，それは，顕在しまた眼前にある事物が顕在せず眼前にないそれを示した，ということだから——である。

　(31) 存在可能の要請の中における知識（āgāhīh）は信仰的なもので，(32)「私は一ライオンを殺したある人を見た」とか，あるいは「私はある人を（殺した）一ライオンを見た」という者のようなものである。(33) そして，これ（すなわち）存在可能の要請の中に入る領域は，いつわり（となる）可能性があり，(34) それ（知識）は，正義において名声ありまた真実性において証明済の人物がその知識を述べるときは，正義と実在との領域内に入り，(35) もし，虚偽において悪評ありまた非真実性において証明済の人物が述べるならば，虚偽と非実在の領域内に入るものとなる。

　(36) これよりほかの別種（のもの）は必然（認知）の領域内では存在したこともなく，（存在する）可能性もない。(37) 例えば，「世界を一箇の卵の内側の中に潜（ひそ）ませることができる」とか，(38・39) あるいは「一頭の象が針の一孔の中を，どちらか一方が大きくもならずまた小さくもならないというようなままで，通ることができる」とか，(40) あるいは「実質は始めのないもの」という者のようなものであり，(41) また有限でない闘争や，(42) 時間ももたず場（空間）ももたない存在物，(43) あるいは空間をもつが有限でない（存

12.『断疑論』

在物), (44) また空所をもたぬ (? ⁺abē-tuhīg) 振動や (45) その他, この種のことをいい・考えることは愚劣にして虚偽, かつ可能性がない。

(46) そのほか, 崇き (⁺afrāz) 神の存在は, 本性の触接 (と) それから (の) 論理 (¹eg ⁺gōwāgīh) (による) ほかに, 必然 (認知) と類推認知 (dān-išn⟨īh⟩) によって, (47) 知慧の眼の前に見えるものとなるので, あたかも言語以外の多種の事物から (成る) 世界と人間 (大宇宙と小宇宙) の部分合成性と所造性と被構成性とからそれら (両宇宙) の所造性が (明らかとなる) ようなもので, それら (両宇宙) の諸部分・諸器官は身体・生霊・諸元素——これでそれら (身体・生霊) は構成されている (¹kē aziš passāxt) ——のごときものからつくられているのであり (¹kē-šān bahrān abzārān aziš čiyōn……kard ¹ēstēnd), (48) それ (諸元素) は火・水・風・地であり, (49) それらはそれぞれおのが役割 (kār「はたらき」) を演じるように本性づけられ, また特性づけられているから, (50) 火はおのが本性と特性との役割とともにあるので, それは水・風・地の役割を演じることはできないし, (51) 同様にして水はおのが本性の役割とともにあるので, それには風・火・地の役割はなく, (52) 同様にして風には火・水・地の役割はなく, (53) 同様にして地はこれらのものの役割を演じることはできないで, (54) かの本性づけかつ構成しかつ特性づけ給う方(かた)から, 叡知をもって巧妙に (55) 特性づけられ本性づけられているとおりのおのが役割とともにあり, (56) その役割にかない適合するとおりに構成され組成され本性づけられ特性づけられたのである。

(57) そのようなものこそ人間およびその他の庶類で, その彼らはこれらの元素で元素所成となっており, (58・59) その彼らが骨と肉と脂肪と血管と皮膚と (いうふうに) 相互別々に構成されていることは隠れもなく, ともどもに眼前にある。(60—62) このようなものこそ, 肝・脾・肺・腎・胆嚢およびその他の諸器官のような内臓に同伴する特性と本性で, それらのうちの一つ一つにも一つの役割 (のあること) がみえており, それら (諸臓器) に分担が, それらのもつ (それぞれの) 本務 (xwēškār⟨īh⟩) をもって本性づけられ特性づけられているのである。[29]

(63)（また）このようなものこそ，眼・耳・鼻・舌・口・歯・手・足（および）その他の外的諸器官で，それらには，それぞれの本務の本性づけがあって(64)次の点において眼前にあって明らかである（すなわち）：これら諸肢中の一つ（甲）が機能しなくなり，別のもの（乙）が本性づけられていない，その最初のほう（甲）の機能をもって（ˈpad kār ī ˈoy ī ˈfradom (<ˈdid)）（機能）し得ないとき，(65)また身体の諸肢の一つ（一つ）が構成されていること，すなわち，いかに不思議に叡知をもって構成されているかということに眼をとめるだけのときでも（それは眼前にあって明らかで），(66・67)（いかに不思議に叡知をもって構成されているかとは）例えば，睫毛（mizag）と眼瞼（tōf），白眼（spēdag）と卵形部（xāyag。？鞏膜内部），涙液（sahīg ˈāb「潤滑液」）と瞳孔（tīdag）のごとき，名も異なり機能（役割）も異なる多種類から眼が（構成されているが）ごとくで，(68)そのさまは白眼は脂肪（質）であり，(69)脂肪管における涙液（sahīg‹ˈāb›）は一方から他方への眼の動きがそれによって行われるように貯溜しており（ˈēstādag），(70)瞳孔は自体が視認器官（wēnāgīh）であり，水中にある視認器官のごときもの，(71)涙液（sahīg‹ˈāb›）は白眼の管に貯溜し，脂肪管中における液の貯溜のごときもの，(72)また涙液（sahīg‹ˈāb›）の中における瞳孔は透明な水中にあるものの(もつ)視認器官，(73)透明なものの中に所在する視覚体（dīdan kālpod）のごときもの，(74—76)またしろめに眼窩がついているのは（spēdag〔ī〕gabr-gāh winnāristan），空中からの土塊が眼に付着するとき，そのために包み込まれず（にすみ），眼の動きにつれて動き，そして眼の視力を損じないように，との意味をもっているがごときである。(77—79)このようなものは，例えば耳管（外聴道）が屈曲してできているのは土塊や飛翔するクラフスタル（害虫）がまっすぐにそれを通って中に入らず，また耳の湿気や分泌物ならびに諸クラフスタルの毒がおのずと（中に入らない）ようにとの意味をもっているがごときである。

(80・81)こういうことは，生命を有するものどもの情報手たる嗅覚と聴覚と視覚と味覚と触覚のような，生霊と霊魂との諸力（「諸器官」）に注目される

（受動）ときは，明らかとなる。（82）同じくこのようなのが，万有のラド（har rad）と説明されている，分別する知慧(xrad³²)と（83）把握する認知と（84）要求し伝達する記憶と（85）財官であり保管をする覚知と（86）それ自体，霊魂の眼（wēnāgīh）たる意識（bōy）と（87）身体を具えそれ自体本性たる精霊（⁺fraward<frawaš）と（88）清浄なる生気（axw）（89）および身体を具える，その他の諸メーノーグ者であり，これらには，これらが本性づけられているとおりのありかたで（ᶦpad ᶦān ēwēnag ⟨čiyōn⟩ čihrēnīd ᶦēstēnd），それぞれ役割（機能）と本務があり，（90）特性づけられ本性づけられているとおりの本務においては本務者として完全である（が），（91）本性づけられていないそれ（本務）においては（機能し）得ないのである。

（92）また，高識叡知の〈アードゥル＝ファルローバイ〉（4：107参照）がデーン学から解説したとおりの，『デーンカルドの書』の中にある一つ一つを繰り返すこと（dōgān jud jud）は，ここでは，長くなるので，放棄した。（93・94）（人にして）マーズデースン者のデーン（ゾロアスター教）と先師たちの言説との不思議をかの類似の書によって知るために³³，それに注目することを望むものは³⁴，（95）至高のデーンの不思議と正義とを知られんことを！

第6章

（1・2）また他に，世人がダハリー（Daharī）³⁵とよんでいる彼ら無神論者の迷わしがあり，（3）その彼らは善行をなすための教規や労苦から逸脱しており，（4）また際限（限度）をもたぬ駄弁を多く吐いているものども。（5）注目されたいのはこのこと，（6）すなわち，この世界を，その肢分たる諸力の多種の変化と集合や，（諸力の）相互的敵対や，（諸力の）相互的混合が（そこには）あるのに，無限時間にわたる根源者をもつもの（akanārag-zamān-bun-ištag）と彼らは考えている，ということ。（7）またこういうことも：善行の報償もなくまた罪の罰もなく，また最勝界（天国）も悪界（地獄）もなく，また善行と罪悪との励起者もない。（8）またこういうことも：ゲーティーグ的事物のみが存在し，メーノーグ的なるものは存在しない。

（10）造作者なしの所造物や選出者なしの被選物は，撰述者なしの撰述物（書物），建築家や大工なしの普請（「家を建てること」）のように，ともにあり得ないと，（9）私が上に書いて載せたように，（11）造られた物はみな造り手なしにはあり得ないのである。（12・13）また，このゲーティーグ界が，異なる本性・異なる色彩・異なる香り・異なる休徴しるし・異なる種類の多くの財貨（物，事物）が（そこに）ありながら，対立する諸力の混合で合成され・選び出され・造られていることも，私が上で（5：57以下）身体について（次のように）述べたごとくである：（14）それは骨と脂肪と肉と血管と皮膚と血液と呼吸と胆汁と粘液（balgam）と手と足と頭と腹と，その他もろもろの体内および体外的肢分のごとき多くのもので構成され・造られている，と。（15）異なる本性・異なる力の多種の事物が（その）中で動いている（⁺dawistan＜dustūn「二本柱」）から所造物は，永遠的でないとか，（16）あるいは造作者なしだ，とかは（いずれも）あり得ないことが確実となる。

（17）また同様なのが他の庶類たる植物・樹木および水（と）火と地と風であって，それらには，それ自体，おのが役割に属するものでない励起作用があるものの，それら（自身）は励起者ではなくして，（18）それらには（他に）励起者と形成者（「建築家，大工」）と造り手があり，（19）また，それらを励起から励起へ，発言から発言へ，機会から機会へ変化させ励起する原動力（wāzār「ワーザール」）は，造られたものどもの意欲や要請に従うものではなくて，励起者と造り手のそれに従うものである。（20）同じくこのようなものが年・月・日・時間の推移，穹窿と恒星と配置され駿馬を御して運行し本性によって回転する太陽と月との，（吉凶を示す）徴候的回転である。（21）これ（らのこと）こそ，もろもろの本性的振動がそれ（ら）の本性的振動を本性づけた一起振者から出ていることを示すものである。

（22）ゲーティーグ界の中にある，他の異相性や組織の相違性から，（23）（かつまた）時期・時期，時代・時代をもつゲーティーグ界（そのもの）から知り得ることは，このゲーティーグ界は無励起者（的）でないということ，（24）あるいは，それの励起者は叡知者にして有理に行動し無限の力があって蓋

12.『断疑論』

天の作り手なる神（のみ）ではないということ——世界の成長と老化と死が，人間と益畜も，そして諸植物（⁺urwarān＜čihrān「諸本性」）と樹木もともに若年から老年へ，老年から死に至ることが本性的であるのと同じように，眼前にあり，(25) 老年から若年へ，死から生に戻った人などひとりも見られないし，また（そのように）いうこともできないときにとっては，だ（⁺ō-iz ī ka)³⁶——である。

(27) 善行の報償もなくまた罪の罰もないと，(26) こういうことを思い，言い，信ずべきでもなく，(28) 一切庶類の本性の到達せざるを得ないものは創造主兼破壊者たるものによる摩滅（であるなどと思い言い信ずべき）でもない。(29) こういうことも：悪名ある邪悪の安逸よりも貧窮を尊ぶ《《(それを)より愛好する》》ものたち³⁷ (30)——その彼（ら）に世人は善事をしてやり，そして奉仕をするし，(31) また（彼らに加えられる）暴虐³⁸を見るときは，不満を訴えるものとなり，(32) このことからも，メーノーグ者たちのメーノーグ性（メーノーグ力）をはなれての（bē az）賦与（命運）や施与（恩施）（baxt ud dāšn）はあり得ない（ことがわかる）のである。(33・34) 同じくこのようなことが，どんな圧迫や困苦に在っても恩典の希求・希望の保持・より高きものへの嘱目という，どんな飢餓者でも有している本性を通して，もろもろの野獣やもろもろの禽鳥やもろもろの四足獣の飢えにでなく，人間どもの飢えに表われているのである。

(35) ソフィステス的なものとしてのこのようなことをも世人はいっている：(36)「もろもろの物には一つとして頼り甲斐がない，(39) 何となれば，みな苦いからである，(38) それというのも，蜜は苦いという者と蜜は甘いと（いう者）とは，双方とも正しい (39)——というのは，中毒者たち（wiš-abzūdān）には苦く，その他のものどもには甘いから，——とか，(40) またパンが美味でまたパンは不味とは，双方とも正しい (41)——というのは，飢餓者たちには美味，満腹者どもには不味だから——，とか，(42) その他，この種のものが多い，からである」と。(43) そこで，彼らの駄弁への返辞として，こういえるであろう：要するに，(45)「万物の苦さについての，汝

らソフィステスらのこの言も、同じように苦くてそれには真実がない」、(44)とかの賢人たちがいったとおりで、(46)彼ら（ソフィステスら）のいっているその他のことにも多くの頑迷がある、ということ。(47・48)そして私どもにはこういうこと（意図）があるのです：あなたがたがデーンから多くのものを獲得されるために、あなたがた勝利者たちが識者となられるようにと、（ここに）載せることにしたということです。

第7章

(1) その他は（私が）上に示したように異なる実質の対立者が存在していることについてで、(2) もろもろの事物が、合一されて明らかな必然の手の上におかれている諸部片から、叡知をもって構成されていることとともに本性づけられ特性づけられていることから明らかになるのは、それ（らの事物）の造作者・構成者・合一者・本性づける者が叡知者であること、(3) そして（諸事物が）それぞれ（の部片）から各自の役割をもって叡知をもって構成されていることは明らかに、彼による本性づけ特性づけであること、(4) また、彼の叡知ある行動は理由があり原因があるものたることを示している(5)——というのは、叡知者たちにあっては、行動はみな理由があり原因があるものたるべきだからである——こと（などである）。(6) さきに行動の理由と原因が生じ、あとに行動がある。(7) 彼（創造主）の行動の多種性から、彼の行動が意欲的かつ必需的であることが明らかとなる、(8—10) 何となれば、行動は二つの作因、（すなわち）あるいは彼の意欲（御意）が多様という、（その）意欲の性質か、あるいは本性づけられているとおりの一種類の（本性という、その）本性の性質か、から出るからである。(11) 創造主の多種の活動から、彼の活動の意欲的かつ必需的だということが明らかになる。(12) また、彼の意欲は、領域の異なる（彼自身以外のものから来る）必需より生じる、(13) というのは、彼の意欲は根源者の力として必需的だからである。(14) 行動の理由と原因は必需に先行する、(15) というのは、行動必需の理由が到来するまでは必需は生じないし、(16) 行動の理由は、その行動必需が推し進めら

れ（て成っ）た原因から生じるからである。(17) 必需するとは，原因となる物が意欲することである。(18) そして，物が必需することの原因は，（物の）自性からひき起こされるものではない，(19) というのは，外界（bē）から到来するものが原因となるからであり，(20・21) この故に，叡知者（創造主）の有理の行動は，理由は原因から，また原因は圧迫から，また圧迫は外界から，また外界は破壊者から，そして破壊者は無言の対抗者から来ることを示すものである。

(22) そして私はこの章で，必然認知と類推（認知）によって，世界とそのもろもろの片片・もろもろの器官との造作されたものなること（所造性）と本性づけられたものなること（被本性性）を示した。(23・24) 世界の所造性と被本性性とから，造作者にして本性賦与者（たるもの）と，叡知者なる創造主の有理の行動による所造性とが明らかとなり，(25) 有利の行動による所造性から，外界からの破壊者の存在していることが明らかとなるのです。

第8章

(1) 次は根源者を異にする対立者の存在についてで，こういうことである：(2・3) 世界における善と悪，そして特に，おのが領域をもつ（支配する領域の限定されている）よき造物主（オフルマズド）から明らかになるのは (4) このようなこと，例えば暗黒と光明，(5) 善知と無知，(6) また芳香と悪臭，(7) また生と死，(8) 病気と健全，(9) 法と不法，(10) また暴虐と自由，(11) その他のもろもろの対立的造作者にして，それらの確実な存在があらゆる邦国やあらゆる時代に見受けられるもののごときであり，(12・13) それとともに，これらの名やことに善と悪とが曾存したことなく，また現存もしていないような，どんな邦国も得られず，またどんな時代もあったことがなく，あることもないだろう，とか，(14) またどんな所や時でも「善と悪が，自性の変化することによって，自身の相状から生じてくる（善が変じて悪となる，など）」とは言い得ないであろう，というようなものである。(15) 同じくこのようなのが，その他の諸対立者で，それらの相違（といっても，それ）は

〈実質を異にするのでは〉なく〈て〉(nē 〈jud-gōhrīh bē〉),役割を異にし,また種類を異にし,本性を異にするものであること,(16・17)男女,もろもろの味,もろもろの匂い,もろもろの形状(または色)および「太陽・月・星辰」——それらの相違(といっても,それ)は実質の異なるものではなくて,役割にむけて役割が要求するような具合に(ただ)役割が異なり,かつ本性づけが異なりかつ構成が異なる(だけの)もの——のようなものであって(abāg čiyōn),実質を同じくするものどもの,相互間の相違のようなものである。(18)善と悪,また光と暗,その他,実質を異にするもろもろのものでは,したがってそれらの相違は役割の異なるものではなくて,実質の異なるものであり,(19)それらが相互間にもつ非許容的本性や破壊性は明らかであり,(20)それとともに(abāg)善の(ある)ときはそこに悪のないことは疑いないし,(21)光が来たときは暗は除去されるのである。(22・23)同じくこのようなのがその他の諸対立者で,それらの相互に対する非許容性と破壊性は、ゲーティーグ界の諸事物がもつ相互的な対立的実質や破壊性が明らかなように,実質の異なる原因から来ているのである。

(24)ゲーティーグ界はメーノーグ界の果実であって,メーノーグ界はそれ(ゲーティーグ界)の根源である,(25)というのは,果実は根源(があること)によって得られるからであり,(26)同様だったのがあかしの提供者(資料)であることも,識者たちの間で明らかである。(27)ゲーティーグ界が果実でメーノーグ界が根源であることを示すものはこれ:(28)どんな可見かつ可捉の事物も未顕状態から顕在状態になることが明白で明らかだということ(⁺kū<ka)で,(29)(それは)例えばメーノーグ的すなわち不可見不可捉から可見(〔ī〕 wēnišnīg)可捉になることが知悉のことたる人間や他の庶類のようなものであり,(30)それとともに(abāg)例えば体軀・形体・長さ・幅といった(各自の)自身の所産や(31)身体という,人間や他の庶類の顕在面——それは(…… paydāgīh 〈ī〉)両親から出る子種の中では不顕在・不可見であった——では,(32)子種そのものが両親の臀部(陰部)で顕在かつ可見・可捉状態になったもの,というようなものである。(33)今や,可見可捉

なるこのゲーティーグ界は不可見不可捉なるメーノーグ界から創造されたものという不可避性（必然性）を知ることができるし，(34) 同様にして，可見可捉（なるゲーティーグ界）からメーノーグ界そのものの不可見不可捉性にゆきつく（būdan）ことは疑いない。

(35—37) 私どもがゲーティーグ界で相互間の（〔ud〕ēk ō did）対立的実質性と非許容性（〈a〉sāxtārīh, §85参照）と破壊性を見たとき，ゲーティーグ界の根源であり，ゲーティーグ界のもろもろの物（xīrān）を果実としてもつメーノーグ界の物（xīr）においても，同様であることは疑いない。(38) これが対立的実質から明らかになることである。

(39) そのほか私は，創造主の叡知者的活動の理由と原因を上で示したが，(40) その彼が庶類を創造したこと（dād）は対抗者の存在（〈ī〉astīh）を示すもの（〔ī〕nimūdār）である，(41) 何となれば，行動は意欲的かあるいは本性的という，二種の行動因から生じることが知悉のことだからである。(42) 意欲的なるもの（行動）は三種。(43)（うちの）二（種）は賢人たち・叡知者たちから（出るもの）で，(44) あるいは利益や善事（幸い）をおのが有にしようと欲するためか，(45) あるいは外界からの障害や不祥を除去・排除する（ための）もの。(46) また（もう）一つ（の意欲的行動）は蒙昧・無知なるものどもから出るもので，(47) 愚かであり理由のないものである。(48) 賢人たち・叡知者たちから（出るので）は，行動は無理由・無原因たるべきではなく，(49) 例えば，叡知者で全知で全能なる創造主が自性において完璧・完全で，外界から求める利益や豊饒を必要とせぬようなもので，(50) したがって知り得ることは，彼の諸行動のもろもろの理由・原因は一種類のもの，(51)（すなわち）外界から起こり得る対抗者と破壊者から彼のうける障害を除去・排除すること——これがそれ自体庶類創造の理由と原因である——だ，ということである。(52) こういうことも：叡知者たるかの創造主は善の意欲者であり，(53) また彼の意欲（御意）は一切善（hamāg-wehīh）であり，(54・55) また彼はおのが意欲が完全に行われるために庶類を創造したのであり，かの，善の意欲者たる叡知者（オフルマズド）の欲し給うは悪を滅ぼし無くすること

にある，(56) 何となれば，悪が滅ぼされない間は，かの善の意欲者は意欲の完遂者ではないからである。(57)（また）こういうこと（も）：叡知者たるかの創造主の善性は，創造者たることと育成者たることと不祥除去という，行路の庇護者たること（pānāgīh ⟨ī⟩ rāh）と，造罪からの防衛の方法を命じ教えることとから明らかであり，(58―60) 外方からの，（あるいは）また身体が原因での痛苦や病気に対する身体の諸本性や諸力が，身体に到来する対抗者を除去・排除すること，（また）デーンのフラワルド（⁺fraward＜frawaš。「精霊(しょうりょう)」）とよばれている本性的同労者の保持し育成する力をもって諸動物・諸植物を保持しかつ成熟させかつ繁殖させることからも，(61) また，かの推進する四つの力――それは引き寄せる力（と）捕捉する（力と）消化する（力と）排泄する（力）であり，(62) またそれは万有創造主の叡知から，愚行者で不祥を意欲する対抗者からの種々の痛苦と病気を排除するために，中庸の（過不足なき）力をもって同労するものである――や，(63) その他，合力し互助するもろもろ（の力）によって，創造主が善を意欲することが明らかとなるのである。

(64)（また）こういうことも：身体を損壊するもの（魔）の――身体を保持し育成する，善の意欲者たる創造主（の）でない――この痛苦と死の (65) 証明はこのことからも（出てくる）：すなわち，叡知者たる創造主は行動を後悔する悔悟者でもなく，(66) またおのがもろもろの造出物の損壊者や奪力者でもないということで（⁺ku＜ka），(67・68) それというのも，かの少知で知慧円満でなくまた終末も識らぬもの（アフレマン）について，彼自身の行動への悔悟・後悔とならべて（abāg），（オフルマズドは）叡知者にして全知者と，こう語るべきだからである。(69) 賢人たちや叡知者たちからは無理由無原因な行動の生じないように，(70) それと同じ具合に，無知の輩，蒙昧の輩，終末を識らぬ輩からは一切愚なる，無理由無原因な行動が（生じる）。(71) また，かの叡知者は，かの愚行者にして終末を識らぬもの（アフレマン）をおのがものども《もろもろの庶類》から排除することによって，叡知ある巧妙なる行動の立案者であり，(72) かの愚行者は囲まれたもの《網の中に閉じ込めら

358

れたもの》と称せられるに至った (niwēh kard)。(73・74) 何となれば，こういうことが知悉のことだからである，すなわち，かの襲撃生活を実質とするもの（アフレマン）は無限の空所の中にあっては，彼が閉じ込められかつ取り囲まれかつ捕囚の身とならない場合のほかは，排除し滅亡させることができないとともに (abāg)，（その）破壊力から無畏となること（もできないのであり），(75) 閉じ込められ捕囚の身となって，そこに痛苦による摩滅（憔悴）および重い罰という対策があるが，(76) しかし，彼（アフレマン）の痛苦による完全な摩滅と彼自身の蒙昧な行動に対する完全な目覚めとが起こらぬ間は，彼は（万物に）結びついていきつつ，虚偽的いつわりをもって（妄）想していくだろう。(77) しかし全能なる創造主の完全な力量は（アフレマンの）痛苦による摩滅（となり），(78) 叡知者たる創造主は，その全能の中において，痛苦による摩滅のために無力となった（アフレマン）を，かの無限の空所に投げ戻すであろう。(79) よき庶類が彼（アフレマン）から無畏・不死・脱苦するようになることは，(80) よきものどもの全知なる創造主が，完全巧妙なる叡知者にして対策発見者だということである。

（81）また，もろもろの物の観察から，もろもろの事物の異相性が明らかとなる。(82) そして（この）異相性は，上に述べたように，二種類がある，(83) 一は役割（機能）の異なることで，また第二は実質の異なることである。(84) 役割の異なることは互助と合力から，(85) また実質の異なることは非許容性と対抗性から（明らかであり），(86) また（同）一の場（空間）ではもろもろの（複数の）物の存在し（得）ないことも明らかである。(87) もし一つの事物が存在するだろうなら，存在しないという一つの名辞も存在するであろう，(88) もろもろの事物を相互に識別して名称を賦与するがためである。(89) 悪が善とは異なるものとして存在していることは根源者的にいって，どちらかの一方とともにも他方が（その）原因として存在することはないということである，(90) というのは，どれ一つでもおのが自性をもっての存在であることが，(91) それらがつねに相互に破壊し合い敵対し合うことから明らかだからである。(92—94) もし誰かが「善・悪，また暗黒・光明，また芳香・悪臭，また

生・死，また病気・健全，また平安・苦悩，（および）その他多くのもののようなあ，対立者どもの対立が多いように，それぞれの根源者とともに（abāg buništān）多くの数，多くの種類が存在して当然だ」といいでもすれば，（95）他のものたち（ゾロアスター教徒）は（このような）返答をするだろう（96）「たといもろもろの対立者に多くの名や多くの種類があっても，それでもすべてのものはこの二つの名称の枠の内にあり，（97）この二つの名称はそれら（すべてのもの）を含有する胚子で，これすなわち善と悪である。（98）そして，これら，名の異なりまた種類の異なるものは，この二胚子の標識なのである。（99）この二つの名に枠づけられない事物は一つもなく，（100）善でなく，あるいは悪で（なく），あるいは両者の混合（でもない）事物はかつてなく，また（これからも）ないであろうし，（101）この故に根源者は二つで，それ以上でないことが明白で明らかとなる。（102）（また）こういうことも：善は悪からは，また悪は善からは生じ得ない」と。

（103）このことからも知り得ることは，（104）善性において完璧・完全なる事物——それからは悪しきものは生じ得ない，ということ。（105）もし（生じ）得るなら，それでは完璧ではない，（106）というのは，一つの事物が完璧といわれたときは，他の事物の場はないし，（107）また他の事物の場が存しないときは，その「他の事物」がそれ（「一つの事物」）から出てくることはないからである。（108）もし神がその善性と知性において完全ならば，それなら無知と邪悪が彼から生じないことは知悉のことで，（109）もしそれ（ら）が彼から生じ得るならば，それでは（彼は）完璧ではない。（110）もし彼が完璧でなければ，完全な善的神性において称賛することはできない。（111）もし神が善的にして悪が彼から出てくるならば，彼は善性において完璧でなく，（112）もし善性において完璧でなければ，彼は善知性において完璧でなく，（113）もし善知性において完璧でなければ，彼は知慧・覚知・認知・記憶，その他の知的能力においても完璧でなく，（114）もし知慧・覚知・記憶・認知において完璧でなければ，彼は健康において完璧でなく，（115）もし健康において完璧でなければ，彼は病人でなければならず，（116）もし病でなければならぬなら，彼

は生において完璧ではない。

　(117) もし誰かが「一つの実質，例えば人間のごときものから，善的なものも悪的なものも等しく，行動に際して彼ら（人間ども）からいつも出ているのを，私はいつも見ている」といいでもすれば，(118) それは，人間が一つのことででも完璧ではないということのためであり，(119) また善性において完璧でないために，悪的なものが彼らから出てくるのであり，(120) また健康においても完璧でもないために彼らは病み，(121) 同じ理によって彼らは死ぬのである。(122) 何となれば，死の原因は一つの実質の中における，二つの対立的特質の抗争で，(123) 一つの実質の中で二つの対立的特質が存在するところには，病気と死の生じることは知悉のことだからである。

　(124) もし誰かが「行動（がな）されるまでの間に存在するところの（〈ī〉 hēnd ī tā kunīhēd，　行動に先立する）善（の行動）と悪の行動（なるもの）は存在しない」といいでもすれば，(125) 他のものたち（ゾロアスター教徒）は（このような）返答をするだろう (126)「行動者なしの行動は，実質なしのどんな特質とも同じく，ともに（abāg）あり得ないし，また実質もちでも (ud pad〈-iz〉 gōhr の謂い)，(127) おのが自性もちでなければ，(自体の) 存立 (ēstišn) も調節 (winnārišn) も存在しないことは知悉のことである，(128) 何となれば，人が怒り (xešm，　同時に魔ケシュム) をなすときは，(神) ワフマン (Wahman,「善思」の謂い) はそこから遠ざかり，(129) またワフマンが坐を占めているときは，ケシュムはそこにはいないし，(130) また人が虚言をいうときは，真実はそこから遠ざかり，そしてその人は虚言者 (drōz〈an〉) とよばれ，(131) また真実 (rāst〈īh〉) をいうときは，虚偽はそこには坐を占めておらず，そしてその人は真実者とよばれるからである。(132) 同じくこのように，病気が来たときは，健康はそこにはなく，(133) また健康が来たときは，病気は去ったのであり，(134) 例えば，運動しない実質は存在し得るが，(135) しかし実質をもたぬ運動は存在し得ないようなものである。

　(136) この章でも，(私は) 要約するように考案した。(137) 包括的にそして検別的にそれに注目していただきたい。[41]

第9章

（1）その他は対立者の存在についてで，『デーンカルドの書』からのと同じ論理をもってする情報をあなたがたのために，ここで（本書に）載せることにしたの（ですが，これ）はよいことです，（2）というのは，上に書いたこ（れまで）のことも，また（これから）書かれることもみな，故アードゥルバーディー・ヤーワンダーンの蒔かれた種子から育ったものであり，（3）またかの高識叡知のアードゥル＝ファルローバイー・ファルロクザーダーンのなされた根本寄与だからである。

（4）デーンカルドからの第四の問題は「庶類の対抗者の存在と対抗者の対庶類的先在性（pēš⟨īh⟩）について——ウェフ・デーンの示教から」である。（5）[42]すなわち，①人体の最内部から最外部に（および）庶類への対抗者の存在と，②それが（[ī] u-š）見られ触れられ知られ捕捉されるということ，（6）③また（その）上方に類似して（存在する）確実な領域（wimand ī ēwarīg）（のあること）である。

（7）人（体）の最内部は生霊（せいれい）の最内部である。（8）その領域に充分な観察をすれば見られるのは（9）このこと：愚昧が善知に，（10）またまどわしがよき稟性に，（11）また虚偽性が真実性に（対抗している）ように，（12）善知・よき稟性・真実性という諸美徳への生来の対抗者たる，その他の諸悪徳（13）および霊魂不義化の因である。

（14）次はこれ：身体という囲いの中に，身体調節への対抗者にして身体破壊の因である，諸要素に対する反要素群（のあること）。（15）次はこれ：諸元素の中に，温熱への対抗者たる寒冷，湿潤へのそれなる乾燥，諸催生因子へのそれなる，その他の諸致死因子（のあること）。（16）（いつの）時代にも，光明への対抗者なる暗黒，また芳香へのそれなる悪臭，善き本性へのそれなる悪しき本性，美味へのそれなる不味，また不死へのそれなる毒物，有益な益畜へのそれなるクラフスタル（害物）[43]と狼，善人へのそれなる悪蛇（がいる）。（17）[44]（いつの）時代の上方にも，盗賊どもとて，（善事の）頒与者たるもろも

12. 『断疑論』

ろの神(ヤズ)の役割に対する対抗者（がいる）。

（18）（このように）これら一連の，みな見られ触れられ知られ捕捉されるものの上方でも，類似して（存在する）領域と衆庶（amaragān, 神々と諸魔）とが，神々への対抗者たる諸魔の（⟨ī⟩ dēwān）確実な情報となっている。

（19）対抗者（アフレマン）の存在は庶類創造に先立ち，そして彼の庶類への到来（混合）は（20）庶類創造の後である。対策樹立のために必要なる（庶類）創造との理由をもっての創造主の認識に沿うて，役割にむけての被造物が創造された。（21）この一つの発言は五つの項目を含んでいる：（22）一つは，認識が創造した（ということ），（23）また一つは，理由をもって創造した（ということ），（24）一つは，創造の理由は被造物の必要性だった（ということ），（25）一つは，対策は被造物の創造された（ということ），（26）一つは，役割にむけて創造主の庶類が創造された（ということ）。

（27）これら五項目の存在は諸被造物・諸造出物それ自体によって明らかである：（28）認識が造作者（dāy）（だというこ）とは，諸庶類が知る者としてできていることが（そのことに）についてのあかし（である）。（29）この知的性質から明らかになる，理由をもって創造したということ（が知られる）。（30）そして（創造の）理由が被造物の必要性だった（ということ）は，（31）被造物がかくも巧妙にできていることとともに（abāg），被造物の必要性から（az abāyišnīh ī dahišn）生じざるを得ないし，（32）また「（主は）自ら創造を本性とする」という，必要性（abāyišnīh）（なる語）の意味が（その）あかしである。（33）「対策は（被造物の）創造されたこと」とは，認識することが創造することであることを示している，（34）というのは，認識は意欲することであり，そして意欲することは本性となることだからである。（35）役割にむけて（庶類が）創造されたことは，被造物の本務が（彼ら）それぞれの本性ともなり意欲ともなっていることによって明らかである。

（36）庶類の創造に先立つ対抗者の存在は明証が（あり，しかも）多い，（37）そしてその一つは庶類創造の必要性。（38）「必要」の領域（概念）は窮乏なしには（どんな）物にとっても催起されないように，（39）必要から（明

363

らかになるところ）の窮乏，窮乏からの（それなる）圧迫，圧迫からの（それなる）対抗者の存在——（これは）必要性の役割，すなわち（庶類の）創造に先立する——が（明証で）ある。

（40）敵対者の庶類への到来が庶類創造の後なることの明証は，対抗者の到来に先立ち，対抗者に対抗しての創造主による（庶類どもの諸）器官のつくりつけで，（41）これは創造主の全知的な先行創造で，（彼に）ふさわしいものであり，（42）そして庶類のこの器官は，対抗者の対抗的抗争にむけて本性の用意をもって用意されたものであることを示すものである。（43）庶類どもの本性の役割（働き）には苦痛を排除するだけのもの（力）（があり），（44）そして彼らの収束すべきは，敵の布陣に似たる，対抗的対抗者の（いどむ）戦いであり，（45）また彼らの役割は，（それが）本性的なものでも意欲的なものでも，圧迫をみな除去することである。

第10章

（1）別の（この）章は一元論者（一神教者）の思弁についてで，そこからは二元の定立すべきことも明らかとなり，（2）このことも知られよう，すなわち，神を識ることを望むものは労苦をおのが生霊に課し（3）——包括的に考察されたい——（4）先ずおのが身体と霊を識る（5）——すなわち，誰が，何物から，そしてどんな役割をもって創造したのか，（6）また自分への相対者にして仇敵（たる）は誰か，（7）また自分の友にして伴侶（たる）は誰か，（8）また自分を造罪に誰が駆りたてるのか，（9）またどんな実質から（出ているの）か，（10）また自分の離脱はどのようにしてできるのか（を識る）——ことなく（11）しては，その者は創造主を相状において識ることもできず，また（創造主が）その者の有となること（もできない），（12）というのは，彼（主）が創造主という名を担ったときは，すなわち彼はこれら三つの名をともに担ったからである：（13）（すなわち）創造とデーンと霊である。

（14）何となれば，創造主（dādār）という名が創造（dahišn，「被造物」の意味も）から出ていることは知悉のことだからで，（15）（それは）こういうこ

364

12. 『断疑論』

とである：創造の創造主はもろもろの被造物（dahišnān）を本務のために創造したのであって，(16) 本務なしのままに放置することはなく，(17) またもろもろの庶類の本務は創造主の御意を識り行動することであり，(18) 御意でないことから身を守ることであって，(19) 創造主の御意に従って行動し，かつ彼の御意でないことから身を守ることが霊を救うことなのである。

(20) 創造主の御意は創造主のデーンなくしては識られないし，(21) デーンが創造主によって創成されたことは疑いない。(22) 今や知るべきことは，神は（人間が）その御意を識るようにとデーンを創成したということと，(23) 霊の救いのために彼の御意を識ることから，神の善意と慈愛が明らかになるということとである。(24) そしてデーンが霊の救いとなることから，デーンの偉大さと価値あることが明らかとなるのである。

(25) 霊を救わねばならぬことから，霊の汚されていることと迷わされていることが明らかとなり，(26) 霊の汚されていることと迷わされていることから，人間どものもろもろの心ともろもろのことばともろもろの行いの欺き手と迷わし手が明らかとなり，(27) その（彼ら人間ども）に諸霊の破壊者が明らかとなる。

(28) そこで私どもの今や理解しかつ知るべきは，諸霊の破壊者たるかの汚し手はいかなる実質のものかということである，(29) というのは，もし神の創造・造出が（欺き手と）同じ実質のものといわれるなら，それでは，どのような具合にして神は霊の救いのためにデーンを創出したのか，(30) したがって，彼は諸霊の汚し手と迷わし手を，おのが知と御意をもって造出す（ることはなす）べきでないからである。(31) 何となれば，もし彼（神）が自ら創造主であり，かつ自ら諸霊の汚し手にして破壊者であるなら，彼の御意をはなれては，何物も存在しないこととなり，(32) それでは，私どもが神の救いのことを書かねばならぬときは，私は避難を誰のもとにしようか。(33) 今や，知ある人はこれだけのことを識り知るべきである，(34) すなわち，私どもは誰から逃れまた身を守るべきか，(35) また私どもは避難を誰のもとにし希望を誰に托すべきか，ということを。(36) このことに対する対策は，神を相状に

おいて識ること以外の何ものでもない，(37) というのは，単に（神の）存在を知ることだけではなくして，(その) 相状と彼の御意を識るべきであると私が上に書いたように，(38) また私どもは世界でもろもろの宗派をすべて観察したが，それらには根源を立てる二（種の）信仰があり，(39) 一つは世にある善事（幸い）と不祥（不幸，災禍）はみな神から（出る）といっているもの，(40—42) もう一つは，世のすべての善事，(それに) 霊を救うための希望も神から，そして身体のすべての不祥，(それに) 霊の畏怖もアフレマンという原因から（出る）：(すなわち）すべてはこれら二つの根源者の（下す）頒与から部分部分・分節分節（もろもろの庶類）に到ったのだといっているもの，である。

(43) さて私はどこででも，私が上に書いたように，神を識ることに熱心，彼のデーンと御意の検討のために質問者となってきたのであるが，(44) これは検討のために外国やインドや多くの異信仰者たちのもとに私が赴いたのと同じことである，(45) というのは，私の宗教は相続（伝統）によって愛好されたそれではなくして，(46) 知慧と論理によく依拠しかつきわめて受容し得るものを私は求めたからである。(47) 多くの異信仰者たちの集団にも私は赴いたが，(48) ついにあるとき，(49) 私は神々の善意とよきデーンの力とクワルラフの力（xwarrah「光輪」〔ud〕zōr）により，解決困難な暗黒と疑いとの多くの深淵から逃れ出たし，(50) デーン学の同じ力と (51) 賢人たちの思弁の書と (52) 叡知者アードゥルバーディー・ヤーワンダーンの，奇蹟に類する諸書により，(53・54) またかの故ローシュニー・アードゥル＝ファルローバヤーン（Rōšn ī Ādur-Farrōbayān）が述作し，自ら『ローシュンの書（Rōšn Nibēg）』と名づけたかの書，(55—57) 善教徒（ゾロアスター教徒）の守教（pēšōbāy）であったかの高識叡知の義者アードゥル＝ファルローバイー・ファルロクザーダーンが，デーンを解明することから，『デーンカルドの書（Dēnkard Nibēg）』と名づけたものにもよって，(58・59) 私はもろもろのドグマ（kēšān）の多くの疑義と邪義と惑わしと邪悪（dušīh）と，ことに，惑わす者どもの中の最大・最強・悪教第一の頭目マーニーのそれから救われたもので，

(60) その彼（マーニー）の教義は呪法，またデーンは惑わし，また教訓は邪悪（そのもの）(dušīh)，そして方法は潜伏的行動なのである。(61) 私は知慧の力とデーン学の力強さによって知をもって入信したのであるが，(62) それは（私のほうから）強く構えて[56]ではなくて，オフルマズドの裁決たる，清浄・反魔のデーンによってであり，(63) それ（デーン）は創造主オフルマズドが彼・義者ザルドゥシュト（ゾロアスター）に教えたものである。(64) ザルドゥシュトは独一所造の正しい使徒として，威神力者カイ・ウィシュタースプの宮廷に来た，(65) そして彼は力強い弁舌をもって，知慧の論理で，権威者の立場に立ち，また際限（限度）ある言説で，また多くの疑いを解きながら，また不死饒益諸尊の（存在を示す）露なあかしを提示しながら，デーンをカイ・ウィシュタースプと叡知者たちに，多くの奇蹟といっしょに教えたし，(66) またゲーティーグ界の権勢（の座）にいた大官（ども）も（正道を）逸脱せず，その彼は彼らの強い（saxt）精霊（フラワルド）を見たのである。(67) そしてカイ・スパンドヤード（⁺Spandyād）とザレール（⁺Zarēr）およびその他の国民たちが，多くの戦闘と流血に倒れたが(⁺zadag＜ zādag)，(人々は)[57]デーンをおのが身に（⁺ō ⁺grīw）[58]受け入れ，(68) ついにはフローム（ギリシア・ローマ世界）やインド（および）外国にまで，デーンを弘めるために，赴いたのである。(69) それからこのかた連綿として，それ（デーン）は，威神力あるカイ王朝の垂統たるサーサーン朝の諸王のもとに来たが，(70) ついに，オフルマズド（2世）の子，崩帝大王シャーブフル（2世）の治世に，多種の異信仰の破義者どもとの討論に際し，かの故アードゥルバーディー・マーラスパンダーンの，胸の上に注ぐ熔鉱をもってした熔鉱試練が，[60][61](71) 運命論者ともよばれる彼ら，最強の破義者どもから（デーンを）救ったのである。[62](72) また時代時代に不実者との名がついていたフローム人は解決困難な多くの質問をこのデーンに質問してきた。(73)（しかし）このデーンから解決されない質問・疑問は一つもなかったし，(74) エーラーン（イラン）国の叡知者たちは，つねに，彼らの中で勝利の担い手となっていた。

(75)（上述のことは）他のもろもろのドグマのごときではなく，それらの

（ドグマの）デーンは，小知の輩や（裁決に）無知の輩や魔の本性をもつものどもの集まりや群の中で，ひそかに行われ，かつ惑わし，かつ惑わされたものどもを迷わし，（かつ）本務をもたぬものどもで，その彼ら（集まりや群の成員）には（我らのデーン）学と知慧に発する知識とから来る，いかなる物の情報もなかった（76）ので，多くのものをひそかに惑わしかつ迷わした，彼らのいくつかの群は（正）体を露にはしなかった。

（77）あとで（次章以下で）私は，小知で（デーンの）裁決に不明な多くのものどもの集団——彼らが（世を）迷わしたことは，彼らのドグマのもつ多くの矛盾せる言説や虚偽による滅裂とともに，暴露されている（ところ）——から，（78）すなわち多くの矛盾と滅裂から，（デーンの）裁決を，新規の学生たちの理解のために，ここで（本書に）載せることにする，(79)（それというのも）叡知ある先師たちの書がきわめて犀利かつ包括的で非常に分かりにくい措辞をもっているときには，分かりやすいように修飾するという理由からである。

（80）慈眼をもって注目していただきたい。

　　第11章

（1）ここから私は，彼ら（イスラーム教徒）の駄弁の矛盾と，正しい見方とを書くことにした。（2）賢明な眼をもって判断されたい。

（3）第一は一元論者（ēk buništ uskār⟨ān⟩「一つの根源者を思弁するものたち」）のことで，(4)その彼らはいっている「恩寵者にして知ありまた力ある，善意の慈愛者なる神（yazad）は（ただ）ひとりである」と，(5)（またいう）「善行・罪悪と正義・虚偽と生・死および善・悪は彼から（出る）」と。

（6）今や彼らに質問するがよい（7）「神はつねに善意あり慈愛者にして恩寵者，合法的にして現存し已存し当存する一切を知り，いかなることを欲するもその御意の行われるもの（とのことである）——このことも合法性（と）衡平性があるということか，それとも，時には然り（合法性・衡平性あり），（時には）然らず，ということか」と，(8)というのは，もし彼が善意あり恩寵

あり慈愛者であるなら，それでは彼は，アフレマンと（諸）魔と悪界（地獄）といった，これらすべての邪悪な危険物を，自身の善意・恩寵・慈愛をもって，おのが庶類どもに何故に投げつけたのか。（9）もし彼が知らなかったのであれば，それでは彼の知者たるの所以と全知者たるの所以はどこにあるのか。（10）もし彼が不祥と悪を庶類どもから排除することや，どの忠誠者にも幸いを与えることを欲しなかったなら，それでは彼の合法性と衡平性はどこにあるのか。（11）もし，創造せずにおいたらということが，彼に不可能だったならば，それでは彼の全能性は何物から（由来しているの）か。（12）これらすべてを（ī har）私は，私の観察に従って，検討しよう。

（13）善事（幸い）と不祥が共に神から出たと彼らがいうときはいつも，神性に必要とされるこれら四つの美徳，すなわち全知と全能と善性と慈愛を彼（神）から分離することなし（14）には，手段がない（いえないことだ）。（15）たといこれら四つの美徳のうちの一つを彼から分離しても，なおかつ神性において彼は完璧だ，ということはない，（16）何となれば，もし神が全知にして全能，また善者にして慈愛者であるなら，それでは全知でなく全能でなく，また善者でなく慈愛者でない彼は神ではないからである。

（17）次はこういうこと：もし（神が）あらゆる人（と）物に対して専制的支配者であるなら，それでは彼は，自身の国土と王権とを，（これまた）彼自身の行為から（出たとされる）一切の敵や仇敵から独力で防ぎとめてもって，彼の王権の中にあるいかなる人にも物にも，暴虐と暴行，および不法と愁訴が存在しないようにしなかったのは何故か，（18）というのは，支配者や国王たる人の支配権や王権がはじめて称賛さるべきものとなるのは，彼自身の国土・王権を，彼自身の行為の故に敵が敢えて起欲して悪事危害を加えることのないように，おのが知慧をもって守るとともに保持することができるときか，（19）あるいは，彼自身の行為の故に敵が移動し，延いては，彼自身の心友たちから（敵を）排除し万人をして暴虐をうけることのないようにすることが彼にできるときか，だからである。

（20）次はこういうこと：もし（彼らのいうように神が）制圧者にして勇猛

者，そして強力者であるなら，(21) それでは，彼の制圧と勇猛と強力は誰に対してであるか。(22) 何となれば，制圧と勇猛はもろもろの敵の対立に対して存在するものであって，(23)（人は）自ら自身に対立する敵とはなれないからである。(24) 制圧者にして勇猛者として彼（神）が臨む「敵の対立」が彼になくなるまでは，(25) 彼の制圧と勇猛については語れない，(26) 何となれば，自分自身の牛や羊に対抗者や破壊者がなくなって（はじめて）人々は（彼ら家畜の）上に臨む勇猛者にして制圧者となるからである。

(27) 次はこういうこと：（神は）自身の神性と偉大をもって知り（それに）満足するものであるか，それとも，そうではないのか。(28) もし彼が知り満足するなら，それでは，彼自身の知と御意をもって敵と造罪者を創造し，国中到るところで国と庶類どもとの幸いに破滅を投げつけることが彼には満足だったことになる。(29)（しかし）何故に，彼ら（人間）が罪悪という不祥をなすことを求め，自らは彼らの敵という呪咀者となり，人間の不祥（不幸）が到来して悪界（地獄）のようにする必要があるのか。

(30) 次はこういうこと：彼（神）は何をいっても，正しく真実をいっているのか，それとも，そうではないのか。(31) もし彼が正しく真実をいいながら——それは「余は善行の友にして罪悪の敵である」といっているということ——(32) 善行の造善者たちよりも罪悪の造罪者どもをいつも，より多く作り出しているのでは，(33) それでは彼の正語はどこにあるのか。

(34) 次はこういうこと：彼（神）の意欲（御意）は善か，それとも，悪か。(35) もし彼の御意が悪ならば，それでは彼の神性はなにものから（来ているの）か。(36) もし彼の御意が善ならば，では何故に悪人どもと悪が善人たちと善よりも多いのか。

(37) 次はこういうこと：彼は慈愛者であるか，それとも，そうではないのか。(38) もし彼が慈愛者でないなら，それでは，彼の神性は何ものから（来ているの）か。(39) もし彼は慈愛者なら，それでは，何故に（こう）いうのか「余は人間どもの心・耳・眼を，余が必要としたものよりほかの（こと）を彼らが考え・言い・行うことのできないように封じた」と。(40) あるものど

もを彼は別箇の極めて高貴なものにつくりなしたが、（41）あるものどもは彼は多種の死をもって殺し破滅させ永遠の悪界に投じたものだ、（42）「余の解放するものどもがより正善、より恩恵的となるために」と（いって）。（43）（ところが）今でも、彼の解放したものどもは（人々を）よき援助なきものにし（bē-hučār kunēnd）[64]、（44）以前のものよりもはるかに、より造悪的、より造罪的となっているのである。

　（45）次はこういうこと：もし、いかなるものをつくるにも彼は知りながらかつ理由をもってつくるのであるならば、（46）では、どんな相対者も仇敵も彼にはなかったときに、何故に、彼が僕どもと定めた最初の造出物（ども）が彼への魔的な反逆に転じ、人（々）の中において不義・悪界性に転じたのか。（47）もし彼らの変節することを彼が知らなかったとすれば、彼には試行者（の名）を課すべきである、（48）というのは、彼に奉仕して彼の主権を増幅させる（⁺mehēnēnd）ように彼が造成した何千何万という多くのものどもが今やみな、反逆者、訓戒不聴従者となっているからである。（49）けだし、人間の望みに同調協動してくれない（彼ら）人間の少知をもっては、（50）たとい彼らが構成し造成する事物にして、彼らの望みどおりには到来《生起》してくれないものが生起しても、彼らはその事物をもう一度造成しなおすことには従事せずして、それから身を退くからである。（51）全能・全知なるかの主なるもの（アッラー）は、今に到るまで、多数無数の物を造って造成してきたが、一つとして彼の望みどおりに到来《生起》したものはなく、それでも彼は新しいものを次々に造成し創造することから終始身を退いていないこと、（52）あたかも、最初の使徒らに対する愛情故に火から（彼らを）造成して数千年もの間、彼らの創造者に彼がなっていたときのようで、（53）それは、彼（主）は彼（アーダーム）への奉仕を終始していた、と人々のいっているがごとくである。

　（54）（だが）ついに、「余が土から造成したこの最初の人間に敬礼をなせよ」とて彼（神）が与えた命令が実行されなかったという一事により、（55）また、彼に（敬礼を）ささげるべきでないとして理由を挙げて彼が述べた口実（bōzišn）により，(56) かくて（神はアーダームを）愁訴（gil‹ag›）と呪咀と忿怒をもって，唾棄すべきもの・卑しいものとなし，(57) かつ魔的かつドルズ的なものに変えて天国（wahišt「最勝界」）から追い出し，(59)「行って余は下僕どもと僕どもを頽廃させ迷わしてやろう」と（いって）(58) 何千という生きとし生けるものどもに対する永遠の支配権を（アーダーム）に与えた，(60) そして彼は（彼を）自身の御意に対する破壊者にして仇敵となしたのである。

(61)（詳説すれば）ついに，かの人（アーダーム）に対する愛情と尊敬との故に，彼に敬礼をささげることを，多くの僕どもとともに最大の使徒にも彼は命じていたが，その人（アーダーム）を (62) 彼は天国の花園につくった，(63・64) これは彼が（そこで）農耕し，「食うな」と命じられたかの一樹のほかは，あらゆる果実を食うためであった。(65) ところが，彼は，彼ら（最初の人間ども）とともに，迷わす惑わし手をも造成し (66) 花園の中に放った，(67) それをある人々は蛇といい，ある人々はアフレマンと（いう）。(68) そして彼は食欲・性欲という本性を，外ならぬ自ら，かの人間（アーダーム）に与えた。(69) のちに，「かの樹を食え」という迷わし手によって彼らは惑わされた。(70) ある人は（迷わし手は）アーダームだといっている。(71) そして彼らは食欲という本性の故に（それを）食うた。(72) 食うてのちに，彼らはともに知あるものとなった，すなわち彼らは善と悪を識（別）して知った。(73・74) 彼らが忘れてしまったあの一つの禁戒に対する，このよう（に大切）な尊敬と愛情と，かの因（禁戒）に対する（彼らの）同じかの忘却との故に，(75) 妻同伴の彼ら（夫婦）をはげしい忿怒と無慈悲をもって天国の花園から追い出し，(76)（かくて）彼らは惑わしかつ迷わす，かの敵の手に渡されたが，(77) これは自身の御意を彼らの上に行使し彼らの上に作用させるためであった。(78) いったい，これよりもっと下劣でもっと不祥な，いかなる不法，理なき下令，後知，少知があろうか。

(79) こういうことも：彼はかの花園を，あの迷わし手が侵入しないように，何故に，堡塁と堅塁をつけてつくらなかったのか。(80)（しかも）今も，かの迷わし‹手›に対する多くの僕どもや奉仕者どもを彼はつくったし，またつく

っているのである。(81—83) そして彼は「余の僕どもをかの迷わし手の手から彼ら（使徒らや預言者ら）が救い（出し），道と正しい習法につれもどす」ためという，この理由で，時代時代に多くの使徒ら・預言者らをゲーティーグ界に発遣した(brēhēnid)[65]。(84) そして彼は，彼自身のこれらの奉仕者ら・使徒らにして，道と正しきに叶える訓戒に人を連れもどすのを本務としたものどもをみな，自身の御意をもって横死させて殺し滅ぼし，(85) かの原初の迷わし手・破壊者をいつまでも生かしておき，(86) 今に到るまで，迷わし破壊しようとする彼の御意のほうが，神（として）のそれよりも，より圧倒的・より専横的なのである，(87) というのも，迷わし手・破壊者どものほうが正道者・非迷わし人(ひと)たちよりも，はるかに多数だからである。

(88) 次はこういうこと：いかなることをなすにも，彼は理由をもってなすのか，それとも，そうではないのか。(89) もし理由もなくなしているならば，彼は愚行者であり，(90) また，この愚行者を叡知ある神（yazadīh「神性」）として賛美すべきでない。(91) もし理由をもってなすのであるならば，(92) では，どんな相対者も仇敵も彼にはなかったときに，魔と，命令を履行せず，彼の御意に対して抗争する迷わし手たる人間と，役にたたぬ無数の庶類とのごとき，このようなすべての庶類（ども）を造出するのは何故か。

(93・94) 次はこういうこと：もし彼が現存・已存・当存（するもの）をみな知っているならば，それでは，（あとで自ら）それを後悔し，また彼の御意と命令に背反し，そして彼の使徒ら・御意実行者らの仇敵となる物を，彼は自身の知と御意とをもって造出すべきではない。(95) もし「この仇敵は（ある）根源から正善かつ善良なものとして造出され，のちに変化して邪悪かつ庶類破壊的なものになった」と彼らがいうならば，(96) それでは「彼（神）は万能なのに，何故に，仇敵の意欲が悪性と庶類破壊性とに変わる点において，神のそれよりも，より勇猛にしてより強力であるのか」というがよい，(97) それというのも，(現) 時では悪が善よりも，もっと力強いからである。

(98) 次はこういうこと：造罪者（一般）も（造善者と）同じように彼（神）の御意とともにあり，(99) また彼は自ら造罪者どもの心を汚し，(100) 根づ

くものが育つようにと，(101) 彼は自ら罪悪の種を蒔いたとあっては(ka)[66]，(102) 彼はどのような司直の力によって一を殺し，一に報償したのか。

(103) 次はこういうこと：彼はこの世界を理由をもって，自身の平安・人間どもの安息と善事（幸い）のために形成して創造したのか，それとも，理由もなしに自身の苦悩と人間どもの（うける）圧迫・責苦と痛苦・死のためにか，(104) というのは，もし彼が理由もなしに愚行で形成したのであれば，(105) 理由のない事物は賢人たちからは受け入れられないし，(106) もし彼が理由をもって形成し，また彼が自身の平安と人間どもの安息と幸いのために創造したのであれば，(107) それでは，彼は繁栄（と）全幅の幸いを何故に形成しなかったのか。(108) もし人間や庶類の造成から彼（神）の平安と幸いが来るのであれば，それでは，彼（ら）を殺しかつ破壊することから，何者の利益がある（という）のか。(109) もし彼が自ら罪悪の（犯）意を人間どもに創造したのでなければ，それでは，彼の命令や御意をはなれて，罪悪の（犯）意を創造しているのは誰なのか。(110) もし彼が自ら創造して彼らの上に今もその悪徳をふるっているのなら，それでは，彼の正義と衡平は何ものから（出ているの）か。(111・112) というのは，人間は少知と少智とともなるも，なおかつ，おのが童子どもの避難所に，獅子や狼その他のクラフスタルをして，彼ら（人間ども）にできる間は，彼らのよくなし得る限り（極力）侵入させないでいるのに，(113) 今や，慈愛ある神がアフレマンや魔をして，おのが庶類に何故に侵入させ，(114) よってもって彼（神）は彼ら（庶類ども）を盲目・汚染・不義・堕獄的にしたのか。(115) もし，「庶類どもに対する試しのために彼は悪を創造した」と人々がいっているように，試しのために創造したのならば，(116) それでは，それよりも前には人間と庶類を何故に彼は識らなかったのか，(117) というのは，おのが法官に試しをさせるもの（「それの法官が試しをするところのもの」）は全知とはよばるべくもないからである。(118) 要約すればこういうことになる：神にいかなる相対者も仇敵もなく，したがって彼は障害も受けずに一切の庶類や被造物を創造することができたのに，何故に（そのように）創造しなかったのか，(119) それとも，彼は欲してできなかっ

12.『断疑論』

たのか。(120) もし彼が欲してできなかったのであるなら，彼は完璧な能力者ではなかった。(121) もし彼ができて欲しなかったのであるなら，慈愛者ではなかった。(122) もし彼が「余の創造するこれらの庶類・被造物のうち，余の御意の中にない物（や）人はないであろう」と知り，(123) そしてその果てに創造したのであるならば，(124) では，今や，これらすべて（の輩）に不満で自身の造成に忿怒と呪咀を結びつけ，（彼らを）悪界の懲罰に付すことは理のないこととなる。

(125) 次はこういうこと：もし罪悪を思い罪悪を犯すこと，人間の思い言い行う罪悪，同じく痛苦・病気・貧困・罰・悪界の不祥のごときものが，みな神の御意と命令によらなくては起こり得ないならば，(126・127) 神の御意（と）力は，彼の自性も永遠的なるが故に，永遠的であり，(128)（したがって）今や，いかなる人にとっても永遠的なのは，不祥と罰から逃れることの絶望性が確実だということである，(129・130) というのは，（次のことが）二重に明らかとなるからである：もし万が一にも（par⟨g⟩ast），「罪悪・罪をつくるなかれ」と，こう人間どもに禁戒を与えた法官たちが（神の）奉仕者どもと同じ具合になりでもすれば，この不祥・邪念から彼（ら人間）を防ぎとめてくれる教師・師匠は，誰もいないことになる，(131) というのは，彼ら（奉仕者たち）は神の御意・命令に反抗しようと欲していたからで，(132)（これは）善行・善行者どものほうをより多く愛好するのか，それとも，罪悪・造罪者どものほうかを明らかにしないままでは，どのようにして彼（神）は罪悪も善行も，二つともに意欲するのかと，こういうことでもある（からである）。

(133—136) これとも（同じなの）は，魂（を救おうと）の希望で病人どもの薬を調剤して彼らの痛苦と病気を逐い払いながらも，そういう措置から善行（だけ）が彼ら（医師たち）の有になりつつも，しかも彼ら（病人たち）を悪界の罰に遭っているがままにしておく，かの医師たち（の場合）である。(137—140) また，魂を愛するがために，貧困・困窮・窮迫せる人々に（⟨ō⟩mar-dōm⟨ān⟩）物を施して困窮・貧困を彼（ら）から取り除きながら，そういう措置から善行（だけ）が彼ら（施与者）の有となりつつも，しかも彼ら（貧困

者)の重い罪(貧困等々)は(依然として)確実に存在するままにしておく人たち(もそう)である。(141) もし人々が「治療を施すところの(ī darmān barēnd＜darmān ī barēnd)かの医師たち、貧困・窮迫のものたち〈に〉物を施与するかのものたち(施与者)はみな、神の御意による」というならば、(142・143)それでは、神が仇敵もなく相対者もなかったときだから、したがって、病気・貧困を創造しないのが、「汝らは彼ら(人間ども)を健康で窮乏しないようにせよ」(といいながら)、自らは彼らを病気・貧困にすることを人間どもに命ずるよりも、彼(神)にとってはより平安・より有理・神性によりふさわしいのである。(144・145) もし人々が「彼(神)の御意は、かの医師たち・施与者たちに、かの代償として彼らの幸いをつくってやり、そして彼らを永遠の天国の至福に赴かせること、これである」というならば、(146)それでは、他のものへの幸福・繁栄(を、ということ)が全幅の欲求となったために、抑圧された貧困・窮乏の多くの無辜のものどもを病気・不祥に遭わせるとは、何故に(かくも)無法無力なのか、ということを考えてみられよ。(147) こういうことも：もし彼が、他のものの(うける)暴虐と痛苦と苦悩によらなければ、ひとりに幸福と繁栄を施せないならば、(148)それでは、彼の敢為・強権には無敵(の語)はふさわしくない。(149) もし人々が「彼(神)はこれらの病人・貧困者たちを、メーノーグ的(代償)として《かの代償として》、永遠の天国の至福に赴かせる」というならば、(150) それでは、もし彼がゲーティーグ的不祥によるのでなければメーノーグ的なるものとしての代償を授けることができないとすれば、彼は全能でないことになる。(151) こういうことも：彼のゲーティーグ界における暴虐の行為は疑いを入れず、事前発生的であり、無理由であり、(152) メーノーグ的代償は疑問であり、信じられず、暴虐ののちのものである。(153) 事前の暴虐が無理由であるように、以後の代償も同じように無理由でばかげている。(154) こういうことも：事前の暴虐に見合う以後の繁栄(といっても、それ)はどれも、無根拠のものとして、(とても)獲得されるものではない。

(155) 次はこういうこと：これら三種のうちの(どれか)一つ(だけ)が存

12.『断疑論』

在することは不可避である，(156) すなわち，一つは，この世界の中にあるものはみな彼の御意によって現存し已存し当存するのか，(もう一つは) それともそうではないのか，(157) (さらにもう一つは) それとも「彼の御意により (かつ) そうでない (御意によらない) もの」か，で，(158) (これらのことは) 善でもなく，それとも悪でもなく，それとも (善悪) 両者の混合でもない物は一つも得られないというようなことである。(159) もし人々が「すべて彼の御意」というならば，それでは善悪二つとも彼の御意である。(160) もし善悪二つとも彼の御意ならば，不完全意欲者であり，(161) (いずれの) 一つにおいても完全ではない。(162) そして不完全意欲者たる彼は (その) 自性が不完全たらざるを得ないこと，(163) 上に示したとおりである。(164) もしいかなることも彼の御意でないならば，(165) いかなる御意も存しないことの故に，無意欲者である。(166) また，無意欲者たる彼は本性的行動者，(167) そして本性的行動者なる彼は本性づけられて造出されたものである。(168) もし御意があるものであり (同時に) 御意がないものであるならば，(169) 善でもなく悪でもない (というような) もの (がある理となるが，そのようなもの) は一つとして世の中では得られないのである。(170) したがってもし神が善の意欲者なら，それでは，悪が彼の御意でないことは知悉のことであって，(171) 悪しきことは彼の御意にはよらないのである。(172) もし悪が彼の御意ならば，それでは，善が彼の御意でないことは不可避であり，(173) 善きことは彼の御意にはよらないのである。(174) もし善きものが神の御意なら，悪しきものが他の者の意欲から出たことは知悉のことである。(175) もし悪しきことが彼の御意ならば，善きことが他の者の意欲からでたことは不可避であり，(176) (ここに) 不可避的に，神の御意に対立するものが明らかとなるのである。

(177) もし悪は人間から出てきたというならば，(178) それでは，人間には永遠なる自性はないから，不可避的にこう (なる)：悪は人間より先に存在したか，それともあとにか，(179) それとも人間とともに存在したのか。(180) もし「人間より先に存在していた」と人々がいうならば，(181) それでは，神以外には他の造出者も創造者も存在していなかったから，(182) その悪は，神

が創造したか，それとも（悪の）自性自身が創造したか，それともそれ自身常在していたのか，である。(183) もし「(悪は) 人間よりあとに生じた」と人々がいうならば，(184) それでは，人間たるの実質も（人間と）同じように神の被造物なるが故に，(185) そして人間の悪を神は（その）実質の中に創造することはなかったが故に，(186) (神の) 行為によっていかにして彼 (神) から（悪が）出てくるのか。(187) もし彼ら（人間ども）の行為によって，神の御意をはなれて，悪がなされたのなら，(188) そして神に，（人間が）それ（行為）をもって（悪を）行うことについての認識があったのなら，(189) それでは，神は自身の御意において不完全であり，(190) また，人間（ども）は，神の御意・命令に反抗しかつ神の御意に敵対して悪を行うことにおいて，勇猛にして制圧的なのであって，(191) 神は，自身の御意と僕どもとに対しては，力の無力たることが明らかとなる。(192) もし「彼（神）は彼らをついに恐るべき，悪界の罰に赴かせる」と人々がいうならば，(193) それでは，もし神が能力ある行為者であるなら，彼らの心から（それを）取り除くことが，（罪悪を）犯すままにさしおいたことよりも，より利益があり，神の善意性にもよりふさわしい（のではないか）。(194) 不可避的に（こういうことになる）：彼は彼らに満足していたが，(195) あとになって，満足しながらおのが庶類どもを罰するのである，と。(196) 私が考察している（この）行動一つによって，（神の）無能性か少知性か少善性かがそこから明らかとなるのである。

 (197) もし「神は，人間が善の価値あることを識るためとの理由をもって，悪を創造して造出した」と人々がいうならば，(198) それでは，（このことに）注目されたい：もし悪が善を識るために必要で有用ならば，それでは，悪は彼（神）の善への御意である。(199) もし悪が彼の善への御意であって必要（かつ）有用なものであるなら，「悪は彼の御意でない」と彼らがいっているのに矛盾し，(200・201)「人間どもが生命と健康と能力との価値あることをよりよく識り，神により感謝するものとなるためとの理由をもって，彼は死・痛苦・貧困を創造した」といっているのにも（矛盾する）。(202・203) そこで注目されたいのは，解毒剤の景気《取り引き》が増すように《解毒剤がさらにもっと

12.『断疑論』

高く売れるために》と，人間どもに毒物を投与する者のやり方に理由のない行為があるように，(204) 一方のものの幸福が価値あるものであることを識るために，無辜なる他方のものに痛苦・死・不祥を加える（「放つ」）という，このようなことが，いかなる衡平的行為から（出てくるの）か，ということである。

(205) 次は彼らのうちの一派が（こう）いっていること：「神はすべての庶類と被造物に（君臨する）統王である，(206) というのは，被造物はみな，彼の有だからである。(207) 彼（神）が必要とするとおりに彼が必要とするいかなるものを彼ら（被造物）に加えても，彼は暴虐者ではないのである，(208) というのは，暴虐（なるもの）は，おのがものでないもののうえに人々の加えるものだからである。(209) したがって，みなおのが有たるもろもろのもの――それらに，必要とするとおりに振る舞う彼は暴虐者ではない」と。(210) それでは，(このことを) 知られたい：もし統王権の故に，暴虐を加えるものでも暴虐者とよばるべきでないなら，(211) それでは，統王（として）虚偽を語るものでも正語者となり，(212) 統王権の故に，罪悪・罪・邪悪を加えるものでも造罪者とはよばれ得ぬこととなり，(214)「驢馬をさすっている男を彼らは見た。(215) 彼らが彼に『こんな忌わしい仕事をなぜお前はしているのか』と問うたら，(216) 彼は逃げ口上に『驢馬はわたしのものだ』といった」と，(213) 故ローシュニー・アードゥル＝ファルローバヤーンが類例をあげていったところと似ている。

(217) 次はこう彼らに問われたいということ：(218)「神はそのつくったこれらの庶類と被造物――彼らに対して友か，それとも敵か」と。(219) もし庶類の友なら，それでは，もろもろの庶類の（受ける）悪（や）不祥を創造する必要があるということは，彼にふさわしくなく，(220) 彼は自身の諸造出物――彼らの破壊と不祥にすこしも，満足しなかったのか。(221) もし庶類の敵なら，それでは，彼が，自身の忠実な (apaywāh) 敵となりかつ自身の御意に刃向かう，あのようなもの（庶類）を自身の力（と）知をもって造出創造することは，彼にふさわしくないのである。

379

(222) このことも問われたい：(223) 神はつねによき知者・よき統王・自由の作り手か，(224) それとも，悪しき知者・悪しき統王・暴虐の作り手か，(225) それとも，よき知者・よき統王・自由の作り手であるときもあり，(226) また悪しき知者・悪しき統王・暴虐の作り手であるときもある，のか。(227) もしつねによき知者・よき統王・自由の作り手なら，(228) それでは，彼の国の統治には圧政も暴虐も愁訴もなく，(229) また庶類に対する彼の友情と庶類の彼に対する友情は無雑（純一）であり，(230) 同じ理によって彼はおのがもろもろの庶類に対し慈愛者となり，(231) また庶類は彼への報謝者・讃歎者・無雑の友となり，(232) かつ彼の神たるの名もその有となるに値する。(233) もし悪しき知者・悪しき統王・暴虐の作り手なら，(234) それでは，彼は自身で庶類への無雑な敵となり，かつ庶類も彼に対し同じようなものとなり，(235) 同じ理によって彼は庶類の破壊者・損壊者・迷わし手となり，(236) また庶類は彼への愁訴者・彼との抗争者・無雑の敵となり，(237) かつ彼の神たるの名も無価値な名と同然のものとなり，(238) また，彼の永遠性からしても，もろもろの庶類は，無限の時間にわたって，暴虐と不祥から無畏となることは絶望となる。(239) もしよき統王・よき知者・自由の作り手であるときもあれば，またこれとは逆になっているときもあるなら，(240) それでは，庶類に対する彼の友情は混合的であり，(241) 混合的友情（をもつこと）から彼が混合的行為者たることが（明らかとなり），(242) 混合的行為者たることから（彼の）混合的自性も明らかとなるし，(243) また，彼の庶類も彼に対し混合的な友となり，(244) もし彼の友でないとしても敵でもなく，また彼への報謝者でないとしても愁訴者でもなく，彼の讃歎者でないとしても忌避者でもないといった（正反）同坐性（hambāyīh）から，この種のものが全庶類のうえに本性となっていることも明らかとなる。

(245) 次はこういうこと：世界の中にある事物はみな善と悪という二つの名から外れるものはないから，(246) したがって，もし善と悪がいずれも神から出でかつ神の御意によるといわれるなら，(247) かの暴虐者アフレマンは理由もなく悪評されたわけで，罪もなく（悪の）根源者でもなく，決して邪悪かつ

12.『断疑論』

叛逆的ではなかったし，（またこれからも）ないであろう。(248) 書に「アフレマンは叛逆的であったし，また彼（神）は彼らを天国から追い出した」といっていることは理由のないこと，(249) というのは，かの叛逆・命令不履行も同じように神の御意によるからである。

(250) もしまた (agar-iz) 善が神から出て神の御意により，悪が人間から（出た）といわれるなら，ではアフレマンは（悪の）根源者ではなく無辜であって，彼を呪い忌避することは理由のないことである。(251) 万が一，これらすべての不祥と悪が別の実質から（出た）ではなくて神自身の自性と独一的実質からであるなら，(252) それでは，神は自身の魂に対する敵・仇敵なのである。(253) こういうことも：罪悪の実質なくして罪悪性が生じたということは，ひどい迷妄である。(254) よき実質から出る罪悪（なるもの）を考えることが迷妄であるように，あらゆる罪悪の根源的根源者であるかのアフレマンを，神の創造や造出より（出た）と考えることは，さらに迷妄的である。(255) 要約すればこういうことになる：たとい神の御意の中にないものが最初に存在しても，もしあらゆるものが神の御意によるなら，誰も造罪するものはなく，(256) 預言者やデーンを発遣したのは理由のないことである。(257) もし造罪のかどをもって誰かを有罪にすべきなら，あらゆる罪と罪悪との根源・（それの）造作者・保持者・造出者たる者を有罪とするほうが，よりふさわしいのである。

(258) たとい悪と罪悪がアフレマンか人間から（出た）といわれても，それ（でも），彼らは同じように神によって造出されかつ創造されたものであるから，したがって彼（ら）の根源・原因（たるもの）は同じように，悪の根源・原因たるところのものであり，(259) 悪よりさらに悪いものである。

(260) こういうことも注目されたい：もろもろのドグマ (kēšān) もみな，それぞれの信徒に説いて訓戒したときは，おのが教祖を引用してこういっている：「汝らは善行をなせよ，罪悪からは身を退けよ」と。(261)「汝らは（罪悪を）犯してはならぬ，余は永遠の悪界に投ずるぞ」と彼が命じた罪悪——それがどこから，そしてどのような根源から，出るはずのものかをそれら（諸ドグ

381

マ）は，迷妄のために，考えてみないのである：(262) すなわち，もし同じように神から（とする）なら，それでは，彼が創造しないほうが，創造後に（罪悪を）顕在化させてそれから身を退くように命じた（りする）よりも，もっと楽（らく）だったろう，ということで，(263) 悪を創造しかつ造出することの利益と原因（なるもの）を（この）私が一つも識らない，というときにとっては，だ。[36]

(264) 次に，彼らの諸書の中で善行と罪悪について，矛盾しながら，彼はいっている：(265)「善行も罪悪も二つとも余から出ている。(266・267) 余の御意によらなくては，諸魔も諸呪者も人に害を加えることはできないし，誰もデーンを受容せず善行もなさなかったし，また誰も悪しきデーンに奔らず罪悪を犯したこともない」と。(268) 同じ書の中に彼は（語を）多数つらねていき，[68]かつもろもろの庶類に呪咀を加えて（こういって）いる：(269)「人間は，余が彼らに望んでいるかの罪悪を，何故に望み行うのか」と。(270) おのが御意と行為のうえに（その）手がありながら，しかも彼（神）は身体と魂とへの罰に彼ら（人間ども）を恐れさせているのである。(271) また別の箇所で彼はいっている：「余自身，人間の迷わし手である。何となれば，もし余に（その）意欲がありでもすれば，では余によって彼ら（人間）は正道を示されもしようが，しかし余には彼らが悪界に赴くようにとの意欲（のほう）があるからである」と。(272) また別の箇所で彼はいっている：「人間はそれ自身，罪悪の実行者である」と。(273) これら三種（の言。§265以下の言を分類して）で神は，自身の庶類に関して，それぞれ異なる種類のあかしを提示している。(274) 一つはこれ：彼自身，アフレマンである。(275) 一つはこれ：彼自身，庶類の迷わし手である。(276)[69]（もう一つはこれ）：「時には（迷わしを）余が行い，時にはアフレマンが（行う）」というのとは別の表現（brahm）で彼は自身の庶類を，迷わしにおいて，アフレマンと同坐させている（ということ）。(277)「人間は罪悪をみずから犯すものだ」と彼（神）がいっていることによって，したがって彼は自身を，罪悪から遠ざかることにおいて，アフレマンと同坐させたのである，(278) というのは，もし人間が自身の実質と自身の迷妄から罪悪を犯すのであるなら，それなら，神はアフレマンとともに，罪悪性か

らは遠ざかっているからで，(279) それというのも，(罪悪は) 神からでないのと同じように，アフレマンからでもないからである。

(280) 次は，人々がムウタズィラ派 (al-Muʻtazila, Pāzand 形は Muθzarī) とよんでいるものどもに問われたい：(281)「神はすべての人間を，自由になりたいとの意欲に従って罪悪から守り，悪界から救い，天国に赴かせようと欲するか，それとも，そうではないのか」と。(282) もしそうではないと (同派が) いうなら，(283) それでは，神の少善性，その御意の極悪性についてそれ (同派) が断定したことになり，(284) この理由から，(彼の) 神性には称讃は適切でない。(285) もし彼 (神) は欲していると (同派が) いうなら，(286) それでは，神が善を意欲することについてそれ (同派) が断定したことになり，(287) この理由から，(彼の) 神性には称讃が適切となる。(288) こういうことも：もし彼が欲するなら，彼は実行することができるか，それとも，そうではないのか。(289) もしそうではないというなら，(290) それでは，神が欲するところのことにおいて，彼の無能についてそれ (同派) が断定したことになり，(291) この理由から，(彼のいわゆる) 全能なる神性 (なるもの) には称讃は適切でない。(292) もし彼は御意を実行することができるというのなら，(293) それでは，彼が欲するところのことへの (実行) 能力について，それ (同派) が断定したことになり，(294) この理由から，(彼の) 全能なる神性には称讃が適切となる。(295) 次はこういうこと：彼が御意を実行し得るとき，彼は実行するか，それとも，そうではないのか。(296) もし実行すると (同派が) いうのなら，(297) それでは，すべての人間を罪から守り，悪界から救い，また悪界から離脱させ (⁺rahēnīdan＜rastan) そして天国に伴うことについて証明されたであろうに，(298) このことは，その存在を証明されていないものであり，また彼ら自身のデーンも (これを) いつわりとしているものである。(299) もし，彼は御意を実行し得るが，しかし実行はしないというのなら，(300) それでは，神の非慈愛性と人間への敵性と彼自身の御意の不偏性 (行われないこと) についてそれ (同派) が断定したことになる，(301) というのは，もし実行するなら，それでは，彼自身には被害もなくて人間には利が

あり，そして彼自身の御意が行われるからであり，(302) もし実行しないなら，それでは，彼自身には利はなくて人間には被害があり，そして彼自身の御意が行われないからである。(303) 次はこういうこと：(神は)御意をもちながら実行しないのか，それとも，御意をもたないのか。(304) もし御意をもちながら実行しないというのなら，(305) それでは，神は善を意欲するが善の実行を欲しないことをそれ（同派）が断定したこととなり，(306) このことは，矛盾性の故に，思うてみることさえ愚劣である。(307) もし（彼は）欲せず，この故に（彼は）実行しないというのなら，(308) それでは，自性における神の無力性か，それとも，彼（神）の御意の破壊者の存在かについてそれ（同派）が断定したことになる。

(309) 要約すればこういうことになる：この世界には対抗者なく対立者なく，知能と善性と力能において完全なる統御者のあらんことを，（そして）たいていの人間やその他の庶類の（受ける）これらすべてのふさわしからぬ行為，ならびに暴虐と不祥と痛苦と苦悩のなからんことを，(310) というのは，統御者が対抗者をもたず，知能において完全なるときは，悪の起こらぬこと，悪を除去する手段と療法をも，彼は知っているからであり，(311) 善性において完全でありかつ慈愛者であるときは，悪の生起する発端たることを欲せずして，（それの）無いことを欲するからであり，(312) 力能において完全なるときは，悪は一つとして起こり得ないからである。(313) 今や，神を統御者とする世界に，悪の存在することは疑いもなく眼前にあるから，したがって（問題は）統御者は対抗者をもっているということか，それとも，対抗者がないということか，というこれだけよりほかにない，ということである。(314) もし（神が）悪の起こらぬこと，悪を除去する手段と療法を知らなければ，そのことから神の不完全知（「知能の完璧でないこと」）が明らかとなる。(315) それとも，彼に悪があって善を意欲するものであるなら，彼の御意の善性が不全なることが明らかとなる。(316) それとも，悪が起こらぬことも（それを）除去することもできないなら，神の力能不全（「力能が完璧でないこと」）が明らかとなる。(317) また（神が）知能または善性または力能と，どれ一つにおいて

12.『断疑論』

も完璧でないときは，全能，全善，全知なる神性（という点）において，称讃奉仕は適切でない。

(318) こういうことも知られたい：行動的意欲をもつ存在物はどれでも，相状なしには不可能であったから，(319) したがって，もし創造主の根源的存在が神性であり，そして彼の相状が光明と善美と芳香と清浄と正善および賢知なら，それでは，かの暗黒と醜悪・悪臭・汚穢・邪悪・無知のごとき，それ自体魔的相状たるものは，彼（創造主）からは遠いものたるべきである。(320) もし彼の根源的存在が魔的な物であり，そして彼の相状が暗黒・醜悪・悪臭・汚穢・邪悪・無知なら，それでは，かの神性なる相状は彼からは疎遠である。(321) もし唯一者があって，その彼からこの万有が由来し，その彼の中において不可欠の自性が（善悪）混合しているのなら，それでは，それ（万有）には，不可欠性の故に，自身の不祥の中に幸いを求めても，彼からの分離はないのである。(322) もはや今は，（天国への）希望をもつ人々の希望は消滅した，(323) というのは，善行を行なったために天国に行く者も，そこでも悪と不祥とともにあるからで，(324) それというのも，そこでも悪から離れ分離せる (az wad jud ⁺wizārdag) 幸いはないからである。(325) もし不祥から離れた幸いが一つでもあるなら，それでは，幸いから離れ分離せる不祥もあるわけで，(326) 幸いと不祥が実質を異にする，〈相互に〉異なるものであるというこのことは知悉のことである。(327) 実質を異にする，相互に異なりかつ分離せるものたる二根源が彼ら（人々）に明らかとなってみれば，したがって希望をもつ人々の希望も正しいのであり，(328) また彼らの知も叡知あるものである。

(329) こういうことも知られたい：それ自身の際限（限度）をもたぬ言説は習法に反し維持できないということ。(330) こういうことも：神性の領域は特に知的であるということで，(331) 知性の領域は一つには利益的行動で，(332) 利益の行動とは加害せぬということである。(333) 加害には三種がある，(334) 一つは，その者自身に利とならず他（者）にも害（となるもの），(335) 一つは，他にも利でなくまた自分自身の害（となるもる），(336) 一つは，自身の害にして他にも害（となるもの）。(337) また，知で行動する神に

は，アフレマンや諸魔を造出しても，そのことから自身の利はなく他にも害となるし，(338) また，彼自身の御意も，彼自身の行為を通しては，行われるものでないことがいつも明らかになるであろう。

(339) こういうことも：もし神の御意が善であり，(340) そしてその御意が永遠的であり，(341・342) また，当然のことながら，原初から終末まで，世界において，神の御意の正善性と順理性がともに (hamāg wehīh ⟨ud⟩ frār-ōnīh) 行われたであろうように御意が有能だったろうなら，(343) 極悪と背理が，しかもはなはだ数多く，行われていることが明白な当今，(344) それでは，神の御意によって行われているのか，それとも，彼は欲しないのか——これら⟨二つ⟩のうちの一つとなる。(345) もし神の御意によって行われているのなら，明らかなことは，神の御意が悪に対してと同じように，善に対しても少ないこと，か，(346) それとも，彼が御意において無力かつ変移的ということ，かである。(347) 意欲は原因なしに，あるいは変えさせる者なしに，変えられるものではないから，(348) したがって，原因のためにか，それとも，他に彼の御意を変えさせる者があるのか——これら二つのうちの一つとなる。(349) もし神の御意によらずに行われているのなら，(350) それでは，明らかなことは，神はその御意においていためつけられてその御意も完全でないということ，か，(351) それとも，彼の御意を抑える破壊者がいるということ，かである。

(352) こういうことも：「神はアーダームに，天国にあるこの一樹は食うな，と命じた」といっているものども (353) ——彼らに問われたい：(354)「この樹は食うなとて神がアーダームに与えた命令はよかったか，それとも，悪かったか」と。(355) もし命令がよかったら，明らかなことは樹が悪かったということで，(356) 神は悪い物を造出すべきでない。(357) もし樹はよかった（が）命令が悪かったなら，それでは，神は悪い命令を与えるべきでない。(358) もし樹がよかったのに彼が食うなとの命令を与えたのなら，それでは，おのが無辜の僕ども（しもべ）から幸いを奪うことは，神の善性と慈愛性に適しないことになる。

(359・360) こういうことも：「神は，欲するものをすべて信仰と正道に伴い，そして彼は報償として永遠の安楽に赴かせるも，彼が欲しないものは，その際，彼は（彼らを）デーンをもたず神を識らぬものとして捨て去り，そして彼はこの理によって（彼らを）悪界と永遠の不祥に投じる」といっているものども（361）――彼らに問われたい：(362)「デーンと信神と正道に必需と欲求をもつ者がよいか，それとも，道をもたず，またデーンをもたず，また神を識らぬことに必需と欲求をもつ者が（よい）か」と。(363) もし「神のデーンと正道に必需と欲求をもつ者がよい」というなら，(364)（一方では）かの人は，人に対する神の御意は彼をデーンをもたず，また道をもたず，また神を識らぬものとして捨て去ると，こういうことであると〈唱え〉,（かと思うと他方では）預言者または彼に対する友たる別の人が神のデーンと正道を唱えている当今，(365) それでは，神のほうが彼（人間）に対してよりよくかつより利益的か，それとも，かの預言者（または）かの人のほうか」と。(366) もし「彼（人間）に対しては神の御意のほうがよりよい」というなら，それでは，神を識らず，またデーンを受容せず，そして道をもたぬことがよりよいのだと彼はいったことになるが，これは愚劣の故に受け入れることもできず，また教えることもできないものである。(367) もし「正しいデーンに入って神を識ることのほうが，彼（人間）に対してよりよくかつより利益的」というなら，(368) それでは，預言者と（かの）人のほうが彼（人間）に対しては神よりもよりよいのだと，彼は明らかにいったことになる，(369・370) というのは，「人間が（能く）正道をもちかつ神を識ること」に必要性（abāya⟨s⟩t）をもちかつそれに欲求をもつ人のほうが，彼ら（人間ども）が悸れる道をもち，（神を）識らずかつデーンをもたぬことに欲求（御意）をもつかの神よりは，はるかによりよいからで，（かかる）神はかの人よりもはるかに，より悪いのである。

(371・372) こういうことも：もし人間の罪悪心と造罪が神の御意によるなら，神は罪悪心を創造して罪悪を人間の内奥に植えつけながら，しかもアフレマンのみが罪悪をつくるように彼（人間）によびかけて駆りたてている当今，それでは，彼・神の（創造した）罪悪心と彼のそれへの必需のほうが，アフレ

マンのよびかけよりも,より欺瞞的にしてより邪悪である。(373) アフレマンからの(よびかけである)罪悪の実行への彼(人間)の聴従——これが,神の創造した罪悪心と剰(あまっ)さえ(神の)それへの必需とから出ているとあっては,今や知悉のことは,神はアフレマンより,はるかにより邪悪にしてより造罪的だということである。

(374) 私どもが挙げたこれらの論法についてであるが,(376)「すべて正しいか,または,すべていつわりか」か,(377) または,「あるものは正しくかつあるものはいつわり」か,という (375) この二(論法)から一つ(の事実)が成立し得る。(378) もし「すべて正しい」なら,この論法に該当しない論法はみないつわりであって,物は正しいものといつわりのものとの二となり,(379) もし「すべていつわり」なら,この論法に該当しない論法はみな正しくて,物は同じく二となる。(380) もし「あるものは正しくかつあるものはいつわり」なら,(381) それでは,正しいものは正義の実質と家門から,(382) そしていつわりのものは虚偽の実質と家門と根源者から(出ていることになる)。(383) 根源は二つ:正義(真実)の来源たる一つ(と)虚偽(の来源)たる一つである。

第12章

(1) 別(のこの章)は彼ら(イスラーム教徒)のことばの矛盾性についてで,デーンカルドの書から引く若干の語句(である)。

(2) 彼らが(次のように)いっていることである:「神は万物の周りにあり,いかなる物も彼の内側にはない;(3) また彼は万物の内側にあって,いかなる物も彼の周りには存しない;(4) 彼は万物の上にあって,いかなる物も彼の下には存しない;(5) また彼は万物の下にあって,いかなる物も彼の上には存しない;(6) 彼は王座の上に坐して場をもつものではない;(7) また彼は蓋天の内側にあって,いずこといえるもの(kūmand)ではない;(8) また彼はいかなる場の中にも存せずして存する;(9) 彼は一切所に存し,しかも彼には場がない;(10) また万物は彼自身の御意により(て創造さ

12.『断疑論』

れ, しかもそれ自身) の有(もの)となる;(11) 根源者(たる彼)は怨憎と善性;(12) また彼は永遠に無慈悲にして善意的;(13) また暴虐を加えて暴虐者ではない;(14) また彼は, 神の命令を実行も拒否もできないものに命令した;(15) また彼は無辜にして堕獄するものを造出して(しかも)暴虐者ではない;(16) 不義のために人間の堕獄するようになることを知悉していて, しかも彼の御意はそこに(あった);(17) また善を意欲し, あるいは彼の御意は(そうで)なかった;(18)(救済)方法は創造して(しかも)自らは苦悩は(創造し)なかった;(19) それとも, 彼は(救済)方法をでなくて(救済の)方法なき(破局)を創造し(しかも)対抗者のある身ではない(無敵である);(20) 試行を必要とし, しかも全知である;(21) 命令拒否者でしかも彼自身は(命令することを)欲する;(22) また僕となることを拒否するものをよき統王にする;(23—25) また彼の命令はみな行われるが彼の命令拒否者も見出され, また彼の御意も一部では行われない;(26) また彼の御意を拒否するものも御意の破壊者ではない;(27) また彼はおのが御意でないことを命令した;(28) また彼の命令は御意に矛盾せず, また彼の命令は御意に矛盾する, は二つとも順理的である;(29) また彼のよき御意(のほう)は(その)行われないことを欲することはない, (30) それでいて悪事を実行する彼の邪悪な御意──そ(のほう)が(彼の)裁決である」。

(31) 他にも, 諸ドグマのことばの中にある矛盾性は多い。(32) もし, 中庸的なデーンがこれら多種の, 矛盾あることばから出てくることができなくても, (それは)しかたのないことである。

(33) そのうえ, 彼らのいうことは「二元論者(ゾロアスター教徒)の(いう)神の働きは力弱くかつ非力で, (34) 神の偉大にふさわしいように彼らがいっているがごときでない」。

(35) この問題についても, いくつか私は明快に述べよう。知っていただきたいのは, (36) 神性なる物を彼(ゾロアスター者)のほうがより力弱くかつ非力にするだろうか, (37)(次のように)いう者(イスラーム教徒)よりも, ということです:「その造出したおのが諸造出物はみな, 命令不履行・禁戒不

聴従の輩に伍し，(38) ついには，極卑身の庶類まで彼の御意に刃向かっている」(とか)，(39) 同じく「彼が発遣した多くの彼の預言者ら・使徒らを彼は殺し，はりつけにした」(とか)，(40)「そして一部は劣小，卑賤かつ価値なきものにした」とか，(41)(また)こういうことも：「彼は自ら造出した悪人どもからおのが王土を守らなかったばかりでなく，おのが王土にさえ自ら敵対した；(42) また彼はおのが功業を(救済)方法もないように破壊するし，(43) またおのが庶類を自ら無能にし，(44) おのが罪業的行為をもっておのが無辜の僕どもを自ら殺し，(45) おのが忠誠な友を，自ら，力弱くして困窮しまた造罪者にして迷妄なるものにしており，(46) また，例えばアフレマンのような，無辜のひとりの僕に対する彼の怒りが，おのが無数の庶類を滅亡惑乱させており，(47) 彼(神)自身の行為に由来する(庶類の犯す)限られた罪に対し，無辜のものどもに限りない別の罰を彼は科している，(48) 彼は慈悲の門を最終的に閉ざし，(49) また彼はおのが庶類どもの痛苦と苦悩と不祥に満足することがなく，(50) また永遠に(おのが)行動と統御の中に(庶類を)掌握しており，(51) また初(時)と中(時)と終(時)とも，彼の下すもろもろの命令は蹻えることができない」(などというイスラーム教徒よりも，です)。(52) それとも，(神の力をより弱くし非力にするのは次のように)いう者(ゾロアスター教徒のほう)であろうか：「彼は全知にして全能なる，永遠の支配者たる神で，(53) その彼の支配権と知と力は永遠，無限時間的であり，(54) また善の来源たる善性は彼のもの，(55) また彼の行為は有理，その命令は利益的，(56) おのが僕どもには善意者にして慈愛者，(57) また勝利の持来者，僕への全幅の報償者，(58) おのが有罪のために敵の捕囚となっている造罪者に対し，(神は)有罪の分離(除去)と罪悪と汚れからの祓浄とによって，愛憫者であり，(59) 終末には，よき庶類はひとりも敵どもの捕囚中に遺棄する者でなく，(60) また，もろもろの敵との，身心における戦闘と闘争に際しての彼ら(よき庶類ども)の庇護者と支持者と扶持者，(61) またおのが主権に対する，異質の対抗者(アフレマン)からの，全幅の守護者，(62) また，その軍兵と軍勢は闘争と戦闘に際し勝利者となり，(63) 終末には，おのが庶

12. 『断疑論』

類への, 全罪悪に対する勝利の持来者（にまします）」と。

（64）また, 光明・有知・具見および生と健康, その他の神的な施物のほうに, 暗黒と無知と盲目・死・病気, その他の魔的な特質のほうよりも, 全幅の力と強大さが看取されるから,（65）――というのは, 光明が一切の暗黒を除去するものであることは知悉のことであり,（66）また有知が無知に勝つことも（同様であり),（68）生命の強力かつ強大なるがために,（マシュヤグとマシュヤーナグという原初の）ふたりの人間から庶類の無数化（大繁殖）が生じており,（69）一般大衆もこのことを信じているが故に,（67）また生（生命）が死にまさって強力かつ強大であることも（同様だ）からである――（70）〔同様にまた〕具見と健康に, 盲目と病気にまさること幾倍もの勝利と強力さのあることも明らかである。

（71）このことも注目すべきである：「対抗者たるドルズ（アフレマン）は何を求めているのか, 神の軍勢は何のために戦っているのか」。（72）かの対抗者が求めていることはこういうことだ：「われは光明のこの大地と天と庶類を無くしてしまおう,（73）あるいは, わが有とし,（彼ら）自身の実質から変えてやろう,（74）（これは）神が死者の起生と建直しを行い, そしておのが庶類を立ち返えらすことのできないために, である」と。（75）神の軍勢は, かの対抗者がその必要のために欲にとりつかないようにと, このために戦っているのである。（76）こういうことも：オフルマズドの軍勢は原初の創造よりこのかた, 戦いにおいて勇猛, また意欲において勝利者である。

（77）これ（らすべてのこと）から明らかになるのは, この天と地との（神による）創出作用は存在するから（ka ast）,（78）彼（アフレマン）がすべての庶類と被造物を無くすことができても, しかし神の極卑身の庶類一つでさえ無くすことはできないということだ,（79）というのは, たとい死のために肉体が生霊から分離しても, 虚無化やその自性からの実質の変易はなくして, 特質の遷移と（一つの）場から（他の）場への,（一つの）働きから（他の）働きへの（彼の）移動がある（のみだ）からであり,（80）そのうえ, 肉体と生霊との実質がそれぞれ自身の実質を保って別の本務に立ちもどることも立証さ

れているとおりだからである。(81) また，この庶類と被造物が増殖しつつ，(かつ) 必要の時ある間はつねに活動しつつ，(かつ) 利益(やく)しつつ，存在していることも明らかなのである。

(82) この問題については，ここまで（取り扱ったこと）で，完璧（十分）と思われる。

第13章[74]

（1）次は「初めの書（Pāz. naxustīn niβā）」の矛盾と愚劣なことばについて（であるが），（2）――それを世人は「起源の（書）[75]」とよんでおり，（3）そして，それについて，神が自らの手で書きモーセに授けたということに，すべての意見が一致している――（4）（これは）あらゆる邪悪をもって，またその中にある多くのことをもって，それがいかに誤謬に充ちているかを，あなたがたの啓蒙のために，ここで私がいささか披露するためである。

（5）書のはじめにいっている：（6）「はじめに，(底に) 冷水をもつ大地[76]と広がり[77]と暗黒い水があった。(7) そして神の霊（waxš）はこの黒い水の流れ（「川」）の上をつねに漂うていた。(8) ついで神はいった『光があれよ（bād rōšnīh）』と。(9) そして光があった（ud būd rōšnīh）。(10) すると，その光は神にきわめてよいものに(⁺abēr ⁺nēkōg)[78]みえた。(11) そして彼は光を昼に，暗を夜に分け（て定め）た。(12) そして彼は六日かかって，この世界と天と地を造出した，(13) というのは，七日目に彼は休んで休息したからである。(14) ほかならぬこの秘蹟の故に，今日でもユダヤ人はシャムバト（šambat < šabbāṯ, Pāz. šumbat）の日に休むのである。(15) こういうことも：彼はアーダームとその妻ハッワー（Ḥawwā, Pāz. Havāe, 以下エヴァとする）を造出した，(16)（それも彼らを）天国の園に創ったのである，(17)（これは）アーダームがその園で耕作をし（それを）守護するためである。(18) 自身，神であるアドナイ（Adonay, Pāz. Adīnō[79]）はアーダームに命じ（ていっ）た：(19)「この園内のどんな木（の実）でも食うてよいが，知慧の木だけは別だ，(20) というのは，それを食うと死ぬからだ」と。(21) また彼は次

に蛇を園内に創ったが，(22) その蛇がエヴァをだましていうには「わたしはこの木の採果を食いアーダームに与えよう」と。(23) そしてそれはそのとおりにした。(24) アーダームも同じように食うた。(25) すると，彼（アーダーム）が善を悪から区別する知慧が（エヴァとのふたりに）ともに生じて，（しかも）彼らは死ななかった。(26) そして彼（アーダーム）は見て自分がはだかであることを知り，(27) 木の下にかくれた。(28) そして彼ははだかを恥じて，木の葉をおのがからだの上にかぶせた。(29) ついでアドナイは園に行ってアーダームを名指してよんで（いった）：「汝はどこにいるのか」と。(30) アーダームは答えた：「ここに私は木の下にいます，私がはだかでいるためです」。(31) アドナイは怒って (32) いった「汝がはだかであることを，誰によって汝は知らされたのか。(33) わしが食うてはならぬといったあの知慧の木を，汝はまさか食うたのではあるまいな」と。(34) アーダームはいった「あなたが私にくれたこの女によって私はだまされ，そして私は食うたのです」と。(35) そこでアドナイはエヴァに問うた「汝はなぜこのようなことをしたのか」と。(36) エヴァはいった「この蛇によって私はだまされたのです」。(37) そこで彼は呪いながらアーダームとエヴァと蛇を三者とも，天国の園から追い出した。(38) そして彼はアーダームにいった「食物は汗をながし息をはずませて汝が得りなさい，(39) 汝の命の終わりまでは，な。(40) また，汝にとって大地にあらゆる汚れと茨が育つように！」と。(41) そして彼はエヴァにいった「汝にとって妊娠が痛みと苦しみとともに，また汝にとって分娩が非常な難渋とともにあれ！」と。(42) また彼は蛇にいった「もろもろの四足獣や野や山のもろもろの野獣のなかで汝（だけ）が呪われたものとなれかし。(43) また汝には足なかれかし，(44) そして汝の歩行は腹によれ（かし），また（汝の）食物は塵であれかし。(45) そして汝の児孫や妻女の（児孫の）中に，彼ら児孫が頭を咬むような怨憎と仇敵化が，ともに生じるように！」と。

(46) こういうことも彼ら（ユダヤ人）はいっている：「彼はこのゲーティーグ界を，万物の中にあるどんなものともいっしょに，人間どものために創成して創造したし，(47) また彼は人間をあらゆる庶類と被造物ならびに湿潤（海

と乾燥（陸）との支配者にした」と。

（48）さて私は，彼らの駄弁の頑迷（handrag）と彼らのことばの愚劣について，いささか述べることにしよう。（49）すなわち，かの（底に）冷水をもつ大地と広がりと暗と神と彼の霊（waxš）と黒い水は，どこに，またどのような領域（wimand）を有して，存在していたのか，（50）あるいは神自身はどのような種類のものだったのか。（51）彼が光でなかったことは明らかである，（52）というのは，彼は光のあるのを見たとき，（53）（それまでは）彼はまだ見てはいなかったが故に，よきもの（⁺nēkōg）に見えた（のだ）からである。（54）もし彼らが彼は暗だったというなら，それでは，暗の根源が光と裏腹のものであることも明らかとなる。（55）もし彼らが（神は）暗でなくて光だったというなら，（56）それでは，自身（すでに）光だったのに，何故に，彼が光を見たとき，驚異に見えたのか。（57）また，もし彼らが（神は）光でもなく暗でもなかったというなら，（58）それでは，彼らは光でもなく暗でもない第三のものを示す必要がある。

（59）そのほか，そのものの場と在所(gāh ud māništn)が暗と黒い水との中にあり，かつそのものが（それまでに）終始，光を見たことがなかったという，そういうものが光を見ることがどのようにしてできたのか。（60）また，彼の神性は何ものから（出ているの）か，（61）というのは，今でも，暗の中に在るものは誰でも，光を見ることはできないからである。（62）こういうとも：もし神の根源と在所が暗であったなら，光に対向するということが，彼にどのようにしてできたのか，（63）というのは，暗は光に対向することができないということは知悉のことだからで，それというのも，それ（光）は（暗を）除去し放逐するからである。

（64）次はこういうこと：(底に) 冷水をもつ大地と広がりとは有限だったか，それとも無限か。（65）もし有限だったならば，それの外(そと)に何が存在していたのか。（67）私の現に見ているように，この大地とゲーティーグ界が原初のそれでない（今の）時に，（66）もし無限だったならば，彼（神）の（その）無限性は（いったい）どこへ去ったのか。

(68) かのアドナイはいった：(69)「光があれよ」と。そして（光が）あった (bād rōšnīh ud būd rōšnīh)。(70) そこで知るべきは，アドナイは光が生じたよりも前（の存在）ということ。(71) 彼が光を創成しようといつも望んでいてそれがあれとの命令を彼が下したとき，そのとき彼は，光とはどんな種類のものか，善美であるのかそれとも醜悪なのか，その心〈で〉考えた。(72) ところで，もし光がそれ自身の相状によってアドナイの知と思考の中に到達したとするなら，それでは（こういうことが）明らかとなる：光は常在していた——アドナイの知と想念の中にも，(73) またそれの外にも——ということ，(74) というのは，（それの）存在していることが明らかでなければ，いかなる物（いかなる者）も（それを）知りかつ捕捉（把握）することはできないからである。(75) もし光が常在していたならば，それでは，アドナイによる造出はないことになる。(76) またもし光はそれ自身の相状によって（アドナイの）知の中にあったのではないと彼らがいうなら，それでは，彼はどのような種類のものかを自らは知らなかった光を，彼はきわめて無知のままで求めていた（ことになる）し，(77) それとも，彼が全く思いも知りもしなかったもの（光）を，心で考えることがどのようにしてできるのか。

(78) またこういうことも：光があれとの命令を彼は物 (tis) にか，それとも，物でないもの (a-tis) に与えたかである，(79) というのは，命令は命令履行者に与え得る（ものなる）ことは確実だからである。(80) もし彼が光という存在物に（命令を）与えたとすれば，それでは，光そのものが存在していた（ことになる）。(81) またもし彼が命令を非存在物（無）に与えたとすれば，それでは，この非存在物はアドナイの命令をどのようにして聴取したのか，(82) あるいは，余が光でありたいと，こうアドナイが欲していたことを，（この非存在物は）どのようにして知ったのであるか，(83) というのは，非存在物がアドナイの命令を聴取しないことは，彼が与えなかったのと全く同じようなものだからで，(84) 存在しないものは，いかなる方法をもっても（ものを）考えることもできないのである。(85) 存在しないということは (ān ī ast)，アドナイが余は（光で）ありたいと，よってもって（今も）欲している

その有様，それと同じ有様をもって（pad ān ēwēnag），彼は（かつてそのように）欲していたということを知っていた認知者・先見者（pēš-wēn「先立して見ているもの」）でもあったものがいることなくしては，（何物も）存在しないということを打ち出しているのである（brēhēnīd kū nēst）。(86) もし彼らが，（光よ，汝は）あれよと（命じて光が）あった（bāš ud būd）とて，アドナイがいったという彼のことばから光が生じた，というなら，(87) それでは，アドナイと彼の自性とは暗黒的であったし，また彼はそれまで光なるものを見たことはなかった，ことになるから，そうすると，光は（彼の）ことばからどのような具合にして生じ得たのであるか，(88) というのは，生まれることばは心（そのもの）であると，こういうことが知悉のことだからである。(89) もし彼らが彼のことばは光（そのもの）であったというなら，それでは，きわめて奇異なことである，というのは，それでは光は暗の果実，また暗はそれから出た種子，光は（単なる）徽章（daxšag）か，それとも光は暗の中に包まれていたとこういうこと（になる）からである。(90) 命令は命令履行者なくしては下せないと私が（上に）述べたように，（今やこういうことが）明らかとなる：(91) この光が（さきに）存在していて，あとで命令が下されたというのが妥当なことだということである。

(92) 次はこういうこと：彼がこの庶類と被造物と天と地〈と〉その〈中にある〉もの（〈ud〉čē-š 〈andar〉）を六日かかって組成して創造した，(93)（そして）七日目にそれを休んだ（ということだが），(94) そうすると，彼はこの世界を（いかなる）物からも創造せずに，（光よ，汝は）あれよと（命じて光が）あった（bāš ud būd）とて，彼の命令からのみそれが生じたということになるが，(95) それでは，その六日という長さは何から（来ているの）か，(96) というのは，その者の労苦といっても，いうのに「（光よ，汝は）あれよ（bē bāš）」だけにすぎない者（にとって），かの六日という長さははなはだ不適切だったし，(97) また彼にそのことで労苦などあるべくもないからである。(98) [82] もし無があり，（その無から）創成することができ，かつ（万有を創成する）力があり永続的でもあることばを創成し得るのなら，(99) そして

12. 『断疑論』

（それでいて）もし日（数）という時間をかけてでなければ創造することができないなら，それでは，無から創造するとはいうべきではない。（100）また，次はこういうこと：日数の計算は太陽によって知られるから，そうすると，太陽の造出よりも前に，日の数や日々の名も何によって知られるのか，（101）というのは，彼らは，彼が太陽を四日目——すなわちそれ自体第四のシャムバト——に創造したといっているからである。（102）こういうことも：彼は七日目に何の故に休息（と）休みをしなければならなかったのか。（103）世界の造出と創造に「（光よ）あれよ」といっただけの（時間的な）長さと労苦が彼にあった（だけな）のに，（104）それなのに，彼の労苦が取りたてられて彼が休みをする必要があったとは，（いったい）彼の日（数）はどのように数えられているのか，（105）というのは，もし彼が「あれよ」とある時間をかけていったとすれば，それでは，彼に労苦と休息が同じ時間だけあればよいことになるからである。

（106）次はこういうこと：彼はアーダームをエヴァとともにどういう理由と原因で創造したのか（ということである）。（107）彼の御意を彼ら（ふたり）が実践するためなら，それでは，彼の御意の実行から外れないように彼は何故に創造しなかったのか，（108）というのは，彼らが彼の命令に聴従するものとならないことを（創造の）行為に先立って彼が知っていて，しかも彼はついに（彼らを）創造したのだから，これでは今や彼が立腹して彼らを怒ったとて理由のないことだからである。（109）それというのも，アドナイ自身，おのが御意が完全に行われるところの者でなかったことが明らかで，意欲をもちながら（自ら）おのが意欲（御意）の対抗者にして仇敵たることが明らかだからである。（110）もし，（創造の）行為に先立って彼が識らず，また彼の命令に彼らが聴従しないだろうことを知りもしなかったのなら，それでは，彼は無知で乏識のものである。（111）もし彼ら（ユダヤ人）が彼の御意そのものは（彼らふたりが罪を）つくらぬことにあったというならば，それでは，のちになって彼は（罪を）つくるようとの命令を何故に下したのか。（112）また彼にとって（彼らが罪を）つくらないということにどんな罪が（あるというの）か。また，

どのようにして進むだろうか（113）——車駕（rah）につながれそして鞭（tābānag）で駆りたてられる馬は、だ。

（114）こ（れら）のことばから、もろもろの惑わし手の兆候と徴証(しるし)が明らかとなるが、（115）その彼らの意欲と命令は相互に矛盾し非許容的である。（116）またもし彼の御意と必需が、彼の御意から彼ら（ふたり）が離反しないと、こういうものであったならば、（117）今や、彼の御意から離反するにある彼らの力と必需のほうが、彼らが離反せぬようにとの彼のそれよりも、はるかに、より強力にしてより強大だということになる。（118）もし、彼の御意が、彼ら（ふたり）が彼の御意から離反することにあり、そしてそのことに対する認識も（彼に）あって、それでいて、離反するなとの命令を下したのであるなら、今や、哀れなアーダームは、（エヴァともどもに）離反しないことがどのようにしてできたであろうか、（119）また、根源を成していたとしても（bun †dāštag-iz）彼（アドナイ）の御意は（もはや）存在に値しない（nē sazēd būdan）、（120）というのは、（食うな、食えば死ぬとの）彼の命令から離反することによっては、命令にだけいつわり（食うたが死ななかったので）が生じ、離反しないことによっては、（彼アドナイの）御意と認識との双方のいつわりが生じるからである（§20参照）。

（121）次はこういうこと：彼がかの園を設けたのは何の故にか、またどんな利益のために（それを）創造したのか。（122）また「汝らは食うな」と彼の命じた知慧（dānišn「知識」）の木そのものと、食わぬようにと彼の与えた禁戒もだが、（それを）彼は何の故に造出する必要があったのか。（123）そして彼の禁戒や命令から明らかなことは、彼には少知と無知のほうがより愛好されたということであり、（124）またそれへの憐望(きょうぼう)のほうが知慧や知識（へのそれ）よりもより多いということであり、（125）また彼にとっては利益さえも、無知のほうから（得るもの）がより多かったということである、（126）というのは、彼ら（ふたり）が知慧の木を食っていなかった間は、彼らは無知であって彼に対して命令不履行や不善ではなかったし、（127）彼らに知慧が生じたと同時に、彼に対して彼らは命令不履行者となったし、（128）それでいて、彼は彼

12.『断疑論』

らの無知を気にかけることもなかったからである。(ところが) 彼らに知慧が生じたと同時に (129) 彼らに対し立腹して怒り, (130) そして彼は非常な不興と無慈悲をもって天国から追い出し, 地に彼らを投じたのである。(131) 要約すればこういうことになる：人間どもがゲーティーグ界に生まれる原因となったこの知慧は, 蛇と (その) 惑わしから生じたということ。(132) こういうことも彼ら (ユダヤ人) はいっている:「万物は人間のために造出された, この故に, かの木も人間のために彼の創ったことが明らかとなり, (133) また彼は人間をあらゆる庶類と被造物の支配者にした」と。(134) ではもしそのとおりなら, 今や, 彼ら (ふたり) のものであったかの木から (求める彼) の慷望が, 破壊することであるとは何故か。

(135) こ (れら) のことばから, こういうことも明らかとなる：彼 (アドナイ) には知慧が一つもなかった, (136) というのは, もし彼 (アドナイ) がすすんで園に来て, 声をあげてアーダームを名指して「汝はどこにいるか」といってよんだとすれば, 彼は (アーダームが) どこにいるかを知らなかったようなものだからである。(137) もし彼が万が一, 無返事だったなら, 彼 (アドナイ) はどこがアーダームの居場所かを知らなかった (であろう) し, (138) もし彼 (アドナイ) が, 彼 (アーダーム) がかの木を食ったか否かを見るよりも前には, 声もかけなかったのなら, 誰が, そしてどのようにして食ったか (kē ud čiyōn 〔ud kē〕 xward), また誰がだましたのかを知らなかったと, こういうことにも (なる)。(139) もし知っていたのなら, それでは,「わしが食うてはならぬと命じておいたあの木を, 汝はまさか食うたのではあるまいな」との質問を彼がするのは何故か。(140) ところが, 最初に彼がすすんで (園に) 来たときは立腹しなかった, のちに, 食うたことを知ったときに, 彼は彼ら (ふたり) に対して立腹して怒ったのである。(141) また, 彼 (アドナイ) の少知のほどはこのことから (明らか)：彼自身の仇敵である蛇を造出して, しかも彼ら (ふたり) といっしょに (これを) 園 (内) に創ったということ, (142) あるいは, 蛇やその他の敵がそこに侵入しないように, 何故, 園をとりでといっしょに創らなかったのか。(143) また, 彼の虚偽性もこのことから明ら

399

か：「この木を食うときは死ぬ」と彼はいっておきながら，彼らは食うのに死なないで知慧あるものにもなったし，(144) また彼らは善を悪から（区別して）理解したのである。(145) こういうことも：彼の知慧が御意および命令といかに矛盾対立しているかということで，(146) それというのも，もし彼（アドナイ）がかの木を（アーダームが）食うことを望みながら，しかも食うなとの命令を彼は下し，そのことについての知識が（アーダームは）食うたということだったとすれば，(147) 今や，明らかとなることは，（アドナイの）御意と知慧と命令は三つとも相互に矛盾しているということ（である）。(148) こういうことも：アーダームが罪を犯したときに彼（アドナイ）の加えた呪咀が，時代時代のあらゆる人間のうえに不法にも及んでいるということ，だ。

(149) 私の検討するどんな方法をもってしても，判断を欠きかつ無知かつ愚昧なことば（のみである）。(150) この章では，長くなるので，これだけで（以上で）完璧（十分）と思われる。

　　第14章

(1) また，同じ書（旧約聖書，ただし創世記以外）が（前章で述べたのと）同じ矛盾をもちかつ誤謬に充ちている点のうちの若干を書くことにした私の意欲は，(2) 要約的なもの——（それは）あらゆる罪悪性と魔性とに充ちており，また（それでも）それ（旧約）から出てくる千中の一（にすぎないもの）たる——を私が書くこと（にある）。(3) それに注目していただきたい。

(4) まず，彼が自身の相状について述べているこのこと：(5・6)「余は仇を求めて仇を返すアドナイである」，(7) また「余は七代の仇を子孫に返すものである」，(8)「また余ははじめの仇を忘れたことはない（nē ⁺framōšīd）」と。(9) また別の箇所で（聖書は）いっている：「怒りと不快を覚えると，(10) 彼の唇は毒に充ち，(11) また舌は燃える火のごとく，(12) また気息（waxš）は押し流す川のごとく，(13) また彼の声は雷に似ており《悪魔の声にいっそう似ている》[86]，(14) また彼は暗黒（⁺tom ＜ guam）と霧（⁺nazm ＜ vazm）と雲の中に坐し，(15) また彼の乗騎は枯死させる風であ

り, (16) また彼の足の進行からは塵の渦巻きがおこり, (17) 進みゆくときは, 彼のあとから火の燃えあがり(がみえる)」と。(18) また他(の箇所)で自身の忿怒性について彼はいっている：(19)「40年の間，滅びの民(asarāsarān)に余は怒りをいだいていた」と。(20) また彼はいった「心の汚れたる(wif-tag-dil)は滅びの民である」と。(21) 同じように彼はいっている：「余の僕でなくて誰が盲者なのか, (22) 余の発遣している使徒のほかに誰が聾者か」と。(23)(また)「誰が王のごとく盲者なのか」——彼らの王がアドナイ自身たることは明らかである。(24) 他(の箇所)でこうもいっている：「彼の火の使徒らは汚れている」と。(25)(また)こうも：「彼の行動は煙(と)燃えさかる石炭を生じ, (26) また(彼の)戦いは流血を(生じる)」と。(27) こうも(彼はいっている)：「余は人間を相互に対して憤激させよう, (28) 余は天の上に坐して彼らを(あざ)嗤う(xandam〔パルティア語〕)」と。(29) こういうことも：「彼は一夜にして，マーザンダル人の軍勢軍兵のうち16万を横死をもって殺した(惨殺した)」と。(30) また別の時には，彼は滅びの民のうち，婦女や未冠の年少者を除いて(成人男子だけでも)60万人を荒野で殺した(31)——逃げていた2人を除いて——。(32) 次に彼は(こういうことを)示している：彼(自身)の終局的所産はすべて「後悔」(だということ)を，(33)(して, そのことは)彼はひどく悲しんだので「余は人間どもを地上に創ることを後悔している」といったと，(創世記は)いっているがごとくである。(34) こういうことも(聖書は)いっている：彼は4人の天使が翼の上に支えている王座に坐しているが，その彼らからは，(王座という)石の重荷のために，一条ずつの火の河が流れ出ている，と。(35) さて，彼はメーノーグ者であり，具象造出物でないからには，それでは，かの哀れで卑しい4人(の天使)が重い荷物を苦しんで支えるということは何故なのか。(36) 次はこういうこと：彼は毎日おのが手で9万の使徒をつくり出し，そして彼らは夜の刻まで彼にずっと陪侍するも，しかもその彼らを彼は次に火の河によって悪界に流す，と。(37) このように(なされた)暴虐と不法を見ると，(人は)現世の働きと善行と行善をもってどのように生きていったらよいのであろうか，(38)

畏れを知り，命令に聴従し，行いの清浄なるかの哀れな使徒（ら）を，他の造罪者らとともに，永劫の悪界に彼が投じる（という）のに，だ。(39)（それは）他の一群（の人々）がいっている，こういうようなものである：神は死者の起生の日に，太陽と月に礼拝をささげた人々があるとの理由で，それら（日月）を，他の造罪者らとともに，悪界におとす，と。(40) 他の箇所で（聖書は）こういうこともいっている：アドナイの友たる長老イブラーヒーム（⁺Ibrāhīm ＜ Pāz. Abrāhīm）は眼が痛んだとき，そのときアドナイ自身が彼との問答にやって来て (41) 褥にすわり安否をたずねた。(42) すると，イブラーヒームはその愛児イスハーク（⁺Ishāq ＜ Pāz. Asinaa）をひそかによんでいうには：(43)「天国に行って当たりのやわらかい清浄な酒をもって来い」と。(44) 行って彼はもって来た。(45) そこでイブラーヒームはアドナイに何度も願い出（ていっ）た：(46)「私の家で酒（と）パン（Jaw「大麦」）をお摂りください」と。(47) アドナイがいうには「余は摂らぬ，というのは天国からのでなくて清浄でないから」と。(48) そこでイブラーヒームは保証をし（ていっ）た：「清浄ですよ，あの酒は天国からのでして，私の子イスハークがもって来たのです」と。(49) そこでアドナイは，イスハークに対するおのが信用とイブラーヒームによる保証により，酒（と）パンを摂った。(50) ついで彼（アドナイ）が立ち去ろうとしたとき，彼（イブラーヒーム）は，彼（アドナイ）が堅い誓約を交わし合うまで，（立ち去ることを）許さなかった，と。[90]

(51) 一つとして神にふさわしくない，この誤謬に充ちた駄弁に注目されよ。(52) どのようにして彼（アドナイ）が身体を具えてイブラーヒームの家に来るかということや，彼がパン（nān）を食って酒を飲むということにおいて，（それらのうちの）どれ一つでも彼にはふさわしくないのである。(53) こういうこともこのことから明らかとなる：イブラーヒームのかの痛みは，アドナイからでなくて他の催起者からであった，ということ。(54) また彼（アドナイ）には知からの乖離や判断の欠如も伴ったので，酒の清浄なことやどこから来たかということが，彼には知られていなかったのだ。[91] (55) また彼の欺瞞ぶりも，酒の不飲をいっていて，しまいには飲んだ，とこういうもので，(56)（そ

の）あとで（酒の）無垢清浄であることを認めているのである。[92]（57）今や，全知で全能という神性の中にこの相状を具えている彼を，どのようにして崇めるべきであろうか。

（58）また他の箇所で（聖書は）いっている：諸病のために，おのが妻や子どもとともに，ひどく逼塞して貧乏《産を失う》になった一（預言者）がいた。（59）つねづね彼は礼拝と断食と神への奉仕とに，大いに努力しまた実践していた。（60・61）そして彼は，ある日のこと，礼拝中に嘆願をした《願い出た》：「私の生活がもっと楽になるために，日々の糧における私の幸いを授けてください」[93]と。（62）すると，一天使が彼の上に降っていった：「汝に日々の糧をこれよりもより多くは，星によって神は頒与してはいないし，（63）新しく（az nōg）[94] 頒与することもできなくて，（64）余は汝のために，奉仕と礼拝への返礼として，貴石の4脚つきの王座を一つ，天国に創ってある，（65）もし必要なら，余が汝にその王座から一脚を（とって）与えるために，だ」と。（66）その預言者はおのが妻に意見を求めた。（67）妻のいうには：「私どもには，現世の乏しい日々の糧とみじめな生活に満足するほうがよいのです，（68）もし天国で同僚たちの中にいて私どもに3脚つきの王座があるよりは。（69）ですが，もしあなたにできるなら，それでは，私どもに日々の糧を一つ別の方面から工面してください」と。（70）次に，かの天使は来ていった：「しかし，[95] もし余が穹窿を破って天地を新しく創造し，[94] そして星辰の運行を新しく定めて創造しても，[94] それから先は，汝の運命がもっとよくなるか，それとも，もっとわるくなるかは明らかでない」と。（71）このことばから同時に明らかになることは，彼自身は日々の糧や割り振りの頒与者ではないこと，（72）また頒与は彼の御意によらず，また運命を変えることも（彼には）できないこと，（73）また穹窿と太陽と月と星辰との回転は彼の知や御意や命令の枠（parwastag）内にはないこと（などである）。（74）こういうことも：「天国で余が与えよう」と宣言した（niwēhēnīd）王座は彼の創成や創造から（出たもの）でないということ。

（75）また他の箇所でおのが駄弁について彼はいっている：(76)「余は造罪

者どもの群といっしょに，多くの無数の無辜のものどもを殺した」と。(77)天使たちが理由のない行動と何度もいったとき，そのつど（ēg was「そのとき何度も」）彼はいった：「余（¹az ＜ aoman）は専制君主アドナイ，(78)また崇きみ業(わざ)ありて無敵なるもの，また如意の行動者にして何人も余について敢えて弁を口にすることはないのだ」と。

(79)あまりにも多い誤謬充満の駄弁，それを（一々）書くのは私には冗長に思われる。(80)こ（れら）のことばから目ざめて引き戻されるだろうもの（kē ⁺wigrād ⁺hē ud abāz ⁺dād ⁺hē）——彼のために，すぐれたダストゥールのことばがほしい（bād「あらんことを」），(81)この書（聖書）の相状と，私が述べたことの真実性とによって彼が啓発されるために。(82)今や，もしこ（れら）の特徴や徴章(しるし)（nišān ud daxšag）をもつものが神なら，それでは，真実性は彼からは遠ざかり，(83)また慈愛性は彼からは疎外(よそ)ものとなり，(84)また知性は彼には頒与されて（⁺baxt）いないことになる，(85)というのは，このものは自身，悪界の頭目たるドルズであり，暗黒の出自だからで，(86)その彼は，デーウ的悪輩たる汚されたものどもが，アドナイの名をもって称賛しかつ礼拝をささげているものなのである。

(87)この章についてはここで完結。

第15章

（1）キリスト教少数派の矛盾と際限をもたぬ言論と習法に反する抗弁とに関する（，これまでの旧約聖書とは）別のことをいささか，私は披露しよう，(2)というのは，三派（メルク派・ヤコブ派・ネストリウス派）はみなユダヤ教という一つの根源から出ているので，(3)したがって，一（派）の頑迷（handrag）が述べられれば，それにつれて，彼ら（三派）はみな互いに助け合っておのが誤謬をもつことになるからである。

（4）知られたいのは，キリスト教の根源的ドグマがどこから来たかということ：(5)すなわち，エルサレムの町に，同じユダヤ人たちのなかに，淫交で評判の一女性がいた。(6)彼女に妊娠の事実が現われた。(7)「お前のこ

の妊娠は誰のせいか」と人々がたずねたところ，(8)彼女は答えていった「天使ガブリエル (ʼJibrāīl < Pāz. Sparagar) が私のうえにやって来て『お前は浄霊 (Wād ī Pāk)[96] によってみごもったのだ』と彼はいった」と。

(9) そこで，注目されたいのは，かの天使ガブリエルを，かの女以外に，かの女を真実とみなすべき拠りどころともなって誰が見たというのか，ということ。(10) もし天使のメーノーグ（不可見）性の故に人は見ることができないと人々がいうなら，(11) したがって，もし天使の見えない原因がメーノーグ者たる性質の故であるなら，同じ理由でその女も見ることはできない（はずである）。(12) もし，神は（自身を）その女に見えるようにした——そしてそれもその女の相応性の故に，と人々がいうなら，(13) そして他の者には相応性を付与しなかったと（いうなら），(14) こういうこと（になる）：その女が真実をいったということの現われはどこに（あるの）か，(15) それとも，彼（天使）がその女に真実の姿で現われたのなら，それでは彼は他の者に（それを）示しもすべきである——彼ら（他の人々）が証人となることによって，ますますもって（その事が）より真実とされるために（も）——。(16) だから，もはやかの女にだけの彼の示現を，誰も真実とはしなかった。(17) 今，注目してほしいのは，ひとりの女が自分で自分のうえにもって来たその証言からすべて出ている〈ところの〉彼ら（キリスト教徒）の教えの根源はいかなるものか，ということである (čē bun ī-šān dēn ⟨ī⟩ hamāg……)。

(18) 次は（これ）：もしメシアが神の浄霊から出たと人々がいうなら，したがって，もし神から出ている浄霊のみが唯一者であるなら，それでは，それ以外の他の霊 (wād) は神から出てはおらず，また清浄なる (pāk) ものでもなく，(19) 別の造出者の浮上する (paydāgīhēd「出現する」) ことが不可避となる。(20) もし霊がすべて神から出て神的なものであるなら，すべて清浄なるものでなければならない。(21) もしかの一霊のみが清浄なら，他の霊は汚れていて神的ではなくなる。(22) 神のほかにはいかなる造出者も存在しないから，他の霊のこの汚穢性と非清浄性も同じく神からである。(23) そしてもし他の霊が神のものにして神的であるなら，すべて清浄なるものでなければなら

ぬ。(24) さて，かの唯一者が清浄なるものとされ，他のものが汚れた（とされた）のは何故か。

(25) 次はこういうこと：もし，神は創造者にして造出者かつ育成者たるの資格において万有の父であるとの理由をもって，メシアが神の子であったなら，(26) それでは，メシアは神の子たるの資格において，神が創造して造出したところの極卑身の（xwār-tan）庶類以外の何ものでもない。(27) もし男女性行為の手段から生まれたとすれば，(28) したがって，もし神のうえに男女性行為からの出生が妥当するなら，それではまた，不死饒益諸尊（アマフラスパンダーン）なるメーノーグ尊たちについても同じようにして出生がおこることになるが故に，死もまたおこらざるを得ない。(29) こ（れら）の神についてこのようなことがおこら〈ない〉こと（〈nē〉 būdan）は疑いがない，(30) 何となれば，そのような方法による出生のあるところには食うこと，飲むこと，死することも確実だからである。

(31) また，「メシア自身，神である」という者もいる。(32) さて，こういう，極めて驚くべきことがある：人間たるの本性による，両世界（メーノーグ，ゲーティーグ）の維持者・育成者であった偉大なる神がユダヤ女の胎に入ったとき，(33) 彼は，王権・王座・天・地・穹窿，その他同様のものを統御と庇護から放棄する〈ために〉（hištan〈rāy〉），不潔で陰湿な場所（胎）にひそかに降下した，(34) そして最後にはその身を笞刑と磔刑ともろもろの敵の手とにわたし，(35) ついには彼ら（人々）は（彼に）死のほかに，多くの恥辱・虐待を加えたのだ，とは！

(36) もし，「神は一切所にいる」と人々がいっているとの理由をもって，彼（メシア）が女胎の中にあったのならば，(37) それでは，一切所的存在性という本性をもって，極めて不潔かつ極めて悪臭ある場所以外の何ものでもないあの女の胎の中に（いたということになる）。(38)「一切所が神の自性であった」と，そういうことをいうことには多くの愚劣が伴在する，(39) というのは，もし，いかなる物にせよ，神以外の物（例えばメシア）の同じ具合に存在することをいうことになれば，歪曲だからである。

(40) 次は，彼は復活（ristāxēz「死者の起生」）を人間どもに示すために死と磔刑をおのが身に受け入れたと人々がいっていること。(41) それでは，もし復活を人間どもに示すことは，自身の汚辱（ruswāhīh）と死と恥辱によるのでなければ（bē……tā），彼には不可能だったとすれば，万能性は彼にはふさわしくない。(42) それとも，相対者や仇敵は彼にはひとりもなかったのだから，それなら，彼は人間（ども）を何故に，明知とともにあって復活が見え（それに）無疑となるようにしなかったのか——このような恥辱裡に・汚辱裡に・陰湿裡に（そして）敵どもの思いどおりになって（復活を）示す必要が彼になからんために，だ。

(43) もし彼があのような新規の死（「あの死という新規のもの」）を自身の意欲をもって（自発的に）おのが身に受け入れたのなら，(44) それでは今や，迫害者どもに怨嗟や呪咀を口にし，彼らユダヤ人を立腹者（「忿怒者」）とみなすことは理由のないこととなる。(45) 呪咀や怨嗟を彼らに加える（べき）でもなくて，彼らはあの行為によって受賞者（pādāšnōmand）となるべきである。

(46・47) 次は，父と子と浄霊（聖霊）の三者は互いに異ならない名であり，（いずれか）一つが先行するのでもない，と人々のいっていること。(48) （これは）こういうこと（になる）：父より劣後（keh「より小さい；小もの」）でない子が，すべての知において父と同等であるときは，では，今や異なる名でよぶのは何故か。(49) 3が1となるべきなら，それでは，3が9となり，また9が3となりうることは確実であり，(50) この原理によって（pad ēn padisār）他の（どんな）数でも際限なしに（abē-wimandīhā「無制限に」）挙げる（「言う」）ことができる。(51) こういうことも：もし子が父より劣後でないなら，それでは，父も子より勝先（meh「より大きい；大もの」）ではない。(52) したがって，もし父が子より（出自する）とか，あるいは子が父より（出自し）ないといわれるなら，（それも）可能となる。(53・54) またこのことも確実となる：万有の本源たるもの（har-aziš）のほうが，彼に所属しかつ彼（自身）の主たる系譜そのものに付属するもの（すなわち被造物）よりも劣

後となり得る——時間においても，はたまた系譜においても（⁺hagriz……hagriz……）——ということ。(55) もし子が父より劣後でないとすれば，かの造作者は所造物よりも先（pēš）ならず，勝先でもなく，(56) 両者は（ひとしく）根源者でなければならず，(57) また庶類は創造者よりも劣後でなく，また創造者は庶類よりも勝先ではなくなり，(58) みな，いわれているように，際限（限度）をもたぬものである。

(59) こういうことも：もし子があらゆる知において父と同等なら，父も子と同じようにひとしく無知となる——その彼（子）は自身の死と磔刑を知らなかったし，(60) ついには彼らによる捕縛（と），横死および恥辱をもってする恥ずかしめとが（彼を）打ちのめすに到ったのである。(61) 復活の日はいつかと〈それについて〉彼（イエス）に問うたもろもろの事に関して（pad ān tisān〈ī-šān abar〉aziš pursīd）彼は知らなかった，そして彼は，これは父のほかには誰も知らない，と答えた。(62) 子の無知なることが確実であるのと同じように，父も同様のことが（確実なのである）。

(63) こういうことも：彼（神）はすべての庶類と被造物，自身の仇敵までも無一物（nē-tis）から造出して創造したが，またその子（イエス）を惑わした迫害者どもも，だ。(64) もし神が，おのが子の迫害者どもや自身の仇敵までも，理由もなく原因もなしに自ら創造したのならば，(65) そして彼らが子（イエス）を，彼（神）がそのことを知っておりながら，殺害したのならば，(66) それでは，今やその子の殺害者は彼（神）自身だった，ということは疑うべくもない。(67) もし彼が「余が子を発遣すれば，そのときは彼を彼らは殺すだろう」と知っていて，しかもついに発遣したのであるなら，愚かでかつ無知で（やったことになる）。(68) もし彼が知らなかったのなら，彼は少知者（である）。

(69) 次はこういうこと：もし神がこの庶類と被造物を無一物から造出し，またおのが仇敵をも同じくこの無一物から造出して創造したのなら，それでは，彼らの実質（gōhr）は一たるべきである。(70) さて（それなら），何故に彼は仇敵をもいっしょに，他の庶類と同じように，救済しなかったのか。

（71）他は彼ら教父著作者ら（dastwar-nibēsān）のことばの矛盾性について
で，（72）また，「木から〈鳥も〉落ちず，また（どんな）物も（落ち）な
いし，また国で交易（wahāg）も行われず，また2羽の鳥も互いに喧嘩するこ
とはない——父（なる神）の命令なくしては」と（聖書が）いっていること（も
である）。（73）根源者は一にし万象は彼の御意とともにあるとのこのことばの
告示者は誰なのか。（74）さて，彼の子であるメシアはいかなる役割（kār「わ
ざ」）のために発遣されたのか，そして彼（神）の御意でないいかなる道の告
示を彼はするのか（75）——万象は彼の御意であり，その御意でないいかなる
事をもいわれなかった，というのに——。（76）この論議からこういうことも
（出てくる）：ユダヤ人は彼の子であるメシアを（その）父の御意によって殺害
したのだ，と。

（77）次は（これ）：固有の自由意志（āzād kām「自由な意欲」）について，
矛盾しながら（こう）いっている：（78）「彼は人間を自由意思者として創造し
た」と。（79）このようにして，人間の犯す罪の咎は自由意思性である。（80）
しかも彼は自ら人間に自由意思を与えた。（81）だから，その彼は罪の根源的
原因たる造罪者となすべきである。（82）もし人間が自らの自由意思により，
神の御意によらずに，罪と罪悪を犯すのならば，（83）では，本性（本能）で
行動し咬みころすクラフスタル（害獣）たる獅子・蛇・狼・蠍——その彼らか
らいつも出ている罪と罪悪は，いかなる自由意思によるのか，また（その）罪
はいかなるものか。（84）（また）このようなことも：ベーシュ（bēš，毒草の
名）やその他，諸種の植物の中にある（もろもろの）致死毒——それらの原因
はそれらの自由意思から（出たもの）ではない——は，何者が（その）根源を
成していたのか。（85）もし人々が「病人たちの病気を払う，多くの樹木に含
まれる（「樹木とともにある」）あの諸毒は有益で必要なもの」というなら，（8
6・87）では，（こう）問うがよい「のちになって自身の草木に，しかも致死毒
を造出し，また（それを）必要とした何者が病気自体とそれから生じる被害を
創造したのか，また彼にはいかなる必要があったのか，（88）あるいは，それ
（病気）の除去のために薬用植物を創造したなんて，その病気のほうが有毒植

物よりまし（sazāgdar）だとでもいうのか」と。

（89）こういうことも：必要なもの（対象）に対する有益な行動を身上とするいかなる根源から，加害者という名自体が出るであろうか。（90）この章では，（あれこれと）多々述べることができる（が），（私は）要約するように考案した。

（91）他のことは，彼らの教父たるパウロ（Pāz. Pāvarōš）のことばに（由来するもので），（92）自身の根源に矛盾しながらこういうこともいっているものども（のことである）：（93・94）「私は私の欲する善行ではなくて，私の欲しない罪悪を行っており，（95）また私が行うのではなくて，私の中に合体しているものが行うのである，（96）というのは，日夜私とのたたかいのあることを，いつも私は見ているからである」と。

（97）次はメシアのことばに（由来するもので），人々はいっている：「神は根源者にして光と正善であり，（98）邪悪と暗は彼とは別のもの」と。（99）こういうことも：「羊を百頭，おのが庇護下におき，（100）その中の一頭を狼群がさらい，（101）狼群のさらったその一頭を群れにつれもどすためにそのあとを追い，（102）そしてかの九十九頭を荒野に放置する羊飼いのように，(100)（103）そのように私もまた，汚されたものどもを救い出すために来たもので，義しいものどものためではない，（104）というのは，義者を道につれていくことは不必要だからである」と。（105）そうすると，もし根源者が一にして万象がその御意であるなら，それでは誰ひとりとして道をはずれて汚されたものとなることはない（はず）。（106）狼が羊を殺すことも同じく彼の御意で，（107）また彼は自ら狼をも造出したのである。（108）メシアのことばは二根源者についてはなはだしい矛盾を示している，（109）例えば，人々はメシアのそのことばから一つを（引いて）こういっている：「他に，私の父の敵なる根源者がいる；私はかの神の恩寵者（「造善者」）である」と。（110）このことばから，彼（メシア）が自身の父をかの敵から分離し区別していることが明らかとなる。（111）こういうことも：「神により義のためにかつ義をもって私は発遣された，（112）ところが造罪者アフレマンは，私が逝くためにやって来た，（113）そして

12.『断疑論』

彼によって私は多くの方法で惑わそうとされた」と。(114) さて，もし根源者が一にして彼にはいかなる対立者も存在しないとならば，アフレマンが，神の子を迷わそうとするほど有能であるのは何故か。(115) もし神自身がその造罪者を創造したのであれば，それでは，彼（アフレマン）が迷わしをなすのは（神）自身の知と御意によるもので，(116) 子の迷わし手も同じ彼自身となる。

(117) こういうことも（聖書は）いっている：ユダヤ人が抗弁したときに，彼はユダヤ人にいった：「汝らはより下なるものからの出，私はより高きものからの出である；(118) 汝らはこの世界（šahr）からの出であり，私はそこからの出ではない」と。(119) また彼はこういうこともいった：「私は知っている，汝らがイブラーヒームの一族の出であることを；はじめから人を殺していたものだ。(120) 私をも殺そうとしたのだ。(121) 私は私の父に見たことをなし，汝らは汝ら自身の父に見たことをしているのだ」と。(122) こういうことも：「もし神が汝らの父であるなら，それでは，汝らは私の友であろうに；(123) 私は神から出たが故に（ēd rāy ⟨čē⟩），私自身の憧望で来たのではない。(124) かの神の恩寵者として私は発遣された，それなのに汝らは何の故に私のことばを聴かないのか，(125・126) ——汝らが造罪者からの出であり，したがって汝らは聴くことができず，また汝ら自身の父の憧望を汝らがなそうと欲しているという，こ（れら）の理由の故でなければ——。(127) 彼（汝らの父）はかの義に従って語ったことはなく，何をいうにしても彼は虚偽を語るのである。汝らの父とともに汝ら自身も虚偽者であるが故に，(128) 義を語る私——その私を汝らは信用しないのである。(129) また，神から出ているものは神のことばを聴くが，汝らは神から出ていないために私のことばを聴かないのだ」と。

(130) そして彼（メシア）はこれらすべてのことばをもって，こういうことを示した：二つの根源者——私を発遣した一つ（と）ユダヤ人を（そうした）一つ——があること，(131) そして彼はそれを恩寵者（「造善者」）とは（よば）ないで造罪者とよんだということ。

(132) また彼はこういうこともいった「善行の木は罪悪の果実を（与えるこ

411

とは）できず，罪悪の木は善行の果実を与えることは（でき）ない」と。(133) こういうことにも（なる）：彼は木をみな善行の果実とともに創成しているか，それとも，木をみな罪悪の果実とともに創成しているか，である。(134) というのは，木はどれも果実から，善行の木か，また罪悪の木かが明らかとなるからであり，(135) また彼は全部の木といって半分の木とは（いわ）なかったからである。(136) 今や，半分の木が光明的で半分は暗黒的とか，(137) 半分は善行的で半分は罪悪的とか，(138) 半分は正義的で半分は虚偽的とかいうことが，どのようにして妥当するだろうか。[103] (139) この双方がみな相互に対立して立てば，(140) 一木も存在し得ない（ではないか）。

(141) また彼はユダヤ人をユダの山の蛇とよんだし，(142) また彼はいった：「汝らは造罪者ユダヤ人であるから，汝らはいかにして善をなすことができようか」と。(143) それでいて彼は，おのがものどもに対しては（ōxwēš⟨ān⟩），父を造罪者とはよばなかった。(144) 彼はこういうこともいっている：「父の植えなかった木はすべて引き抜かれてあれ，そして火に投げ入れられよ」と。(145) このことの故に，このことばから，父の植えなかった，引き抜き（*kandan）（火に）投げ入れるべき木のあることを知ることができる。(146) 次はこういうこと：「私はおのがものどものもとに来たが，おのがものどもに私は受け入れられなかった」と。(147) このことの故に，おのがものどもと，おのがものどもでないものとの，二つがあることを知ることができる。(148) 彼はこういうこともいっている：「天にいます我らの父よ，王国が御身のものでありますように，そして御身の御意が天におけるごとく，地にありますように。(149) そして我らに日々のパンをお与えください，また我らを懐疑に会わせないでください」と。(150) このことばから，彼（神）の御意は地上では，天におけると同じようには，清浄でないことが明らかとなり，(151) 人間の懐疑は神からのものでない，とこういうこともだ。(152) また彼ははじめにこういうこともいった：「私はモーセの習法（ēwēn）を破壊するために来たのではなくして，(153) より完全にするために来たのである」と。(154) それでいて，彼のことばと命令はみな，モーセの習法と律法（dād）に対し破壊的

にして背反的（「矛盾する」）だったものである。

（155）この章についても，ここまでで完結。

第16章

（1）次に，マーニーの誤謬について，何千何万とあるなかの一つを書くことにする，（2）というのは，マーニーやマニ教者らの誤謬や駄弁やまどわしは，（これを）完璧なまでに書くことに私は耐えられないし，（3）また（それには）多くの労力と長い日数が私には必要だからである。

（4）今や，ゾロアスター（教）の長老に知ってもらいたいのは，初時には（二）根源者が（いずれも）無限なるものとして存在し，（5）そして中時には（両者が）混合し，（6）そして終時には光明が暗黒から分離するとなすマーニーの言は，（7）（両者をむしろ）不可分のものとするのにはなはだ似ているもの，ということである。

（8）次に，（彼は）こういうこと（をいう）：ゲーティーグ界はすべてアフレマンの具象造出（tan-kardīh），（9）アフレマンの具象造出的被造物（tan-kardīg dahišn）である，と。（10—14）そして彼はかさねてこういうこと（をいう）：蓋天は魔クンダグ（Kund⟨ag⟩）の皮膚から，また大地は肉から，また山岳は骨から，そして植物は頭髪から（つくられ），雨は穹窿に結びつけられた（縛せられた）マーザンダラーン（人）の精液であり，(15)また人間は両足の魔にして家畜（gōspand）は四足の（魔）であり，（16）またクンダグはアフレマンの軍将，（17）その彼（クンダグ）は初の《最初の》戦いにおいて神（bay）オフルマズドから光明を奪って（ʼrubūdag)[104]呑んだ。（18）そして第二の戦いにおいて魔クンダグは多くの魔とともに捕えられ，（19）そしてあるものどもは穹窿に縛せられて魔クンダグは殺されたのである。（20）この大庶類（すなわち大宇宙）は彼（クンダグ）から（こうして）取り出して形成された，と。

（21）そして太陽（と）月は蓋天の外の至高所に配置された，（22）それは諸魔が呑んだかの光明が，少しずつ，太陽と月との挙揚作用と浄化作用によって

浄化され挙揚されるためである。(23) のちに，アフレマンは先見をもって，この光明が太陽と月との挙揚作用によって速やかに浄化されかつ分離されることを知った。(24) 暗黒から速やかに光明が分離しないようにと（彼は），人間や家畜（や）その他の生物のごときこの小宇宙を，具象造出的被造物をもてる大宇宙とそっくりそのままに組成した，(25) 彼（アフレマン）は肉体の中に生霊(gyān)と光明を縛して捕囚にした。(26) これは太陽と月によって挙揚される光明がもう一度，生物どもの性交と出生によって引きとめられ，(27) 分離がいっそう長びくようになるためである（ともマーニーはいう）。

(28) また，雨はマーザンダラーン人の精液であったが，(29—30) こういう理由によってである：穹窿に縛せられていて光明を呑んでいたマーザンダラーン人(31)——ズルワーンの新規の方法と法術(wihamānīh)と技術によって (〔ud〕pad)，その彼らから光明を分離するために，淫匿マーザンダラーン人の前にズルワーンのかがやく娘12人が出現する，(32)——かのマーザンダラーン人が彼女らを見て彼らの性欲がかきたてられて (33) 精液が彼らから分離され，(34) 精液の中にあるかの光明が大地に注がれ，(35) 植物や樹木や穀物がそれによって成育し，(36) またマーザンダラーン人の中にある光明が精液によって（彼らから）分離され，(37) 大地の中に入ったそれがもろもろの植物を介して大地から分離されるために——（という）。

(38・39) 次に，生霊と肉体が実質(gōhr)を異にすることについてこういうこと（をいう）：あらゆる有象物《具象的造出物》の創造者にして掌握者たるものがアフレマンであるように，生霊は肉体の中に縛せられ捕囚に〈された(kard)〉。(40) この理によって，出生を引きおこし系譜をつくるべきではない，(41) というのは，人間や家畜を掌握しかつ生霊と光明をもろもろの肉体の中に引きとめることによってアフレマンとの協力者ができるからで，また諸植物や穀物を栽培す（べきで）もない，と。

(42) 次に，矛盾しながら，彼ら（マニ教徒）はこういうこともいっている：(43) 庶類の毀損者も同じアフレマンである，(44) この故に，いかなる庶類も殺すべきでない，(45) というのは，それはアフレマンの行動だからであ

る，と。

　(46・47) 次に，こういうこと（もいう）：世界をアフレマンは掌握し（てき）たが，もろもろの生霊の肉体からの分離によって，最後の勝利者が神（yazad）であるように，(48) このゲーティーグ界は最後には破壊され，(49) 新しく組み立てられることはなく，(50) 死者の復起・後得身もおこらない，と。

　(51) 次に，こういうこと（もいう）：かの二つの根源者は永遠の存在で境界を共にして共存していたこと，太陽と影のごとくで，(52) また両者の間には控えの間（nišāmīh）も空所（wišādagīh）もなかった，と。[105]

　(53・54) 今や，(かれらマニ教徒の言説に反論して) 私は先ず，無限なる存在物は，私が無限とよぶかの空間（gyāg「場」）と時間のみのほかは，一つもあり得ないということについて述べよう。(55) 空間性と時間性とともに存在している諸事物の中に包含される（ō ast）ところのものも，有限的とみえるのである。

　(56・59) こういうことも（いおう）：もし，それら（もろもろの物）の一元性（ēkīh）と二元性（dō'īh）が云々されるならば，(それは，) 一元性とは，物が全方位的に包摂されている状態をもってでなければ存在しない——というのは，一とは（それが）二でないということだからである——という理からであり，二とは，(それを成立させる各) 根源（bun）が相互に分離しているものとしての，(したがって) 二とはよばれないところの一だということだからである。(60・61) 一は，一元性という，すべてが包摂されている状態をもってでなければ識知されず，また二元性（なるもの）は一つ一つと分離することによらなければ存在し得ないから，(62) 一は一元性による一にして一元性に依拠する（一）であり，(63) (かくして) 一と二は多性（čandīh，数多性，いくつかになり得る性質）(と) 数性（marōmandīh，可算性，数をもち得る性質）という範疇（tōhmag「門閥」）内に入るのである。(64) ところが，多性と数性，および合一性と分離性が，私の述べたように，有限性なしには存在し得ないことは，(65) 中庸（中道）を知る人々にも明らかなのである。

(66) 次に，こういうこと（も我らはいおう）：無限なものは知をもっては包摂されない。(67) いかなる知をもっても包摂されないときは，神の知の中にも包摂できないことが不可避となり，(68)（それでは）神のもつ自性も，暗黒的根源者のそれも，（神の）知の中には全方位的に包摂されないことになる。(69) 彼（神）自身の自性が自身の知の中に包摂されないときは，それでは（彼について）全善者（wisp-weh）にして全見者（wisp-wēn）（なるものを）語るのは歪曲となる，(70) というのは，全部（wisp）とはすべてということ（hamāgīh）を意味し，(71) またすべてということは全方位において包摂されていることであるが故に，すべて（hamāg）とよばれるからであり，(72) 全方位で包摂されては，有限性が不可避となる。(73) したがって，神は自身が全部包摂されていることに気づいて（自身を）有限なものと考えるべきであり，(74)（それでも）もし無限だとならば，不明（というほかはない）。(75) 知者が離せない第一の知は自身の自性と相状と多性を知ることで，(76) 自身の自性と相状と多性すべてに不明なるものが他者の（自性と）相状と多性については知っていた，ということは歪曲である。(77) こういうことも（いおう）：無限なものは，不被包摂性の故に，知によって包摂されないように，(78) そこでこういうことになる：彼（無限なもの）の自性が全面的に知あるものか，それとも一部知なきものか，全面的に光明的なのか，それとも一部暗黒的なものか，全面的に生存しているのか，それとも一部死滅したものか——そのことが不明となる（u-š anāgāh）。

(79) 次に，こういうこと（もいおう）：私がここで獲得している光明と生霊は同じくズルワーン的なるものの一部なのか，それともそうではないのか。(80) もしズルワーン的なる自性の一部であるなら，それなら，それから一部を分かち得るところのものは，部片をもつものたらざるを得ないと解釈したいものである。(81) 部片をもつものは合成されたとき以外には（bē ka……tā）（あり）得ないし，(82) また合成されたものは，合成されたものを合成した，かの合成者がいなくてはすまないのであり，(83) また，部片化されて有限と見えるときは，部片の来源たる根源も同じようにされて有限（なもの）となる

こと疑いない。(84) この理によって (世人は), 果実という部片はみな根源へのあかしを提供するもの, といっている。(85) したがって, 部片化されて有限なもの (光明と生霊) を私が獲得しているからには, (したがって) かの根源も, 作 (り上げ) られかつ諸部片から合一されて有限なものたる場合でなければ, 存在し得ないのである。

(86) こういうことも (いおう) : 無限なものは分割されない, (87) 何となれば, 部片は全一的なもの (hamāgīh) から分割され, (88) また全一的なものは有限性についてのあかしだからである。(89・90) 根源の存在していること (とその) 相状は, 果実の (もつそれとの) 相似性と複写性なくしては, 私は獲得し (得) ないと私が上に示したように, (91) あらゆる事物は果実によって獲得され, (92) 根源に, (果実と) 同種のものの存在することが確実となる。(93) したがって, 作 (り上げ) られていることと有限性とが果実によって獲得され得るときは, そこから来源した果実が有限であることに疑いない, その根源も, (この) 説明から, 同じもの (であること) となる。

(94・95) 次に, こういうこと (もいおう) : (隔ての) 空間 (gyāg「場」) を残さず (aparrēxt-gyāg), また涯際なきを自性とし (⁺asāmān-xwadīh), またそれには別の空間たる控えの間も残されていないものは無限である。(96) すると, 無限にして涯際なきを自性とする二つの根源者が (マニ教におけるように) いわれるならば, もろもろの蓋天・もろもろの大地・すべてのもろもろの具象造出物・もろもろの生長するもの・もろもろの生霊・もろもろの光明・神々・不死饒益諸尊・挙措を同じくする (ham-barišnān) 多くのものども——いずれもそれぞれの相違から多くの名がついているが——は, 涯際のあるものではあり得ない。(97) それでは, 彼はすべて (これら) を何物の中に, またいずこに創造したのか。(98) 二つの根源者が (マニ教にいうように) 永遠に (隔ての) 空間を残さずにいたとすれば, (99) 彼ら (二元) の無限とされる自性が (我らのいうように) 有限なものにされ, そしてこれらすべての現生者・已生者・当生者どもの空間 (場) がつくられてあるのでなければ, 彼らはいかにして存在し得るであろうか。(100) もし永遠に無限なる実質が有限なものに

なり得るなら，それなら（その実質が）無（nēstīh「存在しないということ」）ともなり得ることはたしかであり，(101)（したがって）実質の不変について彼ら（マニ教徒）のいっていることは歪曲となる。

(102) このことも知ってもらいたい：無限者とは（庶類のために空間を）残し，そのことから最初に（世界創造の時に）逸脱しなかったもの（オフルマズド）（のこと）だ，ということを。(103) いかなる物も彼なくしては《彼から離れては》存在し得ないのである。(104) しかるに無限なるもの（akanār-agīh）の境界のことは（マーニーには）識られていないか，(105) あるいは，いかなるものであるかを（自らは）知らないこれらの事物を，彼はおろかにも，つねに語り，また論争し，また説を立て，小輩（kōdakān）・小知の輩（kōdak-dānišnān）をそれでもって欺いているのは，（その説く）道が何に（向こう）ためにというのか。(106) もし彼（マーニー）が，彼（神）の自性は無限，また彼の知も無限，無限の知をもって彼は自身は無限なりと知る，ところも明を欠いて（axwarīdagīhā）いうならば，(107) それなら二重に歪曲した歪曲（waxr ī dōbār-waxr）である。(108) 一つはこれである：事物についての認識とは知によって獲得されかつ知の中に包摂されたそれであり，(109) いかなる事物も，知の中に全方位的に包摂されかつ獲得されたそれでなければ（bē……tā），完全に識られ（たことにはなら）ないのであり，(110) これが事物の全体認知による，事物の認識である。(111) 事物の全体認知は，（その）事物が知の内部にことごとく包摂されることによって成立するのである。……

註

1 4：87―91に輪廻とも考えられる記載もあるが，輪廻と確定することはむずかしい。
2 使用する記号は次のとおり：
　　⁺は原語の改読／〈 〉は挿入（原典への挿入。それを承ける訳文にもこれを用いることがある。／〔 〕は削除／《 》は原典においてすでに註とみなさるべき部分（訳文にもこれを用いる）／（ ）は訳文中に筆者が理解しやすいように補筆した部

分を示す。註を少なくするためにもこのカッコは大いに機能した。原語で挿入したり、時にはそれの本来の意味を「　」でかこんで示したりした。原文は名詞文が多く、例えば「彼はつくる，行動する」というのを ōy kunēd 'he makes' とするほか、ōy kardār 'he (is) maker' とも表わす。この場合は繫辞 is が略されているわけで、訳文としては①「彼は造作者」，②「彼は造作者（である）」，③「彼は造作者である」などとしたが、③のように原文にない「である」を入れながらそれを（　）でかこまない場合もある。これらの取捨は筆者（訳者）の心情によっても影響された。

3　註5の末尾のあたりを参照されたい。

4　前引のデーンカルド句は le P. Pierre Jean de Menasce : *Une apologétique mazdéenne du IXe siècle Škand-Gumānīk Vičār, La solution décisive des doutes. Texte pazande-pehlevi transcrit, traduit et commenté*, Fribourg en Suisse 1945（ムナスIと略記），pp.233-234 と同氏の *Le troisième livre du Dēnkart*, Paris 1973（ムナスIIとする），p.153 に訳出されているが、そのまま引用することのできないのは残念である。'contre' についてはムナスI，p.26脚註と p.234参照。この立場はムナスIIでも同様であるが、p.153 では拙訳「頑迷」に対し andarg「反論」なる名詞とまで解して 'on rétorque' と訳されている。

5　この句は J. Neusner : "A Zoroastrian Critique of Judaism", *Journal of the American Oriental Society* (JAOS), Vol.83／1963, p.285 に 'Now let us say something about their stories, what is in them of foolishness and erroneous opinions,' と訳されている。ニュースナーは断疑論の第13，14の2章を訳出しており (pp.283-294)，脚注などによると終始 Richard N. Frye 教授と綿密な意見の交換をしながらの成果らしいが、的確さに欠けているところが多く、ここの訳も例外でない。この訳文では what is in them …… の in が andarg に相当するものらしい。ムナスIでは 'Disons maintenant quelques mots d'objection à leurs élucubrations et à l'absurdité de leurs discours.'「今、我らはいささか述べることにしよう、彼らの駄弁と彼らの言説の愚劣とへの反論の語を」（なるべく拙訳に引き寄せて紹介しておく）とあり、andarg 'objection' の解が示されている。ネルヨーサングの梵語訳には nanu bravīmi kiṃcit upari antaśca eteṣāṃ pralāpasya kutsitatāyāṃca eteṣāṃ vāci とあり、これに文意を与えようとすれば「今、私はいささか述べよう、彼らの戯論（けろん）に属する（もの）の中に（あるもの）と (antaśca), 彼らの言説の下劣における（もの）とについて」とでも補訳するほかはないが、梵文としてこのようなことは許されないから、この梵語訳も前掲の二訳と同じく、支離滅裂というほかはない。断疑論の梵語訳は筆者の handrag「頑迷」をすべて antas (antar) と訳しているから Pāzand 本（ここでもすべて andarg とよんでいる！）と同じく、handrag「頑迷」なる語はすでに見失われているのである。

6　Hôshang Dastûr Jâmâspji Jâmâsp-Âsânâ and E. W. West : *Shikand-Gûmânîk Vijâr. The Pâzand-Sanskrit Text together with A Fragment of the Pahlavi, edited with a Comparative Vocabulary of the three versions and an Introduction by —,*

Bombay 1887 所収。この梵語訳はほとんどそのまま *Collected Sanskrit Writings of the Parsis* ……, collated, corrected and edited by Ervad Sheriarji Dadabhai Bharucha, Part Ⅳ. — *Skanda-Gumânî-Gujâra*, Bombay 1913 に収録された。

7　§42の出典（究極的にはコーランらしいが）は不明とムナスⅠ, p.157はいっている。

8　「五彩」— 彩 (⁺brāšk) は brāzīdan, brāz- 'to shine' と関連があるパルティア語とみて，「光彩, 彩」あたりの意味ではないかと考えたが，しかし不確実で後考に俟ちたい。光彩とは梢頭の色彩を述べるものとみられる。

9　「多くの国と海域」— 「多くの」は「国」だけにかかり，「海域」は単数とみられる。海域はおそらく南部メソポタミアであろう。

10　本書は KN すなわち ōh 'thus' を ō と訓ませて，正当な ⸢ō (⸢L と書かれる) 'to, for' の代用としている。原文では§38の文首は ⸢u-m ⟨⸢ō⟩ ⸢ēn hangirdīg. gōwišnān ī aziš ⸢ast pursišn とあるべきもの。

11　「頑迷（handrag）」についてはpp.326-329に詳説した。

12　「特殊なデーン（dēn ī mādagīg）」とは新しい宗教や信仰を開いて，その人物の言説が本典（mādagīg）となるような教え（dēn）ということ。デーンはゾロアスターの受けた啓示や彼の教えや，それらを書いた聖典を指すが，ここのように「宗教」一般や「聖典」一般を意味することもしばしば。

13　「デーン学」とはゾロアスター教学のこと。仏教学，天台学，華厳学などの表現に似ている。「デーンに関する知識」でもよい。

14　「自身と同質のものたちのために」とは異教徒除外の精神を示唆する。

15　「第一の章」— 原著者による章の分け方についてはp.332参照。

16　怨念・忿怒・貪欲はいずれも擬人化されている。

17　§§8—10については9：17参照。パリーグ（ここでは星の修飾詞）とカルブ（同）については，それぞれ本拙著p.315註47とp.320註107参照。

18　§§31—32は「至高の巨魁——遊星ゴーズィフル（Gōzihr）……——〔大熊座〕は土星に対抗し」とある。しかし挿入句とみられる部分に欠落があり，また「大熊座」は削除すべきであるから，「至高の巨魁は土星に対抗し」と訳しておく。

19　「庶類の設置者（dām-ārāstār）」は「網の設置者（dām-ārāstār）」にかけている。

20　「その長」— 原文は ⸢ōy dagrand 'that long' のみ。

21　gyān と ruwān についてはp.332参照。

22　§101に反し，受動詞に読み替えて主語の交替を避けることにした。

23　バルシュヌーム（Baršnūm。最大の汚れを払うための祓浄式）への回想がある。

24　「与痛の治療所（wēmārestān ī dardgar）」— 四大の乱れが病気。アフレマンのしわざである。これを治すには痛いめにあわせたらしい。§102も参照のこと。

25　§103については10：1参照。

26　「守教（pēšōbāy）」は「先に立って守る者」の謂いで，全イランのゾロアスター教徒の統率者を示すタイトル。

27　事物を知る方法が第5章から第6—7章にもまたがって取り扱われているので，断

12. 『断疑論』

疑論はこれらの3章を合わせて1章とみていたことがわかる。7：22において「この章で」といっているものがそれである。上説p.332参照。

28 §26は ʾaz ʾēn ēwēnag dōgān ʾwas dagrandīh rāy frāz ʾhišt で，「この種のものの重複からは多くのことを，長くなるので，放棄した（割愛した）」の謂い。

29 「本務をもって（ʾpad xwēškār⟨īh⟩)」とせずに原文のままなら「本務的なものをもって」か「本務者として」かであろう。

30 脳から光を発してものを見るというのがイラン人の考え方。

31 「眼窩」は gabr-gāh「凹所」の訳。

32 「知慧（xrad）」を「万有のラド（har rad）」とするのは一種の俗語源説でもある（xrad＜har rad として）。

33 「類似の書」とは『千章』（4：107）を指すものか。

34 「知るために」— ʾbē ʾdānistan rāy とあるべきに rāy が省略されているとみたい。ʾdānistan「知る」のあとに ʾpad ʾān hangōšīdag nibēg「かの類似の書によって」が続行して後置詞（rāy）と前置詞（pad）が対接したためであろう。

35 Daharī (Pāzand 形) はアラブ語 dahrī である。唯物論者・無神論者をひろく指称する語。デーンカルド書（Madan 編249：22—250：4に ud ʾandar dēn aziš asāg tan ʾān ī ʾpad ʾastīh ⟨ī⟩ dādār Ohrmazd ʾu-š dēn 〔ud〕 waxšwar ⁺awirrōyišn ʾpad dastwar⟨īh⟩ ī dēnān ʾabar ēstišn ʾu-š ʾandar dēn ʾnām ʾpad ⁺dēwēsn ahlomōγ anēr ʾbarēnd ʾēn ī ʾpad ēwāz ī ⁺šahr Sō〔k〕fistāg Dahrīg-iz ʾxwānēnd「そしてデーンの中にありながらそれから外れている者はオフルマズドや彼のデーンの預言者の存在を信じないもの，諸宗教の権威に反抗するもので，彼らはデーンにおいて拝魔者・破義者・蛮族（非イラン者）として名を有し，（イラン）国のことばでソフィステス派，（または）ダフリー派（ダフリーグ）ともよんでいるところのものである」とある。これによってイランでは無神論者をソフィステス派とよんだり，ダフリー派（dahrīg）ともよんでいたことがわかる。

36 ⁺ō-iz ī ka「……ときにとっては，だ」は原文では§24の一部。この構文は§263にもある。

37 拙訳は原文のままを訳したものであるが，ここは kū ⟨ka⟩-šān (kū-šān を改めて)……のように改読して「彼ら（人々）にして悪名ある邪悪の安逸より……愛好する》（ものとなる）ときは，(30) その彼（ら）に……」とするほうがよいだろう。

38 spāsdār は「感謝する（形容詞）」でなく，spās kunēnd「（人々は）奉仕をする」と解するほうがよい。

39 §16は čim ī kunišn az wihān bawēd kē-š ān ⟨ī⟩ kunišn abāyist awiš nixwārīd「行動の理由は原因から生じるが，そ（の原因なるもの）は行動の必需がそこへ駆りたてられたもの」で，原因は行動の必需からやむなく生じた結果だ，との意。

40 上説p.332および註27参照。

41 「包括的に（dārmagīhā）」，「包括的（dārmag）」についてはp.33註16参照。

42 §§5—6については§18参照。

43 hudā(ha)g gōspand「有益な益畜」— gōspand は本来は「益畜」であるから，ここ

は一種の冗語的表現。
44 4：8—10参照。
45 §§5—6 参照。
46 §§30—32の中には訳文では表わせない，非論理的な word-play がある。すなわち「abāyišnīh（「必要性，必要とすること」）とは abāg dahišn（「被造物と一緒に」）である」とする俗語源説である。§31の後半からは，これによってはじめて理解できる。
47 §1については4：103参照。
48 この句の内容を成すのは§12までにわたっている。
49 「おのが生霊」は「おのれ自身」ほどの謂い。
50 註41参照。
51 「……ことなくしては」は原文についていうと，「bē ka（§2）…… enyā（§11）」のように相関するものであるが「……」の部分が長いので，この相関が見失われやすい。
52 註48参照。
53 「異信仰者たち」— 原文に jud-sardagān「異種の人々」とあるのを jud-sradagān と読み替えたもの。ムナスⅠ, p.116, 脚注参照。
54 「……よって」は§53の冒頭にある ud az の az。
55 マーニーは Pāzand 形 Mānāe, 梵語形は Māna となっている。
56 「強く構えて（saxt wirāyišnīhā）」とは入信しようと自心を振起すること。
57 人名は両方とも Pāzand 形はひどく崩れている（Kai Spudaxt, Zargar）。前者はウィシュタースプ王の子，後者は王の弟で戦死した。
58 原文 zādag（Pāz. zādaa）は 'born' であるが，これは zadag（Pāz. zadaa）の誤り。zadag は zadan「打ち倒す，倒す」の過去受動分詞の拡張形だが，この形はしばしば分詞構文を形成する。ここもそれ。筆者は機会あるごとにこのことを指摘してきたが，見失われたままの現状は残念。
59 「おのが身に（⁺ō ⁺grīw）」についてはムナスⅠ, p.118, 脚注参照。
60 「サーサーン朝の諸王（Bayānān xwadāyān）」— サーサーン朝の大王は bay「神」と号した。王朝名 Bayānān はこれにもとづく。アルシャク王朝を開祖アルシャク（Aršak）のペルシア語形アシャク（Ašak）にもとづいて Ašakānān と称するのと同じ語構成。
61 「異信仰の破義者ども（jud-sradagān ahlomōγān「異信仰者ども・破義物ども」）については註53参照。
62 「熔鉱試練」— §70の冒頭 Pāzand: andāča andāča pasāxt は Pahlavī 本にあったはずの ⁾D（＝ᶦtā）-iz tāz-passāxt ……「ついに（ᶦtā-iz ……熔けたもの（tāz）による試練（passāxt）……」を誤読したもの。梵語訳 yāvacca yāvacca mahādivyaṃ ……「かつついに，かつついに判別法……」をはじめとする先訳はいずれも tāz-passāxt「熔鉱試練」を正解していない。Ardā Wīrāb Nāmag の一節（H. S. Nyberg ; *A Manual of Pahlavi* I, Wiesbaden 1964, text, p.108, ll. 5—6 は ᶦkē

⁺⎮pad ⁺tāz-passāxt ī ⎮pad Dēnkard〔ud〕rōy widāxtag ⎮abar war rēxt「その彼（アードゥルバード）はデーンカルドにある熔鉱試練に従い、銅を熔かして胸の上に注いだ」と読解すべきである。⎮pad tāz-passāxt の pad tāz が誤って padiš とされたために写本のように ⎮pad tāz-passāxt が padiš ⎮pad sāxt となったものである。p.419註5所掲の仏・英訳ともに正解していないのは残念であるが、これを批判した Maria Macuch: "Die Erwähnung der Ordalzeremonie des Ādurbād i Māraspandān im Ardā Wīrāz Nāmag", *Archaeologische Mitteilungen aus Iran*, Band 20/1987, pp.319-322も同様である (p.322). widāxtag は分詞構文で、rōy ⟨ī⟩ widāxtag「熔けた銅」ではない。

63　§42については註7参照。
64　pp.330-331参照。
65　brēhēnīdan は「創造する」を意味する語であるが事実上は「派遣する」に近い意味を有している。しかし派遣する・送り出す・遣わす、などには別の語があるので、brēhēnīdan がこのような意味合いをもつと思われるときには「発遣する」の語を用いることにした。
66　「あっては (ka)」は原文では§98に属す。
67　「書」とはコーラン。ムナス I, p.158にある§§52―57への註参照。
68　「(語を) 多数つらねていく」は wasīhā paywastan barēd (「たくさんつらねることをしていく」) の訳。
69　§276の原文は pad any brahm xwēš dām abāg Ahreman pad wiyābāngarīh hambāy kunēd kū ast ka man kunam ast ka Ahreman. ムナス I, p.147は「他方、彼は「時にはするのは余、時にはアフレマン」といって、おのが庶類を、迷わしにおいて、アフレマンと同列においている」と訳しているが、pad any brahm とは「他方で」というような漠然たる意味ではなく「別の表現で、別の形で」ということであり、「別の表現で」とは§272（§277も！）を指すものであるから、氏の訳は受け入れにくい。
70　§364は文首を nūn ⟨ka⟩ ōy mardōm ⟨xwānēd⟩ ⁺kū (<kē) ……と改読する。原文のままでは統語論的に意味をなさない。
71　原文 nūn ān kē yazad……kišt (372) u-š Ahreman ēwāz……xwānēd ud nixwārēd のままなら「今や神なる彼が……植えつけながら (372) しかもアフレマンのみが……彼（人間）によびかけて駆りたてている」となるが、ここは ān kē を ka に改めて (⁺ka<ān kē)「神なる彼が……植えつけながら、しかもアフレマンのみが……彼によびかけて駆りたてている当今」と拙訳のような従続文とすべきである。
72　ムナス I, pp.154―155は「二」を「三」に改めるが、筆者が§§376―377において「　」でかこんで示したようにすれば、「二」のままでも差支えはない。
73　§64を従続文とする主文は§70である。§70の冒頭の「同様にまた (ēdōn-iz)」は§§68―69に引きついだ形をとったために入った語であるから、削除するほうがよい。§§65―69は§64の理由を述べたものであるが、その中の§§68―69は§67の理由

を述べるもの。§67の文首の「また」(訳文)は§66の「……勝つことも(同様であり),」につづくもの。

74 第13―14章については註5参照。

75 Pāzand 形 āžāṯ は同 ažāt (Pahlavī なら azād [ʼč̣ʼt]) の誤読。この語は「初めの書 (naxustīn niβā)」がいかなるものかを決定する重要なキーポイントであるが，正解されていないのは残念。第13章1―3節は梵語訳には dvitīyaṃca upari mith-ovirodhinyāṃ kutsitavāci pūrvvâgamikānāṃ／ye svatantraṃ ākāryante／ete sarve ʼpi tena ekamatāḥ santi yat iajataḥ svahastena likhitaṃ Mūśāya dadau∥「また次は, svatantra(「独立せる，自由なる」)とよばれている初めの諸書の，矛盾せる愚言について，彼ら(ユダヤ人)もみな，神が自身の手で書きモーセに授けた，ということで意見が一致している」とあり，「初めの諸書」という誤訳は明らかに「モーセの五書」を意味しており，そのほかシンタックス的にも誤解があるが，最も問題となるのは Pahlavī 本に ʼč̣ʼt とあったはずの語を āžāṯ／āzād ʻfree, nobleʼ と読んで svatantra と訳していることである。ここでは ažāt／azād (<*hača ʻfromʼ +愛称接尾辞 -ata-)「起源の(書)」(原意は「(そこ)から(由来する)もの」の謂い)すなわち『創世記』を指す語である。このような az からの派生詞については aziš̌īh「所産，結果」や，また az をもってする合成詞については，断疑論15：53の har-aziš「すべてがそこから由来するもの」「万有の本源たるもの」も参照したい。アヴェスター文字 ž, β (w), h の間に相互に多少類似点のあるところから, Neusner(註5所引の論文, p.283, n.3)は āžāṯ>aβat>ahat と読み替えて, ahat (<ah-「投げる」)と tōrāh (<yrh-「投げる」)とは語根の意味が同一であるとして, āžāṯ すなわち ahat をモーセのトーラーすなわちモーセの五書に引き当てることを提唱しているが，これは恣意に過ぎる。azād がもし MP bun dahišn「原初の創造」の使用を回避するための新しい造語であるとすれば，むしろ ažād のほうが有理であるが，そうでなくて，既存今欠のシリア語かアラブ語かの資料に基づいて，文法形態的にも関連のある語として選ばれたのであれば, azād のほうが有理である。語意はどちらでも同一である。が，そうはいっても，そのセム語的祖形は MN (MP でこのアラム語 min ʻfromʼ は az と訓じられる)にどんな接尾辞を付したものか，あるいは，その他の語かは，私に模索する能力もない。いずれにせよ, azād は γένεσις『創世記』を指すが，意味的には多少のズレがある。なお，「初めの書」については，本拙著p.120以下も参照されたい。
(追記――本拙著p.121に追記した Shaul Shaked の論文p.87, n.4は問題の語を āwād ʻgeneration「世代」と改読し，父祖を含めた過去の諸世代を取り扱ったものとしての『創世記』を意味するものとしたが, Pāzand āžāṯ との距離が隔たりすぎるのは遺憾)。

76 「(底に)冷水をもつ」は āb-xun。

77 「広がり (tān)」(§64にも！)は§59の「場と在所」に対応する。

78 「きわめてよいものに (⁺abēr ⁺nēkōg)」は原文 azēr nigūnag「深所の下から(出ているもの)に」の読み替え。

79 ヒブル語 ªdōn-āy「わが主」のペルシア語訛り。アドナイは，神聖な四文字 YHWH／Yᵉhōwā「エホバ」を唱えるのを憚かっての代替語。

80 「暗の根源が光と裏腹のものである」は，原文の Pāz. tārīkī bun vāž-frā i rōšan hast を tārīkīh bun abāz-frāz ī rōšn ast と読んだもの。abāz-frāz とは「うしろが前になること，あべこべ」ということ。先訳はいずれも奇抜の一語につきる。vāž を wāz「ことば」とみたのが梵語訳で，これには tamo mūlaṃ vacaḥ śikṣapan-āyāḥ rotiṣmatyāḥ āsīt「暗という根源がことばを発する方法を得て光があった（生じた）」とある。これは「光あれといったら光が生じた」ということを指しているのである。E.W. West もだいたい梵語訳に依っているが，ムナス I，pp.184-185 は 'ce fondement de l'obscurité est cela même qui évoque le lumineux「この暗の根源は光を放つものそのものである」と訳し，Neusner（註5参照），p.285は 'Darkness is basis of the emanation of light' と訳し，važ-afra（vāž-frā とあるのに）は 'give forth, cause to emanate' の謂だと脚注（24）している。勝手な訳もいいかげんなところだ。

81 註77参照。

82 先訳はみな不可。一応原文のままで訳しておくが，本節§98はむしろ agar nēst ⟨kē-š aziš⟩ kardan šāyēd ud tuwānīg āwāz ⟨ī⟩ dagrand-iz dādan šāyēd「もし，彼が〈それより〉創成し得るところの無（なるもの）が存在していて，（万有創成の）力があり永続きもする〈ところの〉ことばを彼が創造し得るのなら」とあるべきもの。

83 「アドナイ自身，おのが御意が完全に行われるところの者でなかった」は原文を xwad Adonay ⟨ān⟩ nē būd ī-š xwēš kām purr-rawāg と読んだものであるが，purr-rawāg を purr-raw⟨ēn⟩āg と読み替えて「アドナイ自身，おのが御意を完全に行なわせるところの者でなかった」とするのも一方法。

84 「また」以下§113の終わりまでは ud čiyōn rawēd (113) asp kē-š pad rah ham-āyōzēnd u-š pad tābānag awištābēnd。最後の二動詞形（他動的複数）の主語は不定代名詞的「人々」。

85 「根源を成していたとしても（bun ⁺dāštag-iz；Pāzand dāštača は dāštaa-ča とあるべきもの）」は分詞構文で「根源としての立場は依然として保持していたにしても」の謂い。分詞構文については註58参照。先訳はいずれも不可。「根源を成す（bun dāštan）」は15：84にもあり，註99参照。

86 ここは句頭に ō「……に」を入れなくても《悪魔の声にいっそう似ている》と訳し得る。

87 「火の燃えあがり（āxēz ī ādur）」としたのは――「火が燃えあがる（āxēzēd ādur）」とせずに―― ristāxēz「死者の起生，復活」に準じたもの。

88 「滅びの民（asarāsarān）」はおそらく Isrāyīlān「イスラエル人」の誤読であろう。

89 「盲者（kōr）」，「聾者（karr）」は周知のようにイラン思想に起源する。本拙著p.306とそこの註107も参照されたい。

90 §40に「こういうこともいっている」とある句と呼応して結びとなる。

91 「乖離」— Pāzand 形 bavaạnī は乱書された LHYKyh =ˈdūrīh「遠ざかること」の誤読。
92 酒の清浄性を認めた、とは§50のことを指している。
93 嘆願の内容は原文では man farroxīh ī pad rōzīg dah ī-m zīwistan āsāndar bād とある。しかし統語論的にこのままでは訳出は不可能。ī-m を kū-m に読み替えたものが拙訳であるが、ī-m のままなら、そのあとに〈padiš〉を補って「〈よっても って〉私の生活がもっと楽になるような、日々の糧における私の幸いをお授けください」と訳すのもよい。
94 「新しく頒与する (az nōg baxtan)」(§63)、「新しく創造する (az nōg daham)、新しく定める (az nōg passāzam)」(§70) — は「頒与し直す」等々の謂い。
95 「来て」— Pāzand 形 āmadan は āmadaa = āmadag の誤りであろう。梵語訳も samāgatya「来て」とある。分詞構文である。
96 「浄霊 (Wād ī Pāk)」— いわゆる「聖霊」であるが pāk「清浄な」によって「浄霊」と訳した。真の意味での「聖なる」に相当する語は見出せない。wād は「風、気息、精神」などを意味する語。
97 「万有の本源たるもののほうが……劣後となり得る」は har-aziš az ān ī-š u-š ī xwad mādag tōhmag keh šāyēd būdan と原文のままでよい。har-aziš (har aziš は不可) は「すべてがそこから由来するもの、万有の本源たるもの」。ī-š および u-š の š はどちらも「万有の本源たるもの」をさす。
98 「 」内の原文は nē 〈way〉 ōftēd ud nē tis az draxt ud nē bawēd wahāg pad šahr ud nē murw āgenēn kōxšēnd bē framān ī pid であるが、ムナスⅠ, p.214, 脚注はマタイ伝10:29—30を参照してこの部分を nē ōftēd way tis az draxt ud nē bawēd wars pad sar ud nē dō murw ēk drahm frōšēnd bē framān ī pid「鳥は一羽も木から落ちず、また髪も頭上にはなく、また二羽の鳥も一ドラフムでは売れない——父の命令なくしては」と改読することを提唱している。原文中の ud nē tis から ud nē を削除して「木から鳥は一羽も落ちず、また国で交易も行われず……」とするもよい。この場合の nē tis は ‘never’ の意味。
99 「何者が (その) 根源を成していたのか (kē bun dāšt)」とは「誰が根源を保持していたのか」ということ。bun dāštan「根源を成す」については13:119および註85参照。
100 「羊飼いのように (čiyōn šubān)」は§99の一部。
101 訳文ではここから (原文では ēd rāy čē「……が故に (〈このことの故に)」から) §128がはじまるとみるべきで、先訳はいずれも不可。
102 §128の真の文首については註101をみよ。
103 「どのようにして妥当するだろうか (čiyōn sazēd) は§136の一部。
104 Pāzand 形 rāwudan は rāwudaa = rubūdag「奪って」の誤り。分詞構文。
105 ゾロアスター教によれば善悪二元の領域の中間に、ここにいう控えの間、空所 (空隙) があり、ここが一切庶類の住む世界ということ。マニ教はこれを認めない。
106 「包摂されては (parwastag)」は分詞構文。

12. 『断疑論』

107 「部片化されて (bahr kardag)」は分詞構文。
108 「同じようにされて (ham ēwēnag kardag)」は分詞構文。

　以上の註を章別にわけてみると（カッコ内は章）：1—7（まえがき），8—14（第1章），15（第2章），16（3），17—26（4），27—34（5），35—38（6），39—40（7），41（8），42—46（9），47—62（10），63—72（11），73（12），74—85（13），86—95（14），96—103（15），104—108（16）となる。

13. 『好学の子』のテキスト復原とその背景[1]

　『好学の子』というのは，多くパーザンド本として伝存している小篇の冒頭に *pursīt pus i dānišn.kāma*「知識を渇望する子が問うた」とあるものから取られた書名で，パフラヴィー本の形で示せば pus ī dānišn-kāmag「知識を渇望する子」となるのを，私が略して表示したものである。

　パーザンド本というのは，アヴェスター文字を用いて中期ペルシア語を表記したものであるが，中期ペルシア語は通常，中期ペルシア文字草書体[2]で書かれている。この草書体で書かれている中期ペルシア語本を，この論文ではパフラヴィー本とよぶことにする。このパフラヴィー本に対する「われわれの読み」方は，基本的にはマニ教系テキストにみえる表記に依拠したものである。この読みを特に強調すれば中期ペルシア語を略記するのに用いる記号MPを以てするのが正確であろうが，しかしパフラヴィー本を読みとるにはこの読み方を用いるから，パフラヴィー本にはこのようにあるとしてそれを紹介する場合は特にMPとことわり書きしないで，MP形を示すことにする。これら，パーザンド本やパフラヴィー本に対し，近世ペルシア文字（アラビア文字）で中期ペルシア語を表記したものは，この論文でも，これまでどおり，パールシー本とよぶことにする。一般的にいって，パーザンド本の「読み」が「われわれの読み（MP）」とかなり異なるのはともかくとして，両者が相容れがたいほど相違するときは，しばしばパーザンディストの読み（パフラヴィー本に対する）が誤っている場合がある。中期ペルシア文字には特定の母音文字がなくて，'／w／yを母音文字にも代用してそれぞれā/ū, ō/ī, ēを表わすが，一字一（母）音式でないから，すでに曖昧さがあるうえに，これらの文字がなくても，

それぞれ a／u, o／i, e を示しうるので，母音打ちも容易でない。また中期ペルシア文字草書体では，'と h（x）は同形，g, d, j, y も同形，w, n, ', r も同形と来ているから読みにくく，誤読もしばしばみうけられる。これに対し，アヴェスター文字は母音子音共にほぼ一字一音式であるから[3]，これを用いるパーザンド本は，初心者には，はるかに読み易い。パーザンド本が主として子弟の教育を目的としたものであることも容易に推察できよう。『好学の子』のパーザンド本もたしかにそうで，ここではクスティーグ（kustīg）の意義を教えるのが目的となっている。クスティーグとは「腰（腹）（kust）のもの，腰に帯びるもの」の謂いで，今はクスティー，コスティーとよんでいるが，アヴェスターではアヴヨーンハナ（aiwyåṅhana-）「巻くもの」といっている。72本の仔羊の毛糸で編んだ中空の細い紐で，両端は3本の総（ふさ）になっており，ゾロアスター教徒の着用するシンボルマークである。

　ここに訳出する『好学の子』のテキストはユンカー教授の校定本[4]を参酌したもの。このユンカー本はパーザンド本をサンスクリット語（以下，梵語とよぶ）訳と対置しドイツ語で訳註したものであるが，必要に応じて，タヴァディアの英語による訳註も載せている。

　タヴァディア氏はパーシー人。ユンカー教授がハンブルク大学に在任中，近世インド語の講師をも兼ねて同大学に迎えられた学者であり，私とも交誼があった。ユンカー教授の勧めでクスティーグの課題と取り組むことになり，『好学の子』もそのような関係から氏によって取り上げられた。のちにユンカー氏はハンブルクを去り，その後任ライヘルト（Hans Reichelt）教授のもとで氏の研究は『許不許（Šāyist nē-šāyist）』の校定訳註となって結実したが[5]，これを機会に，また『好学の子』との取り組みが再開された。しかし，このほうは完成公刊を見ずに，氏は不帰の客となった。没後，遺稿の中から『好学の子』の，英語による全訳と註解が発見され，これが前記のように，ユンカー教授によって適宜付載されたタヴァディアによる訳註である。経緯の詳細は前記ユンカー著書のpp.9-10にゆずり，ここでは同書から『好学の子』の写本に関する記述を，二，三紹介しておこう。

13.『好学の子』のテキスト復原とその背景

　『好学の子』を含む写本はTD3, M67, H 3, CI29の計 4 本であるが、ここでは『好学の子』の本文のみを取り上げて、それを含む葉（folio）・行を示すにとどめよう（オはオモテ、ウはウラ）。TD3はパーザンド本と梵本で103―110オ5、全体にわたって古グジャラート語訳がつき、M67はパーザンド本のみで62オ6―69オ8、H 3はパフラヴィー本、梵本、古グジャラート語訳を含んで37ウ12―53ウ2にわたるも、43オ（§30）まではパフラヴィー本の上方にパーザンド・テキストが異筆で書かれている。またその諸葉のうち、47―48は当初からの遺失で、後筆によって書き埋められている。CI29は 3 部にわかれ、そのうちの第 2 部の37ウ―52オ3 が『好学の子』の本文。パフラヴィー本ではじまり、その下方にパーザンド・テキストが書かれ、両者の中間にはアヴェスター文字や近世ペルシア文字で解説的註記が施されている。梵語訳と古グジャラート語訳もついているが、§30からあとはパーザンド本が欠け、パフラヴィー本、梵語訳、古グジャラート語訳が、各葉15行ずつにしたためられている。

　テキストに対する先訳には飽き足らぬものが少なくないが、冗長にもなるので、それを一々指摘することはさけ、先ず本書全部の拙訳をかかげ、そのあとで問題視すべき箇所を取り上げて論議を展開することにしたい。拙訳に関する注意事項は次のとおりである。

　各節とも節尾にアラビア数字で当該節の順位を示す。例えば、……。（5）とあれば§5（第5節）の終わりを示すがごとくである。時には、一つの節が割れて、その節の中に他の節が割り込むこともある。例えば、……（14）……（13）……（15）……（14）のごときで、これは、先ず§14の一部が訳され、§13の一部がつづき、次いで§15が訳され、最後に§14の残部が訳されて首尾完了することを示すものである。

〈　〉——私による補入（復元）を示す。
〔　〕——私による削除を示す。
+（左肩の小十字）——私による改訂（改読）を示す。
《《　》》——原文においてすでに註とみなされるべき部分であることを示す。
（　）——訳文中のものは私による加筆（文意を明らかにするため）。

この論稿の末尾にかかげた「附録「原文」」は，いわゆる「われわれの読み」による中期ペルシア語文で，私の校定に成り，邦訳の典拠としたテキストである。後段で明らかにするように（p. 439），『好学の子』は，「パーザンド本が先ず作成された」ものではなく，やはり「パフラヴィー本が先ず作成された」ものとみるべきであるから，ここに附録として，私の校定した中期ペルシア語文を挙げておくのも，意義のあることと考える。「節」の示し方や，諸記号は邦訳のものに準じたが，その「節」を示す数字を「節」尾においたのは，特別の意図があってのことではない。

　　　『好学の子』の邦訳

　知識を渇望する子が問うた，（1）『わたしに教えてください，クスティーグをつけずに歩くことを最も重い罪と，わたしどもが考えている理由を，（2）そしてクスティーグをつけることそのことの理由は何かを』。（3）哲人の父がいうには，（4）『よくよく知り，知慧で判別しなさい。（5）というのは，デーン（ゾロアスター教）には，この世で特に役割が二つあるからです。（6）一つは，知ることのできる対象(もの)を知るべしと示すこと，（7）また一つは，知ることはできないが信ずべき対象(もの)への道を示すことです。（8）そして（これ，すなわち前節で述べたデーンの役割こそ）確信をもって真実として受け入れ，かつ，信憑するに足るものとする理由なのです』。（9）
『それでは，その（デーンの）ことばがすべて，知と信という二種のいずれとも矛盾しない，そのような（デーン）を明かしてください』。（10）
『知ることのできる対象(もの)が存在していることは立証されていて，信憑するに足ることです。（11）また，信ずべき対象(もの)は知の根源と矛盾しないという理由から，それが存在しないということは立証されていないのであり，（12）（この点）他の諸邪教の（主張する）知の根源が知をもって（立証

されず),また,その存在も立証されておらず,(13)　また,信ずべき対象が知の根源と矛盾し,かつ,立証されていないのとは (14)　同日の談でなく (nē čūn/nē čiyōn), (13)　(これすなわち) わたしが上に記したところの,(15)　世に対する禍害が,彼 (ら諸邪教) から生じる理由です。(14)　(わたしどもの場合のように) デーンの根源が確乎たる知によって確立しているかぎり,(16)　そこから明らかになることは,どのようにしてデーンの (下す) 命令への道を信ずべきか,その理由をわたしどもが完全には把握しなくても,(17)　それでも,なおかつ,この質問の中にある信なるものは立証されているのだということであり,(18)　人あって,完璧なる知をもって目に見るように示すことが十分にはいかないにしても,なおかつ,デーンを守ることを責務のように定めて,(守るに) ふさわしいように,それにもとづいて実践することです。(19)　そして,信ずべき対象が,知るべき対象とともに,霊妙な祈呪 (mainyō nīrang/mēnōg nērang) であることは,(20)　あたかも,わたしどもの目には見えぬ輩である諸魔・諸造罪者・諸起悪者 (bažagān/bazak < kar>ān) の (仕掛ける) 敵対《戦い》の中にあって,その理由がわたしどもにはわかっていない,霊妙な祈呪によって,彼らは倒せるようなものであり,(21)　(あるいは) その明白な原因と理由,それに同じく明白な薬も (22)　わかっておらず,しかもそれの薬として祈呪や呪文や呪詞 (など) といって,理由の明白でないものが (使われて) ある,(23)　身体の病気のようなものです。(22)

それでも,これらの質問に対する答は,けっしてかたくなな信 (を示すもの) ではなくして,どこまでも理由を示すものであり知の根源とも一致するものであることは,(24)　識者たちの間に (いわずとも) 明らかなとおりです。(25)

クスティーグという標章の意味こそ,(ために) わたしが書こうとするこのことです。(26)

クスティーグは,特に,標章をもって二者の中間を定義するものです。

(27) すなわち，賢者たちによって小宇宙とよばれる人体の中で，(28) 上半分は，より上方の諸光明の在所のようなもので，(29) 明るい，見る目 (30) と，受け容れる記憶力 (31) と，保持する知能 (32) と，判別する知慧 (33) と，思索する推理力 (34) ——これらの家宅は頭の髄——(35) （と，）教訓を述べる舌 (36) と，教訓を聞く耳 (37) と，匂いを嗅ぐ鼻（がそれです）。(38) このゆえに，不思議なのは頭であって，(39) 不思議な空洞の中に，(40) 視覚や聴覚や発声や嗅覚のような (41) 感覚の座を，（それぞれの）中枢として保持しているのです。(40)

そして，美も光りも認識もみな，その場が頭という頂点にあるのは，最勝界が諸光明の場であるのに似ており，(42) 草木もそうで，その花や実やその他の必要なるものも，その場が，美しくて塵をはなれ恐れもないようにと，いちばん高い枝と幹にある（ようなも）のです。(43)

また（人体の）下半分は枯死と不毛との場所で，悪界に似ているのです。(44)

そして，中央の胴は混合〈と〉分離《引っぱる力と捉える(力)と，引きはなす(力)と突きはなす(力)》の世界で，(45) そこは混合せる下界に似ており，(46) （この事実こそ，身体の）まん中にクスティーグをつける理由の両部分〔を示すこと〕なのです。(47)

ほかならぬおのがはらの上に二元（混合）の標章を示して見せるのにならってこそ，(48) 主君に仕えるときでも，服属の標章を示すために，胴の中央にクスティーグをむすぶ (49) ように，服属の大きな標章を（人は）つけるのです。

（身体の）まん中にクスティーグをつけることによって，(50) そこに，一般大衆も服属の標章があることを信じているのです，(51) あたかも，ナマーズ（「頂礼」*namāž*／namāz）は頭を下げることによるニマーイシュン（「表示」*namāišn*／nimāyišn）であることが明らかであり，(52) （また）ナマーズという名そのものからも，それがニマーイシュンであることが（明らかである）(53) ように，です。(52)

434

また，賢者たちの行蹟の中に，（このクスティーグという）標章が特に有している，（わたしどもに対する）制約を選取しなさい。(54) ザルドゥシュト（ゾロアスター）者がクスティーグをつけるのは，宗風を示すためのならわしとしきたりであり，(55) また，デーン者たるを標識するための標章（です），(56) 「わたしは選取者でして非選取者ではありません，(57) と申しますのは，わたしどもは，より上方なるものが諸光明の座，(58) また，下なるものが諸暗黒の座，(59) そして，中間なるものが混合〈と〉分離の場所である，(60) と選取しているからです」（といって）』。(58)

『第二（の質問）はこれです，すなわち，心からの畏敬と服従からの奉仕と服従の顕示とをもってする，庶類（の側）からの，創造主への讃頌が，どのようにして，（身体の）まん中にバンド（「帯」band）をつけることによって示されるのかということ，(61) すなわち，わたしが全知の創造主のバンダグ（「僕」banda／bandag）であるということが，どのようにして，わたしがバンドをつけて無帯でないということと，等しいのかということです。(62) （第二の質問はまた，これでもあるのです，すなわち）わたしどもがクスティーグで胴の中央，思念の家宅である心腑のあたりで結ばれているということが，どのようにして，わたしどもが結んで，思念をあらゆる罪悪や創造主の命令に対する違反から遠ざけること，(63) すなわち，無帯のために，（罪悪や主命違反が）わたしどもの生気から思念に，思念から言語に，言語から行為にと結びつくことなかれということ (64) と等しいのかということです』。(63)

『常に心すべきは「わたしはバンダグ（「僕」）で，僕ならぬものではない」という標章をつけることです。(65) バンダグという名そのものもバンド（「帯」）から来ている。(66) すなわち，わたしどものバンドは他に属し，自身には属さないということです。(67) （して）クワダーイ（「主」$x^v ad\bar{a}e$／xwadāy）という名はこういうことです，すなわち，その方のバンドが（主）ご自身（xwad）に属し，他には属さないということ

435

で, (68) クスティーグの着用が他者すなわち, ご自身, 最大の知者にまします主に対する僕たる身分の標章であるということと, まさに等しくなるのです。(69) (これが)賢者たちやザルドゥシュト(ゾロアスター)がみな,(クスティーグの着用を),デーンの風習をよく標識し知慧の宗風に叶(かな)い, かつ, 教胞者たることを明示するものだと表明なされている理由の最たるものです。(70)

どんなものにせよ, 堅持すべきは(主の)命令で, (71) (それを)堅持せぬことは正しいことではなくて, 大罪を犯し命令に違反するものです, (72) というのは, 罪悪の定義は(なす)べきことをなさず, また(なす)べからざることをなすことだからです。(73) 一歩でも, わたしどもが無帯で命令に従わず歩いて大罪を犯すのは, この理からです, (74) すなわち, わたしどもは自身を僕たる身からはずれさせ, (75) そして, わたしどもは思念と言語と行為のバンド(「帯」, クスティーグ)をすてたことになるからです』。(76)

以上で『好学の子』の本文は終わっている。拙訳は原文の面影を伝えるに忠実すぎて平明ではないが, それでも論理のはこびは無理なく理解できよう。§§1—25は知と信との関係を説き, デーンにもとづくものでこそ, この両者は確乎たる基盤に立つものとし, §§26—47ではクスティーグ着用の理由をあげている。§§48—53では主君と名のつく人に服属する身分を示す標章(しるし)とクスティーグとの関係を説き, §§54—76ではふたたびクスティーグにもどって, その着用によって主オフルマズド(アフラマズダー)の僕たることを明示し, それを着用しない大罪を戒めて結びとしている。§15には異教の害を論じたものが『好学の子』の作者によって, すでに作成されていたことを示唆しているが, これは『好学の子』の中の散佚した部分とは考えられない, というのは, §1の書き出しは『好学の子』の書き出しにふさわしいからである。

ところで, 論理のはこびということについてであるが, ここでは§40を中心としてその前後を合わせ, §§39—41を一括して取り上げてみよう。パーザン

ド，パフラヴィー（MP）両本を示すと，次ぎのとおりである。

 ež ham čim awad sar(39) *u andar awēdūrī nišīm i guzurgī pa sarīhā dārēt*(40) *čūn vīnišn u xšnavišn u gavišn u ambōišn*(41)

 az im čim abd sar(39) ud andar abēdūrīh nišēm ī wuzurgīh pad sarīhā dārēd(40) čiyōn wēnišn ud ašnawišn ud gōwišn ud hambōyišn(41)

 ユンカー教授は「(それらすべての器官にとって) だからこそ，頭はすぐれて重要なのだ。(39) 視覚や聴覚や発声や嗅覚のような (諸機能) は，(41) 互いに離れていないところに，(それぞれ) 先端に位置することによって，栄誉ある地位を有している。(40)」と訳し，タヴァディアは「同じ理由から不思議なのは頭で，(39) 遠くないところにそれ (頭) は，主宰するために (または，一歩ぬきんでて) 偉大の座を有している。(40)」と訳している。ユンカーの解釈は，視覚等々の諸機能は，目耳口鼻を先端に——しかも相互至近のところに——つけることによって，栄光の座を占めている，というのである。タヴァディアの場合は，§41の訳がユンカー本に紹介されていないので，それと§40との関連を氏がどのように考えていたかは不明であるが，「視覚〜嗅覚のような偉大の座を頭は至近のところに有している」と解していたのではなかろうか。もっとも，視覚〜嗅覚のような偉大な働きをするものの座 (すなわち目耳口鼻) というのか，視覚〜嗅覚のような，偉大な座 (目耳口鼻) というのか明らかではないが。いずれにしても，両氏は同じように，*andar awēdūrī*／andar abēdūrīh を「互いに離れていないところに」と訳しているから，この句のかかり合いに対する見方は異なるが，句解そのものは一致している (「離れていないところ」とするのは梵本も同じで adūram「遠くない (ところ)」としている)。しかし，andar「内に，以内に」に支配されているから，abēdūrīh は名詞でなければならない。そうすると，-īh を除いた残部は形容詞のはず。abēdūr が形容詞であるためには，dūr は名詞「遠方」でなければならない。abē- 'without' のあとに名詞がきて，熟して「……をもたない」となるのが常道である。しかるに，dūr は「遠方，遠地」の意味で用いられることもある

が，それは形容詞の名詞的使用例で，dūr は本来「遠い」という形容詞であるから，abē-dūr「遠さをもたない，遠くない」は成り立たない。ゆえに，abēdūrīh はせいぜい abē-dūrīh「遠さをもたない，遠くない」と分解して形容詞たりうるにすぎず，これを andar が支配することはできない。中期ペルシア語として，もし「不遠のところに」というのなら，積極的に andar nazdīkīh 'within vicinity' といったであろう。そればかりではない，ユンカー，タヴァディアの両訳を読んで，意味がすらすらと通じるといえるであろうか。そこまで進んできた論理のはこびが，はたと停滞しているではないか。*awēdūrī* は明らかにパーザンディストがパフラヴィー本（MP）の abd gabrīh「不思議な空洞」を，本書に abē- が多用されているために（？），読みちがえたものである。gabr はパーザンディストにはすでに読解困難だったらしい。そのことは『断疑論（Škend-gumānīg Wizār）』 V 74 をみても明らかで，gabr-gāh (dpl-g's)「眼窩（空洞の場所）」がパーザンド本では dawar-gāh と読まれ，梵本では ubhau sthāne「両方の場所」と訳されている。この訳は gabr を dawar と読み，その dawar に dō「二」を擬したものである。問題の gabrīh は草書体では gplyh, gwblyh, gwlyh などと書かれるし，その gwlyh は dūrīh (dwlyh) と同じ字面である。そうすると，ここは andar abd gabrīh「不思議な空洞（頭蓋腔）の中に」とあるべきことがわかる。[29]

次ぎは，両訳にみえる *nišim i guzurgī*/nišēm ī wuzurgīh「栄誉ある地位（Ehrenstelle）」（ユンカー），「偉大の座（the seat of greatness）」（タヴァディア）をみよう。タヴァディア訳では§41とのかかり合いが不明である（上述）が，ユンカー訳では§41の「視覚〜嗅覚のような」をうける語でないとみて，諸機能（Tätigkeiten）なるものを含意させて主語と解している（上述）。しかし，このようにあとから「……のような」が継起するときは，それを先取りする表現が主文（前文）の中にみえるのが普通であるから，nišēm ī wuzurgīh の中にそれを求むべきであろう。そういう見方からすれば，ユンカー説は失格するし，タヴァディア説も，私がさきに推測したいずれのかかり合いをとっても，無理のない解釈とはいえない。私のみるところでは，ここにもパーザンデ

ィストの誤読がある。wuzurgīh は草書体では wčwlgyh とある（語内のwは欠くこともある）が，g の代わりに t を書くと wčwltyh＝wizurdīh 'validity' となる。その際，t 字の最後の垂線部が，その右の下から上に曳く画と誤って接着し，かつ，t 字の頭環が極めて小さくなると，wčwlgyh と字面上，区別がつきにくくなり，したがって，それは wuzurgīh, Pāzand *guzurgī* のように誤読されることもありうる。このような見方から wuzurgīh を wizurdīh と読み替えると，「確実なもの，確実性」の謂いとなる。もちろん，これは人間の感覚を確実なるものとする立場であるから，§41に述べる「視覚～嗅覚のような」をうけて「感覚の座（nišēm ī wizurdīh）を保持する」と，無理のない論理のはこびがひらける。また，このように詰めてくると，*pa sarīhā*／pad sarīhā も，「先端に位置することによって」（ユンカー）でもなく，「主宰するために」（または「一歩ぬきんでて」）（タヴァディア）でもなく，「（それぞれの）いただき，頂点，中枢として」でなければならない。sarīhā は sar の複数である。両訳のように解するためには，別の抽象名詞が期待される。

　私によれば，『好学の子』はまず中期ペルシア文字草書体で書かれたパフラヴィー本があって，それをアヴェスター文字で書き替えてパーザンド本ができた。そのパフラヴィー本は，上で取り扱った wizurdīh（§40）なる読み方をとるかぎり，現存するパフラヴィー本とは別の本とみるほかはない。それにしても，前述のように，パーザンド本作成の目的は子弟の教育にあった。ところが，師匠格の最初のパーザンディストがまず誤読し，それが順次，受けつがれた。子弟のほうは師匠のものを鵜呑みにするだけで，批判などできるはずもない。その証拠に，梵語訳も同じ誤りを犯し，§§39—41を次のように解しているのである。

　　itihetoḥ pradhānaṃ śiraḥ(39)　antaś ca adūram āsanaṃ mahattayā unnatatayā dhatte(40)　yathā nirīkṣaṇaṃ ca śravaṇaṃ ca ābhāṣaṇaṃ ca āmodanaṃ ca(41)

　　このゆえに，不思議なのは頭で，(39)　視覚や聴覚や発声や嗅覚のような (41) 座を，遠くないところに，偉大さとともに，高く，すえている

のです。(40)

この梵語訳では、§41を§40の「座 (āsanaṃ)」にかけているのであろう。要するに、§40のパーザンド本は ud andar abd gabrīh nišēm ī wizurdīh pad sarīhā dārēd なるパフラヴィー本 (MP) を誤読したもので、私はそのことを註にも載せずに、拙訳のみをかかげておいた次第である (p. 434)。

J.J.モーディ師はT.D.アンクレサリア編『知慧の霊の判決』に序言して、『デーンの判決 (Dādestān ī Dēnīg)』中にクスティーグを詳細に取り扱った章があるから、『好学の子』はパフラヴィー本をもとにして作成されたものとみたが、ユンカーはモーディ説を根拠のない推測と断じ、訂正の要ありとした。[30][31]しかし今や、私によって、モーディ説を裏書きするに足る論拠が提示された。パフラヴィー本が先行し、それをパーザンディストが誤読して作成したものが、現存のパーザンド本なのである。しかし、中期ペルシア語学界の現状にかんがみれば、パーザンディストのこの誤読を、誰かよく笑い得るであろうか。

註

1 この論文は、表題の英文表示を "Zoroastrian Tractate on the sacred girdle 'Pus ī dānišn-kāmag'——A new translation with textual criticisms" として、日本オリエント学会編『日本オリエント学会創立二十五周年記念オリエント学論集』、1979年11月17日、pp. 35-49に収載されたものに若干、改訂を施したもの。また論末の附録「原文」は今回新しく加えたものである。

2 中期ペルシア文字には楷・行・草の3書体がある。4世紀頃までの金石文に主として用いられるのが楷書体。行書体は5世紀の初め頃までには成立していたとみられるもので、これを伝えているのは旧約聖書の詩篇の中期ペルシア語訳残簡(トゥルファンの北郊 Bulayïq で発見された。この写本そのものは8世紀頃の筆写とみられる) である。草書体は6-7世紀の成立とみられ、ながく使用された。時には行・草2体を一括して「走行体 (cursive)」とよぶこともある。楷書体あたりを母胎とし、母音文字をもつギリシア語アルファベットなどを参酌して、アヴェスター文字が創出された。5世紀頃と考えられる。

3 「ほぼ一字一音式」というのは、文字 i, u, h が時としてそれぞれの音 i, u, h を表わさないことがあるからである。例えば pāiti「彼は守る」はパーティであり、urvan-「魂」はルワンであり、kəhrp-「形体」はクルプであるようなもの。pāi

のiは次のtが口蓋音的ニュアンスをもち，urv のuは次のrが円唇音的ニュアンスをもち，kəh のhは次のrが無声音であることを予示しているのである。

4 Heinrich F. J. Junker : *Der weissbegierige Sohn. Ein mittelpersischer Text über das Kustīk. Herausgegeben und übersetzt von—. Mit einem Kommentar von Jehangir C. Tavadia*, Leipzig 1959.

5 Jehangir C. Tavadia : *Šāyast-nē-šāyast. A Pahlavi Text on Religious Customs, edited, transliterated and translated with Introduction and Notes by*—, Hamburg 1930.

6 以下にかかげる写本の略表示はそれぞれ，TD = Tahmuras Dinshaw（ユンカー著書pp. 15-17），M = München（次註およびユンカー著書p. 14），H = Manekji Linji Hoshang Hâtâriâ Library（ユンカー著書pp. 17-23），CI = K.R. Cama Oriental Institute, Bombay（ユンカー著書pp.23-26）である。

7 Christian Bartholomae : *Die Zendhandschriften der Königlichen Hof- und Staatsbibliothek in München. Beschrieben von*—, München 1915, pp.267-268 参照。

8 パーザンド形はユンカー著書のものをそのまま引用し（この論文ではすべてイタリック体で示す），それに対するパフラヴィー形（MP）を示すとき，必要に応じてこれらの記号を用いて私の立場を示すことがある。註9，10参照。

9 前註参照。

10 註8参照。

11 「身体の病気のようなものです」は *čūn vīmārī i tan i hast*/čiyōn wēmārīh ī tan ī ast。2番目の ī は先行要素を一括承先するもの。註26参照。

12 §§39—41についてはpp. 436-440参照。

13 光りが頭に内在するというのはイラン人の信仰的な考え方で，「悪い目」を忌むのも，悪人は邪光を出して見るから不幸をもたらすのだとの考え方。

14 「花や実や」は *vaškōw i bar u*/wiškōf ⁺ud bar ud。

15 「両部分を示すこと」 *du bahar namūdan*/dō bahr nimūdan —不定詞 *namūdan*/nimūdan「示すこと」は写本M67以外には欠くので削除すべきもの。

16 「信じているのです」の原語 x^v*astūī*/xwastūgīh 'confession, belief' はクスティーグとの間に語呂遊びがあるらしい。

17 *namāz* と *nimāyišn* はそれぞれ nam-「叩頭する，屈身する」，ni-mā(y)-「示す」から由来するもので同源ではないが，ここでも語音の近似にかこつけた通俗語源説が用いられている。

18 「制約」*breh*/brēh — この語をユンカーは「光り」と解し，祭司の執り行う儀礼を，クスティーグが本具する光明の本性が外に出て働くものと知るべし，の謂いだとするが，誤りである。brēh は「運命」の謂い，つまり，アプリオリに人間を律する制約ほどの謂い。

19 「デーン者」とはデーン（啓示，ゾロアスターの教え）を受容しているもの，すなわち，ゾロアスター者。次註参照。

20 §§57—60は§56の「デーン者たる(こと)」*dēnī*/dēnīh を説明する句。
21 「服従の顕示」は *pēdā kunišnī u farmān barišnī*/paydāg-kunišnīh ⁺ī framān-barišnīh。
22 「結ばれているということ」は *bastēt*/⁺bastīdan。
23 「あらゆる罪悪」は *harvista gunāh*/harwisp[ag] wināh。
24 「バンダグという」は *bandaī*/bandagīh。「バンダグという, 僕という」意味では, しばしば, このように -īh に終わる抽象名詞形が用いられる。もっとも, ここは「バンダグたる身分, 僕たる身分 (bandagīh) という名」と訳してもよい。
25 ここにも一種の語呂遊びがみえる。われわれ人間のバンドは主たる神に帰属し神によって律せられるが, 主は $x^v adāe$/xwadāy という語が示すように「自身 (xwad)」を内包しているから, 神のバンドは他に帰属せず神自身に帰属し, 神は自らを律するもの, というのである。xwadāy＜xwatāy は x^va-tav-「自ら能くなす, 自在である」からの派生詞であるから, 「自ら」の謂いを含んではいるが, 『好学の子』の著者が考えているような「自ら」ではありえない。彼は xwad を取り出して, それを「自ら」と解しているが, そのような xwad は xwadāy の中には存在しないのである (xwad はアヴェスター語 x^vatō「自ら, すすんで」に遡る)。
26 「デーンの風習をよく標識し知慧の宗風に叶い」は *dēnī brahm i hudašaīhā i xard rastaīhā*/dēnīg brahm [ī] hudaxšagīhā [ī] xrad-ristagīhā。
27 「教胞者」*ruam*/⁺ramag ―ユンカーに従ってH 3, CI29に *rama* とあるものを取った。
28 「無帯で命令に従わずに」は *awēband bē farmān burdārī*/abēband ⟨a⟩bē-framān-burdārīh。「命令に従わずに」を原註とみて《　　》でかこむこともできる。
29 この形 (gwlyh) は Pahlavī Wīdēwdād 1:6 にアヴェスター語 bravarəmča usaδasča を gabr-čagād (gwlčk't)「凹所・頂峯」と訳しているものにみえる (2箇所在証)。これに対し Bundahišn TD₁, 196:7 には kōf-čagād gabr(gwbl) ǀul ⁺dārišn frōd dārišn＝TD₂, 228:4—5 (ただし, ǀul ⁺dārišn に対し ǀul ǀdārišn とある)「山峯・凹所(隆起・陷没)」とある。Dastoor Hoshang Jamasp : *Vendidâd. Avesta Text with Pahlavi Translation and Commentary, and Glossarial Index*, edited by—, with the assistance of Mervanji Manekji Gandevia, in two volumes. Vol. I —The Text, Bombay 1907, p.8, ll. 3, 5 (ただし, 本書ではWīdēwdād 1‥7となっている) 参照。
30 Ervad T.D. Anklesaria : *Dânâk-u Mainyô-i Khard. Pahlavi Pazand and Sanskrit Texts*, ed. by—, with an Introduction by J. J. Modi, Bombay 1913 の Introduction, p.21, ll. 8—14。ちなみに, 本書pp. 177-185に『好学の子』本文のパフラヴィー, パーザンド, 梵語テキストを収載しているが, このパフラヴィー本は, 欠落した部分はアンクレサリア師がパーザンド本から復原したものであり, しかも, どの部分がそうなのか指摘がないので不確実である。
31 註4所掲ユンカー著書pp. 8-9。

附録「原文」

上記したように『好学の子』の中期ペルシア語文をかかげると，次のようになる。

pursīd pus ī dānišn-kāmag,(1) kū-m nigēz čim ī abast-kustīhā raftan [ī] pad garāntom wināh hangārēm,(2) ud xwad kustīg bastan čim čē.(3) guft pid ī dānāgīh-dōst,(4) kū dān nēkīhā wizīn pad xrad.(5) čē dēn andar gētīg mādagwarīhā kār dō.(6) ēk dānišnīh nimūdan ī ān ī dānistan šāyēd,(7) ud ēk rāh nimūdārīh ī ō ān ī dānistan nē šāyēd ud wirrōyistan sazēd.(8) ud čim ī ōstīgānīhā pad rāstīh padīriftan ud wābarēnīdan.(9) ud ān ī ka-š gōwišnān hamāg anihambasān az har dō ēwēnag nigēz ī ast dānišnīh ud wirrōyišnīh.(10) ān ī dānišnīh astīh paydāg ⟨ud⟩ wābar[ēn]īgān.(11) ud ān ī wirrōyišnīh im čim rāy anhastīh abaydāg čē abāg bun ī dānišn nē hambasān,(12) nē čiyōn abārīg kēšān bun ī dānišn pad dānišn ud astīh abaydāg,(13) ud ān ī wirrōyišn abāg bun ī dānišn hambasān ⟨ud⟩ abaydāg čim gēhān zyān aziš ast,(14) ī-m azabar nibišt.(15) hamē ka bun ī dēn pad dānišnīh ī ōstīgān wirāst,(16) ān ī aziš paydāg ka čim bowandag nē ayābēm pad ciyōn wirrōyišnīh ī rāh ō dēnīg framān,(17) abāg-iz ān kū ān ī wirrōyišnīh ī andar ēd pursišn paydāg,(18) ka ōy-iz ast ī wēnābdāg pad bowandag dānišnīh nimūdan nē spurrīg ēg-iz sazāgīhā rāy ō kār aziš kardan owōn nihādag čiyōn ō xwēškārīh pādārīh ī dēn.(19) ud ān ī wirrōyišnīh mēnōg nērang jomā ān ī dānišnīh,(20) owōn čiyōn andar petyārōmandīh ardīg ī dēwān wināhgārān bazak ⟨kar⟩ ān kē ō amāh wēnišnīh awēnābdāg hēnd awēšān zanišn mēnōg-nērangīhā kē-š čim ō amāh abaydāg,(21) čiyōn wēmārīh ī tan [ī] ast ī-š wihān ud čim paydāg u-š dārūg ham paydāg ast,(22) ī abaydāg u-š dārūg nērang ud afsōn ud saxwan tis ī abaydāg-čim.(23)

ēg-iz ēd pursišnān pāsox ēč nē saxt wirrōyišnīh bē hamāg čimīg-nimūdārīhā abāg bun ī dānišnīh rāst,(24) čiyōn andar šnāsagān rōšn.(25) čim-iz ī kustīg nišān ēd ast ī nibištan-am.(26) kustīg mādagwarīhā pad daxšag nimūdārīh ī wimand ī mayān dō'ān.(27) kū andar-iz tan ī mardōm ī xwānīhēd pad dānāgān gēhān ī kōdag,(28) ān ī azabar nēmag čiyōn rōšnān ī abardarīg mehmānīh,(29) rōšn wēnāg čašm(30) ud ayābāg wīr(31) ud dārāg ōš(32) ud wizīngar xrad(33) ud handēsišnīg ayādagīh (34) čiyōn-šān kadag mazg ī sar(35) hammōg guftār uzwān(36) ud hammōg ašnūdār gōš(37) ud bōy mālīg wēnīg.(38) az im čim abd sar(39) ud andar ⁺abd ⁺gabrīh nišēm ī ⁺wizurdīh pad sarīhā dārēd,(40) čiyōn wēnišn ud ašnawišn ud gōwišn ud hambōyišn.(41) ud hamāg hučihrīh ud rōšnīh ud dānāgīh gāh pad bālestān ī sar wahišt gāh ī rōšnān homānāg,(42) owōn-iz urwarān kē-šān pad hučihrīh ud abē-xākīh ud abē-bīmīh [ud] wiškōf ⁺ud bar ud abārīg abāyišnīh gāh pad bālistīg tāg ud dēsag.(43)

ud ān ī azēr nēmag gyāg ī hōšēnišnīh ud anābādān ⟨īh⟩ ō dušox homānāg.(44) ud ān ī mayān aškom gēhān ī gumēxtagīh ⟨ud⟩ wizārišn 《 zōr ī āhanjāg ud gīrāg ud wihālāg ud spōzāg 》,(45) ānōh gētīg mānāg ī gumēxtag,(46) dō bahr [nimūdan] ī čim ī dāštan ī kustīg pad mayān.(47)

pad hangōšīdag-iz nimūdārīh ud paydāgēnīdārīh abar-iz xwēš girdag nišān ī dō'īh,(48) andar-iz paristišn ī xwadāyān pad nišān nimūdārīh ī bandagīh mayān tan bastan kustīg(49) homānāg [ud] wuzurg nišān ī bandagīh dārēd.

pad mayān dāštan ī kustīg,(50) amaragān-iz padiš xwastūgīh kū nišān ast ī bandagīh,(51) čiyōn-iz namāz paydāg kū nimāyišn ast ī pad frōd āwardan ī sar,(52) az-iz xwad nām ī namāz kū nimāyišn ast.(53) ud andar kardag ī dānagān wizīn brēh ī nišān nāmčištīhā dārēd.(54) kustīg ī zarduxštān dāstan ēwēn ud brahm ast ī ristag nimūdārīhā,(55)　ud nišān ī dēnīh daxšagīhā,(56)　kū wizēngar ham nē awizēn,(57)　čē-mān wizīd ēstēd kū čē ān ī abardarīh rōšnān nišēm,(58)　ud čē ān ī frōdēn tārīgān nišēm,(59)　ud čē ān ī mayānag gumēzišn 〈ud〉 wizārišn gyāg.(60)

　　did ēn kū čiyōn šnāyišn ī dādār az dāmān pad tarsāgāhīh ī menišnīh ud paristišn ī framān-barišnīh ud paydāg-kunišnīh ⁺ī framān-barišnīh nimūdārīh pad mayān dārišnīh ī band,(61)　kū čiyōn bandag ham ī wisp-āgāh dādār owōn band〈ō〉mand ham nē abē-band.(62)　čiyōn mān ⁺bastīdan kustīg mayān tan pad dil kadag ī menišn owōn mān bastag dārišn menišn az harwisp〔ag〕 wināh ud framān-spōzīh ī dādār,(63)　kū ma paywandīhād abē-bandīhā az mān axw ō menišn az menišn ō gōwišn az gōwišn ō kunišn.(64)

　　hamēšag menišnīh daxšagīh dāštan kū bandag ham nē abē-bandag.(65)　xwad nām ī bandagīh az band.(66)　kū mān band ō any nē ō xwēš.(67)　nām ī xwadāy ēn kū-š band ō xwad nē ō any,(68)　owōn-iz kustīg dārišn nišān ast ī bandagīh ī andar any ī xwad ast xwadāy mahist dānāg.(69)　abēr čim ī dānāgān Zarduxšt hāmist dēnīg brahm 〔ī〕 hudaxšagīhā 〔ī〕 xrad ristagīhā ud ⁺ramag āgāhīhā paydāg kard.(70)

　　har čē dāštan sazēd framān,(71)　nē dāštan asazāgīhā ud garān-wināhīhā ud framān-spōzīhā,(72)　čē wimand ī wināh ān ī sazēd nē kardan ud ān ī nē sazēd kardan.(73)　ān az im čim ka ē gām abē-band 〈a〉bē-framānburdārīh rawēm garān-wināhīhā,(74)　čē mān xwēš tan az bandagīh bērōn nihād,(75)　u-mān band ī menišn ud gōwišn ud kunišn hišt bawēd.(76)

　　　　註　記
　§10の ka-š は kē-š 'whose' の謂い。§13の kēšān「諸邪教」について
は本拙著pp. 453, 455-456参照。§§ 57, 62（2箇), 65の ham は 'I am'。

14. 我観「景教」
――呼称の背景をめぐりて――[1]

　景教のことはわが国でも先学諸氏によって研究され，それなりに成果もあがっているが，その没後は，研究が一段落ついたかのように，これを専攻する人も稀で，いわば置きざりにされたような形になっていた。もっとも，最近にも，景教徒が来日したとか[2]，景教が入唐僧を通じて聖徳太子伝に影響を与えたのではないか[3]というような説も出ているので，景教への関心がなくなっているわけではないが，昔日の比でないことも確かである。そんなところへ神直道の『景教入門』（教文館1981年）が出て[4]景教をふたたび身近なものにしたばかりでなく，景教研究の回顧や展望にも識見に富む示唆を見せるなど，新しい入門書となっているのはよろこばしい。私は徴されたりした愚見の少々を書中に拾い上げられているが，これはむしろ巨瑕とならないかを恐れるばかりである。また同書によれば氏は別に『新・景教研究』（仮称）もすでに早く成稿されている由。あとの『入門』がさきに出たわけであるが，この『研究』の方もぜひ公刊されることを切望する。

　キリスト教の一派ネストリウス派は早くエペソスの公会議（431年）において異端とされたが，475年シリアのエデッサから追放されサーサーン朝下のニシビスに入ったものの，ここも長く安住することができず，さらに東漸して唐朝治下の中国に入った。阿羅本[5]を長とする使節団による公伝で，貞観9年（635）のことである。以後，唐朝の優遇をうけ，その寺院や聖職は波斯寺・波斯僧とよばれて栄えたが1世紀もたつと，イラン・ペルシアの宗教やそこを経由した宗教（祆(けん)教・マニ教・回教）の入唐してきたものとの間にまぎらわしさが生じた。そこで天宝4年（745），勅令をもって従来の波斯寺・波斯僧はそれ

それ大秦寺・大秦僧と改称し、同時にネストリウス派も波斯経教といっていたのを景教と改めたが、その時詔をうけて度僧となったものは21人であった。そして、それから30余年もたつと、かの有名な大秦景教流行中国碑[6]の造立となる（唐の徳宗の建中2年，781年）。本論文では中国碑と略称する。

　ところで、私がこの小論で取り上げようとするのは「景教」という呼称の意味ではなくて、その由来・背景といったものである。「景教」とは「高大な教え」「瑞祥ある教え」あるいは「光の（光を与える，光となる）教え」などの意味であろう。これらの中から一つのみを選取決定することはむずかしい。この呼称の成立当初はそのようなことはなくて、いずれかの一義に決定していたはずだと考える立場があるかもしれないが、私は、必ずしもそうではなく、一義に執せず多義またよしとする境地もあり得たと考えている。なぜなら、この呼称は中国においてネストリウス派が漢字漢語文化のみを背景にして作り出したものではなく、この呼称成立の過程には、後述するように、サーサーン朝下のイランにおいて彼らが遭遇し経験した宗教事情が大きい影を落としているからである。そのような宗教事情から景教という呼称を用いるようになった当時の彼らの心境では、この呼称は「この意味のみ」というほど一義に徹したものではないが、「影の教え」のような凶の謂いには解せまいし、おおむね吉の謂いに受けとられるから、それでよいのではないかというようなものではなかったかと思われる。そのような点からも私は、景教の語意をめぐって甲論乙駁してきたこれまでの在り方が、中国や日本の側からのみみてきた結果であることを、改めて反省せざるをえない。問題は、景教の語意が何かということにあるのではなくして、景教という呼称を用いざるを得なかった背景にこそ、それがあるのである。そしてこれを示唆するものが中国碑にみえる「真常之道妙而難名功用昭彰強稱景教」の16文字である。

　この句は一見すると二、三の読み方が可能のようにみえるが結局は、「真常の道は妙にして名づけがたく功用（はたらき）は昭彰（あきらか）（にして）強いて景教を称す」あたりにおちつくのではないか。私は敢えて「景教を称す」と試読したが、これはこの終句が前段を承けて結論を出しているのではな

くて，前段と並列されていると考えるからである。したがって，「強いて」とことわる理由は前段に求むべきでなく，「景教を称す」という語の中に求むべきものである。景教という呼称を用いることそのことに強いてとことわる事情があり，さらに詰めれば景教という呼称そのものにそれがあるということである。真常之道云々を並列文とみずに，仮りに「真常の道は妙にして名づけがたきも功用昭彰なれば，強いて景教と称す」と読んでみよう。名づけがたいとは文字通りの意味でなく，名状しがたく不可称不可説という謂いであろうが，そうすると，（1）妙にして名づけがたいのに景教と名づけるから強いてとことわっている，（2）功用が昭彰だから強いて景教と名づける，という二つの場合が考えられる。しかし，（1）の場合では，妙にして名づけがたいという境地と景の字義（前出）とは隔たりが大きすぎて，強いてとことわっても，その溝を埋めることができない。また（2）の場合は，昭彰と景とでは意味の隔たりはそれほど大きくはないから強いてとことわる要もあるまいし，また考えようによっては多義の景を用いずに，昭彰のうちのいずれかを取り，強いてを排してすなわち（文字は何であれ）に代えてもよいのではないか。

　このようにして私は，前段の中に強称景教という句の理由となるものを探ってみたが得るところはなく，かえって景教という呼称の動かしがたいものであること，そしてこの呼称を用いることそのことに，さらに詰めれば，この呼称そのものの中に，強いてとことわる理由のあること，を知るばかりである。

　景教という呼称の来源をめぐって聖書にこれを求めるものは『ヨハネによる福音書』8・12にイエスが「わたしは世の光である」云々といっているものなどを引き[7]，中国の古典に「景」の用例があるのを援引するが，この説の欠点は典拠視される聖書句への示唆が前引「真常之道」云々の中に見出せないことである。功用昭彰はそのような聖書句とは，直接関係がない。また上の聖書句に一次起源を求めるなら，何故「景」を排して「光」を用いないのか。「景」を採って「光」を採らなかったから「強いて」というのだと主張する者があるなら，「光」を排して多義語「景」を用いたのは何故かと反問したい。故にこの説も景教という呼称の来源を説明し得ないのみか，却って景教という呼称がす

でに動かしがたいものであることを感じさせる。

　前置きが長くなったようであるが私は，課題の核心に入る前に，なお取り上げておきたいことがある。それは，宗教のもつイラン要素を漢語に忠実に反映しようとする態度のみえることで，その好例は「祆教」という語である。祆とは天を祀るということで，これは明らかに中期ペルシア語 Māzdēsn (＜Av. Māzda-yasna-)「(アフラ) マズダーに祭儀をささげる，マズダーをまつる」を一字であらわすもの。したがって祆教とは，Dēn ī Māzdēsn(ān)「マズダーを祀る (人々の) 教え」に対応する。これをみると，イランから入唐した景教にも，この呼称のイラン語的原形というものを考えてみることが許される。景教と自称したとき，それのイラン語的表現が教徒の心には画かれていたに相違ない。それがどのような語形だったかは推測の域を出ないが，p.448に挙げた三つの語意にもとづけば，それぞれ Wuzurg Dēn, Dēn ī Humurwāg, Dēn ī Rōšngar あたりを引きあてることができよう。いずれも堂々たる呼称で，呼称の点からでも景教徒はゾロアスター教徒に対して，ひそかに優越感をいだいていたのではなかろうか。なぜなら，ゾロアスター教徒はデーニー・マーズデースナーンといったが，またウェフ・デーン (Weh Dēn) ともいっていた程度だからである。weh は古形 vahyah- 'better' の転化であるが，比較級でありながら原級の意味でも用いられた。ウェフ・デーンという場合は善教・勝教，つまり Good Religion の謂いである。しかし景教という呼称が三つもの意味を持ち得ること，あるいは中から一つを選出しにくいということ自体が，この呼称の成立が原発的一次的でなく，むしろ継次的でさえあることを窺わせる。そしてそのような呼称であっても，これを用いざるを得なかったところに，強いてとことわる理由があったのである。では，この間の事情を明らかにするために先ず，『デーンカルド』第3巻第40章を引用しよう。

　『デーンカルド』(第3―9巻。第1―2巻欠) は教訓文学を成す第6巻以外は読解のあまり容易でないテキストである。その第3巻に対する Jean de Menasce 教授 (1902―1973) の訳業は世界初訳ともいうべきもので賞讃に値するが，私は原典と対校してみて，原文の意味を捕捉するのに成功していない

14. 我観「景教」

箇所の少なくないのに驚くとともに，教授の学殖をもってしてなおかつ然りの感もなきを得ず，中期ペルシア語のむずかしさを改めて思い知らされた。私は第3巻からジャムの10訓とそれに対抗する，アズダハーグの悪の10訓を訳出して『アヴェスター』のヤスナ32：8に対する私解への裏付けを試みたことがある。[12] その際，悪の10訓へのエピローグ中にみえる 'w'lytk' を āwālīdag (āwālītak)「魅せられて」と読解して分詞構文の一部をなすものとみたが，ムナス教授の訳では第2アーレフを削除して 'wlytk' = ōraytak「律法」と読解された[13]ために，拙訳はこの部分でもムナス訳とは「かなり相違する」[14]ものとなった。ここに引用する第40章[8]でも同様で，ムナス訳には誤読や誤解があって文意を成さない部分が多いのは残念である。[15]

私は便宜上，原文をⅥ段に分けて拙訳と併載するが，第Ⅰ段は章題，第Ⅱ段以下が本論となっている。本論はキリスト教の三位一体論に説く父と子の関係を取り上げて，その矛盾を指摘論駁しようとするものである。その中には「キリスト教（徒）」をあらわす常用語 Tarsāg（「（神を）畏れるもの」の謂い。他に Tarsāyīg など）や Kristiyān（他に Krisyānīg, Krasāyīg など）の語も用いず，また三位一体の語も示さないが，その三位一体論における父なる神と子なるキリストとの関係を『デーンカルド』が取り上げていることは，それにつづいて私が引用する『断疑論（Škend-gumānīg Wizār）』第15章をみれば明らかとなる（p.454以下参照）。『デーンカルド』は要するに，父は先行し子は後出するというのが本然の姿であるのに，先後の別なしとするキリスト教は歪曲だというにある。第40章の第Ⅱ段では先ず顕在者の顕現の本質を明らかにし，ついで第Ⅲ段ではその顕現の対象となる所被は被造物なるが故に，創造以降にこの顕現が存在することとなり，顕現は後発的なものであるとする。第Ⅳ段はこれをうけて詳説しつつ，創造主オフルマズド（アフラマズダー）が被造者ワフマン（ウォフ・マナフ）に先行先立することを強調する。このような前提に立って第Ⅴ—Ⅵ段において，はじめてキリスト教の父子一体論を概説し（Ⅴ），ついでその矛盾を明らかにしようとしている（Ⅵ）。では第40章の原文について，各段の細部をみることにしよう。[16]

(Ⅰ) ˈabar ˈast ˈastīhī paydāg 〔ud〕 paydāgīh. ˈaz nigēz ī Weh Dēn.
存在するものの存在，すなわち顕在するものの顕現について。ウェフ・デーンの示教から。

(Ⅱ) ˈabar ˈast 《 ˈhād ˈast ˈxwad 》 ˈastīh. ˈān ī paydāg paydāgīh ˈxwad⟨īh⟩ ˈō dānāgīh nērōg ˈxwad pēš-iz kār, ˈōh-iz ˈō ˈxwad stāg mēnōg paydāg ˈbūd⟨an⟩ hamē ˈxwad (DkM 32) ˈastīh.

存在するもの《すなち自身で存在するもの》の存在について。顕在するものの，認識作用に対する顕現の自性（paydāgīh ˈxwad⟨īh⟩）は，（認識作用の）作動以前にも（存する)力そのものであり，それはまさに，常に自身で存在するものが自律的感覚中枢に顕現してくるということである。

(Ⅲ) ud paydāgīh ˈan ī ˈast ˈpad ˈastīh ˈō-iz ˈbē ˈmard ˈxwad ˈpasīhā 〔ud〕 čiyōn paydāgīh ī Ohrmazd ˈpad 〔ud〕 ˈastīh ˈō Wahman ˈpas ˈaz āfrīd⟨an⟩ ˈī-š Wahman ˈpad kunišn ˈbūd.

そして（その）顕現についてみるに，存在するものが存在をもって人間以外（のもの）に対するもの（顕現）でも，それ自体，後発的なもので，それはオフルマズドの，その存在をもってするワフマンへの顕現が，創出の行為によってワフマンが出で来たったその（創出）よりも，のちなるがごとくである。

(Ⅳ) ˈabāg āfrīdārīh ī Wahman ˈpad dādār fradom dahišnīh ud ˈabāg dahišn dānāgīh ⟨ī⟩ Dēn hamniyāzāgīh ud abdīh ˈī-š xwadīh ud passa- zagīh ī Wahman ˈpad dādār ˈxwad ud dādār ˈpad Wahman ˈpid⟨ar⟩īh ī Dēn nigēz.

ˈēg-iz ˈān ī ˈō ˈxwad dādār pēš-iz ˈaz Wahman dahišn paydāg ˈbūd ˈō Wahman āgāhīh and mad ˈēstēd čand dādār padiš dānāgēnīd, ˈōh-iz dāšn āyābišn tuwān pāyag and čand dādār ˈaz ˈxwēš wisp-āgāhīh ud wisp-tuwānīg⟨īh⟩ ud wisp-xwadāyīh bahrēnīd〔an〕. ˈnē-iz ˈān ī abardar ˈpad dānišn tuwān ˈō ˈān abardomīh (DkD 809) ⟨ˈbē⟩ ˈpad dānišn ⟨bahrēnīd⟩ tuwān ˈō ˈān abardomīh āyābišn ˈbawēd.

452

14. 我観「景教」

　創造主によるワフマンの創出とともに最初の（庶類）創造が，そして創造とともに，デーンの自性たる，その要求と奇蹟〈とへの〉認識作用と，創造主自身へのワフマンの従合（passazagīh —すなわちワフマンの子たる身分）と，創造主のワフマンに対する父たる身分とが（生じた）とはデーンの示教（である）。

　この場合でも，創造主自身に，ワフマン創造よりも前に，すでに明らかであったところのことが，創造主が（ワフマンをしてやがて）それを認識させると同じ量だけ，ワフマンが理解するように，（ワフマンのもとに）到来してきたのであって，それはまさに，能く所与を把握する基盤が，創造主が自身の全知と全能と万有支配とから（ワフマンに）頒与したものと同等（だった）ということである。（それゆえに）すぐれたものでも（自己の）知識をもって能く最高のものを（把握するの）ではなく〈して，頒与された〉知識をもって能く最高のものを把握するの（だ，ということ）である。

（Ⅴ）ud ˈaz kēšdārān ˈkē dādār ˈxwad ēwāz ˈpad ˈpid-ˈpus, ˈpid ˈnē pēš ˈaz ˈpus, ˈpus ˈnē ˈpas ˈaz ˈpid ud ˈhar 2 buništag ud hamēyīg kēš,

　しかるに，創造主は父・子としてそれ自身単一位格，（すなわち）父にして子より先ならず，子にして父より後ならずして両者はともに根源者にして同等なるものと説く（kēš）なるドグマ者たち（kēšdārān）—[19]

（Ⅵ）〈ˈī-šān〉ˈabāg〈-iz〉ˈbūd〈an〉ˈnē šāyistan waxr ī ēk ˈxwad ˈka ˈxwad ēk abrāst 〔ud〕ˈpas-iz ˈgīrēnd ˈpad 2 pēš-〔ud〕apēš ud 〈ˈpas-〉aˈpas ēk ˈaz ˈdid —[20] ˈabar ˈpid-ˈpus guftan ˈān ī apēšīh ud aˈpasīh ēk ˈaz ˈdid ˈpad ˈpidarīh ud ˈpusarīh 〈ī〉ˈbawēd 〔ī〕ˈandar tōhmag ī ˈtis rōn ud ˈnē ˈabar ˈpid ī (DkM 33) ˈpad 〔ˈpad〕čihr pēš ˈaz ˈpus ud ˈpus aziš ud ˈpus ī ˈpad čihr ˈpas ˈpid ud ˈaz ˈpid —[20].

　その彼らは，（創造主）自身が一なるものと称揚されるとき（ˈka ˈxwad ēk abrāst），その一なるものということそれ自体は（ēk ˈxwad）不

453

条理たることはあり得ないにして〈も〉，しかし彼らは，一は他に先行するも先行しないものと，一は他に〈後出するも〉後出しないものという二元——[20]（ということは）父・子について，事物の系脈の方向の中に生じる父たる身分と子たる身分にもかかわらず，相互に先行する身分もなく後出する身分もないと語って，しかも，本性上子に先出しかつ子が彼より出自する父（なるもの）と，本性上父に後出し且つ父より出自する子（なるもの）とについては（語ることをし）ないということ——[20]に固執しているのである。

前述したように，この引文中にはキリスト教とその三位一体説を明示する語はないが，その説にいう父子論を取り上げていることは，次に挙げる『断疑論』第15章[21]によって明らかである。本章は，

（1）han i awar anbasānī u awə̄vīmand gawəšni u awə̄brahm patkārašni i Tarsā ⁺grōhihạ x ᵛazāraạ nihang pādāinom，（2）či čun har sə əž yak bun i Zuhūdī（3）ạ ka ⁺handrag i yak guft ạšạ hamōīn hamayārihā ə̄rang i x ᵛə̄š

（1）キリスト教少数派の矛盾と際限をもたぬ言論と習法に反する抗弁とに関する（，これまでの旧約聖書とは）別のことをいささか，私は披露しよう，（2）というのは，3派（メルク派・ヤコブ派・ネストリウス派）はみなユダヤ教という一つの根源から出ているので，（3）したがって，1（派）の頑迷が述べられれば，それにつれて，彼ら（3派）はみな互いに助け合っておのが誤謬をもつことになるからである。

このような書き出しにつづいて「（4）知られたいのは，キリスト教の根源的ドグマ（bun kə̄š）がどこから来たかということ」といって天使ガブリエルによる，聖霊降胎の告知を取り上げて批判をはじめている。批判はやがて三位一体論に移り神（Yazat）とメシア（Mašihā）と聖霊（Vāt i Pāk「浄霊」）とが唯一なる神の三つのペルソナにすぎないとする論に反駁を加えるが，ここでは当面の問題——前引のデーンカルド句が三位一体論中の父・子論を取り上げているとみられること——に重要な第46—58節を引用することにしよう。

(46・47) 次は、父と子と聖霊（「浄霊」）の三者は互いに異ならない名であり、（いずれか）一つが先行するのでもない、と人々のいっていること。(48)（これは）こういうこと（になる）：父より劣後（kəh「より小さい；小もの」）でない子が、すべての知において父と同等であるときは、では、今や異なる名でよぶのは何故か。(49) 3が1となるべきなら、それでは、3が9となり、また9が3となり得ることは確実であり、(50) この原理によって他の（どんな）数でも際限なしに挙げる（「言う」）ことができる。(51) こういうことも：もし子が父より劣後でないなら、それでは、父も子より勝先（məh「より大きい；大もの」）ではない。(52) したがって、もし父が子より（出自する）とか、あるいは子が父より（出自し）ないといわれるなら、（それも）可能となる。(53・54) またこのことも確実となる：万有の本源たるもの（har ažaš = Pahl.har-aziš）のほうが、彼に所属しかつ彼（自身）の主たる系譜そのものに付属するもの（すなわち被造物）よりも劣後となり得る――時間においても、はたまた系脈においても――ということ。(55) もし子が父より劣後でないとすれば、かの造作者は所造物より先ならず、勝先でもなく、(56) 両者は（ひとしく）根源者でなければならず、(57) また庶類は創造者よりも劣後でなく、また創造者は庶類よりも勝先ではなくなり、(58) みな、いわれているように、際限（限度）をもたぬものである。[22]

『断疑論』によって上引デーンカルド句がキリスト教の三位一体論に説く父・子論を取り上げていることが明らかとなった。その句の中でキリスト教の教義を kēš とよんでいる（p.453。もっとも、ここではこの語を述語として用いている）が、『断疑論』でも同じ立場でこの語を用いている（p.454）。kēš とは一般に「教義・教え」を意味し、キリスト教に限らず、マニ教やゾロアスター教の場合にも用いられる。ところが、その kēš を前肢とする合成詞 kēšdārān（p.453。dār は「保持者」、dārān は複数形）になると単なる「教義の保持者」でなく、ゾロアスター教と相容れない独特の教義すなわち「ドグマの保持者」「邪義の保持者」つまり「邪教徒」を意味し、キリスト教徒を含め

てひろく邪教徒(ゾロアスター教からみて)をあらわしている。したがって,そこでは kēš は「邪悪な教義・邪義」の意味を有している。このように kēš を侮蔑的に使用する例は中期ペルシア語マニ教残経にみられ,そこでは kyš (qyš)=kēš はその複数形において「ドグマ・邪義」として用いられている。kēš の古形 tkaēša- m. がアヴェスターのヤスナ49:3(ガーサー)において「邪義」の謂いに用いられていて新体アヴェスターが「教え」の意味で用いているのと対蹠的だとの見方もあるが,このヤスナ句は「教え」の意味でも解釈できるから,kēš の侮蔑的使用が古いかは疑問であるが,サーサーン朝期にこの語が「邪義・邪教」の意味をも有していたことは確実である。このような例は zand と zandīk にみられる。zand とは「注釈,説明」を意味し,術語としてはアヴェスター・テキストにつけられた,中期ペルシア語による訳注を指すことは,今では周知のことである。ところが,この語からの派生詞 zandīk になると注釈者とかアヴェスターの訳注者とかを意味せず,異端者,殊にマニ教徒を指すに用いる。マニ教徒がザンディークとよばれるのは,例えばオフルマズド(アフラマズダー)を最高神の座からおろして原人ガヨーマルトの地位にさげ,ガヨーマルトはアーダームと同一視するなど,ゾロアスター教からすれば許しがたい恣意的曲解を敢えてするからである。キリスト教に関する事柄に,ケーシュやケーシュダーラーンの語を侮蔑的な意味で用いた事実も,以上の取り扱いによって明らかとなったであろう。

　前引の諸テキストで批判の対象となっているのはキリスト教一般でネストリウス派を特定したものではないが,『断疑論』のいうように,ネストリウス派にも通じることも否定できない。サーサーン朝の国教だったゾロアスター教(デーニー・マーズデースナーン「祆教」,ウェフ・デーン「善教・勝教」)の,キリスト教に対する態度は終始一貫して不変だった。キリスト教徒に対するサーサーン朝の態度がローマ帝国との紛争に応じて時に寛厳の差をみせたのとは,趣きを異にしている。ゾロアスター教の聖職カルデールは「ゾロアスターのカアバ」刻文でキリスト教徒(klstyd'n=Kristiyān)を弾圧したことを記している(3世紀末葉)が,この傾向は9世紀に成立した上引諸書にもそのまま

14. 我観「景教」

見出されるところである。

　ネストリウス派はイランではゾロアスター教から来る，キリスト教への圧迫にも直面しながら，同じキリスト教徒でもイランに先住していた単性論者（ヤコブ派）とも角逐しなければならなかった。このような二重苦からみると，ゾロアスター教側から受けたケーシュダーラーンなる語を「独自の教義の保持者」と解してこれを逆用するのが，ネストリウス派にとって，自派の立場を保持しかつ鮮明にする術だったのではないかと考える。なぜなら，一つにはケーシュダーラーンなる呼称を受け入れることによって，ゾロアスター教から来る批判を甘受するとみせかけて柳に風と受け流すことができるし，もう一つにはキリスト教内にあって単性論者とは異なる教義(ケーシュ)をもつものとの自派の立場を明らかにすることができるからである。このようなイランでの事情を背負いながら，ネストリウス派は中国に入った。ここで自派をあらたに名づけるとすれば，やはりケーシュやケーシュダーラーンの語と切りはなすことはできなかったであろう。あれこれ漢字をさぐってみると，「景（唐音 kiaŋ）」こそ字音において kēš にも一部通じるところがあり，漢字としての字義も自派を称揚するのに好適の文字である，というようなところから「景教」と名乗ったものと私は考える。ケーシュと景（キアン）とでは音も全同とはいえず，ましてや語意（字義）はまったく異なっている。だがそんな不一致は無視して「景教を称す」るというのだから，「強いて」とことわり書きを入れたのではないか。そして，このような経緯はともあれ，ひとたび「景教」を号すれば，この呼称は，彼らがその心に画いていたであろうそのイラン語形（p. 450）においてひそかに，教敵ゾロアスター教がウェフ・デーン（p.450）と称するのに対抗し得るばかりでなく，それをも凌ごうとする烈々たる気概を盛るものともなった。景（キアン）には音韻上極めて近い kiā 'lord' がある。この kiā を景で写音したとすれば，「景教」とは「主の教え」となる。しかし kiā は kay 'lord, king' から 'allāh 'God' に準じて派生したアラブ・ペルシア語形であるから問題とはならない（本拙著p.99）。中期ペルシア語訳『詩篇』（旧約）ではMRYHY 'his lord' を xwadāy 'lord' と訓読させているから，景教徒が自身

457

の教えを「主の教え」と称するなら,その表示にこの xwadāy を用いたはずである。この語は聖俗いずれの意味でも「主」の意味で用いられていた。こうしてイランをエクソドスして自由の天地中国に出たネストリウス派にとって,自ら名乗ったこの「景教」こそは,江戸の仇を長崎で討つに絶等無倫の呼称ではなかったろうか。「強称景教」——この宣言こそ,叛骨の精神を盛った血涙の文字であった。

註

1 この論考は「我観「景教」——呼称の背景をめぐりて——」(『東アジアの古代文化』40号,1984年夏号,) pp.138-151とほぼ同文。拙稿 Pahlavica Ⅷ. Nestorianism and the 景教 (kiaŋ-kau), Misumi 1983 はその別稿である。
2 この説については拙著『ペルシア文化渡来考——シルクロードから飛鳥へ——』(岩波書店 1980年),p.28参照。
3 柳沢一二「聖徳太子に纏綿するキリストのイメージについて」(『四天王寺』1982年11・12月合併号),pp.21-28参照。
4 神直道「大秦景教流行中国碑について」(『東西交渉』第5号・83年春の号),pp.20-28も参照されたい。なお,註末の追記も参照のこと。
5 阿羅本については拙著『ゾロアスター研究』(岩波書店 1980年〔2刷〕),pp.300-301参照。
6 現物は西安市の陝西省博物館碑林に陳列されているが,模造碑は高野山奥ノ院,京都大学文学部博物館およびパリのギメ博物館にある。撰文はアーダーム景浄の手に成るが,彼は波斯僧景浄ともいわれており,この波斯僧というのがペルシアの僧か,ペルシア人僧の意味だとすれば,彼のペルシア語名はおそらく Āzād-kēš か Abēzag-kēš(「清浄な教義の信奉者」の意)あたりであろう。造立はバルク(バルフ)出身の篤信者ヤザド・ボーズィード(Yazad-bōzīd。「神によって救われたもの」の意。諸橋轍次『大漢和辞典』p.2688には「バルグのイズドウドウブシツト」と誤記されている)に負うもの。景浄がもしペルシア人なら,宣教者にしばしば見られるように,彼も異国語(漢文)の修得駆使に才幹を発揮した人物ではなかったろうか。堕羅女の献詠とみられる天武天皇挽歌(萬葉集160,161番歌)を参照してみるのも,興味ぶかいものがあろう(本拙著p.145以下)。
7 同書1・4,3・19;『黙示録』1・16,10・1;旧約『マラキ書』4・2。佐伯好郎『景教の研究』(東方文化学院東京研究所1935年),pp.26-30,p.32注6参照。
8 DkD (= *The Dēnkart. A Pahlavi Text. Facsimile edition of the manuscript B of the K.R. Cama Oriental Institute Bombay.* Edited by M. J. Dresden, Wiesbaden

1966), 810：9—809：10＝ DkM (＝*The Complete Text of the Pahlavi Dinkard*,……under the supervision of D.M. Madan, Bombay 1911), 31：18—33：2（数字は頁と行）．

9 Shaul Shaked (translated by —): *The Wisdom of the Sassanian Sages* (Dēnkard Ⅵ), Boulder, Colorado 1979.

10 本書のむずかしさは難読の語詞と統語法的晦渋さにある．例えばシャーブフル1世（在位241—272）が設置を検討したと伝えられている施設 'lyst'n' (DkD 511：19＝DkM 413：1。第4巻第26章) は H.S. Nyberg: *A Manual of Pahlavi*, Part Ⅱ, Wiesbaden 1974, p.30 では Aryastān「アールヤ人の国，同王国」とされ，H.W.Bailey（口授）によれば argestān「配慮」とされている．しかし，この語は ardestān「宝庫，宝蔵」と解読して古期ペルシア語 ardastāna「宝蔵（宮）」に遡るとみるべきもの．解読を誤ると統語法にも波及し，自解に迎合的な曲筆を余儀なくされる．拙稿「ダリウス王宮（タチャラ）の性格について」(『京都大学文学部研究紀要』第13〔1971年〕, pp.1-23), 拙著『ゾロアスター研究』pp.211-212参照．この箇所はアヴェスターの歴史を伝える重要なテキストであるが，この語が解読できなかったためか，この節の前で引用を打ち切るのが研究者たちの常であった．

11 Jean de Menasce: *Le troisième livre du Dēnkart. Traduit du Pehlevi*, Paris 1973（ムナス訳と略称する）．

12 拙稿 "Pahlavica Ⅱ. Jam's 10 Precepts and Yasna 32：8", *Orient*, Vol.XVI (1980), pp.173-181。これは『デーンカルド』第3巻第287—288章を取り扱ったもの。本拙著pp.111-122参照。

13 ムナス訳p.285。

14 Studia Iranica. Supplément 4—1981 (Abstracta Iranica), item No.366 (p.98).

15 ムナス訳pp.52-53。この箇所は同氏の訳著 *Une Apologétique Mazdéenne du IXe Siècle Škand-Gumānīk Vičār. La Solution décisive des Doutes. Texte pazand-pehlevi transcrit, traduit et commenté*, Fribourg en Suisse 1945, pp.224-225 に早く翻字翻訳されている．この訳とムナス訳とは全同ではないが，大筋においては相違はない．ここではムナス訳と拙訳との比較対照を容易にするために，拙訳にならってムナス訳をもⅥ段に分けて紹介する．そして拙訳に用いた用語は，可能な限り，ムナス訳の邦訳にも流用することにした．

　　（Ⅰ）存在するものの存在と顕在するものの顕現について．

　　（Ⅱ）存在するものの存在そのもの，顕在するものの，認識力そのものへの顕現そのものは作動に先立する．それは例えばスパナーグ・メーノーグ自身に，彼自身の存在が常に明らかであったがごとくである．

　　（Ⅲ）存在に関連する，かつ自身とは別の人に対する顕現は，それ自体（この存在よりは）のちのもので，それは存在しましましつつオフルマズドの，ワフマンへの顕現が，よってもってワフマンを創出し給うた行為よりものちなるがごとくである．[※1]

　　（Ⅳ）創造主によるワフマンの創出とともに最初の創造が，そしてこの創造へ

の認識とともに，デーンとそれの不思議な自性との教誨（⁺āmōxtakīh）と，創造主の子としてのワフマンとワフマンの父としての創造主との身分確立（pasāčakīh）とが生じたとはデーンの示教（である）。

　創造主に，ワフマン創造よりも前に，明らかであったところのものについていえば，ワフマンは創造主がそれを彼に認識させたところと同じ量の，それの知識を有している。この知識を獲得する彼の能力が到達した度合いは，創造主が自身の全知と全能と万有支配とから彼に許与した関与と同等である。すなわち彼の知識の能力をもってすぐれていても，彼がこの卓越さに到達しているのは，この知識の能力によってではない。

　（Ⅴ−Ⅵ）創造主は単一者（⁺ēvak），父にして子であり，父が子に先出するとか，子が父に後出するということはなく，両者はともに永遠なる根源者であると説く博士たち（kēšdārān）——彼らの教えは（Ⅵ）不条理である，というのは不可能な何ものかがそこにあるからである。彼らは，たしかに一である一なるもの（ēvak xvad ka xvad ēvak）をたて（āfrāst）ながら，ついで彼らは，一は他に先行するも先行しないものと，一は他に〈後出するも〉後出しないものという二元に固執しているのである。しかし，父と子に，相互に先行する身分もなく後出する身分もないと語ることは，もののもつ生殖面の側からみての父たる身分と子たる身分には妥当するが，子に先立しかつ子が彼より出自する本性上の父とか，父に後出しかつ父より出自する本性上の子には（妥当し）ないのである。

　※1 ムナスによる補訳。　※2 ムナスによる改変。　※3「と説く」と訳される原語が第Ⅴ段末の kēš であるなら，次につづく訳文「彼らの教えは」とある中の「教え」に対応する原語は存しないことになる。　※4 この，ムナス訳にみえる補読は拙訳とも一致する。

　ムナス訳と拙訳との相違で統語法的なものは一々指摘する煩は避けたいが，それでも第Ⅳ段末節の ¹nē-iz 以下（拙訳の「（それゆえに）すぐれたものでも」以下）については一言なきを得ない。ここは私の翻字テキストにあるように補読しないと，原文のままでは文としても成立しない。〈¹bē〉は ¹nē 'not' と相関して 'not……but' をあらわし，〈bahrēnīd〉「頒与された」は先天的な本具の「知識」でないことをあらわすものである。その他，ムナス訳にみえる明らかな誤読の一例を挙げておこう。それは第Ⅱ段にみえる BNPŠH st'k mynwy（DkD 810 : 11＝DkM 31 : 22）で，¹xwad stāg mēnōg「自身で存立する不可見体」すなわち「（頭蓋腔にあって）自律する感覚中枢」と解すべきものが，改変のマーク（⁺）もつけずに無造作に，xvat Spanāk Mēnōk（¹xwad Spanāg Mēnōg）「スパナーグ・メーノーグ自身」とされていることである。スパナーグ・メーノーグとはスプンタ・マンユのことで，後期のゾロアスター教ではオフルマズド（アフラマズダー）と同一視されるようになった。しかしここでは，顕在者の顕現そのものの本質が，顕現の所被・対象となるものに先立する力であることを述べたもので，オフルマズド自身に自身の存在が常に認識されていたという比喩は当たらない。ムナス訳に従えば，第Ⅱ段は第Ⅲ段で述べることとはむしろ矛盾するようにもなるから，第Ⅱ段は無意味な存

14. 我観「景教」

在となる。'xwad stāg「自身で存立する」の古形を求めるとすれば，王朝アラム語形 bihvavarda-, b^evahuštāka-, b^eharxvatāya-, brazmaniya- が参考となる（いずれもアラム・イラン混成語形。はじめの3語についてはそれぞれ拙著『ゾロアスター研究』p.443, p.428, pp.427-428, 最後の1語については拙稿 "Pahlavica Ⅳ. Aramaic Preposition *B* in Parthian", *Orient*, Vol.XVII (1981), pp.59-63 = 本拙著pp.39-50参照）。殊にはじめの2語は ＊bihvastāka- ＞ 'xwad stāg と共通の原辞を含んでいて興味ぶかい。これについては本拙著pp.51-55を参照されたい。

16 〈 〉〔 〕⁺ はそれぞれ私による補読・削除・改変を示し，《 》は原文の注とみなすべき部分を示す。訳文中の（ ）は私による補筆。
17 「常に自身で存在するもの」は hamē 'xwad 'astīh「恒常的自存性，恒常的自己存在」の訳。
18 ud「そして」は DkM 欠。
19 「同等なるもの」は hamēyīg の訳であるが，「永遠なるもの」と訳すべきか。なお，（Ｖ）—（Ⅵ）の構文については本拙著p.479以下参照。
20 ダッシュは文意を明らかにするために私の挿入したもの。
21 註15所掲のムナスの訳著pp.205-225参照。本章もムナスの訳をそのまま採用できないのが残念である。この『断疑論』第15章にはパフラヴィー（中期ペルシア語）本欠。なお，『断疑論』の出版でムナス本以前のものについてはムナスの訳著pp.14-15参照。『断疑論』の拙訳については，本拙著所収のそれを参照されたい。
22 このほか Dādestān ī Dēnīg 第37章第90—92節（K 35 folio 146 r.*l*.8—f.146 v.*l*.1=*The Pahlavi Codex K* 35, *First Part*……Published in facsimile by The University Library of Copenhagen with an Introduction by Anthur Christensen, Copenhagen 1934, pp.145-146）にも三位一体論を批判する次の文がみえる。これもムナスの訳著 p.225 に引用されているが，第 90 節にある 'w'wywwy'='n'wgwnyh=anowōnīh「相似していないということ」が解読できないためであろうか，この節の文首は挙げられていないし，その他にも誤解がみえる。

(90) ud 'har yak gōwišn ī 'har rāstān 〈ud〉 'ān ī druzān 'pad anowōnīh ēdōn 'ast gugāy čiyōn hanbasān gōwišnīh-iz ī ⁺abēbrahm ī Tarsāgiyān 'kē Yašū 'ī-šān Mesīh-iz 'xwānīhēd 'pad 'pus ī yazad ēdōn hangārēnd 'kū 'pus ī 'nē keh 'az 'pid 'xwad 'ōy 'ast yazad ī amērāg 'dārēnd.

また，どの正語者のどの一語も虚言者のそれとは相似していない点において，キリスト教徒の，習法に反し，矛盾さえもすることばのごときが（その）あかしとなる。その彼ら（キリスト教徒）は彼らのメシアともよばれるイエスを神の子として，こう考えている，父より劣後でない子は彼自身神である，と。そして彼らは彼を不死とみなしている。

(91) grōh-ē ham Mesīh rāy 'gōwēnd 'kū murd ud grōh-ē 'gōwēnd 'kū 'nē murd. 'ān grōh-ē 〔'ō 'ān〕 'kē 'nē 'murd 'gōwēnd 'ō 'ān 'kē murd 'gōwēnd, 'ō 'kē 'nē 'murd 'ka 〔'nē〕 'murd, 'ō 'kē 'nē 'murd guft 'ka 'pad murd gnft

hanbasān.

一派は同じメシアについて彼は死んだといい，また一派は彼は不死だといっている。不死といっている派は死んだといっているものに（対立し），死んでいれば不死であるものに（対立し），死んだものとしていわれていれば不死といわれているものに対立する。

(92) xwad-iz ⌈ō ⌈xwēš gōwišn hamēstār, ⌈čē ⌈ka murd guft ⌈bē ⌈ō ⌈nē murd guft ud ⌈ka ⌈nē murd ⌈bē ⌈ō murd guft.

彼らは自身でも自身のことばに反対している，なぜなら，死んだといわれれば不死といわれるのに（反対しており），また不死（といわれる）ならば死んだといわれるのに（反対している）からである。

23　M2 R1 22,26 ; M 219 R11 (qyš)(F.C. Andreas+W. Henning : *Mitteliranische Manichaica aus Chinesisch-Turkestān* II, Berlin 1933).

24　Jes P. Asmussen:"A Zoroastrian "De-Demonization" in Judaeo-Persian", *Irano-Judaica*, Jerusalem 1982, pp.112-121. ただし，この論文は1975年までに入稿のもの。

25　Werner Sundermann : "Name von Göttern, Dämonen und Menschen in iranischen Versionen des manichäischen Mythos", *Altorientalische Forschungen* VI, Berlin 1979, p.101 には一覧表的対照がある。その他 R. Reitzenstein+H.H. Schaeder : *Studien zum antiken Synkretismus aus Iran und Griechenland*, Leipzig-Berlin 1926, p.251 以下も参照。

26　拙稿「カルデールの「ゾロアスターのカアバ」刻文について」(『オリエント』第24巻第2号 (1981年)), p.7＝本拙著p.128参照。

なお，この刻文 *l*.10 にて「洗礼教徒」を示す mktky (上掲拙稿p.7＝本拙著p.128, 上掲拙稿p.17, 註9＝本拙著p.141, 註10, および拙稿 "Pahlavica III. Some Remarks on Kardēr's Inscription of the Ka'be-ye Zardošt", *Orient*, Vol.XVII (1981), p.64, n.3〔これは本拙著p.141, 註10の中でふれた Sundermann 氏の説を紹介したもの〕参照）については，註14所掲の文献 item No.36 (p.12) において，H.W. Bailey : "Iranian MKTK-, Armenian MKRTEM", *Révue des Études Arméniennes*, n.s. t.XIV (1980), pp.7-10 が Arm. mkrtem「私は洗身する，洗礼を受ける」にも在証される mak-「洗う，しめらす」を提示したのを受けて，Philippe Gignoux は mktk- の古期イラン語形 *makata-ka- を指定している。*makata- は yazata-「祀られるべきもの，神」などにみえる -ata- 派生形である。中期語音は yazata->yazad に準じて *makataka->makadag である。

追記（註4への）――神直道「景教碑文・遺経の漢字表記にみえる塞外的要素について」(本拙著p.440註1所掲論集, pp.321-340) ; 同『景教遺文の研究』1986 (自費出版) ; 同『景教遺文　序聴迷詩所経　口語訳』1994 (同)。

附録 I. ゾロアスターとハオマ[1]

「ゾロアスター自身とハオマ」の問題を論ずるにはヤスナ32：14，特にそのc行が最も重要なカギとなるが，しかしこの頌にはこの頌だけでは解明できない語も含まれているので，取り扱いの便宜上，同章12・13・14の3頌を拙訳とともに先ず一括して掲げておく。訳文中の（　）は私による補筆である。また当面の問題を解決するには，そのほかにヤスナ51：16も至大な関係があり，またハオマの別称ドゥーラオシャ（dūraoša-）の語意も同様である。しかし幸いなことにヤスナ51：16は私が本拙著p.71以下に詳論しており，また別称については基本的なことは前著『ゾロアスター研究』p.455にすでに取り扱い済みである（arzūš(a) は純然たる古期語として語末のカッコをはずし arzuša とすべきで，このことは以後の諸論考で繰り返し指摘してきたところである）。これらの成果をふまえたこの論考は私の前考（昭和42年／1969）への補訂であるとともに，現下の西欧学界への批判でもある。

§12： yā rå̇ŋhayən sravaŋhā　vahištāt̰ šyaoθanāt̰ marətānō
aēibyō mazdå akā mraot̰　yōi gə̄uš mōrəndən urvāxš.uxtī jyōtūm
yāiš grə̄hmā ašāt̰ varatā　karapā xšaθrəmčā īšanąm drujim
　　よってもって人間どもを最勝の行為から悖らせるドグマのゆえに，
　　歓声をもって（すなわち呪文を唱えて）牛の命を絶つものどもに，マズダーは悪しきこと（呪いの言葉）をいい給うが，
　　その彼らとともにカラパン僧は天則よりも，もろもろの捕縄と，権勢を強める不義とを選びとるのである。

§13： yā xšaθrā grə̄hmō hīšasat̰　aēištahyā dəmānē manaŋhō

aŋhāuš maraxtārō ahyā　　yaēčā mazdā jīgərəzat̰ kāmē
θwahyā mąθrānō dūtīm　yə̄ iš pāt̰ darəsāt̰ ašahyā

（権勢と）ともに捕縄も（人を）最悪のアカ・マナフの館に縛りつけたがるが，その権勢のゆえに
この世の破壊者どもがおり，また，マズダーよ，ほしいままに御身の
マンスラ者（預言者）の使命について苦情するものどももそうで，彼は彼らを阻んで天則を見させぬでしょう。

§14: ahyā grə̄hmō ā.hōiθōi　nī kāvayasčīt̰ xratūš〔nī〕dadat̰
⁺varəčāhīčā fraidivā　hyat̰ vīsəntā drəgvantəm avō
hyat̰čā gāuš jaidyāi mraoī　yə̄ dūraošəm saočayat̰ avō

彼（アカ・マナフ）の捕縄が捕縛するようにと，カウィどもでさえ願意と勢威を
いつも傾倒しているが，それは彼らが不義者を助けるために祭儀に参加し，
また，（いわゆる）遠くを見せるもの（とやら）を助けるために火を燃やす者によって，屠牛のために呪文の唱えられるときのことである。

§14だけでは解決できない語というのは grə̄hmā（§12），grə̄hmō（§13），grə̄hmō（§14）のことで，それぞれ grə̄hma- の複数対格，grə̄hmah- の単数主格および同対格であり，いずれも中性名詞「捕縄・輪縄（snare, noose）；罠（trap）」あたりを意味する。grə̄hmā は *grə̄hmå と改読すれば，grə̄hmah- の複数対格となる。後述するが，これらの3頌成立の背景にはトゥーラーン／トゥーレスターンの事情が伏在すると考えられる。これは本拙著pp.13-14に記した地域であるからパキスタンの一部をも含む。私見によれば grə̄hmā も grə̄hmō も究極的には梵語とイラン語との混成的合成語（hybrid compound）*grāha-mā- に帰着する。後肢 -mā- は両語に共通する動詞根であるが，これを敢えてイラン語に見立てるのは，このように異なる二語の間に成立する混成的合成語がイラン側には他にも例があるからで，本拙著p.51以下を参照されるなら，アラム・イラン合成語の存在することを知られるであろう。

*grāha-mā- は「捕捉（grāha-）しようと用意しているもの（mā-），捕捉装置」の謂いであるから，問題の語形はいずれも前述のように「捕縄・輪縄」か「罠」あたりを意味するとみてよい。

私は前考では W.B.Henning の説に従って問題の語を「財物（possession, wealth）」としたが，この説はパフラヴィー語訳の註に拠ったもので確実な論拠のあるものではなかった。これに対し，人名 Grāhma- とするものは極めて多いが（Grāhmō はその単数主格），それでも Grāhmā（§12）に対する解釈は必ずしも一致しているわけではない。が，それはともあれ，人名説には文論（シンタックス）的に難点が生じる。すなわち，人名論者は grāhmō…maraxtārō（§13）と grāhmō…kāvayascīṯ（§14）をそれぞれ「Grāhma と破壊者ども」「Grāhma とカウィどもでさえ」と訳すが，原文にない並列接続詞「と（-ča）」を挿入するのは許されないからである。§13の hīšasaṯ が意欲活用の injunctive（＜imperfect）3人称単数能動であることに異論はないが，従来のように動詞根を hant- 'to arrive' としたり had- 'to sit' としたりするのでは，重複形に難点が生じるので賛しがたい。私によれば動詞根は hā(y)-／hi- 'to bind' で，この動詞と grāhmō との結びつきは§14の grāhmō ā.hōiθōi（この不定詞の根も hi-。grāhmō は対格であるがこの不定詞の主語）にもみられる。それゆえに，拙訳のように，この動詞 hīšasaṯ と主語 grāhmō とで副文を構成し，maraxtārō などは主文に入るべきものである。§13はアカ・マナフの力もそうだが，その捕縄も人間を悪界に縛りつけようとしている。それなのに，その悪の力を背景に（あるいはその力に引きずられて）悪人ばらが世の破壊者として存在している，ということを述べるもので，存在動詞 'be' は省略されている。また§12においては，grāhmā と drujim「もろもろの捕縄と，不義」がカラパンの選取する対象を示している。

さて，本筋の§14に移るが，grāhmō ā.hōiθōi「捕縄が捕縛するようにと」——ā-hi-「捕縛する」の与格不定詞 ā.hōiθōi（目的を示す）の主語 grāhmō は前述のように対格である。ところで，この頌の難関は何といっても c 行で，研究者を長く悩ましたのもこの行である。その主因は冒頭に記したように，ヤス

ナ51：16の頌意とハオマの別称 dūraoša- の語意が的確に把握されていなかったからである。だから F.C. Andreas ＋ J.Wackernagel は c 行の avō (<avah)「助けるために」は筆録者のミスで，もとの形は *הוו ha^xvo (<hu-「搾る」)「搾出者」だという珍説を発表することができた。しかるに登高一呼万山皆応というか，これが尾を曳き，諸氏をして c 行の avō を訳出することを躊躇させている。かと思うと，これに批判の一石を投じてか，この avō を「好意，愛願」とし yō dūraošəm saočayaṯ avō のうち dūraošəm は訳さずに残部を 'qui enflamme la faveur…'，つまり愛願を燃えあがらすと訳す立場もある。同じく承服しがたいのは avō を「助けとして (comme aide)」と解する É.Benveniste の説であり，また註11もぜひ参照されたい。

dūraoša- は伝統的には「死を遠ざけるもの，死を攘うもの」と解釈されている。しかしゾロアスター自身の教義からしても，ハオマにこのような霊力を認めるはずもないばかりでなく，後説するように (p.536参照), dūra-aoša- と分解すれば，語形論的に「死を遠くまでおよぼすもの」という意味となる。これらの難点は dūraoša- を *dura-auša-「興奮催起性草本」と解釈しても解消されない。私によれば dūraoša- の dūra- は「遠い」を意味する dūra- であり，この別称の中には *dura-「興奮させる」もなく，前接辞 dur-「……しにくい (difficult)」(これは梵語である！) もない。したがって註7に挙げた「かがやきにくい (？)」や「燃えにくい (？)」も承服しがたく，また dūr-aoša- において dur- が dūr- となっているとする主張も認めがたい。Ved. duróṣa- や同 duróṣas- については後説する。

私によれば dūraoša- は dūra-uš-a- と分解して「遠くを見るもの；遠くを見せるもの」(ここでは後者) と解すべきで，10年以上も前からの持論である。論拠はアショーカ (阿育) 王のタキシラー刻文 (アラム語) 1.4 に中期インド・アーリア語 śramaṇa「沙門」に対する訳語としてみえる 'rzwš である。これは arzūša < arzu-uš-a-「正しく見るもの；正しく見せるもの」(ここは前者)，「正見者」で，dūraoša- とは原辞 uš-「判断（力）」を同じくし，語形や語意からも比接さるべき語詞であることは冒頭にも記したとおりである。機

附録Ⅰ．ゾロアスターとハオマ

会あるごとに私が繰り返し指摘してきたことは，(1)アフガニスタン出土のアショーカ王の刻文のアラム語は王朝アラム語（ハカーマニシュ／アケメネス王朝時代のアラム語）の遺産であるばかりでなく，王朝アラム語そのものであること[14]，(2)同王のアラム語刻文に象嵌されているイラン語詞はガーサー・アヴェスター語と異ならない古期イラン語に属していること[15]，(3)このような古期語が前3世紀中頃，アフガニスタンで話し継がれていた[16]，ということである。それゆえに，dūraoša- を arzūša と比較することは，ますますもって有理となる。では，ハオマは何故に「遠くを見せるもの，令遠見的」とよばれるのか。これを知るために，われわれはそのハオマの薬理作用などを知っておく必要がある。

私が以下に記すことは千葉大学薬学部教授山崎幹夫氏のご援助によるところが極めて大きい。同氏の論考「古代の覚醒剤ハオマ酒の秘密——エフェドリン」[17]の読後，私は数年を無為にすごしたが，交通事故に遭ったのを機会に，予後も気がかりなので私見を急ぎまとめておきたいと考え，代筆で同氏に教示を乞うたところ，平成元年5月18日付で懇切なご返事を寄せられた。『山崎書簡』とよぶことにするが，多年鬱積していた疑問を氷解し，難解なヤスナ32：14のc行に踏み込むことのできたのは同書簡の賜で，ここに書中を借りて謝意を表する次第である。

私はハオマを一種の麻黄（ephedrae herba）と考えているが，70種もあるとされるうちで学名を ephedra gerardiana とよばれるものを早くからアヴェスターのハオマに同定してみては，と考えてきた。この種類はアフガニスタン，パキスタン，カシュミール，西チベットに産し，中でもパキスタン産はアルカロイドの含量が高く2%にも達するといわれている[18]。パキスタンは上述したように，トゥーレスターンを介してゾロアスターにも縁があり，ヤスナ32：12～14にみえる grəhmā や grəhmō が梵語を交えているのも，この辺の事情と関連があると考えたい。麻黄のエキスからはエフェドリンが抽出されるが[19]，その薬理作用はよく知られており，前記山崎論考にも中枢神経興奮，交感神経興奮様作用，発汗，利胆，抗炎症，抗アレルギー作用が列挙されている[20]。これらの

なかで私の注目したいのは中枢神経興奮である。エフェドリンの側鎖から水酸基ひとつを除去することによって，エフェドリンと薬理作用の似ている覚醒剤（ヒロポンなど）にも変換できることを，山崎論考には構造式を用いて図示されている。

　ところで，ヤスナ32：14の c 行であるが，これには関係代名詞 yə 'who' の先行詞 tā 'by him' が略されているので補って解釈することになるが，その彼が呪文を唱えて屠牛者に屠牛させることを述べている（§12も参照のこと）。問題となる yə dūraošəm saočayaṯ avō のうち，saočayaṯ は（1）「燃やす，焼く」か（2）「火を燃やす」かの2義とみるのが最も自然で，「煽る」「清める」「心労さす」「酩酊性にする」などは行きすぎであろう。（1）の場合だと「ハオマを燃やす――（その薬理作用を）助けるために――者」となり，文論的にも最も自然な訳文が得られるが，私の期待していた「吸煙による強いエフェドリン効果」は『山崎書簡』によって雲散霧消した。とすれば，次は（2）の場合となるが，この場合は「ハオマを助けるために火を燃やす者」となるものの私はこれを細分して，（a）（b）（c）の3ケースにわけて考察した。（a）はハオマの濾液を加熱気化させ，その蒸気を吸入する場合であるが，『山崎書簡』によって多少とも蒸気にエフェドリンの乗ることは期待できるが効果は大したものでないことがわかった。次は（b）で，ハオマを熱水抽出する，つまり漢方医学の煎薬を作って内服する場合であり，いうまでもなく効果は期待できる。だが，（a）といい（b）といい，単に「火を燃やす」という表現のみから加熱気化や熱水抽出を考えるのは甚だ冒険で saočayaṯ の代わりに（a）なら *tāpayaṯ「（彼は）加熱する（injunctive）」，（b）なら *yaošayaṯ「（彼は）煎じる（inj.）」[21]あたりを使用したであろう。だとすれば，最後に残った（2）（c）に解決のいとぐちを求めるほかはない。上に掲げた拙訳を参照ねがいたい。これを私の文解として取り上げていくことにする。文論的には――（a）（b）の場合もそうだが――「ハオマを助けるために」というのでは，b 行の drəgvantəm avō「不義者を助けるために」のように，avō を dūraošəm の直後におくべきにそうしなかったのは，一つには dūraošəm の嘯音

š と saočayat の嚙音 s とを相互接近させて佳調を出し、一つには avō に並尾韻を求めたためである。

　それでは「ハオマを助けるために火を燃やす」とはどういうことか。これはハオマ液を服用し、その効果を増強するために、護摩 (homa) を焚くように火を燃やし心統一をはかること、つまり心理的・宗教的効果を狙ったものである。ここの「火を燃やす」という表現にはインドの拝火行事も考えられるのではないか。今やリグ・ヴェーダの盛時（前1200年頃）を去ること600余年ものちのことであり、ヴェーダアリアン人はすでに早くヒンドスタン平原に進出している。しかしソーマをめぐる祭式要素は依然として五河（七河）地方に遺存し、それがたまたまゾロアスターの目にとまったとすれば、ヤスナ32：12〜14の地平は一挙に拡大される。私はこれ以上に立ち入ることはさけるが、いずれにせよ、この火はアフラマズダーの子としての火ではない。

　ゾロアスターが敢えて haoma- (2音節) の語を用いずに dūraoša- (3音節) を用いたのは詩法（音節数式！）の要請もあったろうが、このような薬物 (drug) の力を借りて超自然力を得ようとする行為を揶揄的に貶斥したものである。dūraoša- といって haoma- といっていないから (1) の場合に火で燃やすものはハオマではなくて他の物質であるとか、他の物質をも交じえて焼いたものだとかの推定も成り立ちそうであるが、アヴェスターにハオマ以外の何物かを dūraoša- とよぶ例がないから、私はやはりハオマすなわち ephedra gerardiana のみを燃やしたものと解して取り上げた次第である。ゾロアスターはヤスナ51：16が示しているように、一種の坐禅を思わせるポーズで心想の凝集統一をはかり超自然力を得て、メーノーグ界の諸相を自ら感見し、あるいは他をして感見させる、いわば霊能の開発を重視した。この超絶力を彼は maga-「霊力」と称し、それの体得者すなわち magavan-「マガ者，霊力者」は同時に čisti-「天眼」を得るとされた。ゾロアスターからすれば maga- こそ dūraoša- とよばれるべきで、ハオマごときにこの呼称とは笑止の沙汰とでもいいたいところであろう。さればこそヤスナ48：10において、

　　　kadā mazdā　　mąnarōiš narō vīsəntē [22]

```
kadā ajə̄n         mūθrəm ahyā madahyā
yā angrayā        karapanō urūpayeintī
yāčā xratū        dušəxšaθrā daḱyunąm
```

いつ、マズダーよ、呪文の唱誦をはなれて人々は（われらの）祭儀に参加するでしょうか。

いつ御身はこの催酔者の尿を打倒し給うのですか、

それはよってもって不届きにもカラパン僧らが吐気を催起し

またよってもって故意に諸州の悪支配者どもが（そうするところの）ものなのです。

といっている。mada- とは「酩酊させるもの、陶酔させるもの、酒」を表わすが、ここではそれを擬人化し、ハオマ酒をそれが垂れ流す尿といって罵倒しているのである。私が本拙著 p.106 に記したデーンカルド句や『アルダー・ウィーラーブの書』中の一齣についてみるに、ゾロアスターの教義の重要な部分は見失われ、前者で「ホームとマング」をメーノーグ界を観視する心眼をより清明にするための飲料といっているところには、ホームすなわちハオマを dūraoša-「遠くを見せるもの」とする本来の解釈がなお命脈を保っていることが知られる。しかるに後者では「ウィシュタースプのマングとホーム」が死を遠ざける飲料となり、ウィーラーブはこれによって一種の不死者として死後の異界を遍歴して帰還することになっており、そこに dūraoša- を「死を攘うもの」とする解釈が強く張り出していることがわかる。いずれもマング（大麻）との併飲ではあるが、ハオマについてみると、その別称 dūraoša- の釈義をめぐる変遷の跡がみえて興味深いものがある。

この dūraoša- と関連して取り扱いたいのはp.466および註11・12で触れた duróṣa-／duróṣas- である。このヴェーダ語形と dūraoša- との関係については、これを肯定して同義であると主張するものと、これを否定するものとがあるが、残念なことに両派ともにヴェーダ語形も解明できていない。肯定派は註7に挙げた両氏や H.W. ベイリー博士で、その両氏は dūraoša- を dur-aoša-「輝きにくい、燃えにくい」としヴェーダ語形をこれに引きあてて同義としよ

うとした。一方、ベイリー博士は dūraoša- を *dura-auša-「酔木」とみなし、RV Ⅷ 1 : 13 は過度の酩酊から生じる状況だとして、ヴェーダ語形と「アヴェスター語形 dūraoša-」を同義とみなしているから肯定派である（p.466 と註11）。これらに対し否定派は Karl Friedrich Geldner[23] で、文献学的・言語学的根拠は示さずにヴェーダ語形を「ぐずつく（säumig）」としている。しかしソーマとも関係するこのヴェーダ語形はインド・イラン期にイラン語圏から受けた uš「判断（力）」を guṇa 楷梯として保持しているものとみるべきであり、したがって duróṣa-／duróṣas- は「判断しがたい」の謂いから「さ迷う、彷徨する」あたりを意味し得ることが知られよう。リグ・ヴェーダ中の在証箇所はわずかに次の3頌のみであるが、いずれも正解されてはいない：

Ⅳ 21 : 6 cd ā́ duróṣāḥ pāstyásya hótā
yó no mahā́n saṃváraṇeṣu váhniḥ
パーストヤの彷徨する勧請官（アグニ）はこなたへ（来たれ）
そは祭式繞所におけるわれらの（供物の）大搬送者。

Ⅷ.1 : 13 mā́ bhūma níṣṭyā ivéndra tvád áraṇā iva
vánāni ná prajahitā́ny adrivo duróṣāso amanmahi
われらは疎外者のごときでもなく、インドラよ、御身からの疎遠者のごと
きでもなからんことを。
人煙なき森のごときをさ迷っているとわれらは思うたのです、箭石者（イ
ンドラ）よ。

Ⅸ 101 : 3 táṃ duróṣam abhí náraḥ sómaṃ viśvā́cyā
dhiyā́ yajñáṃ hinvanty ádribhiḥ
そのさ迷うソーマを人々は、各種の
祈呪をもって、摺り石にて祭儀に駆りたてている。[24]

説明するまでもないが、この3頌はそれぞれ、アグニの炎のゆらめき、人間の心の迷い、ソーマの滞りがちに流れ出る状況を duróṣa-／duróṣas- で形容したもので、先訳のような釈義は的外れである。参考のためにⅧ 1 : 13 に対するゲルトナーの独訳をかかげてみよう。

Wir möchten nicht wie Fernstehende, nicht dir wie Fremde sein, o Indra. Wie gemiedene Bäume glauben wir säumig (schlechtbrennend) gewesen zu sein, o Herr des Preßsteins.

われらは疎遠者でもなく、御身に対する疎外者でもなからんことを、インドラよ。(林火を) 免れた木々のように、われらはぐずついていた〔燃えにくかった〕と信じている、搾り石の主よ。

この独訳が公刊されない前にそれを披見したベイリー博士は säumig を批判し 'safe from destruction' に改めて次の訳文を示した。

May we not become as strangers, O Indra, as enemies to thee. We have thought of ourselves, O Adrivant, as safe from destruction, like trees which have escaped (the forest-fire).

ベイリー博士はここでは duróṣa-／duróṣas- も dūraoša- も *dura-auša- 'from whom destruction (by burning) flees' (OldIr. dvaratí 'he flees') であり、その *dura- 'fleeing' がさらに dur- となったものがヴェーダ語形にみられると考えられていた。しかし、上述したように博士は旧説を放棄されているので、これを挙げて論じることは礼を失することになろう。ただ、ここではのちに博士は duróṣāso amanmahi を 'we thought ourselves to be afflicted' と訳されていることだけを付言しておく。

麻黄はカスピ海沿岸を原産地として世界にひろく分布した (南米産はエフェドリンを含有しない)。イランでも東西にわたり、古くからハオマの崇拝や霊物視がみられる。これを拒否したゾロアスターであるが、彼の没後かジャーマースパの没後から、ハオマがその教団でも重要な役割を演じるようになったのではないか。もっとも、さすがに「遠くを見せるもの」としてではなく、新しい革袋に盛って「死を攘うもの」としてではあるが考えてみると、この語意も前者に劣らず彼の教義に抵触する。いまコータン・サカ語 duraúśa をみると、その文脈は明らかにこの語が dūraoša- を、しかもその本義において、継承していることを示している。ゾロアスター教の圏外にあってその影響を受けなかったことを知ってみれば、ṣa ma vā-ṃ thajai khū duraúśa ttraha thaja はベ

附録Ⅰ. ゾロアスターとハオマ

イリー訳のように 'he draws me here to him as the duraušạ draught draws one' とするよりも、duraušạ を wonder-working に替えて「彼は私を彼の方へ引きよせる、あたかも霊験の液が引きよせるように」とするほうが原意には近いであろう。

ゾロアスターの教義のように、その重要な一部が霊能に依存しているような宗教は、その発展どころか、維持さえも容易でない。霊能者の累代輩出は期して得られるものではないからだ。彼を継いで教団のリーダーとなったとみられるジャーマースパは明らかに霊能に恵まれていた。しかし彼らふたりの没後は、薬物によって「霊力なるもの」を得るほかはなかったであろう。ここでマング（大麻）がハオマとならんで役割を演じるようになる。こうした機運に乗じて「死を攘うもの」との釈義が再登場したと思われるが、ゾロアスターの教義に対する大きい転換とでもいうほかはない。

私はこの小論で、ゾロアスターによるハオマの拒否を結論づけた。考えてみればリグ・ヴェーダにおいて、ソーマは軍神インドラの好んだ興奮性飲料であった。そのインドラはアヴェスターでは魔神となっている。それ故に、ソーマすなわちハオマがゾロアスターによって拒否されたのは、むしろ自然の成り行きであろう。だが、この論法を冒頭に掲げて、それのみでゾロアスターとハオマとの関係を結論づけて問題の解決を謳ったら、おそらく短絡のそしりを受けることになるであろう。

註

1　この論文の大要は日本オリエント学会第31回大会（1989年11月19日、於中央大学）において「ゾロアスターとハオマ」の題下で発表した。その別稿としては "An Interpretation of Yasna 32 : 14—with special reference to its l.c— (Gathica XⅧ)", *Orient*, Vol. XXV (1989), pp.43-50, がある。
2　Henning : "The Murder of the Magi", *Journal of the Royal Asiatic Society of Great Britain and Ireland*, 1944, p.139,n.5. 同調者としては W.Hinz : *Zarathustra*, Stuttgart 1961, p.216 ; S.Insler : *The Gāthās of Zarathustra*, Acta Iranica 8 (1975), p.49.

3 パフラヴィー語訳では grəhmā も grəhmō も同じように grahmag と機械的に写音し、ついで xwāstag 'property, wealth' と註しているが拠は何も示していない。

4 Chr. Bartholomae : *Altiranisches Wörterbuch*, Strassburg 1904, col. 530 (Grəhmā は複数主格 'Grəhma und seine Leute, sein Anhang「グルフマと彼の配下」')。同調者は J.H.Moulton : *Early Zoroastrianism*, London 1913, p.357, n.3 ; Maria W. Smith : *Studies in the syntax of the Gathas of Zarathushtra, together with text, translation, and notes*, Philadelphia 1929 (1966²), p.86, §12に対する註7。人名説でも Helmut Humbach : *Die Gathas des Zarathustra*, Band I, Heidelberg 1959, p.98 (Grəhmā 'zusammen mit dem Grəhma「グルーフマとともに」')。同調者は Maria Cornelia Monna : *The Gathas of Zarathustra. A Reconstruction of the text*, Amsterdam 1978, Glossary, p.147, s.v. grəhma-。また Jean Kellens (+Eric Pirart) : *Les textes vieil-Avestiques*, Volume I, *Introduction, texte et traduction*, Wiesbaden 1988, p.121 (Grəhmā 'comme Grəhma「グルーフマのように」')。Grəhmā の解釈に定見のないものとしては J. Duchesne-Guillemin : *Zoroastre, étude critique avec une traduction commentée des Gâthâ*, Paris 1948, p.255 (Grəhmā 'le sacrificateur Grahma「祭式僧グラフマ」' (nom. sing.)) ; Herman Lommel (1885—1968) : *Die Gathas des Zarathustra*, Basel/Stuttgart, 1971, p.62 (Grəhmā 'der Grəhma (?)')。また Insler : op. cit., は Henning 説に同調するも (n. 2参照), grəhmā……karapā は ⁺grəhmā̊……karapā と改読し 'the rich Karpan' と訳している (p.47)。

5 hant- 説は Bartholomae : op. cit., col. 1771。同調者は Smith : op. cit., p.86。この説を批判したものが had- 説で F.C.Andreas und J.Wackernagel : "Die erste, zweite und fünfte Gāthā des Zurathuštro (Josno 28.29.32). Anmerkungen", *Nachrichten von der Gesellschaft der Wissenschaften zu Göttingen, Philologisch-Historische Klasse*, 1931, p.327。同調者は多く Humbach : op. cit., p.99 および Band Ⅱ, p.36 ; Monna : op. cit., p.148 ; Kellens : loc. cit. など。

6 xšaθrəm……īšanąm drujim「権勢を強める不義」— īšanąm は īša- の複数属格男性ではなくて, īšana-「強化する」という形容詞の単数対格女性で drujim を修飾するもの。一部に疑義はあるが, 私解はヤスナ29：9 b行の īšā.xšaθrīm「力をもって支配する者を」(単数対格男性) を参照したもの。

7 Andreas und Wackernagel : op. cit., p.328。アルシャク朝本では, と ḥ との区別が微妙なために, b行の avō に影響されてこのミスを犯した, として c行を yə dūraošəm saočayat ⁺havō「搾出者としてハオマをかがやかすもの (welcher Presser (wer als Presser) den H. blinken lässt)」と訳している。ただし dūraoša- を ⁺dur-aoša-「輝きにくい (?), 燃えにくい (?)」とする解釈の最初の提唱者が誰であるかは私には不明。これについてはp.470以下も参照されたい。

8 Insler : op. cit., p.49, p.209 ; Monna : op. cit., p.31, p.126 (Glossary), s.v.avah- ; Robert S.P. Beekes : *A Grammar of Gatha-Avestan*, Leiden 1988, p.198, ll.14—15.

9 Kellens : loc. cit. 同氏が dūraoša- の訳出を保留しているのはおそらく Jacques Duchesne-Guillemin : "Le symbolisme dans le culte mazdéen, II Le haoma", *Homo Religiosus 11, Le symbolisme dans le culte des grandes religions*, Louvain-La-Neuve 1985, pp. 68-70 がこの別称に関説していないのと軌を一にするものであろう。

10 Benveniste : *Les infinitifs avestiques*, Paris 1935, p.32。同調者としては Hinz : op. cit., pp.176-177 およびp.217におけるヤスナ32：14への註。

11 H.W.Bailey : "Durauzha the drink exhilarant", *South Asian Studies*, Vol.1／1985, pp.57-61 において dūraoša- とは *dura-auša-「興奮催起性草本 (herb exhilarant)」であるとし、ヤスナ32：14の yə̄ dūraošəm saočayat avō を 'who made the herb *dūraoša-* intoxicant' と訳している (suč-／saočayat「燃やす、焼く」は味覚について用いられているとして 'to make intoxicant' と訳され、また avō は -auša- と同じく「草本 (herb, plant)」であるという)。ポイントをなす dura- はベイリーによれば、もともと塩・酸・甘の3味いずれをも表わしうるイラン語であるとして、そこから興奮性・刺激性などの意味を引き出している。この説(「論文」説)はその数年前同氏の *Dictionary of Khotan Saka*, Cambridge 1979, pp.161-162 において、それまでの自説をすべて見送って新説を立てている(「辞典」説)のをふたたび見送って、さらに新しく提唱したものである。因みに、この「辞典」説によると dūraoša- は *dur-auša- で、dur- の語根は dau-／du-「押す (to press)」で (-auša- は接尾辞という)、文脈によって「押し上げる」ときは「興奮的、高揚的」を意味し、「押し下げる」ときは「鬱屈的、低迷的」を意味するとなし、具体例としてはRV VIII 1：13の duróṣāso のみを「押し下げ」の場合に引きあて、他はすべて (dūraoša- のほかヴェーダ語形 duróṣa-／duróṣas- ——本拙著p.471参照)「押し上げ」の場合に引きあてている。この「押し上げ／下げ」説は一種の二重解釈で容認しがたいし、それは上記「論文」説にもその影を落としている。というのは dūraoša- = duróṣa-／duróṣas- を 'herb exhilarant' としながら、RV VIII 1：13の duróṣāso のみは興奮が過度に及んで酩酊状態に陥った場合を示すとしているからである。要するにベイリー説はハオマの薬理作用を「興奮性」として正しく指摘してはいるが、dūraoša-(その他のヴェーダ語形も含めて)の語意の解明には成功していないといいうる。

12 このような意味とするなら、詩才ゾロアスターは dūraošəm saočayat の代わりに同族語詞を用いて、それぞれ *dužaošəm *aošayat「かがやきにくいものをかがやかす」か *dušəsaočəm saočayat「燃えにくいものを燃やす」などといったにちがいない。dūraoša- を「燃えにくい」とする解釈は Ved. duróṣam をサーヤナが durdaham「燃えにくい」と訳しているのに影響されたのであろうか。彼はまた duróṣam を durvadham「殺しにくい」とも訳しているが dūraoša- を「死を攘うもの」とするイランの伝統的解釈とは無関係であろう。Śatapatha Brāhmaṇa 4, 1, 3, 6 —9に拠り dūraoša- を「いやな匂いのする」とか「味の苛烈なもの」とする説もあるが (Skt. oṣaṇa-「ぴりっとする味；刺激的な風味」参照)、いずれも dūraoša-

の dūra- を dur- とする立場である。

13　Beekes : op. cit., p.42。氏は dūraoša- そのものの語意は示していない。
14　本拙著pp.51-54。
15　本拙著pp.54-55。
16　本拙著pp.54-60。
17　『自然』，通巻455号／1983年12月号，pp.91-95。これは同氏の他の論考と合わせ『毒の話』（中公新書781，昭和60年／1985〔1988[11]〕）として公刊された。
18　拙著『ペルシア文化渡来考——シルクロードから飛鳥へ——』岩波書店1980年，pp.69-79。
19　解説　刈米達夫・画　小磯良平『薬用植物画譜』日本臨牀社1973年，144 マオウ。この含量は麻黄一般の倍量に近い。なお麻黄一般の図示としてはこのほか高取治輔画『彩色写生図日本の薬用植物』廣川書店1966年，Fig. 80マオウ；陳存仁『図説漢方医薬大事典＜中国薬学大典＞』第Ⅰ巻，講談社1982年，pp.14-17麻黄（附麻黄根）などがあり，A.V.Williams Jackson : *Persia Past and Present. A Book of Travel and Research*, New York 1906, p.387 の対向頁に「聖草ホームの枝」（ホームはハオマ）として麻黄の写真が収載されているのも参照したい。
20　エフェドリンは茎から抽出される。葉にもあるといっても，その葉は鱗片状に退化して無いも同然にみえる。そのため，ephedra gerardiana は初夏にやや黄色の花を多数咲かせると，全体が黄色な形にみえる。アヴェスターに zairi.-gaona-「黄色な形をしている」とあるのはそのためである。gaona- はながく「色」の意味とされてきたが，最近「形，形姿」の謂いだとの新説が提唱された。ザリ（zairi-）は「黄色」。麻黄の根は反対の薬理作用を呈する物質を含んでいる。
21　*yaošayat̰ は NP jūšāndan「煎じる」を手がかりに私の措定したもの。Av. yaoz-「さわぐ，波立つ，わき立つ」（本拙著p.109，註26参照）の起動相（inceptive／inchoative）の使役活用。
22　maṇrōiš すなわち maṇrōiš（2音節！）は *maṇri- f.「呪文を唱えること」の単数奪格で語根は mrū- 'to speak'. 音転は *māmruvi- > *mānrvi- > *mānryi- > *maṇri-／maṇari- で，「饒舌」あたりが原意とみられ，呪文を唱えるのを揶揄したもの。
23　Geldner : *Der Rig-Veda aus dem Sanskrit ins Deutsche übersetzt und mit einem laufenden Kommentar versehen*, Ⅰ33—Ⅲ（Harvard Oriental Series），1951，について Rig Veda Ⅳ 21：6（Ⅰ）；Ⅷ 1：13（Ⅱ）；Ⅸ 101：3（Ⅲ）参照。氏は duróṣa-／duróṣas- と dūraoša- との関連は否定する。Ⅷ 1：13の訳文に付した註「燃えにくい」はサーヤナの durdaha- に拠ったものであろう。
24　これらのヴェーダ語形はイラン語 uš- を óṣa(s)- として借用したもので，ヴェーダ詩人たちには óṣa(s)- は原意も理解されていた。それ故に彼らはその理解に基づいて詩頌を述作しているわけであるが，ヴェーダ・テキストにはわずか3例のみが見出せるだけで，後代の duróṣa(s)- に対する註（本拙著p.475註12参照）は全くの的外れとなっている。このイラン語に由来する duróṣa(s)- の原意は早く見失われた

に相違ない。このことはヴェーダ語圏がイラン語圏からうけた借用語の原意を，その創始期においてさえ見失った可能性をも示唆するであろう。私はAśvín- 双神の語意にそれを認めることができると考えるものであるが，この問題については別の機会を待って稿を起こすことにしたい（本拙著p.531以下参照）。

25 Bailey : "INDO-IRANICA. 1 DUROṢA.", *Transaction of the Philological Society*, London, 1936, pp.95-97.
26 註11所掲辞典p.162。ただし同註所掲論文p.60では 'we thought ourselves duroṣa' とのみ出ている。
27 註18所掲拙著p.72参照。
28 註11所掲論文p.57。
29 本拙著p.96参照。

附録Ⅱ．ケーシュダーラーン句の解釈について
――『デーンカルド』第3巻から――[1]

　周知のように『デーンカルド (Dēnkard)』書は第3―9巻が現存するだけであるが，それでもゾロアスター教系の中期ペルシア語書中の最大の巨冊である。ここではもっぱら，Madan 監修の同書（総頁数953）[2]を参照しながら論を進めることにするが，この版本でみても第3巻は407頁を占めており，他書よりもはるかに浩瀚な大冊である。私はデーンカルドとは「デーン（ゾロアスター教）の事典」ほどの意味に解しており（本拙著p.366,『断疑論』Ⅹ 55―57参照），その点からみても第3巻は，ゾロアスター教的二元論の立場からではあるが，取り扱っているテーマの多彩さにおいて，デーンカルドのデーンカルドたるゆえん，デーンのエンサイクロペディアたる性格をもっともよく表わしていて，サーサーン朝期から9世紀にかけてのゾロアスター教徒の，広い意味での史的記録とでもいうべき資料となっている。そこにある難読の語詞も私の微力では解読不能のものもあるが，中には私なりに解読に成功したといえるものもある。例えば232, 17―235, 13（第212章）において，善悪混合の世では人も善悪混合し絶対善なるものも絶対悪なるものも存在せず，前者もわずかではあるが悪徳をそなえ，後者もわずかながらも美徳をそなえている旨を述べ，前者の「指導力が上昇するときは，スペナーグ・メーノーグ（恩寵霊）に由来する彼ら自身の知慧，円満心，公正，寛裕（その他）すべての美徳が完全に成長して上昇するために，かがやいて遠くで見える（¹dūr-dīdār brāzīhēd―233, 18）……」が後者の「指導力が上昇するときは，貪婪（らん），不満（apurrīh）や忿怒や蔑視や吝嗇や虚偽やカヤク(kayak)[3]性，カルブ (karb)[4] 性その他彼（ら）自身の悪徳が勝利し（abarw⟨ēz⟩īhēd），そしてそれは遠く照るほ

ど強力となる（'u-š dūr-⁺xwardīhā ⁺amāwand 'bawēd—234, 5—6) ……」旨を述べている。しかし写本では dūr-xwardīhā (ywl-'wlty"＝dwl-xwltyh') amāwand ('m'wwd＝'m'wnd) は ywl-ywty" ym'wd と誤記されていて，これでは ywl＝dwl を dūr「遠い」と読みとれるだけで，他はこのままでは意味を成さない。中でも困難なのは ywty" で，海外学界ではこれを 'wlty"＝xwltyh'＝xwardīhā「光るように，照るように」（副詞）と読みうるものはいないと思われる。私は Av. ax^{v}arəta- x^{v}arənah- が語源的に「光る光り」を意味することを論証し（語頭の a- は語頭添前の a- で否定辞の a- ではない)，そこから中期西イラン語動詞 xwardan「光る，かがやく」（梵語 svar- と同義）を掘り起こし『ザレールに関する回想（Ayādgār ī Zarērān)』93節にみえる，ウィシュタースプ王による矢への祝禱を〈ud〉nām-xward ⁺ē bawāi「して，汝（矢）は名声赫々たるものとなれよ」と読解した。xward は 'wlt＝xwlt とある。この 'wlt を一種の欠記法（scriptio defectiva）とみて āwurd 'brought' (＜to bring) と読み，Nyberg のように問題の語を nāmāwurd「名声をもたらすもの（bringer of renown）」とすることも拒否できない（bazm-āwurad／bzm-'wlt'「宴会（bazm）から持ち帰られた（āwurd）たべもの；一種のカナペ」参照）が，そのニーベリー自身がwを一箇挿入して 'wwlt（盈記法・scriptio plena）としていることは特に注目したい。ところで，コピストは xwardīhā の頭字 '(＝x) を y と誤記し，同じ過ちを amāwand の頭字 ' にも繰り返しているが，また語尾 -wand (wwd＝wnd) のwをも一字脱落するなど，かなり粗雑である。それだけでなく，xwardīhā の r (1字) も脱落しており，これは，彼自身が誤記したために，1字を入れては (dūr-xwardīhā が) ywl-ywlty" のようになって重出となるのを恐れたためではないだろうか。

こうして私による改読は悪徳が dūr-⁺xwardīhā ⁺amāwand 'bawēd「遠く光るように強力となる (they become far-shiningly strong)」となり，美徳が 'dūr-dīdār brāzīhēd「かがやいて遠くで見える (they shine visible afar)」とあるのに，よく呼応することになる。

附録II. ケーシュダーラーン句の解釈について

　これは先訳に訳出を断念されていたものを解明した手法の一例であるが、デーンカルド第3巻（この巻だけのことではないが）が難解なもう一つの原因はなんといっても、そのもつシンタックス的に晦渋な文体にある。そうした面の一例が、これから取り上げるケーシュダーラーン（kēšdārān）句である。「ケーシュダーラーン」の語意「ドグマ者たち，邪教徒」については本拙著pp. 455-456を参照されたい。ケーシュダーラーン句とはこの語で始まり，ゾロアスター教の立場から無神論，一神教（ユダヤ教，キリスト教，イスラーム）やマニ教を批判し，その矛盾を指摘する文であるが，第3巻には50例が数えられる。マダン監修版のページで示すと29, <u>32</u> (*l*.18 : ⟨ʼī-šān⟩ ʼabāg⟨-iz⟩ ʼbūd⟨an⟩ ʼnē ──これについては本拙著pp. 445-448 参照), 33[×], 36-37[×], 40, 48, 63-64[×], 65[×]（=101-102), 68[×], 71, 83, 91[×], 93,〔101-102=65[×]〕, 105, 117[×], 119[×], <u>142-143</u>[×], 149[×], 185[×], 188[×], <u>200</u> (*ll*.10-12), 224, 226[×], 227, 228 (後説), <u>240-241</u>[×], 247-248[×], 251[×] (*l*.5 : ⟨kēšdārān ʼkē⟩ mūdag ……), 263[×], 271 (*ll*.11-14 : kēšdārān ⟨ʼkē⟩……⟨kēš⟩ ʼī-šān 〔kēš〕), 273[×]（構文はやや異なるが), 279, 286[×], 301 (*ll*.19-22 における，後説する ʼī-šān の統語法的地位が，本拙著p. 121註13に追記した Shaul Shaked の論文p. 92, *ll*.18-22 では的確に把握されていない), 303[×]（第292と293章), 304, 346, 362, 366, 373, 374, 376[×], 382 (事実上，3例がみとめられる，すなわち a) *ll*.3-5 ; b) *l*.11 (ʼu-šān=ud kēšdārān とみる。ʼī-šān はないが，*l*.12 の ʼān-iz が主文の文首となる) –*l*.15 ; c) *l*.15 : (ud ⟨kēšdārān⟩ および *l*.17 : ⟨kēš⟩ ʼī-šān) –*l*.18), 385[×] (後説), 387, 393[×] (*l*.18 : hambun ⟨kēš⟩ ʼī-šān 〔kēš〕), 394[×] (*l*.21 : ⟨kēš⟩ ʼī-šān 〔kēš〕および *l*.22 : aziš ⟨ʼbē⟩) に見出せるが，下線をつけたものは ʼaz kēšdārān「あるドグマ者たち」で始まるもので，欠落しているとみられる語は当該ページに行数で挙げて⟨ ⟩にそれを復原し，削除すべき語は〔 〕でかこんだ。[×]印をつけたものはケーシュダーラーン句の中でも特に aziš ʼbē または A aziš ʼbē（いずれも後説）を含むものを示し，注1で「若干のケーシュダーラーン句」とあるものに相当する。

ではケーシュダーラーン句とはどのようなものかを一例を引いて示すと、kēšdārān ˈkē bun ēk kēš ˈī-šān ˈān bun spenāg ⟨ud⟩ ganāg ud ˈweh ud ˈwattar stāyīdag ⟨ud⟩ ⟨ni⟩kōhīdag guft ˈbawēd (224, 6-8)「根源は一と説く (kēš) ドグマ者たち――その彼らは (ˈī-šān) かの根源は恩寵的にして破壊的、また善的にして悪的、称賛されたるものにして譴責されたるものと語ったことになる (guft ˈbawēd)」のようなものである。ところがこの文の訳解をみると、ムナス訳 p.215 では Les docteurs dont la doctrine est qu'il y a un principe unique disent que ce principe est……「その教義が唯一の根源のみ存在するという博士らは、この根源は……であるといっている」とあり、Zaehner[9]は The religion of those sectaries who (favour) one principle is forced to declare that that principle is……「一個の根源を（立てる）異教徒の教義は、かの根源は……であるといわざるを得なくなる」と訳している。これらの訳解では、ケーシュダーラーン句に頻出する guft ˈbawēd「……と語ったことになる」が複合時制（例えば現在完了などの。現在完了には guft ˈēst-ēd が通常用いられている）でないことを示唆するだけで、訳解そのものは誤っており、本当の意味は、「根源が善にして同時に悪である」というような言い方はしていないが、根源が一個と説くのでは、「それが善にして同時に悪である」と語ったことになる、ということである。ˈbawēd は助動詞ではなくて本動詞「……になる、……となる」であり、単数形だがその主語は kēšdārān を承先再説して文首を形成している ˈī-šān「その彼ら」である。文法にいう主語と述語の「数」の一致は、ここと同じように、これを無視する例は随所に見られる。また両訳ともに「kēšdārān ˈkē bun ēk kēš ˈī-šān,……」のように区切って訳しているが無理があり、両訳のようになるためには原文の主語はそれぞれ「kēšdārān ˈkē-šān bun ēk kēš」および「ˈān kēš ī kēšdārān ī dāštār ī ēk bun」あたり、になるべきである。

私が ˈī-šān（「彼らの」と解するのが普通であるが、ここでは -šān という前接的複数指示代名詞形を付して、単なる ī という関係代名詞の複数形を示しているとみる）をシンタックス的に関係代名詞とみないのは、ˈkē も ˈī-šān

附録Ⅱ. ケーシュダーラーン句の解釈について

も関係代名詞となっては，先行詞 kēšdārān を説明する関係文のみで主文はなくなるからである。そういう見地から私はケーシュダーラーン句を全面的に検討した結果，｜ī-šān（これは ｜ān-išān とはみなしがたい）が kēšdārān を承けて（承先）再説するとともに，それ自身が主語（ここでは述語 guft ｜bawēd の）となって文章を構成していることをつきとめた。こういう結論に達したのには，ⓐ ｜ī-šān を欠き，kēšdārān がそのまま主語の位置を占めている例や，ⓑ ｜ī-šān の位置に別の語が用いられていて，しかもそこから主文の始まる例のあることが，大きいポイントともなっている。すなわち，ⓐ ud kēšdārān ｜kē yazad gētīg dahišn ｜pad kōšīdan ī ēk ｜abāg ｜did ⁺škōhīh wēmārīh ud dahišn hamāg margīh ［ī］ hām-dahišn jāwēdān dušoxīgīh aziš abōxtišnīh ī frahist mardōm wināstan gēhān ｜az ｜ōy ｜kē-š ｜pad yazad ｜dārēnd ｜nē frazānagīh ud abzōnīgīh bōy bōyīdan ｜bē［arz］afrazānagīh dahišn kastārīh gand gandīdan guft ⁺yazadīh ud hamāg ｜wehīh aziš ｜bē ｜dēwīh ud hamāg ｜wattarīh ｜abar guft ｜bawēd (385, 13-19)「そして，「神はゲーティーグ界の庶類を，相互闘争，貧困，病気，および庶類の全滅，全庶類の永劫堕獄，ほとんどの人間がそこから救出されないこと，をもって壊滅させ，世界は，彼らが神とみなしているもののために，叡知と増益との芳香が香ることもなくて，叡知なき状態が庶類を破壊し，悪臭が臭気を放つ」と語っているドグマ者たちは，神性と一切善性を彼（神）から外して魔性と一切悪性を（神の）上に語ったことになる」（一部に二重主語的構文がある）においては……guft ⁺yazadīh の間に ｜ī-šān が介在していないし，またⓑ ud kēšdārān ｜kē kām ī yazad wardišnīg ｜har ｜rōz ｜pad ⁺saxwan-1 ｜u-š ｜saxwan padistīg［ud］dušox purr ｜az mardōm-iz kardan kēš ｜ān［ud］｜kē-š<ān>｜pad yazad ｜dārēnd kām ｜pad anōstīh ⁺frašēb ī dāmān ｜saxwan ｜pad anāg padist burdārīh Ganāg Mēnōg mānāg (228, 19-22)「また神の御意は日ごと一語ごとに変わり，また彼の語は悪界（地獄）を人間で満たすことを約束していると説くドグマ者たち――その彼らが（-š<ān>。ān を補って複数形 -š<ān> にしたが，-š のままでもよい。動詞 ｜dārēnd「彼らはみなす」との一致は前述のように重視されていないから）

483

神とみているものは (ᵎān), 御意は薄弱な点において庶類の混乱（となり), 語
は不祥な約束をする点においてガナーグ・メーノーグに似ている」(二重主語的
構文）においては, ᵎī-šān のあるべきところに ᵎān ᵎkē-š⟨ān⟩ とあって,「その
彼らが (-š⟨ān⟩)」は従属文の主語たるにすぎず, その従属文によって規定され
ている対象 ᵎān 'he, that one' が主語（二重主語的構文の大主語。これに包
摂される小主語は kām「御意」と ᵎsaxwan「語」) として主文を導入している
のである。このように ᵎī-šān が主文の文首を成す例は他にもある。例えば
DkM 314, 21—315, 2 にみえるケーシュダーラーン句は当面のタイプには属
さないが, それでも ᵎī-šān (314, 23) は主文の文首を成しているのである：

そしてドグマ者たち——その彼らが根本智との出会いに到らぬことに由来
する教義を受容しかつ貪婪に嘱目することにより, そしてまた彼らが根本
智を弱めかつ貪婪を増長させる教義を歌嘆することにより——その彼らの
(ᵎī-šān) 教義は根本智の権威とオフルマズドの法からは遠くへだたり, そ
して貪婪の権威とドルズの法に従うものと明かされている。

こうしてケーシュダーラーン句のもつ難解点たる ᵎī-šān と guft ᵎbawēd は
私なりに解決できたので, つぎは ×印 を付したページにみえる aziš ᵎbē や
A aziš ᵎbē に移ろう。結論を先にいえば, aziš ᵎbē はドイツ語の von etwas
weg「あるものから離れて」と同じもので (-iš は「それ, 彼」),「それから離
れて, 離れたままで＝それを抜きにして」, また, aziš ᵎbē の前に語 (A) が
あれば「A がそれから離れて, 離れたままで＝A をそれから抜きにして」を意
味する副詞的独立句である。しかるに ᵎbē のあとに guftan「語る, 言う」が
続行する場合, 例えば ᵎbē guft ᵎbawēd のようになると, ムナス訳では「彼
らは拒否している, 否定している」となっている。これは burdan「はこぶ」
に対し ᵎbē-burdan が「除去する」, kardan「なす, つくる」に対し ᵎbē-kar-
dan が「取りのける」を意味するのに準じたものであるが, 管見によれば
「拒否する, 否定する」に ᵎbē-guftan を用いる例はなく, ᵎbē-burdan, appur-
dan などを用いるのが通例である。要するにムナス訳では ᵎaz……ᵎbē「……
から (ᵎaz) 離れて (ᵎbē)」のもつ相関関係が見失われているわけで, ᵎaz B

附録Ⅱ．ケーシュダーラーン句の解釈について

ˈbē guft ˈbawēd も「Bから離れたままで，Bを抜きにして，語ったことになる」と訳さるべきである。例えば ud kēšdārān ˈkē +ˈwad gumēg nēk yazad azišīh kēš ˈī-šān ˈabar yazad Ganāg Mēnōgīh-iz +guft +ud Spenāg Mēnōgīh aziš ˈbē guft ˈbawēd (226, 5-8)「また，善悪混合は神からの所出と説くドグマ者たち——その彼らは神のうえにガナーグ・メーノーグ（破壊霊）性を語っていて，（これでは）スペナーグ・メーノーグ（恩寵霊）性を彼（神）から抜きにして語ったことになる」のごときで，ムナス訳のように「……スパナーク・メーノーグ性を彼から（aziš）奪う（ˈbē guft ˈbawēd）」と解すべきではない。aziš ˈbē や A aziš ˈbē を副詞的別句とみる愚説の正当性を立証するものは，aziš ˈbē, A aziš ˈbē で打ち切って，独立の文がこれにつづいて継起している例が33, 119, 188, 251, 303（第292と293章）にみえることで，一例を引けば ud kēšdārān ˈkē bun ī ˈxīrān ēk kēš ˈī-šān dād ⟨ud⟩ adād hambun ˈān bun ˈwattar ˈaz ˈhar ˈwattarīh guft ud +yazadīh Spenāg +Mēnōgīh aziš ˈbē ˈdēwīh Ganāg Mēnōgīh ˈabar guft ˈbawēd (303, 1-3〔第292章〕)「また諸法（もろもろのもの）の根源は一と説くドグマ者たち——その彼らは法と無法は同源，かの根源は汎悪中の極悪といっていて，（これでは）神性・スペナーグ・メーノーグ性を彼（根源）から抜きにして，魔性・ガナーグ・メーノーグ性を（彼の）うえに語ったことになる」のごときで，ムナス(p.288)のように「……神性……を彼から（aziš）奪い（ˈbē。ˈbē のみで動詞はないが ˈbē-guftan の guftan が略されているかのようにみている），そして魔性……を彼に帰している（ˈabar guft ˈbawēd）」と訳すべきではない。ˈabar「……のうえに，……について」は guftan と合して「……に帰す，帰属させる」というような合成動詞を形成する（ムナスはそう考えているが）ものではなく，ˈabar のあとにくる「神」とか「根源」とかが常に略されているもので，ここでも guftan の原意「語る，言う」は保持されるべきである。「帰す，帰属させる」は ˈabar guftan で表わすことはなく，ˈō rasēnīdan「……に到達させる」で表わすのが通例である。それゆえ，文脈上，また延いては論理の展開上，重要な役割を担うこの ˈabar guft ˈbawēd を訳文からはずすなどは，

もとより論外のことである。私がこのようにいうのは，ケーシュダーラーン句ではないが，それ以上に，しかもマニ教（Zandīk）と名指してその矛盾を痛撃する一文（DkM 286, 22—287, 14＝第3巻第272章の一部）において，ムナス訳（pp.273-274）がそれをはずしているのを惜しむからである。以下にこの部分の拙訳をかかげてみよう（訳文中カッコの部分は私による補筆）。

　　マニ教は，肉体は生霊（gyān）とは異質であると説くので，生霊が肉体に対し（それと）同質なる保健者であり生命の維持者であるとする（われわれゾロアスター教徒）からみて，虚偽であることは明らかであり，また（マニ教は）生霊は最初は罪悪を（犯さ）ないで罪悪はドルズが犯したのだと説くので，（生霊が）不義者であるとすることに反対を表明しながら，（それでいて）また生霊に課する改悔（petīt）の必要を説いている。それはまさに生霊がドルズの犯した罪悪によって不義化したとは奇異なことであり，また，それ（生霊）が自ら犯しもしなかった罪悪のゆえに改悔が行われるというのも虚偽である，と，こういうことである。その改悔の特徴はたとえば，

　　　　もし生霊が「太陽は暗黒である」といったとして――（といっても）肉体的用具（すなわち舌根）によって（いうの）であるから生霊ではなくて，ドルズがいったのだが――，そして次に「太陽は暗黒であると私がいったことを後悔して私は改悔している」というときは，もし生霊が自身でいわなかったことについて「『私がいった』といった」というならば，それ（生霊）は虚言者・罪悪者であろうし，またもしマニ教のいうようにドルズがいうのであれば，ドルズを正語者・悔過者として称賛することになる

というようなものである。（これでは）マニ教が生霊について「もし（生霊が）罪悪を犯すなら，そのときはそれの実質（gōhr）が歪曲したことになる（wašt ˈbawē）」と愚劣なことをいう例にならって，邪悪から来る歪曲化を（生霊の）うえに語ったことになる（<wa>štēnārīh ī az ˈwattarīh …… ˈabar guft ˈbawēd）。

附録Ⅱ．ケーシュダーラーン句の解釈について

　この訳文中，末尾の「(これでは)マニ教が生霊について」以下文末までの部分がムナス訳では

　　それ(生霊)の邪悪から来るこの変質は，マニ教が生霊について矛盾したことを述べているということ，すなわち，もしそれ(生霊)が罪悪を犯すなら，それの実質が変化したのだということ，と同じようなものになろう。

となっていて，ˈabar guft ˈbawēd は訳されていないことがわかる。
　論を aziš ˈbē にもどすが，文脈上，その -iš に他の語が代替することのあるのは当然で，ケーシュダーラーン句の中では ˈaz yazad ˈbē (273, 6)「神から離れて」があり (ˈaz hambun ˈpad 〔ˈpad〕 dušāgāhīh ud adād bunīh yazadīh ˈbē guft〔an〕(374, 9-10)「無知と無法とに対するこの根源から (ˈaz) 根源性たる神性を語り (ˈbē guft) ……」は別)，ケーシュダーラーン句以外にも例は多い。例えば tēz spōzīh ī tan garmīh ˈpad sardīh ˈu-š xwēdīh ˈpad huškīh ˈaz im (または ham) ˈbē (168, 4-5)「寒冷による体温の急速な排除や，乾燥による湿潤のそれを，これからはずして」，<u>ˈaz ˈēd ˈbē</u> (200, 8-9)「これから離れる」，ˈaz rah ˈbē (207, 18)「車両から離れて」，ˈaz ˈbawišn rawišnīh ˈbē (208, 13-14)「生成の進行から離れて」，〈ˈaz ˈbawišn ēstišnīh〉ˈbē (208, 19)「生成の存続から離れて」，ˈaz stī ˈbē (208, 21)「存在(物)から離れて」，druz ˈaz gēhān ˈbē (243, 1)「ドルズを世界からひきはなして」，<u>ˈaz im (または ham) ˈbē</u> (296, 5)「これ(中庸= paymān)から離れて」，<u>ˈaz ˈān ˈbē</u> (297, 1 ; 360, 14)「そのほか」「そのことを抜きにしては」，等々。これらの中から，下線を付した部分を，順次に引文したい。これは更なる愚見補強のためと，その他にも問題があるためである。(a) purr-bēš〈īh〉 ud purr-bīmīh ˈaz ˈēd ˈbē čimīg ˈast ātaxš ud ˈāb pahrēz ī ˈweh dēn andarz (200, 8-10)「満苦と満怖がこれ(身体)から離れるのに(=……をこれから離すのに)重要なのが火と水との(汚れからの)保護であるとは，ウェフ・デーンの訓戒である」。これに対し，ˈaz……ˈbē の相関性が把握されていないムナス訳 (pp. 194-195 = 第187章) では「満苦と満怖」は

先行文に組み込まれ，ˈaz ˈēd から文を起こして「ここから（ˈaz ˈēd）火と水との保護に関してウェフ・デーンの訓戒のすべての意味が出てくる（vient tout le sense〔bē? čimīk〕）」とある。疑問符は ˈbē を「すべての」と解釈することへの疑問なのか，それとも ˈbē を「出てくる」と解釈することへの疑問なのか，そのあたりは明らかでないが，ˈaz ˈbē の相関性が全く見失われていることだけは明白である。この欠点を明示するものが（b）wišuft ˈēstād gēhān ˈaz im（または ham）ˈbē čiyōn ˈēd ī paydāg ˈkū……（296, 4-5＝286章）「世界はこれ（中庸）から離れて紊乱していたこと，あたかもこう明かしているがごとくである，曰く……」に対するムナスの訳解で，氏はp. 282において ˈbē を ⁺bun と改読し「世界はその根底から顛倒していた」とされている。そして（c）ud ˈaz ˈān ˈbē ˈdēwīg waran ˈaz čērīh ˈabar ˈmardōm ˈbē ˈburd（297, 1-2＝286章）「そして，そのほか，デーウに由来する貪婪（ワラン）を（ジャムは）人間への威圧から取り除いた」では，ムナス訳（p. 283）は「これ（手段）によって（ˈaz ˈān）（ジャムは）デーウ的貪婪の人間支配を取り除いた」とあって，ˈaz ˈān ˈbē の ˈbē を訳文から取り除いてしまった。

　ˈaz と ˈbē との間に介在する語がわずかな場合でもこのような状況であるから，介在語が多数になれば，なおさらのことである。例えば241, 2-3 や 286, 1-5 のごときで，後者を引用すると　ud kēšdārān ˈkē ˈwattarīh abzār adād……kēš ˈī-šān ˈaz yazad 〈abzār〉 dād ˈhammis ī dād hamtōhmag ud ōšmurišnān 〈ī〉 Spenāg Mēnōgīh ˈbē adād ˈhammis ī adād hamtōhmag 〈ud〉 ōšmurišn〈ān〉〈ī〉 Ganāg Mēnōgīh ˈabar guft ˈbawēd「また悪の用具は無法……と説くドグマ者たち——その彼らは神の用具たる法，法の同族たるすべてのもの，およびスペナーグ・メーノーグ性の諸構成要素[12]を抜きにして，無法，無法の同族たるすべてのもの，およびガナーグ・メーノーグ性の諸構成要素[13]を（神の）うえに語ったことになる」とある。ムナス訳p. 273では yazad の後に abzār「用具」を補わずに「……博士らは法，法の同族たるすべてのもの，およびスパナーク・メーノーグ性の諸構成要素を<u>神から奪う</u>（ˈaz

附録Ⅱ. ケーシュダーラーン句の解釈について

yazad。「奪う」に相当する動詞は原文にない）も（ʼbē。'mais' と訳されている）無法，無法の同族たるすべてのもの，およびガナーク・メーノーグ性の諸構成要素を彼（神）に帰している（ʼabar guft ʼbawēd）」となっていて，訳文のみでは一見論理が通っているかのようであるが原意をつたえてはおらず，ʼaz ʼbē の相関性も見失われており，ʼabar guft ʼbawēd に対する誤解も私がすでに上述したとおりである。

最後に同じ第3巻から，ケーシュダーラーン句ではないが，興味ある二例を引用しておこう。ʼka …… ʼaz Amahraspand ʼbē āhang ud ʼō druz〔pʼz〕 frāz āhang ʼbawēd druxtan ud druwandīhīdan…… ʼweh dēn paydāgīh (243, 7—12)「それ（霊魂）が不死饒益尊から離れて引かれそしてドルズへとすすんで引かれるときは，それは（他を）欺きそして（自身は）不義者となる……と，ウェフ・デーンは明かしている」。ʼpad ⟨hu⟩xwadāyīh ʼō uzmāyišn ʼsar rasišn〔īh〕 mardōm ʼabāz awiš ayāsišn〔ī〕 ud ʼpad im tōhmag ʼabāz paywandišnīh ʼō frašagird paywastan paydāg (256, 5-7)／ʼpad dušxwadāyīh ʼō uzmāyišn ʼsar rasišn〔ī ud〕 ʼmardōm aziš ʼbē ayāsagīh ⁺widāzišn nirfsišn wināstīh〔ud〕 apaydāg paydāg (256, 11-13)「善き王権が試練の終末にくると人びとは立ち帰ってこれに回想を馳せ（ʼabāz awiš ayāsišn），そしてこの王家に再結集し建直しに結びつくことが（ウェフ・デーンによって）明らかである。／悪しき王権が試練の終末にくると，人びとはそれから離れて（善き王権に）回想を馳せ（aziš ʼbē ayāsagīh），分裂，衰退，敗亡が消失することが（ウェフ・デーンによって）明らかである」。ここにも ʼaz ʼbē の相関句がみられるのに，ムナス訳（それぞれp.231とp.242）ではこの関係が的確に把握されていない。

このような相関句 ʼaz ʼbē は第3巻以外にも見出されることはもちろんであるが，引例して取り組めば冗長になるばかりなので，ここでは（1）DkM 412, 17—18；（2）620, 5—6；（3）620, 8—9だけを取り上げておく。（1）は nibēgīhā ī ʼaz dēn ʼbē「デーン（ゾロアスター教の聖典）から離れている諸文献（諸書）」とは「（かつてはデーンの中に含まれていたが

489

今では）デーンから離散している文献」の意味で，Nybergのいっているよう[14]に「デーン以外の文献」の意味ではない。（2）は |u-m |az |ōy |bē dagr jud jud |bē nigerīd「そして私は彼から（目を）離して遠く（または「長いあいだ」）方々を見わたした」で，Molé[15]のように |az |ōy |bē ⟨burd⟩ としては「彼から（目を）離した」ことにはならず，「彼から（目を）抜き取った」ことになってしまう。（3）は |az kunišn ī |im |bē tan ī pasēn |bawēd であるが，ここの |bē は原典ですぐ前に出る |az |ōy |bē （（2）の所掲の句）に誘発されたもので，この |bē は |bawēd の前に位置して |bē |bawēd とあるべきもの。したがって全文の意味は「このもののはたらきによって，後得身（世界の建直し）がおこるだろう」となる。このような原典批判を加えずに写本のままで，|az kunišn ī |im |bē をニーベリー（注14所掲箇所）のように「このものの活動から (out of the activity of this man)」と解釈するのは賛しがたい。|az |bē の相関性を認めながらも意味が的確に把握されていないのはニーベリーのために惜しまれるが，モレにはこの相関性への認識が欠けていたように思われる。

註

1 この論文の大要は日本オリエント学会第32回大会（1990年10月7日，於武庫川女子大学）において「「若干の kēšdārān 句」の解釈について──『デーンカルド』第3巻から──」の題下で発表した。その別稿としては "From the Dēnkard Book III, 1. On 'some' *kēšdārān*-passages (Pahlavica XII); 2. Pahlavī *dūr-xwardīhā* (Pahlavica XIII)", *Platinum Jubilee Volume, K. R. Cama Oriental Institute*, Bombay 1991, pp.127-133 がある。

2 *The Complete Text of the Pahlavi Dinkard. Published …… under the supervision of Dh. M. Madan*, Bombay1911（本書の頁数と必要に応じて行数を例えば200, 8-10のようにして示す）。このほか *Dēnkart. A Pahlavi Text. Facsimile edition of the manuscript B of the K. R. Cama Oriental Institute Bombay.* Edited by M. J. Dresden, Wiesbaden 1966 もあり，*Dinkart Book III. Manuscript T 66 (The Pahlavi Codices and Iranian Researches 21).* Edited by Dastur Dr. Kh. M. Jamasp Asa and Professor Mahyar Nawabi, Shiraz 1976 もあるが，組版の煩を増すだけ

附録Ⅱ．ケーシュダーラーン句の解釈について

なので，これらの頁や行を併記することはさけた。ここではドレスデン編著の写本Bがマダン監修本（活版印刷）の底本であることだけを付記しておく。デーンカルド第3巻の翻訳については註8参照。なお，この論文に用いる記号 < >,〔 〕，+ はそれぞれ補入，削除，改読（改変）を示し，訳文中の（ ）は私による註釈的補筆を示す。

3　カヤク（kayak）は反ゾロアスター的領主の汎称。Av. kavi- の転化。
4　カルブ（karb）は反ゾロアスター的祭司集団やその成員。Av. kar(a)pan- の転化。
5　*Pahlavi Texts*, edited by J. Dastur M. Jamasp-Asana, Ⅰ, Bombay 1897, p.13, *l.* 5.
6　拙稿 "Av. *ax^{v}arəta- x^{v}arənah-* (Gathica ⅩⅢ)", *Orient*, Vol. Ⅺ／1973, pp.35-44；拙著『ゾロアスター研究』，岩波書店1980^2, pp. 374-380参照。
7　H. S. Nyberg : *A Manual of Pahlavi*, Ⅰ, Wiesbaden 1964, text p.27, *l.*18；Ⅱ, Wiesbaden 1974, p.135, **nām-āvurt** 参照。なお同氏の遺著 *Frahang i Pahlavīk, edited with transliteration, transcription and commentary from the posthumous papers of Henrik Samuel Nyberg by Bo Utas with collaboration of Christopher Toll*, Wiesbaden 1988, p.19, *l.*13, p.20, *ll.*13-15 も参照したい。āwurdan が 'wwltn' と表音書きされるとする点については，burdan が bwltn' と表音書きされて u 音を示す w を保持していることにも注意したい。
8　Jean de Menasce : *Le troisième livre du Dēnkart. Traduit du pehlevi*, Paris 1973（以下ではムナス，ムナス訳などと略記し，必要があれば頁数をアラビア数字で付記する）。第3巻の訳本としてはこのほかに *The Dinkard* by Peshotan Dastur Behramjee Sanjana, Vols. Ⅰ—Ⅸ, Bombay 1874—1900 もあって英訳とグジャラート語訳を含むが，残念ながら参照するに耐えないので，ムナス訳は世界初訳ともいうべき労作である。
9　R. C. Zaehner : *Zurvan. A Zoroastrian Dilemma*, Oxford 1955 (with a new Introduction, New York 1973^2), p.387.
10　日本語としては「御意が」「語が」の方が正しいが，「……は」にしたのは，そうしないと二重主語的構文の性格がなくなってしまうからである。一説では大主語が主語で，小主語以下は述語だともいわれている。
11　'har 'wattarīh は文脈から明らかなように，'har 'wattarān「あらゆる極悪」の意味である。接尾辞 -īh は抽象名詞をつくるとのみ考えるのは誤りで，集合名詞をもつくることを忘れてはならない。『ザレールに関する回想』18節（註5所掲の文献 text p.2, *l.*22-p.3, *l.*1）に出る 'wwš も anōš ('wwš'='nwš)「不死」に誘発された誤記とみて š を y'=yh=-īh に改め，'wwy'=xwnyh=xōnīh「血潮」とみるのがよいのではないか。anōš と読めば訳解のみか，背景の説明にも無理が生じる。この点については本拙著附録Ⅰも参照されたい。18節を1詩行8音節に再構すれば，$^+$fradom 'nē 'amāh dēn 'hilēm/ud 'abāg hamkēš 'nē 'bawēm/'ēn dēn 'az Ohrmazd padīrift/'ud 'bē 'nē 'hilēm 'bē 'ašmā/dudīgar 'māh xōnīh 'xwarēm「先ずデーンわれら棄て去らず／ともに同信たることもせじ／このデーン主より受

けたれば／棄てざるのみか, 御身らよ, ／その血ぞ啜まめ月内に」あたりとなろう。
12 スペナーグ・メーノーグ性を構成する諸要素の謂い。
13 ガナーグ・メーノーグ性を構成する諸要素の謂い。
14 註7所掲ニーベリー著書Ⅱ, p.46, col. 2 に 'writings outside (＝not concerning) Religion' とある。なお *Dinkart Books* Ⅳ & Ⅴ. *Manuscript T 65 (a), with its Persian Translation (The Pahlavi Codices and Iranian Researches* 25). Edited by Dastur Dr. Kh. M. Jamasp Asa and Professor Mahyar Nawabi, Shirāz 1976 の text p.8, *l*.13 には niwēgihā az dīn bi と訳されているが, 相関性も把握されていないのみか, このペルシア語訳そのものも私には訳出困難である。
15 Marijan Molé : *La légende de Zoroastre selon les textes pehlevis*, Paris 1967, p.34, *l*.16.

附録Ⅲ. 再々論「吐火羅・舎衛」考[1]

　京都大学人文科学研究所の桑山正進教授から，その労作『カーピシー＝ガンダーラ史研究』(1990年) を恵与されて読んでいくうちに，吐火羅の項に出くわした。私はクンドゥズを「活国」と理解していたがこれは誤りで，活国はトカラ（トカーレスターン，トハーレスターン）のことだとあり，愚見も修正しなければならなくなった。が，それはそれとして，トカラに関してまたまた私は日本書紀の吐火羅（覩貨邏・覩唖羅）のことを想起し，『国史大辞典』第10巻（吉川弘文館　1989年）に出ている「吐火羅・舎衛」の項について，これまでとは多少角度を変えた見方からこれを取り上げてみる気になった。これまでこの問題そのものやそれに関連のある事項など私は，拙著『ペルシア文化渡来考――シルクロードから飛鳥へ――』（岩波書店　1980年）のほかに『東アジアの古代文化』誌にも二，三書いているので[2]，読者にはいささか食傷気味かもしれないが，それは許していただくことにして，取り扱いの便宜上，私の構築した史像を先ずかかげることからはじめたい。

　トカラ（トカーレスターン，トハーレスターン）のクンドゥズ（乾豆）で王（中期ペルシア語シャーフ。このシャーフを大陸音シャフェを借りて舎衛と写音）[3]を号していたペルシア人（波斯）ダーラーイ（Dārāy ―堕羅・達阿。「阿」は -rā- の中にある長音 ā を特記する）は，おそらくサーサーン朝の回復策をさぐるのを主目的に，状況次第では亡命しても，との意図も抱いて，長江下流域から出航したが大風に遭って一行はばらばらとなり，彼は自分の息女（舎衛女。「王女」の意味。人名でないから「一人」と人数も記されている）ほか随員なるトカラ人男女各二名とともに日向に漂着した（孝徳白雉5／654年

4月条。この一隊は後述するように計6人。他の一隊（男二人，女四人）は筑紫に着き，一足先に大和に迎え入れられ（斉明3／657年7月3日），同月15日にはウラボン会の饗応をうけている。書紀はこの筑紫隊を「或る本は堕羅人と云う」と付注している。すなわち「ダーラーイ配下の人びと」という意味である。日向隊はおくれて入京するが，その時にはダーラーイはおのが息女すなわち舎衛女（王女）と通婚し，今や彼女は王妃（「妻舎衛婦人」）となって打ちつれて参内する（斉明5／659年3月。この種の通婚はゾロアスター教に勧奨するもので，これを証する史料も多い）。のち，ダーラーイは本国に帰ることとなり，大和朝廷発遣の送使とともに出発する（斉明6／660年7月）。翌年舎衛女に一女が生まれ，父ダーラーイの名をとってダーラーイドゥクト（またはダーラーイドゥクタグ。Dārāy-duxt, Dārāy-duxtag）と命名する。「ダーラーイの娘」を意味する，イラン式命名法である。「堕羅女」とはこの人名を半写音半翻訳したものである。のち，天武4年（675）元旦この母娘「舎衛女・堕羅女」は同道して参内，献上品を奉呈する（天武4年元旦条）。

　以上が書紀にもとづく私の史像であるが，さらに一，二追加すれば，「あなたが救われて（ましますように）」との中期ペルシア語銘をもつ香木片二点のうち，線刻様の字体をもつもの（法112号）は中期ペルシア文字の知識に乏しいものが堕羅女の没後，彼女のために刻したもので，他の一点（法113号）は舎衛女がダーラーイの訃報に接して彼のためにか，あるいは天武帝の崩御（686年）に際し彼女か堕羅女かが帝のためにか，あるいは堕羅女が母なる舎衛女の死に際して母のために，刻したものではないかと私は推測した。どちらも天平宝字5年（761）に法隆寺に上納されたらしい。また萬葉集巻第二，160，161番歌は堕羅女が天武帝の崩御に際し帝のためにささげた祝禱歌と私は理解している。

　論を本筋にもどすが，日本書紀の吐火羅（覩貨邏・覩貨羅）を故・井上光貞博士はタイの古王国ドヴァーラヴァティー（Dvāravatī。「……ティ」と末音を短く写音するのは誤り）に同定された。この国名は堕羅鉢底・堕和羅・独和羅とともに杜和羅・吐和羅鉢底・吐和鉢底とも写音されているので博士は，写音

の頭文字が濁清混在しているとされた。しかし「杜」は「ド」であり，「吐」は「杜」の誤りなることを山本達郎博士は指摘されているから，濁清混在説は成り立たない。しかし井上説ではこれは無視され，書紀の堕羅（人）をドヴァーラヴァティーの略写音とみて，書紀でも写音の頭字は音の清濁が混在しているから（トカラとダラ），書紀のトカラはドヴァーラヴァティーであるとされた。しかしこの同定は写音頭字の清濁音の混在を論拠とする点から，すでに無理があるし，また漢文史料にもドヴァーラヴァティーを堕羅と略記しているものもない。それなのにどうして堕羅をドヴァーラヴァティーに同定されたのかといえば，中期ペルシア語やそれによる姓氏名に関して全く知識を欠いておられたために，堕羅の同定を誤られたとしかいいようがない。

またこの堕羅は「達阿」（斉明6年7月条）と同定すべきであるのに，井上博士はこの同定はされなかった。もし同定されていたら，達阿は井上流でならドヴァーラーヴァティー（Dvārāvatī）となるはずだった（「阿」については上説した）が，こんな梵語（サンスクリット）形は不自然だし，仮りにドヴァーラヴァティー（「ドヴァーラ（「門」）を（多く）持つもの」の謂い。文法的には女性形）だとしても，ペルシア人男性が梵語の女性形を名乗っていたことになる。たとえ堕羅を達阿と同定しても，堕羅をドヴァーラヴァティーと等置すれば，こんな結果になる。実際には井上説では達阿をデーヴァダッタ（Devadatta。提婆達多）などの梵語複合人名の後肢「ダッタ（「与えられたるもの」）」に比定されている。しかしこれは「デーヴァ（「神」）によって与えられたるもの」のように前肢があってはじめて意味をなすもので，後肢ダッタだけでは無意味である。この件については井上博士は中村元博士の教示を受けられた由であるが，中村博士が果たして「阿」字についても関心を払ったうえで提示されたものか，その辺のことは私には不明である。それでも強いて達阿をダッタと同定するのなら，「阿」字が存しているから，前述のように語末は長音となって「ダッター」となるし，これではまた女性名になって具合がわるい。

要するに，井上説の立場から出てくる結果はドヴァーラーヴァティーやダッタは全く問題にならないし，またドヴァーラヴァティーにしても，あるいは問

題にならないダッタからの派生詞的女性形ダッターにしても、ペルシア人男性がこのような梵語の女性形を名乗るという、中期ペルシア語的姓名論からみて、ありえないことばかりである。「波斯達阿」とあるからには梵語学者にでなく、ペルシア語学人に助力を求めらるべきであった。

　このように不合理な点は「舎衛」についても同様である。井上流では仏典になじみ深い舎衛国（シュラーヴァスティー。語末はここでもティではない。この都城の郊外にはかの祇園精舎があった）だとして少しも疑われなかった。そして舎衛国出身の女性（舎衛女）がトカラ＝ダラ＝ドヴァーラヴァティー王国の男女と同航したとする背景を明らかにしようとして、この王国と舎衛国との関係を力説された。もっとも、実際に舎衛国出身なのかは不明だが、仏教に心酔していた大和朝廷はこのふれこみに一杯喰わされて殊遇したのではないかともいわれている。だが仏典の舎衛はシュラーヴァスティーの超略写音だが、私のように書紀の舎衛をシャーフの写音とみれば、このほうは完全な写音であり、このことだけでも愚見には根拠もある。それに「妻舎衛婦人」として「舎衛女」とは書き別けて表現しているのは、この婦人は夫人、すなわち舎衛婦人とは王妃を意味するからであるが、「妻」の字を冠せているのは「舎衛婦人」が中期ペルシア語シャーフ・バーヌーグ（šāh bānūg ―直訳すれば 'King's lady'）の訳語であるために、「婦人」の語意をいっそう明らかにする意図から出たものであり、それとともにまた「妻舎衛婦人」という表現は逆に「舎衛婦人」がシャーフ・バーヌーグの訳語であることを反顕しているともいえるだろう。井上説によるなら「妻舎衛女」（妻なる舎衛国出身の女性）だけで十分であり、妻舎衛婦人というのは却って不自然である、というのは、仮りに妻が九州出身なら、「妻九州夫人」というようなことになるからで、舎衛をどこに比定しても地名とみるのでは、この不自然さはつねにつきまとう。

　要するに、井上説は言語の知識を欠いた立論で根拠がない。それにもかかわらず、吐火羅＝墮羅＝ドヴァーラヴァティー説が有力、舎衛＝シュラーヴァスティー説が一般的だと『国史大辞典』は述べているが、どういうことなのか理解に苦しむ次第である。

実はこの「有力うんぬん」はかつて故・榎一雄博士がいわれたことばで，それをそのまま踏襲されたもののように見受けられる。その榎博士は『朝日ジャーナル』誌に「歴史の顔をした作り話の横行」と題し，愚説を「知識の汚染につながるものであろう」とまで痛撃し，「私は私なりの考えを持っている」とて博士の考えなるものを発表されたが，それはもはや井上説そのものの支持ではなかった。しかもあろうことか，書紀のトカラをどこにも特定することができず，舎衛にしても舎衛国説堅持かと思えば，地名視しながらも，どこにとも特定はされていない。しかし舎衛を吐火羅という大地域内の一小地区の名称とするなら，自家撞着を招くことになる。なぜなら，その場合は，「舎衛女」と別扱いする必要はなく，「吐火羅人男二人女二人」にもう一人女性を加えて「……女三人」と書紀は記しただろうからである。シャーフがサーサーン朝以前から今日まで「王」を表わすペルシア語であることは，井上・榎両博士ともご存じだったはずである。しかるに私のような同定をされなかったのは，全く念頭にもなかったからであろう。それでいて，榎博士は私の説をフィクション（推想）のたぐいで，推想は学問に非ずとたしなめられた。また私はダーラーイを書紀に基づいて「吐火羅に住み，そこの治所クンドゥズにあって王（舎衛）を号していたペルシア人」と規定した。これは「吐火羅王」ということであるが，榎博士は書紀は彼を「トカラ王」とはいっていないともいわれて，私の説を理解されていない。博士は「舎衛」の同定を誤られて，多くの事実を見失われた。重要な「波斯達阿」（ペルシア人ダーラーイ）について，ついに沈黙に終始されたのは，解明できなかったためか，あるいは，言及すれば自縄自縛につながることを知っておられたためかであろう。博士の考えは全体として右往左往され，これといった定見がないから，これでは愚説に再考を加える余地もなく，私はその旨を同誌に載せた。

ところで，井上博士は『令集解』職員令玄蕃寮条に，頭の職掌の「在京夷狄」を注釈して「古記」が「謂=墮羅舎衛蝦夷等-」といっているのを引用され，この古記は一般に大宝令の注釈書として認められているとして，この古記を，筑紫隊について「或る本は墮羅人と云う」（上出）と注しているその「或

る本」なるものと同定されている。私はこの古記や「或る本」が原史料を伝承していることを看過するわけにはいかないと思う。なぜなら、古記は在京の夷狄に蝦夷と並んで「墮羅舍衛」すなわち「ダーラーイ王」を挙げていると私はみるからで、それは井上博士が解釈されているような「墮羅・舍衛」すなわち「ドヴァーラヴァティーとシュラーヴァスティー」ではありえないからである。蝦夷という民族名と並んでこのような国名や地名が挙示されているとみるのは、そのこと自体が不自然である。書紀のトカラ人とは民族名や種族名ではなくて、「トカラ＝トカーレスターンの住人」ほどの意味で、民族名のほうは「波斯」すなわちペルシア人がこれを示している。古記の「墮羅舍衛」は、このペルシア人のリーダー名をあげて彼らの一行を示したものである。そしてこの古記と照合してみると、「或る本は墮羅人と云う」とある中の「墮羅」は原史料では案外「墮羅舍衛」とあったのではないかと思われる。しかし「舍衛」は頻出する「舍衛女」とからんで女性と関係するもののように誤解されて削除され、「墮羅」のみが残ったものと考えられる。したがって、日向隊の人員を記した原史料には「トカラ人男二人女二人舍衛舍衛女一人」よりむしろ「……女二人墮羅舍衛舍衛女一人」とあったのではないかとも考えられる。しかし書紀の編者は墮羅・舍衛・墮羅女・舍衛女などが持つ原意を見失ったために、墮羅女（天武4年元旦条）とこの「……女二人墮羅」（このように句切って！）とをどのように調和さすべきかもわからず、また「舍衛舍衛女一人」ではこれも扱いかねて重出とでも考えたのであろう。結局、日向隊を示す原史料から「墮羅舍衛」を削除してしまった。中心の人物「ダーラーイ王」が削除されたわけであるから、書紀の記載にもかかわらず、日向隊の実人員は彼を含めて計6名であった。

　前記大辞典では吐火羅＝墮羅＝ドヴァーラヴァティー同定説が、達阿＝ダッタ同定説も含めて、「有力」だといい、また舍衛＝シュラーヴァスティー同定説が「一般的」だというが、いずれも同定を誤ったもので根拠がない。しかも同大辞典は、「吐火羅・舍衛」の項ばかりでなく、これにつづく「吐噶喇列島（とかられっとう）」の項でも、同じ「墮羅」を「吐火羅」と同一視し、（吐火

羅はもちろん墮羅も）「この地域ではないとみられている」と述べているが，これもどうしたことであろうか。

　大辞典の立場は，榎説はとらえどころがないし，伊藤の説は「歴史の顔をした作り話」にすぎないから，取るべきは井上説のみということらしい。しかし中期ペルシア語の習熟者からすれば，墮羅（達阿）・舎衛（したがって墮羅女・舎衛女）など，原語音を片仮名書きしているほど明瞭で説明の要もない。したがってそのような人士に対しては，この小論は何の役にもたたない，わかりきったことを書いたまでの，不用の文でしかない。だが，こんな文でも何ほどかの価値がありそうに思えることは，そのこと自体が望ましからぬことで，このことは，わが国上代史の研究が東アジアや南アジアとの関連を視野の中に入れても，いわゆる「オリエント」とのそれはさほどでもないところに遠因がある。墮羅人や舎衛人が来たなどとはいうべきことではなかろう。「波斯達阿」とあるからには，ペルシア語でこそ問題を解くべきであり，ペルシア語でこそそれが解けるのではないか。飛鳥寺（元興寺）造営のための百済差遣の技術者たちの職種名や彼らの携帯してきた品目名についても，私は同じ感慨を覚えざるを得ない。ここでも，それらの原語名が原語音で片仮名書きされているともいえるほど明瞭に日本書紀や元興寺伽藍縁起所収の塔露盤銘に記載されているのに，多く不問に付されたままではないか。例えば，瓦博士とあるのを瓦の製法を伝える技師のように考え，それにつづく麻奈文奴・陽貴文・㥄貴文・昔麻帝弥（元興寺伽藍縁起にはそれぞれ瓦師・麻那父奴・陽貴文・布㥄貴・昔麻帝弥とある）をその人名とみている向きがあることもそうで，讀賣新聞1994年10月3日付夕刊に「手帳　混在する渡来系瓦文様と古代寺院」と題する一文が載り，「百済の瓦博士四人」と出ており，韓国の東国大学校教授洪潤植（ホン・ユンシク）氏もこの技師（たち）を百済人と考えられている。これについては本拙著p.167以下，特にpp.168-169を参照されたい。

註

1 この論文は同じ題名で『東アジアの古代文化』67号／1991年春号，pp.160-166に載せたものであるが，一部に削除・変更・追記・増補したところがある。
2 25号／1980年秋号pp.23-31（『日本書紀』にかかれたトカラ人――「達阿・舎衛女・堕羅女考」楽屋裏――〈批判にも答えて〉）；29号／1981年秋号pp.152-158（イラン語人名考――『日本書紀』にみえる「達阿（堕羅）」の場合――）；31号／1982年春号pp.132-140（『日本書紀』とイラン――最近親婚の場合――）；81号／1994年秋号pp.147-153（松本清張史学オリエント版のために）。
3 大和岩雄『人麻呂の実像』大和書房，1990年，p.60では舎衛に積極的に「しやへ」とルビがふられている。その他，註2所掲最終拙稿および杉山二郎『天平のペルシア人』青土社　1994年，p.36以下，参照。
4 註2所掲第3論文および本拙著pp.163-164とp.193の註25参照。
5 註1所掲誌54号／1988年冬号pp.96-103（法隆寺伝来の香木銘をめぐって）および本拙著pp.201-209参照。
6 註1所掲誌51号／1987年春号pp.142-161（ゾロアスター教の渡来――天武天皇挽歌二首を解読して――）および本拙著p.145以下，殊にp.187参照。註3所掲第1書（p.60以下参照）ではこの二首をそれぞれ舎衛女と堕羅女の作とされている。
7 この論文は「吐火羅・舎衛考」の題で『立正大学史学会創立三十五周年記念論文集』（1960年）pp.41-57に発表されたが，のちに井上光貞『古代史研究の世界』（吉川弘文館　1975年）および『井上光貞著作集』第11巻「私と古代史学」（岩波書店　1986年）に収録されている。
8 『朝日ジャーナル』1980年5月2日号（通巻第22巻第18号）pp.65-67。
9 同ジャーナル，1980年8月15・22日合併号（22巻33号）pp.43-45。
10 同ジャーナル，1980年9月19日号（22巻37号）pp.84-86

附録Ⅳ. パルミラと大秦国

　この論考は「「大秦国」の故地を尋ねて——オリエント学もふまえての提唱——」の題下で，平成4（1992）年10月18日，日本オリエント学会第34回大会（担当校は弘前大学医学部麻酔科〔松木明知教授〕，会場は弘前文化センター）において発表したものを，一部で補訂するとともに，大幅に増補したものである。私はその際，発表要旨を次のように書いた。

　卑見による大秦国の故地Aに対し，それを含むか，あるいは含まない地域Bを，大秦国の故地とみるのが一般的傾向であり，またそのBにしても，地域の広狭・異同など，説によって一様ではない。だが，私も私なりに，このBの考定が故地A尋求の捷径であることは，これを認めざるをえない。
　その我観的Bの考定にはいくつかの前提，例えば揮（擅）国，海西，条支などのごときがある。大秦は揮国の西南，海西，条支の西，に在りとあるからである（後漢書，魏略）。揮国はエデッサ，海西はユーフラテス河の西（エズラ記の「河外」。海西は河西の代替語で西海でない。ペルシア語drayā／daryā「海／河」も参照），条支はメソポタミアであるから，大秦はシリアとなる。魏略所引西戎伝の大秦への陸路も，おおむねシリア止まりとも解しうる（海路も同様）。ただ，この陸路（含河川路）上の諸国邑中に，タドモル＝パルミラ*が適正に記載されていないことに気付く。且蘭を旦蘭の誤写とみてタドモルに同定する説もあるが，卑見によれば，タドモルを表していたはずの「大秦即犂鞬／犁鞬／犂靬（後漢書／晋書／魏

略)」がすでにシリアを指すようになったために旦蘭 = Dūrā（梵語 dāna-「旦那・布施」参照）がタドモルとして，誤って転置されたもので，この見方によってこそ，「大秦国は一に犂鞬／犁鞬／犂靬と名づく」とあるのを，理詰めに説明しうるのである。――他方，アラム語 mārē 'lord' はハカーマニシュ朝代すでに，版図の東端にまで知られていたと考えうる根拠がある。Tadmōr（霊験地または衛兵所の意か）を異分析し，tad を大で音訳，mōr（mār と誤伝されてか）を mārē とみて秦と意訳したもの，それが大秦である。秦とは中華たる中国の始皇帝の秦である。魏書に「外域これを大秦と謂う」とあるのも，大秦が現地語 Tadmōr の訳なることを裏付けている。また Palmȳra（卑見ではラテン語「不死鳥の街」）も異分析し，pal を犂／犁で略写音し農具スキの意もこれに含めた。そして mȳra をラテン語 mūrus「城壁」に結びつけた。パルミラには周壁があった。それがあれば，そして隊商護衛のためにも，兵が要る。パルミラ兵は弓矢で勇名を馳せた。弓兵には鞬（矢袋）や靬（矢筒）は不可欠。mȳra を「城壁」と解し，それと関係の深い鞬／靬でそれを訳したのである。伝聞に拠る誤解とはいえ，パルミラは農具と武具で訳されているわけで，前記西戎伝に大秦を叙して「民俗五穀を田種し畜に馬驢騾駱駝桑蚕有り。……弓矢を作る」とあるものとも，よく一致する。よって，訳は俗語源説に基づくが，「大秦国は一に犂鞬／犁鞬／犂靬と名づく」とあるのは Tadmōr=Palmȳra の翻案訳であり，大秦の故地Aはタドモルなのである。

　＊（この地名の片仮名書きは略表記）

「大秦」の名は大秦景教流行中国碑（バルク／バルフ Balx の出身で長安に来ていた mārī Yazad-bōzīd[1] の篤志で781年に造立されたもの。諸橋轍次氏の大漢和辞典（修訂版）にはバルグの人イズドウブシットと出ている）のことで，比較的ひろく知られているように思われるが，その大秦とはどこをさすのかとなると，意見も区々として一致していない。いまは「要旨」で私の結論を前倒しに発表しているので，ここでは，そのような結論に至るまでの推考の過

程を提示することにしたい。

　先ず知っておきたいのは，これまでに大秦や犂鞬，犁鞬，犂軒——それに黎軒も加えて——がどの地と同定されてきたかということで，一覧表式に示すと次のようになる：

大　　秦	黎軒，犂鞬ほか		「大秦」の語源
シリアを中心とするローマ領オリエント	Rekem (Petra)	Hirth[2]	
西方のローマとその属領	Ragā（テヘラン南郊）	藤田豊八[3]	「西方」 OIr. dašina-／ MP dašin
エジプトを中心とするローマ領オリエント	Alexandria（エジプトの）	白鳥庫吉[4]（岡崎敬[5]，榎一雄[6]）	
ローマ帝国	同上	松田寿男[7]	藤田説に従う（但し dakṣiṇa- として）
マケドニア方面	Lycia	小川琢治[8]	
ローマ本国		宮崎市定[9]（羽田明[10]）	（羽田は藤田説か（？））

　これをみると，例えば「奥羽は一に仙台という」といっているようなもので，この等式が成立するためには，「奥羽」をしぼって「千代」にまでもっていく必要がある。[11]このまでは上位概念たる「大秦」が広域すぎて，別名の地域との間に等式が成り立たないのは誰の目にも明らかなのに，説を立てても，この矛盾を合理的に解決した人は，私の見るかぎりでは，皆無である。私の立場

は，この等式が真に成り立つ地こそ，大秦の故地なのであり，しかもその大秦がやがてシリアをさし，さらにローマ本国やその属領たるオリエントをさすようになっても，別名が依然として付随し，「大秦は一に犂鞬，犂鞬，犂軒と名づく」という，上掲の常套表現が漢文史料に見られるとするにある。しかし，その大秦もやがて拂菻国なる呼称によって代替されるようになり，行き場を失って西王母という神仙郷に昇華したり，あらたな使用例に登場したりするようになった。しかし，このような「大秦」の歴史を取り上げるのはこの論考の目的ではないから，この一覧表によって，私のいう「等式」の成立しがたい現状を知ってもらえば事足る次第である。

ただ，この一覧表に示した「大秦」の語源は卑見とは全く異なるので，一言しておく必要がある。藤田説は大秦とはペルシア語 dašina-（古期）／dašin（中期）「西方」の音訳で，世界の中華たる中国が秦（シナ）に大を加えるようなことは到底あり得ない，とする (p. 491)。もともと，dašina- はアヴェスター語として「右の；南方」として存在する。しかし「西方」を意味する語は daošatara-, daošastara-(>MP dōšastar), *hvarə.avaparāna-(>MP xwarōfrān), *hvarə.parāna-(>MP xwarwarān), *hvarə.nipāra-(>MP xwarniwār) などで，最初の2語は *daošā- f.「夜；西方」からの派生詞で「夜の方にあたる；西方の」を意味し，他はすべて「日（hvarə／xwar）没」の意から「西方」を意味する。dašina- の対応梵語形は dákṣiṇa- で，これも「右の，右行する；南方の」を意味する。しかるに松田博士は藤田博士の dašina- をご丁寧にもこの梵語形にもどして**ダクシナ**とされている有様である。古期形 dašina- は当面の時期にはすでに中期形 dašn（藤田説の dašin）となっており，dašn は「右手」のみを意味している。Madan 監修のデーンカルド書 16：14―18（同書第3巻第18章の一部）に「太陽は東から昇るので，〈人が東に向けば〉北が左〔手〕となり，人が西（xwarōfrān）に向いて右手（dašn）が北になると，左手が南になる。このことの類例は太陽に向く人に見られる，すなわち彼らの顔が西（xwarōfrān）に向いて右手（dašn）が北になるような者では，左手が南になるということである」とあるのも参考となろう（〈 〉

は補入，〔　〕は削除を示す)。藤田氏が dašina-／dašn の上述した語意はおおむね知っていながら，「西方の(western)」の意もあるとされるのは，河流の方向に関係があると考えての結果であり，具体的にいえば，ティグリス，ユーフラテスは南流するので，この水流の方向たる南方に向けば，右手が西になるからだ，というのである (pp. 492-493)。これでは河流の方向次第で右手は東西南北いずれをもさしうるわけで，藤田説は要するに曲説である。しかるに松田氏(註7所掲の論文p. 233)は，大秦すなわち海西国(後説)を，藤田氏は前者をダクシナの音訳，後者を意訳として見事に解決したといっている。

　そこで，「要旨」に挙げた我観的Bの考定に前提条件となる3項目，a) 撣国(擅国)，b) 海西，c) 条支を取り扱ってみることにする。

　a) 撣国は後漢書86：南蛮西南夷列伝に「永元九年(97) 徼外(キヨウ)蛮及び撣国王雍由調(撣の音は擅。東観記は擅字に作る)重訳を遣わし国の珍宝を奉ず。……永寧元年(120)撣国王雍由調復た使者を遣わし闕に詣りて朝賀し楽および幻人の能く変化し吐火し……を献ず。自らいう，我は海西人なり。海西はすなわち大秦なり。撣国は西南すれば大秦に通ず，と。……」とある文に見えており，またこれが「大秦」なる語の漢文史料における初出である。注に記す東観記は今は残欠本で，撣国の語は見出せないが，前漢書61：張騫伝に「而して大宛の諸国，使を発し漢使に随って来り，漢の広大なるを観，大鳥の卵及び犂靬の眩人を漢に献ず。天子(武帝。在位：前141—前87) 大いに説(よろこ)ぶ」とあるなかの「……漢に献ず」とあるのに注して，応劭が「……鄧太后(121没)の時，西夷擅国来りて朝賀す。詔してこれ(朝賀)を為さしむ」といっているのに見える。撣国は南蛮や西南夷の条下に「徼外(国境外の)蛮及び撣国云々」として取り扱われたために，中国雲南省保山県の北方にある永昌郡の一小国とみられたり，あるいはミャンマーのマンダレー方面にシャン族の建てた国とみられて(藤田，p. 443)きたが，応劭の注にあるように，西夷とみるべきである。その撣国を，榎氏はシリアとするが，これは後述するように矛盾を来たすので，私はエデッサに同定する。エデッサはオスロエネの首都で，土語名はアラム語 Urhāy／Orhāy であり，そこからオスロエネ(Osrhoene ——より正確な原形

は Orrhene）なる地域名も出ている。エデッサは，後述するように，魚豢の魏略に引用する西戎伝（以下，単に魏略とする。この部分は魏志〔三国志魏書〕30に注として挙げられている）には遅散城（Di-san）と音訳されたり，オスロエネ（驢分国）の首都という意で驢分城ともいわれている。オスロエネもシリア（広域）とするのが通例で，見方によってはメソポタミアでもある。

　そのエデッサをめぐる政権の推移のことであるが，私が披見しようとして果たせなかった文献 J. B. Segal : *Edessa, the Blessed City*, Oxford 1971 を参照されている John D. Grainger 博士（後段註24参照）に出状してその辺の事情を尋ねたところ，私が研究発表で弘前に滞在中に返信が留守宅に届いていた。私の期待どおり，上記の著書に主として依拠した旨書き添えて，エデッサ支配者の交替など所望の項目に言及された，極めて有益な内容であった。ここで博士に謝意を表するとともに，私がすでに「研究発表」した「Yeḥūṭ──エデッサの王統には見出せないが，と特にことわっておいたもの──」に代えて，当面の時期に限定しながら，その前後をも併せて，下記のように整理してみることにした。

　1） エデッサはアディアベネの王サナトルク Sanatruk（在位91—109）によって支配された。

　2） その後，土着王家の出アブガル・バル・エザド Abgar bar Ezad（エザドの子アブガル〔7世〕：在位109—116）が政権を奪回した。ところが114年，ローマ皇帝トラーヤーヌスが東方に進出してパルティアとの戦端が開け，アブガルはローマに降伏したが，エデッサでローマへの叛乱が生じたため，市は包囲掠奪されアブガルも斃れた（116）。

　3） その後は118年まで2年間，市には王がなかったが，その間，117年ハドリアーヌスがローマの帝位に即くとともに平和政策をとり，メソポタミアを放棄してパルティアとの戦争を終息させた。そして彼はパルティア王コスラウ Xosraw／Oroses（在位109—128頃）の二子 Yalud／Yalur と Parthamaspat／Phratamaspat をエデッサの王位に即けた（118。共同統治者としてであろう）。

4) 二王子のうち，前者は122年，後者は123年に没した（共同統治期は118—122で，あと一年はひとりのみとなる）。

5) その後は土着王家の再興となり，マンウ・バル・エザド Man'u bar Ezad（エザドの子マンウ〔7世〕。したがってアブガル7世の弟にあたる）の治世（在位123—137）となる。

以上のまとめによると，雍由調はヨウユウデウ（ヨウユウジョウ）で，Yalur でなく，Yalud のほうが，少なくとも語末音では適格である。アラム文字でDとRは差異が微妙なので，しばしば相互誤読されやすい。ここもそうで，調からみて Yalud のほうが原語音には近い。その原語音形を私は Yalōd とみるが，さらに遡れば古期ペルシア語形 *hurauda-（Av, huraoδa-「美しく成長せる」）に帰着すると考える。ゆえに，パルティアの王名 'Υρώδης／'Ορώδης，いわゆるラテン語 Orodes と同じである。この王名の原綴 wrwd は ⟨H⟩urōd, ⟨X⟩ warōd（または単に Warōd?）あたりで，Yalud／Yalōd の -a- は最後の2形に由来するものと考えられる。ただ，Yalōd の場合，雍由調の由（yiəu）のもつ y 音と l 音（l と r は音としても文字としても相互交代することがあるから，ここの l も l ＜ r とみてよい）との相違をどのように取り扱うべきかが問題となるが，由は雍との，中国側における音声同化または誤聞によるものではないか——いまはそう考えるよりほかに解決法がない。というのも，*yal-rōd（「英雄（yal）として成長せる」）＞ yalōd のような合成詞や音転は考えにくいからである。彼を兄とすれば，弟のほうの名は古期イラン語 *fratama-aspa-pati- に遡る。fratama-'first' はむしろ aspa-pati-「騎兵隊長，騎長」の修飾語とみるべきであるから，彼の名は Fratom-asp-pat(＜fratama-aspa-pati-)「総騎兵隊長」ほどの意味となる。

雍由調による初回遣使朝賀（97）のころは，パルティアとローマは交戦状態にはなかったので，彼はパルティアの勢力をバックに，敢えて撣国（エデッサ）の「王」を僭称したのではないか。そしてパルティアと後漢との親好関係からみても，この遣使朝賀は可能性のあったことと考えられる。しかしその後，ながくこの儀がなかったために——彼の身分が僭王だったためであろうか

——，鄧太后のとき，促してこれを再現させたものとみられる。前引応劭の注に「詔してこれを為さしむ」とあるのがそれで，言外に初回の儀をも伺わせる。それへの応劭の沈黙は，それの存在を否定するものではない。また，こうして検討してみると，雍由調が初回に派遣した「重訳」とは，同王がパルティア王家の出であったにしても，アラム，中国両語に通じた通訳のことであろう。なぜなら，パルティアと中国との関係は前漢代，張騫の没後から公的に始まっているから，いまさらパルティア，中国両語に通じた通訳などを持ち出す必要はないからである。

ちなみに鄧太后のことであるが，彼女は後漢和帝（在位88—105）の正妃の没後その皇后となり，帝の崩（105）後は殤帝（和帝の末子。在位105—106），安帝（13歳で即位。在位106—125）を立て，自ら太后として10余年間親政した。

このようにして私は撣国王雍由調をめぐる事情を取り扱ったが，もっとも重要なことは，永寧元年（より正確には120—121）に彼の献じた幻人（眩人，奇術師）がいったことばで，それによって私は，撣国（エデッサ）の西南に陸通して大秦があるものと理解する。それゆえに大秦はシリア（狭義）となる。このことをさらに明白にするために「海西」のことに移るが，「海西はすなわち大秦なり」の語は後漢書88：西域伝に「大秦国は一に犂鞬と名づく。海西に在るを以て亦海西国と云う。地方数千里。四百余城有り。小王の役属するもの数十。石を以て城郭と為す。……」とある文にもみえる（里は $\sigma\tau\acute{\alpha}\delta\iota o\nu$ で約180 m）。では，その「海西」のことに移ろう。

b）海西は通例，字面のとおり，「海の西」と受け取られており，のちになると「西方の海」のようにも解釈されている。例えば榎氏（p. 15）が「海西は即ち大秦で，それは前漢代の黎軒に外ならず」といっているごときで，これは黎軒，犂鞬などなどをすべてエジプトのアレクサンドリアに同定する立場から，「海西」を「西方の海上」と解しているためである。しかし私によれば，a）撣国の項で述べたことからでも当然の帰結として，ここの「海」はユーフラテス河をさしていると考える。とすれば，それはエズラ記4：10，16，17，

附録Ⅳ. パルミラと大秦国

20；5：6；6：6などに見える'aḇar-naʰarā「河外（かわむこう）」（イラン側から見ての）に相当する。新共同訳聖書では短切直截的に「シリア」と訳しているが、この訳では、結論的にはともかく、論を進める過程では当面の参考にはならない。後説するように、私によれば、ユーフラテスの北岸を指すのに「海北」の語も見える（後漢書88：西域伝；魏略）。「海西」は黄河について用いられる「河西」の語を避けたためかもしれないが、ペルシア語 drayā／daryā についても考えてみるべきことがある。前者は「海，湖」を意味する中期語、後者は「河」を意味する新期語とされているが、どちらも古期ペルシア語 drayah-āp-「広い水面をもつもの」に遡る。新期語に「海」の意もあるところをみると、中期語形に「河」の意もあり得たと考えられる。[18] われわれのもつ「河」の概念とは異なり、洋洋たる大河は海とも変りがなかったに違いない。この「海西」については、あとで触れる機会もあるから、ここではこれくらいにして、次のｃ）条支に移ろう。

　ｃ）条支（條支，條枝）は大秦の位置を決定するのに、私にとっても極めて重要な地域である。条支をめぐる諸家の見解を一覧表で示すと、次のようになる：

条　　　支			
ａ．		カルデア	Hirth (Chavannes,　白鳥)[19]
ｂ．Taōkē	ファールス	藤田（松田）	
ｃ．Antiochia	シリア	小川（白鳥も好意的；榎）	｝（羽田もシリア説）
ｄ．Seleucia または セレウコス朝	シリア	宮崎	

その他にも挙げればあるが、私の立場からはあまりにも隔絶しているので、割愛することにした。第1欄は条支の原音を表すとされる都市名（王朝名も）で、第2欄はそこから延いて本来の条支国とみなされる地域名である。ただし、ヒルト（p. 144以下）はｂ―ｄとは異なり、于羅をヒーラに同定し[20]、その一帯カルデアを条支としたので、条支の原音を表す都市名は存在しない。しかし、于羅はむしろ Vologesia／Walkāškird と私はみている。もっとも、こ

509

の地は未発掘なので正確な中心地は突きとめられていない。地図にユーフラテス河寄りに打った黒点は全くの推測であるが，当たらずとも遠くへだたってはいないであろう。魏略では於羅（Sūra）とあるべきものが，1ヶ所でのみ于羅となっているのは誤りである。ヒルトのカルデア説はシャヴァンヌを経て白鳥博士に受け継がれた。これに対し，藤田説は条支をペルシア湾岸の都市 Taōkē（ブシールあたり）の音訳とし（p. 243），そこから条支国をファールスとしたもので，松田博士はこれを「鉄案」とまで激賞した。また小川博士（pp. 393-394）は条支の古音は tiao-ki であるから Antiochia にあたるとして，条支をシリアと解した。白鳥氏ものちにこの説に傾いたが，カルデア説を改めるまでには至らなかった（註19参照）。他方，条支国をシリアとしながらも，宮崎説は，Seleucia の le を de と訛った形を略写音したものが条支だとする点において，小川説とは異なっている。この条支＝シリア説は羽田博士も同様であるが，論拠は示されていないようである（註10参照）。

　私はどの説とも異なるが，一部ではヒルト説に近いといえる。すでに発表しているように，条は deu で，中期ペルシア語 jō(y)「河川，運河，溝渠」の写音，支は枝とも書かれ，動詞として「枝分かれする，岐れる」であるから，条支は河が分かれて貫流している地域，（ティグリス，ユーフラテス）両河地帯，双子河地帯の意で，河間地帯を意味するメソポタミアの異名に外ならない。この条支の漢文史料における初出は史記大宛列伝である。それによると張騫（？―前114）は前後2度（前138―126，前116―115）西域に出向した。初回に条支のことをバクトリアあたりで，前129／8年頃伝聞した。大宛列伝には，この伝聞に基づいて安息国のことを述べ，その末尾に「その西は則ち條枝なり。北に奄蔡黎軒有り」と記し，つづけて「條枝は安息の西，数千里に在り（伊藤注――国境を接しているのにこのような記述をする。安息のどこを中心として述べているのか不明。この漠然たる記述は特に要注意）。西海に臨みて暑湿なり。田を耕し稲を田う。大鳥（駝鳥）有り，卵甕の如し。人衆甚だ多く往往小君長有り。而して安息これを役属すれども以て外国となす。国善眩す（眩を善くす）……」といっている。暑湿耕田稲作など，湿地メソポタミアによく適合する

(後漢書88：西域伝に見える類似の記述も参照のこと）。2回目には彼は副使を安息に派して国情をさらに詳しく知ったが，黎軒（前出）の善眩人のことについては聞知しなかったらしい。安息国が黎軒の善眩人を武帝に献じた（大宛列伝）のは張騫の2次行以降のことである。この中には条支の善眩人（上出「国善眩す」）がいたであろう。メソポタミアとイラン世界との接触は，公的には大王クル（キュロス）2世によるバビロン攻略，それにつづく捕囚のユダヤ人の解放（前538）を契機とするが，大秦国すなわち海西国からオスロエネに移り，掸国（エデッサ）王雍由調（Yalōd）によって後漢の安帝の永寧元年（120）に献上された幻人も，この前漢代に安息から献上された条支の善眩人の延長上にあるものと解することができる。掸国すなわちエデッサはオスロエネ（メソポタミアの一部）の首都で，この地域はイラン・セム両文化の接点として古来重要な地位にあり，この地を介して前記黎軒に移住していたであろう善眩人も，早くからいたに相違ない。

　ところで，この黎軒（安息について述べたのち「その北に奄蔡黎軒有り」と大宛列伝にあるもの）のことであるが，p. 503の一覧表で示したように，この黎軒（これは他には魏書102：列伝にのみ「大秦国は一に黎軒と名づく」とあるのに見出されるが，これは大宛列伝の黎軒を鵜呑みにしたものとみられる）も，他の犁靬，犁鞬，犂軒などと同一視され，それぞれ説に応じて Rekem, Ragā, Alexandria, Lycia などと同定されている。しかし私が上で補註したように，条支が安息の西数千里にあるという記述は安息のどこを中心として述べているのかが不明だという点に留意しないと，この「数千里」は解けない。だから，安息について述べていて「その北に奄蔡黎軒有り」といっても，「その（安息の）北」という語の中には奄蔡も黎軒も入りうるのである。同じ大宛列伝が張騫の没（前114）後，酒泉郡を置いて西北の国々との通路を開き「因りて益ます使を発して安息奄蔡黎軒條枝身毒国に抵らしむ」とあるのは，前記張騫の伝聞した「安息……その北に奄蔡黎軒有り」とあるのを，順に従って平板的に羅列したものにすぎず，張騫の得た正確な情報がすでに歪曲されているわけで，ましてやこれを安息・奄蔡・黎軒……のように区切るに至って

は，ナンセンスという外はない。だから，大宛列伝に安息が「大鳥の卵及び黎軒の善眩人を漢に献ず……天子（武帝）大いに悦ぶ」とある黎軒も，先述の黎軒と同じく Ragā であって少しも矛盾しない。それゆえに，この黎軒を Ragā に同定する藤田説は，この黎軒のみを対象とするかぎり正鵠を射ており，白鳥氏が Alexandria に比定すべきを Ragā に比定する藤田説を窮余の策と評しているのは，この黎軒に関するかぎり，的外れとなる。ヒルトは「その北に奄蔡有り」で打ち切っており，榎氏もこれに同じていて，黎軒以下を恣意に成文化しているが，これも大秦＝黎軒＝ Alexandria 説を樹立するためである。しかし，こんどは大秦がなぜ Alexandria なのかを説明することができない。

　条支国は，その善眩人をめぐってもこのような問題をかかえているが，さて張騫の伝聞した，条支が西海に臨むとある，その西海も，説によって同定が異なる。p. 509に出した一覧表でいえば，a，b説はペルシア湾，c，d説は東地中海であるが，「西海」というのは中国や張騫の立場から見てのものではなく，条支から見ての「西」とみるのが自然の理であるから，「西海」は東地中海とみて間違いない。しかし私の場合は条支をメソポタミアとするので，このような「西海」に臨むわけにはいかない。これは張騫への情報伝達者がシリア（狭義の）をはずして（故意か誤ってか）与えたためか，あるいは魏略に載っている（後述）ところによれば，メソポタミアからシリアに通じるルートがわかっているので，メソポタミアすなわち条支の延長としてシリアを捉え，条支が西海に臨むといっているとみることもできる。後漢書88：西域伝に条支国城（条支の首都）を叙して「西海に臨む」と称しているのは，むしろ大宛列伝の「西海に臨む」をそのまま転記したものと思われる。

　条支といえば，一応触れておかねばならぬことがある。それは後漢書88：西域伝に見える甘英の断念した大秦行きのことである。それには「和帝の永元九年（揮国王の使節の初回来漢の年。上説p. 505），都護班超甘英を遣わし大秦に使せしむ。条支に抵る。大海に臨み度（わた）らんと欲す（抵条支臨大海欲度）。而して安息西界（西の国境）の船人，英に謂いて曰く，海水は広大なり。往来する者，善風に逢わば三月にして乃ち度るを得。若し遅風に遇わば亦二歳なる者有り。

附録Ⅳ．パルミラと大秦国

故に海に入る（航海する）人は皆三歳の糧を齎す。海中は善く人をして思土恋慕せしめ（故郷を思いホームシックになる），しばしば死亡する者有り，と。英これを聞きて乃ち止む」とある。ヒルトは下線の部分を「大海（ペルシア湾）に臨む条支に抵る……」と読解しているが，これは条支をカルデアとみるための曲解である。甘英は先ず条支に行っているが，この文のすこし前に条支国城（カルデア湖の半島か）から「北に転じ而して東し，また馬行六十余日にして安息に至る（例によって安息のどこともいっていない）」とあるから，安息から馬で西行し60余日にして南に転じて条支国に入ったものか，いきなりペルシア湾から条支に入ったものか不明であるが，とにかく彼は一旦条支に至り，こんどはそこからペルシア湾を渡って紅海まわりで大秦国に行こうとしたが，船頭の言におびえて中止した，というのである。条支はカルデアでもありうるが本来は，私のいうように，メソポタミアをさす語である。ついでながら，このあとで後漢書は大秦国への海上ルートを利用する場合の陸路（乗船地までの）を，次のように記している：「安息より（これは安息の和櫝城〔後漢書88：西域伝〕／ヘカトムピュロスからであろう）西行三千四百里にして阿蛮国（Hagmatāna／Ecbatana, Ahmadān, Hamadān）に至る。阿蛮より西行三千六百里にして斯賓国（Tēsifōn／Ktesiphon）に至る。斯賓より南行し河（ユーフラテス）を度りまた西南すれば（「南行すれば」でよいのではないか）于羅国に至る，九百六十里。安息の西界極まれり。これより南，海に乗ずれば乃ち大秦に通ず」とある。于羅については上説pp. 509-510参照。

こうして私は私なりに，条支がメソポタミアであることを，関連事項とともに，明らかにしたが，最も重要なことは大秦がこの条支の西にあるとされていることで，後漢書88：西域伝（上説p. 508）は海西にあるという表現を用いて迂説的にであるが，魏略では直截的に「大秦国は一に犁靬と号す。安息条支の西，大海の西に在り」といっている。このうち，「大海の西に在り」とあるのは，上述したように（p. 508），「海西」の後代的誤解とみるべきである。

その魏略が大秦への陸路として記載しているものを辿ってみると，おおむねシリア（狭義的ならびに広義的）止まりとなっており，このことも大秦が一

応，私のいう我観的Ｂたるシリアであることを首肯させる。

　しかし魏略は複数の諸史料を援用しながら，現地の地理に暗いために主体的に整理統合することができず，記述は錯綜をきわめている。前記「大海の西に在り」の文につづけて「安息界（国境）の安谷城（Uruk／Warka）より船に乗じ直ちに海を截って西す（海はペルシア湾らしくみえるが，ユーフラテス河とみなければ不合理となる。この河を西に遡上すること）。風利に遇わば二月にして到り，風遅ければあるいは一歳，風無くばあるいは三歳（これは甘英が船頭から聞いた，紅海経由の日程と混淆しているとしか思えない。それとも，「直ちに海を截って西す」は「乃ち海を繞って西す」の誤りとみるべきか。魚豢の拠った史料が後漢書のそれとは異なっていたのであろうか）。その国（大秦）は海西に在り，故に俗これを海西と謂う（上で「大海の西に在り」といいながら，ここでは後漢書88：西域伝の語〔p. 508〕を用いている）。河（ユーフラテス）その国より出ず。西に又大海（地中海）有り。海西（ここはシリア。それもユーフラテスでなくティグリスの西と解すべき）に遅散城（エデッサ。p. 506参照。烏遅散城〔Alexandria〕の誤記ではない）有り。国（遅散城）下より直北すれば烏丹城（Samosata の -ata を取り込んだ略訳）に至る（ここはもうオスロエネでなくコンマゲネ〔Commagene〕であるが，同じように広域シリアに属す）。西南に又一河を渡り（エデッサから西南にユーフラテスの支流を渡り），乗船一日にして乃ち過ぎ，西南に又一河（ユーフラテス）を渡り一日にして過ぐ。凡そ大都三有り（3大都がどこをさすのか不明）」と述べ，つづけて「さて，安谷城より陸道を直北行し海北（西部ユーフラテスの北岸をさす）に之き，復た直西行し海西に之く（この記述は一応陸路のあることを述べたもの）。復た直南行し経て（繞りての誤りと考える）烏遅散城（Alexandria）に之く。一河を渡り乗船一日にして過ぎ，周廻し海を繞りて凡そまさに大海（地中海）を渡るべし。六日にして乃ちその国（大秦国）に到る（これは海路による場合のこと）。国は小城邑合して四百余有り，東西南北数千里。その王治（小王たちの治所）は河海に浜側し（河や海岸に沿うて位置し）石を以て城郭と為す（市の周壁を作る）。……民俗五穀を田種し畜に馬驢騾駱駝桑蚕有り。俗奇幻……多し（民衆には……のような奇術師が多い）……弓矢を作る」とある。「石を以て云々」以下

は，中でもパルミラによく妥当する。「弓矢を作る」とあるのが特にそうで，パルミラ兵が弓矢を以て勇名を馳せたことは周知のとおりである。魏略はまたいう「（大秦国は）その別枝を小国に封ず。曰く沢散（Mesene）王，曰く驢分（オスロエネ）王，曰く且蘭（後述する）王，曰く賢督（Qatna）王，曰く汜復（Sūxeh）王，曰く於羅（Sūra。原文はここだけで于羅とするが，於羅とあるべきもの。この件についてはp. 510参照）王。その余の小王国甚だ多く，……これを詳する能わざるなり……」と。このように記述しておきながら，それを再説するような形で，次のように述べている。「大秦は道すでに海北（ユーフラテスの北岸）より陸通す。」（これは陸路が早くから開けていたということ）。「又海に循いて南は交阯の七郡の外夷の北と与す。」（これは海によって安南に通じていることを述べたもの。）この2節は一種の概括的序説である。これから各論的細説にはいるが，先ず従前の誤りを指摘して「前世（前代）ただ水道（水路）有るを論じ陸道有るを知らず。今その略かくの如し」といい，大秦国が「小王を置くこと甚だ多し。その属の大なるものを録さん」とことわり書きして「沢散（メセネ）王は大秦に属す。その治は海の中央に在り。北は驢分（オスロエネ）に至る，水行（ユーフラテスを遡上）半歳。風疾き時は一月にして到る。（沢散国は）最も安息の安谷城（ウルク／ワルカ）と相近し。（海路を）西南し大秦の都に詣る，（その）里数を知らず。」「驢分国は大秦に属す。その治（所エデッサ）大秦の都（アンティオキア）を去る二千里。驢分城（エデッサ）の西より大秦に之くに，海を渡る飛橋，長さ二百三十里（ユーフラテスを渡る複数の舟橋の総和であろう）。（かくて）海（河）を渡りて道西南行し海（オロンテス）を繞りて直西行す（このあたりやや不明）。」「且蘭王は大秦に属す。思陶国（Sittacene。ディヤラ川下流の東岸。北緯33°09′，東経44°35′）より直南し（両）河を渡り乃ち直西行し且蘭に之く，三千里。道河（ユーフラテス）南に出で乃ち西行す（るなり）。且蘭より復た西行（原文の西行は疑わしい）し，汜復国（Sūxeh）に之く六百里（方位に誤りあり。「且蘭より東北し」とあるべき。後説p. 518参照。また六百里の里程にも錯誤がある）。南道（於羅 Sūra から南下する道）汜復と会すれば乃ち西南し賢督国（Qatna）に之く（「西南し」は於羅から見ての方角か，「南西し」は「南下し次いで西

行し」の誤りか）。……。」「賢督王は大秦に属す（むしろ Qatna の西南3kmの小王国エメセ／Ḥªmaṣ を引き当てるべきだが，賢督 ḥien-tok の音では Qatna に同定するほかはない）。その治は東北に氾復（Sūxeh）を去ること六百里。」「氾復王は大秦に属す。その治は東北に於羅（Sūra）を去ること三百四十里。海を渡るなり（ここでユーフラテスを渡ることになる）。」「於羅は大秦に属す。その治は氾復の東北に在り。河（ユーフラテス）を渡る。於羅より東北に又河（Xabūr 川）を渡る。斯羅（Šiggār, Singara, Singār〔Sinjār〕）の東北にて又河（ティグリス）を渡る（こととなる）。」「斯羅国は安息に属し大秦と接するなり。……。」と述べている。

この錯雑した記述の中から，大秦国への陸路がおおむねシリア止まりとなっていることをポイントにして要約すれば，次のようになる：

概括的序説：安谷城（Uruk／Warka）より海（ユーフラテス）を西へ，海西（広義のシリア）の遅散城（エデッサ＝驢分城。p. 506参照）へ。さらに北上すると鳥丹城（サモサタ。ここも広義のシリア。p. 514参照）へ。次に細説すると，

a．安谷城に至近の沢散国（メセネ）から，北，驢分国（Orrhene／Osrhoene）へ。

b．驢分城から西行2000里で大秦国都（アンティオキア）へ。

c．思陶国（Sittacene）から正南進し，両河を渡り正西行3000里で且蘭（ショ）に。そこからまた正西行（事実は「そこから東北行」とあるべきに）600里（この里程にも錯誤あり）で

d．氾復国（Sūxeh）に。そこから東北300里で

e．於羅（Sūra。于羅に非ず）に。ここでユーフラテスを渡り，さらに東北し Xabūr 川を渡って進むと

f．斯羅（Šiggār）に。ここはもう安息領。東北すればティグリス河を渡ることになる。

g．於羅から南下する道（南道）が氾復を通って西南すれば（於羅から見ての方角か南西すなわち南下し西行するの誤りか）賢督国（Qatna）につく。

附録Ⅳ. パルミラと大秦国

　ここも沢散国以下と同じく大秦領。賢督〜汜復間は600里。

　魏略の記述法はユーフラテス河に沿うて河口地帯から遡上して，一気に上流の驢分国（オスロエネ）を挙げ，そののちに河に沿うて都市名を挙げ，首尾両端の中間を埋める形式をとろうとしていることがわかる。

　ところで，取り扱いを保留しておいた且蘭のことであるが，ヒルトは方位や里程から考察して，これを Tadmōr=Palmȳra に比定し，白鳥氏はさらに且は旦 (tan, 反切 tad) の誤写とみなしてヒルト説を補正し，卓見としてこれに賛同した。[23] しかし私によれば，且が旦の誤写であることは認めるが，その旦は清音でなく，梵語 dána-「布施」を旦那と音訳するのを参酌して，且蘭すなわち旦蘭を $Δοῦρα=Εὐρωπός$ に比定する。タンラン／タドランを Tadmōr の音訳とみるよりも，ダンランを Dūrā の音訳とみるほうが，より妥当のように愚考される。タドモールの東方230kmにある，ユーフラテス南岸のこの都市は軍事的要衝としての性格もつよく，アルシャク・パルティアやサーサーン・ペルシアとローマ国との間に争奪の巷となったのも，そのためである。アッシリア王国時代から知られており，アレクサンドロス大王の没後，セレウコス１世はユーフラテス下流域，特にバビロンを，アンティゴノス政権から防衛するために，ここに軍事施設を建設した。[24] エウローポスとは彼のマケドニアにある生地の名である。しかし古名ドゥーラー（「城砦」）はながく用いられ，商業都市としての役割も有していた。前113年にはパルティアの手中に帰し，後165年にはローマに占領されている。発掘された豪華なシナゴーグは有名である。サーサーン朝シャーブフル１世の「ゾロアスターのカアバ」刻文パルティア語版（1939年発見），７行目には，同王がローマに戦勝し（256頃）奪取した地域の中にもこの地を記し「ドゥーラー市をその周辺地域とともに (Dūrā 〔dwl'y〕šahrestān 'ad parbār hamkōs)」（ギリシア語版〔同〕，17行目でも $Δοῦραν πόλιν σύν τῇ περιχώρῳ$ とある）拂菻国 (Frōmēn xšahr) から略取した ('grift) といっている。

　それなら，なぜ旦蘭＝ Dūrā が Tadmōr に移されたのか。それはドゥーラーが荒廃し，しかも隊商都市として勃興していたタドモール（タドモル）を表

す語が存在しなかったためである。私によれば，このタドモルこそ本来の大秦であり，その別称 Πάλμυρα (Palmȳra) こそ犁鞬／犂鞬／犂軒なのであるが，大秦はもはやその故地タドモルをはなれて広域シリアを指すようになっていたためであり，しかもこの大秦が故地を指していた時の別称パルミューラ（パルミラ）までも犁鞬 etc. として曳きながら「大秦は一に犁鞬 etc. と名づく」といいつつ，広域シリアをさす語に変容していったのである。この事情はさらに詳しく後説することにして，いずれにせよ，こうして Dūrā の音訳たる旦蘭が Tadmōr の音訳（むしろ略訳）として地理的位置を替えたのである。しかるに現地の地理に暗い魏略は，旦蘭 = Dūrā よりする方位を，旦蘭 = Tadmōr に対しても，そのまま存置した。そのために，旦蘭 = Dūrā から直西方にあたる氾復国 (Sūxeh) を，旦蘭 = Tadmōr からでも直西にあたるとしている（事実は Tadmōr の東北にあたるのに）。そして，このような事情のため，氾復国との距離600里というのにも錯誤が生じているのである（p. 515参照）。

　以上によってみても，大秦国をゴールとする陸路の末端近くの都市は，おおむねシリアに属することが明らかとなった。そこで，大秦の故地Aたる Tadmōr = Πάλμυρα ── その Tadmōr = Πάλμυρα が大秦 = 犁鞬 etc. と訳された経緯を明らかにすべき段階となった。

　先ず Tadmōr であるが，その古形 ta-ad-mu-ri-im^{ki}（アッカド形）や ta-ad-me-er^{ki}（バビロニア形）はさておき，ここではアッシリア形 ta-ad-mar = Tadmar（ティグラトピレセル／ Tukulti-āpil-ē-šar-ra 1世〔在位：前1115頃─1093頃〕代）から取り扱いをはじめよう。それ以前の2形も，この ta-ad-mar も，第2音節 (mur, mer, mar) は短音節であった。以前にもタドマル人はすでに前13世紀の楔形文字文に記されているが，本格的に確実な形で知られるようになったのは，ティグラトピレセル1世による彼らの撃破やその追放によってである。タドマルのオアシスからばかりでなく，ユーフラテスに沿うて，王による彼らの駆逐や劫掠は，上流はカルケミシュ，下流はラピクム (Rapiqum) にまで及び，熾烈をきわめた。大体において，アラム人の諸市国

は前8世紀の終わり頃までに、アッシリアによって覆滅されたが、タドマルはその厄をまぬがれたものであった。

しかし、タドマルとの関係で看過できないのは、イスラエル王ソロモン（Šalmān. 在位：前965頃—926頃）との関係である。列王記上 9：15—19によると、王はエルサレムをはじめとする諸都市、守備隊・戦車隊・騎兵隊の駐屯する町まちを築くために賦役を課したとあるが、ほとんどがパレスチナにあるその町まちの中に「この地の荒野にあるターマール（Tāmār）」[25]が見えており、しかもそれは、ケティブ形が Tāmār であるのに、ケレー形が Tamor תַּמֹר なのである。[26]歴代誌下 8：1—6を見ると、同じ句ともいうべきに都市のリストが手直しされ、「この地の荒野にあるターマール（Tāmār）」が「荒野にあるタドモール（Tadmōr）」に置換されている（§ 4）。これは列王記上 5：16に「ソロモンはその力を河（ユーフラテス）からペリシテ人の国までの、かつまたエジプトの国境までの、すべての邦ぐにの上に拡げた」とあるのに対応させるためである。さきのケレー形は明らかに、これを背景としている。この場合でもそうであるが、ソロモンは、何か特色や由緒のあるものやその所在地が彼に帰せられるのは周知のことで、イランでもクル（キュロス）2世墓——この墓そのものも「ソロモンの母の墳墓」とよばれている——の近くにある、「ゾロアスターのカアバ」に類似の建造物が「ソロモンの牢屋（Zendān-e Soleimān）」とよばれ、アゼルバイジャンの Ganzaka／Šīz が「ソロモンの王座（Taxt-e Soleimān）」とよばれるなども、その例である。ケレー形 Tamor は明らかに Tadmōr を予想しているもので、この語形 Tadmōr は列王記の編述された前6世紀にはすでに成立していたことがわかる。すなわち、ソロモンとの関係はともかくとして、ティグラトピレセル 1 世代の Tadmar は Tadmōr と音転していたのである。この音転 a>ō は Hatra の銘文に出る NRGWL KLBʾ DKYR GDYʾ LṬB (Nerᵉgōl kirbā. Dᵉk̲īr Gad̲yā lᵉṭāb̲)「犬のネルゴール。ガドヤーがよく記憶され（んことを）」によって確認される。列王記下 17：30「クトの人びとはネルガルの神をつくり……」とあるのをみても、本来の形は Nerᵉgal であることがわかるので、固有名詞（偶像の名）Nerᵉgal＞Nerᵉgōl なる音転は名詞の構造の相違に起因するものでないことも明らかである。アショーカ王の第１ラグマーン碑文３行目に見える地名 TDMR は TRMD，その他のいかなる形か不明であるが，いずれにせよラグマーン渓谷内に位置する地名なるべく，Tadmar と読んで Tadmōr に比定したり，Termez と読んでウズベク共和国の南端，アフガニスタン国境に近い都市に比定するのは受け入れがたい（拙著『ゾロアスター研究』1979, pp. 477-478参照）。

　m＞dm のような音転は他に在証されないから，Tāmār と Tadmar／Tadmōr との間には音転や派生関係は考えられない。Tadmōr はアラム語として添前辞 ta- をそなえているものとみるべきで，根成子音は dmr である。W. F. Albrightは dmr を 'to pierce, penetrate' から 'to marvel at' の意だとしている。これによると，Tadmar／Tadmōr は「霊妙な地，奇蹟の地，霊験地，ワンダーランド」あたりの意味になると私は考えている。これに対し，M. Gawlikowskiは dhmr (ḍmr) 'garder（見張る，警固する）' から Tadmar／Tadmōr を 'poste de garde（警戒所，衛兵所）' とみている。どちらの意味も，私によれば，後述する Πάλμυρα の語意に適していると思われる。

　では Πάλμυρα の語意はどうか。この呼称の使用は前４世紀以後である。語意は不明というのが一般的にいえることのようであるが，私はラテン語 ²palma を原辞とみたい。¹palma「なつめやし」をヒブル語 tāmār「なつめやし」とからめて Πάλμυρα を「なつめやしの街」として説明されてきたが，tāmār は地名としてでも Tadmar／Tadmōr とは語源的に関係がないから，したがって ¹palma は可能性がない。これに対して，²palma のほうはローマ原産の低木やしで，その扇形の葉が手掌に似ているところから，フェニックスにたとえられた。これによれば，Πάλμυρα は「フェニックスの街」とでもいうことになる。この語意は，私がいま挙げた Tadmōr の語意のどちらにもふさわしい。

　通例，Tadmōr が Πάλμυρα とよばれていることの文証として引用されるのは，Flavius Josephus（37頃—100頃）の『ユダヤ古代誌（'Ιουδαϊκὴ

附録Ⅳ. パルミラと大秦国

'Ἀρχαιολογία)』Ⅷ, 154[34]で, それによると, シリアの定住地域からかけはなれた地に街をソロモンが建設した理由（それは, それからさきにはどこにも水がなく, そこだけに噴泉と井戸がある）を述べ, そこで「彼（ソロモン）はこの街を築き, それをきわめて堅固な周壁でかこんだとき, それを Θαδάμορα と名づけたが, これはシリア人の間で今もそうよばれているもので, 一方, ギリシア人はそれを Πάλμωρα といっている」とある。もちろん, ヨセフスの立場は上述した列王記上5：16→歴代誌下8：1—6（p. 519）の立場をさらに加飾したものであるが, 彼よりもさらに古い刻文史料が両都市名の同一地性を立証している。それはベール神殿の造営に寄進したパルミラ人ユディーアベール（Y^{e}di'-bēl「ベール神によって知られた者／ known by Bēl」）の顕彰刻文である（Lnv. Ⅸ, 6a）[35]。ギリシア語文は8行, パルミラ語文は5行で, それぞれ, 次のようなものである。パルミラ語文中, 太字（ゴシック体）の部分は復原を示すが, また最初の拓本（1881年）ですでに滅失していた文字は, ギリシア語版では下に, パルミラ語版では上に, 附点してこれを示した。

1. ……… οἱ ἐν Σελευ-
2. κείᾳ ἔμποροι Παλμυρηνοὶ
3. καὶ Ἕλληνες ἀνέστησαν
4. τὸν ἀνδριάντα Ἰεδειβήλῳ
5. Ἀζίζου Παλμυρηνῷ φυλῆς
6. Μανθαβωλείων ἐπεὶ
7. κατεσπούδασεν εἰς τὴν
8. κτίσιν τοῦ ναοῦ Βήλου

左のギリシア語文中, 非「復元部分」はわずかに（3行目）ς, ἀνέ ; (4) τα, Ἰεδειβ ; (5) υρηνῷ ; (6) είων, ἐπεὶ ; (7) ύδασεν, ε, ν ; (8) οῦ, ν, ῦ, ἠλ のみである。

……セレウケイアー（バビロニアの）在のパルミラ人商人たちとギリシア人たちが, マンタボール族のパルミラ人, アズィーゾの息子イェデイベールのために, この彫像を建てた, なぜなら, ベールの神殿の（造営）作業に彼は真摯だったからである。

1. BYRḤ ʾB ŠNT CCCXXX ṢLMʾ DNH DY
2. YDYʿBL BR ʿZYZW BR YDYʿBL DY MN
3. BNY MTBWL DY ʾQYMW LH TDMRYʾ
4. WYWNYʾ DY BSLWKYʾ BDYL DY
5. QM WŠMŠ BMGDʾ RBʾ LBT BL

1. bīraḥ ʾāb šᵉnat CCCXXX ṣalmā dᵉnā dī
2. Yᵉḏīʿ-bēl bar ʿAzīzo bar Yᵉḏīʿ-bēl dī min
3. Bᵉnē(?) Mattaḇōl dī ʾᵃqīmū l-eh Tadmōrayyā
4. wᵉ-Yonayyā dī bᵉ-Seleukeiā bᵉḏīl dī
5. qām wᵉ-šammeš bᵉ-miḡdē rabbā lᵉ-ḇēṯ Bēl

於三三〇年アーブ月³⁶。この彫像はブネー・マッタボール（族）の出たる，ユディーアベールの息子アズィーゾの息子ユディーアベールの（像）で，それを彼のために，セレウケイアー在のタドモル人たちとギリシア人たちが建てた，なぜなら，彼は頭目となってベールの神殿を莫大な費用で援助したからである。

この刻文 Inv. IX, 6a に対し，同 b を援用すれば，後17年9月（328年 Elul の月）の紀年が見えるが，直截的に Tadmōr＝$Πάλμυρα$ を示していないので，ここでは取り上げないことにする。

では，このような語意をもつ両都市名が，中国側にどのように受け入れられたかということになるが，それに入る前に知っておきたいことは，アラム語 mārē 'lord'（ウガリト語 m r ʾ「命令する」からの派生詞 m r ʾ＝mārē「命令者」である）がハカーマニシュ（アケメネス）朝期にすでに，その東方領域にまで伝播していたとみられることである。それは，王朝アラム語の遺産たるアショーカ王のタキシラー（より正確にはシルカプ）碑文9，12行目や第1カンダハール碑文1，3行目（3行目は王名抜き）に，mārēnā Priyadarši malkā

附録Ⅳ．パルミラと大秦国

「主プリヤダルシ（アショーカの別名「〔天愛〕喜見＝〔諸天の愛する〕愛すべき面貌の持ち主」の意）王」の語が見えるからで，mārēnā は本来は「我らの（-nā）主」の意であるが，後接人称代名詞「我らの」は原意を失って mārēnā が mārē「主」の意味で用いられるようになったものである。ハカーマニシュ朝代には mārēnā は「我らの主」の意味で，下僚がサトラプに対する尊称として用いていたのに，それが化石化し常套語化してしまったのである（拙著『ゾロアスター研究』p.457参照）。卑見によれば，この論考の冒頭（p. 502）に出した mārī Yazad-bōzīd の mārī も本来の意味「私の（-ī）主（mārē）」が単なる「主（大徳の意）」の意味で用いられるようになったものと考える。このようなアラム語の後接人称代名詞の無意味的使用は，'áb-ī「私の父」が pid「父」，'immī「私の母」が mād「母」と中期ペルシア語で訓読されているのにも見られる。ソグド語で MRˀY＝mār-ī が単なる「主，χutāu (xwṱ'w)／χudau (xwdw)」として訓読語詞化しているのは，いずれにせよ，上掲アショーカ王碑の mārēnā とともに，mārē の東方伝播史に重要な地歩を占めているものである。ソグド人はアレクサンドロス大王のソグディアナ侵入（前329—327）が動機でその故土をはなれる傾向を生じ，かつてのアラム人に似た運命をたどり，文化の担い手ともなって，遥か東方にまで進出するようになった。彼らがこの語を訓読語詞として有していることは，この語のさらなる東漸に彼らが拍車をかけたに違いないことを示唆する。マニ教関係では例えば，mārī Mānī が末摩尼と音訳され，景教関係では前述の mārī は摩と写音され大徳と意訳されているのも参照したい。[37]

　この知見をふまえて，先ず Tadmōr を取り上げてみよう。その語意は上述のとおりであるが（p. 520），これが Tad-mōr（あるいは，ややもすれば Tad-mār）と異分析され，前半を「大」で写音し，後半を mārē あるいは mārī「主，lord」とみて「秦（シナ）」と意訳したもの，それが「大秦」である。だから，中国が西夷を秦（シナ）に大を加上してよぶなどありえないとされた藤田説（p. 504）は問題とならなくなる。後漢書88：西域伝に大秦を叙して「その人民，皆長大平正，中国に類する有り。故にこれを大秦と謂う」と

あるのは、この藤田説にありえないとされたことをありうるとするかのようであり、魏書102：列伝に「その人、端正長大、衣服車旗、儀中国に擬す（モードが中国に似ている）。故に外域これを大秦と謂う」とあるに至っては、一見ますます、その感を深くさせる。というのも、この文言は解釈次第では、「いろいろな点で中国に似ているから、現地では自国を偉大なシナとよんでいる」ともなるからである。中国が自尊心から構えてつけた理由が仇となって、自らを降格させることになる。だが、重要なことは、中国側でつけた理由ははずして、「外域これを大秦と謂う」とある語を素直に解釈すべきだということで、この文言は「現地では某々とよんでいて、中国語に訳せば大秦となる」といっているのである。その某々とは、私によれば、まさに Tadmōr なのである。

では Πάλμυρα（Παλμύρα もある）はどうか。これも異分析されたと考える、すなわち pal-mȳra で、前半を犂（レイ、リ）（後漢書88：西域伝「大秦国は一に犂鞬と名づく」）、犁（リ）（晋書97：列伝「大秦国は一に犁鞬と名づく」）、犂（魏略「大秦国は一に犂軒と号す」）で略音訳するとともに、農具スキの意も含ませた（ただし魏書102：列伝には「大秦国は一に黎軒と名づく」とあるが、これは史記大宛列伝に拠ったものにすぎない）。問題は後半 mȳra であるが、前半の音訳に準じて考えると、これはラテン語 mūrus「城壁」に同定されたらしい。少なくとも、そのような誤った知識を与えられたらしい。p. 521に述べたヨセフスの『ユダヤ古代誌』に見える「きわめて堅固な周壁」のことはともかくとして、パルミラはベール神殿を中心に建設され、延長12kmの周壁でかこまれていた。[38] 周壁のことは、隊商都市としてノーマドの侵略や砂漠そのものに対してでも、この施設は必要だった。後漢書88：西域伝や魏略が、大秦国所属の諸小王の治所が石で市壁を築いていたと記している（p. 508, 514）のも参照したい。こうしてパルミラに市壁があれば、それを守る兵も要る。パルミラは隊商都市としても、この兵は隊商護衛にも役立つ。パルミラ兵は特に弓矢をもって勇名を馳せた。弓兵には、歩兵にせよ騎兵（馬やひとこぶラクダに乗る）にせよ、矢袋（鞬）や矢筒（軒）は不可欠の要具である。パルミラはのちにローマの傘の下に入るが、パルミラ兵はローマのレギオ（軍団）の中に組み込まれ、時にはパ

ルミラ兵のみで小隊の編成されることもあった。印象深いのは，パルミラがまだ独立を保っていた前41年の事件で，この年ローマのアントーニウスは劫掠の目的でパルミラに騎兵隊を進攻させたが，事前に察知したパルミラ側では掠奪の対象となるものをユーフラテスの対岸に移し河岸に弓兵を配置したもので，ローマ軍は一物も得ないで撤退するほかはなかった。魏略が上述したように（p. 514），大秦国の諸小王国（諸小邑）について挙げている，五穀を田種し云々と弓矢を作るという民俗は，このパルミラにこそよく該当する。要するに，俗語源説的な，そして迂説的な翻案訳とでもいうことになるが，Palmýra＞pal-mūrus はこのようにしてスキ（犂，犁）と篓（鞬，軒）で訳出されていると私は考えている。

　Tadmōr を tad-mōr または tad-mār と異分析して「大秦」と音・意訳し，Palmýra も pal-mýra＞pal-mūrus と異分析して犂鞬，犁鞬，犂軒と略写音と意訳——これは迂説的な翻案訳——を施したものを，私はここに提唱した次第で，大秦は一に犂鞬などなどと名づくとあるのは Tadmōr は Palmýra と呼ぶということの漢語表現であり，大秦の故地こそ，等式の無理なく成り立つ Tadmōr すなわち Palmýra なのである。

　シリアはローマのポンペーイウスによって侵攻され，その属州となり（前64），のち同51年にはパルティア（安息）によって占領されたが，その間にあってもパルミラは独立を保持しつづけた。両大国の間に介在して交易の利を占めているのを狙い，前41年，前記のようにアントーニウスの徒労に帰した侵攻さえ受けたほどである。しかし，このパルミラも，ローマの初代皇帝アウグストゥス（在位：前27—後44）の治世にローマ領となった。が，ローマの傘の下でも諸種の特権を享受したばかりでなく，ローマの混乱期にはその東方領域の鎮めとなり，その王オダイナトのごときはローマ領域に進攻したサーサーン朝王シャーブフル1世を逆に追撃し，自ら，「諸王の王」さえ名乗ったほどである。しかしオダイナトの暗殺されてのちは，これも豪勇だったその美妃ゼーノビア[39]を最後に，パルミラは名実ともにローマに屈服することとなった。

　しかし今はパルミラの歴史をたどる場合ではない。大秦国は一に犂鞬などな

どと名づけるというのを，Tadmōr は一に $\Pi\acute{\alpha}\lambda\mu\nu\rho\alpha$／Palmyra というとあることの訳解である旨を明らかにするにあった。そして，ここまで来て振りかえってみると，大秦に関する知識がおぼろげながら，前漢代にすでに中国側にあったのではないかと思われるふしがある。史記大宛列伝の「因りて益ます使を発して安息奄蔡黎軒條枝身毒国に抵らしむ」(p. 511) が前漢書61：張騫伝ではその黎軒が犛（リ）軒となっており，大宛列伝の「黎軒の善眩人を以て漢に献ず……天子大いに悦ぶ」(p. 512) が前漢書96上：西域伝上には「犁軒の眩人を漢に献ず。天子説ぶ」とある。また前漢書28下：地理志下には張掖郡驪靬県のあることも見えている。大宛列伝の黎軒が語音で Ragā を写すのみで語意の点では当面の課題に関連すると見られ得るものがないのにくらべて，犛鞬，犁鞬，犂軒は，語音では黎軒と同じでも，すでに見てきたように，語意では見るべきものを内包している。いま前漢書の犛（リ）軒や犂軒を見ると，犛（一本は氂（リ）に作る）は「まだらうし」なので犂「スキ」とも関係があり，また驪靬の驪（リ，レイ）も「くろうま」であるから，やはり「スキ」とも関係がある。一般にはただ字音だけに力点をおいて，これらをみな黎軒と同一視し，エジプトのアレクサンドリアとみる傾向がつよく，また驪靬県にはアレクサンドリアからの移民が多数居住していたともいっている。前漢書が古字を好んで用いる傾向のあることは知られているが，私はむしろ前漢代に，史記にいう黎軒とは別に，同音で訳されうる別の地名のあることがおぼろげながら知られてきたものの，知識に乏しいために史記の安息奄蔡黎軒條枝身毒国と併出する地名配列に，改訂を加えるだけの域には至らなかったとみるものである。前漢代に中国とパルミラとの間に，間接的ではあるが，絹交易のあったことは知られているので，なおさらその感が深い。前漢書に見える犛（氂）軒や驪靬は，いわば後漢書以降に見える犁鞬などなどの前駆というべきであり，前漢書の犂軒に至っては，魏略において「大秦国は一に犂軒と号す」とある，その犂軒そのものに外ならない。いずれにしても，前漢書はついに「大秦国」の語を知らなかった点に欠落がうかがわれる。前漢書の主撰者班固は，西域都護だった弟班超の帰国（102年）を俟たずに92年に獄死しており，しかも彼による撰

述は82年頃，その業を竣えていたのである。

註

1 マーリー（「大徳」）ヤザドボーズィード（「神によって救われたもの」）については後段p. 523参照。
2 Friedrich Hirth : *China and the Roman Orient*, Leipsic (Leipzig) & Munich (München) 1885, p. 324, Petra の項参照。
3 故藤田豊八遺著・池内宏編『東西交渉史の研究西域篇及附篇』（初版は岡書院1932年，再版〔修訂版〕は荻原星文館1943年）。著者の生没年は1869—1929。本拙著では再版によって頁数を示すが，pp. 211-252が「條支國考」（論末に1923年5月15日稿との追記あり。もとは『東洋学報』第13巻第2号／1923 に登載されたもの），pp. 463-499が「黎軒と大秦」。藤田p. 492に大秦は「西方の羅馬及びその属領」とある。
4 私のこの論考には白鳥庫吉博士（1865—1942）の4論文を引用することになるが，いずれも『白鳥庫吉全集』第7巻西域史研究下，岩波書店1944年に収録されているので，論文名を登載誌名とともに年代順に掲げ，最後に岩波版のそれぞれの頁数を挙げておく。
　1．「大秦国及び拂菻国に就きて」（『史学雑誌』第15編 第4，5，8，10，11号／1904年4—11月；pp. 125-203）；
　2．「條支国考」（『内藤博士還暦記念支那学論叢』，1926年所収；pp. 205-236）；
　3．「大秦伝に現はれたる支那思想」（『桑原博士還暦記念東洋史論叢』，1931年所収；pp. 237-301）；
　4．「大秦伝より見たる西域の地理」（『史学雑誌』第42編第4，5，6，8号／1931年4—8月；pp. 303-402）。
以下，白鳥2，p. x のような形で引用する。「大秦」については，白鳥1，pp. 139-140に，大秦国の本地はエジプトとし，白鳥3，pp. 264-265 では極西に一国があり，シナ（秦）人に類するうえに，その極西国は西王母という神仙郷に近いと考え，神仙は長大だから，この一国をも「大」をつけて大秦と名づけた，といっている。
5 岡崎敬（1923—1990）『東西交渉の考古学』，平凡社1973年，p. 290。
6 榎一雄（1913—1989）「黎軒・條支の幻人」（一）（『東西交渉』5号／1983）。
7 松田寿男（1903—1982）「イラン南道論」（松田寿男博士古稀記念出版委員会編『東西文化交流史』，雄山閣1975年），p. 221によると，黎軒はアレクサンドリアであるが，イラン北道を通して中国に知られたために，史記大宛列伝は，それが安息の北にある，としたのだという。
8 小川琢治『支那歴史地理研究』，弘文堂書房1928年，第12章「歴史地理の地名学的

研究」, pp. 292-293はリュキア (Lycia ── 小アジア半島の西南端近くの小山岳地域) としている。
9 宮崎市定「条支と大秦と西海」(『史林』第24巻1号／1937)。
10 羽田明 (1910—1989) ──『アジア歴史事典』平凡社1959—1961年 (新装復刊1992年),「大秦 (ダイシン)」「条支」の項参照。「大秦」の項で後漢書に「これを大秦と謂う」とあり, 魏略 (本拙著p. 506, p. 523以下, 参照) に「外域これを大秦と謂う」とあるのを「西方の秦＝シナと呼んだ」と解している。これだと, 藤田説を認めたかのようであるが, 羽田氏はこれにつづけて, これに対し藤田氏は dašina の音訳としていると述べているので, そうではないらしい。「西方の」というのは後漢書や魏略からは出て来ない。『京大東洋史』下, 創元社1953年, 第3編羽田明「東西交通史」によると, 史記大宛列伝について「条支 (シリア), 黎軒 (エジプトのアレクサンドリア)」(p. 231) とあり, また「ローマ帝国 (大秦)」(p. 234) ともある。
11 『角川日本地名大辞典』4. 宮城県, 角川書店1979年, p. 316せんだい　仙台の項。諸説あるが, その中の一説に従っておく。
12 拂菻国はパルティア語 Frōmēn xšahr (本拙著p. 517) の音・意訳。ペルシア語ではfはhとなる。
13 本拙著p. 523参照。
14 Manfred Mayrhofer : *Etymologiches Wörterbuch des Altindischen*, Bd. I, Lief. 9, Heidelberg 1991, p. 690, **dákṣiṇa-** の項参照。
15 註14の文献, Bd. I, Lief. 10, 1992, p. 750, **doṣá-** の項参照。
16 Henrik Samuel Nyberg : *A Manual of Pahlavi*, II, Wiesbaden 1974, p. 220, **xᵘar-barān** の項および Mary Boyce : *A Word-List of Manichaean Middle Persian and Parthian* (『*Acta Iranica*』9a), 1977, p. 107, **xwrnw'r** 以下参照。
17 Walther Hinz unter Mitarbeit von Peter-Michael Berger, Günther Korbel und Annegret Nippa : *Altiranisches Sprachgut der Nebenüberlieferungen*, Wiesbaden 1975, p. 127, ***hurauda-* 参照。ただし Yalud は引用されていない。
18 註14の文献, Bd. I, Lief. 8, 1990, p. 606, **jráyas-** の項および註16の Nyberg の著書, p. 66, **drayāp** の項参照。
19 ここに出る人名や文献名はおおむね註2—9に挙げたものと同じであるが, そうでないものは Edouard Chavannes : "Les pays d'Occident d'après le *Heou Han chou*", *T'oung Pao* (通報), Série II, Vol. 8／1907, pp. 149-234, と白鳥2および4 (註4参照) である。白鳥2, pp. 233-234は条支をアラブ語 Ğazire (正しくはジャズィーラ Jazīra)「島」の音訳としてメセネ (Mésène) すなわち沢散国とし, 白鳥4, p309以下やp. 379以下でも同じくメセネ─カラケネ (Kharacène はメセネの別名) としている。しかしその間, 4, pp. 381-384では条支を Antiochia にも同定 (この説は小川琢治氏の創唱) し, しかも同p. 384では条支はメセネ─カラケネに限らず,「此の北方に連る Tigris, Euphrates 二水の流域にも亘ってゐたもの」としている。これはメソポタミア全域を包摂するのでなく, ヒルトのいうカルデア

に相当するものとみるべきであるが、白鳥博士自身も条支＝アンティオキアと条支＝カルデアとの間の矛盾を的確に解消し得ずに終わっている。
20 于羅については本拙著p. 513参照。
21 本拙著p. 515参照。
22 拙稿「法隆寺伝来の香木銘をめぐって」(『東アジアの古代文化』54号／1988, p. 104 および本拙著p. 207参照。
23 白鳥4, p. 341。
24 John D. Grainger : *The Cities of Seleukid Syria*, Oxford 1990, p. 46。従来はセレウコス1世の部将ニカノール（Νικάνωρ）が前280年頃、ここに城砦を築いたとされていた。
25 「この地の荒野にある Tāmār」―「この地の」はイスラエルなる邦にあることを確認主張するためにコピストの加筆したものであり、「荒野にある」はシリア砂漠のタドモールに近づけるための追補である。これらの事情や以下のことについては J. Starcky＋M. Gawlikowski : *Palmyre. Édition revue et augmentée des nouvelles découvertes*, Paris 1985, p. 35 参照。
26 ケティブ形（正しくはクティーブ k^etīb）は伝承書き、ケレー（正しくはクレー q^erē またはコレー q^arē）は伝承読み。
27 H. Donner＋W. Röllig : *Kananäische und Aramäische Inschriften*, Bde 1―3, Wiesbaden 1973―1976 (第3版), Nr. 255 (p. 49 & 302)。なお Mohammed Maraqten : *Die semitischen Personeunamen in den alt- und reichsaramäischen Inschriften aus Vorderasien*, Hildesheim・Zürich・New York 1988, pp. 55-56 も参照。
28 Jürgen Kurt Stark : *Personal Names in Palmyrene Inscriptions*, Oxford 1971, p. 116, col. 1, TDMWR の項参照。
29 Michel Gawlikowski : "Le Tadmoréen", *Syria*, 51／1974, p. 92; Stanislav Segert : *Altaramäische Grammatik mit Bibliographie, Chrestomathie und Glossar*, Leipzig 1975, p. 155 (**4.3.4.6**)。
30 W. F. Albright : "North-Canaanite Poems of Al'êyân Ba'al and the "Gracious Gods"", *Journal of the Palestine Oriental Society*, XIV／1934, p. 130, n, 149。
31 註29の論文p. 92でガウリコウスキー教授は Tadmar／Tadmōr をシリア砂漠の「見張り所、衛兵所（poste de garde）」、またはシリア砂漠から「守られた場所（lieu protégé）」の意とし、註25の共著p. 33では教授は 'poste de garde' の意のみを出している。
32 小玉新次郎『パルミラ』（世界研究双書24）、近藤出版社1980年, p. 4。
33 A. Walde＋J. B. Hofmann : *Lateinisches Etymologisches Wörterbuch* (第5版), Heidelberg 1972, p. 241, palma „Palmbaum" の項参照。
34 The Loeb Classical Library 中, Josephus : *Jewish Antiquities*, V／1934, p. 654.
35 J. Cantineau : *Inventaire des Inscriptions de Palmyre*, Fascicule IX, 6a, Beyrouth 1933, pp. 12-13 (同6bはp. 14)。この碑石は1881年に発見されたが、その

後テレビン油の搾出に使用されたため1930年，カンティノーが再発見したときは，刻字は大部分油粕で蔽われ，復原はそれの除去という労苦を伴った結果である。碑石 6a は同 6b と双方で 2 彫像をそれぞれ右と左から支えていたもの。私がこの刻文に接見できたのは，関西学院大学の小玉新次郎教授とヘブライ大学の Jonas C. Greenfield 教授のご厚意によるもので，この場を借りて謝意を表したい。

36　この紀年はセレウコス暦（暦元は西紀前312年10月 1 日）によっているので，西暦紀年に直すと19年 8 月にあたる。註32の文献p. 44参照。

37　MRʾY については *Frahang i Pahlavik, edited with transliteration, transcription and commentary from the posthumous papers of Henrik Samuel Nyberg* by Bo Utas with the collaboration of Christopher Toll, Wiesbaden 1988, p. 60 (Commentary *Chapter I*, 1.) 参照。私によれば MRʾY の ʾ は原辞 MRʾ = mārē 'lord' の第 3 根子音の単なる表示で発音には関係がない。

38　註32文献p. 32。

39　註25文献p. 62によると，オダイナトの暗殺は267年 8 月30日と268年 4 月29日の間とされている。

40　本拙著p. 511で指摘したように，この地名の羅列は無意味。

41　諸橋轍次『大漢和辞典』（修訂版）によると，「黎」は（1）のり（糊），くつのり；（2）多い，もろもろ；（3）ととのふ；（4）くろつち；（5）くろ，くろい；（6）老ひる；（7）および，ころほい，おもむろ，などを意味し，「軒」は（1）ながえの前方が上に曲がっている車；（2）のき；（3）まど；（4）あがる，などを意味する。

42　註 6 論文p. 14によると，榎氏はここで張維華氏の一連の論文を推奨して，その説に賛している。

附録 V. ヤサー・アフー・ワルヨー告白文とアシュヴィン双神について[1]

　私は本拙著 p.22 にアヴェスターのヤスナ27：13にみえるゾロアスター教徒の信条告白文を掲げ、それについて詳説するとともに；p.33（註16の一部）において告白文に出る ahū のさらなる追究は、これを他日に期する旨を付記しておいた。そこで、ここでは、一部では本拙著に既述したことをも繰り返して挙げながら、ahū の由来、その他について卑見を述べることにする。

　この信条告白文――仏教流にいえば領解文(りょうげもん)――はゾロアスターの前で――事実上の現前にせよ、想定上のそれにせよ――、とにかく彼を前にして、最初期の信徒が彼の徳を称賛し、彼と彼ら自身との関係を領解して彼への帰服を表白したものである。

　この告白文は本来、原アヴェスター（現存アヴェスターはその3分の1か4分の1くらいと推定されている）が21ナスク（巻）から成っていたとされるのに準じて、21語から成るとされているが、1行目の ašāṯ-čīṯ「天則（アシャ）そのものに」も、3行目の xšaθrəm-čā「王国をも」(-čā は 'and') もそれぞれ1語と数えるから、2行目のみが1語不足することになる。この不足をその行末に後置詞 ā「……へ、……のために」を補って解消することにより各行を7語ずつとし、かつ各行が7＋9音節をもつように律読的に復原すると次のようになる：

　　　yaθā ahū vairiyō　　aθā ratuš ašāṯčīṯ hačā
　　　vaŋhəuš dazdā manaŋhō　　šyaoθananąm aŋhəuš mazdāi ⟨ā⟩
　　　xšaθrəmčā ahurāi ā　　yim drigubyō dadaṯ vāstārəm

2行目後半の首語を šiyaoθananąm とするのが一般の復原法であるが、梵語

cyautná-「動き」と比べてみても，ｉの挿入よりも，行末にāを補うほうが有理かと思われる。訳文はすでに述べたように，θwāvas……astī「あなたさまは……である」を補って解釈すべきで，それによって拙訳をかかげると次のようになる（カッコ打ちは筆者の加筆）：

  （あなたさまは）世の助け人（ahū[2]）として望ましいように，そのように統裁者（ratuš[3]）として，天則アシャそのものに従って，

  （ご自身は）ウォフ・マナフの有ものとして，世のもろもろの営為の，マズダーへの（⟨ā⟩）教導者（dazdā）（にましまし），

  また（世の）王国をアフラへ（教導される）かたで，そ（のあなたさま，教導者）をかの方がたは（吾ら）貧者どものために牧者と定め給うたのです。

となる。

 この文は通常アフナ・ワルヤ（ahuna vairya）祈禱文とかアフナワル（ahunavar）祈禱文と略称されるが，上掲の訳文からも明らかなように，普通の意味での祈願文・祈禱文（prayer）とはいいがたい。そして残念なことにこの辞式の真意がアヴェスターそのものにおいてすでに見失われ，一種の呪文（スペル，インカンテーション）と化しており，したがってパフラヴィー語書（中期ペルシア語書）においてそれがいっそう増幅されているのも自然の理である。いまはアヴェスターの場合のみを要約的に概観してみると，次のようになる。

 ヤスナ9：14―15ではゾロアスターの排斥したハオマ（ヤスナ32：14；48：10参照）――そのハオマが神として登場し，ゾロアスターを礼賛して「アルヤナ・ワエージャフ（エーラーンウェーズ）で卿は最初にアフナ・ワルヤを祭式に則のっとり休止をつけて4回，そしてその4回目は一段と高声で詠唱した（§14）。卿はこれによって，地上をうろついていたドルズ（魔）を地底に潜む身と化した」（§15）とあり，同じく57：22によると，神スラオシャはこれを勝利の武器として用いている。またウィーデーウダード（除魔法（書））19：2―3では悪霊アンラ・マンユの放ったドルズに対してゾロアスターがこれを唱えたら魔と

軍は退散したとあり，さらにヤシュト11：3には「アフナ・ワルヤは（聖）語中，最も勝利的なもの（vərəθrajastəma-）」，同じく17：20にはアンラ・マンユをゾロアスターがこれで打倒したとあり，またハゾークト・ナスク１：４（人によってはヤシュト21：4とする向きもある）は「まことに，正しく発声して誦出されるこの表白文と，かつまた誦出されたる，力と勝利とのアフナ・ワルヤ文とは，霊魂と霊我を通して（人を）助ける⁴」といっている。

　辞式の原意忘失のことは，そのザンド⁵をみればよくわかる。Humbach＋Elfenbein＋Skjærvø 1991：Part Ⅱ，pp.3-4 にローマ字写音して英訳されているが，それにも，ネルヨーサングの梵語訳にも，首肯しがたい部分があるので，以下にザンドの原文と拙訳をかかげておく（〚　〛は削除を，《　》は原文においてすでに註とみられべき部分たるを示し，訳文中の（　）は筆者による補筆を示す）。

　１行目—— čiyōn axw（＜ahū）kāmag《čiyōn ohrmazd kāmag》ēdōn radīhā（＜ratuš）《frārōnīhā》ᐟaz ahlāyīh《kār ud kirbag》čegām-iz-ēw⁶ 《kār ud kirbag ēdōn frārōnīhā kardan čiyōn ohrmazd kāmag》

　２行目—— ᐟī-š wahman dāšn《ᐟkū ᐟān mizd ud pādāšn wahman ᐟdahēd ā-iz ᐟōy ᐟōh ᐟdahēd ud ᐟast ᐟkē ēdōn ᐟgōwēd ay ᐟī-š〚ᐟī〛ᐟō wahman dāšn》ᐟkē ᐟandar axwān kunišn ī ohrmazd《ᐟkū ᐟān kunēd ī ohrmazd abāyēd ud ᐟast ᐟkē ēdōn gōwēd ay ᐟī-š ᐟpad wahman dāšn ᐟkū ᐟān ī mizd ud pādāšn ī wahman ᐟbē ᐟdahēnd ā-iz ᐟōh dahēnd⁷ ay ādurbād ī zarduxštān guft ᐟkū ᐟkē⁸ ᐟān ī wahman dāšn ᐟka⁹ ᐟandar axwān kunišngar ᐟandar ᐟdānēnd》

　３行目—— xwadāyīh ō ohrmazd《ᐟkū-š xwadāyīh ī ēdōn ᐟpad sūd ī ohrmazd dāšt ᐟbawēd》ᐟkē ō driyōšān ᐟdahēd wāstrag《ᐟkū-šān jādaggōwīh ᐟkunēd》

　１行目——主の御意のように《オフルマズドの御意のように》，ラドのごとく《ただしく》天則（責務と善行）より（出る）人はだれでも《責務と善行をオフルマズドの御意のように，そのようにただしく実践するというこ

と》

2行目――その者に（ī-š）ワフマンの賜がある《すなわちかの報賞と返償をワフマンは与え給う，これはまさに彼が（彼に）与え給う，とこういうことである。またある人はこういっている，すなわちその者へ（ī-š ō＝ī-š awiš）ワフマンの賜がある，と》，それは（kē）世の中にあってオフルマズドの御営みである《すなわちオフルマズドの必要とし給うところのことを彼は為し給うのである。またある人はこういっている，すなわちその者に対して（ī-š pad＝ī-š padiš）ワフマンの賜がある，と。すなわちワフマンのかの報賞と返償を人びとは（彼に）与えるのである，これはまさに人びとが（彼に）与える，とこういうことである。すなわちザルドゥクシュトの子アードゥルバードは「人にして（そのものに）（kē＝kē-š）ワフマンの賜があるのは，世にあってその者が為すべきこと（天則）を為したときであると，人びとは知るのである」といっているのである。》

3行目――王権はオフルマズドに（帰属するもの）《すなわちオフルマズドはご自身の利のためにこのように王権を保持し給うだろう》，そ（の彼）は衣服を貧しきものどもに与え給うのだ《すなわち彼は彼らを弁護し給うのである》。

梵語訳まで訳出する要もあるまい。アヴェスターそのものにおいてもパラフレーズがなされている（上記 Humbach＋2氏 1991：Part Ⅱ, pp.2-3 参照），すなわちヤスナ19：12―14で，それによると（訳文のみ示す）：

1行目――（アフラマズダーは）人びとが彼を ahū および ratu- と定めたとき yaθā（偈）を唱えた。このようにして人は，（善）思ある先駆たる諸庶類に，アフラマズダーたる彼を任じている。人は彼を万有のうちの最大なるものとして（ヤスナ45：6）認めているように，そのように人は諸庶類を彼に委ねているのである。

2行目――マズダーがよきもののよき獲得者（hujītiš vaŋhəuš）であるように，そのように人びとは dazdā manaŋhō に第三の訓えを賦与している。こうして人は，思念への師匠のごとくに彼を思念に托しているのであ

る。人はこの点において思念に彼を関連させており，šyaoθananąm を，こうして人は世に関連させているのである。

3行目——人が彼を諸庶類のために任じるときは「マズダーよ」(とよぶ)：人が諸庶類を彼に（委ねる）ときは，このようにして彼を（よぶのである）。「それは，マズダーよ，御身の大御力（xšaθrəm）です（ヤスナ 53：9）」（といって）人はアフラに王権（xšaθrəm）を委ねる。人は貧しきものどもに牧者を任じる（こと），あたかも（人が）スピタマ（・ザラスシュトラ＝ゾロアスター）に盟友を（そうする）ように。——（これらは）五つの訓え（である）。

このパラフレーズでは hujītiš の中に dazdā を「賜（gift）」とみる立場が秘められているのか，それとも dazdā を「托する，任じる」という動詞（dā-＝梵語 dhā-「置く」）と結びつけているのか明らかでないが，問題のアフナ・ワルヤ告白文の解明にどれだけ役立っているかは，むしろ読者のほうで判断していただきたいくらいのものである。

だが，それにもかかわらず，ゾロアスター教徒にとっては最重要視され，パーシー人は非常な厄難に出会うと yathā tārō madad「ヤター（ヤサー告白文），あなたのお助けを」というほどであり，ヤスナ19：3以下の精神をふまえて「これを正確に，かつ意味を理解して唱えると，アヴェスター全部を読誦するのと同じメリットがある」と考えている。だから，他の告白文は知らなくても，これだけは要請されている。

私によるこのアフナワル偈の初訳は辻直四郎編『ヴェーダ　アヴェスター』（筑摩書房1967〔昭和42〕年），p.368 にあるが，同書房の経営上の都合による強い要請から改訳する機会を見送って，旧版のまま増刷されて今日に及んでいる。それでもすでに私は dazdā を，シンタックス（統語法）的には不充分であるが，「教誨者」と訳し，3行目の動詞 dadat̰ を非人称語法に属する複数3人称とみる点では他訳と多く一致しながらも，その主語を「かの方がた」すなわち神がみと解して，「世人」と解する他訳とは解釈を異にし，これは今も変わっていない。ただ問題は当時でもやはり ahū の語意が究明不足のため，

「教誨者」と同一人を指すものとみて「教え人」と訳していたことである。

そこでこの機会にその ahū を取り上げて，問題の辞式に対する私解の結びとしたい。

しかし，それに踏み込む前に，前書きとして二，三指摘しておきたいことがある。一つはハオマの別称 dūraoša- をめぐる二つの課題（A），（B）で，もう一つは（C）Nā́satya- と Aśvín- との関係に間接的ながらも触れることになる Wikander 1957：pp.66-96 のことである。

（A）ハオマの別称ドゥーラオシャ（dūraoša-）が「死を遠ざけるもの」というゾロアスター教徒の伝統的解釈――Flattery＋Schwartz 1989：p.130（§226）の 'keeping destruction far away「破壊を遠ざけるもの」' も同類――に対し，私はすでに本拙著において，二つの論拠に立ってこれを否定し，dūra-uš-a- と分解して「遠くを見るもの；遠くを見せるもの」（ここでは後者）の謂いであることを明らかにした。この点をさらに別の方面から取り上げてみると，伝統的解釈の誤っていることがいっそう明らかとなる。中期ペルシア語（MP）では dūraoša- を dūr-ōš と訳し――というよりも機械的に転写し，というべきである――，dūr は「遠い」，ōš は「死」であるから，「死を遠ざけるもの」の意となるかのように錯覚されている。いま私は dūr を前肢として後肢に他の名詞をもつ一連の合成詞を挙げてみると，次のようなものがある：

dūr-ayāb ōš「遠くにとどく理知」（Williams 1990：Part Ⅰ, p.298〔原文：48：42〕, Part Ⅱ, p.82）；

dūr-dādār ⟨ī⟩ payrōgīh「光を遠くへ与えるもの」（DkD 733：12＝DkM 133：15―16）；

dūr-petyārag「遠くへ害を及ぼすもの」（土星の形容語）（同674：19=205：3―4）；

ˈdūr-brāz ˈrādīh「遠くかがやく寛裕」（同609：8＝293：1）；

dūr-sraw ahlāyīh「遠くきこえる天則性」（同592：1＝313：13―14）；

（ˈdūr-nāmīg ud）ˈdūr-abrang dādār kām nēk ˈsaxwan「「（遠く名立たり且つ）遠くかがやかしきは創造主の御意」との好語」（同574：14―15＝

336：21—22）；

|ēn zamīg……ī dūr-⁺widarag「遠い道程(みちのり)のこの大地」(MP Wīdēwdād 19：4 および Aogəmadaēčā §66〔本拙著 p.239〕；またヤシュト 10：95 も参照）。

また，これらと構造のやや異なるものの，同列に挙げて然るべきものには，上記カッコ内の dūr-nāmīg「遠く名立たる」（これは DkD 790：6 ＝ DkM 58：18 にもある）の外にも諸例がある。これらの語形から逆推すれば，dūr-ōš は「死を遠ざけるもの」とは裏腹に，「遠くまで死を及ぼすもの」と解する外なく，これからみても dūraoša- の伝統的解釈の誤りであることが知られよう。アヴェスターでは dūraoša- だけが前肢に dūra- を有するのみで，他はほとんど前肢に dūraē- を有しているが，これらとていずれも，後肢となる語が遠くまで及んでいるという意味でしかない。例えば大地の形容語 dūraē.pāra- 'dont les rives sont loin「涯遥(はて)かなる」'(Duchesne-Guillemin 1936：p.244 の index で所要の項目参照）で，「涯を遠ざける，なくす」の謂いではない。

（B）dūraoša- にはもう一つの取り組み方がある。決定的な結論を出しているわけではないが，古くから問題視されていることは Andreas＋Wackernagel 1931：pp.328–329 およびそこの脚註2をみてもわかる。最新の例としてここでは Narten 1982：p.135 の解釈 'unzerstörbar「不壊なる」' を引用しておくが，これを細説したものが Humbach ＋2氏 1991：Part Ⅰ，p.69 以下や Part Ⅱ，pp.90–91 である。この共著者はリグ・ヴェーダにみえる durósa- sóma- に Av. dūraoša- haoma- を引き当てることから出発し，Av. dūraoša- を *dur-aoša- とみなし語源的には「難燃の,不壊なる」を意味するとし，そこから「死に抗する」の意を引き出し，実際には「不死なる,不死をもたらす」を意味するとした。*dur-aoša- は本来は *duž-aoša- とあるべきも ž と š との間に異化作用がおこったという。それなら Av. duž-varšta-「悪く実践されたる」がより佳調な *dur-varšta- とならないのは何故かと私は反問したい。それに，*dur-aoša- というのでは梵語＋イラン語という混種合成詞ともなるではないか。私は古期イラン語 uš-「耳＞理知」がリグ・ヴェー

ダにおいてグナ (guṇa) 楷梯 (盈楷梯) として dur-óṣa-, dur-óṣas-「見分けがつかない，さ迷う」という語となっていること，しかもその原意が見失われて後代に durdaha-「難燃の」，durvadha-「不死の」などと註されていることを，すでに指摘した。要するに古期イラン語 uš- がヴェーダ語に受容されながらも，正しい意味において把握され定着し得なかったということである。dūraoša- を *dur-aoša- と解することから出発するこの (B) の立場は矛盾をかかえていて賛することはできない。dūraoša- haoma-＝duróṣa- sóma- なる等式を立てるなら，duróṣa- を他動詞的にみて「迷わせるものたるソーマ，酩酊させるソーマ」と解すれば多少は両者を近づけうるも，はじめからソーマを指して前後不覚にさせるものと規定することは常識的にも考えにくい。

私が dūraoša- を取り上げたのは，イラン語圏から借用されたとみられる語彙が梵語圏において，その原意を見失うようになったことを指摘したいためであるが，それというのも，この事実がやがてアシュヴィン双神の解釈にも大きく影響すると考えるからである。

最後にもう一つのこと，すなわち (C) ウィカンデルの論文のことであるが，これは Aśvin- と Nāsatya- の関係を，間接的にではあるが，肯定的に認めるものと解釈されうるからである。氏によれば Aśvin 双神のうち一つが馬と関連するなら，もう一つも大畜と関連するといい，前者を馬匹所持者ナクラ Nakula，後者を聡明な牛畜所持者サハデーヴァ Sahadeva とし，この後者をいのちと光に帰還させるものと説明した。この説明を，私は私なりに，ナーサトヤの意味（後述）に通じるものとみて，氏の論法をもって，アシュヴィンからナーサトヤへと指向したものと解している。もっとも私の論及法は氏とは逆に，ナーサトヤからアシュヴィンへと指向するものではあるが。

その Násatya- はリグ・ヴェーダでは 1 回 (Ⅳ, 3, 6：Násatyāya〔単数与格〕) のみ単数であらわれるが（ヴェーダより後代の文献ではもっぱら単数のみ），あとは双数形のみである。それの別称 Aśvín- と異なり，この語の古さは前14世紀に遡る，すなわちヒットタイト王スッピルリウマ (Suppiluliuma) とその藩臣たるミタンニのサティワザ (Satiwaza) との間に締結された和平条

附録V．ヤサー・アフー・ワルヨー告白文とアシュヴィン双神について

約文の中に，na-ša-at-ti-ja-an-na の形で登場していることもよく知られている。双数形を有しないために，古バビロニア語の複数語尾が代用されているが，ともあれ，他の八百萬(やおよろず)の神がみとともに，条約の守護者としてその名号を称されているのである (Duchesne-Guillemin 1984 : pp.7-9)。ナーサトヤのこの役割はリグ・ヴェーダにも受けつがれているといえる。彼は一切の困苦からの庇護者，幸いの促進者として勧請されており，この点は彼の別称アシュヴィン双神についてもいえることで，その徳を称賛されながらも同じく攘災招福を訴願されている。

ナーサトヤは早く Güntert によって詳細に取り扱われ，同源語詞として νέομαι「戻る，帰る」，νόστος「帰還，帰宅」；ゴート語 (ga)nasjan「救う」，ganisan「生還する」，naseins「救済」；独語 genesen「治る（病気が），回復する」などが例示されている (Güntert 1923 : p.259)。その印欧語基 *nes- は「生き残る」の謂い (Bader 1986 : pp.483-484)，したがって Násatya- とは「（助けて）生き残らせる者，救う者」の意味となる。*nes- を「無事に帰宅する」，したがって násatya- は「恙なき帰宅を司るもの」(Mayrhofer 1992 : II, 11, p.39, **násatya-** 参照）と解する立場との間に，一見してそれほど大差があるともみえまいが，この後者の考え方にアシュヴィンの一面を宵の明星と関連させる説への傾斜があることは否めず，またこれでは明けの明星との関係を説明することがむずかしくなる。後述するように，Aśvín- を「áśva-「馬」の所持者」としてそこから「馭者・御者」とする一般的な考え方は，音通に基づく，全くインド的なもので，卑見とは範疇を異にしている。この点においてはアシュヴィンを「博労，伯楽」とする説（後藤1991 : p.75）もやはりインド的な枠の中にあるものといえそうである。アシュヴィンを馬と関連させることが本来的なものでないことは，私が本拙著p.195，註30ですでに触れているところである。

ところで，周知のように，インドの軍神 Índra- には vr̥trahán-「ヴリトラ／ウルトラ殺し」の異名がある。それがイランでは魔神 Indra- と勝利神 Vərəθraγna-「ウルスラグナ：ウルスラ殺し」（イラン好みの a- 幹屈折への転

539

化。梵語流につづれば *Vṛtraghna- となるはず）という二体に分化した。す なわちインドの軍神インドラはその異名なる vṛtrahán- の転化たる Vərəθraɣna- (この神格については Duchesne-Guillemin 1962：pp.175–178 参 照）に軍神の座をゆずり，自身は降格して魔神となった。図示すれば

  インド軍神 Índra ：別名 vṛtrahán「ウルトラ殺し」

  イラン魔神 Indra ×軍神 Vərəθraɣna「ウルスラ殺し」

となる。この関係を Nā́satya- : Aśvín- にあてはめると，

  インド善神 Nā́satyā／au ：別名 Aśvínā／au（双数）

  イラン魔神 *Nāhaθyā ×善神 *Aspinā（双数）

となる（双数形は便宜上語尾 -ā 形のほうだけを取り上げてゆくことにす る）。すなわち Nā́satyā はイランで魔神化するとともに，自身の善神的性格を イランの *Aspinā に継承させたと解せられる。そのためには *Aspinā すな わち Aśvínā は「馬「áśva-」の所持者」であっては，どのように解釈しても， 上説した Nā́satyā の原意「生き残らせる二神」にはそぐわない。私によれば， これを解決するキーは古期イラン語 *aspā の存在，それを確認傍証する MP pss : pasas「畜養者」に在るとみられる。pasas は私の知るかぎりでは一種の hapax でデーンカルド書に2箇所在証されるだけである。すなわち DkD 735 : 13=DkM 131 : 2 には ܐܘܣ，また同頁 *l.* 19=*l.* 12 にはܐܘܣ とあるもので，いずれも MP p'h : pah「家畜」に誤られた誤記で，正しくは ܐܘܣ すなわち pss : pasas とあるべきもの。私は註1に挙げた第35回大 会では pahas と読んだが，ここは文字通り pasas と読むことにしたい。Me-nasce 1973 : p.134 (*ll.* 1 & 16) はこれを 'maître「主」(? pašā ?)' とし ており，読みにも解にも疑問符を付している。pasas は古期イラン語 (OIr.) *pasu-aspā- に対する古期ペルシア語(OP)形 *pasu-asā- の転化で，「家畜 (pasu-) を飼育する (*aspā- : *asā-) 者」の意となり，語根（名詞）*aspā-「利益（する），育成（する）」の存在を確認させる。通例としては pasu- の MP形としては pah を挙げるし，合成詞においても例えば lpytp'h : rabīd-pah「家畜の支持者 (lit. 'one by whom cattle are supported')」(DkD

附録Ⅴ. ヤサー・アフー・ワルヨー告白文とアシュヴィン双神について

526：8 = DkM 393：13—ムナス上掲書p.367は rapītvah と読み、訳は放棄している）のように pah が登場しており、AirWb col. 879 f. や Mayrhofer 1992：Ⅱ, 12, p.108 f.〔**paṣú**- の項〕でも MP として pah のみを挙げているが、しかし h の代りに s の登場する可能性のあることについては先ず MP & NP šubān「羊飼い」（<Av. fšu-<pasu-+pāna- 'sheep-protector'）を参照すべきで、域外としてはサカ語 pasa-、パシュトン語 psə、オセット語 fys／fus「羊, etc.」がある（Mayrhofer 上掲書引用箇所）がある。このようにして *aspā- の存在を確認すると、*Aspinā／Aśvínā（双数）「利益者」は Násatyā（双数）と意味において相通ずることになる。ちなみに *aspā-／*aśvā-> *aspin-/aśvín- なる展開については梵語 śíkhā-「髪のふさ」> śikhín-「髪のふさをもつ」および Av. xšnā-「知る」> fra-xšnin-「予見して、要慎して」を参照されたい。この *aspā- にみえる頭音 a- は語頭添加辞で MP Spāhān>NP Esfahān（地名）における e-(<a-) と同じもので否定辞ではない。この a- を有しない動詞根 spā- はかなり生産的で、Av. hamaspaθmaēdaya-「すべて（hama）を助成（利益）する（spaθ<spat）ための祭儀の（maēdaya<maēdiya〔<maēda- = 梵語 médha-「祭儀」〕（盂蘭盆会に相当する古イラン語形。盂の大陸音はウのみでなくフ〔ɦu〕もあることに要注意！）にみえる spat は spā- の現在分詞能動相であり、ゾロアスター教の特色的理念を表示するのに頻用される spənta-「利益的, 恩寵的」（'holy' と訳すのは誤り）はこの spaṯ- をイラン好みの a- 幹屈折に転化させた（対抗概念たる aŋra-<*aŋhra-「破壊的」がアンラ・マンユ（Aŋra-Mainyu-：「破壊霊」）として a- 幹屈折であるのに呼応させるため！）もので、Humbach +2氏 1991：Part Ⅱ, p.172, ll.7-8 のようにラテン語 honōs 'honour' に -tu を接辞して honestus 'honest' が生じたのに準じて Av. spən-「繁栄」に -ta を接辞して spənta-「繁栄せる（prosperous）」が生じたとするのは首肯しがたい（spənta- はいうが如き自動詞的概念を示すものではない）。hamaspaθmaēdaya- の spaṯ- を「助成する、利益する」とみる私の解釈はアヴェスターのウィスプラド 1：2 および 2：2 に arətō.karəθna-「利益

的，実利的」と注解されていることによって明らかであり，梵語に類形を求めるなら árthakara-「利する，実利的な」あたりがそれに近く，書名 Arthaśāstra「実利論」も参考となる。いずれにせよ，spaṭ- にしても spənta- にしても prosperous というような自利受益的な概念ではなく利他施益的なものである。もっとも spā- からは自動詞的にも展開した spān-「繁栄；幸福」もある（ヤスナ45：9bに spānčā aspānčā「幸福と不幸と」）が。

こうしてインド的 Nā́satyā : Aśvínā と
　　　　　イラン的 *Nāhaθyā×*Aspinā との
原意や相互関係は明らかになったが，すでに触れたように，Nā́satyāはリグ・ヴェーダにおいてもすでに1回のみだが単数形で登場し，後代にはもっぱら単数形に終始した。リグ・ヴェーダの最盛期を前1200年代におく私の立場からすれば，ゾロアスターの在世年代でさえ，私によれば，それより数世紀もおそいから（本拙著pp.63-64 参照），*Nāhaθyā（双数）が単数形の魔神 Nåŋhaiθya-（ノーンハスヤ）として除魔法（書）19：43（同10：9も）に登場しても不思議はない。そこではこの魔神はインドラ，サルワ（Saurva-＝Vedic Śarvá-＝同 Rudrá-）とともに3大魔神を形成している。つまりデーヴァ神群のイランにおける魔神化の所産である。

では，残る *Aspinā（双数）はどうなったか。少なくともこのほうは善神格として残ったはずである。それもインドの Nā́satyā（ナーサトヤ双神）の性格を継承してである。この双神は神群としてはデーヴァ神群に属するが，職能面からは第3階層（vaiśya）に所属する。したがって，このような関連からみても Aməša- Spənta-「不死＝饒益尊」と総称される神群の部類ではなく，またその頭音 a-（*Aspinā の）は例えば上引の aspān-「非繁栄，不幸」にみえる否定辞的頭音 a- とも見られうる可能性も否定できまい。かかる事態への配慮から私は *aspin-（単数形）は ahu-ū-「世を助ける者」（ū- は動詞根で「助ける」の謂い）と言い替えられながらも，双数形 *aspinā を継承して ahū という双数主格形を保持しているとみる。もっとも，これには若干の注記が要る。一つは，ahu-ū-＝ahū-（単数）が Av. ahūm.biš-「世を癒やす者」に準じ

附録V．ヤサー・アフー・ワルヨー告白文とアシュヴィン双神について

て *ahūm.ū- となりそうなのに，そのようにならないのはなぜか，ということであるが，その理由については本拙著pp.34-35ですでに答えている。もう一つは，ahu-ū́-＝ahū- の双数主格が，例えば Vedic tanū́-「身体」：双数主格 tanvā̀＝tanúvā の如きに準じないのはなぜかということであるが，これについては Pāṇini の Aṣṭâdhyāyī, 3,2,179―180に注目すべき語形がある（Böhtlingh 1839：Ⅰ., p.155）。それによると Vibhū-（人名）や pratibhū-「確実：保証人」は bhū- なる長音形を保持するが，vi- を前接されても人名でない場合は vibhu-「遍在せる，普遍的な」のように bhū- は bhu- となり，同じく prabhu-「主君」や sambhu-「造物主」も短音となっていることがわかる。Pisani 1933：§ 580, NOTA Ⅱ (p.223) によると，短音化のほうは bhū- が -u に終わる派生形に影響されて ū>u のように音転したものという。いまこの事実を ahu-ū́-＝ahū- に適用すると，例えば ahū- は mainyu-「(心)霊」のごときものに影響されて ahu- となり，この ahu- の上に双数形 ahū が構成されたものと考えられる（mainyu- ：双数主格 mainyū「(善悪)二霊」や pasu-「家畜」：双数主格 pasu (*pasū の代わりに) など参照したい）。それとも，双数は特殊の場合にのみ双数として機能しつつ生き残り，それ以外では双数形でありながら単数視されていたものとも考えられる。これに関しては χείρ : χερ-「手」の屈折に参照すべきものがある。すなわち *χεσρ-σι（複数与格）>*χειρ-σι＝ *χε̄ρσι>(χέρνιψ「手洗い用の聖水」の如く子音の前で短音化して) χερσί となり，これから χερ- 幹が生じ，そこから χερί（単数与格），χεροῖν（双数属・与格）等々が二次的に生じた経緯も参考となろう（Leumann 1950：pp.318-320；Frisk 1970：pp.1082-1083）。

イラン学者の中で特に留意したものたちを困惑させたものは，実にこの語形 ahū なのである。私によれば，これは双数主格形を保持しながらも二位一体的に意味論的には単数であり，そのことはヤスナ29：6ｂ行

　　nōiṯ aēvā ahū vistō　　naēdā ratuš ašāṯčīṯ hačā
　　まことに世の助け人（ahū）は見いだせ（vistō）ず，統裁者も（見いだせ）なかった――天則(アシャ)そのものに従って，だ。

543

Neither world-helper (has been) really found (*vistō*), nor judge, according to *aša*.

の vistō 'found'（ppp.）やヤサー・アフー・ワルヨー偈の vairyō「望ましき」がいずれも単数形として ahū の修飾的補語となっていることによって明らかである。このような事態は学校文法には抵触するが、ゾロアスターには、例えば人称代名詞2人称単数の敬語形 θwāvant-「あなたさま」が動詞の3人称単数形を随伴させる（ヤスナ44：1c や同9 cd に θwāvas sah′ yāt「あなたさま（アフラマズダー）は告げてください」とあるのを参照）というような特異な語法があることなども参照したい。この3人称単数動詞に対応させるために θwāvant- を「あなたのごときかた（someone like you）」と解するのは首肯しがたい。

　こうして私はいくつかの関門を啓開して、一つの結論にまで漕ぎつけたが、しかし最後にもう一つ啓開すべき関門が残っている。それは ahū を 'lord, overlord, master, ruler, king' などと訳して単数主格とみる一般的な、最も多い立場についてである。これには、語幹が ahu- であるにせよ、ahū- であるにせよ、主格的格接尾 -š（<-s）を伴わないという反文法性がある。殊にすぐあとに続行する ratuš が ratu-š としてこれを伴っているから、これらの間の不整合性は否定すべくもない。この難点（？）を解消するために、ahū を ahu- の単数具格とする試みがみられるようになり、イラニストとしてこれに先鞭をつけたのは Duchesne-Guillemin 1958：p.70 で（同1962：p.218, n. 1 も同様）、それによるとこの辞式は次のように仏訳されている：

　De mĕme qu'il est à choisir par le monde, ainsi le jugement selon la justice elle-mĕme,
　des actes du monde a-t-il été donné de la part de la Bonne Pensée, à Mazda,
　et la pouvoire à Ahura, qu'ils ont donné pour pasteur aux humbles.
　主が世によって（ahū）選ばれるべき（方）であるように、そのように審判も、天則そのものに従って（すなわち）

附録V. ヤサー・アフー・ワルヨー告白文とアシュヴィン双神について

　　世のもろもろの行為の（審判）も，ウォフ・マナフからマズダに委ねられ
　　ており
　　また王国もアフラに（委ねられていて），そ（のアフラ）を人びとは牧者
　　として賤しきものどもに与えているのである。
私は仮りに仏訳の il（1行目）を「主が」と訳しておいたが，原文には il に
相当する指示代名詞が顕示されているわけではない。問題の ahū は「世
(ahu-) によって，世人によって」と訳されている。しかし，それはともあれ，
この仏訳でもそうだが，他の訳でも「AがBであるように，そのようにCもD
である」という，いわば同等比較をしているのに，実際には同等比較の実を成
していないものがある。「主が世人によって選ばれるべきであるように」とい
うからには「審判も世人によってなされるべきだ」とあらねばならないのに，
審判のほうはマズダーのものとされている。これでは何のための比較なのか，
ポイントもつかめない。

　ところで，この原文の1行目は，それに近い文言としてヤスナ29：6b行が
参照される。このb行は上に引用したところで，同じ著者 D.-Guillemin
1948：p.196 は，

　　Nul maître ne s'est trouvé, nul patron selon la Justice :

　　(No master is not found, no patron according to Justice :)

とすでに訳しているので，上記の訳はそれの改訳ということになる。

　この単数具格説を終始一貫して堅持しているのは Helmut Humbach である
——もっとも，ahu- の語意については必ずしも一貫しているわけではないが
——。告白文の全文訳をかかげて取り扱うのが本筋であるが長くなるので，
ahū だけに言及することにしたい。Humbach 1957：p.83 では 'durch ihren
Besitz an Lebenskraft「それ（ratu- を指す）が生命力をもつことによって」'
と訳されている。ratu- とは氏によれば die gebührende Zuteilung，わかりや
すくいえば正しい判断とでもいうべきもので，それが生命力をもつことによっ
てとはそれが生きてはたらくことによってということであるから，ahu- は
「生命力」と解されているわけ。これに対し Humbach 1959：I，p.81 ；

Ⅱ, p. 16 は——もっとも，これはヤスナ29：6b（上出）に対してであるが——，ahū を 'von……Lebensherrn「世の（どんな）主（ahura-）によっても」' と訳している。「世の主によっても」とは「賢しき（mazdā-）」主とよばれるアフラマズダーの外にもろもろの「主（ahura-）」があって，時にはそれらを「アフラたち（ahurā̊ŋhō「アフラたちは；アフラたちよ」）」と一括総称されることもある——そういう神がみの中の「どの神によっても」という謂いだとしている。さらに Humbach 1984：p.229 では上掲 Duchesne-Guillemin 1958 の訳文を自己流に一部修正しながらも ahū に関するかぎりでは，D.=ギユマンが par le monde「世によって」と訳しているのに従って von der Welt「世によって」と訳し，Humbach＋2氏 1991 もこの点では by the world と訳して不変である。この最後のもの（英訳）を示すと次のようなものである（邦訳中のカッコ内はおおむね英訳文中のそれを含むが，私による若干の加筆もある。また英訳文中への ahū と dazdā の付記は私による）：

 Just as (a judgement) is worthy of being chosen by the world ($ahū$),
  so the judgement, (which) in accordance with truth itself,
 (is to be passed) on the actions of good thought of the world, is assigned ($dazdā$) to the Wise One,
 and the power (is assigned) to (Him), the Ahura, whom (people) appointed as a shepherd to the poor.

 （審判というものが）世によって（ahū）選ばれるべきであるように，そのように審判——真実そのものに合致して，
 世の善思に発する諸行為について（宣告されるべき審判という段になると，その審判）——は賢しき方に委ねられており（dazdā），
 また権勢も（その方）アフラに（委ねられていて），この方を（人びとは）貧しきものどもに牧者として任じたのです。

この訳でも，同じ審判といっても，それを下す有資格者が人と神とというように異なるものであるから，これでは「……であるように，そのように……」という同等比較が十分に用を成していないことになる。[12]

546

附録V．ヤサー・アフー・ワルヨー告白文とアシュヴィン双神について

　また同じ単数具格視でも ahu- の語意「（祭儀の）存在」や辞式の構文全体の解釈において特異なのは Kellens ＋ Pirart 1988（Ⅰ），1990（Ⅱ），1991（Ⅲ）で，当面の参考となるのは Ⅰ, p.101, Ⅱ, p.213 f. (^{1}ahu ; ahū), p.256 (^{1}dā ; dazdā), Ⅲ, pp.13-15 である。訳文（Ⅰ, p.101）は次のとおりである（イタリック体の原語付記は私による）：

　　Harmonieux (*ašāṯčīṯ hačā*) comme un (maître est harmonieusement) digne de choix par l'existence (rituelle) (*ahū*) le modèle (*ratuš*) des actes de l'existence de la divine Pensée et leur emprise (*xšaθrəm*) sont attribués (*dazdā*) au Maître Mazdā dont (cette emprise) fera un pâtre pour les nécessiteux.

　　（祭儀が）あるからには（ahū）（ふさわしいようになんらかの主が）選ばれるべきであるあるように，（そのように）ふさわしき規範（ratuš ašāṯčīṯ hačā）――ウォフ・マナフのましますことから生じるもろもろの奉祀行為の（規範）とそれら（もろもろの行為）の力と（xšaθrəmčā）は，主マズダーに帰せられるもので（dazdā），そ（のマズダー）を（この力が）貧しきものどものために牧者とするであろう。

すべてを祭儀と関連させる見方は偏った解釈となっているが，そのほかにも，ここでも yaθā……aθā …「…であるように，そのように……である」とする同等比較が表れていない。この点を明らかにするために，私はこの仏訳を邦訳する際にわざわざ（そのように）と加筆までした次第であるが。

　私はこうして ahū を単数具格視する立場をみてきたが，Kuiper 1985：pp.287-290 はその誤りを指摘した。その要点は（1）ヤスナ29：6b（上出）にみえる nōiṯ A naēdā B 'neither A nor B' という成句や類句ではAもBも同じ格であり，したがって ahū も ratuš（主格）と同じ格でなければならず，（2）またアヴェスター全体を通じてみても ahu ratušča（主格），ahūm ratūmča（対格）等々（この中に Frahang i Ōim 4 c にみえる dvaṃdva たる ahubya ratubya（双数具・与・奪格）を加えるのもさらに興味を増す！）なる語法によっても，ahū（後期では ahu となる）は主格であるというにあ

547

る。この（2）の点はMP文献から多くの語句を援用して裏づけることができる——もっともこの中期語には格接尾はないが 'hw¹ : axw（＜ahu＜ahū）が目的語で lt¹ : rad（＜ratu-）が主語というようなことはない。ここではデーンカルド書から2例だけ挙げておく：(a) DkD 763 : 9—12＝DkM 95 : 4—8「知慧に富む人とは……マンスラを正しく唱え多く知ること，ならびにそれよりの所出を義務的に実践すること，によってアク（axw）にしてラド（rad）たるもの（のこと）である」；(b) DkD 713 : 21—712 : 2＝DkM 158 : 14—17「心霊治療の一般性とは……特に，世のアクたる帝王と世のラドたるゾロアスター教最高職（zarduxštrōdom）とが彼ら自身の稟性を陶冶することにある」。キュイペルの論文によって ahū 具格視説は，氏以前のものも氏以後のものも，すべて失格すると私は考えている。

ではキュイペルは ahū とあって主格的格接尾 -š（＜-s）をとらない点をどのように説明するかというと，氏は *kaví-¹³ を取り上げ，インド・イラン的に単数主格に3形のあることを述べ（1）*kavā́，（2）*kaví，（3）kavíḥ を例示する。（1）には Av. kavā が実在して対応し，（3）はそれ自体ヴェーダ語形であり，（2）に対応するものこそ Av. ahu であるとする。すなわち ahū はこの ahu がガーサーにおける語末母音の長音化に従って成立したものとみるのである。しかし -i に終わる名詞には，Av. kavā や同 haxā，梵語 sákhā「友」もあるが，-u に終わる名詞にはこれに対応する語形そのものさえ実際には見出せない。こうなると氏の論には ahu なる単数主格を成立させるために *kaví なる語形を措定したかの観があり，私は氏の論をこの点においては容認することができない。つまり ahū は単数具格であり得ぬのみか，今や単数主格でもあり得ぬ（ahū の末音は二次的長音化の所産ではない）こととなる。私が上来説き去り説き来たったところによって，ahū は双数主格形でしかあり得ないし，それが単数主格として機能しているということになる。

註

1 この論考は「ヤサー・アフー・ワリヨー領解文(りょうげもん)とアシュヴィン双神」の題下で、日本オリエント学会第35回大会(於千葉県松戸市、聖徳(せいとく)大学)において1993(平成5)年11月7日に発表したものを大幅に増補したもので、当日の発表要旨は『オリエント』第36巻第2号/1993年、pp.255-256にある。なお、拙稿「ゾロアスター教徒の信条告白文とアシュヴィン双神について」(『中外日報』平成6年(1994年)6月14日)はその抄録で、要録とみるべきものには拙稿 "Nā́satya- : Aśvín- and the yaθā ahū vairyō Prayer (Gathica XIX)", Orient, Vols. XXX-XXXI (1994), pp.98-107 がある。

2 中期ペルシア語(MP)では 'hwǀ と書かれて axw(アク)と読み 'lord' と訳されるが、デーンカルド書第3巻第201章によると人間はだれでも axw(ahū)になれるし、最高のアクはオフルマズド(アフラマズダー)ともなっている。

3 ratu- はMPでは ltǀ と書いて rad(ラド)と読み '(spiritual) chief, master' と訳されるが、最高聖職に対しそれの代行聖職、下位聖職の意味にも用いられている。

4 āēšō ⁺zī vāxš ərəžuxδō ⁺framrvąnō …… ā vačō ahunō vairyō fraoxtō amahečavərəθraɣnaheča urnača daēnača spanvanti

5 アフナ・ワルヤのザンド(Zand, すなわちMPによる訳註)はヤスナ27:13には付いておらず、『アヴェスター小部のザンド(Zand ī Xwurdag Abestāg)』の最初に出ており、原文は Ervad Bamanji Nasarvanji Dhabhar (edited by—) : Zand-i Khūrtak Avistāk, Bombay 1927, text pp.1-2 にみえる。

6 čegām-iz-ēw は ašāṯ-čiṯ hačā「天則そのものに従い」の -čiṯ(強調などを示す小辞)の訳であり、梵語訳や Humbach+Elfenbein+Skjærvø 1991 : Part II, p.3 でもこれを aša「天則《責務と善行》」にかけているが、原文をはなれた独立のMP文としてみると、ここはどうしてもそのようには受けとれない。

7 ā-iz……ǀōh ǀdahēd/ǀdahēnd──この構文の ā は複文の中において、前文を承けて、それにつづく後文をはじめる誘導の小辞。これにつづく -iz は ǀōh「このような」のあとにつづけて ǀōh-iz の形をとってデーンカルド書に出てくるものと同じで、前文で述べたことを後文で要約的に繰り返し、まとめて言い替えるのに用いられるもの。したがってここは「これ(前文)はまさに……彼は与える/彼らは与える、とこういうことである」の謂いとなる。

8 原文に ǀkē とあるのは ǀkē-š の略とみてよい。この ǀkē を ǀaz に読み替える(参考文献の Humbach + 2氏)のはとれない。

9 原文に ǀka とあるのを ǀkē「誰が」と読み替える(Humbach + 2氏)要なし。

10 例えば dūr-⁺xwardīhā ⁺amāwand ǀbawēd「それ(悪徳)は遠く光るように強くなる」(DkD 649:8=DkM 234:5—6);ǀdūr-dīdār brāzīhēd「それ(美徳)は遠

くみえてかがやく」(同649:1=233:18) ；husrawīh dūr-nāmīg「遠く名立たる令名」(同734:15=132:13) など。xward「光る（形容詞）」については参考文献の伊藤1975：p.138以下をみよ。この語が『ザレールに関する回想（Ayādgār ī Zarērān)』§93に nām-xward「名声赫々たる」として在証されることは伊藤1979：p.380で指摘したところであり，Nybery 1974：p.135 に nām-āwurt 'bringer of renown「名声をもたらすもの」' とあるのは首肯しがたい。

11 この言い替えは音数律のためではない。なぜなら ahū vairiyō (5音節) = *aspinā vairyō（同）だからである。

12 Humbach + 2 氏 1991：Part Ⅱ, pp.4-5 には（1）Bartholomae 1906：p.126 ；（2）Benveniste 1957：p.84 ；（3）Gershevitch 1959：p.329, n. ；（4）Hinz 1960：p.159 ；（5）Boyce 1975：pp.260-261 ；（6）Insler 1975：p.419 たちの訳文を列挙し，ついでフンバッハ自身の訳：1957（上出），ドゥシェーヌ＝ギユマン1958（上出）を挙げ，最後に Kellens+Pirart 1988（Ⅰ）：p.101 を挙げているが，この最後の共著はそのⅡ，Ⅲと併せて後述するから，ここでは一応外しておく。ただ，上掲諸訳のうちで（5）について一，二ふれておくが，女史は Boyce 1979：pp.14-15 において，1975年訳に出る 'of good intention「よき意図の」' を 'of good purpose「よき目途の」' に改めただけのものを再録しているほかに Boyce 1984：p.56 にも新訳を載せている。はじめの2訳は学界一般の訳を折衷して伝えたもので女史自身の訳ともいえず，最後のものも，Insler 1975 に依ったとことわり書きしているように，前2訳とは異なるものの，女史独自の訳ともいえず，結局女史独自の訳文らしいものはないかのようである。それはともあれ，Humbach + 2 氏としては，女史の訳文としてはこの Boyce 1984 を挙げるべきであったろう。よって（6）Insler 1975 の次に（7）Boyce 1984 としてこの訳文を載せることにした。またゾロアスター教徒自身の最新訳の1例として（8）Kotwal+Boyd 1991：pp.75—76 を最後に掲げることにする。この（7）（8）は訳者の訳文も併記するが，他は私による原訳文の邦訳のみを掲げる。その際，原訳文中にその訳者の補筆となっている部分は〔　〕でかこみ，私による補筆は（　）でかこむことにした。

（1）Bartholomae — 最善なる大君が（der……Oberherr=ahū)（そうである）ように，そのように，彼〔すなわちザラスシュトラ〕は天則に従って〔最善なる〕裁き人であり，／彼は善思の，世のもろもろの営為をマズダーフに帰し奉り（dazdā）／また大権をアフラに〔そのようになすもので〕，そ〔の彼ザラスシュトラ〕を人々は貧しきものどもに牧者として任じたのである。

（2）Benveniste — 彼は天則(アルタ)（arta-=aša-）に従って望ましき ahu であるとともに ratu である。／彼は己が生涯の，ウオフ・マナフ（Bon Esprit）に属するもろもろの営為をマズダーフにささげ（dazdā）／そして〔彼（自身）の〕力はアフラのために〔ある〕；（この）彼〔ザラスシュトラ〕を人びとは卑しきものどものために牧者に立てたのである。

（3）Gershevitch — ahu たるものは（the or an ahu）〔ウォフ・マナフ（Good

Mind）のもろもろの営為の実践者たるために，天則と合致して〕選ばれるべきであるように，そのように，ratu たるものは (the or a ratu) ウォフ・マナフのもろもろの営為の実践者（dazdā）〔たるために〕，天則に合致して〔選ばれるべきであり〕，また世界に君臨するアフラ・マズダーフの力が〔選ばれるべきである，何となれば彼マズダーフは〕人びとが牧者として貧しきものどもに与えたところのもの〔だからである〕。
（4）Hinz — 彼は待望された首長（Meister = ahū）であるように，そのように彼は裁き手（Richtender = ratuš）でもあり，そしてこのことは天則によってである。／全知者（マズダー）のために善思のもろもろの営為を実践するもの（dazdā）は／統治権を主（Herr = アフラ）に創出するだろう，がしかし（こんどは）そ（の主）を貧しきものどもに牧者として（そうするであろう）。
（5）Boyce —1975, 1979は（7）Boyce の次に挙げる。
（6）Insler —主（the Lord = ahū）が真実と合致して選ばれるべきであるように，そのように裁きも真実と合致して，だ。／（この）よき考えの結果，そなたたちはよき考えの存在から生じるもろもろの営為の法則（rule = xšaθrəm）を制定せよ（dazdā），賢しき方（マズダー）の〔御〕為に／そして，人びとが貧しき信徒たちのために牧者として定めた（このわたしという）主（the lord = ahura）のために。
（7）Boyce 1984—As the Master (ahū), so is the Judge to be chosen in accord with truth. Establish (dazdā) the power (xšaθrəm) of acts arising from a life lived with good purpose, for Mazda and for the lord (ahurāi ā) whom they made pastor for the poor.
主（the Master = ahū）が（そうである）ように，そのように裁き人は真実と合致して選ばれるべきである。／そなたたちは善き目途をもって生活してきた生活から生じるもろもろの営為の力（xšaθrəm）を確立せよ（dazdā），マズダのために／そして，人びとが貧しきものどものために牧者とした（このわたしという）主（the lord = ahura）のために。
（5）Boyce 1975 — 彼〔Ahura Mazdā〕は望まれし主（Master〔ahu-〕）であるとともにアシャに従って裁き人（Judge〔ratu-〕）である。〔彼は〕世の，よき意図の (of good intention —1979年訳には「よき目途の 'of good purpose'」とある）もろもろの営為の実行者（doer, dazdā）で〔まします〕。マズダー・アフラには王国が〔あり〕，この方を人びとは貧しきものどものために牧者として定めたのである。dazdā を実践者，実行者とするのは（3）（4）にもみえるが語構造論的に成立しない。また（6）（7）は共にゾロアスターをこの文の作者とみるものであるが，mazdāi xšaθrəmčā ahurāi ā の -čā 'and' を mazdāičā ahurāi ā「マズダーのためと（そなたたちの）主（アフラたるわれザラスシュトラ）のために」のように解釈するのは恣意的で，čā は，（5）では訳されていないが，xšaθrəm「王国」と先行の句または語（私によれば šyaoθananąm「もろもろの営為の」— xšaθrahyā「王国の」としなかったのは1音節増加するため）をつなぐものでなければならぬ。
（8）Kotwal + Boyd—As Ahura Mazda is the Sovereign Lord, so is Zarathushtra

the spiritual lord due to his righteousness. The gifts of the Good Mind are for those who work for Mazda, the Lord of wisdom. He who nourishes the poor ascribes sovereignty to Ahura Mazda.

アフラ・マズダが帝王たる主（ahū）であるように，そのように，ザラスシュトラはその天則性の故に心霊的主である。善思（ウォフ・マナフ）の賜（dazdā）は叡知の主にましますマズダのために働くものどものためにある。貧しきものどもを養う者は帝王位をアフラ・マズダに帰することになる（dada<u>t</u>）。

dazdā を賜（gifts）と解するのはザンド（dāšn 'gift' と訳している）以来のもので，従う訳者もネルヨーサングをはじめとして少なくない。これは梵語 datta- 'given' に引きあてるものであるが，イラン語としては dāta- とあるべきもので，この同定は首肯しがたい。

この信条告白文はイラン学者だけでなく，インド・イラン学者によっても早くから注目された。Roth 1871 : p.14 は次の訳を提示している : Wie es des Herren Wille ist, also 〔ist er〕 der Gebieter aus der Reinheit./Von Vohu-mano Gaben 〔wird man empfangen〕 für die Werke 〔die〕 in der Welt für Mazda 〔man thut〕./Und das Reich dem Ahura 〔gibt man〕 wenn man den Armen Schutz verleiht.「それが主の御意であるように，このように〔彼は〕清浄性に発する命令者〔である〕。/世にあってマズダのために〔人のなす〕もろもろの営為に対してウォフ・マノー（ウォフ・マナフ）から賜（dazdā）を〔人は受けるであろう〕。/そして，人は貧しきものどもに庇護をさしのべるとき，王国をアフラに〔人はささげることになる〕」。

Geldner も 2 訳を発表している : 一つは Geldner 1882, もう一つは同1904である。☆ Geldner 1882 : p.146 には Wie er 〔Zarathuśtra〕 der beste Regent (ahū vairyō) ist, so auch mit vollem Rechte 〔der beste〕 geistliche Führer (ratuš),/als der Verordner (dazdā) der Werke des Frommen *¹ in 〔diesem〕 Leben im Auftrag Mazda' s (mazdāi) :/die Macht aber bleibt dem Ahura, der ihn den hilflosen als Hirten gesetzt hat. *¹ Die der Fromme zu vollbringen hat. śkyaothnanām vaṅhâuś manaṅhô wörtlich : 'der Werke aus frommer Gesinnung'.「彼〔ザラスシュトラ〕は最善なる首長であるように，そのように，至極当然に〔最善なる〕心霊的指導者でも（ある），/――マズダに委任されて〔この〕世における敬虔者のもろもろの営為の制定者（dazdā）として――*¹ :/大御力はしかしアフラにあり，そ（のアフラ）は彼（ザラスシュトラ）を無援のものどもに牧者として任じたのである」。―― 註 *１：敬虔者が完成すべきところの（もろもろの営為）。―― śyaothnanām vaṅhâuś manaṅhô は直訳すれば「敬虔心からの諸営為の」の謂い。これに対し Geldner 1904 : p.1095 には Wie er der auserwählte Regent, so wurde er von Aša selbst aus als Lehrer (ratuš)/der Welt in den Werken des Vohumanō 〔der guten Gesinnung〕 bestellt für Mazda./Und die Herrschaft gehört dem Ahura, der den Hilfsbedürftigen einen Hirten bestellte.「彼（ザラスシュトラ）は選ばれた〔直訳すれば，選ばれるべき〕首長（ahū vairyō）（である）よ

うに，そのように，彼はアシャそのものからして，教え人（ratuš）―／ウォフマノ
ー〔（ウォフ・マナフ）善思〕のもろもろの営為における，世の（教え人）として
マズダーのために任じられた（dazdā）（もの）。／そして主権はアフラに属し，そ
（のアフラ）は助けを必要とするものどものために（彼という）ひとりの牧者を任
じたのである」とある。ゲルトナーは3行目の dadaṯ（3人称複数とみるのが最も
妥当）を dadāṯ（3人称単数）に読み替えており，この点は Kotwal＋Boyd 1991
も同じであるが承服しがたい。Roth 1871 はいわゆる man-Satz であるから単数形
で訳したわけで，これは妥当である。その他，後述する Kellens＋Pirart 1988 はこ
れを dad-a-ṯ と見，-a- を接続法の標識とするが（したがって3人称単数），これは
無理としか思いようがない。この信条告白文は，私の接見したものだけでも20例近
くあり，今はそれらの中から適宜に選んで若干を収載したまでである。
13 kavi- ― KAV¹「感見する」の派生詞ともみられる。kaví- は感見者，聖仙，詩聖
その他の意味でリグ・ヴェーダで用いられ，イランでは東イランに輩出した一連の
支配者名に冠称され（例えば Kavi Kavāta, Kavi Haosravah, Kavi Vīštāspa,
等々），この場合でもやはり霊能者，霊視者などの意を含んだ，カリスマ的支配者
を意味していたと考えられる。Mayrhofer1989：Ⅰ, 5, pp.328-329，***KAV¹***, ***kav***ī-
の項参照。

参考文献

AirWb＝Christian Bartholomae : *Altiranisches Wörterbuch*, Strassburg 1904.
Andreas＋Wackernagel 1931＝F. C. Andreas＋J. Wackernagel : *Die erste, zweite und fünfte Gāthā des Zarathušthro (Josno 28. 29. 32) Anmerkungen*, Berlin.
Bader 1986＝Françoise Bader : "De Pollux à Deukalion", *o-o-pe-ro-si,Festschrift für Ernst Risch zum 75. Geburtstag*, herausgegeben von Annemarie Etter, Berlin・New York.
Bartholomae 1906＝Christian Bartholomae : *Zum Altiranischen Wörterbuch. Nacharbeiten und Vorarbeiten*, Strassburg.
Benveniste 1957＝Émil Benveniste : "La prière Ahuna Vairya", *Indo-Iranian Journal*, Vol. 1.
Boyce 1975＝Mary Boyce : *History of Zoroastrianism*, Vol. Ⅰ, Leiden.
―― 1979＝ditto : *Zoroastrians. Their Religious Beliefs and Practices*, London.
―― 1984＝ditto : *Textual Sources for the Study of Zoroastrianism*, edited and translated, Manchester.
Böhtlingk 1839＝Otto Böhtlingk : *Aṣṭakaṃ Pāṇinīyaṃ. Pânini's Acht Bücher Grammatischer Regeln*. Herausgegeben und erläutert, Bde Ⅰ. und Ⅱ., Bonn (Neudruck : Osnabrück 1981).

Duchesne-Guillemin 1936 = Jacques Duchesne-Guillemin : *Les Composés de l'Avesta*, Liège—Paris.
—— 1948 = ditto : *Zoroastre. Étude critique avec une traduction commentée des Gâthâ*, Paris.
—— 1958 = ditto :"Exégèse de l'Ahuna Vairya", *Indo-Iranian Journal*, Vol. 2.
—— 1962 = ditto : *La Religion de l'Iran Ancien*, Paris.
—— 1984 = ditto : *Iran und Griechenland in der Kommagene*, XENIA, Kanstanzer Althistorische Vorträge und Forschungen, Heft 12, Konstanz.
Flattery + Schwartz 1989 = David Stophlet Flattery + Martin Schwartz : *Haoma and Halmaline. The Botanical Identity of the Indo-Iranian Sacred Hallucinogen "Soma" and its Legacy in Religion, Language, and Middle Eastern Folklore*, Barkeley・Los Angeles・London.
Frisk 1970 = Hjalmar Frisk : *Griechisches Etymologisches Wörterbuch*, Lieferung 22, Heidelberg.
Geldner 1882 = Karl Friedrich Geldner : *Studien zum Avesta*, Erstes Heft, Strassburg.
—— 1904 = ditto : "Die neunte Gāthā des Zarathushtra und der Honover als Probe einer vollständigen Übersetzung der zarathushtrischen Reden, 2. Der Ahuna vairya.", *Sitzungsberichte der Königlich Preussischen Akademie der Wissenschaften*, Berlin. (Bartholomae 1906, p.125 以下参照)
Gershevitch 1959 = Ilya Gershevitch : *The Avestan Hymn to Mithra with An Introduction, Translation and Commentary*, Cambridge.
後藤1991＝後藤敏文「Aśvín- と Nā́satya-」、印度学仏教学研究第三十九巻第二号。
Güntert 1923 = Hermann Güntert : *Der arische Weltkönig und Heiland. Bedeutungsgeschichtliche Untersuchungen zum indo-iranischen Religionsgeschichte und Altertumskunde*, Halle (Tübingen 1977²).
Hinz 1960 = Walther Hinz :"Zum Ahuna-Vairya- Gebet", *Indo-Iranian Journal*, Vol. 4.
Humbach 1957 = Helmut Humbach :"Das Ahuna-Vairya- Gebet", *Münchener Studien zur Sprachwissenschaft*, Heft 11, München.
——1959 = ditto : *Die Gathas des Zarathustra*, Bde I und II, Heidelberg.
——1984 = ditto :"Weiteres zum Ahuna-Vairya- Gebet", *Acta Iranica* 23.
—— + Elfenbein + Skjærvø （これは Humbach + 2氏と略記することもある）1991 = Helmut Humbach in collaboration with Josef Elfenbein and Prods O. Skjærvø : *The Gāthās of Zarathushtra and the Other Old Avestan Texts*, Part I Introduction——Text and Translation, Part II Commentary, Heidelberg.
Insler 1975 = Stanley Insler :"The Ahuna Vairya Prayer", *Acta Iranica* 4.
伊藤1967＝伊藤義教：アヴェスター、辻直四郎編『ヴェーダ　アヴェスター』、筑摩書房（以後にも増版あり）。
——1975＝同 Av. $ax^varəta$- $x^varənah$- (Gathica XIII), *Orient*, Vol. XI.

――1979＝同『ゾロアスター研究』, 岩波書店 (1980²)。
Kellens+Pirart 1988（Ⅰ）, 1990（Ⅱ）, 1991（Ⅲ）=Jean Kellens+Eric Pirart : *Les textes vileil-avestiques*, Vol. Ⅰ Introduction, texte et traduction, Vol. Ⅱ Répertoires grammaticaux et lexique, Vol. Ⅲ Commentaire, Wiesbaden.
Kotwal + Boyd 1991=Dastur Firoze M. Kotwal+James W. Boyd : *A Persian Offering The Yasna : A Zoroastrian High Liturgy*, Paris.
Kuiper 1985=F. B. J. Kuiper :"Note on Avestan *ahū*", *Indo-Iranian Journal*, Vol. 28.
Leumann 1950=Manu Leumann : *Homerische Wörter*, Bazel.
Mayrhofer 1989 : Ⅰ, 5=Manfred Mayrhofer : *Etymologisches Wörterbuch des Altindoarischen*, Heidelberg, Ⅰ. Band, Lieferung 5.
――1992：Ⅱ, 11＝同上書, Ⅱ. Band, Lief. 11.
――1992：Ⅱ, 12＝同上書, Ⅱ. Band, Lief. 12.
Menasce 1973=Jean de Menasce O. P. : *Le troisième livre du Dēnkart. Traduit du pehlevie*, Paris.
Narten 1982=Johanna Narten : *Die Aməṣa Spəṇtas im Awesta*, Wiesbaden.
Nyberg 1974=Henrik Samuel Nyberg : *A Manual of Pahlavi*, Ⅱ, Wiesbaden.
Pisani 1933=Vittore Pisani : *Grammatica dell'Antico Indiano*, Fascicolo Ⅲ, Roma.
Roth 1871=Walter Rudolf von Roth :"Beiträge zur Erklärung des Avesta, Ⅱ Das zoroastrische Glaubensbekenntniss Ahuna-vairja", *Zeitschrift der Deutschen Morgenländischen Gesellschaft*, Band 25.
Wikander 1957=Stig Wikander:"Nakula et Sahadeva", *Orientalia Suecana*, 6/1957, Uppsala 1958.
Williams 1990=A.V.Williams : *The Pahlavi Rivāyat Accompanying Dādestān i Dēnīg*, Part Ⅰ : Transliteration, Transcription and Glossary, Part Ⅱ : Translation, Commentary and Pahlavi Text, Copenhagen.

日本のゾロアスター教研究と伊藤義教博士

岡田明憲

　イスラム以前の古代イランの宗教であるゾロアスター教は、現在でも僅かな信徒を有しており生きている宗教ではあるが、その栄光の時代は遥か遠い昔に過ぎ去り、一般の人々にとっては殆んど忘れられた存在である。しかしこのゾロアスター教は、世界最古の創唱宗教であるのみならず、キリスト教やイラスム教さらには仏教にまで大きな影響を与えたことから、三大宗教の源泉に位置付けられることもある。それ故、ヨーロッパやアメリカでのゾロアスター教に関する研究は、今日のマイナーな宗教勢力には不釣り合いと言える程に盛んで、その成果にも見るべきものが多い。一方、我が国においては、明治以来の西洋的学術の偏った摂取過程に帰因する人文的領域相互のアンバランスから、この方面の言語学的、文献学的研究が無視されてきた感は否めない。それでも、学問的研究とは言えぬまでも、ゾロアスター教に関して、それをテーマに物した著述は散見できる。

　明治以降の日本で、最初に書かれたゾロアスター教に関する文献は、林薫の『火教大意』である。明治十六年に出版されたこの書は和綴の二冊本で、内容はドイツのハウク M. Haug の有名な著作 Essays on the Sacred Language, Writtings and Religion of the Parsis, 1878 の翻訳であった。その後、明治二十七年に坪井九馬三が哲学会でゾロアスター教について発表し、また大宮孝潤の「波斯教の葬儀と鳥天狗」（同二十九年）などというものまで出て、一部の宗教史や東洋史の研究者の注目を集めるようになった。さらに大正時代に入ると、『大唐西域記』の研究で有名な堀謙徳が東大でペルシア宗教の講義をした。また彼は、『大日本百科辞書』に解説文を載せたりしている。このような中で、

大正十年には我が国最初のアヴェスターの邦訳が上梓される。すなわち、世界聖典全集の中に収録された、木村鷹太郎の『アヴェスタ経』上・下二巻である。しかし、これは英訳の東方聖典 Sacred Books of the East からの重訳であるため文意が取りにくいばかりでなく、木村自身の誇大妄想的見解が災いして、却ってゾロアスター教の真実を理解するための躓きとなった。

東洋史の分野では、特に東西交渉史におけるイラン文化の重要性に着目して、祆教すなわち中国に流入したゾロアスター教についての論文が目立つ。大正三年に原田淑人が「唐代小説杜子春伝と祆教」を発表し、昭和四年には小川陽一が「敦煌における祆教の祭祀」なる論文を書いている。しかし、この分野で最も影響力の大きかったのは、石田幹之助の「支那におけるザラトゥーシト教について」(『史学雑誌』34—4、大正十二年)で、これを受けて、桑原隲蔵の「祆教に関する一史料」(昭和三年)や神田喜一郎の「祆教雑考」(同年)が発表されたのである。石田博士は後に有名な『長安の春』(昭和十六年)を上梓し、そこでも「隋唐時代に於けるイラン文化の支那流入」なる章を設け、ゾロアスター教について述べている。なお長安のイラン文化に関しては、榊亮三郎博士の「大師の時代」(大正二年)が有って、既にゾロアスター教についてふれており、石田博士も激賞している。

真の意味で、日本のイラン学が歩み始めたのは大正から昭和にかけて、東大の茂木茂と京大の足利惇氏の両先駆者によってである。荒木教授はニューヨークのジャックソン A. W. Jackson の下で、足利博士はパリのバンヴェニスト E. Benveniste の下で、アヴェスター語を学んで帰国し、各々『ペルシヤ文学史考』(大正十一年)と『ペルシア宗教思想』(昭和十六年)を上梓したのである。しかし、荒木教授は夭逝したばかりか、その蔵書も関東大震災で焼失し、後継者にめぐまれなかった。一方また足利惇氏博士も、恩師である榊亮三郎博士の退官にともない、梵語梵文学の講座を継承したため、イラン学に全力をそそぐことが出来なくなった。そこで当時、足利博士の下で講師であった伊藤義教博士が、イラン学を一手に引き受けることになるのである。そして、未だ歴史のあさい日本のイラン学を、短期間のうちに世界的水準にまで高めたのが、実

に伊藤博士の功績なのである。

　特にイスラム以前のイランの言語に関しては、伊藤博士の独壇場の感があった。この事は、多少ともオリエント学に携わった者なら、誰でもが等しく認めるところである。博士の言語研究は、ヴェーダとアヴェスターという、印欧語の本流を遡って、そこを起点とし、アラム語をはじめとするセム系の言語に視野を拡大しながら、パフラヴィーに代表される中期イラン語の領域において、独創的な新説を開陳するといったものであった。そしてそこでは、内外のそれまでの凡ゆる研究成果が集約され、検討され、批判の対象とされるのである。さらに伊藤博士の新説は、単に西欧流の実証的な学問に精進しただけでは不可能であって、一種の天才的なインスピレーションとでもいったものに、大きく係わっていることも注意すべきである。それ故、かかるインスピレーションを欠く学者たちからは、しばしば独断的、主観的との批判を受けることになったのも事実である。これに対し博士は、「見ても見ず」の連中が多いとこぼしておられた。しかし、博士の真骨頂は、単に彼等の凡庸な視点を見下すといった高踏的なものではなく、自説に対する批判を、徹底的に完膚なきまでに再批判する厳しい学問的態度であった。それは、相手の学者生命を奪いかねない場合もあって、時には公開を憚り、同学の研究者へ私信の形で送られたこともある。

　伊藤博士の言語・文献学的研究によって、日本のゾロアスター教研究は面目を一新した。それまでは、どちらかと言えば欧米の研究成果を紹介、整理するといった程度のものであったが、ここで初めて真の意味で原典研究がなされることになったのである。博士は『アヴェスター』は無論のこと、パフラヴィー語の教学文献を読解しながら、ゾロアスター教の実像に迫っていったのである。特に『アヴェスター』の中で最古層に属し、複雑な文法構造を有する「ガーサー」と、多くの訓読語詞 uzwārišn を含み読解が厄介なパフラヴィー文献中にあっても、最難物と称される『デーンカルド』に向けられた博士の努力は、尋常一様なものではなかった。この結果、欧米の学会において不明、あるいは未だ定説の無かった種々の事実が明らかになっていったのである。すなわ

ちそれは、アヴェスターの語義であり、またゾロアスターの年代、名称についてであり、さらに最近親婚やハオマに関してである。これらは何れも、ゾロアスター教の真相を究明する上で、第一義的に重要な問題である。

　伊藤博士はその晩年において、古代日本に伝来したゾロアスター教（徒）に関する種々の考証を発表している。これは博士の生前の代表作『ゾロアスター研究』（岩波書店、1979年）以降の顕著な特徴で、既にその中のいくつかは『ペルシア文化渡来考——シルクロードから飛鳥へ』岩波書店、1980年初版、ちくま学芸文庫、2001年に新装版）として纏められ、そして本書『ゾロアスター教論集』には、その最終的な結論とでも言うべき注目すべき論文が殆んど全て収められているのである。そこで先ず忘れてはならぬのは、これらの論文は、単に東西交渉史のテーマを扱ったものではなく、どこまでもイラン学、特に言語学的な研究であるということである。すなわちそれまで世界中の如何なる学者も思い及ばなかった領域において、イラン学の最前線を開拓したものなのである。伊藤博士は日本のイラン学において、初めて中期ペルシア語研究の重要性を明らかにしたばかりか、その新たな可能性を、世界の学界に提示したのである。（伊藤博士の生涯と主要著作に関しては、ちくま学芸文庫版『ペルシア文化渡来考』の解説を参照されたい）

〔補〕近年の我が国では、ゾロアスター教に興味を持つ人々が少なくないのは喜ばしいことである。しかし多くの人が、ゾロアスター教＝アヴェスター程度で事が済むと思っているのは遺憾である。例えば、歴史や宗教の事典でゾロアスター教の項目を引くと、未だに善神アフラマズダと悪神アーリマンの対立云々の記述をしているものが有る。これは一方はアヴェスター語で、もう一方は中期ペルシア語での呼称である。つまり両者を並存させるのは時代錯誤としか言いようがない。正しくはアフラ・マズダー対アンラ・マンユ、またはオフルマズド対アフレマンとすべきである。また、益田岩船の益田がアフラ・マズダーのマズダに結びつけられたりすることもある。しかし飛鳥・奈良時代におけるゾロアスター教の影響を言うならば、アヴェスター語ではなく中期ペルシ

ア語を介してでなければならず、そうすればオフルマズドと益田を結びつけるのが無理なのは一目瞭然である。この意味から、中期ペルシア語（文献）を無視したゾロアスター教日本伝来説は、もはや「歴史のロマン」と称する価値もないと言はねばならない。そこで、専門家以外の一般の読者のためにゾロアスター教の代表的な文献について若干のメモを添える。

アヴェスター……新・古の二層に言語的に区別でき、古層を代表する「ガーサー」のみがゾロアスターの直説と考えられている。現在の『アヴェスター』は、サーサーン朝の時代に編纂され、アヴェスター文字で書写された21巻本の中で、散佚を免れた約四分の一の部分だけである。

デーンカルド……中期ペルシア語（パフラヴィー語）で書かれており、現在は失われた21巻本の『アヴェスター』の内容を伝えている。サーサーン朝時代のゾロアスター教の全貌をうかがわせる第一の資料である。本来は全9巻であったが、1、2巻は散佚した。

ブンダヒシュン……「創造」の意を題名とする中期ペルシア語文献。原形はサーサーン朝の時代に存在していたと推定されるが、現在に伝わる形のものは九世紀末の成立である。失われた『アヴェスター』の「ダームダード・ナスク」に基づく記事もある。

　最後にゾロアスター教徒を自称する日本人がいることに関してコメントしておく。現在のところゾロアスター教は異教徒の改宗をまったく認めていない。このことは、世紀の変わり目（2000年12月28日から5日間）に米国のヒューストンで開かれた世界ゾロアスター教徒会議 World Zoroastrian Congress でも確認されたことであり、そこでは自らゾロアスター教徒を名乗ったパキスタン人が顰蹙を買った。

伊藤義教博士著作・主要論文

1942 Studia Medio-Iranica（1）『言語研究』10・11, pp. 211-221.

1949 「祆教における善悪行の記帳について」『西洋古典論集』創元社，pp. 225-271.

1953 「祆教所伝ヤマ譚の一特色」『印度学仏教学研究』1-2, pp. 197-202.

1954 「広本ブンダヒシュンにおけるカイ・カワート遺棄物語の詩的再構について」『言語研究』26・27, pp. 91-105.

1955 「イマと太陽」『東方学論集』3, pp. 121-148.

1956 「アルタクシェール行伝の宗教史的一背景」『五十周年記念論集』京都大学文学部, pp. 17-38.

1958 「中世イランの将棋書」（足利惇氏共筆）『西南アジア研究』2, pp. 1-18.

1960 「イラン人の悲劇——文字と表記法の場合」『世界歴史』2 筑摩書房, pp. 191-224.

A Bundahišnic Expression and What It Implies, *Orient* 1, pp. 35-43.

1961 「ブンダヒシュン書の序・序章と etymoiogica Bundahišnica について」『西南アジア研究』6, pp. 5-28.

「アルトゥル・クリステンセンの人と業績」『西南アジア研究』7, pp. 61-75.

1962 「Aβyātār i Zarērān の宗教史的意義について」『西南アジア研究』10, pp. 93-104.

1964 「先師金言要集とアルダルズ文献研究序説」(上, 下)『オリエント』7-1, 2, pp. 1-17, 15-31.
「西安出土漢蕃合璧誌婆蕃文解読記」『西南アジア研究』13, pp. 17-34.

1965 「アヴェスター州郡誌について」『インド学試論集』6・7, pp. 5-17.

1966 「阿育王アラム語碑について」『オリエント』8-2, pp. 1-24.
「サオシュヤントについて」『西南アジア研究』17, pp. 55-61.

1967 『ヴェーダ・アヴェスター』(翻訳と解説, 辻直四郎編『世界個展文学全集3』)筑摩書房.
「ゾロアストラ周辺論」『東洋史研究』26-1, pp. 58-88.
Gathica Ⅰ-Ⅴ, *Orient* 3, pp. 1-20.

1969 「阿育王のカンダハール第二碑文について」『言語研究』55, pp. 1-13.

1970 「ゾロアスター伝の一齣とその意義」『オリエント』11-1・2, pp. 1-31.
Gathica Ⅵ, Ⅶ., *Orient* 6, pp. 15-29.

1971 「第3サオシュヤントについて」『オリエント』12-3・4, pp. 57-85
Gathica Ⅷ, *Orient* 7, pp. 1-7.

1972 「ペルセポリスのダリウス王宮の性格について」『オリエント』13-3・4, pp. 131-141.
Gathica Ⅸ., Ⅹ, *Orient* 8, pp. 37-51.

1973 「アパダーナを考える」『オリエント』16-1, pp. 51-73.

1974 『古代ペルシア——碑文と文学』岩波書店
「Avestā の語義について」『オリエント』17-1, pp. 39-58.
「仏像光背の背景を示すイラン語詞について」『印度学仏教学研究』23-1, pp. 35-42.

Gathica XI, *Acta Asiatica* 26, pp. 53-63.

Gathica XII, *Orient* 10, pp. 1-9.

1975 「シルクロード考」（1，2，3，4）『アジア文化』11-4, 12-1, 2, 3, pp. 64-79, 114-126, 108-126, 108-125.

「Ayādgār ī Zarērān を補うもの」『三笠宮殿下還暦記念オリエント学論集』日本オリエント学会, pp. 27-33.

Gathica XIII, *Orient* 11 pp. 35-44,

From the Dēnkard, *Acta Irarica* 4, pp. 423-433.

1976 Gathica XIV, XV, *Orient* 12, pp. 47-66.

1977 A New Interpretation of Aśokan Inscriptions, Taxila and Kandahar I, *Studia Iranica* 6-2, pp. 151-161.

1978 「ザームヤズド＝ヤシュトの課題」『足利惇氏博士喜寿記念オリエント学・インド学論集』国書刊行会. pp. 45-56.

1979 『ゾロアスター研究』岩波書店

「好学の子のテキスト復原とその背景」『日本オリエント学会創立二十五周年記念オリエント学論集』日本オリエント学会, pp. 35-49.

Aśokan Inscriptions, Laghmān I and II, *Studia Iranica* 8-2, pp. 175-183.

Pahlavica I : Zoroastrians' Arrival in Japan, *Orient* 15, pp. 55-63.

1980 『ペルシア文化渡来考――シルクロードから飛鳥へ』岩波書店

「日本のイラン学――飛鳥寺造営記事にみえるイラン語彙のイラン学的価値について」『月刊言語』98, pp. 99-107.

「日本書紀にかかれたトカラ人――達阿・舎衛女・堕羅女考舞台裏」『東アジアの古代文化』25. pp. 23-31.

Pahlavica II : Jam's 10 Precepts and Yasna 32:8. *Orient* 16. pp. 173-181.

1981 Pahlavica III : Some Remarks on Kardēr's Inscription of the Ka'be-ye Zardošt, Pahlavica IV : Aramaic Preposition B in Parthian,

Orient 17, pp. 59-66.

On Old Persian 'RT'Č' BRZMNIY, *Studia Iranica* 10-2, pp. 323, 324.

1982 「日本書紀とイラン――最近親婚の場合」『東アジアの古代文化』31, pp. 132-140.

1984 「アヴェスターの改刪をめぐりて」『日本オリエント学会創立三十周年記念オリエント学論集』刀水書房, pp. 55-68.

1985 「我観景教――呼称の由来をめぐりて」『東アジアの古代文化』40, pp. 138-151.

「アラム・イラン混成語形とその周辺――ゾロアスター存世年代論へ」『三笠宮殿下古稀記念オリエント学論集』小学館, pp. 40-48.

1986 「名称自性ゾロアスター――東方からのアプローチ」『オリエント』29-1, pp. 17-31.

Pahlavica X : A Zoroastrian Proper Name from Man'yōshū, *Orient* 22, pp. 1-15.

1987 「ゾロアスター教の渡来――天武天皇挽歌二首を解読して」『東アジアの古代文化』51, pp. 142-161.

On Yasna 51:16 ―― Referring to Av. *maga (van)*- and Ved. *maghá (van)*- *Orient* 23, pp. 1-21.

1988 「法隆寺伝来の香木銘をめぐって」『東アジアの古代文化』54, pp. 96-103.

On Yasna 32:16 , *Acta Irarica* 28: *A Green Leaf, Papers in Honour of Professor Jes P. Asmussen*, pp. 3-11.

1989 A Interpretation of Yasna 32:14 ―― with special reference to its l.c. *Orient*. 25, pp. 43-50.

On Pahlavī *hndlg*, *K. R. Cama Oriental Institute International Congress Proceedings*, Bombay. pp. 262-265.

1990 「断疑論の異教批判」『日本オリエント学会創立三十五周年記念オリエ

ント学論集』刀水書房　pp. 3-18.
1991　From the Denkard Ⅲ-1, *K. R. Cama Oriental Institute Platinum Jubilee Volume*, Bombay,　pp. 127-130.

Pahlavi hapax legomena- *'wlyt'*, *'wl'yt'k* and *'w'lyt'k*, *Orient* 27. pp. 36-43.

1994　『対訳正信念仏偈』京都中外日報社

Armenian *hratarak* and *tačar*, *Acta Kurdica* 1, pp. 113-120

Nåsatya : Aśvin and the Yaθā Ahū Vairyō Prayer. *Orient* 30. 31. pp. 98-107.

1996　「ルリスタン出土の一青銅剣銘をめぐって」『オリエント』39-1 pp. 41-51.

著者紹介

伊藤　義教（いとう　ぎきょう）

1909年、山口県に生まれる。イラン学者。文学博士、京都大学名誉教授、日本オリエント学会名誉会員、浄土真宗本願寺派明恩寺第17世住職。福井中学、姫路高校を経て、京都大学文学部入学、梵語梵文学を専攻。京都大学退官後は京都産業大学、大阪外国語大学、東海大学でも教鞭を執った。1996年没。

【主要著・訳書】
『ヴェーダ　アヴェスター』（世界古典文学全集3、筑摩書房）、『古代ペルシア──碑文と文学』『ゾロアスター研究』（以上、岩波書店）、『ペルシア文化渡来考──シルクロードから飛鳥へ』（岩波書店、ちくま学芸文庫として復刊）。

ゾロアスター教論集

2001年10月15日　　第1刷発行

著　者…………伊藤　義教
発行者…………森　眞智子
発行所…………株式会社平河出版社
　　　　　　　〒108-0073　東京都港区三田3-1-5
　　　　　　　電話03（3454）4885
　　　　　　　振替00110-4-117324
印刷所…………凸版印刷株式会社

©2001 Emiko Ito　Printed in Japan
落丁・乱丁本はお取替えいたします。
ISBN 4-89203-315-4　C3014

【好評既刊】

ゾロアスター教
神々への讃歌
岡田明憲＝著

ペルシアの文化を支えたゾロアスター教の概説と、その聖典『アヴェスタ』の中から、観音、弁財天などインド、仏教思想と関係あると言われる祈祷書の部分を翻訳し紹介する。

四六判上製　定価（本体1748円＋税）

ゾロアスター教の悪魔払い
岡田明憲＝著

ゾロアスター教の特徴は、善と悪を画然と分ける二元論と終末論にある。本書では悪の本質を通して、ゾロアスター教の全貌を示すとともに、悪魔払いの意義を明らかにする。またこれに関わる除魔書を訳出する。

四六判上製　定価（本体1800円＋税）

『長阿含経』の原語の研究
音写語分析を中心として
辛嶋静志＝著

サンスクリットやプラークリット、コータン語など、近年のインドおよび中央アジアの諸言語の最新の研究をもとに、5世紀に漢訳された経典『長阿含経』の原語の復元を試みる。また、漢語の音韻の研究にも有用である。

Ａ５判上製函入　定価（本体8000円＋税）